Materialwirtschaft und Einkauf

Hans Arnolds • Franz Heege • Carsten Röh
Werner Tussing

Materialwirtschaft und Einkauf

Grundlagen – Spezialthemen – Übungen

12., aktualisierte und überarbeitete Auflage

 Springer Gabler

Prof. Hans Arnolds
Prof. Dr. Franz Heege
Prof. Dr.Werner Tussing
Hochschule Niederrhein

Prof. Dr. Carsten Röh
Hochschule Landshut

ISBN 978-3-8349-3160-3   ISBN 978-3-8349-3742-1 (eBook)
DOI 10.1007/978-3-8349-3742-1

Die Deutsche Nationalbibliothek verzeichnet diese Publikation in der Deutschen Nationalbibliografie;
detaillierte bibliografische Daten sind im Internet über http://dnb.d-nb.de abrufbar.

Springer Gabler
© Springer Fachmedien Wiesbaden 1978, 1998, 2010, 2013

Lektorat: Susanne Kramer / Annelie Meisenheimer

Gedruckt auf säurefreiem und chlorfrei gebleichtem Papier

Springer Gabler ist eine Marke von Springer DE. Springer DE ist Teil der Fachverlagsgruppe Springer
Science+Business Media.
www.springer-gabler.de

Vorwort zur zwölften Auflage

Für die zwölfte Auflage wurden alle Kapitel durchgesehen, teilweise überarbeitet und neu gegliedert. Das gilt insbesondere für das vierzehnte Kapitel „Internationale Beschaffung". Das Literaturverzeichnis ist aktualisiert und das Stichwortverzeichnis verbessert worden.

Wir hoffen, mit der Weiterführung dieses umfassenden Lehrbuches einem breiten Leserkreis die einschlägigen Beschaffungsthemen praxisorientiert näherzubringen. Dabei sind wir uns bewusst, dass im Laufe von über drei Jahrzehnten (Erstveröffentlichung 1978) die Materialwirtschaft und der Einkauf großen Veränderungen unterlagen. Bedingt durch ein verstärktes Outsourcing und dem damit gestiegenen Fremdbezug ist in der betrieblichen Praxis die Bedeutung des Einkaufs weiter gestiegen.

Gleichwohl sind wir überzeugt, dass die prinzipiellen Beschaffungsaufgaben in den Unternehmen stetig sind, so dass wir auch die bewährte Grundkonzeption des Buches beibehalten haben.

Hans Arnolds

Franz Heege

Carsten Röh

Werner Tussing

Inhaltsverzeichnis

1 Aufgaben und Bedeutung der Versorgungsfunktion

1.1 Begriffsbestimmung

Die Versorgung der Unternehmen mit den benötigten Erzeugnis- und Betriebsstoffen, Anlagen und Dienstleistungen wird in Literatur und Praxis mit unterschiedlichen Begriffen bezeichnet: Einkauf, moderner Einkauf, Materialwirtschaft, integrierte Materialwirtschaft, Beschaffungsmarketing, Supply Management und Logistik seien beispielhaft genannt.

Diese Begriffsvielfalt macht die verschiedenen Standpunkte deutlich, unter denen die Versorgungs- und auch die Entsorgungsfunktion betrachtet werden können. Die verschiedenen Begriffe zielen darauf ab, die beachtlichen Entwicklungen bezüglich

- Funktionspalette,

- Zeitaspekt,

- Entscheidungsspielraum,

- Organisation,

- Verhaltens- und Denkweise

deutlich zu machen.

Im Bereich der zu bewältigenden Aufgaben gewinnen die dem Bestellvorgang vorgelagerten Tätigkeiten wie Wert- und Preisstrukturanalyse, Auslandsmarktforschung und Vergabeverhandlung an Bedeutung. Die reine Abwicklung wird zunehmend IuK-technisch unterstützt durchgeführt oder von anderen Unternehmensbereichen erledigt. Vielfach sind die Einkäufer auch mit Entsorgungsaufgaben befasst, da sowohl bei der Auswahl der Materialien ökologische Aspekte berücksichtigt als auch die Mitwirkung der Lieferanten bei Entsorgungs- und Recyclingstrategien gesichert werden müssen.

Zu den nach wie vor wichtigen operativen Lösungsansätzen gesellt sich verstärkt eine strategische Komponente. Der Einsatz von Alternativmaterialien, der Aufbau von Entwicklungs- und Logistikpartnerschaften, Maßnahmen der Qualitätssicherung und die Entwicklung durchdachter Beschaffungsstrategien sind nur über einen längeren Zeitraum zu realisieren.

Das früher vorherrschende Preisdenken wird zumindest bei Schlüssel- und Engpass-produkten sowie bei Investitionsgütern durch Entscheidungsprozesse abgelöst, an denen die Versorgungsfunktion maßgeblich beteiligt ist. In Projektgruppen, Entwick-lungs- und Wertanalyseteams und in Buying-center liefern ihre Aufgabenträger wich-tige Beiträge zur Entscheidungsfindung. Sie führen Beschlüsse dieser Gremien nicht mehr nur aus, sondern machen im Vorfeld auf beschaffungsmarktrelevante Tatbestän-de aufmerksam.

Diese Zusammenarbeit mit allen bedarfsbestimmenden Unternehmensbereichen führt zu erheblichen organisatorischen Veränderungen. Die Zusammenfassung aller Input-Aktivitäten in einem Verantwortungsbereich, ihre gleichrangige Eingliederung in Hinblick auf andere Instanzen und die Installierung leistungsfähiger IuK-technischer Systeme sind das Ergebnis dieser Veränderungen.

Das alles führt zu einem veränderten Anforderungsprofil der im Versorgungssektor tätigen Aufgabenträger in Bezug auf

- technisches Wissen,

- Marketingdenken,

- Teamfähigkeit,

- Kreativität,

- Durchsetzungsvermögen.

Vor diesem Hintergrund ist eine exakte Begriffsbestimmung schwer möglich, zumal in den Unternehmen produkt- und marktbedingt mehrere der skizzierten Lösungsansät-ze gleichzeitig zur Anwendung kommen. Auch pflegt die Praxis einen anderen Sprachgebrauch als die Theorie. Die nachfolgende kurze Darstellung wesentlicher Begriffsinhalte soll dazu beitragen, Missverständnisse zu vermeiden und die mit der Begriffswahl angedeutete Standortbestimmung zu verdeutlichen.

1.1.1 Einkauf

Der Begriff Einkauf wird häufig verwendet, wenn man die operativen Tätigkeiten hervorheben will. Einkäufer, Einkaufspraxis, Einkaufsbedingungen, Einkaufsgenos-senschaften und Einkaufsstatistik mögen beispielhaft seine vielfältige Verwendung belegen. Allerdings vollzieht sich eine Differenzierung zwischen der reinen Bestelltä-tigkeit eines verwaltenden/alten Einkaufs und dem gestaltenden/modernen Einkauf. Letzterer versucht, zu einer Optimierung des Preis-/Leistungsverhältnisses zu gelan-gen und das reine Preisdenken zu überwinden. Um dieses Ziel zu erreichen, sind seine Hauptaktivitäten die Beschaffungsmarktforschung, der qualifizierte Angebots-vergleich und die Vergabeverhandlung, während die Bestellabwicklung in den Hintergrund tritt. Auf den Gebieten der qualitativen und quantitativen Bedarfsfestlegung, der Wertanalyse, der Qualitätssicherung, der Logistik und der Beschaffungspolitik ist sein Einfluss geringer.

1.1.2   Beschaffung, Beschaffungsmarketing

Die Beschaffung strebt eine sichere und kostengünstige Versorgung an. Insofern liegt eine enge Verwandtschaft zum gestaltenden Einkauf vor, wobei jedoch vermehrt der Sicherheitsaspekt berücksichtigt wird. Hierdurch gewinnt die strategische Komponente an Bedeutung. Begriffe wie Beschaffungspolitik, Beschaffungsweg, Beschaffungsmarketing, Beschaffungsprogramm und Anlagenbeschaffung wollen darauf aufmerksam machen, dass nicht nur innerbetriebliche Erfordernisse den Versorgungsprozess bestimmen, sondern auch die jeweilige Marktverfassung, die sich aus der Marktform, der Konjunkturlage und dem Leistungspotential des einzelnen Lieferanten ergibt. Beschaffungsmärkte und innerbetriebliche Bedarfsträger sollen einander näher gebracht werden, um die Nachfragemacht des Unternehmens bzw. das Ausschöpfungspotential günstiger Angebotssituationen zu nutzen. Auch ist es notwendig, dass jegliche Marktveränderungen innerbetrieblich frühzeitig bekannt werden, um sich bietende Chancen infolge technischen Fortschritts oder regionaler Erweiterung zu nutzen. Damit ist häufig eine Einbindung der Versorgungsfunktion in Entwicklungs- und Projektteams verbunden, was zu einem Aufstieg in der Unternehmenshierarchie führt.

1.1.3   Materialwirtschaft, Supply Management

Literatur und Wirtschaftspraxis verwenden diese Begriffe häufig, wenn als Objektumfang die Erzeugnisstoffe bzw. Materialien des periodischen Bedarfs betrachtet werden. Deren Bereitstellung soll unter „wirtschaftlichen" Aspekten erfolgen, was eine auf integrierte Planungsmodelle gestützte, kostenorientierte Vorgehensweise nahe legt.

Die Begriffe integrierte Materialwirtschaft und Supply Management betonen außerdem den Managementcharakter der Versorgungsfunktion. Als Querschnittsfunktion soll durch eine bereichsübergreifende Betrachtungsweise eine Optimierung der materialwirtschaftlichen Gesamtkosten erreicht werden. Hierbei ist auch die Mitwirkung bei der Realisierung von Total Quality und Time Based Management Konzepten gefordert, da diese in erheblichem Umfang von einer engen Zusammenarbeit mit leistungsstarken Zulieferern abhängen.

1.1.4 Logistik

An diese Gedanken knüpft der Begriff Logistik an, der in Zusammenhang mit der physischen Versorgung benutzt wird. Hierbei stehen Untersuchungen von Transport-, Lager- und Umschlagsvorgängen im Vordergrund. Aber auch die damit eng zusammenhängenden Probleme des Handlings sowie Fragen der transport-, lager- und umschlagsgerechten Verpackung müssen zum Begriff der Logistik gerechnet werden bis hin zur Auswahl der jeweils geeigneten Logistikdienstleister.

Insofern bedeutet Logistik die systematische Betrachtung aller materialflussbezogenen Fragen, wobei die bereichsübergreifende Denkweise innerbetrieblich bewusst gefördert wird. Aber auch die Einbeziehung der Lieferanten und Frachtführer in die Versorgungskette ist ein wichtiges Element zur Senkung der Lager- und Bestellabwicklungskosten.

Ohne die IuK-Technik gestützte enge Vernetzung zwischen Inputdeskription und Inputbereitstellung sind die Kostensenkungspotentiale und Wettbewerbsvorteile gegenüber Mitkonkurrenten auf den Absatzmärkten kaum zu erreichen. Deshalb erfordert der logistische Lösungsansatz den Aufbau derartiger IuK-technischer Programme und die ständige Pflege der hierbei verwendeten Bewegungsdaten. Außerdem ist es erstrebenswert, wenn alle in die Versorgungskette eingebundenen externen Stellen (Lieferanten/Frachtführer) gleiche oder zumindest kompatible IuK-Technik-Systeme, Programme und Artikelbezeichnungen verwenden, um die Integrationsfähigkeit sicherzustellen (Rechnerverbund).

1.1.5 Supply Chain Management

Mit dem Begriff Supply Chain Management, kurz SCM, soll trotz der begrifflichen Beschränkung auf den Versorgungsbereich (Supply) zum Ausdruck gebracht werden, dass ein Netzwerk von Lieferern und Kunden ein fokales Unternehmen umspannt, wie die Abbildung 1-1zeigt:

Dabei ist quasi „stromaufwärts" eine Lieferantenkette und „stromabwärts" eine Kundenkette zu unterscheiden, deren Informations- und Materialflüsse als Einheit zu managen sind. Das bedingt einerseits die Lösung von Schnittstellen- und Koordinationsproblemen, ermöglicht andererseits aber Gewinne für die ganze Kette statt für ein einzelnes Unternehmen.

Abbildung 1-1: *Beispiel für ein Supply Chain-Netzwerk*

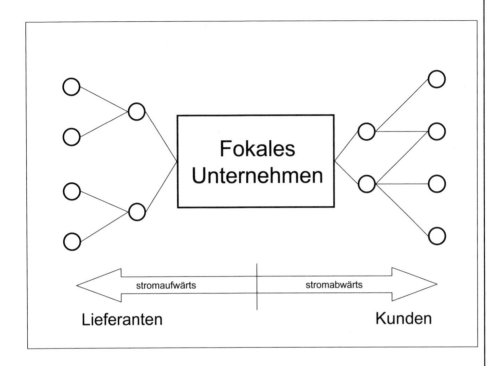

Nach diesem weit gefassten Logistikkonzept stehen also verschiedene Supply Chains im Wettbewerb untereinander.

Wenn auch der Hauptanstoß für das Management der Kette vom Kunden (z.B. Endverbraucher) ausgeht, so macht doch die Beibehaltung des Begriffs Supply Chain deutlich, wie wichtig die Lieferanten für den Erfolg im Netzwerk sind und die Arbeit des Einkaufs im fokalen Unternehmen. Die Nahrungsmittel- und Bekleidungsbranche hat im besonderen Maße das vernetzte Denken und die verschiedenen Formen der unternehmensübergreifenden Zusammenarbeit entwickelt. Als Beispiele seien nur folgende vier gängige Modelle genannt:

1. *Quick Response* (=rasche Weitergabe von Point of sale - Daten zu den Vorstufen der Lieferkette)

2. *Vendor Managed Inventory* (= Zulieferer verantwortet und steuert Bestände beim Kunden innerhalb vertraglicher Vereinbarungen)

3. *Customer Managed Order* (= Kundenauftragssysteme)

4. *Collaborative Planning Forecasting and Replenishment* (= gemeinsames, um Planungs- und Prognoseinstrumente erweitertes Konzept zum Bestandsmanagement)

Der Erfolg dieser Konzepte hängt einmal vom *Vertrauen* ab, das die Glieder der betrachteten Kette einander entgegen bringen. Zum anderen hat das Management einer Supply Chain die diversen externen und internen *Risiken* ins Auge zu fassen, die mit den Schwankungen der Märkte einhergehen.

In einer typischen Supply Chain werden Rohstoffe gewonnen, Materialien und Teile gefertigt, Lagerhäuser und Distributionszentren unterhalten, verschiedene Handelsstufen durchlaufen und schließlich die Endkunden beliefert. Dabei sind neben den erwähnten Risiken häufig noch *internationale Aspekte* zu beachten, weil Lieferanten und Kunden ebenso wie Produktions- und Umschlagsplätze über den Globus verteilt sein können. Schließlich sind in einer Supply Chain operative, taktische und strategische Aufgaben zu erfüllen, die sich nicht nur auf Materialien (Erzeugnis- und Betriebsstoffe) sondern auch auf Werkstattbestände (work in process) und Endprodukte beziehen und alle Mitglieder der Kette einschließen.

1.1.6 Zusammenfassung

Die unterschiedlichen Betrachtungsweisen machen deutlich, in welchem Umfang betriebliche und marktseitige Kräfte auf die Versorgungsfunktion einwirken und den Grad ihrer erfolgreichen Erledigung bestimmen. Innerbetrieblich seien das Beschaffungsvolumen, das Beschaffungsprogramm und die Unternehmenspolitik, von seiten der Beschaffungsmärkte die Marktform, die Konjunktur und der einzelne Lieferant genannt.

Daraus ergibt sich eine Vielzahl von Vorgehensweisen. Der Begriff Materialwirtschaft dürfte am ehesten alle Denkansätze und Ordnungskriterien in sich vereinigen, aber auch die anderen Bezeichnungen eignen sich gut, spezielle Ausrichtungen der Versorgungsfunktion zu verdeutlichen. Deshalb führen eine übersteigerte Verfeinerung einzelner Begriffe und Versuche ihrer Unter- und Überordnung nicht weiter. Sie stiften schlimmstenfalls nur Verwirrung und beeinträchtigen die gedankliche Auseinandersetzung mit auftretenden Sachfragen.

1.2 Aufgabenstellung

Der Versorgungsfunktion erwachsen im Rahmen der Unternehmensgesamtaufgabe drei Teilaufgaben, die sich mit Kostenoptimierung, Versorgungssicherung und Unterstützung anderer Unternehmensbereiche umschreiben lassen. Während die Kostenoptimierung vornehmlich durch operatives Handeln erreicht werden kann, erfordern die beiden anderen Teilaufgaben überwiegend längerfristige strategische Konzepte.

1.2.1 Kostengünstige Versorgung

Kurzfristig gesehen besteht die Aufgabe der Versorgungsfunktion darin, alle benötigten Erzeugnis- und Betriebsstoffe, Anlagen und Dienstleistungen bereitzustellen und Entsorgungsaufgaben zu übernehmen. Hierbei sind in Bezug auf die technisch-qualitative Bestimmung der Betriebsbedarfe weitgehend die Vorgaben anderer Unternehmensbereiche zu beachten. Deshalb liegt das Schwergewicht auf den betriebswirtschaftlichen Zielvorgaben, wobei

- der terminlich richtige Anlieferungszeitpunkt,

- die auf den Betriebsbedarf abgestimmte Menge,

- das geforderte Qualitätsniveau und

- ein günstiger Einstandspreis

zu realisieren sind.

Häufig sollen auch noch andere Nebenbedingungen beachtet werden. Hierzu zählen eine schnelle Abwicklung, der Wunsch, das eigene Absatzpotential durch den Abschluss von Gegengeschäften zu erhöhen, sowie die Forderung, Konzernbetriebe bei der Auftragsvergabe genügend zu berücksichtigen.

Die gleichzeitige Berücksichtigung preislicher, terminlicher, qualitätsmäßiger und einkaufspolitischer Gesichtspunkte ist sehr schwierig, da sie sich oft widersprechen und zu Zielkonflikten führen. Auch entziehen sich die Zielvorgaben bis auf den Einstandspreis einer exakten, rechnerischen Kostenzuordnung, so dass Zahlenwerte durch Schätzungen und Prognosen mit den ihnen innewohnenden Unsicherheiten ersetzt werden müssen. Trotz dieser Schwierigkeiten darf das reine Preisdenken bei der Erfüllung der Versorgungsaufgabe nicht dominieren. Der Weg dazu führt über eine verbesserte Auflösung aller Zielvorgaben in die vier Kostenkategorien:

- Anschaffungskosten,

- Bestellabwicklungskosten,

- Lagerhaltungskosten,

- Fehlmengenkosten.

Die Zusammenhänge zwischen Zielvorgaben und Kostenkategorien verdeutlicht nachstehende Übersicht (Tabelle 1-1):

Tabelle 1-1: *Auflösung einzelner Bestimmungsfaktoren/Zielvorgaben der Versorgungsfunktion in Kostenarten*

Bestimmungsfaktoren	Realisierung	Kostenwirkung
Menge	richtig	Kostenoptimum
	zu hoch	überhöhte Lagerhaltungskosten
	zu niedrig	Fehlmengenkosten
		Mindermengenzuschläge
		überhöhte Bestellabwicklungskosten
Zeit/Termin	richtig	Kostenoptimum
	zu früh	überhöhte Lagerhaltungskosten
	zu spät	Fehlmengenkosten
		Preisaufschläge
		überhöhte Bestellabwicklungskosten
Qualität	richtig	Kostenoptimum
	zu hoch	überhöhte Anschaffungskosten
	zu niedrig	Fehlmengenkosten
		Umarbeitungskosten
		überhöhte Bestellabwicklungskosten
Preis	richtig	Kostenoptimum
	zu hoch	überhöhte Anschaffungskosten
	zu niedrig	Fehlmengenkosten

Die *Anschaffungskosten* ergeben sich aus der Multiplikation der eingekauften Menge mit dem Einstandspreis. Der Faktor Einstandspreis macht den Einfluss aller Preisnebenbedingungen deutlich und verhilft dem Einkäufer dazu, die verschiedenen Angebotspreise seiner Lieferanten auf eine vergleichbare Basis zu stellen. Er vermeidet hierdurch, Aufträge auf Grund günstiger Angebotspreise, jedoch mit ungünstigen Preisnebenbedingungen, zu erteilen. Solche Nebenbedingungen beziehen sich auf die Abnahmemenge (Mengenrabatte, Mindermengenzuschläge), auf die Abnahmemodalitäten (Verpackung, Transport- und Versicherungskosten) und auf die Zahlungsweise (Skonto), aber auch auf andere vom Lieferanten benutzte Mittel der Absatzförderung (Treuerabatte, Funktionsrabatte). So kann die Umrechnung von Angebotspreisen auf Einstandspreise als erster, wenn auch bescheidener Schritt in Richtung auf eine differenzierte Preisbearbeitung im Einkauf angesehen werden, die sich nach folgendem Schema vollzieht:

    Angebotspreis
\+ Zuschläge
\- Rabatte und Boni
bereinigter Einkaufspreis
\- Skonto
\+ Fracht, Verpackung, Versicherung
    Einstandspreis

Eine zweite Kostenkategorie, die bei dem Kostenoptimierungsprozess eine Rolle spielt, sind die *Bestellabwicklungskosten*, auch Kosten der Eigenleistung zum Zweck der Beschaffung genannt. Hierunter fallen die Personal- und Sachkosten der Einkaufsabteilung, der Wareneingangs-, Qualitäts- und Rechnungsprüfung sowie in letzter Zeit in steigendem Umfang anteilige Kosten einer IuK-Technik-Organisation. Es ist unverkennbar, dass die Bestellabwicklungskosten in den letzten Jahren infolge der verbreiterten Funktionspalette der Materialwirtschaft gestiegen sind und oft über 100 € pro Bestellung liegen. Sie hängen aber auch in erheblichem Maße von der Bestellpolitik des Einkäufers ab, da eine Politik der Kleinbestellungen zu einem Anstieg dieser Kosten in ihrer Gesamtheit führt und darüber hinaus wesentliche Aktivitäten in erfolgsneutralen Bestelltätigkeiten bindet (Prozesskosten). Durch gezielten Einsatz der IuK-Technik können diese Prozesskosten reduziert werden.

Werden jedoch zum Zweck der Senkung der Bestellabwicklungskosten und auch zur Verbesserung der Einstandspreise große Bestellmengen aufgegeben, so führt dies zu einer Erhöhung der dritten Komponente der Gesamtkosten der Materialwirtschaft: der Lagerhaltungs- und Materialflusskosten.

Die *Lagerhaltungskosten* kann man aufteilen in Kosten der reinen Lagerhaltung, auch Lagerkosten genannt, und Kosten aus den Lagerbeständen, wozu hauptsächlich Zins- und Versicherungskosten zählen.

Zu den Lagerkosten gehören die Raumkosten und Kosten der Lagereinrichtungen, wie Miete bzw. Abschreibung, Beleuchtung, Heizung, Instandhaltung und die Personalkosten für die Leitung und Verwaltung der Läger. Hierhin gehören auch die Kosten für die Betreuung der Lagerware (wie Materialflusskosten, Wartungskosten einschließlich der Kosten qualitativer und quantitativer Prüfung). Die zweite Komponente der Lagerhaltungskosten ergibt sich aus dem wertmäßigen Aspekt der gelagerten Gegenstände. Hier ist in erster Linie an die Verzinsung und Versicherung des im Lager gebundenen Vermögens zu denken, aber auch an Kostenbelastungen aus Schwund, Verderb und Veralterung. Aus diesen Überlegungen heraus wäre es vielleicht sinnvoll, eine möglichst geringe Lagerhaltung bei den Bestellentscheidungen anzustreben, was jedoch einmal der Erzielung günstiger Einstandspreise und einer Senkung der Bestellabwicklungskosten zuwiderlaufen kann, zum anderen nicht dem durch die Lagerung verbundenen Streben nach einer gesicherten Materialversorgung entspricht, d.h. zu Fehlmengenkosten führen kann.

Unter *Fehlmengenkosten* versteht man alle Gewinnschmälerungen, die dadurch entstehen, dass Erzeugnisstoffe zum Bedarfszeitpunkt effektiv fehlen (direkte Fehlmengenkosten) sowie alle Aufwendungen, die zur Verhinderung eines drohenden Zusammenbruchs der Materialbereitstellung getätigt werden (indirekte Fehlmengenkosten).

Die gefährdete Materialbereitstellung gibt häufig Anlass zu außergewöhnlichen Anstrengungen, um die Versorgung aufrecht zu erhalten. So werden teurere Transportmittel eingesetzt, Preiszuschläge für sofort verfügbare Ware gezahlt oder fehlerhafte Lieferungen nachgebessert, um die Produktion weiterlaufen zu lassen. Die Fehlmengenkostenproblematik stellt sich nicht in allen Unternehmen gleich dar. Sie ist gravierend bei Fließbandfertigung und im Bereich der Markenartikelindustrie, während sie bei Unternehmen mit flexibler Fertigungssteuerung abnimmt.

Es wurde bereits angedeutet, dass sich einzelne Kostenarten der Materialbereitstellung nur unzureichend quantifizieren lassen. Bei den Anschaffungskosten ist dies noch am ehesten möglich, bei den Bestellabwicklungs- und Lagerhaltungskosten treten Schwierigkeiten auf, da die übliche Kostenstellenrechnung nach anderen Gesichtspunkten erstellt und nur nach zahlreichen Umrechnungen nutzbar ist. Die Fehlmengenkosten lassen sich teilweise mittels Schätzung ermitteln, da die Auswirkungen eines Produktionsstillstandes auf das Betriebsergebnis nicht exakt zurechenbar, vor allem aber seine absatzwirtschaftlichen Folgewirkungen kaum erfassbar sind.

Es ist deshalb nicht erforderlich, bei dieser Gesamtkostenbetrachtung den höchsten Genauigkeitsgrad zu erreichen. Vielmehr sollte das Hauptaugenmerk darauf gelegt werden, alle vier Kostenarten gebührend bei den Entscheidungen zu berücksichtigen.

Bisher sind in Theorie und Praxis nur folgende Beziehungen eingehend, aber isoliert, untersucht worden:

- Bestellmenge und Einstandspreis,

- Lagerhaltungskosten und Bestellabwicklungskosten in der Andler-Formel,

- Fehlmengen- und Lagerhaltungskosten im Sicherheitsbestand,

- Fehlmengenkosten und Qualität der Produkte in der statistischen Qualitätskontrolle.

Was jedoch große Schwierigkeiten bereitet, ist die Zusammenführung aller Einzelbetrachtungen bei der Bestellentscheidung. Hierzu bietet sich als wertvolle Hilfe der qualifizierte Angebotsvergleich an, der alle oben beschriebenen Kosten in den Vergleichsfaktoren berücksichtigt.

Zusammenfassend kann festgehalten werden, dass die kostengünstige Versorgung des Unternehmens

- weit reichende Aktivitäten zur Informationsgewinnung erfordert (Beschaffungsmarktforschung, Bedarfsermittlung, Wert- und Preisstrukturanalyse);

- nur in einem qualifizierten Entscheidungsprozeß hinsichtlich der vielfältigen, teils gegenläufigen Kostenarten erreicht werden kann;

- eine Abkehr vom reinen Preisvergleich gebietet, da die Berücksichtigung lediglich einer Kostenart mit Sicherheit das materialwirtschaftliche Optimum verfehlt.

In jüngster Zeit gewinnen Bestrebungen an Bedeutung, durch gezielte und langfristige Kooperationen Kostensenkung und Qualitätsverbesserung in der Versorgung zu erreichen, die über das materialwirtschaftliche Optimum hinausgehen. Durch den Aufbau von Systemlieferanten, den Abschluss von Partnerschaftsverträgen, die Übertragung bestimmter Beschaffungsteilfunktionen auf Lieferanten und vermehrten Fremdbezug wird eine positive Beeinflussung nicht nur der gesamten Materialkosten, sondern auch von Kostenarten angestrebt, die in anderen Unternehmensbereichen anfallen. Beispielhaft sei die Senkung von Forschungs- und Entwicklungskosten, Wartungskosten und Kosten des Werkzeugbaus genannt.

1.2.2 Sichere Versorgung

Neben der kostengünstigen gewinnt die sichere Versorgung eine immer größere Bedeutung. Aus Gründen der Produkthaftung und der Gefahr einer Beeinträchtigung des Verkaufserfolges durch fehlerhafte Fertigprodukte wird der Qualitätssicherung hohe Priorität verliehen. Nicht von ungefähr enthalten die ISO-Vorschriften 9000 bis 9004 umfangreiche Kriterien über die Ausgestaltung der Beschaffung einer Unternehmung. Infolge vermehrten Fremdbezugs wird die Qualität der Fertigprodukte u.a. durch die Exaktheit von Spezifikationen, Zeichnungen und Einkaufsverfahren, Auswahl qualifizierter Lieferanten und Pläne/Durchführung von Eingangsprüfungen wesentlich beeinflusst. Deshalb ist der Beschaffung ein umfangreiches Kapitel in diesen Regelwerken gewidmet. Aber auch vielfältige Vorkehrungen bei der Lieferantenauswahl und Vertragsgestaltung sowie beschaffungspolitische Maßnahmen sollen die Lieferanten dazu anhalten, 100 % fehlerfreie Materialien zu produzieren und anzuliefern.

Das gleiche gilt auch bezüglich der Einhaltung vereinbarter Liefertermine, obwohl dieses Ziel wegen der besseren Transparenz leichter zu realisieren ist.

Die langfristige Versorgungssicherheit insbesondere bei Rohstoffen setzt die Installierung von Frühwarnsystemen voraus, die Gefahren für die Versorgung durch Erschöpfung von Rohstoffquellen, Existenzgefährdung wichtiger Zulieferer, Monopolisierung ganzer Zulieferbranchen, Streiks und politische Entwicklungen frühzeitig erkennen. Um derartigen Gefahren wirksam zu begegnen, müssen geeignete Maßnahmen ergriffen werden, die von der Verwendung von Alternativmaterialien, dem Aufbau einer Eigenfertigung bis zur Kapitalbeteiligung an leistungsfähigen Lieferanten reichen.

Derartige Maßnahmen gehen weit über das Tagesgeschäft hinaus und erfordern wegen ihrer weitreichenden Konsequenzen neben einer beschaffungsseitig sorgfältigen Vorbereitung stets die Mitwirkung der übrigen Funktionsbereiche einer Unternehmung.

1

1.2.3 Beratung der übrigen Unternehmensbereiche

Dieser Informationsaustausch ist auch bei der Entwicklung bzw. Veränderung von Fertigprodukten vorteilhaft. Zum einen können durch Hinweise auf Substitutionsmaterialien, DIN- und Normteile sowie durch Vermeidung von Überqualitäten die Materialkosten gesenkt werden, da der zukünftige Bedarf beschaffungsmarktgerecht festgelegt und damit günstig gedeckt werden kann.

Durch die Einbindung leistungsfähiger Lieferanten mit deren Spezialwissen in derartige Entwicklungsvorhaben wird u.U. eine erhebliche Abkürzung der Entwicklungsdauer erreicht. Diese unter dem Schlagwort „Simultaneous Engineering" vermehrt angewandten Aktivitäten erhöhen die Wettbewerbskraft der eigenen Unternehmung, da der Zeitfaktor bei sinkenden Produktlebenszyklen eine wachsende Bedeutung gewinnt.

Aber auch beim laufenden Betriebsbedarf sind Information und Beratung anderer Unternehmensbereiche notwendig, da die Beschaffungsmärkte in ständiger Bewegung sind.

Es sei auf konjunkturelle Entwicklungen hingewiesen, die eine ständige Aktualisierung der Meldebestände erfordern, um schwankenden Lieferzeiten zu begegnen. Das gilt auch für Schwankungen des Betriebsbedarfs. Bei Einzelfertigung mit langen Durchlaufzeiten ist eine Information über Lieferzeiten bestimmter Baugruppen erforderlich, um die Produktionsplanung und die Lieferzusagen an die Kunden abzusichern.

Beim Auftreten neuer leistungsfähiger Lieferanten oder Problemlösungsmöglichkeiten muss die Technik unterrichtet werden, um derartige Chancen zu nutzen. Bei einer Monopolisierung bestimmter Beschaffungsmärkte oder akuten Beschaffungsschwierigkeiten können die Bedarfsträger beschaffungsseitige Gegenreaktionen wirksam unterstützen.

Es können noch viele Gebiete aufgezeigt werden, auf denen dieser Informationsaustausch erforderlich ist, um das Spannungsfeld zwischen markt- und betriebsorientierter Denkweise zum Zweck einer optimalen Versorgung zu entschärfen. Realisiert wird dieser Gedankenaustausch in den entsprechenden Gremien (Vorstand, Wertanalyseteams, Projektgruppen usw.), was Teamfähigkeit aller Beteiligten und gegenseitige Akzeptanz voraussetzt. Letztere wird durch die wachsende Bedeutung der Versorgungsfunktion gefördert.

1.3 Die Bedeutung für das Betriebsergebnis

Wie schon immer in den Betrieben des Groß- und Einzelhandels wird auch in Industrie und Handwerk der Einfluss der Versorgungsfunktion erkannt. Dies ist zurückzuführen auf

- den wachsenden Anteil der Materialkosten an den Herstellkosten bzw. am Umsatz durch die Reduzierung der Fertigungstiefe,

- die hohe Kapitalbindung von Sicherheitsbeständen und Anlagen,

- die Wechselwirkungen zwischen Absatz- und Beschaffungsstrategien einer Unternehmung.

1.3.1 Anteil der Materialkosten am Umsatz

Wenn man bedenkt, dass heute ca. 50 % bis 60 % der Verkaufserlöse durch Kosten des materialwirtschaftlichen Sektors absorbiert werden, dann lässt sich leicht erkennen, welch durchschlagenden Einfluss Kostensenkungen in der Materialwirtschaft auf das Betriebsergebnis haben.

Geht man beispielsweise davon aus, dass ein Unternehmen einen Jahresumsatz von 100 Mio. € bei einer Umsatzrendite von 6 % (6 Mio. €) hat und der Anteil der Aufwendungen für Erzeugnis- und Betriebsstoffe 50 % (50 Mio. €) vom Umsatz beträgt, so würde eine Senkung des Materialkostenblocks um 4 % zu einer Erhöhung des Betriebsergebnisses um 2 Mio. € auf 8 Mio. € führen. Dies entspricht einer Steigerung um ein Drittel. Wollte das gleiche Unternehmen durch einen erhöhten Absatz eine gleiche Gewinnverbesserung anstreben, müsste es seinen Umsatz um ein Drittel erhöhen, was in der heutigen Zeit erheblich schwieriger sein dürfte als eine Senkung der Materialkosten um 4 %. Dieser Gewinnbeitrag der Materialwirtschaft kann somit als Ausgleich für nicht realisierbare Umsatzsteigerungen interpretiert werden und in folgende allgemein gültige Formel gebracht werden:

$$GB = \frac{Mk \times E}{R}$$

Mk = Materialkosten-Anteil in % vom Umsatz

E = Reduzierung der Materialkosten in % der Materialkosten

R = Umsatzrentabilität

GB = Gewinnbeitrag der Materialwirtschaft, ausgewiesen als adäquate Umsatzsteigerung

Man kann dieses Beispiel auch auf Unternehmen anwenden, die durch Kostensteigerungen im Personal-, Verwaltungs- und Anlagensektor zur Erhaltung der bisherigen Ertragskraft eigentlich zu Preiserhöhungen gezwungen wären, diese aber auf den Absatzmärkten nicht durchsetzen können. Hier bietet sich eine Reduzierung der Kosten für Erzeugnis- und Betriebsstoffe, der Lagerhaltungs- und Materialflusskosten als erfolgversprechender Weg an, in der Gewinnzone zu verbleiben. Man spricht dann gerne von der Materialwirtschaft als Gewinnquelle und nicht mehr als unproduktivem Ausgabenbereich; im angelsächsischen Bereich kommt dies in der Sentenz „Purchasing is a profit making job" zum Ausdruck.

In der Literatur wird die Auswirkung von Einsparungen im materialwirtschaftlichen Bereich auf die Unternehmungsrentabilität häufig mittels der „Return on Investment-Methode" (ROI) verdeutlicht (vgl. Abbildung 1-2).

Das Schaubild ist von rechts nach links zu lesen. Es geht von dem in der Praxis vielfach anzutreffenden Fall aus, dass 50 % der Selbstkosten durch Zukauf von Erzeugnisstoffen verursacht werden. Gelingt es, diesen Kostenblock um 4 % von 50 auf 48 Mio. € zu senken, so erhöht sich der Gewinn von 5 auf 7 Mio. €. Die Umsatzrentabilität steigt von 4,76 % auf 6,67 %. Bei einem 3-maligen Kapitalumschlag verbessert sich die Verzinsung des eingesetzten Kapitals von 14,28 % auf etwa 20 %. Dieser Anstieg um 5,72 % Prozentpunkte bedeutet eine Steigerung der Unternehmensrentabilität um 40 %, ausgelöst durch eine 4 %ige Senkung der Kosten im materialwirtschaftlichen Bereich.

Abbildung 1-2: *Beispiel für die Auswirkung einer 4 %igen Kostensenkung im material-*
wirtschaftlichen Bereich (Angaben in Mio. €)

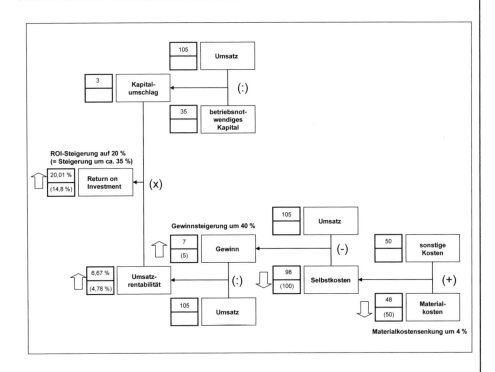

1.3.2 Hohe Kapitalbindung durch Warenbestände

Einer der wesentlichen Gründe, die zu dem hohen Anteil der Materialkosten an den
Selbstkosten geführt haben, ist der vermehrte Übergang von der Eigenfertigung zum
Fremdbezug. Darin wird längerfristig die Auswirkung von Arbeitsteilung und Spezialisierung der modernen Industrie sichtbar. In Zeiten der Hochkonjunktur wird der
vermehrte Fremdbezug kurzfristig dazu genutzt, das Absatzpotential ohne beträchtliche Investitionen im Anlagen- und Personalsektor zu erhöhen. Je mehr sich jedoch die
Materialbereitstellung von Rohmaterialien auf Halbfabrikate verlagert, desto größer
wird die Abhängigkeit von einer reibungslosen Versorgung, da Engpässe in der Belieferung nur eines Halbfabrikats die gesamte Produktion - sprich Montage - stilllegen

können und kurzfristige Improvisationsmöglichkeiten im eigenen Unternehmen wegen des Fehlens geeigneter Fertigungsanlagen kaum gegeben sind.

Dieses aus dem Übergang von Eigenfertigung zu Fremdbezug erwachsende erhöhte Risiko der Materialbereitstellung kann nur durch zwei Maßnahmen abgedeckt werden:

■ durch eine erhebliche Ausweitung der Sicherheitsbestände;

■ durch eine leistungsfähige Materialwirtschaft, die durch andere Maßnahmen eine reibungslose Versorgung garantiert.

Wer den Anteil der Erzeugnis- und Betriebsstoffe am Umlaufvermögen deutscher Aktiengesellschaften verfolgt hat, weiß, dass die deutsche Industrie überwiegend den ersten Weg gegangen ist, um die Versorgung abzusichern.

Dies hatte zur Folge, dass das betriebsnotwendige Kapital durch die hohen Sicherheitsbestände aufgebläht bzw. der Kapitalumschlag vermindert wurde. Aus Abbildung 1-2 kann der negative Effekt einer solchen Verminderung schnell nachvollzogen werden. Somit beeinflusst die Materialwirtschaft die Rentabilität in zweifacher Weise. Einmal durch die Senkung der Herstellkosten und zum anderen durch die Erhöhung der Kapitalumschlagshäufigkeit infolge einer Senkung der Lagerbestände, was auch noch einen positiven Einfluss auf die Liquidität der Unternehmen hat.

In den letzten Jahren kann man feststellen, dass erhebliche Fortschritte bei der Senkung der Lagerbestände erreicht wurden. Dazu hat in großem Umfang der Einsatz der IuK-Technik im materialwirtschaftlichen Bereich beigetragen. Aber auch der systematische Aufbau einer leistungsfähigen Versorgungsfunktion und die Entwicklung eines breit gefächerten materialwirtschaftlichen Instrumentariums haben die kostenträchtigen Sicherheitsbestände bei der Sicherung der Versorgung weitgehend überflüssig gemacht.

1.3.3 Steigerung der Wettbewerbsfähigkeit

Der große Einfluss auf das Betriebsergebnis und die Wettbewerbsverschärfung auf vielen Absatzmärkten lassen die Versorgungsfunktion auch als bedeutendes Instrument zur Wettbewerbssteigerung erscheinen.

Zunächst ermöglicht eine kostengünstige Materialversorgung niedrige Verkaufspreise, was sich in gesättigten Märkten positiv auf den Absatzerfolg auswirkt.

Das Eingehen auf Sonderwünsche der Kunden und deren rasche Befriedigung haben sich ebenfalls als verkaufsfördernd erwiesen, da der Faktor Zeit für Abnehmer eine hohe Priorität besitzt. Bei Großserienfertigung werden über Lieferantenauswahl, Vertragsgestaltung und eine leistungsfähige Versorgungslogistik kurze Beschaffungszeiten trotz steigender Variantenzahl ermöglicht. Bei Einzelfertigung und im Entwicklungsstadium neuer Serienerzeugnisse wird durch Zusammenarbeit mit leistungsfähigen Lieferanten eine frühe Marktreife erreicht, die immer einen Wettbewerbsvorsprung mit sich bringt.

Für Kunden spielt außerdem die garantierte Funktionserfüllung der Fertigerzeugnisse eine wichtige - wenn nicht ausschlaggebende - Rolle bei der Kaufentscheidung. Auch hier kann die Materialwirtschaft durch ein ganzes Maßnahmenbündel zu einer Absicherung des Qualitätsniveaus der Erzeugnisstoffe und damit auch der Fertigerzeugnisse beitragen, während sie durch ein ausgeprägtes Preisdenken das Gegenteil erreicht. Kundenzufriedenheit ist Basis aller Strategien, die eine langfristige Absatzsicherung anstreben. Time Based Management und Total Quality Management sind Eckpfeiler dieser Zielrichtung, zu denen die Versorgungsfunktion in vielfältiger Weise einen wichtigen Beitrag leisten kann.

1.4 Auswirkungen des Bedeutungsanstiegs

Die aufgezeigten Ursachen und ihre Auswirkungen auf das Betriebsergebnis führten zu

- Veränderungen im Aufgabeninhalt: Von der Bestellabwicklungsstelle über die Einkaufsabteilung zum Materialmanagement,

- Veränderungen in der Denkweise: Von der Preisminimierung über die Gesamtkostenminimierung zum Gewinnbeitrag,

- Veränderungen im organisatorischen Status: Vom Befehlsempfänger über den Berater zum Entscheidungsträger.

- Veränderungen in der unternehmensstrategischen Relevanz: Enge Einbindung in die Produktdefinition und Produktentstehung sowie in die Entscheidungsprozesse zur Definition von Fertigungsstätten im Ausland auf Basis der dort verfügbaren Lieferquellen.

Viele Unternehmen ziehen hieraus Konsequenzen und etablieren die Materialwirtschaft als gleichrangige Grundfunktion. Es entsteht ein eigener Verantwortungsbereich, in dem alle Inputaktivitäten zusammengefasst sind, um die Fremdbestimmung des materialwirtschaftlichen Bereichs zu überwinden.

Die in der Materialwirtschaft Tätigen müssen sich den erhöhten Anforderungen, die mit diesem Aufstieg verbunden sind, stellen. Es kommt zu einem neuen Anforderungsprofil, nicht nur was die zu erfüllenden Aufgaben betrifft, sondern auch was die geistige Grundhaltung angeht. Vor diesem Hintergrund sind auch die vielfältigen Weiterbildungsmaßnahmen der Wirtschaft und Studienprogramme von Universitäten und Fachhochschulen in den letzten Jahren zu sehen.

1.4.1 Aufstieg der Materialwirtschaft in der Unternehmenshierarchie

Das in diesem Zusammenhang anzustrebende Ziel kann mit den Adjektiven zentral und gleichrangig umschrieben werden. Jeder betriebliche Funktionsbereich hat seine eigenen Zielvorstellungen, wie beispielsweise

Absatz:	Vergrößerung des Marktanteils, Realisierung gewinnbringender Erlöse, möglichst breite Produktpalette, Einsatz von Gegengeschäften.
Produktion:	Termingerechte Ablieferung, niedrige Stückkosten, möglichst schmale Produktpalette mit großen Stückzahlen zwecks guter Auslastung der Fertigungsanlagen.
Finanzen:	Geringe Kapitalbindung, Ausnutzung steuerlicher Vergünstigungen, hohe Liquidität.
Materialwirtschaft:	Ausnutzung der Chancen antizyklischer Lagerpolitik, niedrige Einkaufspreise, ständige Vergrößerung des Fremdbezugsanteils.

Es ist eine unbestrittene Tatsache, dass die Realisierung solcher Teiloptima durch die einzelnen Unternehmensbereiche keinesfalls zum erstrebten Gewinnmaximum der Unternehmung führt. Vielmehr müssen diese oft kontroversen Zielvorstellungen zu einem Ausgleich gebracht werden, wozu sich zwei Wege anbieten:

- Die einzelnen Unternehmensbereiche suchen als gleichrangige Partner zum Ausgleich gegensätzlicher Zielvorstellungen zu kommen, wobei die isolierte Betrachtung der einzelnen Abteilungen durch eine Gesamtbetrachtung aller Abteilungen zu einer zwar langwierigen, aber ausgewogenen Abstimmung führt.

- Einzelne Unternehmensbereiche werden anderen Unternehmensbereichen übergeordnet und auftretende Zielkonflikte durch Entscheidung des übergeordneten Bereichs zwar schnell, aber zu Lasten des untergeordneten Bereichs, aufgelöst.

Der materialwirtschaftliche Bereich war in der Vergangenheit oft ein solcher untergeordneter Bereich, so dass wichtige Fragen der Unternehmenspolitik wie die Größe der Sicherheitsbestände, der Umfang von Gegengeschäften, der Übergang von Eigenfertigung zum Fremdbezug, die Festlegung des qualitativen Niveaus, um nur die wichtigsten zu nennen, von Abteilungen entschieden wurden, die hierbei in erster Linie ihr isoliertes Abteilungsinteresse verfolgten. Dass bei einer solchen Einstufung der Materialwirtschaft in der Unternehmenshierarchie die Realisierung des materialwirtschaftlichen Optimums auf der Strecke bleiben musste, ist nicht verwunderlich. Die zunehmend negativen Auswirkungen einer solchen organisatorischen Einstufung auf das Betriebsergebnis führen jedoch zunehmend zur Aufnahme der Materialwirtschaft in den Kreis der die Unternehmenspolitik mitbestimmenden Grundfunktionen. Dadurch erhält das Materialmanagement vielfältige Chancen, materialwirtschaftlichen

Aspekten bei allen grundsätzlichen Unternehmensentscheidungen Geltung zu verschaffen. Dieser Aufstieg der Materialwirtschaft zu einer gleichrangigen Grundfunktion bietet aber auch den Gruppenleitern und Einkäufern die notwendigen Entfaltungsmöglichkeiten, um in der täglichen Arbeit der Realisierung des materialwirtschaftlichen Optimums näher zu kommen.

1.4.2 Gestiegenes Anforderungsprofil der Materialwirtschaft

Um diese Gestaltungsmöglichkeiten jedoch auch nutzen zu können, müssen die Aufgabenträger gesteigerten Ansprüchen gerecht werden, und zwar

■ im Vollzug von Entscheidungsaufgaben,

■ in der Erledigung materialwirtschaftlich spezifischer Aktivitäten,

■ in der Beherrschung technischer Grundkenntnisse.

Diese drei Merkmale tauchen immer häufiger in Stellenanzeigen auf, durch die Mitarbeiter für den materialwirtschaftlichen Bereich gesucht werden.

Es ist unstrittig, dass eine Erledigung von Versorgungsaufgaben im Sinne materialwirtschaftlicher Optimierung eine Zunahme entscheidungsspezifischer Tätigkeiten zu Lasten verwaltungs- bzw. verrichtungsspezifischer Aktivitäten für die Mitarbeiter mit sich bringt.

Deshalb muss ihnen bewusst sein, dass Entscheiden im Auswählen verschiedener verfahrenstechnisch realisierbarer Möglichkeiten besteht. Je nach der Tragweite der Entscheidung sind hiermit Risiken verbunden, die der Materialwirtschaftler auch zu tragen bereit sein muss. Er wird durch eine breite Informationssammlung und intensive Informationsverarbeitung Risiken und Unsicherheiten zu mindern suchen, ausschalten kann er sie wegen der Zukunftsbezogenheit nicht.

Entscheidungen verlangen aber auch eine andere Mentalität als reine Ausführungstätigkeit. Es sei hier an Eigeninitiative erinnert, die aus eigenem Antrieb Lösungen sucht und nicht auf Anregungen Dritter wartet, und an den kreativen Charakter, der aus der reinen Routine neuen Lösungsmöglichkeiten zustrebt.

Abschließend sei darauf hingewiesen, dass Entscheidungen heute in den Unternehmen oft im Team erarbeitet und getroffen werden. Ziehen Materialwirtschaftler in diese Gremien ein, so wird man sie dort desto schneller als Partner anerkennen, je mehr sie sich schöpferischer Eigeninitiative verpflichtet fühlen und je besser sie es gelernt haben, konstruktive Teamarbeit zu leisten.

Die Funktionspalette eines Materialwirtschaftlers unterscheidet sich von der eines Bestellers dadurch, dass die dem Bestellvorgang vorgelagerten Aktivitäten wie Marktforschung, Bedarfsermittlung, Wertanalyse, Preisstrukturanalyse und Verhandlungsführung einen sehr breiten Raum einnehmen. Sie dienen alle der Qualifizierung der Bestellentscheidung, so dass der Materialwirtschaftler diese Techniken beherrschen bzw. sich aneignen muss.

Eine letzte Qualifikation, die in der betrieblichen Praxis erhebliche Schwierigkeiten bereitet, ist darin zu sehen, dass der Materialwirtschaftler über technische Kenntnisse der Materialien verfügen muss, die er zu betreuen hat. Wenn er als Gesprächspartner von Lieferanten und von der Technik im eigenen Unternehmen akzeptiert werden will und wenn er über produktspezifische Fragen seines Bereiches urteilen soll, benötigt er dazu Kenntnisse über technische Zusammenhänge und Prozessabläufe. Auch wenn die gestellten Ansprüche nicht zu hoch sein sollten, so ergeben sich hieraus häufig Probleme, die man durch den Einsatz von Wirtschaftsingenieuren, durch eine auf homogene Materialgruppen ausgerichtete Aufbauorganisation sowie durch betriebs- und materialbezogene Sonderschulungen zu lösen sucht, aber häufig noch nicht in befriedigendem Umfang gelöst hat.

1.5 Managementtechniken

1.5.1 ABC-Analyse

1.5.1.1 Allgemeiner Überblick

Durch die Verbreiterung der Funktionspalette, aber auch durch die Ausweitung der Märkte und des Einkaufssortiments entsteht leicht die Gefahr der Überlastung der Materialwirtschaft mit Routineaufgaben.

Um einen gezielten Einsatz der Beschaffungsaktivitäten zu ermöglichen, bedient man sich in der Praxis mit gutem Erfolg der ABC-Analyse. Sie baut auf der Erkenntnis auf, dass man mit relativ wenigen Artikeln eine hohe Funktionserfüllung erreichen kann, wenn die Artikel richtig ausgewählt werden.

Die Materialien werden ganz allgemein nach ihrer relativen Bedeutung klassifiziert. Dabei erfolgt die Relativierung durch die Auswahl geeigneter Kriterien. In der Praxis geht man überwiegend vom Wert aus, da dieser sich rechnerisch leicht ermitteln lässt. Für bestimmte Teilfunktionen wie Bedarfsermittlung, Lieferantenanalyse und Rechnungsprüfung reicht das auch voll aus. Bei anderen ist das rein rechnerische Ergebnis nur bedingt brauchbar wie bei der Beschaffungsmarktforschung, Wertanalyse und Warenprüfung. Hier hilft man sich dadurch, dass andere Auswahlkriterien vor der endgültigen Klassifizierung mit berücksichtigt werden, z.B. Fehlmengenrisiko und Variationstendenz. Wegen der Schwierigkeit der rechnerischen Erfassung sind diese Kriterien in der Praxis seltener zu finden.

Die ABC-Analyse erfordert naturgemäß ein gewisses Maß an Mut zur Lücke, der jedoch zur Steigerung der Wirtschaftlichkeit durch die Schaffung von Prioritäten und Rationalisierungsmaßnahmen bei den laufenden Routineaufgaben gerechtfertigt ist.

Um die bei der ABC-Analyse notwendigen Arbeitsabläufe im Detail aufzuzeigen, soll im folgenden der Lagerbereich betrachtet werden, weil hier meistens das Auswahlkriterium „Wert" verwendet wird, das relativ unproblematisch ist.

1.5.1.2 Durchführung der ABC-Analyse

Die einzelnen Schritte bei der Durchführung der ABC-Analyse sind die folgenden:

- Zunächst wird die jährliche Verbrauchsmenge der Lagermaterialpositionen in geeigneten Mengeneinheiten erfasst und mit dem Einzelpreis multipliziert. Auf diese Weise erhält man für jede Position den Jahresverbrauchswert.

- Die jährlichen Verbrauchswerte aller Positionen werden nach absteigender Größenordnung sortiert und kumuliert.

- Für jeden so geordneten Jahresverbrauchswert bildet man anschließend den Prozentanteil am Gesamtwert (100 %) und addiert wieder die Prozentzahl.

- Dann wird für jede Position der Anteil (in Prozent) an der Gesamtzahl der Positionen errechnet und kumuliert.

- Schließlich wird bei einem bestimmten Prozentanteil am Gesamtwert, z.B. 80 %, eine erste Grenze gezogen. Die Positionen, z.B. 20 % aller Lagermaterialien, die in diese Wertgruppe fallen, werden als A-Artikel bezeichnet. Ebenso wird festgelegt, wie viele und welche Materialien in die Wertgruppen B und C fallen.

Das Ergebnis einer solchen ABC-Analyse lässt sich vorteilhaft tabellarisch und grafisch dokumentieren, wie folgendes Beispiel zeigt.

Tabelle 1-2: *Beispiel für 10000 Materialpositionen mit einem Gesamtjahresverbrauchswert in Höhe von 60 Millionen €*

Warengruppe	Anzahl der Postitionen	Prozentanteil an der Gesamtzahl der Positionen	Jahresver- brauchswert in Mio €	Prozentanteil am Gesamtwert
A	2000	20	48	80
B	1000	10	9	15
C	7000	70	3	5
Gesamt	10000	100	60	100

Die Tabelle sagt aus, dass

	20 % der Positionen einen Wertanteil von 80 %,
weitere	10 % der Positionen einen Wertanteil von 15 %, und die
restlichen	70 % der Positionen einen Wertanteil von 5 % aufweisen.

Dieses beispielhafte Ergebnis ist für die meisten Betriebe mehr oder weniger typisch. Wenn die Wertgruppen auch etwas anders ausfallen können, so findet man doch fast immer die charakteristische Situation vor, dass sich die Verbrauchswerte der Lagerma-terialien auf ein relativ kleines Sortiment konzentrieren. Das kommt auch sehr an-schaulich in der Konzentrationskurve (Lorenz-Kurve) zum Ausdruck (vgl. Abbildung 1-3).

Die Einstufung der Materialpositionen in drei Klassen ist theoretisch zwar nicht zwin-gend, aber am häufigsten. Die Einteilung in mehr als drei Wertgruppen sollte immer unter Beachtung der Wirtschaftlichkeit und des zusätzlichen Informationsnutzens gesehen werden. Da die Klassifizierung bei der ABC-Analyse im Lagerwesen sich üblicherweise nach dem Wert (= Preis mal Menge) ausrichtet, können Positionen mit niedrigem Preis durchaus A-Teile und solche mit hohem Preis C-Teile sein.

Um zu vermeiden, dass technologisch verwandte Stoffe (etwa nach Dimension, Quali-tät und ähnlichen Eigenschaften) durch stark schwankende Wertgrenzen auseinan-dergezogen werden, sollte man nach Möglichkeit Stoffgruppen bilden. Verwendet man bei den Jahresverbrauchswerten - wie es in der Praxis meistens geschieht - histo-rische Zahlen, so besteht leicht die Gefahr, dass neue Entwicklungen das Bild verfäl-schen. Daher empfiehlt sich eine Überprüfung der einmal festgelegten Klassifizierung nach Ablauf einer gewissen Zeit, z.B. jedes Jahr. Auf diese Weise können auch materi-alspezifische Besonderheiten wie An- oder Auslauftermine berücksichtigt werden.

Abbildung 1-3: *Beispiel für eine ABC-Verteilung*

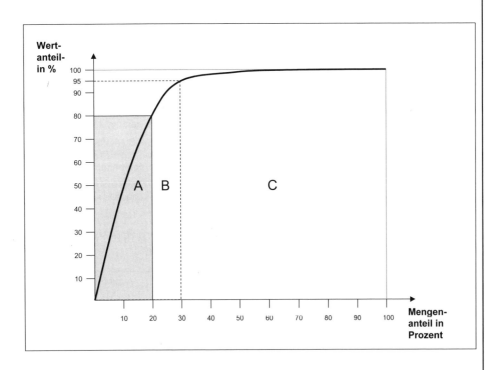

1.5.1.3 Folgerungen aus der ABC-Analyse

Wie das Beispiel aus dem Lagerbereich zeigt, kann die ABC-Analyse als eine wertvolle Entscheidungshilfe genutzt werden, indem wichtige Materialien besonders sorgfältig und vorrangig behandelt werden.

Bei dieser Schwerpunktbildung darf es jedoch nicht zu einer völligen Vernachlässigung der C-Teile kommen, weil sonst schnell unbeabsichtigte Störungen im Rahmen der Versorgungssicherung auftreten können. Auf der anderen Seite ist die ABC-Analyse aber nur dann ein wirkungsvolles Steuerungsinstrument, wenn die geeigneten Methoden, Verfahren und Maßnahmen für A-, B- und C-Teile bezüglich der einzelnen Beschaffungsteilfunktionen auch tatsächlich angewandt werden. Ein Beispiel zeigt nachstehende Tabelle 1-3, wobei die B-Teile je nach Zweckmäßigkeit der einen oder anderen Wertgruppe zuzuordnen sind.

Tabelle 1-3:   *Arbeitsübersicht zur ABC-Analyse*

Beschaffungs-teilfunktion	Mögliche Auswahlkri-terien	Behandlung der A-Teile	Behandlung der C-Teile
Disposition	- Wert - Fehlmengenrisiko	- Programmorientierte Bedarfsrechnung - Aufwendige Bestell-rechnung - Niedrige Sicherheits-bestände - kurzer Anlieferungs-rhythmus	- Verbrauchsorientierte Bedarfsrechnung - Vereinfachte Bestell-rechnung - Hohe Sicherheitsbe-stände - Langer Anlieferungs-zeitrhythmus
Beschaffungs-marktforschung	- Wert - Konjunktur- u. Sai-sonsensibilität	- Beobachtung aller Objekte - Benutzung vieler Informationsquellen	- Starke Beschränkung in den Objekten und Informationsquellen - Nutzung externer Dienstleister - Catalogue buying
Wertanalyse	- Wert - Substitutions-sensibilität	- Detaillierte Durchfüh-rung - Benchmarkanalysen	- Keine Durchführung
Bestellabwicklung	- Wert - Fehlmengenrisiko	- Gründliche Bestell-vorbereitung und -durchführung - Strenge Terminkon-trolle - Genaue Rechnungs-prüfung - Genaue Quantitäts- und Qualitätsprüfung	- Vereinfachte Bestell-abwicklung - Automatisierung von Bestellabläufen durch IuK-Technik (z.B. Ca-talogue Buying) - Outsourcing an exter-nen Dienstleister - Einschränkung bzw. Verzicht auf Terminkon-trolle, Rechnungsprü-fung, Qualitätskontrolle
Inventur	- Wert	- permanente Inventur	- Stichprobeninventur

Abschließend sei darauf hingewiesen, dass der Klassifizierungsgedanke der ABC-Analyse nicht nur bei Lagermaterialien Anwendung findet. Vielmehr sind ABC-Analysen in der Materialwirtschaft auch in anderen Bereichen möglich, wie Tabelle 1-4 zeigt.

Tabelle 1-4: *Anwendungsbereiche von ABC-Analysen*

Analyseobjekt	gegliedert nach
1. Jahresverbrauchswert	Lagermaterialpositionen
2. Lagerbestandswert	Lagermaterialpositionen
3. Beschaffungsumsatz	Materialpositionen
4. Beschaffungsumsatz	Bestellungen
5. Beschaffungsumsatz	Lieferanten

So werden beispielsweise die Lieferanten mit den höchsten Lieferwerten der Gruppe der A-Lieferanten und jene mit geringen Lieferwerten den C-Lieferanten zugeordnet. Die für die Materialwirtschaft besonders wichtige Gruppe der A-Lieferanten wird einer ständigen, sorgfältigen Beobachtung ihrer Leistungsfähigkeit, Bonität und Zuverlässigkeit unterworfen, während man C-Lieferanten weniger intensiv, sporadisch oder gar nicht beobachtet. Auch wird der Einkäufer gegenüber A-Lieferanten eine andere Lieferantenpolitik betreiben als gegenüber C-Lieferanten, die darauf abzielt, bei A-Artikeln eine Reduzierung der Anschaffungskosten, bei C-Artikeln eine solche der Bestellabwicklungskosten zu erreichen.

1.5.2   XYZ-Analyse

1.5.2.1   Allgemeiner Überblick

Während die ABC-Analyse Prioritäten auf der Basis rechenhafter Kriterien (Menge, Anzahl, Wert) festlegt, bedient sich die XYZ-Analyse mit der *Bedarfsvorhersagegenauigkeit* eines schwieriger zu handhabenden Ausprägungsgrades. In der Literatur sowie in der betrieblichen Praxis wird sie auch als RSU-Analyse (abgeleitet von den typischen Bedarfsverläufen regelmäßig, saisonal, unregelmäßig) bezeichnet.

Um zu beurteilen, ob der zukünftige Bedarf regelmäßig oder sporadisch bzw. planbar oder nicht planbar auftritt, bedient man sich:

- der Erfahrungen in der Vergangenheit

- der Ergebnisse der Stücklistenauflösung,

- anspruchsvoller IuK-Technik-Programme zur Ermittlung eines Variations- bzw. Schwankungskoeffizienten, der die Verbrauchsstreuung des Artikels ausdrückt.

Die Klassifizierung erfolgt in der Weise, dass

▪ X-Artikel sich durch einen konstanten Verbrauch bzw. durch eine hohe Vorhersagegenauigkeit,

▪ Y-Artikel sich durch einen schwankenden Verbrauch bzw. eine mittlere Vorhersagegenauigkeit,

▪ Z-Artikel sich durch einen unregelmäßigen Verbrauch bzw. eine niedrige Vorhersagegenauigkeit

auszeichnen.

Im industriellen Bereich kommen mehrere Untersuchungen zu folgender Verteilung innerhalb des Beschaffungsprogrammes:

> X-Artikel: 50-60 %
>
> Y-Artikel: 10-20 %
>
> Z-Artikel: 20-30 %

bezogen jeweils auf die Summe aller Artikel.

Im Handel nimmt der Anteil der X-Artikel am Gesamtsortiment in der Regel ab und die Zahl der Y-Artikel zu.

Exakte Ergebnisse sind wegen der vielen Unwägbarkeiten bei der Durchführung kaum zu erwarten. Näherungswerte sind jedoch auch vollkommen ausreichend, da vor allem die extremen Ausprägungen (X- und Z-Artikel) für die Festlegung konkreter Verhaltensweisen in der Praxis herangezogen werden. Auch wird die XYZ-Analyse häufig nicht bei allen Artikeln und Artikelgruppen angewandt, sondern auf signifikante Materialien beschränkt, um die Vorbereitungsmaßnahmen nicht ausufern zu lassen.

1.5.2.2 Kombination mit der ABC-Analyse

Die XYZ-Analyse wurde ursprünglich von Disponenten entwickelt, die mittels genauer Dispositionsverfahren ihre Arbeitsergebnisse im Bereich der Z-Artikel verbessern wollten. Hierbei zeigte sich, dass eine reine XYZ-Betrachtung wenig effizient ist. Erst eine Kombination mit der ABC-Analyse brachte die erhofften Ergebnisse, da Wertigkeit und Vorhersagegenauigkeit Entscheidungen im materialwirtschaftlichen Bereich beeinflussen (Vgl. Tabelle 1-5).

Tabelle 1-5:   *Matrix zur Kombination der ABC- mit der XYZ-Analyse*

		Wertigkeit		
		A	**B**	**C**
Vorhersagegenauigkeit	**X**	hoher Verbrauchswert hohe Vorhersagegenauigkeit	mittlerer Verbrauchswert hohe Vorhersagegenauigkeit	niedriger Verbrauchswert hohe Vorhersagegenauigkeit
	Y	hoher Verbrauchswert mittlere Vorhersagegenauigkeit	mittlerer Verbrauchswert mittlere Vorhersagegenauigkeit	niedriger Verbrauchswert mittlere Vorhersagegenauigkeit
	Z	hoher Verbrauchswert niedrige Vorhersagegenauigkeit	mittlerer Verbrauchswert niedrige Vorhersagegenauigkeit	niedriger Verbrauchswert niedrige Vorhersagegenauigkeit

1.5.2.3 Folgerungen aus der ABC-XYZ-Analyse

Anhand der Matrix ist leicht nachzuvollziehen, dass AX-Artikel andere Schwerpunkte im Bereich Disposition, Lieferantenauswahl, Vertragsgestaltung und Bestellabwicklung erfordern als AZ-Artikel. Auch ist in beiden Fällen ein unterschiedliches beschaffungspolitisches Verhalten geboten. Das gleiche gilt für alle anderen Felder, so dass dieses Verfahren geeignet ist, artikeladäquate Differenzierungen vorzunehmen, was nachfolgende Übersicht am Beispiel von AX und CZ (Extremfälle) verdeutlichen soll.

Tabelle 1-6: Folgerungen aus der ABC-XYZ-Analyse

	Behandlung der AX-Teile	Behandlung der CZ-Teile
1. Beschaffungs-teilfunktion		
Disposition	Deterministische Bedarfsdeckung Exakte Bestimmung von Anliefe-rungszeitpunkt und Anlieferungs-menge	Stochastische Bedarfsrechnung Abwicklungserleichternde Bestell-mengen
Lieferantenaus-wahl	Berücksichtigung der Vergleichsfak-toren Zuverlässigkeit, Flexibilität, Integrationsfähigkeit Jahresverhandlung	Berücksichtigung der Vergleichsfak-toren Einstandspreis, Lieferservice Großzügige Lagerhaltung der Liefe-ranten
Vertragsgestal-tung	langfristige Partnerschaftsverträge	Abrufverträge auf Jahresbasis
Bestellabwicklung	JIT-Belieferung Einschaltung von ERP	Einfache Verfahren / Sammelbestel-lungen IuK-Technik-gestützte (teil)automatisierte Bestellungen Einschalten der Bedarfsträger
2. Beschaf-fungspolitik		
Lieferantenpolitik	Single-Sourcing Lieferantenmotivation Partnerschaften	Local Buying Übertragung von Aufgaben an den Lieferanten Konsignationslager
Beschaffungsweg	Hersteller	Händler oder Hersteller
Vorratspolitik	Mengenbündelung Niedrige Sicherheitsbestände	gewisse Bestände
Beschaffungspro-grammpolitik	Normung zwecks Reduzierung Einwirken auf das Produktdesign	Einsatz von leicht beschaffbaren (Standard)-Materialien

1.5.3   Portfolio-Analyse

1.5.3.1   Der Prozess der strategischen Planung

Sowohl tiefgreifende Wandlungsprozesse auf den Beschaffungsmärkten als auch Veränderungen der betrieblichen Lage haben in den vergangenen Jahren zu einem stärkeren Problembewusstsein gegenüber strategischen Fragestellungen in der Materialwirtschaft beigetragen. Dabei ist angesichts der Vielzahl und der Verschiedenartigkeit der Einkaufsprodukte schnell deutlich geworden, dass es kaum möglich ist, allgemeine Grundsätze für das strategische Vorgehen im Einkauf zu entwickeln, welche sich auf alle Produkte, Märkte und auf alle Beschaffungssituationen anwenden lassen. Vielmehr kann es im Einkauf eigentlich nur darum gehen, unterschiedliche, auf die jeweiligen Marktverhältnisse und betrieblichen Gegebenheiten abgestimmte Kombinationen von beschaffungspolitischen Instrumenten zu entwickeln und einzusetzen. Eine Möglichkeit, zu derart differenzierten strategischen Einstellungen gegenüber unterschiedlichen Einkaufsprodukten und Beschaffungsmärkten zu gelangen, bietet die Portfolio-Methode. Hier soll dargestellt werden, wie dieses Planungsinstrument auf der Beschaffungsseite eingesetzt werden kann. Die Fülle der Aspekte, die dabei zu beachten ist, macht es erforderlich, dass wir uns auf einige wesentliche Punkte der Portfolio-Technik konzentrieren.

Der Prozess der strategischen Planung mit Hilfe der Portfolio-Technik vollzieht sich in der Regel in bestimmten (idealtypischen) Grundschritten:

- Am Anfang steht eine Analyse der Situation auf den Beschaffungsmärkten und der eigenen Position als Abnehmer. Zwecks objektiver Beurteilung dieser Ausgangsposition sind alle verfügbaren Informationen auszuschöpfen und auszuwerten.

- Im nächsten Grundschritt geht es darum, ausgehend von der vorangegangenen Analyse die kritischen Einkaufsprodukte und -märkte zu ermitteln und strategische Grundrichtungen zu bestimmen. Dazu bedient man sich einer zweidimensionalen Portfolio-Matrix. Auf der einen Achse einer derartigen Portfolio-Matrix ist in der Regel ein Umweltkriterium und auf der anderen Achse ein Unternehmenskriterium als Schlüsselfaktor abgetragen.

- In einem weiteren Grundschritt wird sodann versucht, für die einzelnen Felder der Portfolio-Matrix Norm- oder Standardstrategien zu entwickeln, die als Entscheidungsbasis für einzelne beschaffungspolitische Problemelemente, wie z.B. Preis-, Mengen- oder Lieferantenpolitik dienen.

- Schließlich erfolgen im letzten Grundschritt - ausgehend von den Standardstrategien - die Auswahl der optimalen Strategie-Alternative, die Feinplanung und die Ausarbeitung konkreter Aktionspläne.

Im Zuge der theoretischen und praktischen Auseinandersetzung mit dem Problem des Einsatzes der Portfolio-Technik in der Beschaffung sind inzwischen verschiedene Formen der beschaffungsorientierten Portfolio-Methode entstanden. Sie unterscheiden sich nach der Art der Schlüsselfaktoren, die als maßgeblich für die strategische Position des Abnehmers angesehen werden und mit deren Hilfe eine zweidimensionale Portfolio-Matrix konstruiert werden kann. In den folgenden Ausführungen sollen zwei unterschiedliche beschaffungsorientierte Portfolio-Konzepte vorgestellt werden. Während die erste Portfolio-Version das Kräfteverhältnis zwischen Lieferant und Abnehmer in den Vordergrund rückt, geht die zweite Methode von bestimmten Beschaffungsrisiken als den für die strategische Position relevanten Einflussgrößen aus. Das erste Modell soll hier als „Marktmacht-Portfolio" bezeichnet werden; für die andere Version wird hier die Kurzbezeichnung „Versorgungsrisiko-Portfolio" gewählt.

1.5.3.2 Das Marktmacht-Portfolio

Das Marktmacht-Portfolio basiert auf einer Analyse der Angebotsmacht der bzw. des Lieferanten und der Nachfragemacht des Abnehmers und versucht, für unterschiedliche Marktmacht-Konstellationen differenzierte strategische Grundrichtungen zu bestimmen. Dabei bedient man sich der folgenden Portfolio-Matrix:

Abbildung 1-4: *Positionierung der Lieferanten in der Matrix des Marktmacht-Portfolios*

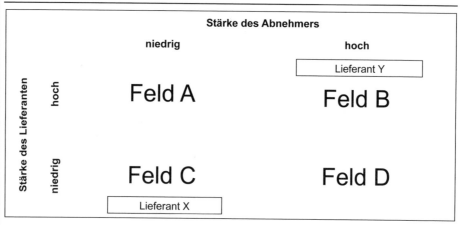

In dieser zweidimensionalen Übersicht sind die Stärken bzw. Schwächen des (der) Lieferanten den Stärken bzw. Schwächen des Abnehmers gegenübergestellt. Auf diese Weise sind insgesamt vier Felder entstanden, aus denen auch vier unterschiedliche

Portfolio-Kategorien abgeleitet werden können und denen verschiedene strategische Grundrichtungen zuzuordnen sind:

Im *Feld A* der Matrix befinden sich diejenigen Lieferanten, die eine relativ starke Position gegenüber dem Abnehmer haben. Angesichts der in dieser Kategorie vorherrschenden Marktmachtverhältnisse kann der Abnehmer nicht damit rechnen, dass er mit beschaffungspolitischen Maßnahmen den (die) Anbieter wesentlich beeinflussen und Zugeständnisse bei Preisen und Konditionen durchsetzen kann. Für dieses Feld der Portfolio-Matrix ist deshalb eine Strategie zu empfehlen, die darauf abzielt, sich mittels interner (= unternehmensorientierter) und externer (= marktorientierter) Maßnahmen von übermächtigen Lieferanten zu befreien oder wenigstens die Abhängigkeit vom Lieferantenmarkt abzubauen und die eigene Position gegenüber den Anbietern zu stärken. Deshalb soll diese Verhaltensweise hier kurz als *Emanzipationsstrategie* bezeichnet werden.

Ein wesentlicher Bestandteil dieser Strategie ist eine Marktstrukturpolitik, also eine aktive Gestaltung und Beeinflussung der strukturellen Gegebenheiten des Marktes seitens des Abnehmers. Eine derartige Einkaufspolitik kann sich dabei sowohl auf die Angebotsseite als auch auf die Nachfrageseite des Marktes erstrecken. Das endgültige Ziel dieser Emanzipationsstrategie wird darin bestehen müssen, Einkaufsprodukte aus dieser kritischen Beschaffungskategorie in eine günstigere zu überführen.

Im *Feld D* der Matrix befinden sich diejenigen Lieferanten, deren Position gegenüber dem Abnehmer relativ schwach ist. Hier geht es im Einkauf vor allem darum, die vorhandene Marktmacht zu nutzen, um das Beste für den Abnehmer aus den relativ günstigen Marktgegebenheiten herauszuholen; man wird durch den Einsatz bestimmter beschaffungspolitischer Maßnahmen den Wettbewerb zwischen den am Markt vorhandenen Lieferanten anregen, den einzelnen Anbieter zur Leistungssteigerung bewegen und die gegebenen Chancen so gut wie eben möglich nutzen oder sogar erweitern. Deshalb soll diese Verhaltensweise als *Chancenrealisierungsstrategie* bezeichnet werden. Der Einkauf kann hier seine Lieferanten bewusst steuern und eine relativ „führende" Rolle spielen, die auch aggressive Elemente enthalten wird. Der Abnehmer hat in dieser Situation gute Aussichten, Preise und Konditionen zu seinen Gunsten zu beeinflussen.

Im *Feld B* der Matrix steht ein marktmächtiger Abnehmer einem bzw. mehreren ebenfalls starken Lieferanten gegenüber. Wenn zwei marktbeherrschende Unternehmen als Abnehmer und Lieferant einander gegenüberstehen, dann kann in der Regel davon ausgegangen werden, dass sie auch beachtliche Einflussmöglichkeiten aufeinander haben. Ferner wird der Anbieter für seine absatzpolitischen und der Nachfrager für seine beschaffungspolitischen Entscheidungen und Maßnahmen die Marktmacht und die möglichen Reaktionen des jeweils gegenüberstehenden Marktteilnehmers zu berücksichtigen haben. Da keiner in dieser Partnerschaft eindeutig dominiert, aber beide ein Interesse daran haben, mit dem anderen ins Geschäft zu kommen, entwickeln sie eine Verhaltensweise, die hier als *Geschäftsfreundestrategie* bezeichnet werden soll.

Typisch für diese Marktmacht-Konstellation sind enge persönliche Kontakte, der Aufbau einer Vertrauensbasis, partnerschaftliche Zusammenarbeit, ein intensiver Informationsaustausch und gemeinsame Teams und Projektgruppen zur Erarbeitung von Problemlösungen. Der Kompromisscharakter der Geschäftsfreundestrategie führt in der Praxis dazu, dass die Vergabeverhandlung und die Frage der Einigung eine zentrale Rolle innerhalb dieser marktmachtbedingten Verhaltensweise spielen. Die ausgehandelten Verträge streben in der Regel einen Interessenausgleich der Partner hinsichtlich Erträge, Kosten und Risiken an. Auf die Festsetzung des Preises für das Beschaffungsobjekt wird dabei auch der Preis, den der Abnehmer für sein Endprodukt erzielt, einen gewissen Einfluss haben. Die Geschäftsfreundestrategie besteht zu einem großen Teil aus einem schwierigen Balanceakt zwischen kooperativen und konfliktären Verhaltensweisen. Wegen der Kompliziertheit der strategischen Überlegungen in diesem Bereich, aber auch wegen der Wichtigkeit des Marktpartners und der erforderlichen persönlichen Beziehung zu ihm ist manchmal in der Praxis die Tendenz zu beobachten, dass man die Kontakte zum Anbieter auf eine höhere hierarchische Ebene verlagert.

Im *Feld C* der Matrix treffen zwei schwache unbedeutende Marktpartner aufeinander. Das Beschaffungsmarketing des Abnehmers wird sich in einer derartigen Situation im wesentlichen darauf beschränken, aus den zur Verfügung stehenden Lieferanten den günstigsten auszuwählen und sich den jeweiligen Marktverhältnissen anzupassen. Die zu verfolgende Verhaltensweise in dieser Portfolio-Kategorie soll deshalb *als Anpassungs- und Selektionsstrategie* bezeichnet werden. Dabei muss man sich allerdings bewusst sein, dass diese Verhaltensweise wenig wirklich strategische Elemente enthält und dass - im Gegensatz zur Geschäftsfreundestrategie - in dieser Marktmachtkonstellation die Geschäftsbeziehungen einen recht unpersönlichen (anonymen) Charakter annehmen können. Da weder der Anbieter noch der Abnehmer über einen nennenswerten Verhandlungsspielraum verfügen, finden Vergabeverhandlungen nur in geringem Umfang oder sogar überhaupt nicht statt (z.B. Bestellung per Katalog). Der Einkäufer spielt also scheinbar eine relativ passive Rolle. Er wird sich jedoch angesichts seiner Aufgaben auf dem Gebiet der Marktanalyse und Marktbeobachtung sowie der Marktanpassung nicht als reiner Bestellabwickler betätigen dürfen.

Abschließend kann also das Bild der strategischen Grundrichtungen für das Marktmacht-Portfolio wie folgt festgehalten werden:

Abbildung 1-5: Bestimmung der strategischen Grundrichtung im Marktmacht-Portfolio

		Stärke des Abnehmers	
		niedrig	hoch
Stärke des Lieferanten	hoch	Emanzipationsstrategie	Geschäftsfreundestrategie
	niedrig	Anpassungs- und Selektionsstrategie	Chancenrealisierungsstrategie

1.5.3.3 Das Versorgungsrisiko-Portfolio

In diesem Portfolio-Konzept wird das Risiko der Materialbereitstellung mit den Ergebnissen der ABC-Analyse zu einer Portfolio-Matrix kombiniert. Dabei soll in diesem Ansatz davon ausgegangen werden, dass ein Versorgungsrisiko für eine abnehmende Unternehmung dann vorliegt, wenn erstens die Gefahr marktbedingter Lieferunterbrechungen als hoch anzusehen ist und wenn zweitens die betriebliche Anfälligkeit gegenüber Versorgungsstörungen groß ist. Der Aufbau des Versorgungsrisiko-Portfolios wird in Abbildung 1-6 dargestellt.

Die strategische Vorgehensweise bei den einzelnen Produkten dieses Versorgungsrisiko-Portfolios ist durch folgende Besonderheiten gekennzeichnet:

„Schlüsselprodukte" sind diejenigen A-Artikel einer Unternehmung, welche mit einem hohen Versorgungsrisiko verbunden sind. Derartigen Einkaufsteilen wird die Materialwirtschaft einer Unternehmung ihr besonderes strategisches Interesse widmen. Denn hier muss das schwierige Problem gelöst werden, wie man die Materialversorgung sichern kann, ohne dass das Ziel der kostengünstigen Versorgung zu sehr in Mitleidenschaft gezogen wird. In dieser Portfoliokategorie stehen das Sicherungsziel und das Wirtschaftlichkeitsziel zentral im Vordergrund strategischer Überlegungen und Planungen, und man wird sich in der Materialwirtschaft intensiv um den Ausgleich der beiden konkurrierenden Ziele bemühen müssen.

Abbildung 1-6:   Matrix des Versorgungsrisiko-Portfolios

		ABC-Ausprägung	
		A-Artikel	**C-Artikel**
Versorgungsrisiko	**hoch**	Schlüsselprodukte (key products)	Engpassprodukte (bottleneck products)
	niedrig	Hebelprodukte (leverage products)	unproblematische Produkte (non critical products)

Um die Versorgung bei diesen sensiblen Produkten sicherzustellen, ist es für den Einkauf von großer Bedeutung, möglichst frühzeitig über den zukünftigen Bedarf informiert zu sein. Deshalb ist eine möglichst exakte Bedarfsvorhersage von besonderer Bedeutung. In größeren Unternehmen werden in der Regel relativ langfristige Beschaffungspläne für Schlüsselprodukte aufgestellt. Neben diese Prognose des langfristigen Bedarfs müssen Preis- und Verfügbarkeitsprognosen treten. Voraussetzung dafür ist eine intensive Beschaffungsmarktforschung sowie der Aufbau von Frühwarnsystemen im Bereich der Materialwirtschaft.

„Hebelprodukte" gehören ebenfalls zur Kategorie der A-Artikel; sie unterscheiden sich jedoch von den Schlüsselprodukten dadurch, dass bei ihnen die Lieferbereitschaft nicht gefährdet ist. Aus diesem Grunde stellen Hebelprodukte diejenigen Artikel im Beschaffungsprogramm einer Unternehmung dar, bei denen die Materialwirtschaft die Möglichkeit hat, einen wesentlichen Beitrag zum Betriebsergebnis zu leisten. Dabei wird der „Hebel" zur Ergebnisverbesserung hauptsächlich an zwei Punkten angesetzt: erstens an einer Korrektur des Preis-/ Leistungs-Verhältnisses und zweitens an einer Vermeidung von Kosten aus den Lagerbeständen.

„Engpassprodukte" sind C-Artikel, die durch ein hohes Versorgungsrisiko gekennzeichnet sind. Die Standardstrategie für diese Portfolio-Kategorie ist selbstverständlich ebenfalls von dem Bestreben geprägt, die Versorgung abzusichern. Allerdings unterscheidet sich die hier praktizierte Vorgehensweise in wesentlichen Punkten von der Strategie für Schlüsselprodukte. Da Engpassprodukte zu den C-Artikeln zählen, kommen zwecks Sicherung der Materialversorgung durchaus Maßnahmen in Betracht, die mit einer (gewissen) Erhöhung der Beschaffungskosten verbunden sind. Aus wirtschaftlichen Gründen kann man es sich in dieser Portfolio-Kategorie eher als bei den Schlüsselprodukten leisten, drohende Beschaffungsrisiken dadurch zu bekämpfen, dass man als Abnehmer z.B. eine großzügige Preispolitik betreibt oder hohe Vorräte anlegt.

„Unproblematische Produkte" sind C-Artikel ohne ein erkennbares Versorgungsrisiko. In der Materialwirtschaft wird man diesen Produkten keine große Beachtung schenken sondern Wert darauf legen, dass man sich die Arbeit mit ihnen erleichtert und vereinfacht und dass nur in geringem Maße oder nur sporadisch Analysen oder Kontrollen durchgeführt werden.

1.5.3.4 Beurteilung der Portfolio-Technik

Der Vorteil der Portfolio-Methode liegt zunächst einmal darin, dass sie in einfacher und anschaulicher Weise Aufschluss über die strategische Position des Abnehmers auf dem Beschaffungsmarkt gibt. Dass dieses Planungsinstrument von der Praxis interessiert aufgenommen und mit Erfolg angewendet worden ist, dazu haben die relativ leichte Handhabung sowie die Möglichkeit der Bildung von deutlich unterscheidbaren Strategietypen beigetragen. Da mit Hilfe der Portfolio-Methode die wirklich kritischen - ja existenzbedrohenden - Beschaffungsobjekte einer Unternehmung aus der Vielzahl der einzukaufenden Artikel herausgefunden werden können, muss sie als eine überaus sinnvolle Ergänzung der ABC-Analyse angesehen werden.

Gleichzeitig muss hier jedoch auf bestimmte Schwächen, Grenzen und sogar Gefahren der Portfolio-Methode aufmerksam gemacht werden:

1. Ein erhebliches Problem in der Anwendung dieser Planungsmethode könnte zunächst einmal in der Schwierigkeit liegen, die erforderlichen Informationen zu beschaffen und aussagefähige Kritiken für die jeweils ausgewählten Schlüsselfaktoren (Marktmacht oder Risiko) zu finden.

2. Als problematisch ist ferner anzusehen, dass man in der Portfolio-Analyse versucht, die strategische Stellung eines Abnehmers aus jeweils zwei Grundfaktoren (Angebotsmacht und Nachfragemacht) abzuleiten. Diese Zweidimensionalität des Konzeptes birgt die Gefahr in sich, dass andere Faktoren, die für die strategische Position einer Unternehmung ebenfalls von großer Bedeutung sind, übersehen werden.

3. Die Standardstrategien legen zwar die Grundrichtung des Vorgehens fest; aber bei der Planung konkreter Aktionen wird man in den meisten Fällen doch wieder auf zusätzliche detaillierte Daten als Basisinformation zurückgreifen müssen.

4. Eingeschränkt wird der Wert dieser Planungsmethode auch dadurch, dass sie nicht in der Lage ist, Strategien für sämtliche Einkaufsprodukte aufzustellen. Denn wirk-

lich aussagefähige Standardstrategien werden im Grunde genommen lediglich für Märkte mit extrem günstigen und extrem ungünstigen Verhältnissen entwickelt.

Diese Kritikpunkte deuten an, dass die Portfolio-Modelle im Einkauf, was ihre Detaillierung, ihre sinnvolle und logische Ausgestaltung und was die erforderliche Differenzierung der Schlüsselfaktoren (Marktmacht, Risiko etc.) angeht, sich vorerst noch in der Entwicklungsphase befinden.

Übungsfragen und -aufgaben

1. Welche Bezeichnungen für die betriebliche Versorgungsfunktion kennen Sie?

2. In welchen Begriffen kommt die strategische Komponente der Versorgungsfunktion zum Ausdruck?

3. Welche Verhaltensweise betont der Begriff Beschaffungsmarketing?

4. Was verstehen Sie unter dem materialwirtschaftlichen Optimum?

5. Welche Hauptkostenarten sind in ihm enthalten?

6. Welche dieser Hauptkostenarten stehen im Mittelpunkt logistischer Bemühungen?

7. Warum werden Rentabilität und Liquidität einer Unternehmung erheblich von der Versorgungsfunktion beeinflusst?

8. In welcher Weise kann die Versorgungsfunktion die Wettbewerbskraft des Unternehmens auf seinen Absatzmärkten steigern?

9. Welche Aktivitäten sind heute für eine gute Funktionserfüllung im Versorgungsbereich besonders wichtig?

10. Weshalb bedarf die Versorgungsfunktion der Unterstützung anderer Unternehmensbereiche?

11. Wie können Schnittstellenprobleme zwischen den bedarfsbestimmenden und bedarfsdeckenden Stellen in einem Unternehmen ausgeräumt werden?

12. Welche Ziele verfolgt die ABC-Analyse?

13. In welchen Schritten wird die ABC-Analyse durchgeführt?

14. Welche Anwendungsbereiche der ABC-Analyse kennen Sie?

15. Welches Klassifizierungsmerkmal liegt der XYZ-Analyse zugrunde?

16. Warum ist eine Kombination von ABC- und XYZ-Analyse sinnvoll?

17. Welche Auswirkungen hat ein AX-Produkt auf die Lieferantenwahl?

18. In welcher Weise beeinflusst ein CZ-Produkt logistische Überlegungen?

19. Welchen Beitrag kann die Versorgungsfunktion im Rahmen von Time Based Management leisten?

20. Aus welchen Gründen wird der Versorgungsfunktion von vielen Autoren und Unternehmen eine „Gewinnhebelfunktion" zugeschrieben?

21. Der Prozess der strategischen Planung mit Hilfe der Portfolio-Technik vollzieht sich in der Regel in bestimmten (idealtypischen) Grundschritten. Beschreiben Sie diese Grundschritte.

22. Gegeben ist die Matrix des Marktmacht-Portfolios:

Abbildung 1-7:   *Matrix des Marktmacht-Portfolios*

		Stärke des Abnehmers	
		niedrig	hoch
Stärke des Lieferanten	hoch	**Feld A**	**Feld B**
	niedrig	**Feld C**	**Feld D**

---

a)   Welche Standardstrategie schlagen Sie für das Feld A vor? Erläutern Sie diese Standardstrategie.

b)   Welche Standardstrategie schlagen Sie für das Feld D vor? Erläutern Sie diese Standardstrategie.

23. Gegeben ist die folgende Portfolio-Matrix:

Abbildung 1-8:   *Matrix des Versorgungsrisiko-Portfolios*

		ABC-Ausprägung	
		A-Produkt	C-Produkt
Versorgungsrisiko	hoch	**Feld A**	**Feld B**
	niedrig	**Feld C**	**Feld D**

---

a) Welche Standardstrategie schlagen Sie für das Feld C dieser Portfolio-Matrix vor? Erläutern Sie diese Standardstrategie.

b) Welche Standardstrategie schlagen Sie für das Feld D dieser Portfolio-Matrix vor? Erläutern Sie diese Standardstrategie.

24. Wie beurteilen Sie die Portfolio-Technik bezüglich ihrer Anwendbarkeit in der Praxis?

2 Materialdisposition

2.1 Deterministische Bedarfsplanung

2.1.1 Planungsgrundlagen

Die deterministische oder programmorientierte Bedarfsplanung leitet ihren Namen vom Produktionsplan ab, der wiederum auf dem Absatzplan basiert. Der voraussichtliche Bedarf des Absatzmarktes an Enderzeugnissen und Ersatzteilen wird als *Primärbedarf* bezeichnet, der den Ausgangspunkt für die nachfolgenden dispositiven Arbeitsschritte darstellt. Die Genauigkeit der Primärbedarfsermittlung ist deshalb von großer Bedeutung. Sie wird um so eher erreicht, je mehr feste Kundenaufträge vorliegen, die in die Auftragsbearbeitung einfließen. Die Länge des Planungszeitraums (Planungshorizont) hängt dabei u.a. von der Durchlaufzeit des zu fertigenden Endprodukts durch die einzelnen Fertigungsstufen und von der Wiederbeschaffungszeit der fremdbezogenen Einsatzprodukte ab.

Aus dem Primärbedarf leitet sich der *Sekundärbedarf* ab, der die Produkte umfasst, die zur Erzeugung der Endprodukte und Ersatzteile (für den Markt) dienen. Diese Produkte werden in Produktdokumentationen mit allen notwendigen Angaben festgehalten, die je nach Branche unterschiedliche Bezeichnungen aufweisen, wie Stücklisten oder Rezepturen. Hier soll nur von *Stücklisten* gesprochen werden, die in verschiedenen Ausprägungen vorkommen, z.B. in Abhängigkeit vom Komplexitätsgrad und von der Variantenfülle der Endprodukte, aber auch von der Stücklistenorganisation im jeweiligen Unternehmen. Die Besonderheit des Sekundärbedarfs liegt darin, dass die einzelnen Stücklistenpositionen nicht unabhängig disponiert werden können, weil sie von der Technologie des Endprodukts und den Montageplänen abhängen, also deterministisch sind.

Die Ermittlung des Sekundärbedarfs erfolgt durch die Auflösung der zugrunde liegenden Stücklisten, was bewährte IuK-technische Systeme übernehmen. Dabei ist es natürlich unerlässlich, dass die Stücklisten stets auf dem aktuellen technologischen Stand gehalten, also gepflegt werden. Für manche Produkte, die gewissermaßen maßgeschneidert nach Kundenwünschen gefertigt werden, haben die Stücklisten nur *temporären* Charakter, wenn nicht mit einer Wiederholung des Auftrags gerechnet wird.

Zu den Stücklistenpositionen können eigengefertigte Teile (Hausteile) oder fremdbezogene Materialien (Kaufteile) gehören. Dabei kann es sich um Einzelteile (z.B. Unterlegscheibe) oder komplizierte zusammengesetzte Produkte handeln, die als *Baugruppen* (z.B. Motor) bezeichnet werden. Für die Materialdisposition ist aber nur die Unterscheidung nach Haus- und Kaufteilen wichtig.

Um dem Leser einen kleinen Eindruck von der grundsätzlichen Vorgehensweise der Sekundärbedarfsermittlung zu verschaffen, möge ein völlig anspruchloses Phantasieprodukt, mit F bezeichnet, als Beispiel dienen. Es besteht aus drei Mengeneinheiten A und zwei Einheiten b. A wiederum setzt sich aus einer Einheit c und ebenfalls aus zwei Einheiten b zusammen. Diese Struktur kann wie folgt visualisiert werden:

Abbildung 2-1:   *Gozinto-Graph*

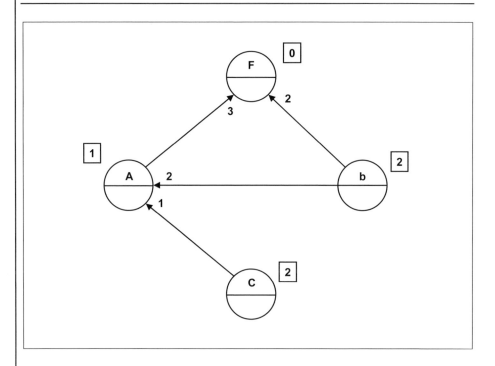

In dieser netzartigen Darstellung, auch scherzhaft *Gozinto-Graph* (the part that *goes into*) genannt, stellen die Kreise (Knoten) die Produkte, die Pfeile die strukturellen Beziehungen, die Zahlen an den Pfeilen die Produktionskoeffizienten und die Zahlen im eckigen Kasten die Dispositionsstufe dar. Vom Erzeugnis F geht kein Pfeil weg, es hat daher einen Pfeilbestand von Null (Zahl im Kasten). Da es von diesem Produkt keine weitere Verwendung gibt, muss es sich sachlogisch um das *Endprodukt* handeln. Dieses besteht aus drei ME einer Baugruppe, hier mit A bezeichnet, und zwei ME eines Kaufteils b. Zum besseren Verständnis werden das Fertigerzeugnis und die Baugruppe mit großen Buchstaben versehen, weil diese aus Unterprodukten bestehen, wie aus dem Graph hervorgeht. Eine Baugruppe ist also dadurch gekennzeichnet, dass Pfeile (hier nur einer) davon wegführen und Pfeile zu ihr hinführen. Nimmt man den Motor als Beispiel, so führt gedanklich ein Pfeil zum Auto und viele Pfeile, nämlich alle Motorkomponenten, laufen quasi auf den Motor zu.

Von den Produkten b und c gehen nur Pfeile ab. Sie bestehen deshalb nicht aus nachzuweisenden Unterprodukten, sondern werden zugekauft und fertig, wie sie sind, montiert.

Es stellt sich nun die Frage, in welcher Reihenfolge die Produkte zu disponieren sind. Dazu dient die Vergabe von Dispositionsstufen, die als *längster* Weg des betrachteten Teils zum Endprodukt definiert sind. So hat A die Dispositionsstufe 1 und wird nach F (Stufe 0) aufgelöst. Die Kaufteile b und c weisen jeweils die Stufe 2 auf, weil der längste Weg von ihnen nach F über zwei Pfeile führt. Das Schaubild macht auch klar, dass man stets den längsten Weg betrachten muss. Der Pfeil von b nach F kann als Endmontage interpretiert werden. Es findet aber auch noch eine Zwischenmontage von A statt. Deshalb kann der Sekundärbedarf von b erst vollständig erfasst werden, wenn der übergeordnete Bedarf von Baugruppe A bekannt ist, die wiederum in F eingeht. So stellt diese als *Dispositionsstufenverfahren* bezeichnete Gozinto-Struktur sicher, dass die Stücklistenauflösung in der technologisch richtigen Reihenfolge abläuft.

Aus dem Gozinto-Graphen können noch zwei weitere wichtige Informationen gewonnen werden. Die Zahlen an den Pfeilen schlagen eine Brücke zur althergebrachten Produktions- und Kostentheorie der allgemeinen BWL. Betrachtet man als Beispiel den Pfeil von b nach F, so stellt b den input und F den output dar. Der Pfeil besagt, dass b zweimal in F eingeht oder umgekehrt formuliert, dass F aus zwei Einheiten b besteht. Als lineare Gleichung geschrieben erhält man: $b = 2 \cdot F$. Daraus folgt: b/F = input/output = 2. Diese Zahl wird als Produktionskoeffizient bezeichnet, der zur Kennzeichnung von Produktionsfunktonen mit herangezogen werden kann. In der industriellen Praxis kann der Produktionskoeffizient als Mengenangabe in der häufig verwendeten *Baukasten-Stückliste* interpretiert werden. So besteht die Baukasten-Stückliste des Endprodukts F aus zwei Einheiten b und drei Einheiten A, d.h. sie besteht nur aus den *unmittelbaren* Vorgängerteilen und bildet somit eine Baugruppe bzw. einen Baukasten. Entsprechend besteht die zweite Baukasten-Stückliste A aus zwei Teilen b und einem c.

Schließlich kann man aus dem Gozinto-Graphen den Sekundär- oder Montagebedarf für eine Teilplanungsperiode, z.B. eine Woche, einfach ermitteln, wenn der Primärbedarf vorliegt, z.B. 50 Mengeneinheiten. Aus Vereinfachungsgründen bleiben verfügbare Bestände außer Betracht. Nennt man die Bedarfsmenge eines Teils m, so erhält man hier:

$$m_A = 3 \cdot 50 = 150 \text{ (Pfeil von A nach F)}$$

$$m_b = 2 \cdot 50 + 2 \cdot 150 = 400 \text{ (Pfeil von b nach F und A)}$$

$$m_c = 1 \cdot 150 = 150 \text{ (Pfeil von c nach A)}$$

Der Vollständigkeit halber sei noch erwähnt, dass in der Montageindustrie (z.B. Fahrzeugbau) die Gozinto-Graphen zyklenfrei auftreten, was in der chemischen Industrie nicht zutreffen muss.

2.1.2 Brutto- und Nettobedarf

Mit der Stücklistenauflösung erhält man, wie beispielhaft mit der Gozinto-Methode gezeigt, den Sekundärbedarf der Teile, aus denen ein Endprodukt besteht. Der Materialdisponent muss aber auch evtl. Zusatzbedarfe berücksichtigen, etwa die schon erwähnten verkaufsfähigen Ersatzteile. Die Summe aus Sekundär- und Zusatzbedarf wird als *Bruttobedarf* bezeichnet. Davon werden verfügbare Bestände abgezogen, um den Nettobedarf zu erhalten, der in die Bestellrechnung einfließt.

Der für den Disponenten *verfügbare* Bestand setzt sich aus dem Lagerbestand zuzüglich der schon erteilten Aufträge und abzüglich der Sicherheitsbestände und Reservierungen (schon verplante Bestände) zusammen. Dabei ist darauf zu achten, dass der Lager-Bestand durch Erfassung aller geplanten und ungeplanten Zu- und Abgänge buchmäßig aktualisiert (Bestandsfortschreibung) wird. Die Sicherheitsbestände bilden ein Polster gegen Planungsfehler, wie Mehrverbräuche, Lieferverzögerungen und Falschlieferungen, und werden außerhalb der Bestandsfortschreibung der Entwicklung angepasst. Der Bestell*termin* ist gekommen, wenn eine Unterdeckung errechnet wird nach der Gleichung:

Bedarfsdeckung = Verfügbarer Bestand - Bruttobedarf

Eine *Unterdeckung* (Bruttobedarf größer als verfügbarer Bestand) ist natürlich gleichbedeutend mit einem *positiven Nettobedarf* nach der Gleichung:

Nettobedarf = Bruttobedarf - Verfügbarer Bestand

Mit der Gozinto-Methode wurde der Bedarf, d.h. der Brutto- oder Nettobedarf bzw. allein der Sekundärbedarf, für eine Planungsperiode ermittelt. In der *terminierten* Nettobedarfsrechnung wird der Zeitfaktor berücksichtigt. Deshalb muss hier zwischen Bestelltermin und Liefertermin unterschieden werden, soweit es sich um Kaufteile handelt. Bei Hausteilen wäre analog zwischen Auftragserteilung und Lagerzugang / Fertigstellung zeitlich zu differenzieren. Im ersteren Fall ist die Wiederbeschaffungszeit und im anderen die Durchlaufzeit zu beachten. Um ein *über*geordnetes Teil im Lager verfügbar zu haben, müssen *unter*geordnete Teile mit einem Vorlauf disponiert werden. Ein kleines Zahlenbeispiel soll die Logik der terminierten Nettobedarfsrechnung, die auch als *MRP* (Material Requirements Planning) bezeichnet wird , verdeutlichen. Dabei sei das Kaufteil b des Gozinto-Beispiels betrachtet mit einer Wiederbeschaffungszeit von zwei Wochen und einem verfügbaren Lagerbestand von 140 Mengeneinheiten. Mit Ausnahme dieses Lagerbestands sind die übrigen Daten der nachstehenden Abbildung Plangrößen. Eine Bündelung positiver Nettobedarfe (=Unterdeckung) zu optimalen Bestellmengen soll aus Vereinfachungsgründen unterbleiben. Vielmehr wird eine *Lot for Lot*-Strategie verfolgt, die im Prinzip dem Just-in-time-Konzept ähnelt.

Tabelle 2-1:   *Terminierte Nettobedarfsrechnung*

Wochen	1	2	3	4	5	6
Bruttobedarf	40	70	55	75	130	110
Lieferung			25	75	130	110
Lagerbestand	100	30	-	-	-	-
Bestellung	25	75	130	110		

In Woche 1 beträgt der Bruttobedarf von Kaufteil b 40 Einheiten. Der verfügbare Bestand von 140 ME dient zur Deckung, so dass im Lagerbestand 100 ME verbleiben, die auch den Bedarf der Folgewoche decken. Der Endbestand von 30 reicht allerdings zur Deckung des Bruttobedarfs in Woche 3 nicht aus, so dass zu diesem Zeitpunkt eine Lieferung von 25, d.h. in Höhe der Unterdeckung (30 - 55), einzuplanen ist. Wegen der Wiederbeschaffungszeit von zwei Wochen muss der Einkauf in Woche 1 die Bestellung des Kaufteils auslösen. Entsprechend ist in den übrigen Wochen zu verfahren. Bei der hier betrachteten Losgrößenpolitik sind zwar die Lagerkosten relativ gering, dafür müssen aber häufige Bestellungen in Kauf genommen werden. Für die terminierte Nettobedarfsrechnung können spezielle Modelle der *dynamischen* Bestellmengen-Rechnung herangezogen werden, die kostengünstige Lösungen ermöglichen. Dabei geht es im wesentlichen darum, die Summe aus Bestell- und Lagerhaltungskosten, die auch als relevante Kosten bezeichnet wird, so klein wie möglich zu machen. Besonders die quantitativ orientierte Fachliteratur hat zu diesem Themenkreis eine Fülle von exakten und approximativen Verfahren entwickelt, von denen einige in den einschlägigen ERP-Systemen (Enterprise Resource Planning) enthalten sind. Als Beispiel seien nun genannt das Kostenausgleichsverfahren oder die Modelle von Wagner und Whitin oder Groff.

2.2 Stochastische Bedarfsplanung

2.2.1 Prognosen und ihre Kontrollen

Während Stücklistenpositionen programmgebunden disponiert werden, ist der Bedarf bei allen Produkten, die in Stücklisten nicht aufgeführt werden, mehr oder weniger zu schätzen. Hierbei ist in erster Linie an Betriebsstoffe zu denken, die als Nichterzeugnisstoffe auch nicht in Produktdokumentationen aufgeführt werden. Für einige Betriebsstoffe kann - ähnlich wie bei Hilfsstoffen - über technologische Kennziffern eine Art abhängiger Bedarf unterstellt werden, so dass Methoden der programmgebundenen Disposition in Frage kommen könnten. Bei anderen Betriebsstoffen, etwa Energie, haben vertragliche Aspekte womöglich ein stärkeres Gewicht als die Prognostik. Gleichwohl kann auf Prognosen bestimmter Materialbedarfe nicht verzichtet werden, so dass ihre Grundlagen hier kurz abgehandelt werden sollen. Dabei wird auf die Darstellung altbewährter Prognoseverfahren verzichtet, die in der statistischen Literatur, insbesondere zur Zeitreihenanalyse, eingehend gewürdigt werden. Hier sei stellvertretend für viele brauchbare Methoden nur das vom Amerikaner Brown schon Ende der 50er Jahre vorgestellte Konzept der *exponentiellen Glättung* hervorgehoben, das in den meisten ERP-Systemen zur Materialbedarfsplanung zu finden ist. Die weite Verbreitung dieses Prognoseverfahrens liegt wohl darin begründet, dass es sich flexibel an verschiedene Zeitreihenmodelle anpassen kann. So existieren spezielle Formeln für Horizontal-, Trend- und Trend/Saison-Zeitreihen-Modelle. In seiner einfachsten Ausprägung, die nur für durchschnittlich horizontale Verläufe der Zeitreihe gilt, lautet die Grundform der exponentiellen Glättung:

Neue Vorhersage = Alte Vorhersage + (Faktor · Prognosefehler)

Der Faktor, häufig als Alphafaktor bezeichnet , ist eine Art Reaktionsparameter, der meistens zwischen den Grenzwerten 0 und 1 liegt. Der Prognosefehler ist die Differenz zwischen dem effektiven Materialverbrauch und seiner alten Vorhersage.

Beispiel (für Alphafaktor = 0,2):

Vorhersage Woche 0 = 100 (= alte Vorhersage)

Effektiver Verbrauch in 0 = 130

Neue Vorhersage (Woche 1) = 100 + 0,2 (130 -100) = 106

Ein weiterer Grund für die Beliebtheit dieses Verfahrens in der Praxis ist sicherlich seine rechnerische Unkompliziertheit, die aus je einer Multiplikation und Addition besteht. Dennoch sind die Resultate aus der Anwendung dieses Verfahrens häufig zufriedenstellend.

Damit das Verfahren routinemäßig ablaufen kann, müssen als *Startwert* eine alte Vorhersage und der Alphafaktor vorgegeben werden. Der Prognosefehler errechnet sich jede Periode neu und ist ein wichtiges Indiz für die Prognosegüte. Außerdem schwankt der Prognosefehler mit der Entwicklung der Zeitreihe. Wenn sich z.B. ein bisheriges Horizontalmodell in ein steigendes oder fallendes Trendmodell verändert, dann wird der Prognosefehler stark ausschlagen. Dieser Wechsel in der Zeitreihenstruktur muss dem Disponenten auch möglichst schnell angezeigt werden, um insbesondere drohende Unterdeckungen zu vermeiden. Dazu dienen diverse *Kontrollmechanismen*, die den Charakter eines Frühwarnsystems aufweisen. Sie funktionieren grob skizziert so, dass der Materialdisponent bei Prognosefehlern, die eine kritische Grenze über- oder unterschreiten, gezielte Maßnahmen außerhalb der Prognoseroutine ergreift, um Mehrkosten aus Überbeständen oder Fehlmengen möglichst zu vermeiden.

Die periodische Fortschreibung des Prognosefehlers kann noch für einen anderen Zusammenhang genutzt werden, nämlich den Sicherheitsbestand, der im nächsten Abschnitt näher erläutert wird. An dieser Stelle wird aber schon klar, dass große Prognosefehler höhere Sicherheitsbestände erfordern als kleine. Diese einleuchtende Grundidee, die ebenfalls auf Brown zurückgeht, wird häufig bei den stochastischen Bestellstrategien verwendet.

2.2.2 Bestellstrategien

Eine stochastische Bestellstrategie oder -politik beinhaltet bestimmte Regeln, nach denen eine Entscheidung über den Bestell*zeitpunkt* und die Bestell*menge* der lagergeführten Materialien getroffen wird. Eine solche Strategie könnte problemlos ausgeführt werden, wenn ihre Einflussgrößen konstant wären. Die Fachliteratur unterscheidet eine Vielzahl möglicher Bestellstrategien und stellt ihre jeweiligen Vor- und Nachteile heraus. Hier sollen nur zwei grundsätzliche Varianten kurz erläutert werden, nämlich Strategien mit konstanten Bestellmengen und solche mit konstanten Bestellzeiten.

Das bekannteste Verfahren mit konstanten Bestellmengen ist das *Meldebestandsverfahren*, auch als Bestellpunktverfahren bezeichnet. Der Meldebestand setzt sich aus dem erwarteten Bedarf in der Wiederbeschaffungszeit und einem Sicherheitsbestand zusammen. Als Vergleichsmenge zum Meldebestand fungiert der aktuelle Bestand. Dann lässt sich z.B. folgende, auf den ersten Blick sehr einfache, Bestellstrategie formulieren:

> Prüfe nach jedem Lagerabgang, ob der vorhandene Bestand den Meldebestand erreicht oder gerade unterschritten hat. Wenn das der Fall ist, bestelle eine vorher festgelegte Menge.

Statt nach jedem Lagerabgang könnte auch in periodischen Abständen eine Bestands-überprüfung vorgenommen werden, womit eine weitere Variante vorläge. Bezüglich der vorher festgelegten Menge bieten sich dem Materialdisponenten von einfachen Erfahrungsgrößen bis zu ausgefeilten Optimierungsmodellen viele Möglichkeiten an. Dabei wird besonders gern auf die klassische *Andler-Formel* (siehe Übungsaufgabe 11) zurückgegriffen, obwohl ihre Prämissen nicht so recht in das Bild der stochastischen Bestellstrategien passen, wo die Materialbedarfe Schwankungen unterliegen, wie folgende Abbildung (in Anlehnung an Leenders u.a. 1989, S. 186) zeigt:

Abbildung 2-2: *Meldebestandsverfahren*

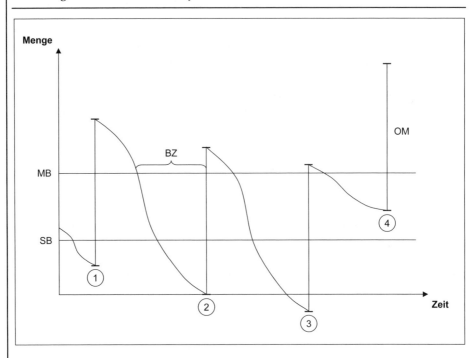

Es bedeuten:

MB = Meldebestand

SB = Sicherheitsbestand

OM = Optimale Bestellmenge

BZ = (Wieder)Beschaffungszeit

Die optimale Bestellmenge ist in dem Schaubild als Liefermenge abgebildet. Wenn Liefermenge und Bestellmenge übereinstimmen (von qualitativen Abweichungen abgesehen), dann könnte jeweils in den Schnittpunkten der fallenden Verbrauchslinie mit der horizontalen Linie MB noch eine vertikale Linie im Abstand OM errichtet werden, die dann die bestellte Menge darstellt. Die (Wieder-)Beschaffungszeit wird beim Meldebestandsverfahren - wie im Schaubild - meistens als konstant angesehen, was mit dem realen Geschehen in der Praxis nur selten übereinstimmt. Würde außerdem der Materialbedarf nicht variieren, so läge ein Schaubild vor, das als *Sägezahnkurve* bezeichnet wird. Bei solchen idealisierten Verhältnissen ist die Berechnung eines Meldebestandes eine Trivialität, wie nachstehendes Zahlenbeispiel demonstriert:

Bedarf pro Woche = 100 Stück

Beschaffungszeit = 3 Wochen

Der Meldebestand liegt dann bei 300 Stück.

Was geschieht nun aber, wenn der Bedarf und die Lieferzeiten variieren, die Bestände nicht nach jeder Entnahme überprüft werden, Bestellmenge und Liefermenge voneinander abweichen (Falschlieferungen) und der Bestand in der Datei (Sollbestand) mit dem Istbestand nicht übereinstimmt? Um solchen Vorkommnissen zu begegnen, werden Sicherheitsbestände eingeplant. Doch wie hoch sollen diese bemessen werden? Die Abbildung 2-2 zum Meldebestandsverfahren zeigt vier Situationen, wo der Sicherheitsbestand wenig (1), ganz angegriffen (2) wird, nicht ausreicht (3) und überhaupt nicht beansprucht (4) wird. Um diese geschilderten Probleme zu lösen, haben Theorie und Praxis eine Fülle von Vorschlägen entwickelt, die von simplen, teils törichten, Faustregeln über solidere Erfahrungsregeln bis zu höchst anspruchsvollen statistischen Formeln reichen. Bei den letzteren wird im allgemeinen eine *Normalverteilung* der schon erwähnten Prognosefehler unterstellt, um die althergebrachten Gesetze der Statistik verwenden zu können, die in die Rechnersysteme eingeflossen sind. Im Zusammenhang mit der Normalverteilung soll hier nur das *Servicegrad*-Konzept kurz angesprochen werden. Dabei sind verschiedene Definitionen für den Service- oder Lieferbereitschaftsgrad zu unterscheiden, die auch zu unterschiedlichen Ergebnissen führen. Als Beispiel möge folgende häufig zu findende Definition dienen:

> Der Servicegrad spiegelt die gewünschte Wahrscheinlichkeit der Bedarfsdeckung pro Bestellzyklus wider.

Nach dieser Definition bedeutet ein Servicegrad von 95%, dass in 95 von 100 Bestellzyklen Bedarfsdeckung oder umgekehrt in 5 Fällen Unterdeckung erwartet wird. Auf dieser Basis kann dann der Sicherheitsbestand errechnet werden, der dieser Situation entspricht. Dabei wird nur festgestellt, ob eine Unterdeckung aufgetreten ist oder nicht. Es ist aber ein Unterschied, ob z.B. eine angeforderte Unterlegscheibe fehlt oder deren zehn. Wenn die Anzahl der tolerierten Unterdeckungen für einen Zeitraum festgelegt wird, dann muss über die Bestellhäufigkeit in den oben definierten Servicegrad umgerechnet werden. Nur wenn z.B. in einem Jahr eine Bestellung getätigt wird, sind der Servicegrad pro Jahr und pro Bestellzyklus identisch. Bei einem Servicegrad von 95% pro Jahr ergäbe sich ein Servicegrad pro Zyklus von 98,7% (vierte Wurzel aus 95%), wenn vier Bestellungen oder von 99,6%, wenn zwölf Bestellungen im Jahr anfallen.

Neben dem Servicegrad übt auch die *Dispositionszeit* einen Einfluss auf die Höhe des Sicherheitsbestandes aus. Darunter versteht man die Zeitspanne, über die der erwartete Materialbedarf hochzurechnen ist. Beim bisher geschilderten Meldebestandsverfahren besteht die Dispositionszeit aus der Wiederbeschaffungszeit, wenn nach jeder Materialentnahme eine Bestandsüberprüfung stattfindet. Nur in dieser Zeit kann ein Fehlmengenrisiko auftreten und deshalb ist auch nur für diese Zeitspanne Vorsorge durch den Sicherheitsbestand zu treffen.

Das sieht anders aus, wenn eine Bestellstrategie mit konstanten Bestellzeiten gewählt wird, z.B. das *Bestellrhythmusverfahren* (topping up system). Hier muss das Bestellintervall zusätzlich zur Wiederbeschaffungszeit berücksichtigt werden. Wie dieses einfache Bestellsystem funktioniert, möge folgende Schilderung belegen:

"A homely example is provided by the way my wife buys milk. The milkman calls each day. Our refrigerator has space for eight 1-pint bottles, but we like to keep some space free, so she looks at what we have in the refrigerator, subtracts the number of full bottles from six, and buys the difference, thus "topping up" our stocks to six pints." (aus: Adin B Thomas: Stock Control in Manufacturing Industries, 2. Auflage 1980, S. 150).

Die Bestellpolitik mit konstanten Bestellzeiten hat gegenüber dem Meldebestandsverfahren den Vorteil, dass Lagerhüter und „Langsamdreher" schnell und sicher erkannt, verschiedene Produkte vom gleichen Lieferanten gebündelt und logistische Aufgaben leichter erfüllt werden können.

Bei den dargestellten beiden Bestellsystemen können die Steuergrößen, die den Termin und die Menge der Bestellung festlegen, über einen längeren Zeitraum konstant gehalten oder in Verbindung mit einem Fortschreibungsverfahren wie der exponentiellen Glättung der aktuellen Bedarfsentwicklung angepasst werden.

Solche *adaptiven Systeme* erweisen sich besonders dann als nützlich, wenn die Zeitreihe des Materialverbrauchs stärkeren Schwankungen unterliegt. Im Falle eines steigenden Trends etwa beliefe sich der voraussichtliche Bedarf während einer Beschaffungszeit von vier Wochen, einem durchschnittlichen Trendanstieg von 15 Stück pro Woche und einem Startwert von 100 Stück zum Prognosebeginn auf 550 Stück.

Übungsfragen und -aufgaben

1. Erläutern Sie die Begriffe Primär-, Sekundär-, Brutto- und Nettobedarf.

2. Welche Informationen können Sie aus einem Gozinto-Graphen ableiten?

3. Eine Mengen-Stückliste für das Endprodukt enthält im Gegensatz zur Baukasten-Stückliste auch die mittelbaren Vorgängerprodukte. Wie lautet die Mengen-Stückliste für den Gozinto-Graphen im Text?

4. Für den beispielhaften Gozinto-Graphen liegen folgende Daten für eine Periode vor. Ermitteln Sie den Nettobedarf der Teile A, b und c.

   Primärbedarf F = 50   Lagerbestand A = 65

   Zusatzbedarf A = 5   Lagerbestand c = 90

5. Begründen Sie, warum die deterministische Bedarfsplanung im allgemeinen genauer ist als die stochastische.

6. Mit der Wahl des Alphafaktors kann man die Glättungseigenschaften beeinflussen. Erläutern Sie diesen Zusammenhang.

7. Warum sind bei Bedarfsprognosen Kontrollinstrumente von großer Bedeutung?

8. Erklären Sie das Meldebestandsverfahren am Beispiel der Tankanzeige im Armaturenbrett Ihres Autos.

9. Stellen Sie das Bestellrhythmusverfahren grafisch dar.

10. Nennen Sie die Funktionen des Sicherheitsbestandes und begründen Sie die alternative Bezeichnung „eiserner Bestand".

11. Die Andler-Formel lautet: $OM = \sqrt{\dfrac{2 \cdot b \cdot E}{v \cdot p}} = \sqrt{\dfrac{2 \cdot b \cdot E}{c}}$

    Legende: Zahlenbeispiel:

    OM = Optimale Bestellmenge

    b = Bedarf pro Periode   5000 Stk./Jahr

    E = Fixe Kosten einer Bestellung   40 €

    v = Einstandspreis   0,50 €/Stk.

    p = Lagerhaltungs-Kostensatz   0,2 (= 20%/Jahr)

    $c = v \cdot p$ 0,1 €/Stk./Jahr

    a) Zeigen Sie, dass die optimale Bestellmenge 2000 Stk. beträgt.

b) Zeigen Sie, dass die minimalen relevanten Kosten (= Bestell- und Lagerhaltungs-kosten) pro Jahr 200 Euro betragen. Beachten Sie dabei, dass im Durchschnitt nur die Hälfte der Bestellmenge auf Lager liegt (Sägezahnkurve).

c) Zeigen Sie, dass die relevanten Kosten nur um 2,5 % steigen, wenn sich die optimale Bestellmenge um 25 % erhöht.

d) Zeigen Sie, dass sich die Ausnutzung eines Mengenrabattangebotes für den Einkauf lohnt, wenn der Lieferant bei Abnahme von 4000 Stk. 3% Rabatt auf den alten Einstandspreis gewährt. Beachten Sie dabei, dass jetzt auch die jährlichen Anschaffungskosten (b · v) eine Rolle spielen.

12. Eine gängige Formel für den Sicherheitsbestand (SB) lautet:

$$SB = k \cdot \sigma_D = k \cdot \sigma_1 \cdot \sqrt{D}$$

k = Sicherheitsfaktor (Tabellenwert) in Abhängigkeit vom gewünschtem Servicegrad (z.B. 1,65 bei 95 % Servicegrad).

σ_D = Standardabweichung des Prognosefehlers in der Dispositionszeit D (z.B. 30 Stk. in der Lieferzeit von 2 Wochen).

σ_1 = Standardabweichung für eine Periode

a) Erklären Sie die Formel.

b) Nehmen Sie an, dass der geschätzte Bedarf 100 Stk. pro Woche beträgt. Zeigen Sie, dass sich für das Beispiel ein Meldebestand von 250 Stk. ergibt.

13. Der Materialplaner erwägt die Implementierung des Bestellrhythmusverfahrens mit einem Bestellintervall von 4 Wochen. Zeigen Sie, dass für die Daten aus Aufgabe 12 der Restbestand zum Bestellzeitpunkt auf 686 Stk. aufzufüllen ist.

14. Ermitteln Sie den Durchschnittsbestand für die beiden grundsätzlichen Bestellstrategien.

15. Betrachten Sie folgende Tabelle mit ausgewählten Servicegraden (SG) und den entsprechenden Sicherheitsfaktoren (k):

SG (%)	90	92	95	96	97	98	99
k	1,28	1,41	1,65	1,75	1,88	2,05	2,33

Erläutern Sie anhand dieser Zahlen, warum in der Praxis der Servicegrad meistens unter 100 % liegt.

3 Beschaffungsmarktforschung

Den Beschaffungsmärkten und ihrer Erforschung ist lange Zeit in Theorie und Praxis zu wenig Beachtung geschenkt worden. Es wurde irrtümlicher Weise angenommen, dass die Beschaffung von Materialien, von Einzelteilen und Baugruppen eine ziemlich problemlose Angelegenheit sei und dass die Anbieter mit ihren Marketingmaßnahmen schon dafür sorgten, dass die erforderliche Markttransparenz hergestellt werde. Wenn heute den Beschaffungsmärkten in der betriebswirtschaftlichen Literatur und im betrieblichen Beschaffungswesen größere Aufmerksamkeit gezollt wird, ist das Ausdruck der Erkenntnis, dass angesichts

▦ der regionalen und warenmäßigen Ausweitung der Beschaffungsmärkte,

▦ der dynamischen Veränderungen von Marktlage und Marktstruktur und

▦ der veränderten Aufgabenstellung des Einkäufers

ein optimaler Einkauf ohne eine intensive und systematische Erforschung der Beschaffungsmärkte nicht mehr möglich ist. Man hat eingesehen, dass sich nur mit Hilfe der Beschaffungsmarktforschung Marktchancen und -probleme erkennen und einer Realisierung bzw. einer Lösung zuführen lassen. Unter Beschaffungsmarktforschung müssen dabei alle diejenigen betrieblichen Maßnahmen der Sammlung und Aufbereitung von Informationen verstanden werden, die dazu dienen, die Transparenz der Beschaffungsmärkte zu erhöhen und zu erhalten.

3.1 Arten und Umfang der Beschaffungsmarktforschung

Die klassische Marktforschungslehre unterteilt üblicherweise den Bereich der Marktforschung in „Marktanalyse" und „Marktbeobachtung". Damit will sie auf zwei Dinge aufmerksam machen. Erstens will sie begrifflich klarstellen, dass Marktzustände „analysiert" und Marktentwicklungen und -bewegungen „beobachtet" werden. Zweitens sollen mit dieser Einteilung die beiden grundsätzlich verschiedenen Betrachtungsweisen der Marktforschung herausgestellt werden; nämlich einmal die zeitpunktbezogene (statische) und zum anderen die zeitraumbezogene (dynamische) Betrachtungsweise.

Beschaffungsmarktanalyse ist demzufolge die Erforschung der Grundstruktur, die ein Beschaffungsmarkt zu einem bestimmten Zeitpunkt aufweist. Man will also mit Hilfe der Marktanalyse eine Art Querschnitt durch den Beschaffungsmarkt legen und ihn in Form einer Momentaufnahme abbilden. Dabei werden für einen bestimmten Zeitpunkt beispielsweise die Zahl der Anbieter, ihre Produktionskapazitäten, ihr Marktanteil, die Wettbewerbssituation, die möglichen Transportwege etc. ermittelt. Ein wichtiges Teilgebiet der Beschaffungsmarktanalyse ist die Lieferantenanalyse.

Die Beschaffungsmarktbeobachtung hat demgegenüber das Ziel, die Entwicklung bestimmter Marktgrößen in der Zeit zu verfolgen. Sie will etwa Veränderungen der Marktstruktur oder der Marktlage sichtbar machen, den Aufbau von neuen Produktionskapazitäten bei den Anbietern aufzeigen, Verschiebungen in der Nachfrage nach einem Produkt oder Konzentrationstendenzen auf der Angebotsseite verfolgen.

Trotz der Unterschiede in der Betrachtungsweise sind jedoch Marktanalyse und Marktbeobachtung nicht zwei Teilbereiche der Marktforschung, die isoliert nebeneinander stehen. Vielmehr fließen Analyse und Beobachtung des Beschaffungsmarktes in der praktischen Durchführung einer grundlegenden Marktuntersuchung häufig ineinander und ergänzen und befruchten sich gegenseitig. Eine Marktbeobachtung baut in der Regel auf den Ergebnissen einer Marktanalyse auf. Umgekehrt kann es vorkommen, dass aus der Marktbeobachtung die Notwendigkeit abgeleitet wird, bestimmte Teilaspekte des Marktes einer genaueren Analyse zu unterziehen.

Wird aus dem durch Marktanalyse und -beobachtung gewonnenen Datenmaterial die weitere, zukünftige Entwicklung des Marktes abgeleitet, so spricht man von Marktprognose. Diese Vorschau auf die kommenden Marktgegebenheiten gehört wohl zu den schwierigsten und gleichzeitig zu den wichtigsten Gebieten der Beschaffungsmarktforschung. Sie dient als Grundlage für die in die Zukunft reichenden Einkaufsentscheidungen und soll beispielsweise zu erwartende Engpässe auf bestimmten Rohstoffmärkten, ein eventuell auftretendes Überangebot oder sich abzeichnende Preisveränderungen frühzeitig erkennen, damit die Beschaffung sich bei Zeiten der kommenden Entwicklung anpassen kann.

Wie zuverlässig derartige Vorhersagen sind und wie groß der Toleranzbereich der Aussagen einer Prognose ist, hängt von vielen Faktoren ab. Genannt seien hier die Aktualität, Vollständigkeit und Genauigkeit der verwendeten Informationen, die Länge des Voraussagezeitraums und die Schnelligkeit, mit der sich die Märkte im Laufe der Zeit wandeln. In Zeiten sich rasch ändernder Märkte, wie sie heute vielfach zu beobachten sind, nimmt einerseits die Treffsicherheit von Prognosen ab, sind aber andererseits Vorhersagen für die Entscheidungsfindung in der Beschaffung von großer Wichtigkeit.

Bezüglich der geographischen Reichweite der Beschaffungsmarktforschung lassen sich Binnenmarktforschung und Importmarktforschung unterscheiden. Ohne eine intensive Erforschung der Auslandsmärkte ist heute in vielen Fällen ein erfolgreiches Einkaufen von Materialien nicht möglich und eine langfristig gesicherte Versorgung mit Rohstoffen nicht erreichbar. Im Zuge der fortschreitenden wirtschaftlichen Integration und des Abbaus von nationalen Zollschranken sowie als Folge der Entwicklung des modernen Verkehrs- und Nachrichtenwesens haben sich die Beschaffungsmärkte in der Vergangenheit ständig ausgeweitet, und diesen veränderten Verhältnissen müssen sich auch die betrieblichen Aktivitäten auf dem Gebiete der Beschaffungsmarktforschung anpassen.

Leider lässt sich in der Praxis beobachten, dass in vielen Beschaffungsabteilungen - insbesondere bei kleineren Unternehmen - den Auslandsmärkten zu wenig Beachtung geschenkt wird. Damit werden günstige Einkaufsmöglichkeiten, die der Weltmarkt bietet, übersehen und die Vorteile der internationalen Arbeitsteilung nicht wahrgenommen. Diese Erscheinung mag damit zusammenhängen, dass die Importmarktforschung gegenüber der Binnenmarktforschung eine Reihe von Besonderheiten und zusätzlichen Schwierigkeiten bei der Durchführung aufweist. Sprachschwierigkeiten, Unsicherheit in Zoll- und Währungsfragen, Unkenntnis auf dem Gebiete der Formalitäten bei der Einfuhr, der Handelsbräuche und der Importfinanzierung sind Gründe, die viele Unternehmen davon abhalten, sich mit den Auslandsmärkten intensiver auseinanderzusetzen.

Bei der Durchleuchtung der Beschaffungssituation kommt es nicht nur auf die Märkte an, mit denen das Unternehmen auf der Beschaffungsseite unmittelbar in Verbindung steht. Da der jeweilige direkte Beschaffungsmarkt selbst wieder durch andere ihm vorgelagerte Märkte in seiner Entwicklung beeinflusst wird, sollte die Beschaffungsmarktforschung bei wichtigen Einkaufsteilen diese Vormärkte der Lieferanten nicht völlig außer acht lassen. Aus bestimmten Entwicklungen, die auf diesen Märkten festzustellen sind, lassen sich frühzeitig gewisse Rückschlüsse auf die zu erwartenden Veränderungen des eigenen Beschaffungsmarktes ziehen. Die Beobachtung der Vormärkte kann also wichtige Anhaltspunkte für eine Marktprognose liefern. Da die Zahl der dem Produktionsprozess in der eigenen Unternehmung vorangehenden Verarbeitungsstufen sehr groß sein kann, wird man in der Beschaffungsmarktforschung nur diejenigen Vormärkte stärker unter die Lupe nehmen können, die entscheidenden Einfluss auf wichtige direkte Beschaffungsmärkte der Unternehmung haben.

Da eine wesentliche Aufgabe des Einkäufers darin besteht, von sich aus neue wirtschaftliche Möglichkeiten (neue Produkte, neue Problemlösungen), die der Beschaffungsmarkt bietet, dem Unternehmen zugänglich zu machen, ist die Suche nach Substitutionsgütern ein sehr wichtiges Teilgebiet der Beschaffungsmarktforschung. Dass die Einbeziehung der Substitutionsgüter in die Beschaffungsmarktforschung allerdings in der Praxis gewisse Schwierigkeiten bereitet, liegt hauptsächlich daran, dass in der Beschaffung vielfach das für die Suche nach Substitutionsgütern notwendige technische Verständnis und Wissen nicht vorhanden ist. Ein weiterer Grund dafür, dass eine Suche nach besseren und billigeren Materialien für einen gegebenen Verwendungszweck in der Praxis nicht in ausreichendem Maße erfolgt, mag darin liegen, dass der Einkäufer bei seiner täglichen Arbeit nicht automatisch mit den Substitutionsgütermärkten in Berührung kommt, sondern vielfach nur zufällig auf Substitutionsmöglichkeiten stößt.

Es genügt heute nicht mehr, dass nur dann nach Gütern, die für eine Substitution in Frage kommen, gesucht wird, wenn Schwierigkeiten in der Beschaffung bestimmter Materialien auftreten. Notwendig ist vielmehr eine mehr oder weniger ständige Beobachtung vorhandener Substitutionsgütermärkte und eine gezielte Suche nach neuen möglichen Substitutionsgütern. Gerade in Zeiten eines ständigen Wandels der Technik, der Märkte und der Produkte können systematisch und gezielt durchgeführte Substitutionsstudien und die daraus abgeleiteten Änderungsvorschläge zu einer erheblichen Verbesserung des Unternehmensgewinns beitragen.

Neben den Roh-, Hilfs- und Betriebsstoffen, die für die laufende Fertigung erforderlich sind, hat die Beschaffungsmarktforschung auch diejenigen Materialien zu erfassen, die erst in Zukunft in einer Unternehmung benötigt werden. So kann durch eine rechtzeitige Abstimmung zwischen den technisch erforderlichen Eigenschaften eines Materials und den gebotenen Marktmöglichkeiten eine positive Auswirkung auf die Kosten eines neu zu entwickelnden Produktes erzielt werden. In einer Zeit, die durch die ständig zunehmende Häufigkeit des Produktwechsels und der Produktentwicklung gekennzeichnet ist, erhöht sich in einer Beschaffungsabteilung der Umfang derjenigen marktforscherischen Tätigkeiten, die sich auf die zukünftig benötigten Materialarten und -qualitäten beziehen.

3.2 Untersuchungsobjekte der Beschaffungsmarktforschung

Will man den Markt eines bestimmten Gutes in seinen Zusammenhängen und Wechselbeziehungen durchschaubar machen, sind die verschiedensten Daten zu ermitteln und die unterschiedlichsten Informationen zusammenzutragen; denn das Geschehen auf einem gegebenen Produktmarkt ist das Ergebnis des Zusammenwirkens einer Vielzahl von Faktoren, wobei vor allem die folgenden Untersuchungsgegenstände im Vordergrund stehen:

- Zunächst muss als Grundlage und Ausgangspunkt der eigentlichen marktforscherischen Tätigkeit eine genaue Kenntnis des Produktes, dessen Markt untersucht werden soll, vorhanden sein.

- Darauf aufbauend können dann die strukturellen Besonderheiten der Angebots- und Nachfrageseite des zu erforschenden Marktes genauer analysiert werden.

- Ferner muss im Rahmen der Beschaffungsmarktforschung versucht werden, die Dynamik und Entwicklungstendenzen, die den in Frage stehenden Markt charakterisieren, erkennbar zu machen.

- Ein weiteres bedeutendes Untersuchungsobjekt der Beschaffungsmarktforschung ist der Lieferant, über dessen Leistungsfähigkeit auf den verschiedensten Gebieten Informationen zu sammeln sind.

- Da bei vielen Produkten der Preis im Mittelpunkt des Interesses der Einkaufspraxis steht, haben sich schließlich Analyse und Beobachtung des Marktpreises zu einem wichtigen Teilgebiet der Beschaffungsmarktforschung entwickelt.

Selbstverständlich ist die Bedeutung der einzelnen Untersuchungsobjekte von Fall zu Fall, von Markt zu Markt recht unterschiedlich. In der Regel ist es so, dass bei der Erforschung eines konkreten Beschaffungsmarktes einem (oder wenigen) Untersuchungsobjekt(en) eine dominierende Rolle zukommt, während die anderen bedeutungsmäßig in den Hintergrund treten.

Obwohl zwischen den aufgeführten Untersuchungsobjekten der Beschaffungsmarktforschung in der Praxis vielfältige Berührungspunkte und enge Wechselbeziehungen bestehen, sollen des besseren Verständnisses wegen die einzelnen Faktoren im folgenden isoliert einer genaueren Betrachtung unterzogen werden.

3.2.1 Produkt

Das einzukaufende Erzeugnis muss von seiner technischen Seite her genau bekannt sein, bevor man sich gezielt und erfolgreich mit dem Marktgeschehen auseinandersetzen kann. Deshalb muss der Marktforscher sich Klarheit darüber verschaffen, aus welchem Grundstoff bzw. welchen Materialqualitäten das zur Debatte stehende Produkt besteht, aus welchen Teilen und Baugruppen es zusammengesetzt ist und welche chemischen, physikalischen oder technischen Eigenschaften und Besonderheiten das zu beschaffende Erzeugnis auszeichnen. Die Schwierigkeiten, die bei dem Bemühen um derartige produktbezogene Kenntnisse auftreten können, sind sicherlich von Artikel zu Artikel sehr unterschiedlich. Während z.B. eine einfache Faltschachtel auf technischem Gebiet kaum Probleme für den Marktforscher entstehen lässt, können bei komplizierten Baugruppen oder bestimmten chemischen Produkten bereits hohe Anforderungen an die technischen Kenntnisse des Beschaffungsmarktforschers gestellt werden.

Wichtig sind im Rahmen der Beschaffungsmarktforschung auch Informationen darüber, nach welchem Produktionsverfahren der in Frage stehende Artikel hergestellt wird, ob es unterschiedliche Herstellungsverfahren gibt und welche technologischen Eigenheiten sie aufweisen. Der Beschaffungsmarktforscher sollte in der Lage sein, die Entwicklungstendenzen und den sich abzeichnenden technischen Fortschritt auf dem

Gebiet der Herstellungsverfahren zu verfolgen. Denn ohne Kenntnis dieser Fakten sind Aussagen über die in Zukunft zu erwartenden Veränderungen beim Preis und bei der Qualität eines Erzeugnisses in vielen Fällen kaum möglich.

Da Beschaffungsmarktforschung eine auf den Betriebsbedarf ausgerichtete Zweckforschung ist, kann auf diesem Gebiet nur dann erfolgreich gearbeitet werden, wenn bekannt ist, welche Einsatzgebiete für ein Einkaufsteil in der Unternehmung existieren, wie dieses Material im eigenen Betrieb be- und verarbeitet wird und welche Schwierigkeiten und technischen Probleme dabei auftreten. Voraussetzung für die tägliche Arbeit des Beschaffungsmarktforschers ist also, dass er sich im Rahmen des Möglichen auch über die im Unternehmen erstellten Enderzeugnisse informiert, damit er über den Verwendungszweck des zu beschaffenden Materials und über die zu beachtenden Qualitätsanforderungen an ein fremdbezogenes Produkt Bescheid weiß.

3.2.2 Marktstruktur

Unter einem Markt versteht man in den Wirtschaftswissenschaften das Zusammentreffen von Angebot und Nachfrage. Zwecks Beurteilung des Gesamtmarktes ist es also in der Beschaffungsmarktforschung erforderlich, die strukturellen Besonderheiten beider Seiten eines Marktes zu untersuchen.

3.2.2.1 Angebotsseite

Die Hauptaufgabe der Beschaffungsmarktforschung besteht wohl im Ermitteln und Analysieren des für eine Unternehmung erreichbaren Warenangebots. Will man die strukturellen Gegebenheiten der Angebotsseite eines Beschaffungsmarktes durchschaubar machen, dann muss man sich mit einer Vielzahl von Einzelfaktoren befassen; die wichtigsten Untersuchungsgegenstände sind dabei wohl die auf einem Markt angebotenen unterschiedlichen Qualitäten, die zur Verfügung stehenden Quantitäten, die Elastizität des Angebotes, die Konkurrenzsituation sowie die geographische Verteilung des Angebotes. Da davon auszugehen ist, dass nicht immer die höchste Qualität eines angebotenen Produktes am besten geeignet ist für einen gegebenen betrieblichen Verwendungszweck, muss man wissen, welche unterschiedlichen Qualitäten eines Materials am Markte angeboten werden. Gegebenenfalls ist zu ermitteln, ob nicht die Angebotsseite veranlasst werden kann, Qualitäten auf den Markt zu bringen, die besser als die bereits angebotenen Produkte dem betrieblichen Verwendungszweck angepasst sind.

Zum Fragenkomplex der zur Verfügung stehenden Quantitäten gehören die Sammlung von Daten über die Produktionsmengen bei dem in Frage stehenden Artikel und über die in einer Branche installierten Produktionskapazitäten genauso wie das Zusammentragen von Informationen über die Auslastung der bestehenden Kapazitäten, über Neuplanungen sowie über die vorhandenen Lagerbestände auf der Anbieterseite. Dabei können sich je nach geographischer Reichweite des Marktes diese Ermittlungen auf einzelne Länder, Wirtschaftsräume oder sogar, wie es bei international gehandelten Rohstoffen der Fall ist, auf die gesamte Welt erstrecken. Die Beschaffungsmarktforschung soll hier also darüber Auskunft geben, in welchem Umfang die benötigten Qualitäten am Markte angeboten werden, ob im Vergleich zur Nachfrage genügende Angebotsmengen zur Verfügung stehen und ob auch für einen steigenden Bedarf noch eine ausreichende Marktreserve vorhanden ist.

Wie schnell und elastisch das Angebot auf einem Markte auf einen gestiegenen Bedarf reagieren kann, hängt in starkem Maße von den technischen Besonderheiten des Herstellungsprozesses in einer Branche ab. So bewirken z.B. die Produktionsverhältnisse bei vielen mineralischen Rohstoffen, die im Wege des Abbaus gewonnen werden, eine verhältnismäßig langsame Reaktion auf Bedarfsveränderungen. Das gleiche gilt für viele Rohstoffe, die pflanzlichen oder tierischen Ursprungs sind und kurzfristig nur begrenzt vermehrt hergestellt werden können. Bei industriell gefertigten Teilen und Baugruppen hängt die Angebotselastizität sehr stark auch von der Kapitalintensität des jeweiligen Produktionsprozesses ab. Diejenigen Märkte, die sich mit den angebotenen Mengen nur sehr langsam veränderten Nachfrageverhältnissen anpassen können, sind im allgemeinen dadurch gekennzeichnet, dass sie starke Schwankungen in den Preisen oder Lieferfristen aufweisen. Sie müssen deshalb in der Regel einer genaueren Marktbeobachtung unterworfen werden.

Von besonderer Bedeutung ist im Rahmen der Durchleuchtung der strukturellen Marktgegebenheiten die Frage nach der Stärke der Konkurrenz, die zwischen den Anbietern auf einem Beschaffungsmarkt herrscht. Denn aus der Konkurrenzsituation leitet sich die Marktmacht ab, die ein Einkäufer gegenüber seinem Lieferanten hat, und ergeben sich wichtige Anhaltspunkte für eine sinnvolle Einkaufsstrategie und -taktik. Zu den wesentlichen strukturellen Merkmalen, welche die Konkurrenzverhältnisse auf einem Markt bestimmen und deshalb von der Beschaffungsmarktforschung beachtet werden sollten, gehören (neben der Anzahl der Nachfrager und deren Marktanteile) vor allem die Zahl der Anbieter und deren Marktanteil, die Produktdifferenzierung, das Bestehen von Marktzugangsbeschränkungen und wettbewerbsbeschränkenden Praktiken sowie das Vorhandensein von Substitutionsgütern. In den folgenden Ausführungen ist vor allem auf die Anzahl der Anbieter und die Produktdifferenzierung als Objekte der Beschaffungsmarktforschung näher einzugehen.

Ist für ein bestimmtes Material nur ein einziger Lieferant vorhanden, dann spricht man von einer monopolistischen Angebotsstruktur. Der Angebotsmonopolist ist in der Lage, den Preis für das von ihm angebotene Produkt nach seinen Vorstellungen zu bestimmen; er wird dabei die Reaktionen der Nachfrager berücksichtigen, die sich mit den von ihnen nachgefragten Mengen der Preishöhe anpassen. Nicht jede Monopolstellung wird in der Praxis allerdings auch bis zur vollen Ausschöpfung des Monopolgewinns ausgenutzt. Je größer die Gefahr ist, dass bei rigoroser Preispolitik potentielle

Wettbewerber angelockt werden und als Anbieter auf dem Markt auftreten, desto schwächer ist die Stellung des Monopolisten. Auch hat der monopolistische Anbieter in seiner Preispolitik Rücksicht zu nehmen auf die Möglichkeit, dass Nachfrager auf Substitutionsgüter ausweichen oder zur Eigenfertigung übergehen. Schließlich werden monopolistische Anbieter in bestimmten Fällen auch eine Kritik der Öffentlichkeit vermeiden wollen. Aus den genannten Gründen wird es in der Einkaufspraxis nur in Grenzfällen Lieferanten geben, die sich wie reine Monopolisten, d.h. preispolitisch völlig autonom, verhalten.

Eine weit verbreitete Marktform ist das Oligopol in seinen verschiedensten Spielarten. Diese Marktform ist dadurch gekennzeichnet, dass sich das Angebot auf einige wenige Lieferanten verteilt, deren Marktanteile relativ groß sind. Derartige Oligopolisten können einen starken Einfluss auf das Marktgeschehen ausüben; sie müssen allerdings bei ihren absatzpolitischen Aktivitäten sowohl auf das Verhalten der Nachfrager als auch auf die Reaktionen der Konkurrenten Rücksicht nehmen. Besteht neben einer Oligopolgruppe auf der Angebotsseite eine Anzahl von Unternehmen mit relativ kleinen Marktanteilen, dann ist ein Teiloligopol gegeben.

Wenn in einem Beschaffungsmarkt die Zahl der oligopolistischen Anbieter relativ groß ist und die Marktanteile der einzelnen Marktteilnehmer relativ klein sind, so haben wir es mit einem Markt zu tun, der sich bereits der sog. atomistischen Konkurrenz nähert. Darunter ist ein Markt zu verstehen, auf dem eine große Anzahl von untereinander unabhängigen Unternehmen ein homogenes Produkt anbietet. Die einzelnen Anbieter haben infolge der Geringfügigkeit ihrer Beteiligung an der Gesamtbelieferung des Marktes keinen Einfluss auf die Preisgestaltung. Der Preis ist ein von einzelnen Marktteilnehmern nicht beeinflussbares Datum, und es kommt durch das Zusammenspiel von Angebot und Nachfrage ein einheitlicher Marktpreis für alle Marktteilnehmer zustande. Die Marktform der atomistischen Konkurrenz ist für die meisten industriell gefertigten Teile und Baugruppen ein Grenzfall von geringer praktischer Bedeutung; sie mag bei einigen landwirtschaftlichen Produkten und bei einigen Rohstoffen, die börsenmäßig gehandelt werden, annäherungsweise verwirklicht sein.

Die Marktmacht, über welche die Lieferanten verfügen, ist nicht nur von der Anzahl der Marktteilnehmer abhängig, sondern in starkem Maße auch davon, ob auf einem Markt homogene (völlig gleichartige) oder heterogene (ungleichartige) Produkte angeboten werden. Wenn ein Anbieter Produktdifferenzierung betreibt, wenn er also ein Produkt, das zwar den gleichen Zweck wie andere Konkurrenzprodukte erfüllt, sich aber von ihnen in bestimmten Eigenschaften und in der qualitativen Beschaffenheit unterscheidet, auf den Markt bringt, dann steht er zwar noch immer im Wettbewerb mit anderen Anbietern, aber er erreicht damit doch eine gewisse Abschirmung von der Konkurrenz. Märkte, auf denen heterogene Güter gehandelt werden, bezeichnet man in der Theorie auch als unvollkommene Märkte. Wenn die angebotenen Güter homogen sind, dann spricht man von einem vollkommenen Markt. Die auf einem unvollkommenen Markt gehandelten Güter stehen in einem Substitutionsverhältnis zueinander. Ein einheitlicher Marktpreis, wie bei den homogenen Gütern, kommt hier nicht zustande. Auf den meisten Beschaffungsmärkten für industrielle Güter dürfte ein derartiger unvollkommener Wettbewerb zwischen den Anbietern herrschen.

Die Marktform als Objekt der Beschaffungsmarktforschung ist deshalb für den Einkauf von großer Bedeutung, weil sie die Verhandlungsposition, die Abnehmer und Lieferant im Markt einnehmen, maßgeblich beeinflusst. Vielfach lassen sich erst unter Berücksichtigung der auf einem Markt herrschenden strukturellen Gegebenheiten die Fragen beantworten, was überhaupt durch Verhandlungen mit dem Lieferanten erreichbar ist, welche Möglichkeiten der Einwirkung auf den Anbieter im konkreten Einzelfall bestehen und wie die Angebotsseite auf bestimmte beschaffungspolitische Maßnahmen reagiert. Die Beschaffungsmarktforschung sollte in diesem Zusammenhang auch untersuchen, welche Möglichkeiten der abnehmenden Unternehmung zur Verfügung stehen, einen funktionsfähigen Wettbewerb auf einem Beschaffungsmarkt zu erzeugen bzw. zu erhalten.

3.2.2.2 Nachfrageseite

Die Nachfrageseite des Marktes ist im Rahmen der Beschaffungsmarktforschung nach ähnlichen Analysegesichtspunkten zu untersuchen wie die Angebotsseite. So ist zunächst vor allem zu ermitteln, welche und wie viele konkurrierende Abnehmer neben der eigenen Unternehmung auf dem Markte in Erscheinung treten und welchen Anteil ihr Materialverbrauch am Gesamtmarkt ausmacht. Dabei können zwei verschiedene Gruppen innerhalb der Nachfragekonkurrenz unterschieden werden: Konkurrierende Abnehmer sind nicht nur diejenigen Unternehmen, die aus dem zu untersuchenden Rohstoff gleiche oder ähnliche Endprodukte herstellen und damit als Wettbewerber im eigenen Absatzmarkt auftreten, sondern zur Nachfragekonkurrenz gehören auch diejenigen Firmen, die das gleiche Material für die Herstellung anderer Endprodukte benötigen und nicht zu den Konkurrenten auf der Absatzseite zählen.

Die Untersuchung der Nachfrageseite des Marktes soll insbesondere zur Klärung der Frage beitragen, wie groß der Marktanteil und wie stark das Nachfragegewicht der eigenen Unternehmung am Beschaffungsmarkt ist. Das Wissen um die jeweilige Nachfragekonstellation ist für die Beschaffung deshalb von Bedeutung, weil der Einkäufer mit Hilfe dieser Kenntnisse sein Verhalten den Lieferanten gegenüber der eigenen Marktstellung anpassen kann. Auch lässt sich in vielen Fällen aus der Struktur der Nachfragekonkurrenz ableiten, ob und wie die konkurrierenden Abnehmer auf beschaffungspolitische Maßnahmen des eigenen Unternehmens reagieren werden.

Bei der Untersuchung der Nachfrageverhältnisse eines Beschaffungsmarktes sollte auch darauf geachtet werden, ob bei angespannter Versorgungssituation die Gefahr besteht, dass bestimmte Nachfragekonkurrenten die eigene Beschaffung vom Markte zu verdrängen versuchen, indem sie Güter, die knapp zu werden drohen, frühzeitig aufkaufen, mit Lieferanten Exklusivverträge abschließen oder sogar Mehrheitsbeteiligungen an vorgelagerten Unternehmen erwerben. Bei einem im Verhältnis zur Nachfrage unzureichenden Güterangebot können die Einkaufserfolge, welche die konkurrierenden Abnehmer mit ihren beschaffungspolitischen Aktionen erzielen, die Möglichkeiten der Deckung des eigenen Bedarfs stark beeinträchtigen. Je geringer die Zahl der Nachfragewettbewerber ist, desto größer ist im allgemeinen bei drohenden Versorgungsschwierigkeiten die Notwendigkeit, das Verhalten der Konkurrenten auf der Nachfrageseite unter die Lupe zu nehmen. Die Beschaffungsaktionen eines mächtigen konkurrierenden Abnehmers können in einer derartigen Situation die eigenen Möglichkeiten der Bedarfsdeckung stärker gefährden, als wenn auf einem Markt sehr viele Nachfrager mit relativ kleinen Marktanteilen um die angebotenen Mengen konkurrieren. Die Beschaffungsmarktforschung sollte in diesem Zusammenhang auch Vorschläge machen, mit welchen beschaffungspolitischen Maßnahmen die eigene Unternehmung eine angespannte Versorgungssituation meistern und den Aktionen der Nachfragekonkurrenten sinnvoll begegnen kann.

Das Verhalten der Nachfragewettbewerber ist auch deshalb ein bedeutsames Objekt der Beschaffungsmarktforschung, weil aus der Einkaufstätigkeit der Konkurrenz Anregungen und Erkenntnisse gewonnen werden können, die für eine erfolgreichere Durchführung der eigenen Beschaffungstätigkeit von Nutzen sind. So können z.B. aus der Kenntnis der Tatsache, dass die Konkurrenten günstigere Preise und Lieferbedingungen erzielen als die eigene Unternehmung, andere Materialien für den gleichen Verwendungszweck einsetzen oder neue Lieferquellen erschlossen haben, Möglichkeiten beschaffungspolitischer Art abgeleitet werden, die zu beträchtlichen Kosteneinsparungen in der Beschaffung führen können.

Schließlich ist eine gründliche Analyse der Nachfragekonkurrenz auch dann erforderlich, wenn eine Unternehmung eine zwischenbetriebliche Kooperation auf dem Gebiete der Beschaffung oder der Lagerhaltung anstrebt und für diese Zusammenarbeit einen oder mehrere Partner sucht.

3.2.3 Marktbewegungen und -entwicklungen

Ebenso bedeutsam wie die Analyse der Struktur der Beschaffungsmärkte ist für die Materialwirtschaft eine laufende Beobachtung der Dynamik und der Entwicklungstendenzen, welche die in Frage stehenden Beschaffungsmärkte kennzeichnen. Bei näherer Betrachtung des Marktgeschehens im Zeitablauf wird der Einkäufer erkennen, dass auf den Märkten seiner Produkte mehrere, grundsätzlich verschiedene Arten von Veränderungen und Bewegungen festzustellen und zu unterscheiden sind. Bei vielen landwirtschaftlichen Rohstoffen und konsumnahen Beschaffungsmärkten lassen sich immer wiederkehrende, jahreszeitlich bedingte Saisonschwankungen beobachten. Schwierige Aufgaben dispositiver und strategischer Natur stellen der Beschaffung vor allem auch die konjunkturellen Schwankungen, welche mit ihren zeitlichen Phasen Aufschwung und Hochkonjunktur, Abschwung und Tiefstand (Talsohle) das Erscheinungsbild der Märkte tiefgreifend verändern können. Ferner wird der Beschaffungsmarktforscher auf einigen Märkten Bewegungen in einseitiger Form, sog. trendbedingte Veränderungen, feststellen können, die zu langfristigen Marktverschiebungen auf der Angebots- oder Nachfrageseite führen und eine sich allmählich wandelnde Marktstruktur zur Folge haben können. Schließlich üben vielfältige, zum Teil außerwirtschaftliche (politische) und zufallsbedingte Ereignisse, die, wie z.B. Streiks oder Auf- und Abwertung einer Währung, keiner erkennbaren Gesetzmäßigkeit folgen und unregelmäßig auftreten, Einfluss auf das Marktgeschehen aus.

Die Schwierigkeiten der Marktforschung liegen auf diesem Gebiet darin, dass sich diese unterschiedlichen Entwicklungen überlappen und in ihrer Wirkung auf den Markt gegenseitig beeinflussen. Da das eigentliche Problem des Einkaufs meistens in der Anpassung an die konjunkturelle Lage auf dem Beschaffungsmarkt liegt, sollen die folgenden Ausführungen sich schwerpunktmäßig mit der Konjunktur als Objekt der Beschaffungsmarktforschung befassen.

In Abhängigkeit von der jeweils herrschenden Konjunkturlage sieht sich der Einkäufer bei einem bestimmten Produkt recht unterschiedlichen Beschaffungssituationen gegenüber. Im konjunkturellen Aufschwung und - in verstärktem Maße - in der Hochkonjunktur hat er sich auf steigende Preise, verlängerte Lieferfristen und Verknappungen im Angebot einzustellen. Im allgemeinen lässt im Konjunkturhoch auch die Liefertreue der Lieferanten nach, und manchmal wird man sogar mit einer Verschlechterung der Qualität und der Konditionen rechnen müssen. Die Beschaffungsmärkte verwandeln sich in einer derartigen Situation in der Regel in Verkäufermärkte, in denen die Verhandlungsposition des Einkäufers sehr schwach ist. Genau die umgekehrten Beschaffungsbedingungen sind in Zeiten des konjunkturellen Abschwungs und des Konjunkturtiefs zu erwarten. Es bestehen dann kaum Schwierigkeiten, die benötigten Mengen zu erhalten, da die Kapazitäten der Lieferanten in der Talsohle unvollkommen ausgelastet und ihre Lagerbestände relativ hoch sind. Die Beschaffungsmärkte werden in einer derartigen Situation zu Käufermärkten, in denen der Einkäufer am längeren Hebel sitzt und die stärkere Position inne hat.

Die Aufgabe der Beschaffungsmarktforschung im Rahmen der Durchleuchtung des Konjunkturgeschehens auf den Beschaffungsmärkten besteht zunächst einmal darin, Klarheit über die unterschiedliche Konjunkturempfindlichkeit der einzukaufenden Güter zu schaffen. Es gibt Produkte, deren Marktfaktoren wie Preis, Lieferzeit, Qualität im Konjunkturverlauf sehr starken Schwankungen unterliegen, während andere Beschaffungsmärkte kaum oder überhaupt nicht auf Veränderungen der allgemeinen Wirtschaftslage reagieren. Für die konjunkturempfindlichen Einkaufsprodukte hat die Beschaffungsmarktforschung sodann zu ermitteln, in welcher konjunkturbedingten Position sich der Einkäufer auf dem Markt befindet und mit welchen Veränderungen der Verhältnisse auf wichtigen Beschaffungsmärkten zu rechnen ist. Der Beschaffungsmarktforscher soll vor allem versuchen, Auskunft darüber zu geben, welche speziellen Marktfaktoren voraussichtlich besonders stark auf eine veränderte Wirtschaftslage reagieren werden. Er wird im Konjunkturhoch in besonderem Maße Lieferzeiten und -mengen als die in dieser Situation kritischen Marktfaktoren beobachten und im Konjunkturtief sein Augenmerk vor allem auf die Preise zu richten haben. Dass die - vielfach angezweifelte - Elastizität der Preise gerade bei vielen Grundstoffen und Halberzeugnissen, mit denen sich der industrielle Einkäufer befasst, im Konjunkturabschwung und -tief offenbar doch gegeben ist, haben die Rezessionen der neueren Zeit an einer Vielzahl von Beispielen verdeutlicht.

Der Einkäufer, der das konjunkturelle Auf und Ab auf den Beschaffungsmärkten verfolgt, wird bald sehen, dass bestimmte Branchen Konjunkturentwicklungen durchlaufen, die mit der allgemeinen Wirtschaftslage nicht korrespondieren. Man muss also als Marktforscher einerseits die Entwicklungen der gesamten Volkswirtschaft beachten und andererseits gleichzeitig bei seinen Untersuchungen den Sonderentwicklungen auf einzelnen Sektoren, den speziellen Branchenkonjunkturen, Rechnung tragen. Ohne ein gewisses Konjunkturverständnis, ohne Beobachtung wichtiger Konjunkturindikatoren und ohne Kenntnis der wesentlichen die allgemeine Konjunktur beeinflussenden Faktoren werden Aussagen über die voraussichtlichen konjunkturbedingten Veränderungen der Beschaffungsmärkte nicht möglich sein. Dabei sind angesichts der starken internationalen Verflechtung neben den binnenwirtschaftlichen Faktoren auch die ausländischen Einflüsse auf die einzelstaatliche Konjunktur zu berücksichtigen. Das Konjunkturgeschehen im Ausland darf der Beschaffungsmarktforscher auch deshalb nicht aus den Augen verlieren, weil - trotz internationaler Verflechtung - konjunkturelle Schwankungen in den unterschiedlichen Ländern der Welt nicht unbedingt synchron verlaufen; das gilt sowohl im Hinblick auf die gesamtwirtschaftliche Entwicklung als auch hinsichtlich bestimmter Branchen in unterschiedlichen Ländern. Aus diesem Grunde lassen sich immer wieder ausländische Märkte finden, auf denen Waren, für die im Inland ein Beschaffungsengpass besteht, günstiger und schneller bezogen werden können.

Trotz genauer Beobachtung des Wechsels der Konjunkturphase wird für viele Beschaffungsmärkte die Ungewissheit des Einkaufs über die Stärke und die Dauer des zu erwartenden konjunkturellen Pendelausschlags relativ groß bleiben. Man wird diesen Unsicherheitsbereich am ehesten noch dort einengen können, wo sich feststellen lässt, dass die konjunkturellen Veränderungen auf dem eigenen Beschaffungsmarkt erfahrungsgemäß denjenigen auf einem anderen Markt mit einem time lag folgen. Eine derartige Situation und die Möglichkeit, Rückschlüsse aus bestimmten Symptomreihen zu ziehen, sind vor allem bei Gütern gegeben, die in gewisser Weise in einem Bedarfszusammenhang stehen. So kann z.B. die Zahl der ermittelten Baugenehmigungen ein wichtiges Symptom für zu erwartende Lieferfristen bei bestimmten Baumaterialien sein.

Im Vergleich zu den konjunkturellen Veränderungen der Beschaffungsmärkte sind die saisonalen Schwankungen in der Regel mit größerer Genauigkeit voraussehbar. Sie treten entweder als Folge natürlicher Vorgänge, wie z.B. der Ernten, des von der Jahreszeit abhängigen Klimas oder der wetterbedingten Schwierigkeiten auf bestimmten Transportwegen, in Erscheinung oder sind künstlich an bestimmte Termine des Jahres, wie Weihnachten oder Ostern, gebunden. Schwierig zu prognostizieren ist allerdings auch bei diesen rhythmisch gebundenen Bewegungen in vielen Fällen die Stärke des Ausschlags nach unten bzw. nach oben. Darüber so früh wie möglich Informationen zu erhalten, gehört meistens mit zu den wichtigsten Aufgaben der Marktforschung. Aber auch der zeitliche Verlauf der Saison ist nicht immer völlig exakt im voraus auszumachen; denn die Saison kann in einem Jahr früh, im nächsten Jahr spät einsetzen. Aus den genannten Gründen ist die Berücksichtigung saisonaler Schwankungen in der Beschaffung vielfach keine reine Routineangelegenheit.

Durch die Beobachtung zeitlicher Reihen für zurückliegende Jahre sollte die Beschaffungsmarktforschung auch zu ermitteln versuchen, ob auf den Märkten bestimmter Einkaufsprodukte sich ein Trend abzeichnet. Derartige trendbedingte Veränderungen des Marktes können durch das Auftreten von Substitutionsgütern, durch das allmähliche Versiegen von Rohstoffquellen, durch das Auftauchen von neuen Wettbewerbern, durch Konzentrationstendenzen etc. hervorgerufen werden. Vielfach sind diese Vorgänge eingebettet in das langfristige Entstehen und Vergehen der Märkte und charakteristisch für bestimmte Phasen des Lebenszyklus eines Produktes. Der Einkäufer wird sich bei einigen Produkten Klarheit darüber zu verschaffen haben, in welcher durch den Lebenszyklus bedingten Phase und Verfassung sich der Markt befindet. Die Theorie bietet hierzu die Einteilung in die folgenden vier Marktstadien an:

- Experimentierungs- bzw. Einführungsphase,

- Expansions- bzw. Wachstumsphase,

- Ausreifungs- bzw. Marktsättigungsphase,

- Stagnations- bzw. Rückbildungsphase.

Während in der Experimentierungsphase der neue Artikel noch relativ teuer ist, kann es in der Expansionsphase als Folge der inzwischen erlangten Produktionserfahrung und des Auftretens neuer Herstellungstechniken zu einer beträchtlichen Preissenkung kommen. Die Expansionsphase ist auf Seiten des Angebotes im allgemeinen durch eine starke Preiskonkurrenz und durch den Kampf um Marktanteile charakterisiert. Man hat dieses Marktstadium auch kurz als Bonanza-Phase bezeichnet. In der Marktsättigungsphase erreicht das Produkt den Höhepunkt seines Markterfolges, neue Nachfrageschichten oder Verwendungsgebiete können in der Regel nicht mehr erschlossen werden, und damit ist der Übergang zur Stagnationsphase gegeben. Dieses letzte Marktstadium wird bei vielen Artikeln durch das Aufkommen eines Substitutionsgutes eingeleitet.

Aus dem Trend eines bestimmten Beschaffungsmarktes kann der Einkauf in vielen Fällen eine gleichgerichtete Tendenz für die kommenden Jahre ableiten. Da jedoch der

Trend in der Regel nur sehr langsam zu Veränderungen im Erscheinungsbild eines Marktes führt, besteht die Gefahr, dass diese langfristigen Entwicklungen mit ihren nur relativ geringfügigen Verschiebungen von Jahr zu Jahr von der Beschaffungsmarktforschung zunächst übersehen oder zu lange vernachlässigt werden und dass die notwendigen Maßnahmen zur Anpassung an diese Marktveränderungen zu spät ergriffen werden.

Was schließlich die sonstigen, unrhythmisch auftretenden kurzfristigen Schwankungen der Märkte betrifft, so lassen sie sich aus der Sicht der Beschaffungsmarktforschung in zwei große Kategorien einteilen. Da gibt es erstens eine Vielzahl von Erscheinungen, die, wie bestimmte Naturereignisse, Katastrophen oder der witterungsbedingte Ausfall eines Transportweges, meistens ziemlich abrupt die Marktverhältnisse verändern und von der Marktforschung nicht vorhergesehen werden können. Davon sind zweitens diejenigen Ereignisse zu unterscheiden, die wie Streiks, Auf- oder Abwertung einer Währung und handelspolitische Vereinbarungen ihre Schatten vorauswerfen, teilweise den Markt schon vor Eintritt des Ereignisses beeinflussen und vom Einkäufer in seinen Entscheidungen frühzeitig berücksichtigt werden können.

3.2.4　Lieferant

Um die Eignung des Anbieters für die beschaffende Unternehmung beurteilen zu können und um den Einkauf bei der Auswahl der Lieferanten vor Enttäuschungen und Fehlentscheidungen zu bewahren, sind im Rahmen der Beschaffungsmarktforschung differenzierte Informationen über die wirtschaftliche und technische Leistungsfähigkeit aktueller und potentieller Lieferanten zusammenzutragen. Bei dieser Lieferantenanalyse, die sich im einzelnen auf eine Vielzahl von Faktoren erstreckt, stehen vier große Datenblöcke im Vordergrund des Interesses:

- Allgemeine Unternehmensdaten

- Spezielle produktbezogene Daten

- Konditionen und Service

- Beziehungen der eigenen Unternehmung zum Lieferanten

Was die *allgemeinen Unternehmensdaten* betrifft, so sollten von der Beschaffungsmarktforschung Informationen über die Gesellschaftsform und über die Inhaberverhältnisse, über die Größe des Unternehmens und die Umsatzentwicklung sowie über die organisatorische Gliederung des Lieferantenbetriebes zusammengetragen werden. Auch Kenntnisse über das Beschaffungs-, Fertigungs- und Verkaufsprogramm des Lieferanten können für die abnehmende Unternehmung von Nutzen sein; denn aus ihnen lassen sich die Fragen beantworten, ob der Lieferant außer bei den Materialien, die er bislang schon geliefert hat, auch auf anderen Gebieten den eigenen Betriebsbedarf decken kann und ob er als Kunde für die Endprodukte oder als Verwender der Abfallstoffe der eigenen Unternehmung in Frage kommt.

Für den Einkäufer sind ferner Daten über die finanzielle Lage und die Gewinnsituation des Lieferanten wichtig. Die Auswahl eines Lieferanten, der sich in finanziellen Schwierigkeiten befindet, kann nämlich für den Abnehmer mit einem großen Risiko verbunden sein; sie birgt die Gefahr in sich, dass der Lieferant seine Verpflichtungen aus dem Kaufvertrag nicht erfüllen kann, dass insbesondere wegen der beim Lieferanten möglicherweise auftretenden Schwierigkeiten bei der Beschaffung der Vormaterialien eine kontinuierliche und pünktliche Belieferung mit Produkten nicht gewährleistet ist und dass die Verlässlichkeit der Produktqualität nicht gesichert bleibt. Vor allem im Konjunkturtief sollte die Beschaffungsmarktforschung darauf achten, dass nicht eines Tages die Bedarfsdeckung dadurch ernsthaft gefährdet wird, dass ein Lieferant wegen Zahlungsunfähigkeit in Konkurs geht und seine Produktion einstellen muss. Kenntnisse über den finanziellen Status des Lieferanten sind im Einkauf auch deshalb erforderlich, weil sich im Geschäftsleben nicht selten Forderungen gegenüber dem Lieferanten aus Garantievereinbarungen, aus Verträgen mit Konventionalstrafe, aus Anzahlungen oder Materialbeistellungen ergeben. Der Einkäufer sollte schließlich auch deshalb die Finanz- und Gewinnsituation seiner Lieferanten genauer analysieren, weil Unternehmen mit einer soliden Finanzgrundlage eher in der Lage sind, notwendige Investitionen, Produktverbesserungen und -entwicklungen durchzuführen als finanzschwache Unternehmen und weil Lieferanten mit einem hohen Gewinn eher als Grenzunternehmen bereit sind, den Preis zu reduzieren.

Bei der Beurteilung der Finanzlage eines Lieferanten sollte man im Einkauf berücksichtigen, dass die tatsächlichen Liquiditätsprobleme einer Unternehmung sich in vielen Fällen nicht eindeutig an finanziellen Kennzahlen wie der goldenen Bilanzregel oder der „quick ratio" ablesen lassen, weil in diesen Zahlen z.B. nicht das Verhalten der Kreditgeber gegenüber dem Lieferanten und die zu erwartende Geschäftsentwicklung beim Lieferanten zum Ausdruck kommt. In einigen Fällen vermag vielleicht der Einkäufer einen in finanzielle Schwierigkeiten geratenen Lieferanten daran erkennen, dass diese Unternehmung versucht, mit Hilfe einer Erhöhung oder einer als Anreiz wirkenden Staffelung der Skontosätze ihre Außenstände möglichst schnell hereinzuholen. Im übrigen wird man in der Praxis nicht immer sofort die geschäftlichen Beziehungen zu einem Lieferanten abbrechen, wenn sich herausstellt, dass er in finanzielle Schwierigkeiten geraten ist. Es kommt vor, dass die abnehmende Unternehmung aus Gründen der Erhaltung eines wertvollen und leistungsfähigen Lieferanten oder zwecks Erhaltung der Marktstruktur dem Lieferanten hilft, seine Liquiditätsschwierigkeiten zu überwinden.

Die Ursachen für Lieferschwierigkeiten und für schlechte Qualität eines Lieferanten können auch bei den Mitarbeitern des Lieferanten liegen. Eine Beschaffungsmarktforschung, die Risiken vermeiden möchte, kann deshalb die Belegschaft eines Lieferanten

nicht völlig außer Betracht lassen. Insbesondere sind Informationen über das Betriebs-
klima, die betriebliche Personalpolitik, die Konflikte zwischen Belegschaft und Geschäftsleitung, die Höhe der Fluktuationsrate und deren Ursachen sowie über die
Qualifikation der Mitarbeiter für die abnehmende Unternehmung von Interesse. Wichtig sind auch Daten darüber, welcher Gewerkschaft und welchem Tarifgebiet die Mitarbeiter angehören, wann eine neue Tarifrunde beginnt und wegen eventueller Streiks
mit Lieferschwierigkeiten zu rechnen ist und wie die Streikgeschichte eines Lieferanten aussieht.

Besondere Beachtung schenkt man heute in der Beschaffungsmarktforschung ferner
der Frage, ob die liefernde Unternehmung eine aktive und fortschrittliche Geschäftsführung besitzt, die durch eine ständige Verbesserung der Produktionsmethoden und
durch eine kontinuierliche Weiterbildung und Qualifizierung des Personals zur Kostensenkung und zur Produktverbesserung beiträgt. In vielen Beschaffungsabteilungen
werden die Lieferanten verstärkt danach beurteilt, inwieweit sie in der Lage sind, den
Abnehmer bei der Lösung schwieriger, technischer, wirtschaftlicher und organisatorischer Probleme zu unterstützen, und ob sie bereit sind, auf wertanalytischem Gebiet
mit der abnehmenden Unternehmung zusammenzuarbeiten. In diesem Zusammenhang ist auch zu untersuchen, auf welchem Niveau die Forschungs- und Entwicklungsabteilung des Lieferanten steht und ob sich der Abnehmer darauf verlassen
kann, dass sein Lieferant die Verwendbarkeit irgendwo auftretender neuer Ideen und
Methoden frühzeitig erkennt und ihn darauf aufmerksam macht. Vor allem in denjenigen Fällen, in denen der Lieferant nicht bestimmte Standarderzeugnisse, sondern
ganz spezielle, auf den einzelnen Abnehmer zugeschnittene Produkte liefert, sowie im
Falle der Lieferantenentwicklung, stehen diese Fragen im Rahmen der Lieferantenanalyse im Vordergrund des Interesses.

Innerhalb der *produktbezogenen Daten* spielen die Fertigungskapazitäten des Lieferanten und die Qualität seines Produktes eine wesentliche Rolle. Viele Anbieter neigen
dazu, Aufträge anzunehmen, die ihre quantitative und qualitative Leistungsfähigkeit
übersteigen. Der Einkäufer sollte sich deshalb einen Überblick darüber verschaffen,
wie groß die Fertigungskapazitäten des Lieferanten sind, wie stark sie ausgelastet sind
und inwieweit der Lieferant größere Bestellungen in speziellen Bedarfsfällen bewältigen kann. Es ist die Frage zu klären, ob die Schwankungen des eigenen Betriebsbedarfs sich auf den Lieferanten übertragen lassen und mit welchen Kosten eine
derartige Vorgehensweise für die abnehmende Unternehmung verbunden ist. Eng mit
der Auslastung der Kapazitäten hängen auch die Länge der Lieferfristen sowie die
Termintreue eines Lieferanten zusammen. Je genauer der Beschäftigungsgrad des
Lieferanten bekannt ist, desto eher lassen sich im allgemeinen Aussagen über die zu
erwartende Terminzuverlässigkeit eines Lieferanten machen.

Um Anhaltspunkte für die Beurteilung der Produktqualität zu gewinnen, müssen
Daten über die fertigungstechnischen Stärken und Schwächen des Lieferanten gesammelt werden. In diesem Zusammenhang ist insbesondere zu klären, ob das Pro-

duktionsverfahren dem neuesten Stand des technischen Wissens entspricht, ob die Maschinen noch relativ jungen Datums oder völlig veraltet und reparaturanfällig sind und ob der Maschinenpark den vom Abnehmer verlangten Anforderungen an Qualität und Präzision genügen kann. Auch über die vom Lieferanten angewandten Maßnahmen zur Qualitätssicherung und -kontrolle sind Informationen zusammenzutragen; sie sollen u.a. Auskunft über die zu erwartende Qualitätszuverlässigkeit geben und als Grundlage für Überlegungen dienen, ob evtl. die Materialprüfung in der abnehmenden Unternehmung eingeschränkt oder ob die Qualitätsprüfung völlig zum Lieferanten verlagert werden kann.

Die Zuverlässigkeit eines Lieferanten wird nicht selten von der Vormaterialsicherung für ein bestimmtes Produkt beeinflusst. Aus diesem Grunde hat sich die Beschaffungsmarktforschung auch damit zu befassen, ob wegen der Abhängigkeit des Lieferanten von einem Vorlieferanten eine terminsichere Materialbereitstellung gefährdet sein kann, ob die Einkaufsabteilung des Lieferanten in organisatorischer Hinsicht eine gesicherte Versorgung mit Vormaterialien gewährleistet und mit welchen beschaffungspolitischen Maßnahmen (z.B. Streuung des Bedarfs) der Lieferant möglichen Störfaktoren entgegenwirkt. Auch Kenntnisse über die vorhandenen Lagerkapazitäten sind in diesem Zusammenhang von Wichtigkeit.

Hinsichtlich des vom Lieferanten angebotenen Produktes interessieren schließlich auch Daten über den Anteil des Produktes am Umsatz des Lieferanten, den Marktanteil des Lieferanten auf dem nationalen und internationalen Markt sowie Informationen über die Kostenstruktur des Produktes. Was den Anteil des Produktes am Umsatz des Lieferanten betrifft, so geht es hier um die Beantwortung der Frage, ob das zu untersuchende Produkt für den Lieferanten ein wichtiger Artikel oder nur ein Mitläufer in seinem Absatz- und Fertigungsprogramm ist. Im letzteren Fall sollte die Beschaffungsmarktforschung auf die Gefahr aufmerksam machen, dass dieses Produkt wegen seiner geringen Bedeutung für den Anbieter eines Tages im Rahmen einer Sortimentsbereinigung aus dem Produktionsprogramm des Lieferanten ausgeschieden werden könnte.

Im Mittelpunkt des Interesses der Einkaufspraxis stehen heute noch vielfach die vom Lieferanten angebotenen *Konditionen und Serviceleistungen*. Vor allem der Höhe des Preises, den Zahlungs- und Lieferbedingungen sowie den vom Lieferanten gewährten Rabatten und Boni schenkt der Einkäufer in der Regel seine volle Aufmerksamkeit. Hinsichtlich des Preisverhaltens des Lieferanten ist dabei für den Abnehmer die Frage von besonderer Bedeutung, ob ein Lieferant dahin tendiert, bei jeder sich bietenden Gelegenheit die Preise zu erhöhen und Kostensteigerungen einfach auf die einkaufende Unternehmung abzuwälzen oder ob er sich ernsthaft bemüht, durch Wertanalyse und Rationalisierung die Preise seiner Produkte auf einem angemessenen Niveau zu halten. Daneben sollte jedoch auch der Service des Lieferanten, wie Kunden- und Beratungsdienst, Kulanzleistungen und die gewährten Garantien im Rahmen der Beschaffungsmarktforschung nicht vernachlässigt werden, da diese Faktoren den

Gewinn einer Unternehmung beträchtlich beeinflussen können. Nicht selten wird man sich im Rahmen der Beschaffungsmarktforschung auch mit dem Problem der Amortisation der vom Lieferanten eingesetzten Werkzeuge befassen müssen, und in einigen Fällen wird die Frage zu klären sein, ob es nicht evtl. für den Abnehmer günstiger ist, wenn er das Eigentum an den benötigten Werkzeugen erwirbt und sie dem Lieferanten zum Zwecke der Durchführung der Aufträge zur Verfügung stellt.

Ein wichtiger Bereich der Lieferantenanalyse ist schließlich die *Erforschung der speziellen Beziehungen, die zwischen dem jeweiligen Lieferanten und dem Abnehmer bestehen.* Im einzelnen geht es dabei um folgende Teilaspekte.

■ *Wechselseitige Abhängigkeit zwischen Lieferant und Abnehmer*
Hier entsteht erstens die Frage, ob die abnehmende Firma für den Lieferanten ein Hauptkunde oder nur ein unwichtiger Nachfrager ist, welches Interesse dementsprechend der Anbieter den Aufträgen des Abnehmers entgegenbringt und mit welcher Marktmacht gegenüber dem Lieferanten der Abnehmer ausgestattet ist. Zweitens hat die Beschaffungsmarktforschung zu untersuchen, ob nicht der Abnehmer in Abhängigkeit von seinem Lieferanten gerät bzw. geraten ist. Dieses Problem stellt sich vor allem dort, wo ein einzelner Lieferant zu 100 % den Bedarf bei einem Artikel deckt, und ist insofern u.a. auch von der Anzahl der Lieferanten für ein Einkaufsprodukt abhängig.

■ *Konkurrenzbelieferung*
Der Frage, ob ein Lieferant auch die Konkurrenz auf der Absatzseite beliefert, schenkt man in den Beschaffungsabteilungen vor allem dann besondere Aufmerksamkeit, wenn zwischen dem Lieferanten und der eigenen Unternehmung eine sehr enge Zusammenarbeit auf technischem und wirtschaftlichem Gebiet besteht. Bei Konkurrenzbelieferung durch den Lieferanten bestände hier die große Gefahr, dass Know-how an die Konkurrenz abfließt oder dass die Konkurrenz Vorteile daraus zieht, dass der Lieferant auf Anregung des Abnehmers sein Produkt verbessert. In einigen Fällen steht der Abnehmer der Konkurrenzbelieferung auch deshalb kritisch gegenüber, weil sie die Gefahr in sich birgt, dass der Lieferant in der Hochkonjunktur die eigene Firma zugunsten der Konkurrenz zu stark vernachlässigt und zur Lieferuntreue neigt. Die Beschaffungsmarktforschung sollte in diesem Zusammenhang untersuchen, ob die in derartigen Situationen sich ergebenden Probleme durch die Vereinbarung von Ausschließlichkeitsklauseln gelöst werden können.

■ *Abhängigkeit von anderen Unternehmen, insbesondere der Konkurrenz:*
Wenn ein Unternehmen mit der Konkurrenz kapitalmäßig verbunden ist oder wegen seiner Verpflichtungen aus Gegengeschäften oder aus langfristigen Lieferverträgen mit anderen Unternehmen in seiner Lieferbereitschaft eingeengt ist, kommt es als Lieferant für die eigene Unternehmung in der Regel nicht oder nur in begrenztem Umfang in Frage.

▦ *Zeitliche Dauer der Geschäftsbeziehungen*

Im allgemeinen wird in den Einkaufsabteilungen der Stammlieferant, dessen Leistungsfähigkeit man aus den Erfahrungen in der Vergangenheit beurteilen kann, gegenüber dem Lieferanten, mit dem man bislang noch keine Geschäftsbeziehungen unterhalten hat, bevorzugt. Bei einem völlig neuen Anbieter müssen in vielen Fällen im Rahmen der Lieferantenanalyse zunächst umfangreiche Recherchen angestellt werden, bevor man sich ein Urteil darüber erlauben kann, ob dieser Anbieter für die Beschaffung ein akzeptabler Partner ist.

▦ *Möglichkeit von Gegengeschäften und der Abnahme von Abfallstoffen*

Vielfach ist in einer Unternehmung nicht genau bekannt, ob ein Lieferant als Abnehmer eigener Endprodukte oder als Verwender anfallender Abfallstoffe in Frage kommt. Es ist dann Aufgabe der Beschaffungsmarktforschung, durch eine Analyse des Produktions- und Beschaffungsprogramms des Lieferanten zur Klärung dieses Sachverhaltes beizutragen. Insbesondere sollte die Beschaffungsmarktforschung auch die Vor- und Nachteile derartiger geschäftlicher Transaktionen mit dem Lieferanten einer genaueren Prüfung unterziehen.

▦ *Werbewert des Lieferanten für die eigene Unternehmung*

Es ist vorstellbar, dass ein Unternehmen, welches als Hersteller hochwertiger Produkte weithin einen guten Ruf hat, als Lieferant von der abnehmenden Firma deshalb bevorzugt wird, weil Name und Produkt dieses Anbieters für das Enderzeugnis der eigenen Unternehmung einen besonderen Werbewert besitzen. Vielfach weisen Hersteller, die mit solchen Werbewirkungen ihres Lieferanten rechnen können, in ihren eigenen Werbeaktionen sogar darauf hin, dass bei der Erstellung des Endproduktes das Einbauteil oder die Einbaugruppe dieser oder jener bekannten Firma verwendet worden ist. Es kommt auch vor, dass in einer derartigen Situation der Lieferant selbst Werbung für das Endprodukt des Abnehmers betreibt.

▦ *Räumliche Entfernung zwischen Lieferant und Abnehmer*

Die geographische Lage des Anbieters ist aus verschiedenen Gesichtspunkten heraus ein wichtiger Faktor innerhalb der Lieferantenanalyse. Einmal zeigen in der Regel die Transportkosten mit zunehmender Entfernung zwischen Lieferant und Abnehmer eine steigende Tendenz auf. Sodann sind Lieferungen von einem Hersteller, der weit vom Abnehmer entfernt ist, im allgemeinen auch einem hohen Transportrisiko unterworfen und mit einem großen Zeitbedarf für den Transport und folglich mit einer langen Wiederbeschaffungszeit verbunden.

Diese Aufzählung von innerhalb der Lieferantenanalyse zu berücksichtigenden Untersuchungsobjekten wird einerseits sicherlich nicht vollständig sein; sie soll andererseits aber auch nicht besagen, dass in jedem Einzelfall alle genannten Faktoren einer genaueren Analyse zu unterziehen sind.

3.2.5 Preis

Der Beschaffungspreis spielt fraglos eine sehr wichtige Rolle in vielen Einkaufsentscheidungen. Die marktforscherischen Aktivitäten in diesem Bereich haben den Besonderheiten der Preisbildung bei unterschiedlichen Materialien Rechnung zu tragen und müssen berücksichtigen, dass fast alle erwähnten Objekte der Beschaffungsmarktforschung einen mehr oder weniger großen Einfluss auf den Preis ausüben. Als wichtigste Preisbeeinflussungsfaktoren sind die Marktform, die unterschiedlichen Marktentwicklungen, die Qualität sowie der Lieferant zu nennen. Die im Rahmen der Beschaffungsmarktforschung für diese Objekte zusammengetragenen Informationen dienen als Hintergrund und Unterlage, um über den Beschaffungspreis Aussagen machen zu können. Im einzelnen bestehen die auf den Preis ausgerichteten Untersuchungen aus drei unterschiedlichen Methoden, nämlich:

▨ der Preisstrukturanalyse,

▨ der Preisbeobachtung und

▨ dem Preisvergleich (im Rahmen des Angebotsvergleichs).

Wie diese drei Methoden der Untersuchung des Beschaffungspreises sich in ihren Objekten und Zielen sowie in ihren Hauptanwendungsgebieten unterscheiden, soll die folgende Übersicht verdeutlichen (vgl. Tabelle 3-1).

Im Vordergrund der Einkaufspraxis stehen vor allem die Preisbeobachtung und der Preisvergleich. Die Preisbeobachtung ist dabei insbesondere wichtig für Produkte, deren Preise sich an Warenbörsen oder börsenähnlichen Einrichtungen bilden und in der Regel sehr stark auf Veränderungen der Nachfrage oder des Angebotes reagieren. Zu diesen preisempfindlichen Erzeugnissen gehören die meisten international gehandelten Rohstoffe, wie Kupfer, Wolle, Naturkautschuk, Zinn oder Blei. Aber auch bei vielen Halb- und Fertigerzeugnissen sind Kenntnisse über die Preisentwicklung in der Vergangenheit und über den zu erwartenden Preistrend für die Beschaffung von großer Wichtigkeit.

Da es jedoch für die meisten industriell gefertigten Artikel keinen mit dem Börsenpreis vergleichbaren einheitlichen, öffentlich notierten Marktpreis gibt, schaffen sich viele Einkaufsabteilungen zum Zwecke der Preisverfolgung dadurch eine Preisstatistik, dass sie die jeweils vorliegenden Angebotspreise der Lieferanten fortlaufend aufzeichnen.

Tabelle 3-1:   *Die auf den Preis ausgerichteten Untersuchungen*

	Preisstrukturanalyse	**Preisbeobachtung**	**Preisvergleich**
Untersuch-ungsobjekt	Zusammensetzung des Preises eines Lieferanten aus Kostenbestandteilen und Gewinn	Veränderung des Preises eines Produktes im Laufe der Zeit	Preise verschiedener Lieferanten bzw. verschiedener Qualitäten
Untersuch-ungsziel	Überprüfung der Angemessenheit eines Preises als Grundlage der Preisverhandlung	Prognose der zukünftigen Entwicklung als Grundlage der Beschaffungsdisposition und der Kontraktpolitik	Auswahl von Produktqualität und Lieferanten (im Rahmen des Angebotsvergleichs)
Hauptanwen-dungsgebiet	Produkte, auf deren Preishöhe der Abnehmer Einfluß ausüben kann	Produkte, die eine hohe Preisvariabilität aufweisen	Produkte, die zu unterschiedlichen Preisen und unterschiedlicher Qualität von mehreren Lieferanten bezogen werden können

Die Preisbeobachtung innerhalb der Beschaffungsmarktforschung sollte sich nicht nur auf die im Beschaffungsprogramm einer Unternehmung enthaltenen Produkte, sondern auch auf die Substitutionsmaterialien erstrecken. Es besteht sonst die Gefahr, dass der richtige Zeitpunkt für den Einsatz von Substitutionsgütern verpasst wird. Nützlich kann für den Einkauf ferner eine statistische Verfolgung der Preisentwicklung bei wichtigen von Lieferanten verwendeten Einsatzstoffen sein, weil sich daraus Anhaltspunkte für die zu erwartenden Preise auf den direkten Beschaffungsmärkten ableiten lassen.

Die Durchführung einer Preisstrukturanalyse erscheint vor allem dann ratsam, wenn der Preis eines Materials zwischen Lieferant und Abnehmer ausgehandelt wird. Derartige aushandelbare Preise sind z.B. in der Regel bei denjenigen industriell gefertigten Produkten vorzufinden, die Spezialanfertigungen für den Abnehmer darstellen. Die Preisbildung erfolgt in diesen Fällen meistens in mehr oder weniger enger Anlehnung an die Kosten des Lieferanten.

3.3 Informationsquellen der Beschaffungsmarktforschung

3.3.1 Allgemeiner Überblick

Um ein realistisches Bild von der Situation und den Entwicklungstendenzen auf einem Beschaffungsmarkt zu erhalten, müssen eine Vielzahl von Informationsquellen ausfindig gemacht und zu Rate gezogen werden. Dieses Zusammentragen und Bereitstellen der verschiedensten Informationen innerhalb der Beschaffungsmarktforschung ist zum großen Teil eine Art von Mosaikarbeit, und es ist ein wesentliches Kennzeichen für den guten Marktforscher, dass er weiß, wo geeignete, aktuelle Informationen über den Markt und seine Angebots- und Nachfrageverhältnisse zu erhalten sind.

In enger Anlehnung an eine in der Absatzmarktforschung übliche Unterscheidung wird die Informationssammlung auf der Beschaffungsseite in die Primärforschung (oder direkte Erhebung) einerseits und in die Sekundärforschung (oder indirekte Erhebung) andererseits eingeteilt. Unter Primärforschung sind dabei Untersuchungen zu verstehen, bei denen die Informationen eigens zum Zwecke der Markterkundung erhoben werden, während man von Sekundärforschung dann spricht, wenn bereits vorhandenes, in schriftlicher Form vorliegendes Material für Zwecke der Marktforschung verwendet und ausgewertet wird. Zur Primärforschung rechnet im Einkauf vor allem die Informationsbeschaffung durch schriftliche und telefonische Anfragen bei Herstellern, durch Messebesuche, Einkaufsreisen und Betriebsbesichtigungen. Beim Sekundärmaterial für die Beschaffungsmarktforschung handelt es sich z.B. um Geschäftsberichte möglicher Lieferanten, um Fachzeitschriften, Branchenhandbücher oder Statistiken aller Art. Wie diese Aufzählung verschiedener Informationsquellen der Primär- und Sekundärforschung verdeutlicht, besteht die Primärforschung zum großen Teil aus „field research", während die Sekundärforschung fast ausschließlich „desk research" darstellt.

Es ist wegen der Vielzahl von denkbaren Informationsquellen für die Beschaffungsmarktforschung nicht möglich, hier einen vollständigen Katalog aller in Frage kommenden Quellen aufzustellen. Gleichwohl soll in dem folgenden Überblick über die Hauptgruppen des für die Einkaufstätigkeit sich anbietenden Informationsmaterials versucht werden, einen Eindruck von der Fülle der verschiedenen in der Beschaffungsmarktforschung verwendbaren Informationsquellen zu vermitteln:

- Messen und Ausstellungen

- Kontakte mit Verkäufern

- Innerbetriebliche Quellen

- Vom Lieferanten herausgegebene Publikationen

  - Lieferantenkatalog und Preislisten

  - Prospekte und sonstiges Werbematerial

  - Geschäftsberichte

  - Hauszeitschriften und Homepages im Internet

- Sonstige Veröffentlichungen

  - Börsen- und Marktberichte

  - Fachzeitschriften

  - Tageszeitungen und Informationsdienste

  - Adressbücher, Branchenhandbücher und Bezugsquellenverzeichnisse

  - Offizielle Statistiken und Verbandsstatistiken

  - Veröffentlichungen der Konjunkturforschungsinstitute

- Lieferantenbesuche und Betriebsbesichtigungen

- Erfahrungsaustausch mit Fachkollegen anderer Unternehmen

- Probelieferungen

- Lieferantenbefragungen

- Auskünfte über Banken, Wirtschaftsverbände, Industrie- und Handelskammern, Botschaften, Konsulate, Auskunfteien

- Zusammenarbeit mit Marktforschungsinstituten

Welche konkreten Informationsquellen aus der Vielzahl der vorhandenen Möglichkeiten im Einzelfall zweckmäßigerweise ausgewählt werden sollten, hängt von dem zur Diskussion stehenden Beschaffungsgut, von der jeweiligen Entscheidungssituation, von dem zu untersuchenden Objekt der Beschaffungsmarktforschung, aber auch von der Qualität der einzelnen Informationsquelle ab. Bei der Suche nach geeigneten Informationen sollten dabei die folgenden Faktoren beachtet werden:

- Es ist von großer Wichtigkeit, Informationsquellen ausfindig zu machen, die möglichst objektiv und vertrauenswürdig sind. Der Beschaffungsmarktforscher sollte immer wieder das zur Verfügung stehende Informationsmaterial auf seine Aussagefähigkeit und seinen Realitätsgehalt hin kritisch überprüfen.

- Außerdem sollen die ausgewählten Informationsquellen möglichst aktuelle Daten enthalten und für den Einkäufer einen Neuigkeitswert besitzen. Da Informationen über Beschaffungsmärkte rasch veralten, hat die Informationssammlung planmäßig und kontinuierlich zu erfolgen.

■ Schließlich ist bei der Auswahl der Informationsquellen der Grundsatz zu berücksichtigen, dass die Kosten für die Bereitstellung der Informationen niedriger sein sollen als der daraus resultierende Nutzen. Aus diesem Grundsatz leitet sich unter anderem die Forderung ab, dass die Sammlung überflüssiger, nicht operationaler Informationen tunlichst vermieden werden sollte und dass die gesammelten Informationen so exakt wie möglich, aber auch nur so exakt wie nötig sein sollten. Beim Vorteilsvergleich zwischen field und desk research ist darauf zu achten, dass zwar die direkte Erhebung in Form des field research (z.B. Messebesuch, Betriebsbesichtigungen) im allgemeinen mit höheren Aufwendungen als das desk research verbunden ist, dass jedoch diesen erhöhten Kosten in der Regel auch ein verbessertes Marktforschungsergebnis gegenübersteht. So können vielfach anlässlich eines Messebesuches, einer Einkaufsreise oder einer Betriebsbesichtigung aktuellere und verlässlichere Informationen gesammelt und realistischere Eindrücke vom Markt gewonnen werden als durch eine Auswertung von Sekundärmaterial am Schreibtisch. Die intensiveren und kostspieligeren Formen der Informationsbeschaffung, wie sie das field research bietet, wird man in der Beschaffung vor allen Dingen dann anwenden, wenn bei wichtigen Einkaufsentscheidungen ein besonderes Informationsbedürfnis vorliegt und wenn desk research allein nicht ausreicht und zu keinen brauchbaren Marktforschungsergebnissen führt. Die Informationsbeschaffung im Einkauf wird deshalb in der Regel durch eine sinnvolle Kombination von Schreibtischarbeit und Feldarbeit gekennzeichnet sein.

Es genügt nicht, dass lediglich Markt- und Lieferantendaten aus den verschiedensten Quellen zusammengetragen werden. Die gesammelten Materialien müssen auch geordnet, in einem Archiv gespeichert und auf diese Weise allen Sachbearbeitern einer Einkaufsabteilung zugänglich gemacht werden. Die Aussagefähigkeit einer derartigen Dokumentation ist davon abhängig, dass nur dokumentationswürdige Informationen aufbewahrt, veraltete Unterlagen laufend aussortiert und aktuelle Informationen kontinuierlich dem Archiv zugeführt werden. Außerdem ist dafür Sorge zu tragen, dass diese Sammlung nach einem durchdachten und rationellen Ordnungssystem erfolgt, so dass die im Bedarfsfall benötigten Informationen rasch und sicher zu erhalten sind.

Neben der Aufbewahrung von Informationsmaterial in Archiven werden in den meisten Einkaufsabteilungen auch bestimmte Marktdaten in systematisch geordnete und laufend ergänzte Dateien bzw. Datenbanken übernommen.

3.3.2 Vor- und Nachteile und Aussagewert wichtiger Informationsquellen

Die verschiedenen Informationsquellen sind für den Beschaffungsmarktforscher mit unterschiedlichen Vor- und Nachteilen verbunden, und die Aussagefähigkeit der einzelnen Informationsquelle erstreckt sich in der Regel lediglich auf ganz bestimmte

Objekte der Beschaffungsmarktforschung. Aus diesem Grunde kann vielfach nur eine Kombination verschiedenartiger Informationsquellen zu einer abgesicherten und ausreichenden Kenntnis des Beschaffungsmarktes führen.

Messen und Ausstellungen bieten als Informationsquelle der Marktforschung zunächst einmal den Vorteil der Besichtigung des Beschaffungsobjektes. Der Einkäufer kann auf der Messe in vielen Fällen die ausgestellten Erzeugnisse in Funktion sehen und die Anwendungsgebiete dieser Artikel kennenlernen. Da im allgemeinen eine Vielzahl von in- und ausländischen Herstellern auf Messen ihre Produkte darstellt und ihre Leistungsfähigkeit demonstriert, ist dem Besucher die Möglichkeit gegeben, an einem Ort einen direkten Vergleich zwischen gleichen oder ähnlichen Erzeugnissen der verschiedenen Anbieter anzustellen. Als positiv ist die Messe auch insofern zu bewerten, als hier der persönliche Kontakt zwischen Fachleuten der ausstellenden Firmen und dem Einkäufer hergestellt werden kann und ein Erfahrungsaustausch mit den Herstellern und den Verwendern eines Produktes möglich ist. Ein weiterer Vorteil der Messen besteht darin, dass hier vielfach die neuesten Produkte oder veränderte alte Erzeugnisse gezeigt werden. Insofern bietet die Messe eine gute Gelegenheit für den Beschaffungsmarktforscher, seine Kenntnisse über technische Neuerungen, verbesserte Produktionsverfahren, Substitutionsgüter und die zukünftige technische Entwicklung aufzufrischen.

Als nachteilig müssen der relativ hohe finanzielle und zeitliche Aufwand für einen Messebesuch und die zeitliche Begrenzung von Messen und Ausstellungen angesehen werden. Da Informationen nur während der Veranstaltungszeit gewonnen werden können, sind Messen und Ausstellungen in der Regel für den kurzfristig auftretenden, täglichen Informationsbedarf in einer Beschaffungsabteilung keine geeignete Informationsquelle. Auch muss hier auf die Faktoren, welche die Sammlung sachdienlicher Informationen während des Messebesuchs erschweren, hingewiesen werden. Es besteht nämlich zum einen die Gefahr, dass der Einkäufer wegen des allgemeinen Messetrubels nicht die für die Materialsammlung erforderliche Konzentration aufbringen kann. Zum anderen müssen die auf Messen erhaltenen Eindrücke sehr genau auf ihren Realitätsgehalt hin überprüft werden; denn die Aussteller auf einer Messe sind aus Gründen der Imagepflege bestrebt, ein möglichst günstiges Bild von der eigenen Leistungsfähigkeit zu vermitteln. Schließlich muss sich der Beschaffungsmarktforscher klar machen, dass in vielen Fällen nicht alle Hersteller einer Branche auf einer Messe vertreten sind. Vor allem kleinere Unternehmen können es sich vielfach nicht leisten, sich auf einem eigenen Messestand zur Schau zu stellen.

Vorbedingung für eine erfolgreiche Informationsbeschaffung auf Messen und Ausstellungen ist eine gründliche Vorbereitung. Diese Vorbereitung hat sich insbesondere auf die Probleme, über die man auf der Messe Informationen sammeln möchte, auf die Ermittlung der Firmen, von denen die gewünschten Daten voraussichtlich zu erhalten sind, sowie auf den Entwurf eines Besuchsplans zu erstrecken.

Sehr informativ können für den Einkäufer auch die *Kontakte mit den Verkäufern* sein. Die Vertreter werden um so gezielter Auskunft erteilen können, je genauer sie über den Informationsbedarf des Abnehmers unterrichtet sind. Schwerpunktmäßig wird sich die Information durch den Vertreter dabei auf die von ihm repräsentierte Unternehmung und deren Produkte beziehen. Aber ein guter Vertreter kann in vielen Fällen auch wertvolle Informationen über die Konkurrenz des Abnehmers oder Hinweise auf potentielle Lieferquellen für bestimmte Produkte, die sein Unternehmen nicht herstellt, geben. Vertretergespräche können sehr viel Zeit in Anspruch nehmen. Der Einkäufer muss deshalb darauf achten, dass er nur mit wirklich gut informierten Vertretern längere Gespräche über den Beschaffungsmarkt führt, und er muss sich klar machen, dass man den Aussagen der auf Umsatz bedachten Verkäufer nicht bedenkenlos Glauben schenken darf. Bei dieser Informationsquelle besteht allerdings auch die Gefahr, dass der günstige bzw. ungünstige Eindruck, den man von einem Vertreter gewinnt, unbewusst in eine Beurteilung der Unternehmung dieser Repräsentanten umgesetzt wird.

Ein für die Beschaffungsmarktforschung kontinuierlich fließender Datenstrom kommt aus *innerbetrieblichen Quellen*. Er resultiert zum großen Teil aus den Erfahrungen, die man in der Vergangenheit mit bestimmten Anbietern gemacht hat und besteht vor allem aus statistischen Aufschreibungen über die zeitliche Dauer und den Umfang der Geschäftsbeziehungen mit einzelnen Lieferanten sowie über Beanstandungen der Terminkontrolle, der Wareneingangsprüfung, der Qualitätskontrolle, der Rechnungsprüfung oder des Lagers. Darüber hinaus kann der Beschaffungsmarktforscher auch aus Gesprächen mit Technikern der eigenen Unternehmung wertvolle Hinweise für seine tägliche Arbeit erhalten. Sie werden sich vor allen Dingen auf technische Detailfragen, auf bestimmte Lieferanten und deren Qualitätsniveau und -zuverlässigkeit beziehen. Als wichtige, jedoch in der Regel zu wenig genutzte Informationsquelle innerhalb des eigenen Betriebes müssen auch die Verkaufsabteilung und die Absatzmarktforschung angesehen werden. So wird die Verkaufsabteilung bestimmte Auskünfte über diejenigen potentiellen Lieferanten, die auf der Absatzseite als Kunden auftreten, erteilen können. Sie ist ferner in der Lage, ihre ausländischen Verkaufsstellen bei der Erkundung wichtiger Importmärkte einzuschalten. Der Absatz sollte die Beschaffung beispielsweise auch dann informieren, wenn sich bei der Analyse von Konkurrenzprodukten herausstellt, dass ein Wettbewerber ein in der eigenen Unternehmung nicht eingesetztes Material zur Herstellung seiner Erzeugnisse verwendet. Die Abteilung für Absatzmarktforschung innerhalb eines Unternehmens wird der Beschaffung insbesondere bei Fragen der weiteren konjunkturellen Entwicklung und der zu erwartenden Preisveränderung in bestimmten Branchen helfen können. Aus Kosten- und Ertragsgründen sollte die Beschaffungsmarktforschung die in der eigenen Unternehmung bestehenden Möglichkeiten der Informationsbeschaffung und die innerbetrieblich bereits verfügbaren Marktdaten möglichst intensiv nutzen.

Zu den *von Lieferanten herausgegebenen Publikationen*, die für die Beschaffungsmarktforschung von Interesse sind, zählen vor allen Dingen die Lieferantenkataloge und Preislisten, Prospekte und sonstiges Werbematerial, Geschäftsberichte und Hauszeitschriften sowie deren Darstellungsformen im Internet. Relativ häufig werden in der Praxis die Lieferantenkataloge für marktforscherische Zwecke verwendet. Sie informieren über das gesamte Produktions- und Absatzprogramm einer Unternehmung auf dem Gebiete der Standardartikel und geben in der Regel auch Auskunft über technische Details der angebotenen Produkte und über Preise. Aus diesem Grunde sind Lieferantenkataloge ein geeignetes Hilfsmittel bei der Suche nach potentiellen Lieferanten und bei der Orientierung über Preise. Die meisten Einkaufsabteilungen haben systematisch geordnete Sammlungen von Katalogen angelegt, um bei vorliegendem Bedarf sich rasch informieren zu können. Im Gegensatz zu den Katalogen wollen die vom Lieferanten zugesandten Prospekte im allgemeinen auf ein bestimmtes Produkt aus dem Lieferprogramm des Anbieters aufmerksam machen und dessen Anwendungsmöglichkeiten erläutern.

Aus den Geschäftsberichten der Lieferanten lassen sich außer den Zahlen der Bilanz und der Gewinn- und Verlustrechnung vielfach auch Angaben über die Produktions- und Auftragsentwicklung, über das Produktspektrum, die Anzahl der Mitarbeiter oder über neue Fertigungsverfahren entnehmen. Man findet hier ebenfalls in vielen Fällen Hinweise auf die wirtschaftliche und finanzielle Lage, auf Ausbau- und Entwicklungspläne oder auf Konzernbindung und Beteiligungen. Die Möglichkeit, Informationen über Lieferanten aus Geschäftsberichten zu gewinnen, ist in der Praxis allerdings insoweit eingeschränkt, als nicht alle Unternehmen der Publizitätspflicht unterliegen. Da es außerdem für den Marktforscher ziemlich mühsam und zeitraubend ist, aus dieser sekundären Quelle das für sein Informationsbedürfnis Geeignete herauszusuchen, und da die sachgemäße Beurteilung der Bilanz und der Gewinn- und Verlustrechnung Fachkenntnisse auf dem Gebiete der Bilanzanalyse voraussetzt, ist es nicht verwunderlich, dass man in der Einkaufspraxis weitgehend auf die Auswertung von Geschäftsberichten verzichtet. Auch die Hauszeitschriften der Lieferanten sind eine bislang noch verhältnismäßig selten genutzte Informationsquelle, obwohl sie z.T. aktuellere und für den Beschaffungsmarktforscher wichtigere Meldungen enthalten als die Geschäftsberichte. So geben Hauszeitschriften und homepages im Internet Hinweise auf neue Produktionsverfahren und -anlagen, sie vermitteln mit ihren warenkundlichen Berichten Kenntnisse über die Produkte des Lieferanten und informieren über die augenblickliche Geschäftslage oder über Forschungsprojekte.

Die vom Lieferanten herausgegebenen Publikationen sind vom Beschaffungsmarktforscher einer kritischen Überprüfung zu unterziehen, denn derartige Veröffentlichungen dienen dem Lieferanten auch zur Imagepflege und sollen seine Leistungsfähigkeit und seine Produkte in einem möglichst günstigen Licht darstellen.

Börsenberichte enthalten Informationen über das tägliche Geschehen an den nationalen und internationalen Warenbörsen und börsenähnlichen Einrichtungen. Sie sind von besonderem Interesse für den Rohstoffeinkäufer, geben vor allem Hinweise auf die Preisentwicklung im Effektiv- und Termingeschäft und deren Hintergründe und dienen als informationelle Grundlage für die Beschaffungsdisposition. *Marktberichte* werden hauptsächlich von Banken, Verbänden, Industrie- und Handelskammern sowie Marktforschungsinstituten herausgegeben. Sie dienen der Orientierung über die Gesamtlage und die Entwicklungen einzelner Branchen.

Fachzeitschriften werden erst dann eine sinnvolle Informationsquelle für die Beschaffungsmarktforschung, wenn sie in der Einkaufsabeilung regelmäßig, systematisch und gründlich ausgewertet werden. Dabei hat sich die Auswertung sowohl auf die Fachartikel als auch auf die Anzeigen der Lieferanten zu erstrecken. Während die Fachartikel verhältnismäßig aktuelle Berichte über die Marktsituation und die Zukunftsaussichten einer Branche, über technische Neuentwicklungen oder bestimmte Hersteller enthalten, geben Anzeigen insbesondere Hinweise auf das Produktionsprogramm einzelner Lieferanten, auf technische Einzelheiten der angebotenen Produkte oder auf neue Erzeugnisse. Da die Anzahl der in- und ausländischen Fachzeitschriften sehr groß ist, muss man in einer Einkaufsabteilung eine Auswahl aus dem bestehenden vielfältigen Angebot treffen, die sich nach dem speziellen Informationsbedürfnis der Beschaffungsmarktforschung in einer Unternehmung zu richten hat.

Neben den Fachzeitschriften sind es vor allem auch die *überregionalen Tageszeitungen* und die Nachrichten der *Informationsdienste*, die über aktuelle Geschehnisse auf den Beschaffungsmärkten berichten. Die Meldungen in den Zeitungen sowie im Internet können sich dabei auf fast alle erwähnten Objekte der Beschaffungsmarktforschung erstrecken. Es ist allerdings relativ zeitraubend, aus der Vielzahl der Nachrichten und Berichte das für die Beschaffungsmarktforschung Geeignete herauszufiltern.

Weiter müssen als häufig benutzte Quellen der Marktforschung die *Adressbücher, Branchenhandbücher* und *Bezugsquellenverzeichnisse* aller Art genannt werden. Sie werden vorwiegend von Verlagen, Verbänden und den Industrie- und Handelskammern herausgegeben und - teils gebührenpflichtig - über das Internet publiziert. Dabei handelt es sich bei den sog. Mitgliedsverzeichnissen der Verbände in der Regel um Adressbücher, die sich auf eine bestimmte Branche erstrecken, während die Industrie- und Handelskammern mit ihren Bezugsquellenverzeichnissen im allgemeinen auf die jeweilige Region abstellen. Jede Einkaufsabteilung sollte sowohl mit umfassenden Bundesadressbüchern als auch mit denjenigen Fachadressbüchern, die sich auf die wichtigsten Einkaufsprodukte beziehen, und mit denjenigen regionalen Adressbüchern, die für den eigenen Standort relevant sind, ausgestattet sein. Zu den regionalen Adressbüchern sind dabei auch die „Gelben Blätter" des lokalen Telefonbuches zu zählen. Durch den Einsatz der IuK-Technik können die vorhandenen Informationen erfasst und ausgewertet werden.

Bezugsquellenverzeichnisse dieser Art dienen im allgemeinen lediglich zur Ermittlung der potentiellen Lieferanten für ein bestimmtes Produkt und zur Feststellung der Anschrift der Anbieter; sie sagen nichts über die Leistungsfähigkeit der aufgeführten Hersteller aus. Der Aussagewert einiger dieser Werke ist auch insofern begrenzt, als sie sich oft nicht auf dem neuesten Stand befinden und man sich nicht immer darauf verlassen kann, dass auch wirklich alle Anbieter in ihnen erfasst sind.

Statistiken, wie sie von amtlichen Stellen oder Wirtschaftsverbänden herausgegeben werden, spielen in der Beschaffungsmarktforschung nicht eine so große Rolle wie in der Absatzmarktforschung. Von einiger Bedeutung sind auf der Beschaffungsseite allenfalls Preis- und Kostenstrukturstatistiken sowie statistische Übersichten über die Struktur und Entwicklung einzelner Beschaffungsmärkte.

Bei der Untersuchung von konjunktureller Lage und zu erwartender Entwicklung auf den Märkten wird sich die Beschaffungsmarktforschung weitgehend auf *Veröffentlichungen der Konjunkturforschungsinstitute* stützen. Da sich der Einkäufer insbesondere für die Branchenkonjunktur interessiert, kommen als Informationsquelle der Beschaffungsmarktforschung vor allem diejenigen Institute in Betracht, die ihre Untersuchungen speziell auf einzelne Wirtschaftszweige ausrichten. Besonders hinzuweisen ist in diesem Zusammenhang auf den vom IFO-Institut für Wirtschaftsforschung in München herausgegebenen Konjunkturtest und den Konjunkturspiegel; sie sind für die Belange der Beschaffungsmarktforschung deshalb als besonders geeignet anzusehen, weil in ihnen sehr detailliert nach einzelnen Branchen untergliedert wird.

Lieferantenbesuche und Betriebsbesichtigungen haben als Informationsquelle der Beschaffungsmarktforschung in den letzten Jahren ständig an Bedeutung gewonnen. Sie sind die wichtigste Informationsquelle für die Lieferantenanalyse und entsprechen der an eine Materialsammlung gestellten Forderung, dass zwecks Vermeidung von Fehldeutungen die benötigten Informationen möglichst nahe am Datenursprung zu erfassen sind. Eine sorgfältig vorbereitete, eingehende Betriebsbesichtigung verschafft vor allem einen Überblick über die quantitative und qualitative Leistungsfähigkeit eines Lieferanten. Der Einkäufer hat bei einer Betriebsbesichtigung sein Augenmerk insbesondere auf den Maschinenpark und den Produktionsprozess, das Kontroll- und Prüfwesen, das Lager, den inner- und außerbetrieblichen Transport, die Arbeitsvorbereitung und die allgemeine Ordnung im Betrieb, die Organisation der Unternehmung und die Personalstruktur zu richten. Im Gespräch mit dem Lieferanten sollte man versuchen, Auskünfte über die Zukunftspläne, Personalpolitik oder die Arbeiten an Entwicklungsprojekten zu bekommen.

Damit sowohl die kaufmännischen als auch die technischen, organisatorischen und logistischen Probleme in der Zusammenarbeit mit einem Lieferanten ausreichend berücksichtigt werden können, werden in der Praxis derartige Lieferantenbesuche und Betriebsbesichtigungen in vielen Fällen von einem Team durchgeführt. Die Zusammensetzung des Teams richtet sich dabei nach der vorherrschenden Problemstellung, der anstehenden Zielsetzung des Lieferantenbesuchs und nach der Bedeutung des zu besichtigenden Lieferanten für die abnehmende Unternehmung. Meistens nehmen neben dem Einkäufer Techniker aus der Produktion und Entwicklung sowie Mitarbeiter aus der Qualitätskontrolle an der Betriebsbesichtigung beim Lieferanten teil. Je qualifizierter das Team ist, desto ergiebiger dürfte ein derartiger Lieferantenbesuch sein und desto zuverlässiger sind im allgemeinen die gesammelten Informationen. Das Team sollte möglichst selbst bestimmen, welche Betriebsbereiche es im einzelnen beim Lieferanten besichtigen möchte, da sonst die Gefahr besteht, dass der Lieferant eine ihm angenehme, einseitige Auswahl für die Besichtigung trifft.

Wegen des hohen Zeit- und Reiseaufwandes lohnt sich die Durchführung von Lieferantenbesuchen in der Regel nur dann, wenn der Kreis der potentiellen Lieferanten bereits auf einige wenige begrenzt worden ist und wenn der auszuwählende Lieferant oder das zu lösende Problem für den Abnehmer von großer Bedeutung ist. Allerdings ist nicht jeder Lieferant auch bereit, seinen Kunden oder dem potentiellen Abnehmer unbeschränkten Einblick in seine betrieblichen Verhältnisse zu gewähren. Je größer jedoch die Marktmacht des Abnehmers und je vertrauensvoller und langfristiger die Zusammenarbeit zwischen Lieferant und Kunde ist, desto eher wird die abnehmende Unternehmung Zutritt zu den Produktions- und Lagerstätten des Anbieters erhalten.

Als wertvolles Reservoir für Marktinformationen hat sich ebenfalls der *Erfahrungsaustausch mit Fachkollegen anderer Unternehmen* bewährt. Man versucht auf diese Weise, die in anderen Firmen vorhandenen Kenntnisse über den Beschaffungsmarkt und die Lieferanten für das eigene Unternehmen zu nutzen. Vorbedingung für eine fruchtbare Zusammenarbeit auf diesem Gebiet ist jedoch, dass Vertrauen zwischen den Beteiligten besteht und dass dieser Informationsaustausch auf Gegenseitigkeit beruht. In der Regel lässt sich eine derartige Kooperation nur mit denjenigen Nachfragekonkurrenten realisieren, die nicht auch als Wettbewerber auf der Absatzseite in Erscheinung treten. Der Informationsaustausch wird sich dabei vor allen Dingen auf diejenigen Materialien, die der jeweilige Einkäufer bislang noch nicht für sein Unternehmen beschafft hat, und auf diejenigen Lieferanten, zu denen er in der Vergangenheit noch keine Geschäftsbeziehungen unterhalten hat, erstrecken. Zudem gewähren Kontakte zu den Fachkollegen anderer Unternehmen Einblicke in die Einkaufsstrategie und -taktik von Nachfragekonkurrenten. Die Zusammenarbeit mit anderen Firmen auf dem Gebiete der Beschaffungsmarktforschung kann den Beteiligten sehr viel Arbeit ersparen und sollte vom Einkäufer aktiv gefördert werden. In der Praxis lässt sich neuerdings beobachten, dass immer mehr Abnehmer von Anbietern, mit denen sie das erste Mal Geschäftsbeziehungen aufnehmen möchten, den Nachweis von Referenzen verlangen, damit sie mit dem Kunden dieses Anbieters Kontakt aufnehmen und ihn um Auskunft über die Leistungsfähigkeit dieses Lieferanten bitten können.

Als eine nicht unbedeutende Möglichkeit der Informationsbeschaffung muss auch die *Probelieferung* angesehen werden. Sie bietet sich besonders bei denjenigen Lieferanten an, mit denen man neu ins Geschäft kommen möchte, über deren Leistungsfähigkeit jedoch auf andere Weise nicht hinreichend Auskunft zu erhalten ist. Aus der Probelieferung lässt sich vor allem erkennen, ob der in Aussicht genommene Lieferant hinsichtlich Qualitätsniveau und -zuverlässigkeit den Vorstellungen des Abnehmers entspricht. Allerdings kann der Informationsgehalt einer Probelieferung dadurch beeinträchtigt werden, dass jeder Lieferant bemüht ist, gerade die Probelieferung mit größter Sorgfalt auszuführen.

Ein bewährtes und wenig aufwendiges Instrument zur Informationsgewinnung sind die (mündlichen, telefonischen oder schriftlichen) *Lieferantenbefragungen*. Sie werden sich zwar in erster Linie auf den Anbieter selbst und seine wirtschaftlichen und technischen Verhältnisse erstrecken. So sind z.B. einige Abnehmer dazu übergegangen, mit Hilfe von Fragebogen (Checklisten), die sie dem Anbieter mit der Bitte um Beantwortung zusenden, Lieferantendaten zu sammeln. Da jedoch der Anbieter im allgemeinen ziemlich genau über den Gesamtmarkt informiert ist, sollte der Einkauf auch auf anderen Gebieten der Beschaffungsmarktforschung eine Zusammenarbeit mit dem Lieferanten anstreben und versuchen, das Spezialwissen des Lieferanten über die zu erwartende Branchenkonjunktur, über die Vormärkte, über voraussichtliche Preis- und Lieferzeitveränderungen oder über Verknappungserscheinungen für das eigene Unternehmen nutzbar zu machen. In einigen Fällen geht heute die Initiative zu einem derartigen Informationsaustausch zwischen Lieferant und Abnehmer bereits vom Anbieter aus. So wird z.B. von Handelsunternehmen berichtet, die ihren Kunden regelmäßig Informationen über die Marktentwicklung bei Börsenprodukten zukommen lassen.

Der Beschaffungsmarktforscher versucht ferner, dadurch Informationen über Lieferanten und Märkte zu erhalten, dass er mit gezielten Fragen spezielle *Auskünfte über Banken, Wirtschaftsverbände, Industrie- und Handelskammern, Botschaften, Konsulate oder Auskunfteien* einholt. Von der Möglichkeit der Informationsbeschaffung über Auskunfteien wird in der Praxis relativ häufig Gebrauch gemacht. Die von diesen Instituten angebotenen Informationen erstrecken sich dabei schwerpunktmäßig auf die Finanz- und Vermögenslage einer Firma, ihre Kapitaleigner, ihre Stellung am Markt und ihre Geschäftsverbindungen. Ähnliches gilt auch von den Auskünften der Banken, die allerdings wegen des Bankgeheimnisses nur in begrenztem Umfang Informationen erteilen können. Konsulate, Botschaften und Auslandshandelskammern spielen als Informationsquelle bei der Erkundung von ausländischen Beschaffungsmärkten eine Rolle.

Während die Absatzmarktforschung in starkem Maße mit externen *Marktforschungsinstituten* zusammenarbeitet, ist die Einschaltung derartiger Institute im Rahmen der Beschaffungsmarktforschung nicht üblich. Als Gründe für diese Erscheinung werden genannt:

- Die bestehenden Marktforschungsinstitute sind in ihrer Arbeit schwerpunktmäßig auf die Konsumgütermärkte ausgerichtet.

- Die Durchführung der Beschaffungsmarktforschung setzt technisches Wissen und die Kenntnis der betrieblichen Gegebenheiten voraus. Diese Voraussetzungen sind bei Marktforschungsinstituten nicht gegeben.

▦ In vielen Fällen besteht der Beschaffungsmarkt für ein bestimmtes Produkt aus einem relativ kleinen, überschaubaren Anbieterkreis, so dass die Einschaltung eines Marktforschungsinstituts nicht geboten erscheint.

3.4 Bedeutung der Beschaffungsmarktforschung für die Entscheidungsfindung

Entscheidungen im Einkauf können nur so gut sein wie die Informationen, auf die sie sich stützen. Das heißt mit anderen Worten, dass der Unsicherheitsbereich von Einkaufsentscheidungen und damit das Risiko von Fehlentscheidungen umso größer sind, je lückenhafter und ungenauer die vorhandenen Marktinformationen sind. Es lässt sich in der Praxis zwar nicht völlig vermeiden, dass Beschaffungsentscheidungen auf der Grundlage von unvollkommenen Informationen über den Beschaffungsmarkt zustande kommen. Diese Unvollkommenheit in der Kenntnis des Beschaffungsmarktes kann darauf beruhen,

▦ dass bestimmte Teilinformationen über wichtige Marktgegebenheiten fehlen oder nicht zu beschaffen sind,

▦ dass das vorhandene Material unpräzise und von geringem Informationsgehalt ist oder

▦ dass der Wahrheitsgehalt der vorliegenden Informationen unsicher und ungewiss ist.

Doch können in vielen Fällen durch Gewinnung zusätzlicher Informationen die Kenntnisse des Einkäufers über den Beschaffungsmarkt vervollkommnet und damit der Grad des Risikos von Entscheidungen verringert werden. Auf der Grundlage einer intensiven Beschaffungsmarktforschung und einer hohen Markttransparenz lassen sich die im Einkauf zu treffenden Entscheidungen weitgehend versachlichen, und verlieren Fingerspitzengefühl, Intuition, Prestigedenken sowie subjektive Meinungen und Vorurteile im Entscheidungsprozeß an Bedeutung. Die Hauptzielsetzung der Beschaffungsmarktforschung lässt sich also in allgemeiner Form wie folgt formulieren:

Die Beschaffungsmarktforschung soll durch die Bereitstellung von Informationen dazu beitragen, dass der Unsicherheitsbereich von Entscheidungen im Einkauf eingeengt und das Risiko von Fehlentscheidungen begrenzt wird.

Umfang und Qualität der für eine Einkaufsentscheidung bereitzustellenden Marktinformationen werden sich dabei u.a. nach der Wichtigkeit dieser Entscheidung für die Beschaffung und das gesamte Unternehmen zu richten haben. Je tiefgreifender eine Entscheidung im Einkauf den Unternehmensgewinn beeinflussen kann, desto gründlicher sollte der betroffene Markt analysiert und beobachtet werden. So rechtfertigt z.B. der Einkauf von wenigen Tonnen Zinn bei einem inländischen Metallhändler nicht einen so hohen Informationsaufwand wie der Abschluss eines langfristigen, größere Mengen umfassenden Liefervertrages mit einer ausländischen Zinnhütte.

Die Stellung der Beschaffungsmarktforschung im Entscheidungsprozeß und der Beitrag der Beschaffungsmarktforschung zu einer Verbesserung der Entscheidungsfindung im Einkauf lassen sich genauer verdeutlichen, wenn man den Entscheidungsprozeß in einzelne Phasen unterteilt. In der Betriebswirtschafslehre werden heute üblicherweise die folgenden fünf Phasen des Entscheidungsprozesses unterschieden:

1. Anregungsphase

2. Suchphase

3. Auswahlphase

4. Durchführungsphase

5. Kontrollphase.

Die Beschaffungsmarktforschung hat hinsichtlich der Entscheidungen im Einkauf vor allen Dingen in den ersten drei Phasen sowie in der Kontrollphase bestimmte Aufgaben wahrzunehmen, wie die folgenden Ausführungen zeigen.

Ein Entscheidungsprozeß im Einkauf beginnt mit der Erkenntnis, dass bestimmte Tatbestände in der Beschaffung nicht einem erwarteten oder erstrebten Sollzustand entsprechen. Dieses Aufdecken und Analysieren von ungelösten Beschaffungsproblemen fällt auch in den Bereich der Beschaffungsmarktforschung; sie sollte insbesondere auf Chancen und Gefahren des Beschaffungsmarktes, auf Verlustquellen hinweisen und auf diese Weise Entscheidungsprozesse initiieren und anregen. Die Fehleinschätzung, die Vernachlässigung oder das Übersehen eines Beschaffungsproblems können erhebliche negative Auswirkungen zur Folge haben oder dazu führen, dass mögliche Gewinnchancen außer acht gelassen werden.

In der zweiten Phase des Entscheidungsprozesses, der sogenannten Suchphase, geht es um die Ermittlung möglicher Handlungsalternativen. Die Beschaffungsmarktforschung hat in diesem Stadium sicherzustellen, dass alle zulässigen Möglichkeiten und Lösungen, die der Markt bietet, erfasst werden. Es könnte sich - nach der Durchführung einer Entscheidung - als großer Fehler herausstellen, wenn von vornherein wichtige Entscheidungsalternativen unbeachtet blieben. Je gründlicher der Beschaffungsmarkt in seinen strukturellen Gegebenheiten bekannt ist und je genauer die Marktveränderungen verfolgt werden, desto größer ist in der Regel die Anzahl der realisierbaren beschaffungspolitischen Handlungsmöglichkeiten.

In der Auswahlphase hat die Beschaffungsmarktforschung den Einkaufsbereich mit denjenigen Informationen zu versehen, die notwendig sind, damit unter Berücksichtigung des Unternehmensziels und der daraus abgeleiteten Beschaffungsziele diejenige Handlungsalternative ausgewählt werden kann, welche dem Interesse des Unternehmens am besten entspricht. Die Beschaffungsmarktforschung soll in dieser Stufe des Entscheidungsprozesses also dazu beitragen, dass die Auswirkungen auf den Unternehmenserfolg im voraus genauer abgesehen werden können und dass die einzelnen Beschaffungsaktionen stärker auf das Unternehmensziel ausgerichtet werden. Je besser die vorhandene Marktkenntnis, desto schlagkräftiger, zielgerichteter und effizienter werden im allgemeinen die Einkaufsentscheidungen sein.

Der Entschlussfassung über die zu realisierende Alternative folgt die Verwirklichung der Entscheidung. Anschließend muss kontrolliert werden, ob mit der durchgeführten Entscheidung auch wirklich das geplante Ergebnis erreicht worden ist. Sofern es zu Abweichungen zwischen Planwerten und tatsächlich erzieltem Ergebnis kommt, ist zu prüfen, welche Gründe für diese Abweichung verantwortlich sind und welche neuen Entscheidungen und Anpassungsmaßnahmen zu treffen sind. Die Beschaffungsmarktforschung hat in diesem Zusammenhang insbesondere die Aufgabe, Informationen darüber zur Verfügung zu stellen, inwieweit Erfolge bzw. Misserfolge materialwirtschaftlicher Tätigkeit auf abrupte Veränderungen oder nicht vorhersehbare Entwicklungen der Beschaffungsmärkte oder auf Fehler, die in den ersten drei Phasen des Entscheidungsprozesses gemacht wurden, zurückzuführen sind.

Eine enge Verzahnung von Beschaffungsmarktforschung und Entscheidungen lässt sich auf fast allen Gebieten der Materialwirtschaft erkennen. Dass Marktanalyse und -beobachtung unentbehrliche Voraussetzung und Grundlage für die tägliche Arbeit in der Einkaufsabteilung sind, zeigt sich in besonders starkem Maße bei den folgenden Problemen:

■ *Lieferantenauswahl und die Suche nach neuen günstigen Lieferanten*
Erst auf der Basis einer intensiven Beschaffungsmarktforschung wird der Einkäufer in die Lage versetzt, einen realistischen Angebotsvergleich durchzuführen, aus einer Vielzahl von Anbietern den geeignetsten und leistungsfähigsten Lieferanten auszuwählen und günstigere Beschaffungsmöglichkeiten für einen gegebenen Betriebsbedarf zu erschließen. Die Analyse und Beobachtung der Beschaffungsmärkte soll verhindern, dass bestehende günstige Lieferquellen übersehen werden und dass dem Unternehmen Schwierigkeiten oder Kostennachteile durch den Einkauf beim falschen Lieferanten, beim falschen Beschaffungskettenglied, im falschen Land oder durch die Wahl des falschen Bereitstellungsweges (Eigenfertigung/Fremdbezug) entstehen. Ohne eine kontinuierlich durchgeführte Markterkundung ist es auf Dauer nicht möglich, für die Unternehmung einen Stamm zuverlässiger, leistungsfähiger Lieferanten zu gewinnen oder zu erhalten.

■ *Materialsubstitution*
Sehr enge Wechselbeziehungen bestehen zwischen der Wertanalyse und der Beschaffungsmarktforschung. Im Zusammenspiel dieser beiden Beschaffungsteilfunktionen ist die für die Materialwirtschaft sehr wichtige Frage zu beantworten, welches der am Markt angebotenen Produkte mit gleicher oder ähnlicher Funktion am besten einem bestimmten Betriebszweck entspricht. Durch eine genaue Markt-

analyse und -beobachtung sollte der Einkauf dazu beitragen, dass dem Unternehmen Materialien zugeführt werden, welche für den vorgesehenen Verwendungszweck besonders geeignet sind, dass brauchbare Substitutionsgüter frühzeitig eingesetzt werden und dass Neuentwicklungen potentieller Lieferanten von der eigenen Unternehmung rascher in Erfahrung gebracht und genutzt werden als von der Konkurrenz.

Einkaufsgespräche und Vergabeverhandlung
Von großer Wichtigkeit sind Kenntnisse über die Stärken und Schwächen eines Lieferanten, über die jeweilige Konjunkturlage, über die Konkurrenzsituationen und die Preisentwicklung in einer Branche sowie über die eigene Stellung am Beschaffungsmarkt für die Vergabeverhandlung. Der Einkäufer hat aus derartigen Informationen fundierte Argumente für die in einer Vergabeverhandlung anzustrebenden Ziele abzuleiten. So lassen sich aus der Kenntnis des Preisverfalles bei Vorprodukten, aus der Preisentwicklung von Substitutionsgütern, aus Informationen über die Auslastung der Kapazitäten in einem Wirtschaftszweig oder aus Konkurrenzangeboten Argumente für Preissenkungen entwickeln. Verlässliche und aktuelle Informationen über den Beschaffungsmarkt können wesentlich zur Versachlichung der Vergabeverhandlung beitragen und sind ein bedeutsames Hilfsmittel zur Stärkung der Position des Einkäufers in der Vergabeverhandlung.

Beschaffungspolitik
Beschaffungspolitik und Beschaffungsmarktforschung sind untrennbar miteinander verbunden. Die Ergebnisse aus der Marktanalyse und -beobachtung sind unentbehrliche Grundlage für die Praktizierung der richtigen Einkaufsstrategie und -taktik; sie sind unabdingbare Voraussetzung dafür, dass sich die Beschaffung mit ihren Marktaktivitäten an den Gegebenheiten und Entwicklungen des Marktes ausrichtet und dass eine schlagkräftige und reaktionsschnelle Einkaufspolitik betrieben wird. Von großer Wichtigkeit ist in diesem Zusammenhang, dass die Beschaffung ihre Marktposition und damit ihre Möglichkeiten, auf den Markt Einfluss zu nehmen, richtig einschätzt.

Beschaffungs- und Unternehmungsplanung
Eine genaue Kenntnis des Beschaffungsmarktes ist auch deshalb erforderlich, damit verhindert wird, dass in einer Unternehmung Beschaffungs- und sonstige betriebliche Teilpläne aufgestellt werden, die sich von Seiten des Beschaffungsmarktes her nicht realisieren lassen. So kann es vorkommen, dass voraussichtliche Engpässe in der Materialversorgung den Beschaffungsplan und damit den Produktions- und Absatzplan einer Unternehmung determinieren. Auswirkungen auf das Beschaffungsbudget sowie auf den Finanz- und Gewinnplan ergeben sich aus zu erwartenden Preisveränderungen bei Materialien. Eine realistische Beschaffungs- und Unternehmungsplanung ist deshalb ohne Berücksichtigung der zukünftigen Entwicklung des Beschaffungsmarktes in vielen Fällen nicht durchführbar.

■ *Information und Beratung anderer Unternehmensbereiche*

Nicht nur die Einkaufsabteilung benötigt zur Erfüllung ihrer Aufgaben Informationen über die Beschaffungsmärkte. Da Probleme materialwirtschaftlicher Art das gesamte Unternehmen tangieren, sollten auch andere Unternehmensbereiche mit Kenntnissen über die Beschaffungsmärkte einer Unternehmung ausgestattet sein. Insbesondere sind die Produktion, die Konstruktion und Entwicklung, der Absatzbereich, die Finanzabteilung sowie die Geschäftsleitung über die sie interessierenden und für ihre jeweilige Aufgabenstellung relevanten Entwicklungen auf den Beschaffungsmärkten zu unterrichten. Mit dieser Information und Beratung seitens der Beschaffung soll vor allem erreicht werden, dass Entscheidungen in anderen Unternehmensbereichen den Verhältnissen am Beschaffungsmarkt Rechnung tragen und dass sich der betriebliche Leistungsprozess als Folge der Berücksichtigung der am Markt vorhandenen Möglichkeiten verbessert. Erst wenn der Einkäufer eine umfassende Marktkenntnis besitzt, kann er diese seine informatorische und beratende Funktion gegenüber anderen Unternehmensbereichen in ausreichendem Maße wahrnehmen, wird er zu einem kompetenten und interessanten Gesprächspartner für andere Ressorts und können von ihm in dieser Zusammenarbeit entscheidende Impulse zur Kostensenkung und Leistungssteigerung im Unternehmen ausgehen.

Übungsfragen und -aufgaben

1. Erläutern Sie, warum ein optimaler Einkauf ohne eine intensive und systematische Erforschung der Beschaffungsmärkte nicht möglich ist.

2. Die klassische Marktforschungslehre unterteilt üblicherweise den Bereich der Marktforschung in „Marktanalyse", „Marktbeobachtung" und „Marktprognose". Wie unterscheiden sich diese drei Begriffe? Nennen Sie auf dem Gebiete der Beschaffungsmarktforschung Beispiele für marktforscherische Aktivitäten, die diesen drei Begriffen zuzuordnen sind.

3. Geben Sie einen Überblick über die wichtigsten Untersuchungsobjekte der Beschaffungsmarktforschung und versuchen Sie, Beziehungen zwischen dem Preis und den übrigen Untersuchungsobjekten der Beschaffungsmarktforschung herzustellen.

4. Erläutern Sie, weshalb die Marktform als Objekt der Beschaffungsmarktforschung für den Einkäufer von großer Bedeutung ist.

5. Begründen Sie, warum die Nachfrageseite des Marktes im Rahmen der Beschaffungsmarktforschung nach ähnlichen Analysegesichtspunkten zu untersuchen ist wie die Angebotsseite des Marktes.

6. Welche verschiedenen Marktbewegungen und -entwicklungen kennen Sie?

7. Erläutern Sie die Aufgabe der Beschaffungsmarktforschung im Rahmen der Durchleuchtung des Konjunkturgeschehens auf den Beschaffungsmärkten.

8. Entwerfen Sie eine Checkliste, in der die für eine Lieferantenanalyse wichtigen Untersuchungsobjekte enthalten sind.

9. Welche Unterschiede bestehen zwischen Preisstrukturanalyse, Preisbeobachtung und Preisvergleich hinsichtlich des Untersuchungsobjektes, des -zieles und hinsichtlich des Anwendungsgebietes?

10. Geben Sie einen Überblick über die wichtigsten Informationsquellen der Beschaffungsmarktforschung.

11. Wie unterscheiden sich Primärforschung und Sekundärforschung? Nennen Sie Beispiele für Primär- und Sekundärforschung im Rahmen der Beschaffungsmarktforschung.

12. Welche Ansprüche hat der Einkäufer an die Qualität der gesammelten Informationen? Machen Sie anhand konkreter Informationsquellen deutlich, warum diese Ansprüche von einer bestimmten Informationsquelle nicht vollständig erfüllt werden können.

13. Welche Vorteile und welche Nachteile weisen die Messen und Ausstellungen als Informationsquelle der Beschaffungsmarktforschung auf?

14. Charakterisieren Sie die Lieferantenbesuche und Betriebsbesichtigungen als Informationsquelle für die Lieferantenanalyse.

15. Welche Informationsquellen eignen sich besonders für die Lieferantenbewertung bezüglich der Faktoren:

    ▪ Terminzuverlässigkeit,

    ▪ Produktionsverfahren,

    ▪ Finanzielle Situation,

    ▪ Qualitätszuverlässigkeit,

    ▪ Gegengeschäfte?

16. Formulieren Sie in allgemeiner Form die Hauptzielsetzung der Beschaffungsmarktforschung und erläutern Sie im Detail, auf welchen Gebieten der Materialwirtschaft die Ergebnisse der Beschaffungsmarktforschung in besonderem Maße benötigt werden.

17. Worin sehen Sie die Besonderheiten der Importmarktforschung?

18. Der Einkäufer hat es bei seiner Beschaffungstätigkeit mit unterschiedlichen Preisarten zu tun, wie z.B. mit dem Monopolpreis oder dem aushandelbaren Preis, dem Listen- oder Börsenpreis, dem Kartellpreis, dem staatlich regulierten Preis oder dem Verrechnungspreis im Konzern. Erläutern Sie anhand dieser Preiskategorien die These, dass marktforscherische Aktivitäten u.a. von den Besonderheiten der Preisbildung bei unterschiedlichen Materialien abhängig sind.

4 Preisstrukturanalyse

4.1 Begriff und Wesen der Preisstrukturanalyse

Der industrielle Einkäufer interessiert sich nicht nur für den Preis eines einzukaufenden Gutes, sondern in bestimmten Entscheidungssituationen auch für die Fragen:

- Wie hoch sind die Stückkosten eines zu beschaffenden Artikels?

- Welchen Anteil an den Stückkosten dieses Artikels haben die einzelnen Kostenarten?

- Wie hoch ist bei einem gegebenen Preis des Artikels der Gewinnanteil des Lieferanten?

Da der Lieferant in der Regel bestrebt ist, seinen Gewinnanteil geheim zu halten und deshalb auch nicht bereit ist, genaue Auskunft über seine Kosten zu geben, versucht die Beschaffung von sich aus, die aufgeführten Fragen dadurch zu beantworten, dass sie die Kalkulation des Lieferanten nachvollzieht. Diese Untersuchung über die Aufgliederung des vom Lieferanten geforderten Preises in Kostenbestandteile und Gewinnanteil soll als Preisstrukturanalyse bezeichnet werden.

Bei der Durchführung der Preisstrukturanalyse geht man zweckmäßiger Weise so vor, dass man zunächst einmal die Kostenarten, die für das zu untersuchende Produkt von Bedeutung sind, festlegt und bewertet. Diese Ermittlung der Kostenbestandteile eines Produktes ist der eigentliche Kern und zugleich der schwierigste Teil der Preisstrukturanalyse. Anschließend lassen sich dann durch Addition der einzelnen Beträge je Kostenart leicht die gesamten Stückkosten für das Produkt berechnen. Aus der Differenz zwischen Preis und den errechneten Stückkosten ergibt sich schließlich der dem Lieferanten verbleibende Gewinn.

Für die Ermittlung der Bestandteile, aus denen sich die Stückkosten zusammensetzen, kann man von gebräuchlichen Kalkulationsschemata ausgehen. Dabei sollte man im Rahmen der Preisstrukturanalyse Einzel- und Gemeinkosten getrennt ermitteln. Die folgende Aufzählung der Kosten muss nicht für jedes Produkt geeignet sein, enthält jedoch die wichtigsten Preisbestandteile eines Erzeugnisses (vgl. Tabelle 4-1). Im konkreten Einzelfall einer Untersuchung der Preisbestandteile wird es erforderlich sein, einige der aufgeführten Kostenkategorien weiter zu untergliedern; das wird abhängig sein von der Komplexität des zu untersuchenden Artikels, der relativen Bedeutung der einzelnen Kostenkategorie innerhalb der Gesamtkosten und der Größe des Auftrages.

Tabelle 4-1:   *Die wichtigsten Preisbestandteile eines Produktes*

Fertigungsmaterial	Materialkosten	S
+ Materialgemeinkosten		E
		L
+ Fertigungslohn	Fertigungskosten	B
+ Fertigungsgemeinkosten		S
+ Sondereinzelkosten der Fertigung		T
		K
+ Forschungs- und Entwicklungskosten		O
+ Verwaltungsgemeinkosten	Verwaltungs- und Vertriebs-kosten	S
+ Vertriebsgemeinkosten		T
		E
+ Sondereinzelkosten des Vertriebs		N
+ Gewinnaufschlag		
= Preis		

4.2 Preisstrukturanalyse auf der Basis von Vollkosten

4.2.1 Ermittlung der Einzelkosten

Bei den Einzelkosten handelt es sich um Kosten, die für das einzelne Erzeugnis direkt erfassbar und dem Kostenträger unmittelbar zurechenbar sind. Zu den Einzelkosten zählen in erster Linie das Fertigungsmaterial und die Fertigungslöhne; hinzu kommen noch die Sondereinzelkosten der Fertigung und des Vertriebs. Die Kosten für das Fertigungsmaterial können im allgemeinen in einer Beschaffungsabteilung mit einem relativ hohen Genauigkeitsgrad angegeben werden. Zwecks Erfassung dieser Materialeinzelkosten sind zwei Komponenten zu bestimmen:

▪ Die Art und die Menge der Materialien, die im Produktionsprozess unmittelbar oder nach Umwandlung in das Endprodukt eingehen.

▪ Die Preise dieser Materialien.

Art und Menge des Materials lassen sich durch Zerlegung des Produkts in seine Bestandteile ermitteln. Man erstellt also eine „Stückliste" für dieses Produkt, wobei die Mengenbestimmung nicht nur ein reines Zählen ist, sondern hier und da auch Vorgänge wie Wiegen und Messen erforderlich macht. Zu dieser Nettoverbrauchsmenge muss dann noch eventuell ein Anteil für Abfall und Ausschuss addiert werden, um zu den Bruttoverbrauchsmengen für eine Einheit des untersuchten Artikels zu gelangen.

Die Bewertung der Bruttoverbrauchsmengen setzt voraus, dass die Preise der Materialien, die in einen Artikel eingehen, bekannt sind. Zwecks Bestimmung des Preises der einzelnen Materialien müssen die Vormärkte, also die Beschaffungsmärkte der Lieferanten, untersucht werden. Wichtige Hinweise auf Preise der Vormaterialien kann die Beschaffungsmarktforschung aus Warenbörsenberichten, Marktberichten oder Preisstatistiken entnehmen. Auch der Lieferant des Vormaterials kommt als Informationsquelle in Frage. Bei Materialien, deren Preise im Laufe der Zeit schwanken, wird man im Rahmen der Preisstrukturanalyse eventuell mit Durchschnittspreisen rechnen müssen. Der Preisanalytiker muss auch darauf achten, dass für den in der Bruttoverbrauchsmenge berücksichtigten Abfall dann ein Abschlag auf die errechneten Brutto-Materialeinzelkosten zu berechnen ist, wenn der Lieferant anfallendes Abfallmaterial anderweitig (z.B. durch Verkauf) verwerten kann. Auf diese Weise kommt man zu den für die Preisstrukturanalyse relevanten Netto-Materialeinzelkosten.

Die Ermittlung der Fertigungsmaterialkosten dürfte in der Regel leichter sein als die Bestimmung der Fertigungslöhne. Diese Fertigungseinzelkosten sind in ihrer Höhe abhängig:

▪ erstens vom Zeitaufwand, der zur Herstellung einer Einheit des untersuchten Artikels notwendig ist;

▪ zweitens von den Stundenlöhnen der Arbeiter, die sich mit der Herstellung dieses Artikels befassen.

Vor allem die Schätzung der Fertigungszeiten bereitet Schwierigkeiten, denn Voraussetzung dafür ist eine detaillierte Kenntnis des Produktionsprozesses und der Arbeitsabläufe beim Lieferanten. Zu genaueren Informationen über die Fertigungszeit kann man in vielen Fällen nur kommen, wenn man die Produktionsstätten des Lieferanten besichtigt. Hier und da mag auch die Arbeitsvorbereitung im eigenen Hause in der Lage sein, die Zeiten für einzelne Arbeitsgänge anzugeben. Insbesondere dann, wenn ähnliche Arbeitsgänge in der eigenen Unternehmung durchzuführen sind, wird die Produktionsabteilung dem Preisanalytiker Anhaltspunkte liefern können.

Bei der Bewertung der ermittelten Fertigungszeit mittels Stundenlohnsätzen wird man auf keine großen Schwierigkeiten stoßen. Es ist zunächst die Qualifikation der im

Herstellungsprozess eingesetzten Arbeiter zu bestimmen, und entsprechend der jeweils erforderlichen Qualifikation sind die Tariflohnsätze oder die branchenüblichen Lohnsätze auszuwählen, mit denen die Fertigungszeit bewertet wird. Über Stundenlohnsätze in verschiedenen Branchen gibt es in der Regel genügend Veröffentlichungen von amtlichen Stellen und Verbänden. Notfalls kann auch die eigene Personalabteilung um Auskunft gebeten werden. Es muss jedoch gewährleistet sein, dass die verwendeten Lohnsätze dem neuesten Stand der Tarifentwicklung entsprechen. Geht man in der Preisstrukturanalyse von Tariflohnsätzen aus, dann müssen eventuell übertarifliche Bezahlungen im Kalkül mit berücksichtigt werden.

Der kostenrechnerische Grundsatz, möglichst viele Kostenarten als Einzelkosten zu verrechnen, sollte auch für die Preisstrukturanalyse gelten. Entsprechend diesem Grundsatz wird man im Rahmen der Preisstrukturanalyse untersuchen müssen, ob es neben den Material- und Fertigungseinzelkosten noch andere Kostenarten gibt, die sich dem Produkt direkt zurechnen lassen. In der betrieblichen Kostenrechnung bezeichnet man derartige Kosten als Sondereinzelkosten und unterscheidet dabei die Sondereinzelkosten der Produktion und des Vertriebes.

Zu den Sondereinzelkosten der Produktion zählen Kosten für Spezialwerkzeuge, Modelle, Schnitte, Schablonen, Spezialvorrichtungen, die nur der Herstellung ganz bestimmter Produkte dienen. Als Sondereinzelkosten des Vertriebs treten vor allem die folgenden Kostenarten auf: Kosten für das Verpackungsmaterial, Frachtkosten, Transportversicherung und Vertreterprovision. Da einige Sondereinzelkosten in den Angeboten der Lieferanten getrennt ausgewiesen werden, andere durch die Beschaffungsmarktforschung in ihrer Höhe ermittelt werden können, bereitet die Erfassung der Sondereinzelkosten im allgemeinen keine großen Schwierigkeiten.

Probleme wirft allerdings in den meisten Fällen die Ermittlung der Forschungs- und Entwicklungskosten auf. Hier ist man fast ausschließlich auf Angaben der Lieferanten angewiesen; es sei denn, aus der Neuartigkeit, Einmaligkeit oder Ausgefallenheit eines Artikels bzw. Produktionsverfahrens oder aus der Länge der Zeit, die zur Entwicklung eines Produktes benötigt wird, ergeben sich Anhaltspunkte für die Höhe der aufgewendeten Entwicklungskosten. Lizenzgebühren bzw. Forschungs- und Entwicklungskosten können, soweit sie sich auf ein bestimmtes Produkt beziehen, zu den Sondereinzelkosten der Produktion gezählt werden.

4.2.2 Ermittlung der Gemeinkosten

Im Gegensatz zu den Einzelkosten lassen sich die Gemeinkosten einem Erzeugnis (Kostenträger) nicht direkt zurechnen; ihre mehr oder weniger willkürliche Aufschlüsselung auf den einzelnen Kostenträger erfolgt in der betrieblichen Kostenrechnung über Verrechnungssätze und Bezugsgrößen. Zu den Gemeinkosten gehören die Materialgemeinkosten, die Fertigungsgemeinkosten, die Verwaltungs- und Vertriebsgemeinkosten. Im Rahmen der vom Abnehmer durchgeführten Preisstrukturanalyse erweist sich die Ermittlung der Gemeinkosten als ein viel schwierigeres Problem als die Ermittlung der Einzelkosten.

Bei den Materialgemeinkosten handelt es sich um einen prozentualen Aufschlag auf das Fertigungsmaterial. Mit diesem Aufschlag sollen alle Kosten der Beschaffung, Prüfung, Lagerung und des innerbetrieblichen Transportes von Roh-, Hilfs- und Betriebsstoffen dem Kostenträger zugerechnet werden, wobei in der Regel die Lagerkosten den größten Teil der Materialgemeinkosten ausmachen. Um also etwas über die vermutliche Höhe der Materialgemeinkosten des Lieferanten aussagen zu können, müsste sich der Einkäufer anlässlich eines Lieferantenbesuches über Größe, technische Ausstattung und Modernität des Lagers informieren. Ist das nicht möglich, dann ist abzuschätzen, wie umfangreich ungefähr ein entsprechendes Lager bei den zur Diskussion stehenden Materialien sein müsste. Da die gesamten Materialgemeinkosten in vielen Betrieben 5-6 % der Fertigungsmaterialkosten nicht übersteigen, ist im Rahmen der Preisstrukturanalyse eine sehr genaue Aussage über die Höhe der Materialgemeinkosten nicht unbedingt erforderlich. Vielfach genügen Erfahrungswerte für bestimmte Branchen oder auch Schätzungen auf der Grundlage der betriebseigenen Kalkulation unter Berücksichtigung der Besonderheiten des Materiallagers des Lieferanten.

Von wesentlich größerer Bedeutung als die Materialgemeinkosten sind im allgemeinen die Gemeinkosten im Fertigungsbereich. Zu den wichtigsten Fertigungsgemeinkosten gehören die Kosten für Hilfsmaterial und die Hilfslöhne, kalkulatorische Abschreibungen und Zinsen, Instandhaltungs-, Raum- und Energiekosten, Werkzeugkosten und Gehälter. Eine Reihe der angeführten Gemeinkostenarten ist vom Maschineneinsatz abhängig; das gilt vor allem für die Abschreibungen, Zinsen, Instandhaltungs-, Raum- und Energiekosten. Eine Schätzung dieser maschinenabhängigen Kosten im Rahmen einer Preisstrukturanalyse kann nur dann zu einem sinnvollen Ergebnis führen, wenn bekannt ist, welche maschinellen Anlagen zur Herstellung des betreffenden Artikels beim Lieferanten eingesetzt werden.

Eine vergleichsweise große Fehlerwahrscheinlichkeit besteht auch bei der Schätzung der Verwaltungs- und Vertriebsgemeinkosten des Lieferanten. Zwar lässt sich durch Besichtigung an Ort und Stelle ungefähr angeben, wie groß der Verwaltungsapparat des Lieferanten ist. Aber für die Umlegung dieser Kosten auf den jeweiligen Kostenträger lassen sich bei Mehrproduktunternehmen nur wenig Anhaltspunkte finden. Deshalb wird man sich hier mit einer groben Schätzung begnügen müssen. Das gilt auch für die in der Vergangenheit relativ stark angestiegenen Vertriebsgemeinkosten.

Wegen der großen Schwierigkeiten bei der Ermittlung der Gemeinkosten sollte man bei Durchführung der Preisstrukturanalyse Erfahrungswerte aus der Vergangenheit und Kostenstatistiken zu Rate ziehen. Ein wichtiges statistisches Hilfsmittel zur Bestimmung der Gemeinkosten ist zunächst einmal die im jährlichen Turnus vom Statistischen Bundesamt durchgeführte Untersuchung über die Kostenstruktur in der

Wirtschaft. (Veröffentlichungen über die Kostenstruktur in der Wirtschaft werden vom Statistischen Bundesamt in der Fachserie 4 „Produzierendes Gewerbe", Reihe 4.3 „Kostenstruktur der Unternehmen", herausgegeben.) Diese Kostenstrukturstatistik vermittelt für die wichtigsten Branchen einen Überblick über die bedeutendsten Kostenarten. So lässt sich z.B. aus dieser Veröffentlichung entnehmen, dass die Kosten bei der Herstellung von Feinblechpackungen im Jahre 1970 folgende Struktur aufwiesen (vgl. Tabelle 4-2).

Tabelle 4-2: *Kostenstruktur bei der Herstellung von Feinblechpackungen*

Fertigungsstoffe	45,4	
Auswärtige Bearbeitung (fremde Lohnarbeit)	0,7	
Hilfs- und Betriebsstoffe sowie Stoffe für innerbetriebliche Leistungen	1,8	
Fremdbezogene Werkzeuge, Vorrichtungen u. dgl.	0,3	
Umgesetzte Handelsware	0,4	
Materialverbrauch und umgesetzte Handelsware		48,6
Verbrauch an Brenn- und Treibstoffen, Energie, Wasser u. dgl.		1,4
Löhne	18,3	
Gehälter	6,7	
Gesetzliche Sozialkosten	3,6	
übrige Sozialkosten	0,8	
Personalkosten insgesamt		29,4
Instandhaltungskosten (nur fremde Leistungen)		2,0
Steuern		1,3
Mieten und Pachten		0,5
sonstige Kosten und Gewinne		16,8
Gesamtproduktion		100

Aus einer derartigen Aufstellung können wenigstens einige Anhaltspunkte über die Höhe der zu den Gemeinkosten zählenden Hilfs- und Betriebsstoffe, Gehälter, Sozialkosten, Steuern und Instandhaltungskosten gewonnen werden. Ein wesentlicher Vorteil der Kostenstruktur - Erhebung des Statistischen Bundesamtes für die Preisstrukturanalyse besteht darin, dass die Ergebnisse nach Größenklassen der Betriebe aufgegliedert sind, so dass auch Unterschiede in der Kostenstruktur kleiner und großer Betriebe erkennbar werden. Ganz allgemein muss damit gerechnet werden, dass der Anteil der Gemeinkosten mit zunehmender Betriebsgröße eine steigende Tendenz aufweist.

Selbstverständlich muss bei der Benutzung dieser Statistik für Zwecke der Preisstrukturanalyse darauf geachtet werden, dass der einzelne Lieferant aufgrund spezieller betrieblicher Fertigungsverfahren oder aufgrund einer in der Branche sonst nicht üblichen Produktionstiefe eine Kostenstruktur aufweisen kann, die mit den Durchschnittswerten der Branche überhaupt nicht übereinstimmt. In diesem Falle ist eine derartige Statistik dem Preisanalytiker wenig behilflich, und man muss andere Informationsquellen zu Rate ziehen.

Als eine derartige Informationsquelle, welche die speziellen Verhältnisse eines Lieferanten besser zum Ausdruck bringt, müssen die Geschäftsberichte, Bilanzen und Gewinn- und Verlustrechnungen angesehen werden. Insbesondere ist an die Erfolgsrechnung, die mittelgroße und große Kapitalgesellschaften veröffentlichen müssen, zu denken, da nach § 275 HGB eine Mindestgliederung vorzunehmen ist.

Allerdings ist die Gewinn- und Verlustrechnung trotz dieser Mindestgliederung nur von begrenztem Aussagewert für die Preisstrukturanalyse. Im einzelnen lassen sich aus den Zahlen einer derartig gegliederten Erfolgsrechnung (bei Anwendung des Gesamtkostenverfahrens) Anhaltspunkte für die folgenden Kostenpositionen entnehmen:

1. Materialaufwand,

2. Löhne und Gehälter,

3. (Gesetzliche) soziale Abgaben,

4. Abschreibungen,

5. Zinsaufwand,

6. Steuern.

Bei Verwendung der Gewinn- und Verlustrechnung für Zwecke der Preisstrukturanalyse muss darauf geachtet werden, dass beim Mehrproduktunternehmen u.U. Produkte mit völlig unterschiedlicher Kostenstruktur auf die Ergebnisse der Gewinn- und Verlustrechnung einwirken. In diesem Falle lassen sich aus der Gewinn- und Verlustrechnung Vorstellungen über die Kostenstruktur eines speziellen Produktes des Lieferanten nicht ableiten.

Es wird nun häufig vorkommen, dass sich weder mit Hilfe der Kostenstrukturerhebung des Statistischen Bundesamtes noch mit Hilfe von veröffentlichten Geschäftsberichten die Kostenstruktur eines Lieferanten erhellen lässt, oder dass beide Veröffentlichungen für einen bestimmten Lieferanten nicht vorliegen. Wenn dann auch entsprechende Erfahrungswerte oder verwertbare Erkenntnisse aus Beschaffungsmarktforschung (z.B. allgemeine Branchenkennzahlen) und Wertanalyse nicht zur Verfügung stehen, wird man sich u.U. an den Lieferanten selbst mit der Bitte wenden müssen, bestimmte Teilinformationen über seine Kostenstruktur zu geben bzw. seine gesamte Kalkulation offenzulegen.

4.2.3   Überlegungen zum „angemessenen" Gewinn

Die Frage, welcher Gewinnanteil als „angemessen" zu gelten hat, kann sicherlich nicht für alle Produkte, Lieferanten, Marktsituationen und Branchen mit einem einzigen Prozentsatz auf Kostenbasis beantwortet werden. Zwar kennt der Einkäufer sehr häufig die für bestimmte Produkte „üblichen" Gewinnspannen; doch lassen sich auch bei einem bestimmten Artikel infolge sich ändernder Marktsituation im Laufe der Zeit zum Teil sehr große Schwankungen im Gewinnanteil beobachten. Zur Erklärung der Höhe des Gewinns muss auf eine Reihe von Faktoren zurückgegriffen werden. Die wichtigsten Einflussfaktoren sind im folgenden aufgeführt:

1. Entscheidenden Einfluss auf die Höhe der Gewinnspanne hat zunächst einmal die Marktstruktur. Bei monopoloiden Marktformen wird man mit größeren Gewinnmargen zu rechnen haben als auf Märkten mit starker Konkurrenz zwischen den Anbietern.

2. Auch die jeweilige Marktlage beeinflusst die Höhe des Gewinnanteils. Zeiten der Hochkonjunktur und der Angebotsverknappung sind in der Regel durch steigende Gewinnspannen gekennzeichnet. Im Konjunkturtief und bei leerstehenden Kapazitäten wird der Lieferant vielfach auch bereit sein, zu Preisen zu verkaufen, die nicht kostendeckend sind.

3. Der Gewinn pro Einheit eines einzukaufenden Artikels ist ferner abhängig von der Größe der Bestellung. Bei einem Kleinauftrag ist in der Regel ein höherer Gewinn pro Stück als bei einer Großbestellung zu kalkulieren.

4. Ein Lieferant, den aufgrund von Erfahrungen aus der Vergangenheit eine hohe Zuverlässigkeit in bezug auf Lieferzeit, Qualität und Service auszeichnet, kann in der Regel eine höhere Gewinnspanne beanspruchen als ein unzuverlässiger Lieferant.

5. Wenn ein Lieferant bei der Herstellung von Produkten außergewöhnliche Risiken eingeht, dann ist als Entgelt für die Übernahme dieses Risikos auch eine relativ hohe Gewinnrate gerechtfertigt. So kann die Aufnahme der Produktion eines völlig neuen Erzeugnisses mit einem hohen Risiko verbunden sein. Aus diesem Grunde ist vielfach bei neuartigen Produkten ein relativ hoher Gewinn erforderlich, um den Lieferanten zur Übernahme dieses Risikos zu bewegen.

6. Ein „dynamischer" Lieferant, der technologische Erfindungen in seiner Unternehmung realisiert, Innovationen auf den unterschiedlichsten Gebieten in die betriebliche Praxis einführt und sehr effizient arbeitet, wird eine höhere Gewinnspanne fordern können als ein Lieferant, der noch stark dem Traditionellen verhaftet ist und dessen Herstellungsmethoden veraltet und unproduktiv sind.

7. In den Fällen, in denen der Abnehmer dem Lieferanten technische Hilfe bei der Produktion, kommerzielle Hilfe bei der Beschaffung oder finanzielle Hilfe gewährt, ist als Gewinn pro Stück ein niedrigerer Betrag zu kalkulieren als bei Liefe-

ranten, die auf derartige Förderungsmaßnahmen durch den Abnehmer nicht angewiesen sind. Je größer der Umfang dieser Lieferantenförderung ist, desto geringer sollte die Gewinnspanne sein.

4.3 Preisstrukturanalyse auf der Basis von Teilkosten

In der Praxis wird die Preisstrukturanalyse meistens als Vollkostenrechnung durchgeführt, d.h. alle fixen und variablen Periodenkosten werden auf die Leistungseinheit umgerechnet. Dieses Verfahren ist trotz der Problematik und Mängel, die der Vollkostenrechnung als Instrument für Entscheidungszwecke anhaften, im Rahmen der Preisstrukturanalyse als sinnvoll anzusehen. Denn auf lange Sicht wird ein Lieferant nur dann existieren können, wenn mindestens alle variablen und fixen Kosten durch den Verkaufspreis abgedeckt werden.

In bestimmten Sonderfällen der Beschaffung interessiert sich jedoch der Abnehmer auch für die Frage, wie hoch die vom Beschäftigungsgrad abhängigen variablen Kosten eines zu beschaffenden Artikels sind. Den bedeutendsten Teil dieser variablen Kosten machen in der Regel die Fertigungsmaterialien und die Fertigungslöhne aus; ein anderer Teil ist in den Gemeinkosten enthalten. Der Preisanalytiker muss also versuchen, die verschiedenen Gemeinkostenarten in fixe und variable Kostenbestandteile aufzulösen.

Das auszufüllende Kalkulationsgerüst könnte dann etwa wie folgt aussehen:

Tabelle 4-3:   *Kalkulationsmuster für variable Kosten*

Fertigungsmaterial	...
+ variable Materialgemeinkosten	...
+ Fertigungslöhne	...
+ variable Fertigungsgemeinkosten	...
+ variable Verwaltungs- und Vertriebsgemeinkosten	...
+ umsatzabhängige Sondereinzelkosten des Vertriebes	...
= variable Kosten	...

Dabei kann in der Preisstrukturanalyse unterstellt werden, dass die variablen Kosten sich proportional zum Beschäftigungsgrad ändern, dass also mit einem linearen Verlauf der Gesamtkosten gerechnet werden kann. Die Differenz zwischen variablen Stückkosten und dem Verkaufspreis ist der Deckungsbeitrag. Diese Differenz deckt die gesamten fixen Kosten und den Gewinn des Lieferanten. Die fixen Kosten werden nach dieser Rechnung als Kosten der Produktionsbereitschaft angesehen, die nicht durch die Herstellung eines Erzeugnisses verursacht worden sind und deshalb auch nicht auf den einzelnen Kostenträger verrechnet werden sollten. Das bedeutet, dass für den einzelnen Artikel ein Nettoerfolg nicht angegeben werden kann; die Ermittlung eines Nettogesamterfolges ist immer nur für das Gesamtunternehmen möglich.

Der Abnehmer sollte vor allem aus folgenden Gründen den vom Beschäftigungsgrad abhängigen variablen Kosten seine besondere Aufmerksamkeit schenken:

- Im Grunde genommen lassen sich nur die variablen Kosten eines Erzeugnisses mit einiger Genauigkeit durch den Kostenrechner und den Preisanalytiker angeben.

- Die variablen Kosten machen fast immer den größten Teil der Gesamtkosten eines Erzeugnisses aus.

- Die variablen Kosten geben einen Hinweis auf die Preisuntergrenze für ein Produkt. Bei der Ermittlung der Preisuntergrenze müssen allerdings in der Regel neben den variablen Kosten noch ausgabenwirksame fixe Kosten, die ein Auftrag zusätzlich verursacht, berücksichtigt werden.

- Nur die Aufspaltung der Kosten in variable und fixe Bestandteile kann die Unterlagen für die wichtigen Zusammenhänge zwischen Kosten, Ausbringungsmenge und Gewinn des Lieferanten vermitteln.

- Die in der Lernkurve zum Ausdruck kommende Möglichkeit, dass ein Lieferant, der über Jahre hinweg einen bestimmten Artikel herstellt, seine Stückkosten im Laufe der Zeit senken kann, bezieht sich fast ausschließlich auf die variablen Kosten.

- In der Praxis der Preiskalkulation des Lieferanten werden bestimmte Bestandteile dieser variablen Kosten (in der Regel die Fertigungslöhne oder Fertigungsmaterialien) als Bezugsgröße für die Verrechnung der fixen Kosten verwendet. Sind also z.B. die Fertigungslöhne in einer Kalkulation zu hoch angesetzt, dann führt das Verfahren der Verrechnung fixer Kosten (mit Hilfe eines bestimmten Prozentsatzes vom Fertigungslohn) zu einer weiteren Kumulierung kalkulierter Kosten und gegebenenfalls zu einem extrem hohen Verkaufspreis.

4.4 Bedeutung der Preisstrukturanalyse für die Beschaffung

In erster Linie hat die Preisstrukturanalyse die Aufgabe, die Angemessenheit des vom Lieferanten geforderten Preises zu überprüfen. Man will also in der Beschaffung wissen, ob der Gewinnzuschlag des Lieferanten oder die vom Lieferanten kalkulierten Kosten gerechtfertigt sind. Diese Überprüfung der Angemessenheit des Preises mit Hilfe der Preisstrukturanalyse ist nicht nur beim Einkauf neuer Produkte sinnvoll. Sie hat auch bei der Beschaffung von Produkten, die schon bisher Bestandteil des Beschaffungsprogramms waren, ihre Berechtigung. Vielfach nehmen ja Lieferanten den Abschluss von neuen Tarifverträgen oder die Änderung von Rohstoffpreisen zum Anlass, Forderungen nach Erhöhung der alten Preise zu stellen. Ob diese Preiserhöhungsforderungen berechtigt sind, lässt sich mit Hilfe der Preisstrukturanalyse erkennen.

Beim Einkauf von Produkten, die bislang im Beschaffungsprogramm einer Unternehmung noch nicht vorkamen, geht es nicht nur um die Frage, ob die Preisforderungen des Lieferanten überhöht sind. Ab und zu ist auch zu überprüfen, ob der Lieferant vielleicht aus taktischen Gründen einen zu niedrigen Preis nennt. So kann es vorkommen, dass ein Lieferant kurzfristig auf Gewinn verzichtet, um erst einmal mit dem Abnehmer ins Geschäft zu kommen. Sind dann regelmäßige Geschäftsbeziehungen hergestellt und hat sich der Abnehmer auf diesen Lieferanten eingestellt, wird der Lieferant über kurz oder lang mit Preiserhöhungsforderungen kommen, da keine Unternehmung langfristig auf Gewinn verzichten kann. Ob eine derartige Situation im konkreten Einzelfall vorliegt, kann in der Regel nur eine Preisstrukturanalyse zeigen.

Die Erkenntnisse aus der Preisstrukturanalyse sind von großer Wichtigkeit für die Vergabeverhandlung. Sie können zunächst einmal zu einer Versachlichung des Einkaufsgesprächs beitragen. Der im Rahmen der Preisstrukturanalyse ermittelte Richtpreis kann dem Einkäufer als realistischer Orientierungspunkt dienen, den er in der Vergabeverhandlung anzusteuern hat. Er vermittelt ihm auch das nötige Verständnis für die tatsächliche Kostensituation des zur Verhandlung geladenen Lieferanten und für seine Forderungen. Gleichzeitig erkennt der Lieferant, dessen Preis einer eingehenden Analyse unterzogen worden ist, dass er es in der Vergabeverhandlung mit einem sachlich gut informierten und mit einem an einer Geschäftsverbindung ernsthaft interessierten Einkäufer zu tun hat, der gewillt ist, aus der Verhandlung das Beste für den Abnehmer herauszuholen.

Das Wissen um die Kosten des Lieferanten hat ferner eine Stärkung der Verhandlungsposition des Einkäufers in der Vergabeverhandlung zur Folge. Denn ein Einkäufer, der mit Kenntnissen aus der Preisstrukturanalyse ausgerüstet ist, kann im Einkaufsgespräch von einer relativ sicheren Plattform aus argumentieren und den potentiellen Lieferanten auf falsche Kalkulations- und übertriebene Gewinnvorstellungen hinweisen. Diese Stärkung der Position des Einkäufers ist erforderlich, um den notwendigen Druck auf den Preis ausüben zu können. Der vom Lieferanten genannte Preis ist in vielen Fällen nicht ein Preis, der sich eindeutig aus exakten Kostenberechnungen des Lieferanten ableiten lässt. Der exakten Kostenermittlung stehen vor allem die kostenrechnerischen Schwierigkeiten bei der Verteilung der fixen Kosten auf den Kostenträger und die Tatsache im Wege, dass die wirklichen Kosten eigentlich erst nach ihrer Entstehung angegeben werden können.

Ein Lieferant, dessen Anlagen wegen Absatzschwierigkeiten nur mit einem Teil ihrer Kapazität ausgelastet sind, wird bereit sein, zusätzliche Aufträge auch dann hereinzunehmen, wenn der ausgehandelte Preis seine Vollkosten nicht deckt. Bei der Frage, wie weit ein Abnehmer mit starker Marktmacht in einer derartigen Situation Druck auf den Preis ausüben sollte, spielen die jeweilige Lieferantenpolitik und Beschaffungspreispolitik des Abnehmers eine große Rolle. Kurzfristig kann der Preis bis auf die Grenzkosten herabgedrückt werden. Der Preisstrukturanalyse fällt in diesem Zusammenhang die Aufgabe zu, durch Ermittlung der Grenzkosten dem Einkäufer einen Maßstab zu geben, der ihm zeigt, wo die Grenze für seine Bemühungen im Preisgespräch liegt. Insofern dient hier die Preisstrukturanalyse als Kontrollinstrument bei der Ausübung von Marktmacht auf der Nachfrageseite.

Die Preisstrukturanalyse erleichtert ferner Aussagen über die zukünftige Entwicklung des Preises. Bei zu erwartenden Tariferhöhungen oder Materialpreisänderungen lassen sich aus der Kenntnis der Kostenstruktur eines Produktes gewisse Vorstellungen über voraussichtliche Preisentwicklungen in der Zukunft ableiten. Insofern sind die Ergebnisse der Preisstrukturanalyse auch wichtig für den Beschaffungsmarktforscher, der sich mit Preisprognosen befasst. Das gilt allerdings nur für Produkte, deren Preise sich stark an die jeweilige Kostenentwicklung anlehnen, nicht jedoch für Produkte, deren Preise sich - wie z.B. die Börsenpreise - nach der jeweiligen Angebots-/ Nachfragesituation ausrichten.

Weiterhin benötigt man die Preisstrukturanalyse in der Beschaffung bei der Überprüfung von Preisgleitklauseln. Da nach Durchführung einer Preisstrukturanalyse die einzelnen Kostenbestandteile des Produktes bekannt sind, können bei einer Vereinbarung von Preisgleitklauseln in Verträgen die vom Lieferanten angegebenen Preisbestandteile auf ihre Richtigkeit hin überprüft werden. Die Beschaffung muss in diesem Zusammenhang z.B. darauf achten, dass nicht der Lieferant in Zeiten, in denen mit rückläufigen Rohstoffpreisen zu rechnen ist, den Anteil der Materialkosten in der Preisgleitklausel zu klein bemisst. Denn wenn der in der Preisgleitklausel genannte Materialanteil unter dem tatsächlichen Materialkostenanteil liegt, wird bei einem späteren Rückgang der Rohstoffpreise der Preis des zu beschaffenden Artikels nicht in einem angemessenen Verhältnis sinken. Entsprechend muss in Zeiten, die im Zeichen von Lohntariferhöhungen stehen, mit Hilfe der Preisstrukturanalyse überprüft werden, dass nicht der Anteil der Lohnkosten in der Preisgleitklausel zu hoch angesetzt wird. Ein zu hoher Lohnkostenanteil würde nach vollzogener Tariferhöhung eine nicht gerechtfertigte Erhöhung des Preises für das zu beschaffende Gut zur Folge haben. Die Preisstrukturanalyse hat hier also die sehr wichtige Funktion, dafür zu sorgen, dass nicht wegen falscher Ansätze in der Preisgleitklausel der Beschaffung Nachteile in preislicher Hinsicht entstehen.

Selbstverständlich wird man in der Beschaffung nicht für alle Artikel eine Preisstrukturanalyse durchführen. Im Grunde genommen müssen drei Voraussetzungen erfüllt sein, bevor man in der Beschaffung darangeht, die Kostenbestandteile eines Erzeugnisses zu analysieren.

Erstens muss es sich bei dem Untersuchungsgegenstand um einen bedeutenden Artikel im Beschaffungsprogramm handeln, für den beträchtliche Ausgaben getätigt werden. Hier ist also gründlich zu überlegen und abzuwägen, ob im Einzelfall der durch die Preisstrukturanalyse verursachte Aufwand in einem angemessenen Verhältnis zur möglichen Kosteneinsparung steht.

Zweitens lohnt sich in der Regel die Durchführung einer Preisstrukturanalyse nur dann, wenn der Einkäufer in der Lage ist, den Beschaffungspreis zu beeinflussen, und das ist eine Frage der Marktmacht des Abnehmers. Wo ein Monopolist auf der Angebotsseite den Preis diktiert und wo Konkurrenz zwischen den Anbietern zu einem Marktpreis führt, ist eine Preisstrukturanalyse überflüssig. Aber auch bei denjenigen Marktformen, die zwischen diesen beiden Extremfällen liegen, ist die Marktmacht des Abnehmers häufig nicht ausreichend, um Einfluss auf den Preis auszuüben, so dass sich auch für diese Produkte eine Preisstrukturanalyse erübrigt. Ansonsten gilt für diesen Bereich, dass die Durchführung einer Preisstrukturanalyse um so notwendiger ist, je geringer die Konkurrenz zwischen den Anbietern ist. Wenn der Wettbewerb dafür sorgt, dass der Preis auf ein vernünftiges Niveau sinkt, besteht wenig Veranlassung, die Kostenstruktur eines bestimmten Lieferanten zu untersuchen. Insofern ist also die Preisstrukturanalyse in vielen Fällen ein Ersatz für fehlenden Wettbewerb auf den Märken und ein Hilfsmittel, um auch dann, wenn Konkurrenz zwischen den Anbietern nicht vorhanden ist und Konkurrenzvergleiche nicht möglich sind, einen vernünftigen Preis zu erzielen.

Drittens wird man in der Beschaffung von der Untersuchung der Kosten eines Produktes absehen, wenn von vornherein feststeht, dass auch trotz größter Bemühungen auf diesem Gebiet ein völlig unzuverlässiges Ergebnis erreicht wird. Die Schwierigkeiten bei der Durchführung der Preisstrukturanalyse und die dadurch verursachte Ungenauigkeit des ermittelten Einkaufsrichtpreises können in einigen Fällen so groß sein, dass keine praktisch verwertbaren Erkenntnisse aus dieser Untersuchung gezogen werden können.

4.5 Schwierigkeiten und Grenzen der Durchführung der Preisstrukturanalyse

Die Preisstrukturanalyse ist trotz ihrer Wichtigkeit als Informationsquelle für die Beschaffung in der Praxis stark vernachlässigt und von der Theorie wenig erforscht worden; sie gehört zu den schwierigen Teilfunktionen der Beschaffung. Schwierigkeiten können sich bei der praktischen Durchführung der Preisstrukturanalyse vor allem aus drei Gründen ergeben:

■ weil spezielles Informationsmaterial, das zur Beantwortung der Frage nach der Höhe der Stückkosten eines Produktes erforderlich ist, nicht beschafft werden kann;

■ weil aufgrund der Art des zu untersuchenden Produktes oder des Fertigungsprozesses die Durchführung einer Preisstrukturanalyse zu kompliziert wird;

■ weil die Qualifikation der mit dieser Aufgabe betrauten Mitarbeiter nicht ausreicht.

In vielen Fällen kann die Durchführung der Preisstrukturanalyse schon daran scheitern, dass die erforderlichen Daten und Informationen nicht erhältlich sind. Man muss sich klar machen, dass zwecks Analyse der Kostenstruktur des Lieferanten die unterschiedlichsten Informationsquellen zu Rate zu ziehen sind. Es müssen Hinweise auf Kostenrelationen aus Geschäftsberichten, Warenbörsen- und Marktberichten, aus Fachzeitschriften, amtlichen Kostenstruktur- und Preisstatistiken entnommen werden. Eine besonders gute Möglichkeit zur Sammlung von Informationen für die Preisstrukturanalyse bietet sich dem Einkäufer anlässlich von Lieferantenbesuchen. Auch aus Gesprächen mit der eigenen Arbeitsvorbereitung, Kalkulationsabteilung und Forschungs- und Entwicklungsabteilung ergeben sich wichtige Anhaltspunkte. Bei Marktdaten und Informationen über den Lieferanten ist die Beschaffungsmarktforschung einzuschalten. Daneben bleibt dem Preisanalytiker noch die Möglichkeit, über einen Vergleich mit Unternehmen, die nach gleicher oder ähnlicher Fertigungsmethode arbeiten wie der Lieferant, oder im Wege eines Erfahrungsaustausches mit befreundeten Firmen Rückschlüsse auf Kosten bzw. Kostenbestandteile der liefernden Unternehmung zu ziehen.

Vor allem bei komplizierten technischen Erzeugnissen sowie bei bestimmten Produktionsverfahren ist die praktische Durchführung der Preisstrukturanalyse mit zum Teil unüberbrückbaren Schwierigkeiten verbunden. So mag bezweifelt werden, dass von außen her etwa für ein Automobil eine einigermaßen realitätsnahe Schätzung der Kosten gegeben werden kann. Gleichwohl wird berichtet, dass ein großer amerikanischer Automobilfabrikant aus wertanalytischen Gründen einen VW-Käfer in seine Bestandteile zerlegte, um die Kosten dieses Automobils festzustellen. Das mit dieser Aufgabe betraute Wertanalyseteam benötigte dazu eine Zeit von 3 Monaten. Durch eine hohe Professionalisierung erfolgen Fahrzeugzerlegungen inzwischen in wenigen Wochen.

Ob die Durchführung einer Preisstrukturanalyse sich als leicht oder schwierig erweist, hängt auch von der Art des Produktionsverfahrens ab, mit dem das zu untersuchende Produkt hergestellt wird. Bei der handwerksmäßigen Einzelfertigung, der maschinellen arbeitsteiligen Einzelfertigung und bei der Werkstättenfertigung dürften die Schwierigkeiten der Kostenermittlung nicht so groß sein. Bei der zur Automation drängenden mechanisierten Massenfertigung ist eine Analyse der Preisbestandteile deshalb wenig sinnvoll, weil hier neben den direkten Materialkosten im Wesentlichen Gemeinkosten auftreten, die zum großen Teil fixen Charakter tragen. Generell lässt sich sagen, dass eine Preiskalkulation zwangsläufig umso ungenauer wird, je anlagenintensiver ein Fertigungsverfahren ist und je stärker das Produkt mit Gemeinkosten belastet ist.

In vielen Beschaffungsabteilungen unterbleibt die Durchführung einer Preisstrukturanalyse, weil es an Mitarbeitern fehlt, die in der Lage sind, die Preisvorstellungen des Lieferanten auf ihre Berechtigung hin zu überprüfen. In der Tat setzt ja das Analysieren des Einkaufspreises Fachkenntnisse auf den verschiedensten Gebieten voraus. Neben Produktkenntnissen sind kostentheoretisches Wissen und kostenrechnerische Fähigkeit sowie Kenntnisse auf dem Gebiet der Technik und das Gespür für Preise auf den Beschaffungsmärkten erforderlich. Da man in der Regel diese unterschiedlichen Fähigkeiten nicht von einem einzigen Mitarbeiter verlangen kann, wählt die Praxis hier den Ausweg, dass sie ähnlich wie bei der Wertanalyse einem Team von Spezialisten (Ingenieuren, Kalkulatoren, Einkäufern) diese Aufgaben überträgt. Insbesondere große Unternehmen der Automobil- und Flugzeugindustrie bahnten den Weg zur Einrichtung derartiger Preisanalyse-Teams. Diese Teams befassen sich in vielen Fällen gleichzeitig auch mit dem Problem Eigenfertigung / Fremdbezug, das ja eng mit der Preisstrukturanalyse zusammenhängt. Sofern man dem einzelnen Einkäufer oder einem Spezialisten auf dem Gebiete der Kalkulation die Durchführung der Preisanalyse überlässt, muss gewährleistet sein, dass auf das Fachwissen anderer Abteilungen der Unternehmung zurückgegriffen werden kann.

Wegen der aufgezeigten Schwierigkeiten bei der Durchführung der Preisstrukturanalyse und aus Kosten- und Zeitgründen greift man in der Praxis vielfach auf Erfahrungen und Vergleichsmöglichkeiten mit ähnlichen Produkten zurück, um die Angemessenheit eines Preises zu prüfen. Ein sehr beliebter Weg wird in der Praxis mit der Verwendung sogenannter „Multiplikatorpreise" eingeschlagen. Derartige Multiplikatorpreise entstehen dadurch, dass man den Einkaufspreis eines Produktes auf eine quantifizierte Größe bezieht, die diesen Artikel charakterisiert. Auf diese Weise erhält man etwa den in der industriellen Einkaufspraxis häufig verwendeten „Kilopreis" oder andere Multiplikatorpreise wie den Meterpreis, den Preis je PS, je Liter oder je Kilowattstunde. Im Bauwesen arbeitet man mit dem Quadratmeter- und Kubikmeterpreis. Ein hierzu gängiges Verfahren in der Automobilbranche ist die *Preisregressionsanalyse* (linear pricing). Dabei werden statistische Zusammenhänge zwischen vermeintlich preisrelevanten Faktoren und den Preisen gleichartiger und damit vergleichbarer Bauteile und Komponenten ermittelt. Auf Basis dieses ermittelten statistischen Zusammenhanges (der nicht wirklich kausal für den Preis sein muss!) werden lineare Zusammenhänge (preistreibender Faktor · Menge dieses Faktors) hergestellt. Ähnlich einer Regressionsgeraden wird dieser lineare Zusammenhang als Funktionsgraph durch eine Preis-/Faktorenwolke der zu vergleichenden Komponenten dargestellt. Preispunkte, die oberhalb dieser Geraden liegen, sind vermeintlich zu teuer und werden auf diese Weise identifiziert für weitere Analysen und Verhandlungen.

Selbstverständlich fehlt diesem Verfahren der Preisabschätzung die Genauigkeit der analytischen Methode; viele kostenverursachende Faktoren bleiben unberücksichtigt. Gleichwohl können derartige aus der Erfahrung gewonnene Richtwerte bei einigermaßen vergleichbaren Produkten gute Dienste leisten. Sie ermöglichen wenigstens eine sehr grobe Überprüfung der Angemessenheit des Preises. Dabei müssen allerdings in vielen Fällen die konstruktiven, stofflichen oder sonstigen Besonderheiten eines einzukaufenden Produktes zusätzlich berücksichtigt werden, da die Multiplikatorpreise in der Regel auf den „Normalfall" abgestellt sind. Außerdem ist bei Anwendung dieser Methode der Preisabschätzung darauf zu achten, dass in der heutigen Zeit auch Multiplikatorpreise schnell veralten können.

Eine exaktere, aber auch aufwendigere Möglichkeit, einen Einblick in die Kosten eines Produktes zu gewinnen, besteht darin, dass der Abnehmer diesen Artikel in Form eines Laborversuches oder als Prototyp zunächst selbst herstellt oder wenigstens für die einzelnen Arbeitsgänge auf Zeitstudien basierende Zeitvorgaben ermittelt. Diese Art der Kosten- und Preisfindung kommt bei weitgehend manuell gefertigten Teilen dann häufiger vor, wenn es sich um ein vom Abnehmer neu entwickeltes Produkt handelt, mit dessen Herstellung der Lieferant noch nicht vertraut ist und von dessen Kosten er deshalb noch keine genaue Vorstellung hat. Um in einem derartigen Falle zu vermeiden, dass der Lieferant aus Vorsichtsgründen ungewöhnlich hohe Preise fordert, gibt man ihm von Seiten des Abnehmers bereits einen mittels eigener Laborversuche ermittelten Richtpreis vor. Große Automobilwerke können auf diese Weise heute bereits Preisvorgaben machen, die sehr genau mit den tatsächlichen Kosten des Lieferanten übereinstimmen.

4.6 Probleme der Offenlegung der Kalkulation durch den Lieferanten

Im Normalfall ist der Lieferant nicht bereit, seine Kostensituation dem Einkäufer mitzuteilen, da er seine Gewinnspanne geheim halten möchte und da er nach einer offengelegten Kalkulation einen zu starken Preisdruck des Abnehmers befürchtet. Die Bereitschaft des Lieferanten, dem Abnehmer Einblicke in seine Kalkulation zu gewähren, ist in der Regel von der Marktmacht der einkaufenden Unternehmung abhängig. Wenn der Anbieter etwa eine monopolistische Marktstellung hat oder auf einem Oligopolmarkt einen bedeutenden Marktanteil besitzt, oder wenn der Abnehmer nur ein relativ kleiner Kunde eines Lieferanten ist, wird es in der Regel nicht zur Offenlegung von Kalkulationen kommen. Mit der Marktmacht des Abnehmers hängt es auch zusammen, dass ein Lieferant eher im Konjunkturtief als im Konjunkturhoch gewillt ist, das Zustandekommen des Preises nachzuweisen.

Es ist in der industriellen Einkaufspraxis nur in speziellen Fällen üblich, das Offenbaren der Kosten zu verlangen. Ein Abnehmer wird vor allem dann auf die Vorlage der Lieferantenkalkulation drängen, wenn es um Fragen einer langfristigen Zusammenarbeit zwischen Abnehmer und Lieferant geht, wenn langfristige Verträge mit Lieferanten abgeschlossen werden oder wenn Preisgleitklauseln in Verträgen zur Anwendung kommen sollen. Aber auch bei wertmäßig bedeutenden Aufträgen sowie bei Einzelanfertigung werden Kostendaten vom Lieferanten verlangt; vor allem bei der Anlagenbeschaffung ist ein derartiges Vorgehen in der Praxis zu beobachten. Schließlich kommt es auch dann häufig zur Offenlegung von Kalkulationen, wenn der Abnehmer ein anderes Unternehmen für sich produzieren lässt, also im Falle der „verlängerten Werkbank".

In den genannten Fällen soll im Grunde genommen wegen des Fehlens von Marktpreisen durch die Offenlegung der Kalkulation das Misstrauen des Abnehmers bezüglich der Höhe der Kosten und der Angemessenheit des Preises abgebaut werden. Dass diese angestrebte Zielsetzung trotz Offenlegung gleichwohl in vielen Fällen nicht erreicht wird, liegt daran, dass die vom Lieferanten genannten Daten nur selten mit den tatsächlichen Kosten übereinstimmen. In einigen Fällen sind falsche Ansätze in der Kalkulation darauf zurückzuführen, dass der Lieferant über keine aussagefähige Kostenrechnung verfügt oder mit der gewünschten Produktionsaufgabe nicht genügend vertraut ist. Sehr oft handelt es sich bei den offengelegten Zahlen auch um „frisierte" Kalkulationen, die eine relativ unsichere Basis für die Beurteilung der Angemessenheit des Preises sind. Dabei kann man davon ausgehen, dass auf Polypolmärkten, auf denen sich die Preise in der Regel nicht weit von den Kosten entfernen, die Kalkulation „ehrlicher" ausfällt als z.B. bei einem Oligopolisten mit starker Marktmacht.

Die in der Praxis übliche Offenlegung der Lieferantenkosten entbindet also den Einkäufer nicht von der Verpflichtung, von sich aus Informationen über die zu analysierenden Kosten eines Artikels zu sammeln. Nur dann wird es dem Einkäufer möglich sein, die offengelegte Kalkulation auf ihre Richtigkeit und Angemessenheit hin zu überprüfen und den Lieferanten auf offensichtlich aus dem Rahmen fallende Ansätze in seiner Kalkulation hinzuweisen. Bei dieser Überprüfung sollte man insbesondere auch darauf achten, dass nicht das einzukaufende Produkt mit Kosten und Kalkulationszuschlägen belastet ist, die mit diesem Artikel überhaupt nicht in Beziehung stehen. So muss z.B. bezweifelt werden, ob es berechtigt ist, dass der Lieferant Forschungs- und Entwicklungskosten in der Kalkulation zum Ansatz bringt, wenn der Abnehmer den Artikel selbst entwickelt hat und eine Bestellung auf den Spezifikationen und Zeichnungen des Abnehmers basiert. Ähnlich kann es sich bei den Ausgaben des Lieferanten für Werbung und sonstige Marketingmaßnahmen verhalten. Hier ist seitens des Einkäufers zu überprüfen, ob diese Ausgaben mit der zu tätigenden Bestellung in irgendeiner Verbindung stehen.

Ferner muss darauf geachtet werden, dass nicht die offengelegten Zahlen Doppelzählungen enthalten. So ist es durchaus üblich, den Forschungs- und Entwicklungsaufwand als Teil der Gemeinkosten zu verrechnen. Wenn dann in einer offengelegten Kalkulation die Forschungs- und Entwicklungskosten gesondert ausgewiesen sind, besteht die Gefahr, dass der Einkäufer für die gleichen Kosten zweimal bezahlen muss. Diese Gefahr der Doppelzählung kann auch bei anderen Kostenpositionen der offengelegten Kalkulation auftreten, wenn diese Kosten üblicherweise als Gemeinkosten verrechnet werden. Wegen des in der betrieblichen Kalkulation gebräuchlichen Verfahrens, den größten Teil der Gemeinkosten in Form von Prozentzuschlägen zu den Fertigungslöhnen zu verrechnen, sollte der Einkäufer den Fertigungslohn einer besonders genauen Prüfung unterziehen. Insbesondere ist zu untersuchen, ob nicht in der Kalkulation mit Durchschnittslöhnen gearbeitet wird, wenn feststeht, dass für den anstehenden Auftrag eine niedrigere Lohngruppe in Betracht kommt. Schließlich ist auch darauf zu achten, dass die vom Lieferanten gewählte Methode der Verrechnung von Gemeinkosten einigermaßen sinnvoll ist und nicht dazu führt, dass das analysierte Produkt ungewöhnlich stark mit Gemeinkosten belastet wird.

Die Offenlegung der Kalkulation durch die Lieferanten macht also in der Regel eine Preisstrukturanalyse nicht überflüssig; sie kann jedoch eine wesentliche Ergänzung der eigenen Bemühungen auf preisanalytischem Gebiet sein, indem sie für Teilbereiche neue Informationen liefert. Auch muss sie als eine bedeutende Arbeitserleichterung für den Preisanalytiker angesehen werden. Vielfach bringen nur ein Vergleich der Preisstrukturanalyse mit der offengelegten Kalkulation und ein anschließendes Gespräch mit dem Lieferanten über strittige Punkte die erstrebte Annäherung an die mutmaßliche Gewinnspanne des Lieferanten.

4.7 Partieller Preisvergleich

Unter dem partiellen Preisvergleich ist ein spezielles Verfahren der Angebotsbearbeitung zu verstehen, bei dem die Offenlegung der Lieferantenkalkulation und der anschließende Preisvergleich miteinander kombiniert werden. Zwecks Durchführung des partiellen Preisvergleichs verlangt der Einkäufer von mehreren potentiellen Lieferanten für ein bestimmtes Produkt eine einheitliche Aufschlüsselung des von ihnen genannten Gesamtpreises in einzelne Preisbestandteile. Dabei können diese Preisbestandteile aus Teilpreisen bestehen, die also auch Gewinnanteile des Anbieters enthalten. Aber man kann sich auch vorstellen, dass der Gesamtpreis nach Kostenbestandteilen aufgeschlüsselt wird und der Gewinnanteil eigens ausgewiesen wird. Liegen nun dem Einkäufer derartige nach einem einheitlichen Schema offengelegte Lieferantenkalkulationen vor, dann kann er nicht nur die Gesamtpreise der verschiedenen Lieferanten, sondern auch die einzelnen Preisbestandteile vergleichen und aus

diesem partiellen Preisvergleich wichtige zusätzliche Informationen für die Angebotsbearbeitung gewinnen.

Das folgende einfache Beispiel soll die Durchführung des partiellen Preisvergleichs
erläutern. Es handelt sich dabei um die Beschaffung eines Werbeprospektes, für den
vier Druckereien Angebote eingereicht haben und eine Aufteilung des Gesamtpreises
in Teilpreise (einschließlich Gewinnanteil) angegeben haben. In unserem Beispiel hat
der Einkäufer von den Lieferanten separate Preisangaben für folgende Teilleistungen
verlangt: Reproduktion, Papier, Zuschneiden/Anwinkeln, Drucken, Buchbinderarbei-
ten und Verpackung (vgl. Tabelle 4-4).

Tabelle 4-4:   *Teilpreise für einen Werbeprospekt*

Teil-leistungen	Lieferant A	Lieferant B	Lieferant C	Lieferant D	Zielpreis-ermittlung
Reproduktion	60,00	42,00	51,70	56,00	42,00
Papier	110,00	119,00	117,00	112,00	110,00
Zuschneiden/Anwinkeln	9,00	6,20	7,00	6,50	6,20
Drucken	31,00	25,00	27,50	30,60	25,00
Buchbinderarbeiten	37,80	35,70	21,00	25,60	21,00
Verpacken	2,50	2,80	3,00	3,40	2,50
Gesamtpreis	250,30	230,70	227,20	234,10	206,70

Quelle: *In Anlehnung an: Strache, H.: Preis Arbeit, Nürnberg 1981, S. 20 f. und*
Knörfel, W.: Anwendung des partiellen Preisvergleichs im Einkauf eines Fertigungsunternehmens, RKW-Lehrmaterial aus der betrieblichen Praxis (Fallstudie, als Manuskript vervielfältigt), o.O., o.J.

Der Einkäufer kann nun aus jeder Zeile dieser Tabelle den niedrigsten Teilpreis ermitteln und einen (idealen) Zielpreis für den Werbeprospekt berechnen, indem er die
günstigsten Teilpreise addiert. In unserem Beispiel liegt der auf diese Weise ermittelte
Zielpreis (€ 206,70) deutlich unter den angebotenen Gesamtpreisen der vier potentiellen Lieferanten. Zwar wird es in der Praxis kaum möglich sein, diesen Zielpreis zu
realisieren; aber er kann doch als Orientierungsgröße in Vergabeverhandlungen dienen.

Die Bedeutung des partiellen Preisvergleichs für die Beschaffung liegt vor allem darin,
dass durch ihn

▨ eine gründlichere Vergleichbarkeit der Angebote erreicht und somit der Wettbewerb zwischen den Lieferanten intensiviert werden kann. Denn der Wettbewerb
erstreckt sich jetzt nicht nur auf den Gesamtpreis, sondern darüber hinaus auch
auf die einzelnen Preisbestandteile, die zum Gegenstand des Gesprächs in einer
Vergabeverhandlung gemacht werden können.

▪ der Einkäufer in die Lage versetzt wird, den Anbieter konkret auf Schwachstellen in seiner Leistungserstellung hinzuweisen. Eventuell lassen sich durch die Beseitigung dieser Schwachstellen Preisermäßigungen erzielen.

▪ der Einkäufer zu Überlegungen angeregt wird, ob es vom ökonomischen Standpunkt sinnvoll und technisch möglich ist, bestimmte Teilleistungen bzw. Arbeitsgänge beim jeweils günstigsten Lieferanten in Auftrag zu geben oder in der eigenen Unternehmung durchzuführen. Manchmal wird es zweckmäßig sein, bestimmte Teilleistungen aus einem Gesamtauftrag herauszunehmen und sie an einen anderen Lieferantenkreis bzw. an spezialisierte Hersteller zu vergeben. Diese Möglichkeit ist vor allem dann gegeben, wenn der Lieferant beabsichtigt, für die Erstellung bestimmter Teilleistungen (z.B. Härten des Materials, galvanische Bearbeitung) Unterlieferanten einzusetzen.

▪ der Einkäufer sein technisches Wissen und seine Kenntnisse auf dem Gebiete der Kostenstruktur wesentlich verbessern kann.

Der partielle Preisvergleich wird heute in der industriellen Beschaffung auf vielen Gebieten praktiziert und hat sich als Instrument zur Erzielung von Einkaufserfolgen bewährt. Üblich ist in der Praxis dieses Verfahren z.B. bei der Vergabe von Bauvorhaben, wobei Teilpreise für Ausschachten, Fundamentieren, Mauern, Isolieren oder Installationsarbeiten eingeholt werden können. Auch beim Einkauf großer maschineller Anlagen wird den Lieferanten vielfach ein detailliertes Leistungsverzeichnis (Angebotsblankett) zugestellt, in welches die Preise/Kosten für bestimmte Teilaggregate dieser Anlage einzutragen sind. Ferner lässt sich dieses Verfahren beim Einkauf von bestimmten Dienstleistungen einsetzen. So kann es beispielsweise bei der Beschaffung von Reparatur- oder Instandsetzungsarbeiten zweckmäßig sein, sich Teilpreise für Ersatzteile, Arbeitslöhne oder Hilfsmaterialien nennen zu lassen. Es wird u.a. von dem zu beschaffenden Gut und von der Art seiner Herstellung, vom Wert des Auftrages und von der jeweiligen Stärke der Marktpartner abhängig sein, wie detailliert im Einzelfall die Gesamtleistung in Teilleistungen aufgeschlüsselt wird.

Allerdings ist der partielle Preisvergleich nicht bei allen Beschaffungsvorgängen anwendbar. Er geht zunächst einmal von der Annahme aus, dass ein zu beschaffendes Produkt von mehreren Lieferanten bezogen werden kann und dass diese Anbieter ein ziemlich homogenes Produkt herstellen. Sodann setzt die Anwendung des partiellen Preisvergleichs voraus, dass die Herstellung des einzukaufenden Gutes in einzelne klar voneinander abgrenzbare Teilleistungen, die folglich auch separat kalkuliert werden können, zerlegbar ist. Ist diese Voraussetzung nicht gegeben, weil etwa ein Produkt in einem einzigen Fertigungsgang oder in mehreren Fertigungsstufen, die geschlossen ablaufen müssen (z.B. bei der Zwangslauffertigung), hergestellt wird, so ist in der Regel die Durchführung eines partiellen Preisvergleichs nicht möglich und auch nicht sinnvoll. Ferner hat der Einkauf bei der Anwendung dieses Verfahrens darauf zu achten, dass die Teilleistungen, deren Preise/Kosten offengelegt werden sollen, bei den zur Abgabe eines Angebotes aufgeforderten Lieferanten hinsichtlich ihrer inhaltlichen Abgrenzung einigermaßen identisch sind. In der Praxis wird man häufig mit der Schwierigkeit rechnen müssen, dass wegen unterschiedlicher technischer Verfahren der verschiedenen Anbieter bestimmte Teilleistungen nicht einheitlich abgegrenzt werden können, so dass die Vergleichbarkeit der einzelnen Preisbestandteile nicht gegeben ist bzw. erschwert wird. Schließlich ist manchmal die Vergleichbarkeit der einzelnen Preisbestandteile auch dadurch gefährdet, dass die Lieferanten bei der Zurechnung der Kosten auf die vorgegebenen Teilleistungen nicht nach einheitlichen Schlüsseln oder kostenrechnerischen Grundsätzen verfahren.

4.8 Der Deckungsbeitrag des Lieferanten als Basis für Preis-Mengen-Überlegungen

In manchen Beschaffungssituationen möchte der Einkäufer gerne wissen, welche Auswirkung eine Änderung der Bedarfsmenge auf den Beschaffungspreis haben kann. Diese Problemstellung kann sich entweder auf eine Erhöhung der Bedarfsmenge und die damit eventuell verbundene Preissenkung oder auf eine Verringerung der Menge und die daraus vielleicht resultierende Preiserhöhung beziehen. Aus preisstrukturanalytischer Sicht lässt sich die Frage nach dem Zusammenhang zwischen Mengenveränderung und der daraus sich ergebenden Preisveränderung dann einigermaßen genau beantworten,

■ wenn erstens der Deckungsbeitrag, der dem Lieferanten pro Einheit seines Produktes beim bisherigen Preis zugestanden wird, bekannt ist und

■ wenn zweitens vorausgesetzt wird, dass durch eine Veränderung der Menge der gesamte Deckungsbeitrag, den der Lieferant bei der bisherigen Menge erzielt, nicht beeinflusst wird, also konstant bleibt.

Ob diese Annahme richtig ist, hängt u.a. von der Auslastung der Lieferantenkapazität und dem Ausmaß der Mengenveränderung ab. Gleichwohl lassen sich im Rahmen preisstrukturanalytischer Überlegungen mit Hilfe dieser Annahme bestimmte Grenzwerte für Preisveränderungen ermitteln, welche die Argumentationsbasis des Einkäufers in Vergabeverhandlungen verbessern und verbreitern können und bei der Formulierung von Zielen hilfreich sind. Deshalb soll im folgenden die Berechnung dieser Grenzwerte an einem einfachen Beispiel erläutert werden.

Beispiel

Ein Unternehmen hat bisher von einem Lieferanten monatlich 12.000 Stück eines bestimmten Artikels bezogen. Da der Preis für diesen Artikel bei € 20,- lag, belief sich der monatliche Umsatz bei diesem Lieferanten auf € 240.000,-. Aus preisstrukturanalytischen Untersuchungen geht hervor, dass die variablen Kosten pro Stück € 15,- betragen, so dass der Deckungsbeitrag, den der Lieferant pro Einheit erzielt, bei € 5,- liegt.

Der monatliche Bedarf an diesem Produkt wird sich in Zukunft auf 15.000 Stück erhöhen. Es ist nun die Frage zu beantworten, welche Preisermäßigung der Einkäufer aufgrund der zu erwartenden Bedarfsausweitung von 12.000 Stück auf 15.000 Stück in einer anstehenden Vergabeverhandlung anstreben soll.

Unter der Voraussetzung, dass trotz der beschriebenen Erhöhung der Bedarfsmenge der Deckungsbeitrag des Lieferanten unverändert auf dem bisherigen Stand bleibt, ergibt sich der Preis für die neue Menge (15.000 Stück) aus folgender Überlegung: Bei einem monatlichen Bedarf von 12.000 Stück und bei einem Deckungsbeitrag pro Stück in Höhe von € 5,- erzielte der Lieferant bislang einen monatlichen Deckungsbeitrag von € 60.000 (= 5 · 12.000). Würde dieser Betrag auch bei einer erhöhten Bedarfsmenge von 15.000 Stück unverändert bleiben, so müsste der Deckungsbeitrag pro Stück auf € 4,- (= 60.000 : 15.000) sinken. Wenn man zu dieser gesunkenen Marge die variablen Kosten pro Stück von € 15,- addiert, kommt man rechnerisch zu dem neuen Preis von € 19,- für den auf 15.000 Einheiten erhöhten Bedarf.

Falls sich in einer Vergabeverhandlung mit dem Lieferanten der Preis für die erhöhte Menge auf € 19,- reduzieren lässt, hat man - verglichen mit der Ausgangssituation vor der Mengenausweitung - ein recht gutes Verhandlungsergebnis erzielt. Denn dem Lieferanten werden in diesem Falle für die Herstellung der zusätzlichen 3.000 Stück lediglich die dafür entstehenden variablen Kosten (Grenzkosten) vergütet. Das lässt sich an unserem Beispiel leicht verdeutlichen. Der monatliche Umsatz mit dem Lieferanten wird nämlich von € 240.000,- (vor der Mengenausweitung) auf € 285.000,- (nach der Mengenausweitung), also um € 45.000,- steigen, und die variablen Kosten des Lieferanten für eine zusätzliche Ausbringung von 3.000 Stück belaufen sich ebenfalls auf € 45.000,- (3.000 · 15). In der Praxis dürfte allerdings in vielen Fällen dieser niedrige Preis von € 19,- nicht zu verwirklichen sein, da in der Regel im Wirtschaftsleben unterstellt wird, dass mit einer größeren Menge auch ein höherer Deckungsbeitrag für den Anbieter verbunden ist. Insofern stellt dieser Preis für den Einkäufer nur einen idealen Grenzwert dar.

Wie leicht aus den oben durchgeführten Berechnungen abgeleitet werden kann, lassen sich derartige Grenzwerte allgemein nach folgender Preis-Mengen-Formel ermitteln:

$$P_g = k_v + \frac{d \cdot x_a}{x_g}$$

In diesem Ausdruck bedeutet:

P_g = der geänderte Preis (Grenzwert)

k_v = die variablen Kosten pro Stück

d = der Deckungsbeitrag pro Stück

x_a = die alte Bedarfsmenge

x_g = die geänderte Bedarfsmenge

Diese Preis-Mengen-Formel versucht, aus preisstrukturanalytischer Sicht eine funktionale Beziehung zwischen dem Preis P_g und der jeweiligen Bedarfsmenge x_g herzustellen. Sie lässt sich selbstverständlich auch auf den Fall einer Mengenreduzierung anwenden. Würde etwa in unserem Beispiel eine Reduzierung der Bedarfsmenge auf 9.600 Stück in Erwägung gezogen, so ergäbe sich nach der Preis-Mengen-Formel ein Grenzpreis in Höhe von:

$$P_g = 15 + \frac{5 \cdot 12.000}{9.600} = 21,25$$

Bei diesem Preis von € 21,25 wäre allerdings lediglich berücksichtigt, dass sich gegenüber der Ausgangsmenge die variablen Kosten des Lieferanten um € 36.000,- (= 15 · 2.400) verringert haben. Aber der Lieferant würde trotz reduzierter Menge den gleichen Deckungsbeitrag erzielen wie bei einer Menge von 12000 Stück, nämlich € 60.000,- (= 6,25 · 9.600). Da das jedoch allenfalls in Grenzsituationen für den Einkäufer akzeptabel ist, sollte er darauf achten, dass er in einer Vergabeverhandlung für die auf 9600 Stück reduzierte Menge einen Preis erzielt, der unter diesem Grenzpreis von € 21,25 liegt.

4.9   Bedeutung der Lernkurve für die Preisstrukturanalyse

Sehr große Schwierigkeiten bereitet im allgemeinen das Abschätzen der Lieferantenkosten bei völlig neuen Artikeln, für die beim Lieferanten noch keine Produktionserfahrungen vorliegen. In einem derartigen Falle ist in preisanalytischen Untersuchungen die bekannte Erscheinung zu berücksichtigen, dass beim Anlaufen der Fertigung neuer Erzeugnisse die erste Einheit einer Serie relativ hohe Stückkosten verursacht und dass mit der Herstellung jeder weiteren Einheit die Stückkosten tendenziell sinken. Dieses Phänomen ist darauf zurückzuführen, dass die im Produktionsprozess befindlichen Arbeitskräfte sich erst einarbeiten und mit den neuen Gegebenheiten der Produktion vertraut machen müssen. Bei den Arbeitskräften findet also ein Lernprozess statt, der zur Folge hat, dass mit zunehmender Anzahl an gefertigten Einheiten und mit zunehmender Wiederholung bestimmter Arbeitsvorgänge vor allem die Fertigungsstunden pro Stück und in bestimmten Fällen auch die Materialkosten je Produkteinheit sukzessiv zurückgehen.

Empirische Untersuchungen über das Ausmaß des Lernens in der Produktion und insbesondere über die Abhängigkeit zwischen Arbeitsaufwand und kumulierter Produktionsmenge einer Serie haben nun ergeben, dass der durch Erfahrung und Übung hervorgerufenen Produktivitätssteigerung bzw. Kostensenkung eine gewisse Gesetzmäßigkeit innewohnt. Diese Gesetzmäßigkeit bildet den Inhalt der „Theorie der Lernkurve", die in ihrer einfachsten Version besagt, dass mit jeder Verdoppelung der kumulierten Produktionsmenge die variablen Stückkosten um einen bestimmten, konstanten Prozentsatz (bezogen auf die Ausgangskosten vor der Verdoppelung) sinken.

Das Prinzip der Lernkurve soll hier am *Beispiel der Fertigungsstunden* verständlich gemacht werden.

Man stelle sich vor, dass ein Lieferant zur Fertigung der ersten Einheit eines neuen Artikels 400 Fertigungsstunden benötige und dass bei jeder Verdoppelung der Ausbringung die durchschnittlichen Arbeitsstunden (= Fertigungsstunden insgesamt bezogen auf die kumulierte Ausbringung) um 10 % sinken. Unter den gemachten Annahmen ergibt sich bei der ersten Verdoppelung der Ausbringung, d.h. also für die ersten zwei Einheiten dieser Serie, eine durchschnittliche Arbeitszeit von $400 \cdot 0,9 = 360$ Stunden.

Die zweite Verdoppelung, also die Herstellung der ersten 4 Einheiten, lässt die durchschnittliche Arbeitszeit auf $400 \cdot 0,9 \cdot 0,9 = 324$ Stunden sinken. Die durchschnittlichen Fertigungsstunden in Abhängigkeit von weiteren Produktionsverdoppelungen sind in Tabelle 4-5 aufgezeigt.

Verringert sich, wie in unserem Zahlenbeispiel, bei einer Verdoppelung der Produktion die durchschnittliche Arbeitszeit um 10 %, dann spricht man von einer 90 %igen Lernkurve. Wie im einzelnen aus der Tabelle hervorgeht, ist das Ausmaß des Lernens und damit die Verringerung der durchschnittlichen Produktionsstunden mit zunehmender Wiederholung gleichartiger Arbeitsvorgänge nicht konstant. Die absoluten Lerngewinne sind - bei gleichbleibender Lernrate von z.B. 90 % - anfänglich sehr hoch und schwächen sich allmählich ab. Das ist auch der Grund dafür, dass vor allem bei den ersten Einheiten einer Serie die Beachtung derartiger Lerneffekte von größter Bedeutung ist.

Tabelle 4-5:   *Zahlenbeispiel zur Theorie der Lernkurve*

Verdoppelung	kumulative Ausbringung	Durchschnittliche Arbeitsstunden	Verringerung der durchschnittlichen Arbeitsstunden
	1	400,0	-
1.	2	360,0	40,0
2.	4	324,0	36,0
3.	8	291,6	32,4
4.	16	262,4	29,2
5.	32	236,2	26,2
6.	64	212,6	23,6
7.	128	191,3	21,3
8.	256	172,2	19,1

In der Praxis hat sich gezeigt, dass in der Regel schon eine erhebliche Anzahl von Produkteinheiten hergestellt werden muss, bis die ermittelten Lerngewinne so klein werden, dass sie nicht mehr ins Gewicht fallen und vernachlässigt werden können. Der Zeitraum, der von der Herstellung der ersten Einheit eines Produktes bis zum Erreichen eines fast gleichbleibenden Aufwandes je Einheit verstreicht, wird auch als Lernzeit oder Anlaufphase bezeichnet. Je nach Kompliziertheit des Herstellungsprozesses und je nach dem Umfang der Ausbringung pro Periode kann die Anlaufphase eines neuen Produktes Monate, ja zum Teil Jahre dauern.

Im einzelnen bestehen die folgenden Möglichkeiten, das Phänomen der Lerneffekte für die Beschaffung nutzbar zu machen:

■ Die Aussagen der Theorie der Lernkurve sollen zunächst einmal den Einkäufer davor bewahren, einen Preis, der beim Anlaufen einer neuen Serie für den ersten Auftrag vereinbart worden ist, ohne weiteres auch für Folgeaufträge zu akzeptieren.

■ Zudem erleichtert das Wissen über die Auswirkungen kumulierter Produktionserfahrungen auf die Kosten eines Lieferanten die Prüfung der Angemessenheit des Preises und das Aufstellen von realistischen Richtpreisen für zusätzliche Aufträge.

■ Die Erkenntnisse aus der Theorie der Lernkurve sind ferner ein wichtiges Argument in der Vergabeverhandlung; sie stärken die Verhandlungsposition des Einkäufers, erleichtern die Ausübung von Preisdruck und verbessern die Effizienz einer Vergabeverhandlung. Nur unter Berücksichtigung der Theorie der Lernkurve kann bei neuen Produkten sichergestellt werden, dass in Vergabeverhandlungen faire und vernünftige Preise für Folgeaufträge zustande kommen. In der Praxis der Vergabeverhandlung ist es dabei heute in vielen Fällen noch erforderlich, den Lieferanten die Aussagen der Theorie der Lernkurve zu erläutern, ihn von der Richtigkeit dieser Theorie zu überzeugen und seine Aversion gegen die Anwendung der Lernkurve abzubauen.

■ Das Phänomen der Lerneffekte erleichtert auch die Vorhersage der zukünftigen Preisentwicklung, sofern sich bei einem Produkt der Preis an den Kosten orientiert, und es kann deshalb als informatorische Grundlage für Abschlüsse mit rückläufigen Preisen dienen. Mit Hilfe der Lernkurve kann zum Beispiel auch ermittelt werden, von welcher kumulierten Produktionsmenge ab bei einer gegebenen Lernrate die Übungsgewinne beim Lieferanten nicht mehr ins Gewicht fallen und deshalb bei Vergabeverhandlungen nicht mehr berücksichtigt werden müssen.

■ Die Anwendungsmöglichkeiten der Lernkurve in der Beschaffung sind schließlich nicht nur auf die Preisstrukturanalyse beschränkt. Aus der Lernkurve lassen sich z.B. Informationen darüber gewinnen, in welcher Zeit ein Lieferant mit gegebenen Kapazitäten die Serie eines neuen Produktes herstellen kann oder wie viele Arbeitskräfte er bei gegebenem Ablieferungstermin einsetzen muss. Schließlich sollte die Beschaffung auch darauf achten, dass bei Entscheidungen über das Problem „Eigenfertigung oder Fremdbezug" sowohl die beim Lieferanten als auch die in der eigenen Produktion zu erwartenden Lerneffekte berücksichtigt werden.

Die Technik der Ermittlung der Lieferantenkosten bei Anschlussaufträgen wurde vor allem in der amerikanischen Industrie entwickelt. Insbesondere die amerikanische Flugzeugindustrie hat auf diesem Gebiet Pionierarbeit geleistet. Das größte Problem bei der Verwendung der Lernkurve im Rahmen der Preisstrukturanalyse ist in der Regel die Bestimmung der Lernrate.

Übungsfragen und -aufgaben

1. Warum sollte man im Rahmen der Preisstrukturanalyse den variablen Kosten pro Stück besondere Aufmerksamkeit schenken?

2. Zwecks Durchführung einer Preisstrukturanalyse für einen bestimmten Artikel müssen Sie Aussagen über die Höhe der Materialeinzelkosten und der Fertigungslöhne dieses Produktes machen. Welche einzelnen Informationen benötigen Sie zwecks Erfassung

   ▦ der Materialeinzelkosten,

   ▦ der Fertigungslöhne,

   ▦ und welcher Informationsquellen bedienen Sie sich, um die erforderlichen Daten zu erhalten?

3. Von welchen Faktoren ist die Gewinnspanne, die dem Lieferanten zugestanden wird, abhängig?

4. Wann scheint die Durchführung einer Preisstrukturanalyse sinnvoll zu sein? (Welche der folgenden Antworten ist nach Ihrer Meinung zutreffend?)

   ▦ Wenn es sich bei dem Lieferanten um einen Monopolisten handelt.

   ▦ Wenn es sich bei dem einzukaufenden Gut um ein Börsenprodukt handelt.

   ▦ Wenn die Gemeinkosten bzw. die fixen Kosten eines einzukaufenden Artikels relativ hoch sind.

   ▦ Wenn ein starker Preiswettbewerb auf dem Beschaffungsmarkt herrscht.

   ▦ Wenn es sich um ein Produkt handelt, auf dessen Preishöhe der Einkäufer Einfluss ausüben kann.

   ▦ Wenn eine ganz bestimmte Kostenart mehr als 75 % der Gesamtkosten eines Artikels ausmacht.

5. Wofür benötigt der Einkäufer Kenntnisse über die Kosten eines einzukaufenden Artikels?

6. Wo liegen nach Ihrer Meinung die besonderen Schwierigkeiten bei der Durchführung der Preisstrukturanalyse?

7. Erläutern Sie den Begriff der „Multiplikatorpreise" und nehmen Sie Stellung zur Verwendbarkeit derartiger Multiplikatorpreise in der Einkaufspraxis.

8. Wann und bei welchen Produkten verlangen Sie als Einkäufer von einem Lieferanten eine Offenlegung seiner Kalkulation?

9. Worauf sollte man bei der Überprüfung der offengelegten Lieferantenkalkulation besonders achten?

10. Nennen Sie Argumente, die gegen eine Forderung nach Offenlegung der Lieferantenkalkulation sprechen.

11. Was versteht man unter dem Begriff „partieller Preisvergleich" und wie wird im partiellen Preisvergleich der Zielpreis ermittelt?

12. Worin sehen Sie die Bedeutung des partiellen Preisvergleichs für die Beschaffung?

13. Nennen Sie Beispiele für die Anwendung des partiellen Preisvergleichs.

14. Ihr Unternehmen hat bislang von einem Anbieter monatlich 8.000 Stück eines bestimmten Artikels bezogen. Der Bedarf an diesem Artikel wird sich in Zukunft auf 10.000 Stück im Monat erhöhen. Bisher haben Sie für diesen Artikel einen Preis von € 50,- pro Stück bezahlt. Aus preisstrukturanalytischen Überlegungen geht hervor, dass sich für diesen Artikel die variablen Kosten pro Stück auf € 35,- belaufen.

    ■ Welche Preisermäßigungen würden Sie als Einkäufer aufgrund der o.e. Bedarfsausweitung in einer anstehenden Vergabeverhandlung anstreben?

    ■ Kommentieren Sie Ihre Rechenschritte und das Ergebnis Ihrer Berechnung.

15. Was versteht man unter einer Lernkurve?

16. Bei welchen Gütern kann mit einem Lernkurveneffekt gerechnet werden?

17. Welche Bedeutung hat die Lernkurve für die Beschaffung?

5 Wertanalyse

5.1 Entstehung und Wesen der Wertanalyse

5.1.1 Die Entstehung der Wertanalyse

Der Grundgedanke der Wertanalyse entstand vermutlich kurz nach Beendigung des Zweiten Weltkrieges in den USA. Als Begründer der Wertanalyse gilt der damalige Einkaufsleiter der General Electric Company (USA), Lawrence D. Miles, der zur Entwicklung dieser neuen Methode durch Erfahrungen angeregt wurde, die man während des Zweiten Weltkrieges beim Einsatz von Ersatzstoffen anstelle knapper Materialien gemacht hatte. Es hatte sich nämlich damals herausgestellt, dass der infolge Materialmangels erzwungene Einsatz von Ersatzstoffen keineswegs auch immer zu einer schlechteren Qualität der Endprodukte führte als die Verwendung herkömmlicher Fertigungsstoffe. In vielen Fällen waren die Austauschmaterialien den bislang verwendeten Werkstoffen in kostenmäßiger und qualitativer Hinsicht sogar überlegen. Es gab also offensichtlich viel mehr Möglichkeiten der Materialauswahl, viel mehr Alternativen bei der Konstruktion eines Erzeugnisses oder bei den Produktionsverfahren, als man bislang unterstellt hatte und als man mit den üblichen Rationalisierungsverfahren in Erfahrung bringen konnte.

Miles gelang es damals, eine Methode zu entwickeln, mit deren Hilfe man neue Möglichkeiten der Kostensenkung und der Qualitätsverbesserung systematisch suchen und erkennen konnte. Er nannte diese Methode „Value Analysis". Die im deutschen Sprachgebrauch verwendete Bezeichnung „Wertanalyse" ist eine wörtliche Übersetzung dieses amerikanischen Ausdrucks.

5.1.2 Die Besonderheiten der Wertanalyse

Die Wertanalyse hat sich inzwischen zu einem hervorragenden Instrument betrieblicher Rationalisierung und Produktverbesserung entwickelt. Sie versucht, ausgehend von einer systematischen Analyse der Funktionen und der Kosten eines Erzeugnisses,

■ für die erforderlichen Funktionen des Untersuchungsobjektes kostengünstigere Lösungen zu finden,

■ unnötige Funktionen eines Produktes zu eliminieren und/oder

■ die Funktionspalette eines Erzeugnisses zu erweitern, falls hierdurch eine Steigerung des Unternehmensgewinns zu erreichen ist.

Die Wertanalyse macht keineswegs die konventionellen Methoden der Rationalisierung überflüssig, sondern muss als eine sehr wirksame, auf vielfältige Probleme anwendbare zusätzliche Methode der Kostensenkung und Produktverbesserung bezeichnet werden. Sie weist die folgenden charakteristischen Merkmale auf:

■ *Die funktionsorientierte Denk- und Betrachtungsweise*
Während konventionelle Rationalisierungsverfahren das bestehende Objekt in den Vordergrund der Untersuchung stellen, geht die Wertanalyse von der Funktion eines Produktes aus. Sie abstrahiert durch die Funktionsbetrachtung vom eigentlichen Objekt, dadurch erweitert sich das Blickfeld, und man kann zu Lösungsmöglichkeiten kommen, die ohne die funktionsorientierte Betrachtungsweise nicht erkennbar werden.

■ *Das systematische Vorgehen nach einem Arbeitsplan*
Man versucht in der Wertanalyse, in verschiedenen genau festgelegten und in ihrer zeitlichen Reihenfolge zweckmäßig aufeinander abgestimmten Schritten zu einer Problemlösung zu gelangen. Diese Systematik des Vorgehens ist wohl auch mit ein Grund für die mit der Wertanalyse erzielten Erfolge.

■ *Die organisierte Teamarbeit und die Koordinierung der unterschiedlichen Abteilungsinteressen*
Die Wertanalyse will durch die Einführung der Teamarbeit sicherstellen, dass die verschiedenen Unternehmensbereiche, die mit dem Untersuchungsobjekt in Berührung stehen, an der Aufgabenlösung mitwirken und dass das in den verschiedenen betrieblichen Teilbereichen vorhandene Potential an Erfahrungen, Wissen und Ideen optimal genutzt wird. Die Teamarbeit kann dazu beitragen, dass unvernünftigen Ressortegoismen oder den Egoismen einzelner Führungskräfte im Interesse des Gesamtgewinns einer Unternehmung entgegengewirkt wird.

■ *Die Anwendung von Techniken der Ideenfindung*
Durch den Einsatz derartiger Techniken soll erreicht werden, dass das Wertanalyseteam zu einem gegebenen Problem möglichst viele Lösungsideen entwickelt.

■ *Die Anwendungsneutralität*
Diese Anwendungsneutralität bezieht sich zunächst einmal auf die möglichen Wertanalyse-Objekte: Wertanalytische Untersuchungen lassen sich sowohl auf Erzeugnisse (zum Beispiel Teile, Baugruppen, Investitionsgüter) als auch auf Dienstleistungen (zum Beispiel Transporte) und Verfahren (zum Beispiel in der

Produktion) anwenden. Im Rahmen dieses Buches soll jedoch vorwiegend die Wertanalyse an Produkten behandelt werden.

Sodann kann diese Methode auf die Erreichung unterschiedlicher Ziele ausgerichtet sein. Als derartige Ziele, die mit Hilfe der Wertanalyse realisiert werden können, sollen hier beispielhaft genannt werden: Kostensenkung, Qualitätsverbesserung, Beseitigung von Versorgungsengpässen, Reduzierung von Umweltschäden oder Humanisierung des Arbeitsplatzes.

Wertanalyse basiert also auf einer umfassenden Untersuchung der Funktionen eines Wertanalyse-Objektes und stellt eine - in der Regel von einem Team durchgeführte - systematische Suche nach besseren Lösungen für die als notwendig anerkannten Funktionen dar.

5.1.3 Begriffe „Value Analysis" und „Value Engineering"

Ausgehend von entsprechenden Unterscheidungen in der US-amerikanischen Literatur hat sich auch in Deutschland die Einteilung der Wertanalyse in Value Analysis (Wertverbesserung oder Produkt-Wertanalyse) einerseits und in Value Engineering (Wertgestaltung oder Konzept-Wertanalyse) andererseits durchgesetzt. Unter Value Analysis versteht man dabei die wertanalytischen Untersuchungen an Erzeugnissen, die sich schon in der laufenden Fertigung befinden, während bei Value Engineering ein neu zu gestaltendes Produkt bereits in der Konzeptions- und Planungsphase wertanalytisch behandelt wird. Überlegungen wertanalytischer Art werden also einmal angewendet, um die bei der Herstellung eines Erzeugnisses anfallenden Kosten zu senken, und zum anderen, um die Entstehung von vermeidbaren Kosten von vornherein zu verhindern.

In der Regel ist Value Analysis leichter durchzuführen als Value Engineering. Das liegt daran, dass bei bereits in der Produktion befindlichen Erzeugnissen konkrete Kostengrößen vorliegen, vorhandene Schwachstellen deutlicher sichtbar und Schwierigkeiten und Probleme anschaulicher werden als bei noch in der Entwicklung befindlichen Gütern. Ein wesentlicher Nachteil der Produkt-Wertanalyse im Vergleich zur Konzept-Wertanalyse besteht allerdings darin, dass Verbesserungsvorschläge auf dem Gebiete der Value Analysis im allgemeinen mit bestimmten Änderungskosten in der Fertigung verbunden sind, die selbstverständlich bei der Überprüfung der Rentabilität des betreffenden wertanalytischen Vorschlags zu berücksichtigen sind. Im Hinblick auf mögliche Änderungskosten von Verbesserungsvorschlägen sollten wertanalytische Überlegungen möglichst früh im Entwicklungsstadium eines Produkts einsetzen. Denn wenn einmal Vorrichtungen oder Werkzeuge zur Realisierung einer bestimmten Produktkonzeption angeschafft worden sind und wenn der Fertigungsprozess im einzelnen festgelegt ist, dann können die durch einen nachträglichen wertanalytischen Vorschlag entstehenden Änderungskosten bereits beträchtlich sein.

5

5.2   Die funktionsorientierte Denk- und Betrachtungsweise

5.2.1   Der Funktionsbegriff

Ein Wesensmerkmal der Wertanalyse ist das Denken in Funktionen. Unter einer Funktion versteht man im Rahmen der Wertanalyse die Wirkungen (Aufgaben, Tätigkeiten) eines Objektes. Produkte werden in der Wertanalyse als Träger von Funktionen angesehen.

Für die praktische Arbeit auf dem Gebiet der Wertanalyse ist es nun erforderlich, dass die Funktionen eines zu untersuchenden Erzeugnisses bestimmt und beschrieben werden. Die Kennzeichnung der Funktion eines Objektes sollte sehr knapp, aber gleichzeitig möglichst zutreffend und umfassend sein. In den meisten Fällen wird man mit Hilfe eines Substantivs und eines Verbs die Funktionen eines Produktes wiedergeben können, wie die folgenden Beispiele verdeutlichen:

Tabelle 5-1:   *Funktionen verschiedener Wertanalyse-Objekte*

Wertanalyse-Objekt	Funktion
Filter	Schmutz zurückhalten
Uhr	Zeit anzeigen
Kugelschreiber	Striche ziehen
Glühlampe	Licht abgeben
Druckbehälter	Pressluft speichern
Benzinfeuerzeug	Flamme erzeugen
Säge	Holz trennen

Die Funktionsbeschreibung ist also nicht lediglich eine genaue Definition eines Wertanalyse-Objektes, sondern sie kann nur im Hinblick auf den Verwendungszweck des Objektes erfolgen. Dabei wird man einem Produkt in der Regel mehrere unterschiedliche Funktionen zuordnen müssen. Um zu eindeutigen und klaren Funktionsangaben für ein Produkt zu gelangen, hat sich die Beantwortung von Fragen, die sich mit den eigentlichen Aufgaben bzw. Wirkungen eines Wertanalyse-Objektes auseinandersetzen, als zweckmäßig und hilfreich erwiesen. Derartige Fragen lauten etwa:

▪ Was macht das Wertanalyse-Objekt?

▪ Warum macht der Gegenstand das?

- Wozu wird das Objekt benötigt?

- Wozu kann man den Gegenstand verwenden?

- Worum geht es hier eigentlich?

Bei der Funktionsbeschreibung sollte ferner darauf geachtet werden, dass das gewählte Substantiv nach Möglichkeit quantifizierbar ist und messtechnisch erfasst werden kann, so dass sich die Funktion genauer spezifizieren lässt. Diese nähere Bestimmung der Funktion erfolgt in der Wertanalyse durch die funktionellen Anforderungen oder funktionsbedingten Eigenschaften. Sie können sich inhaltlich auf die Leistung eines Objektes (Mindest- und/oder Höchstwerte), auf die Lebensdauer, die Schüttelfestigkeit oder Korrosionsbeständigkeit etc. beziehen und lauten beispielsweise: Tragfähigkeit bis 5 t, Druckfestigkeit bis 60 Bar, Leistung bis 70 kWh, Fahrgeschwindigkeit bis 15 km/h. Da durch die Festlegung von funktionsbedingten Eigenschaften die sich anbietenden Lösungsmöglichkeiten stark eingeengt werden können, ist im Rahmen der Wertanalyse genau zu untersuchen, ob vom Verwendungszweck des Artikels her gesehen die aufgestellten funktionellen Anforderungen auch erforderlich und berechtigt sind.

5.2.2 Unterteilung der Funktionen

In der Wertanalyse werden die verschiedenen Funktionen, die Produkte erfüllen, nach Funktionsarten und nach der Wichtigkeit der Funktion für den Verwender unterteilt. Das erstgenannte Einteilungskriterium führt zur Unterscheidung zwischen Gebrauchsfunktion und Geltungsfunktion. Während die Gebrauchsfunktion die technische und wirtschaftliche Verwendung eines Produktes gewährleistet, geht die Geltungsfunktion darüber hinaus und spricht das Geschmacksempfinden, die Prestigevorstellungen des Benutzers sowie seine ästhetische Auffassung an. Beiden Funktionsarten muss in der Wertanalyse gleichermaßen Beachtung geschenkt werden.

Je nach zu untersuchendem Wertanalyse-Objekt überwiegt einmal die Gebrauchsfunktion, ein anderes Mal die Geltungsfunktion. Während bei Investitionsgütern in der Regel die Gebrauchsfunktionen dominierend sind, spielen bei den meisten Konsumgütern sowohl Gebrauchs- als auch Geltungsfunktionen eine große Rolle. Als Beispiel für diejenigen Produkte, die ausschließlich Geschmacks- und Prestigebedürfnisse befriedigen, soll hier der Modeschmuck erwähnt werden. Ob bei einem Erzeugnis die Gebrauchsfunktionen oder Geltungsfunktionen von größerer Wichtigkeit sind, hängt allein von der Einstellung der Verwender zu diesem Gut ab.

Im Hinblick auf die Bedeutung, die der Verwender eines Produktes den Funktionen beimisst, wird in der Wertanalyse zwischen Hauptfunktionen, Nebenfunktionen und unnötigen Funktionen unterschieden. Die Einteilung der Funktionen eines Erzeugnisses in diese drei Funktionsklassen kann nach folgendem Schema (Abbildung 5-1) erfolgen.

Abbildung 5-1:   *Einteilung der Funktionen nach ihrer Bedeutung*

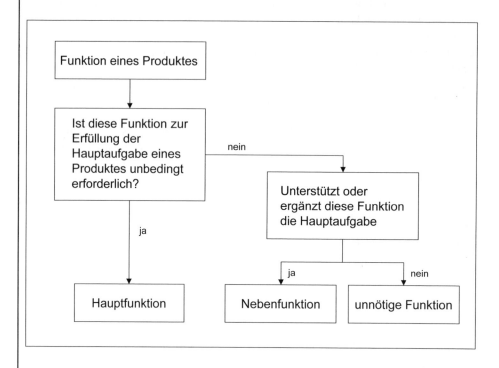

Unnötige Funktionen gewähren dem Verwender weder einen Geltungs- noch einen Gebrauchsnutzen und entsprechen nicht den Erfordernissen des Marktes. Sie sollten deshalb - soweit das technisch überhaupt möglich ist - weggelassen werden, um Kosten zu sparen. Die Ursachen für das Entstehen und das Vorhandensein von unnötigen Funktionen bei Produkten sind vielfältiger Art. So können beispielsweise wegen sich wandelnder Bedürfnisstruktur und wegen veränderter Anforderungen des Marktes an ein Produkt Funktionen, welche früher einmal erforderlich waren, überflüssig werden. Vor allem die Geltungsfunktionen eines Produktes unterliegen im Zeitablauf relativ starken Bewertungsschwankungen.

Die Wertanalyse muss auch versuchen, diejenigen Funktionen eines Produktes ausfindig zu machen und zu eliminieren, welche zwar für den Abnehmer und Verwender dieses Erzeugnisses von Nutzen sind, welche jedoch im Vergleich zu den Kosten, die diese Funktionen verursachen, vom Markte nicht genügend honoriert werden. Es handelt sich hier also um Geltungs- oder Gebrauchsfunktionen, deren Vorhandensein in einem Produkt den Gewinn des Herstellers negativ beeinflusst und die deshalb aus dem Produkt herausgelassen werden sollten.

5.2.3 Die Funktionsgliederung

In wertanalytischen Untersuchungen sind sowohl für das zu behandelnde Produkt als Ganzes als auch für die einzelnen Baugruppen und Teile, aus denen sich das Erzeugnis zusammensetzt, Funktionen zu ermitteln. Unterzieht man diese unterschiedlichen Funktionen einer genaueren Betrachtung, so stellt sich heraus, dass zwischen ihnen wechselseitige Abhängigkeiten bestehen, die in ihrer bildlichen Darstellung auch als Funktionsgliederung, Funktionsschema oder als Funktionsstruktur eines Erzeugnisses bezeichnet werden. Zur Verdeutlichung dieser Beziehungen zwischen den Funktionen der übergeordneten Erzeugniseinheit und denen der untergeordneten Teileinheiten sei im folgenden die Funktionsgliederung eines Kompressor-Kühlschrankes teilweise skizziert (vgl. Abbildung 5-2).

Die Beziehung zwischen einer gegebenen Funktionsstufe und der ihr vor- bzw. nachgeschalteten Stufe lässt sich mit Hilfe von Fragestellungen verdeutlichen. So wird etwa die Funktion des Kühlschrankes „Lebensmittel konservieren" ausgeübt, indem Baugruppen mit speziellen Funktionen, wie „Kälte erzeugen", „Kühlgut aufnehmen", „Temperatur regeln", zum Einsatz gelangen. Von der Funktion der übergeordneten Einheit (hier zum Beispiel des Kühlschrankes als Ganzen) kommt man also zu den Funktionen der niedrigeren Stufe mit der Frage: „Wie erfüllt die übergeordnete Einheit ihre Funktion?" Entsprechend ist die Funktion eines bestimmten Erzeugnisteiles mit der nächsthöheren Stufe durch die Frage: „Warum erfüllt dieses Erzeugnisteil diese Funktion?" verbunden.

Lässt sich die Frage nach dem Warum nicht beantworten, so wird in den meisten Fällen eine unnötige Funktion vorliegen. Eine derartige Funktionsgliederung ist ganz besonders bei sehr komplexen Untersuchungsobjekten empfehlenswert, weil sie die Übersicht verbessert und funktionale Zusammenhänge erkennen lässt.

Abbildung 5-2:   Funktionsstruktur eines Kühlschrankes

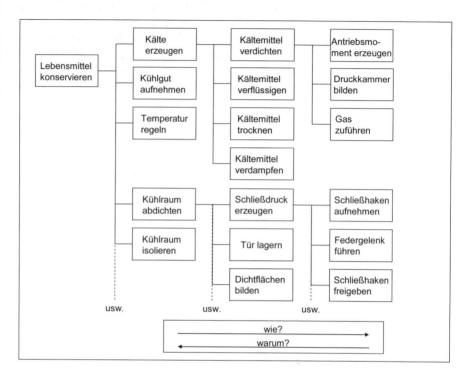

Quelle: P. Baier: Wertgestaltung, München 1969, S. 31

5.2.4   Die Bedeutung des Denkens in Funktionen

Die funktionsorientierte Denkweise ist vor allem aus folgenden Gründen für die Wertanalyse von wesentlicher Bedeutung:

▪ Zunächst einmal ist dieses Denken in Funktionen der Tatsache angepasst, dass ein Kunde ein bestimmtes Endprodukt nur deshalb erwirbt, weil er sich die Funktionen, die dieses Erzeugnis ausübt, nutzbar machen möchte. Insofern kann diese Denkweise dazu beitragen, dass in einer Unternehmung Entscheidungen über die Funktionspalette eines Endproduktes stärker auf die Erfordernisse des Absatzmarktes ausgerichtet werden.

▪ Sodann erleichtert die Analyse der Funktionen eines Produktes ein Urteil darüber, was an einem Erzeugnis wesentlich, was unwesentlich oder gar überflüssig ist.

▪ Schließlich ist die funktionsorientierte Denkweise in der Wertanalyse deshalb von Vorteil, weil sie eine Loslösung vom Gegenständlichen ermöglicht, von gewohnten technischen Lösungen und Verfahren, von bestimmten Materialien und Formen abstrahiert und auf diese Weise den Spielraum für das Auffinden von völlig neuen Lösungen erweitert.

5.3 Durchführung wertanalytischer Untersuchungen

5.3.1 Überblick über den Ablauf einer wertanalytischen Untersuchung

In der Wertanalyse geht man üblicherweise nach einem festgelegten Arbeitsplan vor. Dieser anwendungsneutral gehaltene Arbeitsplan ist von Miles entworfen und von anderen Wertanalytikern modifiziert und weiterentwickelt worden. Heute werden in der deutschsprachigen Literatur über Wertanalyse im allgemeinen sechs verschiedene Grundschritte eines derartigen Arbeitsplans unterschieden; jeder Grundschritt ist seinerseits wieder in Teilschritte unterteilt (vgl. Tabelle 5-2).

Dieses Vorgehen nach einem Arbeitsplan soll gewährleisten, dass wertanalytische Untersuchungen systematisch und in sinnvoll aufeinander abgestimmten Teilschritten durchgeführt werden und dass wesentliche Punkte nicht vergessen oder übersehen werden. Gleichzeitig soll durch die konsequente Einhaltung der einzelnen Grund- und Teilschritte Leerlauf während des Projektablaufs vermieden und ein verhältnismäßig kurzer Weg zum Auffinden von günstigeren Lösungen eingeschlagen werden.

Zwecks Erfassung und Bearbeitung der in den einzelnen Phasen der Wertanalyse anfallenden Daten, Informationen und Ideen hat man in der Praxis eine Reihe von zweckmäßig gestalteten Formularen entworfen. Diese Hilfsmittel sollen hier nicht im Detail behandelt werden; sie werden in der Literatur über wertanalytische Fragen ausführlich dargestellt (vgl. zum Beispiel Christmann, K.: Gewinnverbesserung durch Wertanalyse, Stuttgart 1973, S. 59 ff.).

Tabelle 5-2: *Wertanalyse-Arbeitsplan (in Anlehnung an DIN 69910 bzw. VDI 2800 bzw. EN 12973)*

Grund-schritt	Bezeichnung	Teil-schritt	Bezeichnung
1	Vorbereitung	1	Auswahl des Untersuchungsobjektes
		2	Aufgabenformulierung
		3	Bildung der Arbeitsgruppe
		4	Planung des zeitlichen Ablaufs der Untersuchung
2	Ermittlung des Ist-Zustandes	1	Produktbeschreibung
		2	Funktionsbeschreibung
		3	Kostenermittlung
3	Kritik des Ist-Zustandes	1	Kritik der Funktionserfüllung
		2	Kritik der Kosten
4	Ermittlung von Alternativen	1	Suche nach allen vorstellbaren Alternativen
		2	Vorprüfung der gefundenen Alternativen
5	Prüfung der Alternativen	1	Technische Prüfung
		2	Wirtschaftliche Prüfung
6	Auswahl und Realisierung der optimalen Alternative	1	Auswahl der Alternative
		2	Empfehlung an die Geschäftsleitung
		3	Verwirklichen der ausgewählten Lösung

5.3.2 Die verschiedenen Grundschritte des Wertanalyse-Arbeitsplans

5.3.2.1 Vorbereitung

Bevor in einer Unternehmung mit der eigentlichen wertanalytischen Arbeit begonnen werden kann, muss ein Erzeugnis ausgewählt werden, das wertanalytisch untersucht werden soll, und es müssen konkretere Ziele formuliert werden, die mit Hilfe der

Wertanalyse erreicht werden sollen. Ferner ist eine Arbeitsgruppe zu bilden, und schließlich hat die Terminplanung für den Ablauf der einzelnen Grundschritte zu erfolgen.

Bei der Auswahl der Untersuchungsobjekte muss darauf geachtet werden, dass die Wertanalyse nach Möglichkeit dort ansetzt, wo voraussichtlich die größten Rationalisierungserfolge zu erwarten sind und dass die Aufwendungen für die wertanalytischen Arbeiten in einem angemessenen Verhältnis zu den erzielbaren Einsparungen stehen. Wenn es auch auf diesem Gebiet keine eindeutigen und allgemeingültigen Auswahlkriterien geben kann, so hat sich doch in der Praxis die Berücksichtigung folgender Tatbestände bei der Selektion bewährt:

- Eine wertanalytische Untersuchung dürfte sich insbesondere bei denjenigen Endprodukten einer Unternehmung lohnen, deren Anteil am Umsatz relativ hoch ist und die voraussichtlich auch noch über einen längeren zukünftigen Zeitraum absetzbar sind.

- In bezug auf die zu beschaffenden Güter in einer Unternehmung liegt es nahe, dass man sich schwerpunktmäßig auf die A-Produkte beschränkt.

- Wenn das Absatzprogramm einer Unternehmung Erzeugnisse enthält, die in die Verlustzone geraten sind oder deren Marktanteil durch das Auftauchen billigerer oder verbesserter Konkurrenzprodukte gefährdet ist, wird man durch den Einsatz der Wertanalyse versuchen können, Schwachstellen und Fehler bei der konstruktiven Gestaltung oder bei der Herstellung dieser unrentablen bzw. wettbewerbsschwachen Artikel ausfindig zu machen und zu beseitigen.

- Beträchtliche Rationalisierungsreserven sind in vielen Fällen auch in Erzeugnissen enthalten, die aus Zeitmangel sehr rasch entwickelt und auf den Markt gebracht worden sind. Ähnliches gilt von Produkten, die in starkem Maße vom technologischen Fortschritt betroffen sind und bei denen in einem längeren Zeitraum keine konstruktiven oder fertigungstechnischen Änderungen vorgenommen worden sind.

- Schließlich wird in der Literatur darauf hingewiesen, dass bei Produkten, die aus einer Vielzahl von Einzelteilen und Baugruppen zusammengesetzt sind, in der Regel mit guten Ergebnissen beim Einsatz der Wertanalyse gerechnet werden kann. Dabei wird man sich aus ökonomischen Gründen vor allem auf diejenigen Teile konzentrieren, die in der Kostenstruktur des Produktes mit relativ großen Anteilen vertreten sind.

Bei der Aufgabenformulierung und der genaueren Festlegung von Rationalisierungsschwerpunkten und -dringlichkeiten (wie zum Beispiel Kostensenkung, Funktionsverbesserung, Produktivitätssteigerung) sind bestimmte Betriebsgegebenheiten und Marktsituationen sowie die übergeordneten Zielsetzungen einer Unternehmung zu beachten.

Wenn das Untersuchungsobjekt feststeht und das Untersuchungsziel formuliert ist, muss eine Arbeitsgruppe (Wertanalyse-Team) gebildet werden. In ihr sollten Fachleute aus jenen Betriebsbereichen vertreten sein, die für das zu untersuchende Produkt zuständig sind; die Teammitglieder kommen also vorwiegend aus dem Absatz, der Entwicklung und Fertigung sowie aus der Materialwirtschaft. Falls es die Problemstellung erfordert, können weitere Spezialisten, zum Beispiel aus der Qualitätskontrolle, aus der Kostenrechnung oder aus anderen betrieblichen Bereichen, zu den Teamsitzungen fallweise oder auch ständig hinzugezogen werden. Die Hereinnahme von Nicht-Fachleuten in das Wertanalyse-Team ist unter bestimmten Voraussetzungen sinnvoll; denn gerade dieser Personenkreis hat bei der Ermittlung von Alternativen den nötigen Abstand zu den bisherigen Lösungen und ist deshalb häufig in der Lage, Lösungsvorschläge mit innovativem Charakter zu machen. Dies gilt jedoch in der Regel nicht für technisch komplizierte Problemstellungen.

Die Arbeiten des Teams werden von einem Teamleiter koordiniert. In der Praxis hat sich für diese Arbeitsgruppe eine Organisationsform bewährt, in der der Wertanalyse-Koordinator hauptamtlich und die übrigen Teammitglieder nebenamtlich ihre Aufgaben wahrnehmen. Wegen der in einem Unternehmen vorhandenen verschiedenen Zuständigkeiten für unterschiedliche Produkte hängt die personelle Zusammensetzung einer Gruppe von dem jeweils zu analysierenden Erzeugnis ab.

Schließlich gehört zu den vorbereitenden Maßnahmen einer wertanalytischen Untersuchung auch die Planung des zeitlichen Ablaufs einer derartigen Arbeit. Dadurch wird im einzelnen die Dauer für die Durchführung der verschiedenen Grundschritte festgelegt und es soll nach Möglichkeit von vornherein verhindert werden, dass im Vergleich zum erwarteten Erfolg der zeitliche Aufwand für die Analyse unangemessen hoch wird. Außerdem soll mit Hilfe einer derartigen Planung erreicht werden, dass Schwerpunkte und Engpässe im Arbeitsablauf schon frühzeitig erkannt werden.

Ein Wertanalyseprojekt sollte nicht mehr als zwölf Teamsitzungen erforderlich machen und nicht länger als sechs Monate dauern. Das Gros der Wertanalyseprojekte wird durchschnittlich in einem Zeitraum von drei Monaten abgewickelt und macht im Normalfall sechs bis acht Teamsitzungen erforderlich.

5.3.2.2 Ermittlung des Ist-Zustandes

Der zweite Grundschritt des Wertanalyse-Arbeitsplanes stellt die Informationsphase dar. In ihr erfolgen das Vorstellen des Produktes, die Beschreibung der Funktionen sowie die Ermittlung der Kosten.

Zwecks Erläuterung des Wertanalyse-Objektes sind vollständige, aktuelle und zuverlässige Daten über das Produkt aus allen Unternehmensbereichen zusammenzutragen. Nur auf der Grundlage einer umfassenden und genauen Kenntnis des zu analysierenden Erzeugnisses kann das Team die anschließenden Grundschritte der Wertanalyse durchführen. Benötigt werden zum Beispiel Zeichnungen, Stücklisten,

Produktmuster, Fertigungspläne, Ausschussstatistiken, Informationen über Fertigungsverfahren und -einrichtungen, Berichte über Kundenwünsche und Reklamationen, Ergebnisse der Absatzmarktforschung, Qualitäts- und Prüfvorschriften, Übersichten über die fremdbezogenen Teile des Erzeugnisses sowie Informationen über Preise und Bezugsquellen der Fremdteile sowie über Preise möglicher Substitutionsmaterialien. Aber auch Kenntnisse über Konkurrenzprodukte, die als Vergleichsobjekt dienen können, sowie über den letzten Stand des technischen Fortschritts bei der Konstruktion und Fertigung des Untersuchungsobjektes sind für die weiteren Arbeiten des Teams von Bedeutung.

Nachdem alle erforderlichen Daten über das Untersuchungsobjekt zusammengetragen worden sind, müssen die Funktionen des Produktes als Ganzes und der einzelnen Baugruppen und Teile kurz und prägnant beschrieben und nach ihrer Wichtigkeit klassifiziert werden. Außerdem ist nach Geltungs- und Gebrauchsfunktion zu unterscheiden. Im Hinblick auf die funktionsbedingten Eigenschaften ist es zweckmäßig, wenn zwischen unabdingbaren Eigenschaften des Objektes, die zum Beispiel aufgrund von Sicherheitsvorschriften oder von Kundenwünschen festgelegt sind, und solchen Eigenschaften differenziert wird, bei denen dem Team Wahlfreiheiten eingeräumt sind.

Außerdem sind im zweiten Grundschritt der Wertanalyse den Funktionsträgern Kosten zuzuordnen. Auf diese Weise wird deutlich, bei welchen Funktionsträgern eines Wertanalyse-Objekts die Kostenschwerpunkte liegen. Bei der Kostenermittlung ist darauf zu achten, dass nach Möglichkeit nur die jeweils relevanten Kosten den Funktionsträgern zugerechnet werden. Das heißt mit anderen Worten, dass diejenigen Kosten außer Ansatz bleiben müssen, die sich als Folge der Durchführung eines wertanalytischen Vorschlags voraussichtlich nicht ändern werden; was in der Regel auf die fixen Bestandteile der Gemeinkosten zutrifft.

Neben dieser Ermittlung der Funktionsträgerkosten spielt in der Wertanalyse auch die Bestimmung der sogenannten Funktionskosten eine wichtige Rolle. Darunter versteht man diejenigen Kosten, die durch die Realisierung einer Funktion beim Hersteller entstehen. Bei Erzeugnissen werden derartige Funktionskosten dadurch errechnet, dass die Funktionsträgerkosten - also die Herstellkosten der Teile und Baugruppen - den Funktionen dieser Produkte zugeordnet werden. In der Regel erfolgt die Bestimmung der Funktionskosten mit Hilfe einer Funktionskosten-Matrix, die in Tabelle 5-3 am Beispiel einer Armbanduhr erläutert wird.

Als Ausgangspunkt derartiger Berechnungen müssen die in der ersten Spalte der Tabelle 5-3 aufgeführten Funktionsträgerkosten angesehen werden. Diese werden nun auf diejenigen Funktionen, an denen der entsprechende Funktionsträger beteiligt ist, verteilt. Schwierigkeiten kann eine derartige Aufteilung dann bereiten, wenn eine Baugruppe (wie zum Beispiel das Gehäuse in Tabelle 5-3) mehrere Funktionen gleichzeitig ausübt.

Tabelle 5-3:   *Funktionskosten-Matrix (am Beispiel einer Armbanduhr)*

Funktionsträger	Funktions-träger-kosten €	Funktionen der Funktionsträger				
		Zeitinter-vall erzeu-gen	Zeit anzei-gen	Befesti-gung ermöglich-en	Vor Um-welt schüt-zen	Ansehen verschaf-fen
		% €	% €	% €	% €	% €
Uhrwerk	90	80 72				20 18
Zifferblatt mit Zeiger	40		65 26			35 14
Gehäuse mit Glas	450			10 45	50 225	40 180
Armband	120			30 36		70 84
Summe = Funkti-onskosten	700	72	26	81	225	296

Quelle: *In Anlehnung an Christmann, K.: a.a.O., S. 40 sowie Krehl & Partner: Arbeitshandbuch zum Wertanalyse-Grundseminar nach DIN 69910*

Wenigstens ist in diesen Fällen eine exakte Ermittlung der Funktionskosten vielfach nicht möglich; denn man wird auf Schätzungen der prozentualen Verteilung der Funktionsträgerkosten angewiesen sein, und die ausgewiesenen Werte für die Funktionskosten deuten dann lediglich auf Größenordnungen hin.

Eine Funktionskosten-Matrix soll den Wertanalytikern Aufschluss darüber geben, ob die einzelne Funktion und die durch sie verursachten Kosten in einem vertretbaren Verhältnis zueinander stehen. Häufig ergibt sich aus einer derartigen Funktionskosten-Analyse, dass gerade für relativ unwichtige Teile bzw. Funktionen vergleichsweise hohe Kosten anfallen.

Die Ermittlung des Ist-Zustandes kann zum großen Teil vom Wertanalyse-Koordinator selbst bzw. von bestimmten Teammitgliedern vorgenommen werden. Die Ergebnisse dieser Bestandsaufnahme und Recherchen müssen sodann allen Teammitgliedern zur Kenntnisnahme vorgelegt werden. Allerdings sollte das Team als Ganzes bei der schwierigen Aufgabe der Ermittlung der Funktionen sowie der Erstellung der Funktionskosten-Matrix eingeschaltet werden und mitwirken.

5.3.2.3   Kritik des Ist-Zustandes

In diesem Grundschritt werden die Ist-Funktionen und die Ist-Kosten einer kritischen Prüfung unterzogen. Die Funktionskritik erfolgt dabei, indem die Ist-Funktionen und die funktionsbedingten Eigenschaften mit den Anforderungen der Verwender an das Produkt verglichen werden. Auf diese Weise sollen

- kostenverursachende unnötige Funktionen, wie zum Beispiel übertriebene technische Anforderungen, Überdimensionierungen, überhöhte Toleranzgenauigkeit, zu lange Lebensdauer bestimmter Teile, nicht verlangte Griffe oder überflüssige Lochbohrungen, erkannt werden. So ist beispielsweise nicht einsehbar, dass hinter der Seitenverkleidung im Innenraum des Autos hochwertige Materialien - an Stelle von funktionstüchtigen billigen Werkstoffen - eingesetzt werden. Oder nehmen wir ein anderes Beispiel für eine unnötige Funktion: Kristallüster werden in der Regel in einer Höhe von mehr als drei Metern aufgehängt. Bei dieser produktüblichen Verwendung ist es für den Kunden uninteressant, wenn die einzelnen Lüstersteine einem kostspieligen Bearbeitungsprozess unterzogen werden, dessen Auswirkung auf die Qualität man nur unter dem Mikroskop erkennen und würdigen kann.

- Schwächen in der Funktionserfüllung erkannt und technische Fehlleistungen von Produkten, die überhöhte Kosten - zum Beispiel in der Montage oder beim Reparaturdienst - zur Folge haben, festgestellt werden;

- diejenigen Funktionen ermittelt werden, die das Untersuchungsobjekt im Ist-Zustand nicht aufweist, die jedoch unbedingt erforderlich erscheinen und deshalb dem Produkt zusätzlich beigefügt werden sollten;

- die bei der Ermittlung des Ist-Zustandes erfolgten Funktions-Definitionen daraufhin überprüft werden, ob sie nicht zu eng auf das Untersuchungsobjekt abgestellt sind und deshalb die Suche nach Alternativlösungen einschränken und erschweren. So mag beispielsweise die Funktion eines bestimmten technischen Aggregates im Ist-Zustand völlig korrekt mit „Material schneiden" beschrieben worden sein. Würde man jedoch bei der Suche nach Alternativen von dieser Funktionsbeschreibung ausgehen, dann könnten die zahlreichen Möglichkeiten, auf andere Weise Material zu trennen, nicht in Betracht gezogen werden. Es ist also zu prüfen, ob die Soll-Funktion dieses Aggregates gegebenenfalls mit „Material trennen" gekennzeichnet werden kann.

Nach der Funktionskritik erfolgt die Kostenkritik. Die Teammitglieder versuchen, für das Untersuchungsobjekt ein mit Hilfe der Wertanalyse anzustrebendes Kostenziel zu bilden. Unter dem Kostenziel, das in Literatur und Praxis auch als Wertziel bezeichnet wird, versteht man dabei die niedrigsten Kosten, welche aufzuwenden sind, damit die gewünschte Funktion verlässlich erfüllt werden kann. Dieses Kostenziel kann nach unterschiedlichen Methoden ermittelt werden:

- Wertziele für eine Funktion können aus den günstigeren Kosten für Produkte, die ähnliche Funktionen wie das Untersuchungsobjekt erfüllen, abgeleitet werden. Dieses Verfahren erscheint relativ einfach zu sein, birgt jedoch die Gefahr in sich, dass man sich an Objekten orientiert, deren Funktion zu wenig mit der gewünschten Sollfunktion verwandt ist.

▪ Für marktgängige Artikel kann man das mit der Wertanalyse anzustrebende Kostenlimit dadurch ermitteln, dass man von den Preisen billigerer Konkurrenzfabrikate oder Substitutionsgüter ausgeht.

▪ In den Fällen, in denen die Geschäftsleitung das Untersuchungsobjekt zu einem bestimmten (niedrigen) Preis auf den Markt bringen möchte, kann das Wertanalyseteam Kostenziele aus diesem erzielbaren Marktpreis ableiten. Eine derartige Vorgehensweise nennt man Target Costing: Im Sinne des „Market into Company" wird zunächst vom Target Price eines Endprodukts die Gewinnmarge (Target Profit) abgezogen, und man erhält auf diese Weise die sog. Allowable Costs. Aus einer Gegenüberstellung der Allowable Costs und der intern ermittelten Selbstkosten/Einheit (Drifting Costs) ergeben sich sodann die Target Costs des Endprodukts, die schließlich auf die unterschiedlichen Funktionen, Komponenten und Teile des analysierten Erzeugnisses heruntergebrochen werden müssen. Bei Komponenten, welche die Unternehmung von auswärts bezieht, können die so ermittelten Target Costs eine Orientierungsfunktion bei der Preisfindung im Einkauf bzw. für den Lieferanten ausüben.

▪ Schließlich besteht die Möglichkeit, dass man die Kosten, die eine bestimmte Funktion verursacht, von den einzelnen Teammitgliedern schätzen lässt. Häufig stellt sich dann heraus, dass die vom Team geschätzten Kosten weit unter den effektiv anfallenden Kosten liegen.

Selbstverständlich ist das Wertziel keine exakt errechenbare Größe, sondern lediglich ein Orientierungswert. Gleichwohl sollten die ermittelten Wertziele einigermaßen realistisch sein. Falls Wertziel und Istkosten weit auseinander klaffen, so kann das bedeuten, dass hier große Möglichkeiten der Kosteneinsparung bestehen. Mit dieser Kostenkritik wird unter anderem auch angestrebt, die Teammitglieder zu Leistungen auf dem Gebiet der Kreativität zu motivieren.

Im übrigen zeigen diese Ausführungen über Funktions- und Kostenkritik, dass die Bestimmung des Sollzustandes zweckmäßigerweise in Teamarbeit erfolgt.

5.3.2.4   Ermittlung von Alternativen

In diesem Grundschritt, der schöpferischen Phase, sollen aufbauend auf den bisher gesammelten Erkenntnissen neue Lösungen im Team entwickelt werden. Als Hilfsmittel kommen dabei bestimmte Methoden der kreativen Ideenfindung zur Anwendung, auch wenn deren Effizienz umstritten ist. Bewährt haben sich in der Wertanalyse vor allem Brainstorming, Brainwriting, die morphologische Methode und die Synektik. Die wesentlichen Merkmale dieser verschiedenen Techniken sowie ihre Vor- und Nachteile beim Einsatz in der Wertanalyse sollen im folgenden kurz beschrieben werden.

5.3.2.4.1 Die Anwendung von Kreativitätstechniken

Das vom amerikanischen Werbeberater A.F. Osborn entwickelte Brainstorming ist wohl die bekannteste Kreativ-Technik. An einer Brainstorming-Sitzung, die nicht länger als eine Stunde dauern sollte, können 5 bis 15 Personen teilnehmen. Sie sollen möglichst spontan ihre Gedanken und Vorschläge zu einem anstehenden Problem äußern und dabei die folgenden vier Grundregeln für ein erfolgreiches Brainstorming beachten:

1. *Eine Kritik an geäußerten Ideen ist während der Sitzung streng untersagt:* Eine (eventuell negative) Bewertung der Vorschläge wird also auf einen späteren Zeitpunkt verschoben.

2. *Es kommt auf die freie Entfaltung der Phantasie an:* Gerade zunächst unsinnig erscheinende Ideen führen vielfach am Schluss zu brauchbaren Lösungen.

3. Die Quantität der Ideen hat Vorrang vor der Qualität: Je größer die Anzahl der Lösungsvorschläge ist, desto eher besteht die Möglichkeit, dass sich unter ihnen realisierbare Ideen befinden.

4. Die Ideen eines Teammitgliedes sollen von den anderen aufgegriffen und weiterentwickelt werden: Indem die Vorschläge anderer Teammitglieder ergänzt, modifiziert, kombiniert, umgewandelt oder verfeinert werden, kann sich die Anzahl der hervorgebrachten Ideen beträchtlich erhöhen.

Durch die Einhaltung dieser Grundregeln soll die Gruppenkreativität angeregt werden. Damit die einzelnen Mitglieder der Gruppe frei von Furcht vor Kritik ihre Ideen äußern können, sollte das Team nach Möglichkeit aus Mitarbeitern bestehen, die in etwa der gleichen hierarchischen Stufe im Unternehmen angehören.

Brainstorming ist die in der Wertanalyse am häufigsten angewendete Methode der Ideenfindung. Das liegt unter anderem an der Unkompliziertheit dieser Technik. Die Teilnehmer müssen nur kurz mit den Regeln des Brainstorming vertraut gemacht werden; eine eingehende Schulung ist bei dieser Methode nicht erforderlich. Wegen des großen Spielraums bei der Anzahl der Teilnehmer ist Brainstorming auf eine Vielzahl von Problemen und sowohl in kleinen als auch in großen Unternehmen anwendbar. Diese Kreativ-Technik eignet sich allerdings nur für verhältnismäßig einfache wertanalytische Probleme.

Brainwriting ist ein schriftlicher „Ideenwirbel" und wird häufig in der Form der „635-Technik" angewandt. Die Zahlenkombination 635 soll diese von B. Rohrbach entwickelte spezielle Art des Brainwriting charakterisieren und bedeutet, dass die Gruppe aus sechs Mitgliedern besteht, von denen jedes zunächst drei Vorschläge auf ein Blatt niederschreiben soll. Diese Blätter werden dann an den Nachbarn weitergereicht, und ausgehend von den Lösungsvorschlägen des Vorgängers bringt wiederum jeder Teilnehmer drei neue Ideen zu Papier. Dieser Vorgang wiederholt sich fünfmal, bis also jeder Teilnehmer, angeregt durch die von anderen aufgeschriebenen Ideen, auf jedes der sechs Blätter drei Vorschläge niedergeschrieben hat. Auf diese Weise könnte am Schluss der Sitzung jedes einzelne Blatt maximal 18 Lösungsvorschläge enthalten.

Im Vergleich zum Brainstorming besteht beim Brainwriting der Vorteil, dass die Teammitglieder Lösungen in Ruhe durchdenken und weiterentwickeln können und dass emotionale Hemmnisse in starkem Maße wegfallen. Negativ kann sich allerdings auf die Kreativität auswirken, dass die Spontaneität der Brainstorming-Sitzung verloren geht.

Die *morphologische Methode* von F. Zwicky besteht im wesentlichen darin, dass ein zu lösendes Problem in seine einzelnen Elemente zerlegt wird und dass dann für jedes Problemelement alle bekannten und denkbaren Lösungsmöglichkeiten zusammengestellt werden. Auf diese Weise entsteht der sogenannte „morphologische Kasten", der in folgender Übersicht am Beispiel des Problems „Flurfördermittel" verdeutlicht wird (vgl. Tabelle 5-4).

Tabelle 5-4: Morphologischer Kasten für das Problem „Flurfördermittel"

Problemelement	Bekannte Lösung und Lösungsideen			
Antrieb	Elektromotor	Dieselmotor	Benzinmotor	Federmotor
Getriebemotor	Zahnradantrieb	Kettenantrieb	Zykloidenantrieb	Riemenantrieb
Energiequelle	Starkstromnetz	Batterie	Dampf	Benzin
Fortbewegungsmittel	Schiene	Straße	Luft	Wasser
usw.	…	…	…	…

Quelle: *Verein Deutscher Maschinenbau-Anstalten (Hrsg.), Wertanalyse im Maschinenbau, Grundlagen und praktische Beispiele, BwB 17, 2. Auflage, Frankfurt (Main) 1970, S. 13*

Nach Aufstellung eines derartigen morphologischen Kastens lassen sich einzelne Lösungsmöglichkeiten durch Lauflinien zu Alternativen für das Grundproblem zusammenfassen. Da in unserem Beispiel für vier Problemelemente jeweils vier Lösungsmöglichkeiten aufgeführt sind, ergeben sich theoretisch $4^4 = 256$ Kombinationsmöglichkeiten.

Die kreative Leistung bei diesem Verfahren besteht vor allem in der Suche nach Lösungsformen für die einzelnen Problemelemente und in der Suche nach der optimalen Kombinationsmöglichkeit. Als Vorteil der morphologischen Methode muss die ihr innewohnende Systematik angesehen werden. Negativ wirkt sich bei diesem logisch-kombinatorischen Verfahren aus, dass sich die Alternativen für das Grundproblem zu eng an die Problemelemente eines bestehenden Funktionsträgers anlehnen und dass sich nur eine geringe Abstraktion von einem gegebenen Objekt erreichen lässt. Es besteht also die Gefahr, dass originelle Alternativen mit dieser Methode nicht erkannt werden können; sie sollte deshalb in der Wertanalyse nur ergänzend zu anderen kreativen Methoden hinzugezogen werden.

Als kreativste Ideenfindungstechnik gilt die Synektik von J.J. Gordon. Ein wesentliches Merkmal der Synektik ist die Verwendung von Analogien aus anderen Lebens- und Erfahrungsbereichen und damit die bewusste Entfernung vom eigentlichen Problem. Die Analogien für ein bestimmtes technisches Problem können zum Beispiel aus dem Bereich der Natur kommen. Neue Lösungsmöglichkeiten werden dadurch erkannt, dass man versucht, das ursprüngliche Problem und die gewählte Analogie gedanklich zu verbinden und einander anzupassen.

Die Synektik ist die erfolgreichste Technik der Ideenfindung. Wenn sie heute in der wertanalytischen Arbeit industrieller Unternehmen verhältnismäßig selten angewendet wird, so liegt das daran, dass diese Methode eine intensive Schulung der Teammitglieder voraussetzt. Sie ist deshalb weder für einfache Problemstellungen noch für kleinere Betriebe zu empfehlen.

5.3.2.4.2 Fragelisten zur Entwicklung von Alternativen

Ein in der Wertanalyse häufig verwendetes Hilfsmittel bei der Ermittlung von Alternativen sind Fragelisten. Sie sollen die Gedankengänge der Teammitglieder auf wichtige wertanalytische Problemkomplexe lenken und die Kreativität vor allem derjenigen Teilnehmer anregen, die nur oberflächlich in die Methoden der Ideenfindung und in die Wertanalyse eingeführt worden sind. Zur Verdeutlichung derartiger Fragelisten diene die folgende Zusammenstellung, in der einige wichtige wertanalytische Probleme angesprochen sind.

Frageliste zur Entwicklung von Alternativen:

- Ist die Funktion für die Mehrzahl der Abnehmer überhaupt erforderlich?
- Können irgendwelche Funktionen von einem anderen Teil mit übernommen werden?
- Wie lassen sich funktionelle Schwachstellen beseitigen?
- Sind funktionsbedingte Eigenschaften überdimensioniert?
- Welche Toleranzen können ohne Beeinträchtigung der Funktionserfüllung erweitert werden?
- Welches preisgünstigere Material könnte eingesetzt werden?
- Mit welchen Materialien würde der Herstellungsprozess vereinfacht?
- Können bestimmte Teile durch Normteile ersetzt oder aus ihnen hergestellt werden?

- Kann der Materialverbrauch durch kleinere Abmessungen des Fertigteiles oder durch Reduzierung des Abfalls verringert werden?

- Lassen sich Material- oder Bearbeitungskosten durch Änderungen der konstruktiven Gestaltung einsparen?

- Kann das Teil mit Hilfe eines anderen Fertigungsverfahrens oder anderer Produktionsmittel hergestellt werden?

- Können bestimmte Arbeitsgänge entfallen oder verkürzt werden?

- Ist die Eigenfertigung vorteilhafter als der Fremdbezug?

- Ist die vorgeschriebene Oberflächenbehandlung notwendig?

- Ist eine andere Oberflächenbeschaffenheit zulässig?

- Kann der Abfall durch Änderung der Konstruktion, durch Änderung im Fertigungsverfahren oder durch Annäherung des Rohteils an die Fertigungsmaße verringert werden?

- Gibt es für den Abfall andere Verwendungsmöglichkeiten?

- Lässt sich ein Teil aus dem Abfall eines anderen Teiles herstellen?

- Ist es günstiger, wenn ein Teil aus mehreren Einzelteilen zusammengesetzt wird?

- Können durch Änderung der Verpackung oder der Transportart Kosten gespart werden?

Eine derartige Frageliste lässt sich nach Belieben erweitern, sie kann je nach Verwendungszweck Fragen allgemeiner Art oder auf ein spezielles Objekt ausgerichtete Fragen enthalten und sich inhaltlich auf die unterschiedlichsten Probleme erstrecken.

5.3.2.4.3 *Vorprüfung der gefundenen Alternativen*

Während in der Phase der Lösungssuche die von den Teammitgliedern vorgeschlagenen Alternativen zweckmäßigerweise ohne jede kritische Wertung festgehalten werden sollten, muss nach Abschluss dieser Suchphase zunächst eine grobe Vorprüfung erfolgen, in der diejenigen Lösungsvorschläge ausgeschieden werden, die im Hinblick auf den gegenwärtigen Stand der technischen Entwicklung und nach den vorliegenden Informationen offensichtlich wenig erfolgversprechend sind. Bei dieser groben Aussonderung ist für jede vorgeschlagene Alternative durch das Team zu prüfen, ob sie konstruktiv, fertigungstechnisch und vom Beschaffungsmarkt her realisierbar ist und ob sie wirtschaftlich und von der Vertriebsseite her annehmbar ist. Selbstverständlich sollte ein Vorschlag, der aus bestimmten Gründen Probleme aufwirft, nicht sofort als undurchführbar ausgeschieden werden, sondern man sollte erst den Versuch machen, durch Abänderung des problematischen Vorschlages zu einer akzeptablen Lösung zu kommen. In der Praxis wird in der Regel die Selektion soweit durchgeführt, dass höchstens drei oder vier Alternativen übrig bleiben, die dann der folgenden aufwendigeren Prüfung unterzogen werden.

5.3.2.5 Prüfung der Alternativen

Die Lösungsvorschläge, die dem Wertanalyse-Team realisierbar erscheinen, müssen eingehend auf ihre technische Durchführbarkeit hin überprüft und einem Wirtschaftlichkeitsvergleich unterzogen werden.

Zweck der technischen Prüfung ist es festzustellen, in welchem Umfang die vorgeschlagene Alternative die verlangten Gebrauchs- und Geltungsfunktionen erfüllt. Man muss sich vergewissern, dass der Lösungsvorschlag hinsichtlich Qualität, Lebensdauer, Wirkungsgrad, Servicefreundlichkeit usw. den Anforderungen des Teams entspricht. Diese Untersuchungen sind in manchen Fällen mit sehr aufwendigen Arbeiten (wie zum Beispiel Labortests, Dauerversuchen, Anfertigung eines Prototyps, Transportversuchen, Versandversuchen, Belastbarkeitstests) verbunden.

Wenn die technische Lösung feststeht, muss im Rahmen einer wirtschaftlichen Prüfung ermittelt werden, mit welchem Rationalisierungserfolg im Vergleich zum Ist-Zustand voraussichtlich zu rechnen ist, falls die betreffende Alternative realisiert wird. Es dürfen bei derartigen Wirtschaftlichkeitsüberlegungen nur diejenigen Kosten bzw. Erträge in die Rechnung einbezogen werden, die sich als Folge des Übergangs vom Ist-Zustand zu der betreffenden Alternative ändern. Es muss deutlich gemacht werden, mit welcher Veränderung des Unternehmensgewinns die Realisierung einer Alternative verbunden ist.

Die mit diesen detaillierten technischen und wirtschaftlichen Überprüfungen verbundenen Arbeiten werden von den jeweils zuständigen Betriebsbereichen (Entwicklung, Fertigungsvorbereitung, Einkauf, Vorkalkulation) durchgeführt.

5.3.2.6 Auswahl und Realisierung der optimalen Alternative

Aus den überprüften Alternativen ist die optimale auszuwählen. Als günstigste Lösung ist in der Regel diejenige anzusehen, die bei ausreichender Erfüllung der Sollfunktion die geringsten Kosten verursacht bzw. den größten Gewinnbeitrag für das Unternehmen leistet. Bei der Auswahl sind allerdings auch die Höhe der Investitionen, die mit der Realisierung einer Alternative verbunden sind, und gegebenenfalls Risiken technischer Art zu berücksichtigen. Die ausgewählte Lösung wird dann den verantwortlichen Stellen in einer Unternehmung zur Einführung vorgeschlagen. Der Bericht über die durch den wertanalytischen Vorschlag erzielbaren Einsparungen bzw. Gewinnsteigerungen ist vom Wertanalyse-Koordinator zu erstellen.

Wenn über die Durchführung einer vorgeschlagenen Lösung von den jeweils Verantwortlichen entschieden worden ist, sind die notwendigen betrieblichen Maßnahmen zur Realisierung des Projektes in die Wege zu leiten. Es muss ein Aktionsplan aufgestellt werden, der die für die Verwirklichung zuständigen Personen festlegt und der einen Zeitplan für die Realisierung sowie einen Kostenplan für die durch den genehmigten Wertanalysevorschlag verursachten Investitionen bzw. Änderungskosten enthält. Falls während der Realisierungsphase unvorhersehbare Schwierigkeiten in bestimmten Bereichen auftreten, kann es erforderlich sein, dass das Wertanalyse-Team erneut zusammengerufen wird und über die Überwindung der Probleme beraten muss.

Nach der Verwirklichung des wertanalytischen Verbesserungsvorschlages ist zu überprüfen, ob die mit der vorgeschlagenen Lösung angestrebten Ziele auch wirklich erreicht worden sind. Als Grundlage dieser Überprüfungen dient ein Vergleich der Soll-Werte (laut Wertanalysevorschlag) mit den neuen Ist-Werten (nach der Realisierung). Diese Kontrolle der Durchführung und des Ergebnisses eines Verbesserungsvorschlages bezeichnet man in der Wertanalyse auch als value control. Durch value control soll unter anderem überprüft werden, ob das Wertanalyse-Team bei seinem Vorschlag nicht mit Phantom-Ersparnissen bzw. -Gewinnsteigerungen oder mit falschen Vorstellungen hinsichtlich möglicher Funktionsverbesserungen gearbeitet hat.

5.4 Wechselbeziehungen zwischen Wertanalyse und Beschaffung

5.4.1 Die Bedeutung der Beschaffung für die Wertanalyse

Die Wertanalyse betrifft zwar nicht nur den Beschaffungsbereich, sondern berührt fast alle Grundfunktionen einer Unternehmung. Es lässt sich jedoch feststellen, dass zwischen Wertanalyse und Einkauf besonders enge Wechselbeziehungen bestehen und dass bei wertanalytischen Untersuchungen gerade der Beschaffung relativ wichtige Aufgaben zufallen. Das hängt zum einen damit zusammen, dass der Anteil der Materialkosten an den Selbstkosten bei vielen Erzeugnissen sehr hoch ist, dass der Einkauf für einen wesentlichen Teil sowohl der Kosten als auch der Erträge einer Unternehmung Mitverantwortung trägt und dass die Möglichkeiten des Einkäufers, auf betriebliche Kosten und Erträge Einfluss zu nehmen, durch die Wertanalyse beträchtlich erweitert werden. Zum anderen ist die Mitarbeit des Einkäufers in der Wertanalyse deshalb von großer Bedeutung, weil die in der Beschaffung Tätigen im allgemeinen ein sehr starkes Kostenbewusstsein entwickelt haben. In der täglichen Einkaufspraxis müssen ja ständig Materialien, welche mit ähnlichen Eigenschaften und Funktionen ausgestattet sind, kritisch miteinander verglichen werden, und es muss immer wieder darauf geachtet werden, dass der Preis des gekauften Gegenstandes in bezug auf den beabsichtigten Verwendungszweck angemessen ist und dass nicht Produkte mit unnötigen Funktionen oder in nicht erforderlicher Qualität beschafft werden. Schließlich kommt hinzu, dass die Beschaffung auch wegen ihrer vielfältigen Beziehungen zu den Lieferanten und wegen ihrer Kenntnis der am Beschaffungsmarkt angebotenen Alternativen für die Wertanalyse-Arbeit von großem Nutzen ist. Es ist deshalb nicht verwunderlich, dass die Wertanalyse aus der Beschaffung hervorgegangen ist.

5.4.2 Die Aufgaben der Beschaffung auf dem Gebiet der Wertanalyse

5.4.2.1 Bemühungen um Einführung der Wertanalyse

Welche Aufgaben die Beschaffung auf dem Gebiet der Wertanalyse wahrzunehmen hat, ist unter anderem davon abhängig, ob in einer Firma Wertanalyse in Form von Teamarbeit bereits praktiziert wird oder nicht, ob eine eigene Stelle für Wertanalyse im Unternehmen vorhanden und welcher Instanz sie zugeordnet ist. So sollte sich die Beschaffung in denjenigen Unternehmen, die noch keine Wertanalyse betreiben und deren Mitarbeiter mit dem wertanalytischen Gedankengut noch nicht vertraut sind, um die Einführung der Wertanalyse bemühen. Das kann dadurch geschehen, dass man in Gesprächen den Mitarbeitern anderer Unternehmensbereiche oder der Geschäftsleitung das Konzept der Wertanalyse erläutert und ihnen anhand von Beispielen die Vorteile der Wertanalyse aufzeigt. Vielleicht kann die Beschaffung an einem konkreten wertanalytischen Problem aus dem eigenen Erfahrungsbereich verdeutlichen, welche Kostenbeträge durch Wertanalyse eingespart werden könnten, und auf diese Weise die anderen Unternehmensbereiche für die Mitarbeit bei bestimmten wertanalytischen Studien gewinnen. Dass die Bemühungen der Beschaffung, in einem Unternehmen Wertanalyse einzuführen oder andere Unternehmensbereiche zur Mitarbeit bei wertanalytischen Problemen anzuregen, nicht immer auch den gewünschten Erfolg haben, mag unter anderem damit zusammenhängen, dass ja die Wertanalyse traditionelle Lösungen in Frage stellen und Ressortschranken abbauen möchte, was nicht in jedem Fall von allen Betroffenen gern gesehen wird.

5.4.2.2 Die Mitarbeit in organisierten Wertanalyse-Teams

Wenn in einer Unternehmung Wertanalyse bereits praktiziert wird und Wertanalyseteams mit Stabs- oder Ausschusscharakter existieren, muss die Beschaffung Wert darauf legen, dass der Einkauf in den jeweils bestehenden Teams auch vertreten ist und aktiv mitarbeiten kann. Im einzelnen wird sich die Mitarbeit des Einkäufers in den unterschiedlichen Phasen der Wertanalyse schwerpunktmäßig auf die folgenden Gebiete erstrecken:

■ Die Beschaffung wird zunächst einmal wertvolle Anregungen bei der Auswahl der Untersuchungsobjekte für die Wertanalyse geben können. Denn die im Einkauf Tätigen haben infolge jahrelanger Beschäftigung mit den unterschiedlichsten Erzeugnissen, deren Preisen und Einsatzgebieten ein gewisses Gespür dafür entwickelt, ob die Kosten für eine bestimmte Funktionserfüllung im Vergleich zu den Kosten von Produkten mit ähnlichen Funktionen zu hoch liegen oder angemessen sind. Auch wird der Einkauf in einer Unternehmung noch am ehesten bemerken, dass der Preis eines bestimmten Materials in den vergangenen Jahren verhältnismäßig stark gestiegen ist, so dass die Frage nach dem Einsatz eines nicht so stark inflationierten Materials gestellt werden muss. Oder der Einkäufer stößt bei seiner marktforscherischen Tätigkeit auf Neuentwicklungen auf dem Beschaffungsmarkt, die für den eigenen Betriebsbedarf von Interesse sein könnten.

■ Zur Ermittlung des Ist-Zustandes wird die Beschaffung vor allem Informationen über die Preise und die Beschaffungssituation der im Untersuchungsobjekt enthaltenen fremdbezogenen Teile und Baugruppen beizusteuern haben. Auch Daten über die Lieferanten und über die zu beobachtenden technischen Neuerungen bei den verwendeten Fertigungsstoffen sind von Interesse.

■ In der Phase „Kritik des Ist-Zustandes" wird der Einkäufer insbesondere bei der Ermittlung des Wertzieles behilflich sein können; denn er ist über die Kosten der Produkte mit ähnlicher Funktion in der Regel gut informiert.

■ In der kreativen Phase wird man vom Einkäufer vor allen Dingen Vorschläge zur Materialsubstitution, zur Verwendung genormter Teile, zur Standardisierung sowie zum Problem Eigenfertigung/Fremdbezug erwarten können.

■ Bei der Überprüfung der in die engere Wahl gezogenen Lösungen obliegt der Beschaffung die Feststellung, zu welchem Preis ein Lieferant das vom Wertanalyseteam entworfene Teil herstellen kann und ob die vom Team vorgeschlagenen Alternativen auch vom Beschaffungsmarkt her in mengenmäßiger und qualitätsmäßiger Hinsicht realisierbar sind. Wertanalytische Vorschläge, die ohne Rücksicht auf die fertigungstechnischen Belange des Zulieferers und ohne Mitwirkung des Lieferanten zustande kommen, können negative Auswirkungen auf die betrieblichen Kosten bzw. Erträge haben.

■ Bei der Verwirklichung der ausgewählten Alternative schließlich hat die Materialwirtschaft durch Kontakte zu den Lieferanten dafür Sorge zu tragen, dass die erforderliche Umstellung im Beschaffungsprogramm erfolgt und die Beschaffungsdispositionen der Realisierung des Projektes angepasst werden.

5.4.2.3   Die wertanalytische Arbeit in der Linienstelle

Neben und unabhängig von der Mitarbeit in organisierten Wertanalyseteams gehört die permanente wertanalytische Arbeit in der Linienstelle zu den Aufgaben der Materialwirtschaft. Dass Wertanalyse mit besonderer Effizienz in Teamsitzungen durchgeführt wird, bedeutet ja nicht, dass nicht ebenfalls außerhalb eines Teams wertanalytische Überlegungen möglich sind. Für die Beschaffung ist die Wertanalyse zu einem großen Teil eine Denkweise, die auch der einzelne Einkäufer bei seiner täglichen Arbeit einsetzen kann und die sich dabei auf eine Vielzahl von materialwirtschaftlichen Problemen anwenden lässt.

Bei diesen vom einzelnen Einkäufer durchgeführten wertanalytischen Überlegungen wird man zweckmäßigerweise ebenfalls das in der Teamarbeit übliche Phasenschema in grober Form beibehalten. Denn ein Einkäufer, der untersuchen möchte, ob ein bestimmtes, ziemlich aufwendiges Material für einen bestimmten Verwendungszweck auch unbedingt erforderlich ist, wird zunächst sicherlich eine Reihe von Informationen über das Untersuchungsobjekt, seine Funktionen und Kosten sammeln müssen und die Stärken und Schwächen dieses Artikels genauer zu untersuchen haben, um kritisch zum Ist-Zustand Stellung nehmen zu können. Erst auf der Grundlage dieser Erkenntnisse wird der Einkäufer in der Lage sein, mögliche Alternativen zu entwickeln. Die gefundenen Alternativen müssen sodann auf ihre Durchführbarkeit hin überprüft werden, bevor ein konkreter Verbesserungsvorschlag der Abteilung unterbreitet wird, die den Artikel verwendet.

Im Vergleich zur Teamarbeit ist der im Alleingang vom Einkauf erarbeitete Wertanalysevorschlag mit dem Nachteil behaftet, dass er erst noch den davon berührten Stellen in einer Unternehmung verkauft werden muss und dass deren Zustimmung einzuholen ist. Aber zahlreiche Probleme wertanalytischer Art, mit denen sich der Einkäufer in seiner täglichen Arbeit auseinandersetzen muss, erreichen nicht eine derartige Dimension, dass sich unbedingt damit eine ganze Projektgruppe zu befassen hätte. Selbstverständlich wird man auch bei der im Einkauf durchgeführten Wertanalyse in der Regel nicht ohne die Unterstützung durch andere Abteilungen der Unternehmung und ohne die Einschaltung des Lieferanten auskommen können. Da zudem nicht jeder Einkäufer auch ein guter Wertanalytiker sein muss oder die erforderliche Zeit für wertanalytische Studien aufbringen kann, haben einige Einkaufsabteilungen größerer Unternehmen den Einkäufern einen Wertanalyse-Spezialisten zur Seite gestellt, dessen Aufgabe darin besteht, die Einkäufer bei wertanalytischen Projekten zu beraten und zu unterstützen.

5.4.2.4 Anlässe für wertanalytische Untersuchungen

Die Beschaffung wird vorwiegend durch bestimmte Marktsituationen und -entwicklungen veranlasst, wertanalytische Untersuchungen anzuregen und/oder durchzuführen. Beispielsweise wird (sollte) der Einkauf die folgenden Marktverhältnisse bzw. -veränderungen zum Anlass nehmen, die anderen Unternehmensbereiche auf die Notwendigkeit der Durchführung wertanalytischer Untersuchungen hinzuweisen und/oder selbst wertanalytische Überlegungen anzustellen:

- Bei einem bestimmten Rohstoff ist mit einer Erschöpfung der Lagerstätten in absehbarer Zeit zu rechnen.

- Bei einem bestimmten Material sind in Zukunft starke und länger andauernde Preissteigerungen zu erwarten.

- Ein bestimmter Artikel muss aus Spannungsgebieten bezogen werden.

- Auf einem bestimmten Markt ist man in die Abhängigkeit eines Kartells geraten, oder es ist für die Zukunft eine Kartellbildung auf diesem Markt zu erwarten.

- Es kann damit gerechnet werden, dass die Preise potentieller Substitutionsgüter in Zukunft sinken werden.

- Es haben sich in quantitativer, qualitativer und terminlicher Hinsicht unüberbrückbare Schwierigkeiten mit den (dem) Lieferanten ergeben.

- Infolge des technischen Fortschritts oder von Forschungsergebnissen drängen neue Technologien und potentielle Substitutionsgüter auf den Beschaffungsmarkt.

- Gesetzgeberische Maßnahmen (zum Beispiel auf dem Gebiete des Umweltschutzes, der Produkthaftpflicht oder des Konsumentenschutzes) machen eine Änderung des Beschaffungsprogramms erforderlich.

5.4.3 Voraussetzungen für eine erfolgreiche einkäuferische Arbeit auf dem Gebiet der Wertanalyse

Eine wesentliche Voraussetzung für eine erfolgreiche Arbeit des Einkäufers auf dem Gebiet der Wertanalyse sind umfassende Marktkenntnisse. Der Einkäufer muss als Kontaktstelle der Unternehmung zum Beschaffungsmarkt über die Preise unterschiedlicher Materialien, über die Preisentwicklung auf bestimmten Märkten, über Erzeugnisse mit speziellen Eigenschaften sowie über neuartige Produktionsverfahren und Neuentwicklungen informiert sein, wenn er wirkungsvoll an wertanalytischen Problemen in der Unternehmung mitarbeiten will. Die Vermittlung derartiger Informationen über den Beschaffungsmarkt ist geradezu die Grundaufgabe des Einkäufers in den unterschiedlichen Phasen wertanalytischer Teamarbeit. Vielfach entstehen ja erst aus diesen Marktkenntnissen heraus Anregungen zur Kostensenkung, zur Veränderung und Verbesserung bestimmter Endprodukte oder der Verpackung sowie zur Produktivitätssteigerung in der Fertigung. Aus diesem Grunde ist die Wertanalyse in sehr starkem Maße auf die Ergebnisse der Beschaffungsmarktforschung angewiesen, und daraus leitet sich zum großen Teil die dominierende Stellung der Beschaffung in der Wertanalyse ab.

Der Einkäufer wird um so größere Erfolge bei der Lösung wertanalytischer Probleme verzeichnen können, je besser es ihm gelingt, durch intensive Zusammenarbeit mit den Lieferanten deren technisches Wissen zu nutzen und die Lieferanten an der Suche nach günstigeren Alternativen zu beteiligen. Um möglichst weitgehend die Anbieter in die wertanalytischen Bemühungen der eigenen Unternehmung einschalten zu können, benötigt der Einkäufer allerdings eine genaue Kenntnis der Lieferantenszene. Denn er muss wissen, bei welchen Lieferanten er voraussichtlich geeignete Informationen, Anregungen oder Vorschläge zu bestimmten Problemen wertanalytischer Art erhalten kann, und er sollte schon bei der Auswahl von Lieferanten für den Betriebsbedarf berücksichtigen, ob ein Anbieter zur Mitarbeit bei wertanalytischen Untersuchungen bereit und fähig ist.

Neben Kenntnissen über Beschaffungsmärkte und Lieferanten verlangt die Wertanalyse vom Einkäufer auch die Fähigkeit und Bereitschaft zur Gemeinschaftsarbeit. Da die Wertanalyse eine Synthese aus kaufmännischen und technischen Überlegungen darstellt, muss der Einkäufer sich vor allem um eine behutsame und vorurteilsfreie Zusammenarbeit mit der Technik bemühen, er sollte versuchen, die Denkweise und Sprache des Technikers zu verstehen.

5.4.4 Auswirkungen der Wertanalyse auf die Beschaffung

Wertanalytische Arbeiten und Überlegungen führen im Einkauf zu einem Umdenken und zu einer veränderten Einstellung zu materialwirtschaftlichen Problemen, sie haben eine Reihe von tiefgreifenden Auswirkungen auf die Marktaktivitäten des Einkäufers, auf seine Beziehungen zu den anderen Ressorts in der eigenen Unternehmung und auf seine Qualifikation als Materialwirtschaftler.

Wertanalyse verlangt ja vom Einkäufer ein Denken in Funktionen statt in Objekten. Überträgt nun der Einkäufer dieses Funktionsdenken auf seine Marktaktivitäten, so bedeutet das, dass er nicht mehr Produkte, sondern Träger von Funktionen oder Problemlösungen beschafft. Dem wertanalytisch tätigen Einkäufer genügt es einfach nicht mehr, wenn er ein bestimmtes von der bedarfsanfordernden Stelle vorgeschriebenes Teil in der verlangten Abmessung und Qualität zu einem möglichst günstigen Preis beschafft; er möchte auch überprüft wissen, ob nur dieses Teil für den vorgesehenen Zweck geeignet ist oder ob für die Funktionserfüllung nicht auch andere Produkte in Betracht kommen, die unter Umständen noch besser dem Betriebszweck angepasst oder kostengünstiger sind. Damit die verschiedenen Alternativen, die der Markt bietet, auch möglichst umfassend von der Beschaffung berücksichtigt werden können, ist es erforderlich, dass die Techniker bereit sind, dem Einkauf eine genaue Funktionsbeschreibung zu geben und dass der Einkauf diese Funktionsbeschreibung mit der Bitte um Angebote an potentielle Lieferanten weiterleitet. Auf diese Weise ergibt sich für die Beschaffung ein größerer Spielraum bei der Auswahl alternativer Produkte, und gleichzeitig wird die gesamte Einkaufstätigkeit in stärkerem Maße auf den Unternehmenszweck ausgerichtet. Durch den Einsatz der Wertanalyse erweitern sich die Möglichkeiten des Einkäufers, die Markt- und Machtposition seines Unternehmens auf dem Beschaffungsmarkt zu verbessern und auf die Kosten- und Ertragsseite seiner Unternehmung Einfluss zu nehmen. Im Hinblick auf die Beziehungen der Beschaffung zu anderen Unternehmensbereichen stellt die Wertanalyse ein wichtiges Instrument dar, mit dem der Einkauf auf andere Funktionsbereiche der Unternehmung einwirken kann, dass diese das Wissen des Einkäufers in ihren Entscheidungen mit berücksichtigen. Insbesondere kann durch den Einsatz der Wertanalyse erreicht werden, dass die Beschaffung bei der Festlegung des qualitativen Betriebsbedarfs mitwirkt und auf diesem Gebiet nicht nur Abwickler von Bedarfsanforderungen ist. Wertanalytische Untersuchungen und Überlegungen führen also dazu, dass der Einkäufer mit seinem Wissen besser in das betriebliche Geschehen eingegliedert wird und auf diese Weise Kostenbewusstsein auch in andere Ressorts einer Unternehmung getragen wird.

Schließlich darf nicht übersehen werden, dass der Einkäufer durch die Mitarbeit in der Wertanalyse seine persönliche Qualifikation als Materialwirtschaftler wesentlich verbessern kann. Das hängt unter anderem damit zusammen, dass Wertanalyse die für die Beschaffungstätigkeit sehr wesentliche Objektorientierung unterstützt, dem Einkäufer technisches Wissen vermittelt und dass im Zuge der Arbeiten an wertanalytischen Problemen der Einkäufer seine kreativen Fähigkeiten entwickeln kann.

5.5   Wertanalyse mit Lieferanten

5.5.1   Zweck der Zusammenarbeit

Wertanalytische Untersuchungen sind in erster Linie eine unternehmensinterne Angelegenheit. Angesichts der raschen Entwicklungen auf technischem Gebiet, der anhaltenden Tendenz zur Spezialisierung und des wachsenden und sich differenzierenden Beschaffungsvolumens ist heute jedoch ein einzelnes Unternehmen kaum noch in der Lage, allein die vielfältigen Möglichkeiten der Kostensenkung und Produktverbesserung im Rahmen der Wertanalyse zu erkennen und zu beurteilen. Immer mehr Firmen gehen deshalb dazu über, den Lieferanten bei der Suche nach günstigeren Alternativen einzuschalten; sie fordern ihn auf, allein oder in Kooperation mit dem Abnehmer seine Produkte einer Wertanalyse zu unterziehen und bei wertanalytischen Problemen des Abnehmers mitzuwirken.

Die Lieferanten verfügen über technisches Spezialwissen, das in der eigenen Unternehmung nicht immer vorhanden ist, sie kennen die Faktoren, welche die Kosten und die Qualität ihrer Erzeugnisse bestimmen und besitzen vor allen Dingen genauere

Kenntnisse der möglichen Einsatzgebiete ihrer Produkte. Aus diesen Gründen wird auf dem Gebiete der Wertanalyse die Intensivierung des Gedankenaustausches zwischen Lieferant und Abnehmer immer wichtiger und kann die Anzahl wertanalytischer Vorschläge und Anregungen aus dem Kreis der Lieferanten bei entsprechender Motivierung durch den Abnehmer beachtlich sein. So wird in der Literatur erwähnt, dass ein japanischer Automobilhersteller in einem Jahr allein 4000 Vorschläge wertanalytischer Art von seinen Lieferanten erhalten hat, von denen 70 Prozent verwirklicht werden konnten. Und laut einer Umfrage der amerikanischen Zeitschrift „Purchasing" waren in amerikanischen Unternehmen die in der Wertanalyse erzielten Einsparungen zu durchschnittlich 14 Prozent auf Vorschläge der Lieferanten zurückzuführen.

Wertanalyse mit Lieferanten stellt eine auf Partnerschaft ausgerichtete Nutzenoptimierung im Verbund dar und verfolgt andere Ziele als eine Preisstrukturanalyse oder eine Preisverhandlung; das heißt, dass die Gewinnspanne des Lieferanten hier nicht zur Disposition stehen sollte. Vielmehr geht es bei der wertanalytischen Zusammenarbeit mit Lieferanten primär darum,

- das bei spezialisierten Anbietern vorhandene technologische Wissen besser zu nutzen und die beim Abnehmer vorhandenen Vorstellungen hinsichtlich produktspezifischer Problemlösungen mit den fertigungstechnischen Möglichkeiten und dem Know-how des Lieferanten abzustimmen;

- verschiedene Know-how-Träger an einen Tisch zu bringen und auf diese Weise das Innovationspotential beider Unternehmen zu stärken und Synergieeffekte zu schaffen. Immer wieder kommt es in der Praxis vor, dass ein Lieferant Problemlösungen anzubieten hat, an welche man in der eigenen Unternehmung überhaupt nicht gedacht hat.

- das Wissen des Anbieters in die eigene Produktentwicklung einfließen zu lassen. Dadurch soll erreicht werden, dass neue Endprodukte zügiger entwickelt und rascher auf den Markt gebracht werden. Manchmal lassen sich auf diese Weise auch kostspielige eigene Neuentwicklungen vermeiden.

- durch konstruktive Veränderungen am Endprodukt, an der Baugruppe oder am Teil die Herstellkosten beim Lieferanten oder beim Abnehmer (bzw. in der gesamten verknüpften Wertkette aus Lieferanten- und Abnehmeraktivitäten) zu senken.

Innerhalb dieser Bemühungen kommt der Materialwirtschaft verstärkt die Aufgabe eines Vermittlers zwischen der eigenen Technik und den Lieferanten zu; sie fungiert als Know-how-Drehscheibe und versucht, Ideen vom Beschaffungsmarkt ins eigene Unternehmen zu holen. Hierbei muss es sich nicht unbedingt um bahnbrechende Innovationen, um Vorstöße in absolutes Neuland handeln. Häufig können schon kleinere praxisnahe Verbesserungsvorschläge, welche den heutigen Stand der Technik in den eigenen Betrieb holen oder welche sich schnell realisieren lassen, zu beträchtlichen Kostenreduzierungen bzw. Gewinnsteigerungen führen und die Wettbewerbskraft einer Unternehmung stärken.

Manchmal geht die Initiative zur gemeinsamen Wertanalyse in der Praxis sogar vom Lieferanten aus. Denn auch der Anbieter muss im Hinblick auf den Umfang und die Sicherung seiner mit dem Abnehmer zukünftig zu tätigenden Geschäfte daran interessiert sein, dass die von ihm belieferte Unternehmung langfristig wettbewerbsfähige Produkte auf den Markt bringt. Von einer gemeinsamen Wertanalyse kann der Anbieter auch dann profitieren, wenn aufgrund dieser Kooperation Fehlerquellen, Schwachstellen und Unwirtschaftlichkeiten im Lieferantenbetrieb aufgedeckt und beseitigt werden können, so dass sich die Stellung des Lieferanten auf seinem Absatzmarkt verbessert.

5.5.2 Möglichkeiten und Methoden der Zusammenarbeit

In den Einkaufsabteilungen industrieller Unternehmen werden die verschiedensten Methoden angewendet, um die Lieferanten zu wertanalytischen Überlegungen anzuregen und sie für eine Mitarbeit in der Wertanalyse des Abnehmers zu gewinnen.

Eine Reihe von Firmen versieht ihre *Anfrageformulare mit einer Zusatzfrage* aus dem Bereich der Wertanalyse. Ein derartiger Zusatz in der Anfrage kann etwa lauten: „Wir sind Ihnen für alle Vorschläge dankbar, die dazu führen, dass sich die Qualität unseres Erzeugnisses verbessert und seine Kosten gesenkt werden können." Auf diese Weise soll erreicht werden, dass der Lieferant nicht genau nach angegebener Spezifikation anbietet, wenn er günstigere Möglichkeiten zur Erfüllung der verlangten Funktion sieht.

Diese Methode lässt sich dadurch weiterentwickeln, dass man der Anfrage oder einem persönlich gehaltenen Schreiben an den Lieferanten eine *Checkliste mit einer Reihe von konkreten Fragen aus dem Bereich der Wertanalyse* beigibt. In einem derartigen Fragenkatalog für Lieferanten könnten vom Abnehmer etwa die nachstehenden wertanalytischen Probleme angesprochen werden:

- Welche der in unserer Spezifikation gestellten Anforderungen verursachen bei der Produktion des Teiles besondere Schwierigkeiten bzw. Kosten, und welche Änderungen schlagen Sie vor, um diese Schwierigkeiten zu beseitigen bzw. um die Kosten zu senken?

- Können Sie zur Herstellung des angeforderten Teiles ein anderes Material oder ein wirtschaftlicheres Verfahren empfehlen?

- Lassen sich die Fertigungskosten durch geringfügige Zeichnungsänderungen oder durch Änderung der Form des Werkstückes reduzieren?

- Welche Operationen sind nach Ihrer Auffassung zur Funktionserfüllung nicht erforderlich?

▣ Enthält Ihr Produktionsprogramm ein Standarderzeugnis oder ein anderes Produkt, welches anstelle des von uns bezogenen Teiles verwendet werden könnte?

▣ Können Sie eine Änderung der Oberflächenbehandlung vorschlagen, die zu Kostensenkungen führen würde?

▣ Können Sie Vorschläge zur Senkung der Verpackungs- oder Transportkosten machen?

▣ Verlangen wir Qualitätskontrollen, die nach Ihrer Ansicht nicht erforderlich sind?

Diese Fragelisten zur Wertanalyse können beliebig erweitert und verfeinert werden. Wenn sie in ihrem Inhalt auf das mit der Wertanalyse anzustrebende Ziel und auf das jeweils zur Diskussion stehende Produkt abgestellt sind, können sie einen guten Ausgangspunkt für eine engere wertanalytische Zusammenarbeit zwischen Lieferant und Abnehmer bilden. Als Zielgruppe für derartige Fragebogenaktionen kommen hauptsächlich eingeführte Lieferanten in Frage, die eine lange Erfahrung mit der Herstellung des betreffenden Produktes aufweisen.

Fragebogenaktionen sollen und können jedoch nicht das *wertanalytische Gespräch* zwischen Anbieter und Abnehmer ersetzen. In intensiven Diskussionen muss auf der einen Seite der Einkäufer die Zulieferer über die sich in seiner Branche anbahnenden technologischen Trends informieren sowie neue Denkansätze der Technik und wertanalytische Problemstellungen des eigenen Unternehmens an seine Lieferanten herantragen. Auf der anderen Seite sollte der Marktpartner darauf mit Kreativität und Anpassungsfähigkeit reagieren, von sich aus Problemlösungen vorschlagen und mit dem Abnehmer besprechen.

Eine weitere Möglichkeit, das Interesse der Lieferanten für wertanalytische Probleme des Abnehmers zu wecken, bietet der *Einkaufsschaukasten*. In ihm werden fremdbezogene oder auch eigengefertigte Teile einschließlich der entsprechenden Konstruktionszeichnungen ausgestellt. Ein derartiger Einkaufsschaukasten ist im allgemeinen im Warteraum oder im Besprechungszimmer einer Beschaffungsabteilung untergebracht und soll dazu dienen, dass die Vertreter der Lieferanten sich in ihrer Wartezeit über Artikel informieren, die der abnehmenden Unternehmung aus Kosten- und Qualitätsgründen besondere Schwierigkeiten bereiten. Auf Hinweisschildern werden die Lieferanten dazu aufgefordert, Verbesserungsvorschläge zu den ausgestellten Gegenständen zu entwickeln. In einigen Fällen wird der Besucher auch gebeten, Muster oder Zeichnungen von Teilen, die in seiner Unternehmung hergestellt werden könnten, mitzunehmen.

Einen anderen Versuch, Anbieter zu wertanalytischen Überlegungen anzuregen, stellen die *Lieferantentage* dar. Der Abnehmer bittet zu dieser ein- oder zweitägigen Veranstaltung einen Kreis von ausgewählten, wichtigen Lieferanten ins eigene Unternehmen. Hier erläutert man den Anbietern Ziele und Zukunftspläne der Unternehmung, und man erklärt ihnen die vom Abnehmer betriebene Beschaffungspolitik sowie die daraus ableitbaren Auswirkungen auf die Lieferanten. Ein wesentlicher Teil des Programms ist die Betriebsbesichtigung. Die Besucher erhalten anlässlich eines Lieferantentages insbesondere einen Überblick über die vom Abnehmer hergestellten Endprodukte und über die Materialien, Teile und Baugruppen, welche in diese Endprodukte eingehen. Auf diese Weise können sie an Ort und Stelle erfahren, wie und wo ihre eigenen Produkte bei der abnehmenden Unternehmung zum Einsatz gelangen, was ja nicht unbedingt auch aus der Spezifikation oder aus der technischen Zeichnung hervorgehen muss. Es ist aus wertanalytischer Sicht zweckmäßig, wenn die Lieferanten darüber aufgeklärt werden, aus welchem Grunde der Abnehmer diese oder jene Spezifikation gewählt hat, die Einhaltung enger Toleranzen erforderlich ist, bestimmte Anforderungen an ein Teil gestellt werden müssen oder wo die Hauptschwierigkeiten des Abnehmers bei der Herstellung seiner Endprodukte liegen. Der Durchführung derartiger Veranstaltungen liegt der richtige Gedanke zugrunde, dass ein Lieferant vielfach nicht genügend über die Funktion, die sein Produkt im Enderzeugnis des Abnehmers erfüllt, informiert ist und aus diesem Grunde auch wenig zu wertanalytischen Überlegungen beitragen kann. Ein wesentliches Ziel, das mit Hilfe von Lieferantentagen angestrebt wird, besteht darin, den Anbieter in wertanalytische Gespräche zu verwickeln, ihn zur Mitarbeit in der Wertanalyse herauszufordern und von ihm Verbesserungsvorschläge auf den verschiedensten Gebieten zu erhalten.

Da heute eine Reihe von Lieferanten noch nicht genügend mit der Wertanalyse vertraut ist, kommt es in der Praxis vor, dass Unternehmen für ihre Lieferanten *Wertanalyse-Seminare* veranstalten bzw. bestimmte Zulieferer an Wertanalyse-Seminaren teilnehmen lassen, die für die eigenen Mitarbeiter bestimmt sind. Man will auf diese Weise den Lieferanten in das Gedankengut der Wertanalyse einführen, ihm eine Starthilfe für eigene wertanalytische Überlegungen geben und sein Interesse für die Wertanalyse wecken.

Ähnliche Ziele streben Unternehmungen an, die ihren Lieferanten *Schriften zur Wertanalyse* zukommen lassen. Derartige Broschüren können dem Zweck dienen, den Lieferanten

- mit der wertanalytischen Arbeit vertraut zu machen,

- zu wertanalytischen Überlegungen anzuregen,

- über die Notwendigkeit und die möglichen Methoden der wertanalytischen Zusammenarbeit zwischen Anbieter und Abnehmer zu informieren,

- als einen Spezialisten auf seinem Gebiet anzusprechen und ihn aufzufordern, sich mit der Funktion seines Produktes genauer auseinanderzusetzen und dem Abnehmer günstigere Problemlösungen zu liefern,

- darauf hinzuweisen, dass ein wertanalytisch aktiver Lieferant bei zukünftigen Bestellungen des Abnehmers in der Regel eine gewisse Vorzugsstellung gegenüber anderen Wettbewerbern erhält.

Die intensivste Form wertanalytischer Zusammenarbeit zwischen Lieferant und Kunde besteht wohl darin, dass Kaufleute und Techniker aus beiden Unternehmen an *gemeinsamen Wertanalysesitzungen* teilnehmen. Dabei können sowohl die Endprodukte des Abnehmers als auch die Teile, die der Anbieter liefert, zur Diskussion gestellt werden. Dieses Verfahren geht selbstverständlich weit über die sonst übliche Kooperation zwischen Lieferant und Abnehmer hinaus und ist vor allem dann angebracht, wenn das geballte Wissen und die kreativen Fähigkeiten der Spezialisten beider Unternehmen erforderlich sind, um sehr schwierige Probleme wertanalytischer Art zu lösen. Vom Lieferanten kann in einem derartigen Team erwartet werden, dass er Beiträge zu fast allen Phasen der Wertanalyse erbringt. Lediglich in Phase 6 (Auswahl der Alternative) erübrigt sich die Mitarbeit des Lieferanten, da unternehmensspezifische Interessen des Abnehmers die Entscheidung beeinflussen.

Die Zusammensetzung eines gemeinsamen Wertanalyse-Teams muss selbstverständlich der jeweiligen Problemstellung und den innerbetrieblichen Gegebenheiten beider Marktpartner angepasst werden. Als recht zweckmäßig hat sich allerdings in der Praxis der folgende Teilnehmerkreis herausgestellt: Von Seiten des Lieferanten sollte je ein Repräsentant aus dem Vertriebsbereich, der Technik und der Kalkulation an den gemeinsamen Sitzungen teilnehmen; seitens des Abnehmers sollten neben dem Wertanalytiker auch der betroffene Einkäufer und Techniker vertreten sein.

Hinsichtlich der Frage, wer in diesem Team die Koordinationsaufgabe übernimmt, bieten sich unterschiedliche Möglichkeiten an. Häufig wird die Koordination entweder durch einen Mitarbeiter der Lieferfirma oder durch einen Mitarbeiter des Abnehmers erfolgen. In diesen Fällen wird sinnvollerweise derjenige Geschäftspartner den Wertanalyse-Koordinator stellen, welcher voraussichtlich den größten Anteil an der gemeinsamen Arbeit zu leisten hat. Es besteht jedoch auch die Möglichkeit, dass einem von beiden Seiten akzeptierten externen Wertanalytiker die Koordination übertragen wird.

Selbstverständlich lassen sich die erwähnten unterschiedlichen Formen der wertanalytischen Zusammenarbeit zwischen Lieferant und Abnehmer auch wirkungsvoll kombinieren. So wird man etwa anlässlich eines Seminars über Wertanalyse eine Betriebsbesichtigung veranstalten oder den Teilnehmern des Seminars in einem Einkaufsschaukasten problembehaftete Einkaufsteile zur Kenntnis bringen können. Die Beschaffung wird bei dieser Kooperation darauf zu achten haben, dass sämtliche Ideen und Verbesserungsvorschläge, welche von seiten der Lieferanten kommen, auch in die wertanalytische Arbeit des Abnehmers einfließen und von den zuständigen Bereichen bzw. Gremien auf ihre Verwertbarkeit hin überprüft werden.

5.5.3 Anerkennung der Leistungen des wertanalytisch aktiven Lieferanten

Beiträge der Lieferanten zu wertanalytischen Problemen der Abnehmer können nicht als eine Selbstverständlichkeit angesehen werden. Es genügt deshalb nicht, wenn der Einkäufer seine Lieferanten mit Hilfe bestimmter Methoden zu wertanalytischen Überlegungen anregt. Der Abnehmer sollte die Leistungen der Lieferanten, die sich in der wertanalytischen Zusammenarbeit besonders bewährt haben, auch in irgendeiner Weise anerkennen. Diese Anerkennung der wertanalytischen Leistungen der Lieferanten und die Bemühungen des Einkäufers, das Interesse des Lieferanten für die Wertanalyse zu wecken, stehen in einem engen Wechselverhältnis. Denn ein Einkäufer, der es versäumt, die Lieferanten zur wertanalytischen Arbeit anzuregen, braucht sich in der Regel auch nicht viel Gedanken über das Problem der Anerkennung von Leistungen der Lieferanten zu machen. Und eine Unternehmung, die aus der wertanalytischen Zusammenarbeit mit einem Lieferanten ständig nur Vorteile für sich zieht, nicht aber den Anbieter dafür in irgendeiner Form belohnt, wird bald erfahren, dass der Geschäftspartner nur widerwillig oder zögernd an wertanalytischen Programmen mitwirkt.

Die Praxis wendet eine Reihe von Methoden an, mit denen die Leistungen derjenigen Lieferanten, die sich auf dem Gebiete der Wertanalyse besondere Verdienste erworben haben, honoriert und anerkennt werden können. Einige wichtige Möglichkeiten für diese Honorierung bzw. Anerkennung sollen im folgenden kurz erwähnt werden:

- Man kann den wertanalytisch aktiven Lieferanten zusätzliche Aufträge zukommen lassen.

- Einige Firmen verleihen dem Lieferanten, der sich auf dem Gebiete der Wertanalyse besondere Verdienste erworben hat, ein Zertifikat, in dem die Leistungen des Lieferanten gewürdigt und bestätigt werden. Die Anbieter sind im allgemeinen sehr daran interessiert, von potenten Abnehmern derartige Zertifikate zu erhalten. Zum einen können sie daraus ersehen, dass ihre Bemühungen wertanalytischer Art auch vom Kunden anerkannt werden. Zum anderen kann der Zulieferer ein derartiges Schriftstück für Werbezwecke verwenden.

- Der wertanalytisch aktive Lieferant bekommt den ersten Auftrag (oder die ersten Aufträge), ohne dass sein Angebot der Konkurrenz ausgesetzt wird. Soweit in einem derartigen Fall Werkzeugkosten und/oder Lerneffekte bei der Herstellung des betreffenden Produktes eine Rolle spielen, kann diese Vorzugsbehandlung zur Folge haben, dass dieser Lieferant auch in Zukunft auf diesem Gebiet einen Vorsprung gegenüber seinen Konkurrenten behält.

- Man empfiehlt den wertanalytisch aktiven Lieferanten den Einkäufern in der eigenen Unternehmung und/oder den Einkäufern in anderen befreundeten Unternehmen und teilt dieses Vorgehen dem betroffenen Lieferanten mit. Die Anerkennung der wertanalytischen Leistungen eines Anbieters kann in bestimmten Fällen auch dadurch erfolgen, dass der Abnehmer in seiner Werkszeitschrift die vom Lieferanten angeregten Verbesserungsvorschläge vorstellt und würdigt.

- Soweit das Produkt des Lieferanten einer gemeinsamen wertanalytischen Untersuchung unterzogen werden soll, kann man sich vorstellen, dass Lieferant und Abnehmer vereinbaren, dass die aus der Wertanalyse resultierenden (potentiellen) Ersparnisse nach einem bestimmten Schlüssel auf die beiden Geschäftspartner aufgeteilt werden.

- Vorstellbar ist ferner, dass in bestimmten Fällen der Abnehmer dem Lieferanten die Entwicklungsaufwendungen ersetzt.

- Vom Lieferanten eingereichte originelle Verbesserungsvorschläge werden unter bestimmten Bedingungen ähnlich mit Prämien honoriert, wie es beim innerbetrieblichen Vorschlagswesen üblich ist.

Generell sollte der Abnehmer seinen Zulieferern deutlich machen, dass er dauerhafte und vertrauensvolle Geschäftsverbindungen vorwiegend mit jenen Anbietern anstrebt, die ihn bei der technischen Weiterentwicklung der Endprodukte unterstützen und ihn auf Möglichkeiten der Kostensenkung und Qualitätsverbesserung aufmerksam machen. Ein wertanalytisch aktiver Lieferant wird dann allerdings vom Abnehmer auch erwarten dürfen, dass seine Leistungen durch Aufträge honoriert werden, die sich positiv auf seinen Deckungsbeitrag auswirken, und dass sich über das Auftragsvolumen die im Rahmen der gemeinsamen Wertanalyse getätigten Investitionen bezahlt machen. Es sollte nach Möglichkeit vermieden werden, dass sich für den Anbieter Nachteile aus dem Ergebnis einer gemeinsamen Wertanalyse ergeben.

5.5.4 Probleme und Grenzen der Zusammenarbeit

Eine wesentliche Voraussetzung für eine gemeinsame Wertanalyse zwischen Lieferant und Abnehmer ist, dass zwischen beiden Partnern ein aus langjähriger Geschäftsbeziehung resultierendes vertrauensvolles Verhältnis besteht und dass der Fortbestand der zukünftigen geschäftlichen Beziehungen nicht durch das Ergebnis der gemeinsamen Wertanalyse gefährdet wird. Nur auf dieser Basis wird in der Praxis die Bereitschaft zum Austausch von Informationen und Ideen, wie er in der Wertanalyse erforderlich ist, auf beiden Seiten vorhanden sein. Denn der im Rahmen der Wertanalyse notwendige Informationsaustausch wird sich in vielen Fällen auch auf Daten erstrecken müssen, die vertraulicher Art sind und nicht an Dritte weitergegeben werden sollten. So muss sich etwa der Lieferant, der Informationen bereitstellt, Vorschläge wertanalytischer Art unterbreitet oder seine Neuentwicklungen auf bestimmten Gebieten erläutert, darauf verlassen können, dass nicht die abnehmende Unternehmung seine Ideen an andere Lieferanten weitergibt und diese danach anbieten lässt oder dass nicht der Kunde aufgrund der ihm zur Kenntnis gebrachten Neuentwicklungen des Lieferanten eine Eigenfertigung anstrebt. Schwierigkeiten und Grenzen wertanalytischer Zusammenarbeit zwischen Lieferant und Abnehmer können sich dort ergeben, wo für einen Partner die Gefahr des Abflusses von Know-how besteht oder wo Betriebsgeheimnisse tangiert werden könnten.

Gedacht werden sollte auch an die folgenden notwendigen Voraussetzungen für eine erfolgreiche gemeinsame Arbeit:

■ Der Projektpartner sollte spezielle Fachkenntnisse besitzen.

■ Er muss die Prinzipien der Wertanalyse kennen.

■ Beim Anbieter muss die Bereitschaft zur Mitarbeit bei wertanalytischen Untersuchungen vorhanden sein.

■ Manchmal stehen unangemessene Entfernungen zwischen den beiden Marktpartnern oder Sprachbarrieren einer gemeinsamen Projektarbeit im Wege.

Vom Ergebnis einer gemeinsamen Wertanalyse an einem Produkt, das der Lieferant herstellt, sollten beide Partner profitieren. Was jedoch im Einzelfall als der aus einer gemeinsamen Wertanalyse resultierende Nutzen anzusehen ist, und nach welchem Schlüssel etwa erzielte Ersparnisse auf die beiden Beteiligten aufzuteilen sind, das sollte nach Möglichkeit zu Beginn der Untersuchung vereinbart werden. Für die Festlegung des Aufteilungsschlüssel können unter anderem von Bedeutung sein:

a) die jeweilige Marktmacht der beiden Geschäftspartner;

b) der Anteil, mit dem der Abnehmer auf der einen Seite und der Lieferant auf der anderen Seite an den gesamten Aufwendungen für die Wertanalyse und die Entwicklungsarbeit beteiligt sind;

c) das Ausmaß, in dem der Abnehmer einerseits und der Lieferant andererseits Ideen zur Erarbeitung einer günstigeren Lösung beigetragen haben;

d) die Frage, ob das Produkt des Lieferanten ausschließlich an den beteiligten Abnehmer oder auch an Dritte geliefert wird. Wenn beispielsweise ein Abnehmer pro Periode 1000 Stück einer Baugruppe bezieht, von welcher der Lieferant insgesamt 10000 Stück in einer Periode absetzt, dann sollte dem Abnehmer die gesamte aus der Wertanalyse resultierende Kostenreduzierung (in Form ermäßigter Preise) zustehen. Denn der Zulieferer kann in einem derartigen Falle ja bei der restlichen Produktion von dieser Kostensenkung profitieren bzw. durch Preissenkung seine Marktposition festigen;

e) die Frage, ob der Lieferant die in der gemeinsamen Wertanalyse erarbeiteten Ergebnisse und Erkenntnisse in anderen Bereichen oder bei der Herstellung anderer Produkte verwerten und auf diese Weise die Wettbewerbsposition der Unternehmung verbessern kann;

f) die Art der Kostenreduzierung, welche mit Hilfe der gemeinsamen Wertanalyse erreicht wird: Sind Kostenreduzierungen beispielsweise darauf zurückzuführen, dass Funktionen eines Produktes als unnötig erkannt und eliminiert werden, dann kommen in der Regel die Ersparnisse voll dem Abnehmer zugute. Werden dagegen kostensparende Lösungen für erforderliche Funktionen gemeinsam erarbeitet, denkt man in der Praxis eher an eine Aufteilung dieser Kostensenkungen;

g) die vom Abnehmer betriebene Lieferantenpolitik.

Wegen der Vielzahl der Einflussfaktoren wird es eine allgemeingültige Regelung für die Ersparnisaufteilung nicht geben können.

Bei einer sehr intensiven wertanalytischen Zusammenarbeit zwischen den Spezialisten des Lieferanten und des Abnehmers kann es vorkommen, dass während der Teamarbeit schutzwürdige Ideen entwickelt werden. Um von vornherein Schwierigkeiten möglichst zu vermeiden, sollten deshalb beide Unternehmen, bevor sie mit der gemeinsamen Wertanalyse beginnen, auch eine Vereinbarung treffen, die sich auf die Verwertungsrechte etwaiger durch Teamarbeit gefundener schutzwürdiger Ideen bezieht. Es ist ebenfalls zweckmäßig, von gemeinsamen Wertanalyse-Sitzungen Ergebnisprotokolle anzufertigen, in denen festgehalten wird, welche Ideen entwickelt worden sind und wer an der Ideensuche beteiligt war. Außerdem sollte zwecks Vermeidung von Konflikten vor Beginn einer wertanalytischen Zusammenarbeit festgelegt werden, in welchem Umfang eine Offenlegung der Kostendaten erfolgen soll. Bei diesem Problem hat der Abnehmer auf die Sensibilität seines Partners in Bezug auf bestimmte Kalkulationsbestandteile Rücksicht zu nehmen. Der Abnehmer wird ferner bei der wertanalytischen Zusammenarbeit mit dem Anbieter darauf achten müssen, dass der Lieferant manchmal mit gezielten Vorschlägen und mit Hilfe spezieller Spezifikationen versuchen wird, mögliche Wettbewerber völlig auszuschalten. Für den Abnehmer kann dann leicht die Gefahr entstehen, dass er nach Realisierung dieses wertanalytischen Vorschlages in die Abhängigkeit dieses Lieferanten gerät und in der Zukunft seine Flexibilität bei der Lieferantenauswahl verliert. Schließlich kann ein Abnehmer von seinem Lieferanten nicht erwarten, dass dieser ihm Verbesserungsvorschläge unterbreitet, welche die Gefahr des Auftragsverlustes für den Lieferanten in sich bergen.

5.6 Zum Problem der Effizienz der Wertanalyse

Die Wertanalyse ist eine heuristische Methode (Suchmethode). Das bedeutet, dass Erfolge im Rahmen der Wertanalyse nicht vorhersehbar und nicht unbedingt gewährleistet sind. Dieser Sachverhalt ist wohl der Grund dafür gewesen, dass zunächst viele Praktiker und Theoretiker der Wertanalyse skeptisch gegenüberstanden. Aus den in den vergangenen Jahren mit der Wertanalyse gesammelten Erfahrungen und erzielten

Erfolgen resultierte jedoch ziemlich rasch eine positivere Einstellung zur wertanalytischen Arbeit. So hört man häufig die Meinung, dass die Wertanalyse vergleichbar sei mit der Akupunktur, die mit dem Slogan wirbt: „Was wir anbieten können, sind Erfolge, nicht Theorien".

In einer Unternehmung wird man allerdings berücksichtigen müssen, dass Erfolge auf dem Gebiet der Wertanalyse von einer Vielzahl von Faktoren abhängig sind. Zu diesen Faktoren zählen unter anderem:

- die Aufgeschlossenheit und positive Einstellung der Unternehmensleitung zur Wertanalyse;

- die bedachte Auswahl der Untersuchungsobjekte;

- die Auswahl von geeigneten Teammitgliedern (Phantasie und Bereitschaft zur Zusammenarbeit);

- eine gute Arbeitsatmosphäre im Team;

- die Einstellung der mittleren Führungsebene und der sogenannten Fachleute zu neuen Ideen;

- die Zusammenarbeit zwischen den betrieblichen Grundfunktionen bei der Realisierung des wertanalytischen Projektes.

Unsere Volkswirtschaft und die einzelnen Unternehmen befinden sich zur Zeit in einem schwierigen Prozess der Anpassung an veränderte Marktgegebenheiten. Gleichzeitig erwartet man heute einen Innovationsschub. In einer derartigen Situation wird die Wertanalyse zu einem wichtigen Instrument, das zur Bewältigung der anstehenden Probleme in den einzelnen Unternehmen und in der gesamten Volkswirtschaft beitragen kann.

Übungsfragen und -aufgaben

1. Wer ist der Begründer der Wertanalyse, und wodurch wurde er zur Entwicklung dieser neuen Methode angeregt?

2. Was ist Wertanalyse? Welche der aufgeführten Beschreibungen sind richtig? Bei der Wertanalyse handelt es sich um:

   a) eine Methode, mit deren Hilfe der Wert einer gesamten Unternehmung ermittelt wird.

   b) ein neuartiges Verfahren, mit dessen Hilfe der Wertekreislauf und Zahlungsstrom in einer Unternehmung untersucht wird.

   c) ein Verfahren, mit dessen Hilfe alternative Lösungen für ein Problem gesucht werden.

   d) ein Rationalisierungsverfahren, mit dessen Hilfe Ressortschranken abgebaut werden sollen.

   e) eine Methode, mit deren Hilfe der Einkäufer sich eine Vorstellung von der Höhe der Kosten eines einzukaufenden Artikels verschafft.

   f) eine Methode, die Ideenfindungstechniken anwendet.

   g) ein Verfahren zur Ermittlung der betrieblichen Wertschöpfung.

3. Welche Besonderheiten weist die Wertanalyse gegenüber herkömmlichen Rationalisierungsmethoden auf?

4. Man sagt, dass man Wertanalyse in einem Team durchführen soll. Warum?

5. Was ist der Unterschied zwischen Produkt- und Konzept-Wertanalyse, und worin bestehen wesentliche Nachteile der Produkt-Wertanalyse im Vergleich zur Konzept-Wertanalyse?

6. Nennen Sie mögliche Änderungskosten, die aufgrund von Verbesserungsvorschlägen im Rahmen der Produkt-Wertanalyse entstehen können?

7. Beschreiben Sie in Stichworten die wichtigste Funktion

   ▤ eines Fensters,

   ▤ einer Krawatte,

   ▤ eines Waschmittels,

   ▤ eines Knopfes,

   ▤ eines Getriebes,

   ▤ eines Tachometers,

▓ eines Telefons,

▓ eines Seminars.

8. Worin besteht der wesentliche Unterschied zwischen

▓ Gebrauchsfunktion und Geltungsfunktion,

▓ Haupt-, Neben- und unnötiger Funktion?

9. Machen Sie am Beispiel

▓ eines Aschenbechers,

▓ eines Kugelschreibers,

▓ eines Feuerzeugs einige der unter 8. genannten Funktionsbegriffe der Wertanalyse deutlich.

10. Welche Aufgaben erfüllen im Rahmen der Wertanalyse „funktionsbedingte Eigenschaften"? Nennen Sie ein Beispiel für derartige funktionsbedingte Eigenschaften eines bestimmten Produktes!

11. Aus welchen Gründen hält man in der Wertanalyse das Denken in Funktionen für so wichtig?

12. Welche sechs Grundschritte sind in einem Wertanalyse-Arbeitsplan zu unterscheiden?

13. Erläutern Sie kurz die Vorgehensweise in den sechs Grundschritten!

14. Nach welchen Gesichtspunkten kann die Auswahl derjenigen Objekte, die wertanalytisch untersucht werden sollen, erfolgen?

15. Wer sollte Ihres Erachtens zur Arbeitsgruppe (Wertanalyseteam) zählen? Halten Sie es für sinnvoll, auch Nicht-Fachleute zu den Teamsitzungen hinzuzuziehen?

16. Wie führt man in der Wertanalyse eine Funktionskritik durch?

17. Nach welchen unterschiedlichen Methoden lässt sich in der Wertanalyse ein Kostenziel (Wertziel) ermitteln?

18. Nennen Sie Beispiele für „unnötige Funktionen"!

19. Welche unterschiedlichen Methoden der Ideenfindung kennen Sie?

20. Wie lauten die vier Grundregeln für ein erfolgreiches Brainstorming?

21. Aus welchen Gründen ist Brainstorming die in der Wertanalyse am häufigsten angewendete Methode zur Ideenfindung?

22. Worin sehen Sie Vor- und Nachteile des Brainwriting im Vergleich zum Brainstorming?

23. Welches sind wesentliche Vor- und Nachteile der morphologischen Methode?

24. Die Synektik ist die erfolgreichste Technik der Ideenfindung. Warum wird sie relativ selten in der Wertanalyse angewendet?

25. Ein in der Wertanalyse häufig verwendetes Hilfsmittel bei der Ermittlung von Alternativen sind Fragelisten. Entwerfen Sie eine derartige Checkliste mit zehn unterschiedlichen wertanalytischen Fragen. (Achten Sie bitte darauf, dass wertanalytische Fragen immer auf Alternativen hinweisen.)

26. Die Wertanalyse berührt fast alle Grundfunktionen einer Unternehmung. Es wird jedoch behauptet, dass zwischen Wertanalyse und Beschaffung besonders enge Beziehungen bestehen. Begründen Sie diese Behauptung.

27. Kann der Einkäufer bei der Auswahl der Objekte, die wertanalytisch untersucht werden sollen, mitwirken? Begründen Sie Ihre Ansicht.

28. Auf welchen konkreten Gebieten wird man vom Einkäufer Verbesserungsvorschläge in der kreativen Phase erwarten können?

29. Welche Voraussetzungen müssen bei einem Einkäufer gegeben sein, damit er erfolgreich auf dem Gebiet der Wertanalyse mitarbeiten kann?

30. Aus welchen Anlässen wird/sollte der Einkäufer in einer Unternehmung wertanalytische Untersuchungen anregen?

31. Was hat man sich unter einer wertanalytischen Einkaufstätigkeit vorzustellen?

32. Entwerfen Sie (mit Hilfe von Brainstorming) eine Liste, die zehn mögliche Ursachen für hohe Kosten in einer Unternehmung enthält.

33. Lawrence D. Miles, der Begründer der Wertanalyse, hat immer wieder auf die Notwendigkeit der Zusammenarbeit mit dem Lieferanten auf dem Gebiete der Wertanalyse hingewiesen. Aus welchen Gründen sollte man die Lieferanten in wertanalytische Überlegungen einschalten?

34. Warum geht manchmal die Initiative zur gemeinsamen Wertanalyse auch vom Lieferanten aus?

35. Unterstellen Sie einmal, dass Ihr Unternehmen von den Lieferanten in nur sehr geringem Umfang wertanalytische Vorschläge und Anregungen erhält und dass Sie an dieser Situation etwas ändern wollen. Welche Methoden könnten Sie anwenden, um Lieferanten zu wertanalytischen Überlegungen anzuregen und um sie für eine Mitarbeit in der Wertanalyse zu gewinnen?

36. Die Praxis wendet eine Reihe von Methoden an, mit denen die Leistungen derjenigen Lieferanten, die sich auf dem Gebiet der Wertanalyse besondere Verdienste erworben haben, honoriert bzw. anerkannt werden können. Nennen Sie derartige Möglichkeiten für diese Honorierung bzw. Anerkennung.

37. Nicht jeder Lieferant ist als Partner für ein gemeinsames Wertanalyse-Projekt geeignet. Welche Voraussetzungen sollten Ihrer Meinung nach bei einem Lieferanten vorhanden sein, damit er als Projektpartner für Sie in Betracht kommt?

38. Worin sehen Sie Probleme und Schwierigkeiten der Zusammenarbeit mit dem Lieferanten auf wertanalytischem Gebiet? Und erläutern Sie, wie man in der Praxis versucht, einige dieser Schwierigkeiten nach Möglichkeit zu vermeiden.

6 Beschaffungsprozess

6.1 Schwerpunkte des Beschaffungsprozesses

Der Beschaffungsprozess umfasst folgende Tatbestände:

- die verrichtungsmäßige Abwicklung,

- die ablauforganisatorische Abwicklung,

- die rechtlichen Fragen des Kaufvertrages,

- die Tatsache, dass jeder Bestellung ein Entscheidungsprozeß zugrunde liegt,

- den Umstand, dass mit einer Bestellung persönliche Kontakte zwischen Lieferant und Einkäufer verbunden sind,

- die leider unbestreitbare Tatsache, dass in diesem Bereich subjektive, der rationalen Analyse kaum zugängliche Faktoren eine Rolle spielen.

Alle vorgenannten Aspekte müssen hier besprochen werden, jedoch sollte am Beginn der Ausführungen darauf hingewiesen werden, dass der Gesichtspunkt der Bestellentscheidung mit der wachsenden Bedeutung der Beschaffung den Vorrang vor anderen Überlegungen gewonnen hat.

Bestellen ist kein rechnerischer Vorgang, bei dem lediglich auf der Basis von Einstandspreisen Lieferantenangebote ausgewählt werden. Vielmehr muss eine Reihe anderer Faktoren wie Qualität, Service, Lieferzeit, Zuverlässigkeit und Gegengeschäftsmöglichkeiten bei der Auftragsvergabe berücksichtigt werden. Es bestehen zwischen den verschiedenen Beurteilungskriterien erhebliche Zielkonflikte, die nur durch kritisches Abwägen zu einem Ausgleich in Richtung auf das materialwirtschaftliche Optimum gebracht werden können.

Dieser Entscheidungsprozeß, Hauptaufgabe jedes Einkäufers, wird über den rechtlichen, organisatorischen und abwicklungstechnischen Teilaspekten der Auftragsvergabe häufig vernachlässigt. Dies obwohl in den vergangenen Jahren die Beschaffungsvolumina der produzierenden Industrie stetig gestiegen sind aufgrund ihrer Expansion und aufgrund des strategisch intendierten verstärkten Fremdbezugs (outsourcing). Dazu mag beitragen, dass es sich bei diesen Entscheidungen, besonders im C-Artikelbereich, um eine Vielzahl von Routineentscheidungen handelt, während bei

A-Artikeln die Geschäftsleitung oder die Fertigung die Entscheidung treffen und nur die Bestellabwicklung beim Einkauf verbleibt. Hier hat in den letzten Jahren ein Wandel stattgefunden, über den in den vorhergehenden Kapiteln gesprochen wurde, ein Wandel, der zur Gleichrangigkeit der Materialwirtschaft führte und ihr eine Fülle von Entscheidungsbefugnissen brachte. Entscheidungen werden bekanntlich unter Bedingungen der Unsicherheit getroffen. Viele dieser Unsicherheiten lassen sich aber ausschalten, wenn vor der Entscheidung eine möglichst vollständige Informationssammlung über die entscheidungsrelevanten Tatbestände durchgeführt wird. Ohne genaue Kenntnis des Betriebsbedarfs in quantitativer und qualitativer Hinsicht, ohne einen guten Überblick über die einzelnen Objekte der Beschaffungsmarktforschung und ohne Berücksichtigung wesentlicher Aspekte der Beschaffungspolitik wird die Bestellentscheidung das angestrebte materialwirtschaftliche Optimum verfehlen. Der Bestellvorgang kann also als der Vorgang aufgefasst werden, der die Erkenntnisse der Bedarfsrechnung, Beschaffungsmarktforschung und Beschaffungspolitik in einem Entscheidungsprozeß verarbeitet, rechtlich absichert und organisatorisch bewältigt. Die Fortschritte in der IuK-Technik haben maßgeblich dazu beigetragen, diese Informationsmengen zu erfassen, zu strukturieren und gezielt zur Entscheidungsfindung heranzuziehen. Die damit verbundenen Optionen werden im Kontext E-Procurement diskutiert.

6.2   Phasen des Beschaffungsprozesses

Der prozessuale Charakter der Beschaffung wird deutlich, wenn sie in ihren zeitlichen Ablauf zerlegt wird:

- operative Bedarfsmeldung
- einkäuferische Impulse zur vorausschauenden Bedarfsbündelung
- Anfragen
- Angebotsbearbeitung
- Vergabeverhandlung
- Bestellentscheidung
- Bestellung
- Auftragsbestätigung

Die Bedarfsmeldung sollte den Einkäufer rechtzeitig und vollständig über den jeweiligen Betriebsbedarf unterrichten. Bei Lagermaterialien haben wir im Meldebestandsverfahren eine gute Lösung dieser Forderung kennengelernt. Schwieriger gestaltet sich die Bedarfsmeldung bei Einzelbedarfen, wie sie in der Einzelfertigung und bei der Anlagenbeschaffung auftreten. Hier müssen die Bedarfsträger dazu angehalten werden, brauchbare technische Formulierungen der benötigen Produkte zu geben.

Schwierig gestalten sich die Fragen der Bedarfsermittlung, wenn den Bedarfsträgern lediglich die Funktionen der benötigten Erzeugnisstoffe, nicht aber die geeigneten Erzeugnisstoffe selbst bekannt sind. Hier bedarf es der Zusammenarbeit zwischen Bedarfsträger und Einkäufer, um aus mehreren denkbaren Problemlösungsvorschlägen die endgültige Bedarfsmeldung zu formulieren, was einen erheblichen Zeitaufwand erfordert.

Zur Abklärung technischer oder physikalisch/chemischer Eigenschaften eines benötigten Artikels werden häufig Innovationsanfragen getätigt. In ihnen sollte zum Ausdruck kommen, dass es sich nicht um akuten Bedarf handelt und man vom Lieferanten Problemlösungsvorschläge erwartet. Angebote auf derartige Anfragen werden nicht im Rahmen des Bestellvorgangs, sondern der qualitativen Bedarfsermittlung oder der Wertanalyse behandelt. Wenn in der Praxis häufig über unbefriedigende Ergebnisse der Anfragetätigkeit geklagt wird, so haben sie vielfach ihre Ursachen in folgenden Umständen:

- unpräzise Bedarfsbeschreibung,

- ungenügende Kenntnis des Produktionsprogramms der jeweiligen Lieferanten,

- frustrierte Lieferanten durch Bevorzugung bestimmter Hoflieferanten bei früheren Aufträgen,

- Unkenntnis der Einkäufer über den für ein Angebot vom Lieferanten zu tätigenden Aufwand, was häufig in der Anlagenbeschaffung und bei Anfrage von Problemlösungen auftritt.

Es liegt also in weitem Umfang am Einkäufer, ob genügend Angebote auf seine Anfragen eingehen, wobei auch der Zeitaspekt eine große Rolle spielt. Bei technisch ausgereiften Bedarfsmeldungen muss mit einem entsprechenden Zeitaufwand gerechnet werden, der sich bei unklaren Bedarfsmeldungen oder Innovationsanfragen durch Rückfragen und Versuche erheblich erhöht. Allerdings kann durch eine prophylaktische Beschaffungsmarktforschung, die stets sämtliche Marktdaten speichert, die Bearbeitungszeit im akuten Bedarfsfall stark reduziert werden, was man bei A-Artikeln praktiziert.

Liegen die Angebote vor, werden sie zunächst einer formellen Prüfung unterzogen. Es wird die Frage geklärt, ob Übereinstimmung besteht zwischen:

angefragter Qualität	und	angebotener Qualität
angefragter Menge	und	angebotener Menge
angefragter Lieferzeit	und	angebotener Lieferzeit
eigenen Einkaufsbedingungen	und	Verkaufsbedingungen des Lieferanten

Ist diese Übereinstimmung gegeben oder kann diese durch Rückfragen erreicht werden, geht das Angebot in den Entscheidungsprozeß ein. In der Praxis ergeben sich Unterschiede zwischen Anfrage und Angebot häufig bei den zugrunde gelegten Geschäftsbedingungen, aber auch bei Qualität, Menge und Lieferzeit. Es ist wenig realistisch, solche Angebote sämtlich aus der weiteren Bearbeitung auszuschalten. Das dürfte nur bei Qualitätsdiskrepanzen erforderlich sein. Sonstige Unterschiede sollten vielmehr deutlich kenntlich gemacht werden mit dem Ziel, im Laufe des Bestellvorgangs eine Übereinstimmung herbeizuführen.

An die formelle Angebotsprüfung schließt sich die materielle Angebotsprüfung an, die in der Praxis häufig in die Angebotsanalyse und den Angebotsvergleich unterteilt wird.

Die Angebotsanalyse bezieht sich auf die systematische Untersuchung der einzelnen Angebote, während im Angebotsvergleich die Ergebnisse aller Einzelanalysen zusammengestellt werden.

Diese Trennung hat folgende Vorteile:

Zeitersparnis: Man kann mit der Bearbeitung schon beginnen, wenn noch nicht alle Angebote vorliegen.

Gründlichkeit: Bei der Angebotsanalyse braucht man sich nur auf die Beurteilung des vorliegenden Angebots zu konzentrieren, ohne gleichzeitig die Unterschiede zwischen den einzelnen Angeboten herauszuarbeiten, was dem abschließenden Angebotsvergleich vorbehalten bleibt.

IuK-Technik-gerecht: Die Aufspaltung des komplexen Bearbeitungsvorgangs in Einzelschritte sind die Basis für eine informationstechnische Abbildung von Prozessdaten über elektronische Beschaffungssysteme. Diese sind die Infrastruktur der Massendatenverarbeitung, -speicherung und -übertragung sowie die Grundlage für Prozessautomatisierungen. Hier liegen große Rationalisierungspotentiale für stetig wiederkehrende Aufgaben.

Ergibt sich aus dem Angebotsvergleich, dass ein Angebot die Erwartungen erfüllt und sich von den anderen Angeboten positiv abhebt, kann die Bestellentscheidung getroffen und der Auftrag ohne weitere Verhandlungen vergeben werden. Dieses dürfte auch bei annähernd gleichen Angeboten für C-Artikel gelten, da sich hier ein weiterer Aufwand nicht lohnt. In allen anderen Fällen geht der Bestellentscheidung die Vergabeverhandlung voraus, in der versucht wird, Schwachstellen der einzelnen Angebote, wie sie im Angebotsvergleich deutlich werden, durch Verhandlungen zu beseitigen.

Vergabeverhandlungen sind von den Informationsgesprächen zu unterscheiden, die der Einkäufer im Rahmen der Beschaffungsmarktforschung mit dem Lieferanten führt. Hierbei sollen Informationen über die Objekte der Beschaffungsmarktforschung gewonnen werden, so dass in Informationsgesprächen vom Einkäufer die Beherrschung der verschiedenen Fragetechniken verlangt wird. In Vergabeverhandlungen hingegen sollen Verbesserungen eines abgegebenen Angebots erzielt werden. Solche Verbesserungen sind in der Vermehrung bzw. Senkung der Liefermenge, Anpassungen der Lieferfristen an die eigenen Vorstellungen, Gewährung zusätzlicher Serviceleistungen und Garantien und in Preiszugeständnissen zu sehen, wobei letztere durchaus nicht eine übergeordnete Zielfunktion darstellen. Zielansprachen der Vergabeverhandlungen ergeben sich aus den im Angebotsvergleich sichtbar werdenden Schwächen der einzelnen Angebote und verlangen eine sichere Verhandlungsführung und Beherrschung der Argumentationstechnik.

Nunmehr muss der Einkäufer die Vergabeentscheidung treffen, wobei er neben preislichen auch eine Anzahl anderer Beurteilungskriterien berücksichtigt. Je mehr sich die Materialwirtschaft vom reinen Preisdenken löst und ihre Aufgabe in einem vermehrten Gewinnbeitrag sieht, desto schwieriger wird diese Entscheidung werden, da in ihr vielfältige, oft kontroverse Faktoren berücksichtigt werden. Das Risiko der Bestellentscheidung nimmt keiner dem Einkäufer ab, jedoch ist der Angebotsvergleich eine wichtige Entscheidungshilfe, da er

- die einzelnen Beurteilungskriterien, die in die Entscheidungsfindung eingehen, aufführt;

- die sichere Bewertung der Beurteilungsmaßstäbe aufgrund aller erreichbaren Informationen ermöglicht;

- Argumente für eine kurzfristige Verbesserung der Entscheidung oder Maßnahmen für eine längerfristige Optimierung (z.B. Übergang vom Fremdbezug zur Eigenfertigung, vermehrte Normung des Betriebsbedarfs) aufzeigt.

An die Bestellentscheidung schließt sich die Bestellung an, die überwiegend schriftlich erfolgt, da nur hierdurch gewährleistet wird,

- dass der Inhalt der Bestellung (Menge, genaue Bezeichnung der zu liefernden Erzeugnisstoffe, Preis, Einkaufs- und Zahlungsbedingungen sowie Nebenabsprachen) sicher, zweifelsfrei und rechtlich beweisbar dem Lieferanten übermittelt wird. Damit soll vermieden werden, dass Unklarheiten u.U. vom Lieferanten zu seinem Vorteil interpretiert werden können. Ferner sind zunehmend die Anforderungen von Compliance (= Befolgung von Vorschriften) und Revision in dem Beschaffungsprozess zu berücksichtigen,

- dass alle betrieblichen Stellen, die von der Bestellung berührt werden (Terminkontrolle, Warenannahme, Rechnungsprüfung, Bedarfsträger), rasch und vollständig über elektronische Bestellsysteme von der erfolgten Bestellung unterrichtet werden, zumindest jedoch über Kopien,

- dass im Einkaufsbereich eine aussagefähige Unterlage verbleibt, die bei Rückfragen jederzeit benutzt werden kann.

Sollte in Ausnahmefällen eine Bestellung mündlich oder telefonisch erteilt werden, so ist es ratsam, eine schriftliche Bestellung folgen zu lassen.

Mit der Abgabe der Bestellung ist der eigentliche Bestellvorgang abgeschlossen. In manchen Branchen und in den Fällen, in denen die Lieferung nicht umgehend erfolgt, hat sich eingebürgert, dass der Lieferant durch eine Auftragsbestätigung die Bestellung beantwortet. Bei deren Eintreffen ist darauf zu achten, dass keine Differenzen zwischen Bestellung und Auftragsbestätigung bestehen, damit fehlerhafte Lieferungen schon frühzeitig ausgeschaltet werden. Die Auftragsbestätigung dient somit dem Sicherheitsbedürfnis der Beteiligten, das erst dann verständlich wird, wenn man sich die oft schwierigen Bestellinhalte, die Vielzahl der Bestellungen und die unterschiedlichen Nebenabsprachen vor Augen führt.

Es ist mit Erfolg versucht worden, den großen Zeit- und Kostenaufwand, der mit der Bestellung und Auftragsbestätigung verbunden ist, zu senken. Genannt seien nur die Anwendung bestimmter Kaufvertragsarten, die Reduzierung von Kleinbestellungen, der Einsatz von elektronischen Bestellsystemen (inkl. Datenaustausch mit Lieferanten) und die Verwendung von funktionsgerechten Formularen, Maßnahmen, die in anderem Zusammenhang näher dargestellt werden.

Während hierdurch die Abwicklungsprobleme des Bestellvorgangs heute als befriedigend gelöst bezeichnet werden können, ist es um die entscheidungsrelevanten Stationen des Bestellvorgangs weit weniger gut bestellt. Einmal steht einer ausgewogenen Bestellentscheidung auch heute noch die Überbetonung der preislichen Aspekte im Wege, zum anderen sind die Einkäufer mit anderen Aufgaben zu sehr belastet, um genügend Zeit für die erforderliche Informationsgewinnung und Informationsverarbeitung im Rahmen der Bestellentscheidung aufwenden zu können. Die vermehrte Einbeziehung der Materialwirtschaft in die IuK-Technik-Organisation und die erhöhte Bedeutung, die heute der Materialwirtschaft in den Unternehmen zugemessen wird, haben hier jedoch zu hoffnungsvollen Ansätzen in Richtung einer entscheidungsorientierten Beschaffung geführt, die es für die Einkäufer zu nutzen und weiter zu entwickeln gilt.

6.3   Wichtige Vergleichsfaktoren

Das Hauptziel der Angebotsanalyse und des Angebotsvergleichs ist es, dem Einkäufer Hilfestellung bei der Wahl des günstigsten Lieferanten zu geben. Hierzu dienen die Vergleichsfaktoren, mit denen die Angebote bewertet werden. Die Vergleichsfaktoren werden einmal auf der Grundlage von Bewertungsmaßstäben für das Beschaffungsgut entwickelt, wozu insbesondere Qualität und Preis gehören. Zum anderen werden Bewertungsmaßstäbe für den Lieferanten herangezogen, die man in rechenhafte (Lieferzeit, Liefermenge, Gegengeschäft, Standort) und nicht rechenhafte (Zuverlässigkeit,

Möglichkeit von Abrufaufträgen, technische Unterstützung, Ausnutzung von Warenzeichen, Ausschließlichkeitsvereinbarungen) unterteilt.

6.3.1 Einkäuferische Vergleichsfaktoren

Viele Vergleichsfaktoren haben einen direkten Bezug zu den Lagerhaltungs-, Fehlmengen-, Bestellabwicklungs- und Anschaffungskosten.

Hierzu gehören:

- Qualitätsniveau,
- Einstandspreis,
- Lieferzeit,
- Zuverlässigkeit,
- Kapazität,
- Service,
- Standort.

Die Beziehungen dieser Vergleichsfaktoren zum materialwirtschaftlichen Optimum, das durch ihre Anwendung realisiert werden soll, sind kurz folgende:

Das *Qualitätsniveau* der angebotenen Erzeugnisstoffe beeinflusst einmal die Qualität der daraus gefertigten Erzeugnisse und damit den Erfolg der eigenen Absatzbemühungen. Es hat aber auch vielfältigen Einfluss auf die Herstellkosten, da eine gute Qualität der Erzeugnisstoffe im Produktionsprozess schnelle Durchlaufzeiten, geringe Stillstandzeiten, wenig Ausschuss und eine geringere Belastung der Produktionsanlagen mit sich bringt.

Die *Einstandspreise* der angebotenen Materialien bestimmen direkt die Anschaffungskosten. Da dieser Zusammenhang im Gegensatz zu fast allen anderen Vergleichsfaktoren leicht einsehbar und zahlenmäßig belegbar ist, wird der Preis als Beurteilungskriterium häufig angewandt, obwohl auch alle anderen Vergleichsfaktoren das Betriebsergebnis beeinflussen.

Die *Lieferzeiten* müssen deshalb mit den eigenen Vorstellungen übereinstimmen, da Lieferzeitüberschreitungen Fehlmengenkosten hervorrufen, während zu frühe Liefertermine Lager- und Zinskosten verursachen.

Mit *Zuverlässigkeit* soll der Umstand gewürdigt werden, dass zwischen den Angaben in den Angeboten und der späteren Lieferung leider oft erhebliche Unterschiede auftreten. Dies gilt vor allem für die Punkte Qualität, Lieferzeit und Service. Weiß man beispielsweise aus Erfahrung, dass ein Lieferant vereinbarte Lieferfristen bei früheren

Aufträgen nur mit Mühe eingehalten hat, so soll der Vergleichsfaktor Zuverlässigkeit diese Tatsache bei der Beurteilung seines Angebotes berücksichtigen.

Die *Kapazität* eines Lieferanten ist für die Sicherheit der eigenen Materialbereitstellung von größter Wichtigkeit. Hat der Lieferant noch Kapazitätsreserven, so kann er unerwarteten Bedarf leicht abdecken, was sich positiv auf die Fehlmengen- und Lagerhaltungskosten auswirkt.

Der Umfang der vom Lieferanten zu erwartenden *Serviceleistung*, sei es im kaufmännischen (Beratung, Informationen, Ausarbeitung von Alternativangeboten, Garantien, Mitarbeit bei der Wertanalyse) oder im technischen Bereich (Gebrauchsanleitung, Anfertigung von Werkzeugen, Ersatzteillagerung, Mitarbeit bei der Qualitätskontrolle, kostenneutrale Anpassung an schwankende Bedarfe), kann zu erheblichen Kosteneinsparungen im eigenen Betrieb führen und einen günstigen Einfluss auf die Qualität der eigenen Erzeugnisse haben.

Auch der *Standort* des Lieferanten kann die Beschaffungskosten erheblich beeinflussen. Hier ist nicht an die Transportkosten gedacht, die schon im Vergleichsfaktor Einstandspreis berücksichtigt werden. Vielmehr hängt vom Standort des Lieferanten die Sicherheit der Materialbereitstellung und die Schnelligkeit bestimmter Serviceleistungen ab. Dieser Punkt spielt eine besondere Rolle bei modernen Logistikkonzepten wie „just in time" und „just in sequence".

6.3.2 Unternehmenspolitische Vergleichsfaktoren

Es gibt einige Vergleichsfaktoren, die keinen Bezug zum materialwirtschaftlichen Optimum haben, es sogar in gewissem Umfang gefährden.

Sie entspringen der Unternehmenspolitik und bezwecken, übergeordnete Unternehmensziele bei der Bestellentscheidung zu berücksichtigen.

Hierzu zählen vor allem:

■ Gegengeschäfte,

■ Konzernzugehörigkeit,

■ Werbewert einer Herstellermarke,

■ sonstige Faktoren.

In bestimmten Branchen, Konjunkturlagen und Marktformen spielt die Frage der Berücksichtigung von Gegengeschäftsmöglichkeiten bei der Bestellentscheidung eine große Rolle. Hierdurch kommt es zu einer Bevorzugung bestimmter Lieferanten, die leistungsmäßig nicht gerechtfertigt, aber absatz- bzw. beschäftigungspolitisch vertretbar sein kann. Während die positiven Auswirkungen von Gegengeschäften auf die

Bereiche Absatz und Produktion zahlenmäßig exakt darzustellen sind, entziehen sich die negativen Folgen einer Berücksichtigung leistungsschwächerer Lieferanten auf das Einkaufsergebnis weitgehend einer genauen Bewertung, was den Angebotsvergleich erheblich erschwert.

Ähnlich verhält es sich mit der Frage, in welchem Umfang Lieferanten bevorzugt werden sollen, mit denen eine Konzernverbindung oder ein sonstiger finanzieller Verbund besteht. Es dürfte nahe liegen, bei gleichwertigen Angeboten dem des verbundenen Unternehmens den Vorzug zu geben. Dies führt jedoch längerfristig zu einer Isolierung auf dem betreffenden Beschaffungsmarkt, so dass der Einkäufer von den Wettbewerbern keine Angebote mehr erhält.

Einige Anbieter industrieller Erzeugnisstoffe haben für ihre Produkte Herstellermarken entwickelt, deren Verwendung den Absatz der damit gefertigten Produkte erheblich erleichtern kann. In dieser Hinsicht unterstützt der Einkauf direkt die eigenen Absatzbemühungen. Die Berücksichtigung derartiger Überlegungen bei den Bestellentscheidungen ist schwierig, da eine vertretbare Quantifizierung der Beziehungen zwischen Herstellermarke und Absatzsteigerung kaum möglich ist.

Dies gilt in noch größerem Umfang für politische Vergleichsfaktoren, deren Berücksichtigung dem Einkauf von der Unternehmensleitung vorgeschrieben werden kann (Kauf im Inland, local-content-Vereinbarungen usw.).

6.4 Verschiedene Arten des Angebotsvergleichs

Aus Kosten- und Zeitgründen ist es nicht möglich, alle besprochenen Vergleichsfaktoren bei der täglichen Arbeit zu berücksichtigen. Damit entsteht die Schwierigkeit, eine geeignete Auswahl zu treffen. Diese hängt sicherlich vom Wert des einzukaufenden Artikels ab und berücksichtigt ferner, welche Vergleichsfaktoren beim jeweiligen Erzeugnisstoff eine starke Beziehung zu den Kosten des materialwirtschaftlichen Optimums haben. Man unterscheidet Einfaktorenvergleiche, bei denen nur ein Beurteilungskriterium herangezogen wird, und Mehrfaktorenvergleiche, bei denen in der Einkaufspraxis häufig 3-6 Vergleichskriterien berücksichtigt werden.

6.4.1 Einfaktorenvergleich

Man gelangt rasch und unproblematisch zu einer Lieferantenauswahl, wenn man nur ein Beurteilungskriterium anwendet und dieses auch noch leicht quantifizierbar ist. Deshalb sind Einfaktorenvergleiche in der Form von

▩ Preisvergleichen,

■ Lieferzeitvergleichen,

■ Qualitätsvergleichen

weit verbreitet.

Diese Einseitigkeit der Betrachtungsweise bringt jedoch erhebliche Gefahren für den Einkaufserfolg mit sich, wenn wichtige Kostenwirkungen übersehen werden.

Bei einem reinen *Preisvergleich* ist es unbedingt notwendig, auf die Gleichheit aller Angebote zu achten. Das gilt zunächst für die Preisnebenbedingungen (Skonto, Rabatte, Transport- und Verpackungskosten), aber auch für das Qualitätsniveau, weshalb sich besonders homogene Waren, Normteile und Markenartikel für den reinen Preisvergleich eignen.

Ferner muss geprüft werden, ob das Leistungsniveau der einzelnen Anbieter (Service, Kapazität, anwendungstechnische Beratung usw.) in etwa gleich ist.

In eiligen Bedarfsfällen wird die Lieferantenauswahl von der Frage der kürzesten *Lieferzeit* beherrscht. In einem solchen Fall ist der Einkaufserfolg deshalb stark gefährdet, weil hier unter dem Zwang drohender Fehlmengenkosten gehandelt wird, die wegen ihrer ungewissen Höhe leicht zu Panikkäufen verleiten und hohe Preiszugeständnisse hervorrufen können.

Aber auch die ausschließliche Beachtung *qualitativer* Aspekte kann zu einer schlechten Lieferantenauswahl führen. Dem Einkauf ist es oft nicht erlaubt, bestimmte von der Technik des eigenen Hauses festgelegte Qualitätsstandards auch nur geringfügig abzuändern, womit diese Stellen praktisch die Lieferantenauswahl unter Vernachlässigung des materialwirtschaftlichen Optimums vornehmen.

Einfaktorenvergleiche vermindern in der Regel den Wettbewerb auf den Beschaffungsmärkten mit allen negativen Folgen für einen kostengünstigen Einkauf. Auch sind sie Ausdruck eines verwaltenden, passiven Einkaufs, der seiner Verantwortung für das Betriebsergebnis in keiner Weise nachkommt.

6.4.2   Mehrfaktorenvergleich

Deshalb dringt der Mehrfaktorenvergleich immer mehr vor, der die Gesamtkostenbetrachtung bei der Angebotsbearbeitung in den Mittelpunkt stellt und mehrere Vergleichskriterien heranzieht (siehe Tabelle 6-1).

Tabelle 6-1:   *Mögliche Vergleichsfaktoren zur Beurteilung wichtiger Kostenkomponenten des materialwirtschaftlichen Optimums*

Kostenart des materialwirtschaftl. Optimums	mögliche Vergleichsfaktoren
Anschaffungskosten	Einstandspreis
Lagerhaltungskosten	Lieferzuverlässigkeit
	Abrufaufträge
Fehlmengenkosten	Qualitätsniveau
	Qualitätszuverlässigkeit
	Garantien
	Service
	Standort
Bestellabwicklungskosten	Service
	Kulanz
	Standort

Es ist schwierig, die nicht rechenhaften Vergleichsfaktoren wie Zuverlässigkeit, technische Unterstützung/Service zu bewerten, da sich hinter ihnen schwer quantifizierbare Leistungen verbergen. Dies gilt teilweise auch für das Qualitätsniveau, wenn keine exakten Spezifikationen vorliegen. Bei bereits bekannten Lieferanten wird man die Bewertung auf bisher gemachte Erfahrungen stützen, während man bei neuen Lieferanten nur über eine intensive Beschaffungsmarktforschung eine befriedigende Beurteilungsgrundlage erhält.

Auch ist es notwendig, die einzelnen rechenhaften wie nicht rechenhaften Vergleichsfaktoren miteinander zu verbinden, um in sich ausgewogene Angebote zu erkennen.

Die Verknüpfung fördert auch den Gesamtüberblick über das gesamte Auswahlverfahren, der bei zunehmender Zahl von Angeboten und Vergleichsfaktoren verloren gehen kann.

In der Einkaufspraxis haben sich als Lösungshilfe für beide Probleme Scoring-Modelle bewährt, die

- durch zahlenmäßige Benotung verbaler Ausdrücke die Beurteilung sicherer und objektiver gestalten,

- alle Vergleichsfaktoren additiv miteinander verknüpfbar machen,

- die spätere Gewichtung einzelner Vergleichsfaktoren wesentlich erleichtern.

6.4.2.1 Punktungsverfahren

Hierbei benotet der Einkäufer die einzelnen Vergleichsfaktoren mit Punkten zwischen 1 und 10, wobei schlechte Leistungen eine niedrige Punktzahl, gute eine hohe erhalten.

Beispiel: Angebote nach Punktungsverfahren

	Vergleichsfaktor	ohne Punktung	Punktung
Angebot A	Einstandspreis	150 €	8
	Qualität	II. Wahl	6
	Zuverlässigkeit	befriedigend	5
	Service	umfangreich	8
			27
Angebot B	Einstandspreis	140 €	10
	Qualität	II. Wahl	6
	Zuverlässigkeit	gut	8
	Service	begrenzt	5
			29

Um die subjektiven Einflüsse bei der Benotung nicht rechenhafter Faktoren zu mildern, kann man dem Einkäufer hierfür Merkblätter zur Verfügung stellen, die beispielsweise im Fall des Vergleichsfaktors Lieferzuverlässigkeit folgenden Inhalt haben:

Termine werden immer eingehalten	10 Punkte
Lieferant hat Mühe, unsere Terminvorschriften einzuhalten	8 Punkte
Termine werden öfter überschritten	5 Punkte
Es kommen sehr viele Terminverzögerungen vor	3 Punkte

6.4.2.2 Quotientenverfahren

Einen anderen Weg geht das Quotientenverfahren. Hier errechnet der Einkäufer für die einzelnen Vergleichsfaktoren Raten:

$$\text{Rate Einstandspreis} = \frac{\text{niedrigster Einstandspreis aller Angebote}}{\text{jeweiliger Einstandspreis des einzelnen Angebotes}}$$

$$\text{Rate Qualitätszuverlässigkeit} = 1 - \frac{\text{Beanstandungen}}{\text{Summe aller Lieferungen}}$$

$$\text{Rate Terminzuverlässigkeit} = 1 - \frac{\text{Verspätete Lieferungen}}{\text{Summe aller Lieferungen}}$$

$$\text{Rate Service} = 1 - \frac{\text{Zahl fehlender Serviceleistungen}}{\text{Summe aller angebotenen Serviceleistungen}}$$

Beispiel: Angebote nach Quotientenverfahren

Lieferant	Einstandspreis	Anzahl der Lieferungen	davon un- pünktlich	davon schlecht	davon unvoll- ständig
A	1,25	40	8	4	11
B	1,35	50	4	2	0
C	1,30	60	7	4	11

Lieferant	Rate Preis	Rate Termin	Rate Qualität	Rate Service	Summe
A	1,00	0,80	0,90	0,70	3,40
B	0,93	0,92	0,96	1,00	3,81
C	0,96	0,88	0,93	0,80	3,57

Das Angebot von Lieferant B ist das ausgewogenste Angebot.

6.4.2.3 Kennzahlenverfahren

Unter den Bezeichnungen Lieferantenkennzahl, „vendor rating system", Anbieterse-lektions-System usw. wurden weitere Verfahren entwickelt, die ohne Schwierigkeiten computergestützt durchgeführt werden können. Hierbei trennt man die Bewertung des Beschaffungsgutes von der des Anbieters. Die Bewertung des Beschaffungsgutes geht von den Angaben der Angebote aus (Preis, Qualität, Lieferzeit) und setzt voraus, dass alle Angebote hinsichtlich dieser Kriterien den gestellten Ansprüchen genügen.

In diesem Fall verbleibt als einziges Beurteilungskriterium für das Beschaffungsgut der Einstandspreis.

Um jedoch auch die Leistungsfähigkeit der einzelnen Anbieter zu berücksichtigen und dadurch über den reinen Preisvergleich hinauszugehen, erhält jeder Lieferant eine Kennzahl. Grundlage der Kennzahl ist der Wert 1,000, zu dem Strafpunkte für schlechte Leistungen in der Vergangenheit addiert und Gutschriften für besonders gute Leistungen bei der bisherigen Zusammenarbeit subtrahiert werden.

Der Vergleichsfaktor Lieferzuverlässigkeit wird beispielsweise wie folgt behandelt:

	Punkte
Die Lieferung erfolgt mehr als 4 Wochen zu früh	+ 0,02
Die Lieferung erfolgt 1-4 Wochen zu früh	+ 0,01
Die Lieferung erfolgt 0-1 Woche zu früh	0,00
Die Lieferung erfolgt 0-1 Woche zu spät	+ 0,01
Die Lieferung erfolgt 2-3 Wochen zu spät	+ 0,05
Die Lieferung erfolgt 4-6 Wochen zu spät	+ 0,10
Die Lieferung erfolgt mehr als 6 Wochen zu spät	+ 0,20
1 Mahnung notwendig	0,00
2-3 Mahnungen notwendig	+ 0,10
4-5 Mahnungen notwendig	+ 0,20
6 und mehr Mahnungen notwendig	+ 0,30

Ein sehr unzuverlässiger Lieferant kann für das Kriterium Lieferzuverlässigkeit maximal + 0,50 Strafpunkte erhalten. Derartige Bewertungsraster sind auch für die Vergleichsfaktoren Service und Qualitätsstandard der Lieferungen entwickelt worden.

Aus der Zusammenfassung aller Einzelwerte ergibt sich als Maßstab der Leistungsfähigkeit des Lieferanten die Lieferantenkennzahl, die mit dem Einstandspreis multipliziert wird. Dieser Vergleichspreis bildet den Abschluss des Verfahrens.

Beispiel: Angebote nach Kennzahlenverfahren

Lieferant	Termin	Qualität	Service	Lieferanten-kennzahl
A	+ 0,200	+ 0,010	- 0,050	1,160
B	0,000	+0,100	+ 0,010	1,110
C	0,000	+0,050	0,000	1,050

Lieferant	Einstandspreis	Lieferantenkennzahl	Vergleichspreis
A	45,00	1,160	52,20
B	45,00	1,110	49,95
C	45,00	1,050	47,25

Der Lieferant C erhält den Auftrag.

Alle dargestellten Scoring-Modelle stellen systematische Lösungen des Angebotsvergleichs dar und heben die Bestellentscheidung auf eine rationale Ebene. Dies gilt vor allem für das Quotientenverfahren und das System von Lieferantenkennzahlen, da hier die Quantifizierung nicht rechenhafter Vergleichsfaktoren auf der Basis sorgfältiger Auswertung von Vergangenheitswerten erfolgt.

So bestechend die Systematik, besonders der beiden letzten Verfahren, erscheinen mag, so müssen einige Bedenken angemeldet werden. Zunächst entsteht ein hoher Aufwand für Datenpflege und Rechenoperationen. Auch sind diese Verfahren nicht für neue Lieferanten anwendbar. Damit wächst die Neigung zu Stammlieferanten.

Außerdem basieren alle Kennzahlen auf den gleichen Vergleichsfaktoren und lassen daher Besonderheiten des zu beschaffenden Produktes, der Konjunkturlage usw. außer acht.

Letztlich erschweren sie die Vorbereitung von Vergabeverhandlungen, da insbesondere die Lieferantenkennzahl keine detaillierten Rückschlüsse auf Schwächen und Stärken des einzelnen Anbieters erlaubt.

Um diesen Bedenken Rechnung zu tragen und generell die mathematisch-statistische Betrachtungsweise bei der Angebotsbearbeitung nicht überzubetonen, wurden grafische Verfahren in Form der Lieferantenprofile entwickelt, die dem Einkäufer einen größeren Aktionsradius sichern sollen.

Abbildung 6-1:   *Aufbau eines Lieferantenprofils*

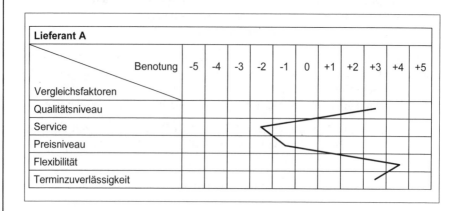

Auch dieser Lösungsansatz trägt dazu bei, die Erkenntnisse der Beschaffungsmarkt-forschung neben den Angaben der Angebote in die Bestellentscheidung einzubezie-hen, ohne jedoch die Einzelergebnisse zu stark in einer einzigen Zahlengröße zu komprimieren, was insbesondere bei der Vorbereitung von Vergabeverhandlungen hilfreich ist.

6.4.2.4   Differenzierungsmöglichkeiten

Aus Gründen einer einheitlichen Einkaufspolitik, zum Zweck der Nachprüfbarkeit von Einkaufsentscheidungen durch Dritte und aus organisatorischen Überlegungen gelangen in den Einkaufsabteilungen von vielen Unternehmen stets die gleichen Ver-gleichsfaktoren für alle Bedarfsfälle zur Anwendung. Diese Vorgehensweise bringt die Schwierigkeit der speziellen Differenzierung der einzelnen Vergleichsfaktoren mit sich. So kann beispielsweise für bestimmte Stahlsorten in einer Maschinenfabrik das Qualitätsniveau entscheidender sein als der Einstandspreis, während in der gleichen Unternehmung bei Verpackungsmaterial der umgekehrte Sachverhalt denkbar ist. Auch ist leicht einzusehen, dass der Faktor Lieferzuverlässigkeit in seiner Bedeutung zu anderen Vergleichsfaktoren erheblich von der jeweiligen Konjunkturlage auf dem betreffenden Beschaffungsmarkt abhängig ist. Diese Beispiele lassen sich beliebig vermehren. Sie zeigen, dass eine gleichgewichtige Benutzung der Vergleichsfaktoren problematisch ist.

Deshalb ist man, zumindest bei A-Artikeln, dazu übergegangen, die einzelnen Ver-gleichsfaktoren zu gewichten, etwa mit Hilfe von Koeffizienten.

Tabelle 6-2:   *Koeffizienten für Vergleichsfaktoren*

Vergleichsfaktoren	Koeffizienten
Preisniveau	2
Qualität	1
Zuverlässigkeit	5
Service	2

Die Gewichtung erfolgt im Angebotsvergleich und ist nur dann sinnvoll durchführbar, wenn bei der Angebotsanalyse der Einzelangebote die Bewertung der Vergleichsfaktoren im Punktsystem erfolgte.

Beispielhaft sollen die weiter oben gepunkteten Einzelangebote A und B mit den vorstehenden Koeffizienten gewichtet werden:

Tabelle 6-3:   *Beispielangebote nach Koeffizientenverfahren*

Vergleichsfaktoren	Koeffizienten	Angebot A		Angebot B	
		ungewichtet	gewichtet	ungewichtet	gewichtet
Einstandspreis	2	8	16	10	20
Qualität	1	6	6	6	6
Zuverlässigkeit	5	5	25	8	40
Service	2	8	16	5	10
gewichtete Gesamtpunktzahl			63		76

Es erhebt sich die Frage, nach welchen Kriterien die Gewichtungskoeffizienten festzulegen sind, da ihre unsystematische Vergabe den subjektiven Ermessungsspielraum des einzelnen Einkäufers zu stark ausweiten würde. Als wesentliche Gesichtspunkte kommen hier in Frage:

■ Kostenminimierung
   Hat ein Vergleichsfaktor größeren Einfluss auf die Beschaffungsgesamtkosten, sei es aus der Art der einzukaufenden Ware oder der augenblicklichen Situation auf dem speziellen Beschaffungsmarkt, so ist dies bei der Gewichtung zu berücksichtigen.

■ Umsatzwachstum
   Diese übergeordnete Unternehmenszielsetzung würde die auf Kostenminimierung ausgerichteten Beschaffungsziele zurückdrängen und den Vergleichsfaktoren Gegengeschäfte, verbundenes Unternehmen, Vertriebsaktivitäten ein höheres Gewicht zukommen lassen.

- Geringe Kapitalbindung
  Diese ebenfalls aus der allgemeinen Unternehmenszielsetzung übernommene Forderung würde Service (Abrufaufträge), Zuverlässigkeit (geringe Sicherheitsbestände), Terminierung und Kapazität zu einem höheren Gewicht verhelfen.

- Absolut sichere Materialbereitstellung
  Diese sowohl aus der Unternehmenskonzeption (z.B. Markenartikel) als auch aus
  der Beschaffungspolitik ableitbare Zielsetzung würde die Vergleichsfaktoren Kapazität, Service, Zuverlässigkeit und u.U. verbundenes Unternehmen favorisieren.

Aus diesen Darlegungen geht hervor, dass die Auswahl der anzuwendenden Vergleichsfaktoren und die Festlegung der Gewichtskoeffizienten den Entscheidungsspielraum des Einkäufers gravierend beeinflussen. Eine geschickte Auswahl fördert
zum einen die Abkehr vom reinen Preisdenken und bringt zum anderen die Zielsetzung von Gesamtunternehmen und dem Subsystem Materialwirtschaft in Übereinstimmung.

Deshalb ist die Aufgabe der Auswahl und Gewichtung der für das einzelne Unternehmen anzuwendenden Vergleichsfaktoren eindeutig der Einkaufsleitung oder der
Unternehmensleitung zuzuordnen. Hierbei sollte auch berücksichtigt werden, dass
dem Einkäufer durch eine durchdachte Vorgabe der anzuwendenden Vergleichsfaktoren und deren Gewichtung eine wertvolle Rechtfertigungsmöglichkeit für den Fall
gegeben wird, dass ihm aus rein preislichen Gesichtspunkten Vorwürfe zu machen
sind. Der Einsatz von Koeffizienten ist letztlich auch vor dem Hintergrund des Total
Cost of Ownership kritisch zu hinterfragen.

6.5   Vergabeverhandlung

Auf der Grundlage des Angebotsvergleichs wird nur dann die Bestellentscheidung
getroffen, wenn ein Angebot einen überragenden Eindruck hinterlässt oder der Ge-
samtauftragswert zusätzliche Aktivitäten verbietet.

In allen anderen Fällen sollten Vergabeverhandlungen mit dem Ziel geführt werden,
bei den einzelnen Vergleichsfaktoren Verbesserungen zu erzielen. Die Durchführung
solcher Vergabeverhandlungen liegt von Einkäuferseite oft im argen, während sie von
den Anbietern sehr ernst genommen wird. Will der Einkäufer seine Vorstellungen im
Lieferantengespräch durchsetzen, bedarf es einer guten sachlichen, organisatorischen,
taktischen und persönlichen Vorbereitung.

6.5.1 Sachliche Vorbereitung

Wenn man eine Vergabeverhandlung anstrebt, muss man sich über die Ziele im klaren sein und einen Argumentationskatalog besitzen, um den Gesprächspartner im Sinne der Zielsetzung zu überzeugen.

Die Zielsetzungen ergeben sich aus dem jeweiligen Angebotsvergleich, der ausweist, in welchen Vergleichsfaktoren das Angebot im Vergleich zu den anderen Offerten abfällt. Dabei braucht es sich keineswegs immer um den Faktor Einstandspreis zu handeln. Vielmehr gibt es eine Reihe anderer Verhandlungsschwerpunkte: Qualität, Menge, Lieferzeit, Sicherung gemachter Zusagen, Umfang von Garantien, Serviceleistungen und Gegengeschäfte, Absprachen über die Benutzung von Herstellermarken, Regelungen über die Behandlung von Werkzeugkosten. Sie alle haben Einfluss auf die Höhe des Gewinnbeitrages, den der Einkäufer durch die Auftragsvergabe anstrebt. Berücksichtigt man hierbei mögliche Fehlmengen-, Lager- und Zinskosten, so tritt die Berücksichtigung des Vergleichsfaktors Einstandspreis im Vergleich zu den übrigen Zielsetzungen häufig zurück.

Es ist jedoch nicht ausreichend, konkrete Verhandlungsziele zu entwickeln, vielmehr bedarf es zur Durchsetzung dieser Ziele einer fundierten Argumentation. Hier zeigt sich, ob der Einkäufer genügend Informationen gewonnen hat und in der Lage ist, hieraus treffsichere Argumente zu entwickeln (vgl. Tabelle 6-4).

Diese wenigen Beispiele zeigen, wie weit die Themengebiete gezogen werden können, die in einer Vergabeverhandlung behandelt werden. Es werden sich häufig Änderungen in den Zielansprachen ergeben, die neue Argumente erfordern. Auch darf nicht übersehen werden, dass mehrere Zielansprachen in einem Zusammenhang stehen (Menge/Preis, Werkzeugkosten/Preis, Qualitätsniveau/Werkzeugkosten). Die Kenntnis dieser Zusammenhänge ist wichtig, um Widersprüche in der Argumentation zu vermeiden und gegebenenfalls die Reihenfolge der Argumente in taktischer Hinsicht zu bestimmen.

Tabelle 6-4:   *Zielansprachen und Argumente für Vergabeverhandlungen*

Mögliche Zielansprachen	Verwendbare Argumente
Anlieferungszeitpunkt verkürzen	Engpasssituation, lange Geschäftsbeziehungen, Konjunkturlage, Teillieferung
Konventionalstrafe einführen	Darlegung möglicher Fehlmengenkosten, Lieferverzögerungen der Vergangenheit bzw. Erstauftrag, Hinweis auf Konkurrenzangebote
Preise senken	Ergebnis der Preisstrukturanalyse, Auftragsgröße, Vorauszahlung, Beistellung bestimmter Vorprodukte, Branchenvergleich, Mengenprognosen, Preisgleitklauseln
Werkzeugkosten übernehmen	Auftragsgröße, Anschlussaufträge, Zuschuss, Branchenvergleich
Qualitätsniveau heben	Hinweis auf Substitutionsmaterial, Auftreten von Reklamationen bei einigen Fertigerzeugnissen, Verarbeitungsschwierigkeiten in der Fertigung, Ergebnisse der Qualitätsprüfung
Eigene Einkaufsbedingungen durchsetzen	Eigene Stellung am Beschaffungsmarkt, starker Konkurrenzkampf der Lieferanten um Marktanteile, Zweifel an den Angaben des Angebotes, Darlegung der Problematik einzelner Vertragsbestimmungen

6.5.2   Organisatorische Vorbereitung

Aus aufbauorganisatorischer Sicht muss festgelegt werden, ob der Einkäufer allein verhandelt oder ein Verhandlungsteam gebildet wird. Diese Gruppenbildung erfolgt einmal deshalb, um die Verhandlungsposition des Einkäufers in hierarchischer Hinsicht aufzuwerten. Das ist dann angebracht, wenn der Gesprächspartner in seinem Unternehmen eine hohe Position bekleidet, über Einkaufssummen verhandelt wird, die die Kompetenz des Einkäufers übersteigen oder Verhandlungen mit schwierigem Argumentationskatalog anstehen. Auch werden Verhandlungsteams dann gebildet, wenn der Einkäufer das Spezialwissen anderer Betriebsabteilungen benötigt oder die andere Seite solche Spezialisten mitbringt.

Um solche Teamverhandlungen erfolgreich zu gestalten, muss der Einkäufer einige Grundregeln beherrschen.

Zunächst müssen alle Vertreter des eigenen Hauses über den gleichen Informationsstand bezüglich der Ziele und Argumente verfügen und über die geplante Gesprächsführung unterrichtet sein. Daraus ergeben sich die Teilgebiete der Verhandlung, wofür das einzelne Teammitglied zuständig ist und die es im Sinne der Zielsetzung zu vertreten hat. Hierbei ist es wichtig, dass es nicht zu Widersprüchlichkeiten und Spannungen innerhalb des eigenen Verhandlungsteams kommt. Dieses kann durch eine geeignete Sitzordnung, die Vereinbarung von Verständigungszeichen, die Einplanung von Gesprächspausen usw. geschehen.

Die organisatorischen Vorbereitungen erleichtern oft die Erlangung und Verteidigung der Gesprächsführung, was für den Verhandlungserfolg sehr wichtig sein kann. Wählt der Einkäufer beispielsweise als Verhandlungsort die eigene Firma, kann er leichter die Gesprächsführung erlangen. Er bestimmt mit der Ortswahl die Sitzordnung der Verhandlungspartner, er kann die Verhandlung nach Belieben etwa durch Anbieten von Erfrischungen unterbrechen. Durch Aufbau bestimmten Demonstrationsmaterials ist er in der Lage, das Gespräch in die von ihm gewünschte Richtung zu lenken.

Auch durch die Verteilung bestimmter Argumentationsschwerpunkte auf die einzelnen Partner eines Verhandlungsteams kann dem Verhandlungspartner die eigene Konzeption vorgegeben werden, auf die er reagieren muss. Ebenfalls durch seine Persönlichkeit, seine Rhetorik, sein Erscheinungsbild kann der Einkäufer einiges für die Behauptung der Gesprächsführung in einer Vergabeverhandlung tun. Es sollte jedoch nicht übersehen werden, dass hierfür in erster Linie die sachliche Vorbereitung wichtig ist. Hierdurch werden ihm die Zielansprachen deutlich und durchschlagende Argumente geläufiger, ohne die eine Gesprächsführung nicht auf Dauer während einer Verhandlung behauptet werden kann.

6.5.3 Taktische Vorbereitung

Neben der Festlegung der Verhandlungskonzeption und ihrer Durchsetzung spielt es eine große Rolle, wie der Einkäufer seine Argumente vorbringt. Hierbei bietet sich einmal das Limitieren oder das Argumentieren an.

Beim Limitieren kleidet der Einkäufer seine Zielansprache in einen Gegenvorschlag, den der Verhandlungspartner annehmen oder ablehnen kann. Obwohl diese Taktik in der Praxis häufig angewandt wird, seien einige Bedenken genannt:

- Der Einkäufer schafft eine Atmosphäre der Arroganz, die Abwehrreaktionen des Verhandlungspartners hervorruft und den partnerschaftlichen Dialog ausschließt.

- Es ist unwahrscheinlich, dass der Einkäufer seinen Gegenvorschlag gerade dort ansiedelt, wo ein Interessenausgleich zwischen Lieferant und ihm möglich wäre. Entweder er überzieht seine Forderungen und der Lieferant lehnt ab, so scheidet eine potentielle Lieferquelle aus, da der Einkäufer ohne Gesichtsverlust seinen Gegenvorschlag nicht mehr ändern kann. Oder aber sein Gegenvorschlag liegt über den niedrigsten Preisvorstellungen des Lieferanten, so dass der Einkäufer mögliche Verbesserungen auslässt.

▪ Durch Limitieren kann man schwerlich nicht rechenhafte oder technisch komplizierte Sachverhalte in eine Verhandlung einführen.

Es ist deshalb angebracht, dass der Einkäufer stärker durch Argumentieren seine Ziele in Vergabeverhandlungen zu verwirklichen sucht, besonders wenn er über keine sehr fundierten Marktdaten verfügt oder in einer schlechten Verhandlungsposition ist (dringender Bedarf, kaum brauchbare Alternativangebote). Hierzu benötigt er jedoch die Kenntnis der Grundlagen erfolgreicher Verhandlungsführung, die in der entsprechenden Spezialliteratur zu finden sind. Im Rahmen dieser Abhandlung kann nur auf einige Verhandlungstaktiken hingewiesen werden:

a) Verdrängungs- und Salamitaktik
Das angestrebte Ziel wird in Teilziele zerlegt, die bewusst getrennt auszuhandeln sind. Als zur Verhandlung anstehend wird immer nur der Teilpunkt betrachtet, der gerade verhandelt wird. So wird versucht, Teilziel für Teilziel positiv abzuschließen und vermieden, die Vergabeverhandlung als ein Ganzes anzusehen. Durch ein solches Vorgehen verliert der Verhandlungspartner leicht die Übersicht, so dass insgesamt mehr zugestanden wird als eigentlich vorgesehen war.

Ein Beispiel hierzu: Zunächst wird über die Qualität verhandelt und sofort verbindlich festgelegt, dann wird über die Art der Qualitätsprüfung verhandelt und das Ergebnis wiederum sofort festgehalten. Hat der Einkäufer in diesen beiden Teilzielen bessere Ergebnisse erzielt als im Angebot, wird er nun über den Angebotspreis oder dessen Nebenbedingungen sprechen. Die Salamitaktik setzt immer einen Mehrfaktorenvergleich zur Aufstellung der Teilziele voraus.

b) Ja-aber-Taktik
Diese Taktik berücksichtigt, dass ein Argument an Durchschlagskraft gewinnt, je geschickter es vorgetragen wird. Bringt beispielsweise ein Lieferant Begründungen für eine lange Lieferzeit vor, so kann der Einkäufer diese schroff zurückweisen, was zu einer Verärgerung führt.

Die Ja-aber-Taktik bemüht sich durch eine rhetorische Zustimmung den Verhandlungspartner zu schonen und ihm über das Wörtchen „aber" die eigenen Gegenargumente nahe zu bringen.

c) Einräumungstaktik oder Do-ut-des-Prinzip
Der Austausch von Leistungen ist die Grundlage jedes Kaufvertrags. In den Verhandlungen kommt es nun darauf an, seine Leistung dem Verhandlungspartner zu verdeutlichen bzw. bei Leistungsschwächen des Lieferanten entsprechende Zugeständnisse zu erlangen.

Der Einkäufer kann darlegen, wie vorteilhaft seine großen Abnahmemengen für die Kosten des Lieferanten sind, was für eine hervorragende Präferenz es wäre, an das von ihm vertretene Unternehmen zu liefern, und dergleichen mehr. Für diese „Leistungen" verlangt der Einkäufer Gegenleistungen in Gestalt von Preiszugeständnissen, Lieferzeitverkürzungen usw.

d) Lehrsatz des Sokrates
Die Argumente des Lieferanten werden hierbei vom Einkäufer zunächst akzeptiert. In einer zweiten Phase zeigt der Einkäufer dann die kurz- und insbesondere die langfristigen ungünstigen Konsequenzen für den Lieferanten auf, die sich für ihn ergeben, wenn dieser auf seinen Forderungen beharrt.

Der Einkäufer verhandelt erfolglos über eine Verkürzung der Lieferzeit. Nunmehr stellt er dem Lieferanten die Konsequenzen (keine Anschlussaufträge, Substitutionsgüter, Konkurrenz) dar und versucht, ihn hierdurch zu bewegen, günstigere Vorschläge zu machen.

6.5.4 Vorbereitung auf die Person des Verhandlungspartners

Um den Partner von der Richtigkeit seines Standpunktes zu überzeugen und ihn damit zur Annahme seiner Gedanken und Zielvorstellungen zu bringen, muss der Einkaufer berücksichtigen, dass sich eine Vergabeverhandlung nicht nur auf einer rationalen, sondern auch auf einer emotionalen Ebene abspielt. Es ist wichtig, dass der Einkäufer sich mit der Person seines Gegenübers beschäftigt, um den Verhandlungserfolg abzusichern. Indem man den Lieferanten nicht unnötig warten lässt, ihn freundlich empfängt, ihn mit seinem Namen anredet, kann der Einkäufer eine günstige Verhandlungsatmosphäre schaffen. In dieser Hinsicht werden viele Fehler gemacht, da Einkäufer häufig glauben, durch schroffes Auftreten bessere Erfolge erzielen und ihre eigene Unsicherheit überspielen zu können.

Hier eine Änderung herbeizuführen, dürfte recht einfach sein, schwieriger ist schon der zweite Schritt der Vorbereitung auf die Person des Verhandlungspartners: seine Persönlichkeit, seine Motive und wesentlichen Charakterzüge zu erkennen. Hier soll nicht der Verbrüderung von Lieferant und Einkäufer das Wort geredet, sondern nur die Bedeutung der Berücksichtigung von Persönlichkeitsmerkmalen bei der Vergabeverhandlung hervorgehoben werden.

In der einschlägigen Literatur werden mehrere Wege genannt, um Informationen über die Person seines Gesprächspartners zu erhalten:

▨ Die Körpersignale,

▨ der Körperbau,

■ die Einstellungsrichtung,

■ Freizeitbeschäftigung,

■ Ausdrucksform/Wortschatz.

Die Beobachtung der Körpersignale geschieht während der Verhandlung, wobei folgender Zusammenhang häufig unterstellt wird:

Tabelle 6-5:   *Beispiele für Körpersignale*

Hände über der Brust verschränken	→	Abwehrhaltung
Augenbrauen hochziehen	→	etwas nicht glauben
Finger trommeln	→	ungeduldig werden
Beine übereinanderschlagen	→	Gesprächsführung anstreben

Vom Körperbau her unterscheidet man folgende Typen:

Tabelle 6-6:   *Typen der Physiognomie*

Typ	Erkennungsmerkmale	Verhandlungspartner
Pykniker	Untersetzt, rundlich, kurzer Hals, Neigung zur scharf umrissenen Glatze	Sieht das Ganze, vernachlässigt das Detail, wechselhaft, ermüdet schnell, mitteilungsbedürftig, zu unüberlegten Äußerungen reizbar
Leptosome	Schmalwüchsig, großes Längenwachstum, schlechte Körperhaltung	Zäh, systematisch, formalistisch, wenig anpassungsfähig, leicht verwirrbar
Athletiker	Breite Schultern, große Hände, grober Körperbau	Schwerfällig, nüchtern, wortkarg, verlässlich

Von der Einstellungsrichtung kann man den Verhandlungspartner in die Kategorien „extrovertiert" oder „introvertiert" einordnen. Die Verhandlungseigenschaften der jeweiligen extro- oder introvertierten Verhandlungspartner erlauben im großen und ganzen einen Rückschluss auf das Temperament, wie es die folgende Übersicht verdeutlicht:

Tabelle 6-7:   *Einstellungsrichtungen von Verhandlungspartnern*

launisch			empfindlich
ernsthaft			unruhig
bedrückt			aggressiv
pessimistisch			reizbar
schweigsam			impulsiv
			aktiv
Introvertiert	melancholisch	cholerisch	**Extrovertiert**
	phlegmatisch	sanguinisch	
passiv			gesellig
nachdenklich			gesprächig
zuverlässig			lässig
beherrscht			lebhaft
			sorglos
			tonangebend

Freizeitbeschäftigung und Ausdrucksform/Wortschatz lassen Rückschlüsse auf die Grundmotive des Verhandlungspartners zu, die es anzusprechen gilt, um ihn für die eigenen Zielvorstellungen aufgeschlossener zu machen. Dieser Hinweis auf die wichtigen Erkenntnisse der Überzeugungspsychologie muss im Rahmen dieser Ausführungen genügen und soll durch nachstehende Tabelle 6-8 etwas verdeutlicht werden.

Tabelle 6-8:   *Mögliche Motivlagen*

Grundmotive des Verhandlungspartners	Erkennungsmerkmale	Motivationsansätze
Soziale Anerkennung	Extrovertiert, wechselnde Hobbies, die gerade in Mode sind. Benutzt häufig Schlagwörter	Ansprache durch Statussymbole, Anerkennung, z.B. Steigerung des Ansehens des Vertreters in der eigenen Firma, wenn er vom Einkauf den Auftrag erhält
Sicherheit und Geborgenheit	Introvertiert, gesunde, preiswerte Hobbies, erhebt kaum Widerspruch	Ansprache durch Information, z.B. Höhe des Jahresbedarfes, Anschlussaufträge, entsprechende Einkaufspolitik
Vertrauen und mitmenschlicher Kontakt	Extrovertiert, gesellige Hobbies, übernimmt gern Ehrenämter, duzt gerne seinen Gesprächspartner	Ansprache durch Kooperation, z.B. Einbindung in Wertanalyse, Hinweise, welch großer Wert die Zusammenarbeit für den Einkäufer hat
Selbstachtung	Introvertiert, ausgefallene Hobbies mit hohem Ordnungsanspruch, Tabellenfan, Prinzipienreiter	Ansprache durch Information, z.B. Preisstrukturanalyse, ROI, Scoring-Modelle
Unabhängigkeit und Erfolg	Extrovertiert, selbstbewusst, wählt Hobbies nach Nützlichkeit für seinen Beruf, spricht in kurzen Sätzen	Ansprache durch Ergebnisse, z.B. Deckungsbeiträge/ Gewinn/Anschlussaufträge, Bedeutung des Lieferanten für den Einkaufserfolg

6.6   Bestellung

Ist aufgrund der bisher besprochenen Aktivitäten die Bestellentscheidung gefallen, bildet die Bestellung das letzte Glied des Beschaffungsprozesses. Eine Bestellung ist die Willenserklärung einer Person / eines Unternehmens, näher bestimmte Leistungen bzw. Güter zu den mitgeteilten Bedingungen anzunehmen und zu bezahlen. Sie erfolgt heute weitgehend IuK-Technik-basiert in schriftlicher Form, da hierdurch

- der Bestellvorgang sicherer wird (keine Hörfehler usw.);

- juristischen Anforderungen besser entsprochen wird (Beweismaterial, Compliance usw.);

- der innerbetriebliche Kommunikationsvorgang über elektronische Beschaffungssysteme schnell und reibungslos vollzogen werden kann.

Soll das Bestellschreiben diesen Zielen genügen, so müssen die in ihm enthaltenen Daten vollständig und klar sein. Wie die meisten Rechtsgeschäfte ist die Bestellung nicht an feste Formen gebunden. Es kommen fast ausschließlich Bestellformulare zum Einsatz, auf denen allgemeine Vorschriften über

- Zahlungs- und Transportbedingungen,

- Gerichtsstand,

- Erfüllungsort,

- Rügefristen,

- Hinweis auf die Sonderbedingungen eines Auftrages (Gültigkeit der eigenen AGBs)

einzeln oder in Form von umfangreichen Einkaufs- und Zahlungsbedingungen aufgedruckt sind. Gleiches gilt für elektronisch übermittelte Bestellungen, die diese Angaben mit beinhalten bzw. auf diese hinweisen. Durch eine gute Formulargestaltung (bei Papier- wie auch elektronischen Bestellungen) werden ferner alle auftragsspezifischen Vorschriften vom Benutzer abgefragt und damit ein Vergessen vermieden. Durch geschickte Anordnung der Daten wird die Handhabung für den Adressaten erleichtert. Eine starke Strukturierung von Bestellmasken in elektronischen Beschaffungssystemen erschwert jedoch deren bedarfsfallgerechten Einsatz, was an anderer Stelle im Kontext E-Procurement weiter vertieft wird.

Zu den auftragsspezifischen Inhalten gehören:

- Bestellnummer,

- zweifelsfreie Bezeichnung des Kaufgegenstandes gegebenenfalls mit Materialnummer,

- Qualitätsangaben/zugesicherte Eigenschaften,

- Bestellmenge,

- Lieferzeit,

- Liefertermin (Kalendertermin mit automatischer in Verzug-Setzung),

- Verpackungsart und -größe,

- Preis je Mengeneinheit und Gesamtpreis.

Je sorgfältiger die Angebotsbearbeitung erfolgt ist, desto klarer dürften auch die einzelnen Bestellvorschriften ausfallen. Bedenkt man jedoch die große Zahl von Klein- und Routinebestellungen, so sind die hohen Ansprüche an das Bestellschreiben aus arbeits- und kostenmäßigen Überlegungen kaum aufrechtzuerhalten. Tut man es trotzdem, so werden entweder die Bestellabwicklungskosten kräftig steigen oder das Niveau der Bestellschreibung insgesamt sinken. Der zeitliche und finanzielle Aufwand für die Erstellung von Bestellungen führt zwangsläufig dazu, dass dieser Vorgang wirtschaftlich rationalisiert werden muss. Dabei besteht ein Zielkonflikt zwischen individueller Handhabbarkeit (zur Sicherstellung von Schnelligkeit) und der Festlegung von Formularen, Abläufen und Prozessen (zur Erfüllung rechtlicher Anforderungen).

Deshalb ist es ratsam, zwischen Normal- und Kleinbestellungen zu trennen und für Kleinbestellungen einen vereinfachten Bestellvorgang vorzusehen. Als solche Vereinfachungsmöglichkeiten seien beispielhaft genannt:

- Abschluss von Rahmen- und Abrufaufträgen;

- Zusammenfassung von Kleinbestellungen zu einem Großauftrag;

- geeignete Kleinbestellungsformulare mit monatlicher Sammelrechnung;

- Festlegung von Mindestbestellwerten;

- Kauf bei einem Händler mit breitem Sortiment statt bei vielen Herstellern (Reduzierung der Lieferantenzahl);

- Nutzung der elektronischen Datenübertragung;

- in Ausnahmefällen Kauf durch den Bedarfsträger und telefonische Bestellung.

6.7   Auftragsbestätigung

In aller Regel übersendet der Lieferant nach Erhalt der Bestellung eine Auftragsbestätigung, die den Inhalt der Bestellung vollinhaltlich anerkennt oder aber in gewissen Bereichen ändert oder ergänzt. Die Bestellung kann, rechtswirksam mittels Auftragsbestätigung angenommen, ohne die Einwilligung der jeweils anderen Seite weder geändert noch storniert werden. Im Rahmen der elektronischen Übermittlung der Bestelldaten erfolgt in der Regel keine Auftragsbestätigung, da dies meist rahmenvertraglich vereinbart worden ist. Kaufmännische Bestätigungsschreiben reduzieren dabei den administrativen Aufwand. Dennoch ist die Auftragsbestätigung für den Einkäufer in zweierlei Hinsicht bedeutsam.

Im Sinne einer sicheren Materialversorgung ersieht der Einkäufer, dass der Lieferant die Bestellung erhalten und in den Geschäftsgang gebracht hat. Außerdem werden

Differenzen in den auftragsspezifischen Vorschriften zwischen Bestellung und Auftragsbestätigung sofort und nicht erst bei Auslieferung sichtbar.

Deshalb werden in den Einkaufsabteilungen der Eingang von Auftragsbestätigungen terminlich überwacht, überfällige Bestätigungen angemahnt, die Übereinstimmung von Bestellung und Bestätigung geprüft und bei Differenzen umgehend Kontakte mit dem Lieferanten aufgenommen.

Darüber hinaus besitzt die Auftragsbestätigung noch juristische Bedeutung, wobei drei grundsätzliche Möglichkeiten zu unterscheiden sind:

- Die Bestellung stellt die uneingeschränkte Annahme eines vorher unterbreiteten Angebots dar. In diesem Fall ist die Auftragsbestätigung juristisch belanglos, da der Kaufvertrag bereits durch die Bestellung abgeschlossen wurde (Auftragsbestätigung = einfaches Bestätigungsschreiben).

- Die Bestellung erfolgt, ohne dass ein konkretes Angebot vorlag, bzw. die Bestellung weicht in wesentlichen Teilen von dem Angebot ab. Dann ist die Bestellung als Antrag an den Lieferanten zum Abschluss eines Kaufvertrages zu sehen. Die vollinhaltlich gleiche Auftragsbestätigung bedeutet Annahme des Antrags durch den Lieferanten und damit Abschluss des Kaufvertrags.

- Weicht in letzterem Fall die Auftragsbestätigung von der Bestellung ab, so ist noch kein Kaufvertrag abgeschlossen worden.

Eine Sonderstellung nimmt in diesem Zusammenhang das Kaufmännische Bestätigungsschreiben ein: Dabei werden die gegenseitigen Rechte und Pflichten von einer Seite schriftlich fixiert. Praktische Anwendung findet das Kaufmännische Bestätigungsschreiben bei mündlichen oder telefonischen Verhandlungen. Wesentliche Inhalte wie Spezifikationen, Menge, Preise und Termine werden verhandelt und vereinbart, die übrigen Konditionen dann stillschweigend akzeptiert. Sie sind aber auch formal und für die praktische Abwicklung zu regeln bzw. aus längeren Lieferbeziehungen bereits bekannt und akzeptiert. Der Verfasser des Kaufmännischen Bestätigungsschreibens hat bzw. setzt das Einverständnis des Partners voraus. Wird nicht widersprochen (Rügepflicht des Kaufmanns) gilt es, obwohl keine explizite Willenserklärung der Gegenseite abgegeben worden ist.

Es kann nicht der Sinn dieser Ausführungen sein, die hier aufgezeigten juristischen Fragen näher zu diskutieren, zumal hierüber ausgezeichnete Spezialliteratur vorliegt. Lediglich ein in der Einkaufspraxis sehr häufiger Abweichungsbereich zwischen Bestellung und Auftragsbestätigung sei erwähnt: Unterschiede in den Einkaufsbedingungen der Bestellung und den Verkaufsbedingungen der Auftragsbestätigung.

Wenn Lieferant und Einkäufer über die anzuwendenden allgemeinen Vertragsbedingungen bewusst keine Einigung erzielen, ist juristisch überhaupt kein Vertrag zustande gekommen. Schwieriger wird die Frage dann, wenn die Nichtübereinstimmung den Partnern nicht bewusst wird, was bei allgemeinen Geschäftsbedingungen häufig vorkommt. Da dann die besonderen Umstände eine bedeutende Rolle spielen, kann hier keine allgemein verbindliche Aussage gemacht und muss auf die Spezialliteratur verwiesen werden.

In der Einkaufspraxis wird das Problem divergierender Einkaufs- und Verkaufsbedingungen häufig dadurch gelöst, dass hierüber verhandelt und die erzielte Übereinkunft in Rahmenverträgen festgehalten wird, die dann für alle zukünftigen Kaufverträge der Partner verbindlich sind. Wesentlich unbefriedigender ist die Lösung, Differenzen zwischen Einkaufs- und Verkaufsbedingungen bewusst zu übersehen und in dieser Hinsicht auf Kulanz und Integrität des Partners zu vertrauen.

6.8 Terminsicherung und Terminkontrolle

Auch die Terminsicherung und Terminkontrolle dienen vornehmlich der kostenbewussten Versorgungssicherung. Dabei genügt in der Regel aufgrund vieler außer- und innerbetrieblicher Störfaktoren nicht das Zuwarten auf die termingerechte Anlieferung der bestellten Materialien. Vielmehr besteht für den Einkauf die Notwendigkeit einer aktiven Gestaltung des Terminwesens. Diese Aufgabe umfasst einmal die Terminkontrolle, bei der die Einhaltung vereinbarter Liefertermine überprüft und die Rettung überfälliger oder gefährdeter Liefertermine durch geeignete Schritte angestrebt wird. Die Terminsicherung hingegen versucht durch ein Bündel planerischer und strategischer Maßnahmen, Terminüberschreitungen schon im Vorfeld der Bestellung auszuschalten, indem rechtzeitig bei zuverlässigen Lieferanten bestellt wird. Das Verhältnis Terminkontrolle zu Terminsicherung wird zunehmend dadurch bestimmt, dass die Einkäufer versuchen, Kontrolle durch Sicherung weitgehend überflüssig zu machen. Die Terminkontrolle hat überwiegend Routinecharakter, dem man auch durch aufbau- und ablauforganisatorische Regelungen Rechnung tragen kann. So wird diese Funktion häufiger einer zentralen Stelle im Feld der Logistik übertragen, die im Rahmen der Disposition von Produktionsmaterial in Industriebetrieben im direkten Austausch mit Lieferanten steht. Der Einkauf dient mit seiner Verhandlungs- und Vertragskompetenz als Eskalationsstufe. Die Delegation der operativen Terminkontrolle an andere Geschäftsbereiche entbindet den Einkäufer nicht von seiner Verantwortung der Termineinhaltung, sondern verschafft ihm einen größeren Spielraum für die Verfolgung gefährdeter bzw. überschrittener Termine und vor allem für die komplexen und kreativen Maßnahmen zur Terminsicherung. Hierzu zählen:

- Verbesserung des innerbetrieblichen Informationsaustausches;

- Suche und Berücksichtigung termintreuer Lieferanten durch entsprechende Bewertung im Angebotsvergleich;

- gezielte Maßnahmen der Lieferanten- und Kontraktpolitik.

Der Liefertermin wird nicht nur durch unzuverlässige Lieferanten oder höhere Gewalt gefährdet, sondern auch durch mangelnden oder fehlenden Informationsaustausch im eigenen Betrieb. So beklagt der Einkäufer häufig die zu späte Bedarfsaufgabe durch die Produktion/Lagerwirtschaft. Dazu kommen ebenfalls nicht selten Berichtigungen im Absatz- und Produktionsprogramm, die dem Einkauf nicht sofort mitgeteilt werden aufgrund der hohen Komplexität der Produkte (Bedarfsänderungen werden nicht sofort offenbar) bzw. der schwer planbaren hohen Volatilität auf diversen Absatzmärkten. Terminschwierigkeiten können auch vom eigenen Absatz verursacht werden, wenn dieser unter dem Druck der Marktverhältnisse den Kunden gegenüber einen Termin akzeptiert, der die Liefertermine für bestimmte Vormaterialien unterschreitet.

Aber auch der Einkauf unterlässt es häufig, die bedarfsanfordernden Stellen über Lieferzeitveränderungen zu informieren und die innerbetrieblichen Stellen auf die oft beträchtlichen Nebenzeiten für die Bestellvorbereitung aufmerksam zu machen.

Die Suche nach termintreuen Lieferanten im Rahmen der Beschaffungsmarktforschung durch entsprechende Ausgestaltung der Lieferantenbesuche und Auswertung innerbetrieblicher Quellen (Termingeschichten) ist erfreulich intensiviert worden. Die IuK-technische Abbildung und Koordination von Lieferketten im Rahmen des Supply-Chain-Managements liefert die Basis, alle verfügbaren Informationen zur Glättung von Lieferströmen und zum Erreichen hoher Termintreue bei gleichzeitig hoher Flexibilität zu nutzen. Woran es im Interesse einer vorbeugenden Terminsicherung häufig noch mangelt, ist die Berücksichtigung dieser Erkenntnisse bei der Angebotsbearbeitung. Zu oft fehlt unter den Vergleichsfaktoren die „Terminzuverlässigkeit", zu gering wird sie - falls vorhanden - gegenüber dem Preis gewichtet. So geschieht es immer wieder, dass unzuverlässige Lieferanten wegen geringer Preisvorteile bzw. Nennung unrealistischer Liefertermine bei der Auftragsvergabe berücksichtigt werden, während seriöse Lieferanten, die vielleicht etwas teurer sind oder sich bei der Angabe von Lieferterminen vor falschen Versprechungen hüten, leer ausgehen. Abschließend soll noch darauf hingewiesen werden, dass zahlreiche Maßnahmen der Lieferanten- und Kontraktpolitik für die Terminsicherung wichtig sind. Hierzu zählen:

- die Lieferantenerziehung, die Terminüberschreitung tadelt, exakte Termineinhaltung ausdrücklich lobt bzw. mit kleinen Aufmerksamkeiten bedenkt;

- Intensivierung der partnerschaftlichen Beziehungen zu Lieferanten, um sie bei besonderem Termindruck zu außergewöhnlichen Anstrengungen und bevorzugter Belieferung zu motivieren;

- Streuung der Beschaffungsquellen und Transportträger, um Ausfallrisiken vorzubeugen;

- Ausschöpfung von Vorteilen kooperativer Vorratshaltung, z.B. in Form von Konsignationslägern;

■ Abschluss von Abruf- bzw. Sukzessivlieferungsverträgen, die durch eine Reservierung von Fertigungskapazitäten beim Lieferanten wesentlich zur Terminsicherung beitragen;

■ Festlegung der Liefertermine nach präzisen Kalenderdaten statt nach vagen Fristen wie „schnellstens" usw. Je genauer die Terminierung, um so geringer ist der Interpretationsspielraum für den Lieferanten; eine genaue Angabe des Liefertermins ist ferner für jegliche Art von Terminkontrolle unerlässlich;

■ Vereinbarungen von Konventionalstrafen bei Lieferzeitüberschreitungen und umgekehrt - in Ausnahmefällen - von Prämien für pünktliche oder vorzeitige Lieferung.

6.9 Schwerpunkte vertraglicher Regelungen bei enger Lieferantenanbindung

Nach erfolgter Lieferantenauswahl kommt es zum Vertragsabschluß, wobei folgende drei Arten häufig Anwendung finden:

■ Kaufvertrag, §§ 433 ff. BGB in Verbindung mit §§ 373 ff. HGB. Schwerpunkt ist die Lieferung von Roh-, Hilfs- oder Betriebsstoffen sowie standardisierten Investitionsgütern.

■ Werkvertrag, §§ 631 ff. BGB. Schwerpunkt ist die Herstellung von Investitionsgütern, wobei die Gestellung der Erzeugnisstoffe von beiden Vertragsparteien erfolgen kann.

■ Werklieferungsvertrag, § 651 BGB. Schwerpunkt ist die Herstellung bestimmter Gegenstände, wobei der Lieferant die Erzeugnisstoffe beschafft.

Es ist unbedingt erforderlich, dass die Einkäufer die Grundzüge des Vertragsrechts beherrschen, um die getroffenen Vereinbarungen auch juristisch abzusichern.

In der Wirtschaftspraxis hat sich jedoch gezeigt, dass die gesetzlichen Bestimmungen erhebliche Schwierigkeiten speziell bei langfristigen Kaufverträgen mit sich bringen können. Deshalb haben sich spezielle Vertragstypen entwickelt, von denen die wichtigsten kurz dargestellt werden. Im übrigen muss auf die umfangreiche Spezialliteratur verwiesen werden.

6.9.1 Absichtserklärungen, Optionen, unechte Rahmenverträge

Bei Erzeugnisstoffen sind die in Zukunft benötigten Mengen häufig schwer prognostizierbar. Deshalb versuchen die Vertragsparteien, die erzielten Übereinkommen bezüglich

■ der genauen Spezifikation des Vertragsgegenstandes,

■ der von beiden Parteien akzeptierten Geschäftsbedingungen

bereits eindeutig festzulegen, ohne jedoch feste Liefer- und Abnahmeverpflichtungen einzugehen. Die genannten Mengen sind lediglich Planungsgrößen. Konkrete Preisabsprachen sind ebenfalls selten. Über beide Vertragsbestandteile muss bei Bedarf nochmals verhandelt werden, was jedoch rasch erfolgen kann, da ja schon wesentliche Vertragspunkte nach erfolgter Lieferantenauswahl im vorhinein vereinbart wurden.

6.9.2 Abrufverträge

Während in Absichtserklärungen die Vertragsparteien vorvertragliche Regelungen anstreben, die einen späteren Vertragsabschluß schnell ermöglichen, gehen sie bei Abrufverträgen feste Liefer- und Abnahmeverpflichtungen ein. Neben Spezifikationen und Konditionen werden Preise und Mengen festgelegt, die für einen längeren Zeitraum Geltung haben. Die Lieferungen aus derartigen Abrufverträgen erfolgen seitens des Lieferanten auf Abruf, wobei Absprachen über Mindest- und Höchstmenge je Abruf sowie über die Vorlaufzeit des Abrufs häufig anzutreffen sind. Werden hierüber jedoch schon bei Vertragsabschluß genaue Vereinbarungen getroffen, bezeichnet man solche Verträge als Sukzessivlieferverträge.

Ziele derartiger Verträge sind neben einer sicheren Versorgung ohne nennenswerte Lagerbestände die Schaffung von Textkonserven zur Realisierung einer IuK-Technik-gestützten Bestellabwicklung. Dem Abschluss derartiger Verträge gehen intensive Vorbereitungen voraus, da ihr Erfolg weitgehend von der Zuverlässigkeit der Lieferanten und der Prognosegenauigkeit des eigenen Bedarfs abhängt.

6.9.3 Konsignationslagerverträge

Unsicherheiten bezüglich des künftigen Bedarfs und der zukünftigen Marktverfassung führen insbesondere bei Ersatzteilen und Engpassprodukten zur Einrichtung von Konsignationslägern, durch die zusätzlich eine Vereinfachung der Bestellabwicklung angestrebt wird. Wesentliche Vertragspunkte sind hierbei:

▦ Der Abnehmer stellt dem Lieferanten auf seinem Betriebsgelände eine nur bestimmten Personen zugängliche Lagerfläche zur Verfügung.

▦ Es werden genau spezifizierte Materialien eingelagert, die Eigentum des Lieferanten bleiben und zu Lasten des Abnehmers gegen Feuer, Diebstahl usw. versichert werden.

▦ Beauftragte des Abnehmers sind berechtigt, Lagerware zu entnehmen, der Lieferant ist verpflichtet, gewisse Materialmengen im Lager bereitzuhalten.

▦ Der Abnehmer führt eine Lagerstatistik, die vom Lieferanten jederzeit überprüft werden kann.

▦ Der Abnehmer meldet am Monatsende die getätigten Entnahmen an den Lieferanten, der hierüber eine Rechnung erstellt.

Derartige Konsignationslagerverträge erhöhen die Versorgungssicherheit und senken Lagerhaltungs- und Bestellabwicklungskosten. Nachteilig können sich höhere Anschaffungspreise auswirken, die sich aus der starken Lieferantenstellung ergeben. Deshalb ist eine ständige Marktbeobachtung notwendig.

6.9.4 Partnerschaftsverträge

Langfristige Lieferantenanbindung bezieht sich nicht nur auf die Regelung der mit der Materialbereitstellung auftretenden Fragen. Vielmehr werden Kostensenkungspotentiale dadurch erschlossen, dass Lieferanten sehr früh in die Wertschöpfungskette einbezogen werden. Als Beispiele derartiger vertikaler Orientierung seien simultaneous engineering, Wertanalyse mit Lieferanten, Electronic Data Interchange (EDI) und gemeinsame Konzepte im Logistik- sowie Qualitätssicherungsbereich genannt. Schwerpunkte derartiger Verträge sind:

▦ Vertrauensschutz/Geheimhaltung,

▦ Regelungen bei Erfindungen und Patentschutz,

▦ Kostenaufteilung bei gemeinsamen Forschungsprojekten,

▦ Ausschließlichkeitsvereinbarungen,

▦ Festlegungen der Laufzeit und Kündigungsfristen,

▦ Absprachen über Fragen der Produzentenhaftung.

Derartige Verträge werden nur mit ausgewählten Lieferanten über spezielle Materialien abgeschlossen. Sie stellen Individualverträge dar und werden häufig unter Hinzuziehung von Juristen ausgehandelt.

6.9.5   Kaufverträge mit speziellen Preisvereinbarungen

Bei längerfristigen Kaufverträgen, wie sie in der Anlagenbeschaffung und bei Abruf- bzw. Sukzessivlieferungsverträgen häufig vorliegen, ist es schwierig, tragbare Preisabsprachen zu treffen. Bei inflatorischen Tendenzen oder im konjunkturellen Aufschwung wird der Lieferant eine langfristige Preisbindung scheuen, in deflatorischen Zeiten oder im konjunkturellen Abschwung liegt die Abneigung auf Seiten des Einkäufers. Um diese Schwierigkeiten zu umgehen, werden Kaufverträge mit unbestimmten Preisvorbehaltsklauseln oder mit Preisgleitklauseln abgeschlossen.

Unbestimmte Preisvorbehaltsklauseln wie „freibleibend", „berechnet wird der am Tag der Lieferung gültige Listenpreis", „bestens" sind für den Einkäufer höchst unbefriedigend, da der Lieferant hierdurch in eine starke Position hinsichtlich der Preisstellung kommt.

Der Einkäufer ist zur Abnahme der Ware verpflichtet, obwohl der zu zahlende Preis völlig offen ist. Da er außerdem die bestellten Artikel zur Deckung eines terminierten Betriebsbedarfs benötigt, kann er kurzfristig kaum auf andere Lieferquellen ausweichen, da diese nicht lieferbereit sind. Auch beim Angebotsvergleich sind Lieferanten mit Preisvorbehalten oft anderen mit Festpreisen gegenüber im Vorteil, da stichhaltige Vergleiche gar nicht möglich sind.

Deshalb sollte unter allen Umständen versucht werden, Kaufverträge mit festen Ausgangspreisen abzuschließen. Sollten die Umstände eine Flexibilität in der Preisstellung erforderlich machen, so ist dies über Preisgleitklauseln zu ermöglichen.

Diese gehen von einem festgelegten Abschlusspreis aus, der nach im Vertrag festgelegten Vereinbarungen nach oben und unten schwanken kann, was durch die Vereinbarung einer Indexklausel oder einer Kostenelementsklausel möglich ist. Bei Vereinbarung einer Indexklausel (totale Lohn- bzw. Stoffgleitklausel bzw. Leistungswertklausel) errechnet sich der endgültige Preis gemäß der Entwicklung bestimmter Indices wie Lohnindex, Rohstoffindex, Lebenshaltungskostenindex. In der industriellen Praxis kommen häufig Lohn- oder Rohstoffindices vor, die durch folgenden Quotienten gebildet werden:

$$I = \frac{\text{Stundenlohn am Tag der Lieferung}}{\text{Stundenlohn am Tag der Bestellung}}$$

oder

$$I = \frac{\text{kg - Preis am Tag der Lieferung}}{\text{kg - Preis am Tag der Bestellung}}$$

Beispiel: Preisindizierung für Stundenlöhne

Reinigung von Büroflächen 2,50 €/m²

Stundenlohn am Abschlusstag 6,- €

Nach einigen Monaten steigt der Stundenlohn auf 8,- €

$$I = \frac{8}{6} = 1,33$$

Neuer Preis = 2,50 · 1,33 = 3,33 €/m²

Bei der Anwendung von Indexklauseln treten folgende Schwierigkeiten auf:

▪ Die Festlegung der Zahlen, nach denen der Index errechnet werden soll, ist schwierig, wenn es sich nicht um börsengängige Rohstoffe oder Löhne handelt.

▪ Bei einer Indexregelung geht man davon aus, dass alle anderen Kostenbestandteile sich in gleicher Weise entwickeln wie die Bezugsgröße. Das ist jedoch nur dann realistisch, wenn die Bezugsgröße das Hauptkostenelement (75-90 %) darstellt.

In allen anderen Fällen kommt es zu unbefriedigenden Ergebnissen.

Da dieser Tatbestand im industriellen Bereich überwiegend bei Bezug von Halbfabrikaten vorliegt, wurde die Kostenelementsklausel entwickelt, bei der die endgültige Preisfindung an die Entwicklung mehrerer Kostenarten anknüpft. In ihrer einfachsten Form würde sie lauten:

$$P_1 = \frac{P_0}{100}\left(a + b\frac{M_1}{M_0} + c\frac{L_1}{L_0}\right)$$

P_1 = zu zahlender Preis

P_0 = Abschlusspreis

a, b, c = Anteile der einzelnen Kostenfaktoren in %. Diese müssen zusammen stets 100 % ergeben. Z.B. a = (fixe Kosten + Gewinn) 30 %, b = (Materialkosten) 40 %, c = (Lohnkosten) 30 %

M_1 = Materialkosten am Tage der Auslieferung

M_0 = Materialkosten am Tage der Bestellung

L_1 = Lohnkosten am Tage der Auslieferung

L_0 = Lohnkosten am Tage der Bestellung

Die Aufsplitterung des Kontraktpreises in lediglich 3 Kostenblöcke ist dann unbefriedigend, wenn in einem zu bestellenden Produkt mehrere Kostenelemente, z.B. mehrere Materialarten, für die Preisbildung entscheidend sind. In diesem Fall ist eine weitere Differenzierung möglich:

$$P_1 = \frac{P_0}{100}\left(a + b\,\frac{Ma_1}{Ma_0} + c\,\frac{Mb_1}{Mb_0} + d\,\frac{Mc_1}{Mc_0} + e\,\frac{L_1}{L_0}\right)$$

Es führt in diesem Zusammenhang zu weit, mögliche weitere Verfeinerungen der Kostenelementsklausel wie Berücksichtigung von Anzahlungen, Festlegung bestimmter Schwankungstoleranzen, Beschränkung der Anwendungsdauer und Rücktrittsmöglichkeiten darzustellen.

Die Anwendung von Preisgleitklauseln stellt an den Einkäufer hohe Ansprüche. Neben der sicheren Beurteilung der Kostenstruktur der einzukaufenden Erzeugnisse und der Kenntnis der Beschaffungsmärkte der wichtigsten Vormaterialien bedarf es eines großen Verhandlungsgeschicks, um gute Ergebnisse beschaffungsseitig zu erreichen. Auch ist der hiermit verbundene Arbeitsaufwand zu bedenken. Wenn trotzdem Kostenelementsklauseln heute große Bedeutung haben, so liegt das u.a. in folgenden Ursachen begründet:

- Die industrielle Praxis kommt ohne langfristige Kaufverträge nicht mehr aus. Bei inflatorischer Tendenz und im Konjunkturaufschwung sind die Lieferanten zu einem Abschluss nicht bereit, es sei denn mit einem unbestimmten Preisvorbehalt oder unter Anrechnung eines Risikozuschlags bzw. Festpreiszuschlags, der den Einstandspreis stark erhöht.

- Bei deflatorischer Tendenz und im konjunkturellen Abschwung würden langfristige Kaufverträge mit Festpreisen dem Einkäufer die Chance nehmen, Senkungen der Einkaufspreise wahrzunehmen und dadurch die Wettbewerbsfähigkeit der eigenen Unternehmung zu stärken.

- Die Preisschwankungen industrieller Rohstoffe sind in den letzten Jahren größer geworden, da sich auf den Weltmärkten vermehrt politische und währungsbedingte Störfaktoren zeigen, die den Planungshorizont verkürzen.

- Durch zusätzliche Vereinbarung entsprechender Bonus- bzw. Malussätze kann eine Flexibilisierung der Kontraktmengen erreicht werden, was bei Unwägbarkeiten der zukünftigen Bedarfsentwicklung wünschenswert sein kann.

6.9.6 Kaufverträge mit speziellen Regelungen bei Sachmängeln

Wie später noch dargelegt wird, gestaltet sich die Reklamationsbearbeitung häufig schwierig, da die gesetzlichen Regelungen recht allgemein gehalten sind (übliche Beschaffenheit, fehlende Eignung, unverzügliche Warenprüfung). Auch stimmen in Fragen der Behandlung von Sachmängeln die AGB von Lieferant und Abnehmer selten überein, so dass Handelsbräuche und Sachverständige zu Rate gezogen werden müssen.

Ferner muss der Abnehmer nachweisen, dass etwaige Sachmängel beim Gefahrenübergang vorliegen, was bei Versendungskäufen Schwierigkeiten bereiten kann. Deshalb werden speziell bei Investitionsgütern neben dem Kaufvertrag unselbständige Garantieverträge abgeschlossen, die dem Abnehmer die Beweisführung wesentlich erleichtern können. Andererseits versuchen Lieferanten durch Garantien

- bestimmte Gewährleistungsrechte und insbesondere Mangelfolgeschäden auszuschließen,

- Kosten der Mängelbeseitigung auf den Abnehmer abzuwälzen,

- Garantieverpflichtungen durch einschränkende Bestimmungen abzumildern,

- die Verjährungsfristen unter die gesetzlichen Bestimmungen zu verkürzen.

Es ist deshalb notwendig, derartige Garantien von Seiten des Einkaufs kritisch zu prüfen und gegebenenfalls durch Individualverträge zu ersetzen.

Bei Erzeugnisstoffen sollte angestrebt werden, auf die exakte Beschreibung der vereinbarten Beschaffenheit der Materialien (DIN-Normen, Muster) zu achten und bedenkliche Klauseln in den AGB des Lieferanten durch übereinstimmende Willenserklärungen zu ersetzen.

Die Durchsetzung von Gewährleistungsansprüchen wird in der Einkaufspraxis trotz gezielter Vereinbarungen schwierig bleiben. Deshalb sollte bereits bei der Lieferantenauswahl auf Qualitätszuverlässigkeit und Kulanz größter Wert gelegt werden, um mögliche Probleme erst gar nicht aufkommen zu lassen.

6.9.7 Kaufverträge mit speziellen Regelungen bei Verzug

Voraussetzungen für die Geltendmachung von Ansprüchen aus Verzug sind:

- die Fälligkeit der Leistung,

- eine einmalige Mahnung mit der Androhung der Abnahmeverweigerung, die nur entfallen kann, wenn der Liefertermin kalendermäßig bestimmt ist bzw. durch

Klauseln wie fix, genau, spätestens, die Bedeutung der Termineinhaltung betont wird,

- ein Verschulden des Lieferanten, was bei Ansprüchen aus der Gewährleistungshaftung für Sachmängel vom Gesetz nicht gefordert wird.

Ist Lieferverzug gegeben, kann zwischen zwei Ansprüchen gewählt werden:

a) Vertragserfüllung *und* Schadensersatz,

b) Rücktritt vom Vertrag *oder* Schadensersatz nach Ablauf einer einmaligen angemessenen Nachfristsetzung.

Die Alternative a) wird bevorzugt gewählt, wenn keine anderen Versorgungsmöglichkeiten kurzfristig gegeben sind. Diese Ansprüche sind relativ allgemein gehalten (angemessene Nachfrist, Höhe des Schadensersatzes) und sollten deshalb beim jeweiligen Vertragsabschluss abgesichert werden (Poenale, Deckungskauf).

Übungsfragen und -aufgaben

1. Welche Phasen des Beschaffungsprozesses kennen Sie?

2. Nennen Sie wichtige Voraussetzungen für eine erfolgreiche Anfragetätigkeit.

3. Nach welchen Kriterien bewerten Sie Lieferanten für A-Artikel?

4. Welche Probleme werfen unternehmenspolitische Vergleichsfaktoren für die Angebotsbearbeitung auf?

5. Beurteilen Sie Einfaktorenvergleiche.

6. Welche Gefahren bringen nichtrechenhafte Vergleichsfaktoren mit sich?

7. Nennen Sie sechs wichtige Vergleichsfaktoren von Mehrfaktorenvergleichen.

8. Woher stammen die Informationen zur Beurteilung der Vergleichsfaktoren?

9. Warum sind Scoring-Modelle beim Mehrfaktorenvergleich sehr gebräuchlich?

10. Erläutern Sie das Verfahren der Lieferantenkennzahl und beurteilen Sie es.

11. Welches Ziel verfolgt die Gewichtung?

12. Nach welchen Gesichtspunkten erfolgt die Gewichtung im materialwirtschaftlichen Bereich?

13. Nennen Sie Schwerpunkte der sachlichen Vorbereitung auf Vergabeverhandlungen.

14. Wie bereitet der Einkäufer Vergabeverhandlungen organisatorisch vor?

15. Erläutern Sie Bedeutung und Schwerpunkte einer Verhandlungsvorbereitung aus psychologischer Sicht.

16. Welche Ziele verfolgt ein Bestellschreiben?

17. Welche Bedeutung hat das Bestellschreiben in juristischer Hinsicht?

18. Welche Folgen können divergierende Einkaufs- und Verkaufsbedingungen haben, und wie kann der Einkäufer derartige Diskrepanzen vermeiden?

19. Warum ist die Terminsicherung der Terminkontrolle vorzuziehen?

20. Nennen Sie wichtige Maßnahmen der Terminsicherung.

21. Welche Unterschiede bestehen zwischen Rahmen-, Abruf- und Sukzessivlieferungsverträgen?

22. Machen Sie den Einfluss von Abrufverträgen auf Bestellabwicklungs-, Lagerhaltungs- und Anschaffungskosten deutlich.

23. Warum sind Preisgleitklauseln unbestimmten Preisvorbehaltsklauseln vorzuziehen?

24. Welche Kenntnisse muss ein Einkäufer besitzen, wenn er eine Kostenelementsklausel erfolgreich anwenden will?

25. Nennen Sie die gesetzlichen Gewährleistungsansprüche bei fehlerhafter Lieferung und machen Sie die Voraussetzungen zu ihrer Geltendmachung deutlich.

26. Welche Ansprüche ergeben sich bei Lieferverzug?

7 Lieferantenpolitik

7.1 Einleitende Bemerkungen

Die Einstellung des Abnehmers gegenüber seinen Lieferanten hat sich in den letzten Jahren z.T. grundlegend gewandelt. Heute wird im allgemeinen der Lieferant als Partner angesehen, der durch seine Beiträge zur Kostensenkung und zur Innovation, zur Optimierung der Logistik und zu einer erhöhten Flexibilität die internationale Wettbewerbsfähigkeit des Abnehmers entscheidend beeinflussen kann und der die Existenz der gesamten Wertschöpfungskette Lieferant-Abnehmer langfristig sichern hilft.

Dementsprechend rückt die vom Abnehmer betriebene Lieferantenpolitik den Anbieter als einen kritischen Erfolgsfaktor in den Mittelpunkt strategischer Überlegungen. Dabei versteht man unter Lieferantenpolitik die Gesamtheit der Maßnahmen, die darauf gerichtet sind, der Unternehmung eine genügende Anzahl von leistungsfähigen Zulieferern mit dauerhafter Existenzfähigkeit und Lieferwilligkeit aufzubauen bzw. zu erhalten und auf diese Weise dem Unternehmen auf der Inputseite strategische Wettbewerbsvorteile zu eröffnen.

Die lieferantenpolitischen Maßnahmen reichen von der Optimierung der Lieferantenstruktur über die aktive Beeinflussung und Motivierung der Lieferanten bis hin zur Kooperation mit dem Geschäftspartner. Diese wichtigen Teilbereiche der Lieferantenpolitik sollen in diesem Kapitel im Detail erörtert werden.

7.2 Lieferantenstrukturpolitik

In der Lieferantenstrukturpolitik geht es vorwiegend um die Klärung der Frage, welche Beschaffungsquellen für einen Abnehmer unter Beachtung unternehmens- und beschaffungspolitischer Ziele besonders geeignet sind und wie dementsprechend die Struktur des Lieferantenkreises gestaltet werden sollte. In der Praxis sind bei diesen Überlegungen eine Vielzahl von Wahlmöglichkeiten sowie eine Vielzahl von Einflussfaktoren zu berücksichtigen.

Hier sollen die im Rahmen der Lieferantenstrukturpolitik zu treffenden Entscheidungen in acht unterschiedlichen Problemfeldern erörtert werden. Diese Problemfelder sind in Tabelle 7-1 in Form eines konzentrierten Überblicks dargestellt, wobei angesichts des bestehenden Facettenreichtums bei den Versorgungsalternativen lediglich die extremen Ausprägungen von Wahlmöglichkeiten für das einzelne Problemfeld erwähnt werden.

Tabelle 7-1: *Problemfelder und Wahlmöglichkeiten im Rahmen der Lieferantenstruktur-politik*

Problemfelder	Beschaffungsalternativen
1. Funktionsumfang des Beschaffungsobjektes	Systemlieferant/Teilelieferant
2. Standort des Lieferanten	Global Sourcing/Local Sourcing
3. Anzahl der Lieferanten	Single Sourcing/Multiple Sourcing
4. Beschaffungsweg	Erzeuger/Händler
5. Größe des Lieferanten	Großer Lieferant/kleiner Lieferant
6. Dauer der Geschäftsbeziehung	Stammlieferant/wechselnde Lieferanten
7. Gegengeschäftspotential	Gegengeschäftspartner/Anbieter ohne Gegen-geschäftspotential
8. Konzernzugehörigkeit	Konzerninterner Lieferant/Externer Lieferant

Da in der aktuellen Diskussion über die strategische Ausrichtung der Materialwirtschaft insbesondere die Fragen des Modular Sourcing, des Global Sourcing sowie des Single Sourcing im Vordergrund stehen, soll bei der folgenden Darstellung der Lieferantenstrukturpolitik von diesen Problemfeldern ausgegangen werden.

7.2.1 Modular Sourcing

Zahlreiche Industriezweige (wie z.B. die Automobilindustrie, die elektrotechnische Industrie, die Bauwirtschaft oder der Maschinenbau) sind heute dadurch gekennzeichnet, dass anstelle von Einzelteilen, Rohteilen oder kleineren Komponenten einbaufertige komplexe Baugruppen mit relativ großem Funktionsumfang von der Lieferantenschaft bezogen werden. Für diese Erscheinung, die in Theorie und Praxis als „Modular Sourcing" bezeichnet wird, sind vor allem zwei Bestimmungsfaktoren verantwortlich.

Zum einen sind im Laufe der Zeit die Endprodukte komplexer und technisch anspruchsvoller geworden. Viele neue Produkte zeichnen sich gegenüber ihren Vorgängern dadurch aus, dass die zu ihrer Herstellung benötigten Teile und Positionen an Komponenten und Baugruppen erheblich gestiegen sind. Diese zunehmende Komplexität der Endprodukte müsste beim Hersteller („Assembler" bzw. „Original Equipment Manufacturer" [OEM]) derartiger Erzeugnisse zu einer enormen Erweiterung der Anzahl der Produktionsvorgänge führen, wenn man die gleiche Fertigungstiefe beibehalten würde.

Zum anderen hat die Nachfrage der Kunden nach möglichst individuellen Endprodukten zu einer Erhöhung der Variantenvielfalt und in einigen Bereichen der Wirtschaft zu einer Typenexplosion beigetragen. Diese Zunahme der Variantenvielfalt ist selbstverständlich ebenfalls mit einer Vergrößerung der Anzahl der benötigten unterschiedlichen Teile, Komponenten, Module, Sonderausstattungen etc. verbunden.

7.2.1.1 Auswirkungen von Modular Sourcing auf den Abnehmer (Assembler)

Mit Modular Sourcing versucht der Abnehmer, die Montage lohnkostenintensiver Baugruppen auf den Lieferanten zu verlagern. Beim Hersteller von Endprodukten entfallen auf diese Weise bestimmte Teilefertigungen und Vormontagen, die Fertigungstiefe reduziert sich, und der Assembler kann sich auf seine eigentlichen Kernaktivitäten, auf die Herstellung von Image-Produkten sowie auf die Endmontage konzentrieren.

Indem der Assembler zunehmend komplexere Module von seinen Lieferanten bezieht, verringert sich in der Materialwirtschaft derartiger Unternehmen die Anzahl der Beschaffungsobjekte teilweise erheblich (mit entsprechenden Auswirkungen auf das Ergebnis einer ABC-Analyse). Gleichzeitig bedeutet Modular Sourcing für den Abnehmer, dass sich die Anzahl der direkt eingeschalteten Lieferanten reduziert und dass eine Hinwendung zum Einlieferantenprinzip (Single Sourcing) einsetzt. Diese Umorientierung hat jedoch nicht unbedingt zur Folge, dass insgesamt weniger Lieferanten an dem Gesamtprozess der Herstellung eines Endproduktes beteiligt sind.

Durch Modular Sourcing wird zweifelsohne die Einkaufstätigkeit in technischer und kaufmännischer Hinsicht anspruchsvoller, chancen- und risikoreicher. Der einzelne Einkäufer wird mit seinem vergrößerten Beschaffungsvolumen sowohl innerbetrieblich als auch auf dem Beschaffungsmarkt an Bedeutung zunehmen. Gleichwohl mag es in einigen Unternehmen, die Modular Sourcing betreiben, zu einer gewissen Reduzierung der Größe der Einkaufsabteilung kommen. Denn die durch den Modular-Einkauf verursachte Verringerung der Anzahl der Beschaffungsobjekte, der Lieferanten und der Lieferantenkontrakte kann selbstverständlich dazu führen, dass trotz der angesprochenen Zunahme der Variantenvielfalt sich der gesamte Arbeitsumfang innerhalb der Einkaufsabteilung verkleinert.

7.2.1.2 Die Neugruppierung der Lieferantenkette

Beim Modular Sourcing wird die Lieferantenkette um eine (oder mehrere) zusätzliche Ebene(n) erweitert. Die Spitze der Kette wird von einem Modullieferanten (Systemlieferanten, Direktlieferanten oder first-tier-supplier) eingenommen, der als Führungsunternehmen den Abnehmer direkt beliefert. Mancher bisherige Direktlieferant wird im Gefolge dieser Umgruppierung seine (vielleicht) langjährigen Geschäftsbeziehungen zum Abnehmer beenden, sich als zukünftiger Zulieferer für einen Systemlieferanten neu orientieren und somit in die Rolle eines Sublieferanten (second-tier-supplier) zurückfallen. Auf diese Weise ändert sich das Erscheinungsbild der Zulieferindustrie; der früher vorherrschende kaskadenförmige Aufbau der Beschaffungskette weicht einer pyramidenförmigen Struktur:

Abbildung 7-1:   *Veränderungen im Aufbau der Beschaffungskette*

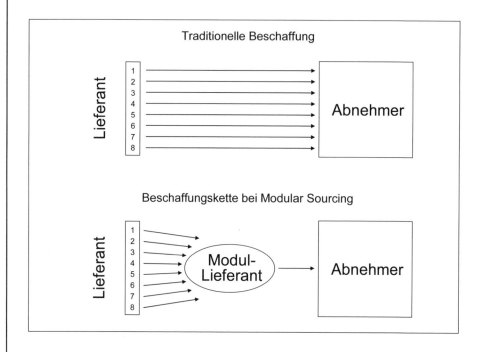

Diese Beschaffungskette würde sich für den Fall noch weiter verlängern, dass auch der Systemlieferant in seinem Bereich Modular Sourcing betreibt. Im Endergebnis führt diese Umstrukturierung dazu, dass der Assembler nur noch mit relativ wenigen Modullieferanten direkt zusammenarbeitet.

7.2.1.3 Die herausragende Stellung des Systemlieferanten

Innerhalb der geschilderten Lieferantenkette ist der Systemlieferant für die abnehmende Unternehmung von besonderer Bedeutung. Ihm werden größere Auftragsumfänge übertragen, und er erhält auf diese Weise zusätzliche Wachstumspotentiale. Er übernimmt in Eigenverantwortung die Organisation und die Koordinierung des Material- und Teileflusses von den Second-tier-Lieferanten und montiert diese Teile und Komponenten zu einbaufertigen Baugruppen. Vor allem obliegt ihm eine enge Kooperation mit dem Abnehmer auf technischem, betriebswirtschaftlichem und logistischem Gebiet, damit die durch den Wettbewerb auf den Absatzmärkten verursachten vielfältigen Anforderungen an diese Partnerschaft bewältigt werden können.

Dem Systemlieferanten überträgt der Abnehmer Eigenverantwortung im Bereich der Entwicklung von Produkt-Know-how und der Erarbeitung von neuen Problemlösungen. Vielfach ist der Modullieferant eingebunden in das Entwicklungsteam des Assemblers; d.h., die Forschungs- und Entwicklungs-Ingenieure beider Marktpartner arbeiten so intensiv und eng zusammen, dass sie praktisch ein Team bilden. Durch diese Art von Kooperation, die unter dem Begriff „Simultaneous Engineering" bekannt ist, soll erreicht werden, dass unnötige Schleifen in der Entwicklungsarbeit vermieden und die Entwicklungszeiten abgekürzt werden und dass eine schnelle Produkteinführung realisiert wird. Der Systemlieferant wird auf diese Weise zu einem wichtigen Entwicklungspartner für die abnehmende Unternehmung; er sollte nicht nur das gegenwärtige Leistungsniveau beherrschen, sondern auch in der Lage sein, sich veränderten Markt- und Wettbewerbsbedingungen mit entsprechenden Neuentwicklungen anzupassen.

Bei Modular Sourcing nimmt in der Regel die gegenseitige Abhängigkeit zwischen dem Abnehmer und dem Lieferanten zu. Die Möglichkeit, kurzfristig bestimmte Module von einem anderen Lieferanten zu beziehen, ist häufig wegen der Produktkompetenz und der Innovationskraft, die ein Systemlieferant im Laufe der Zeit erwirbt, nicht gegeben. Damit entfällt das in der Vergangenheit immer wieder praktizierte Gegeneinander-Ausspielen von Lieferanten, wie es auf den Teilemärkten noch vorhanden ist. Der Modullieferant entzieht sich weitgehend dem unmittelbaren Preiswettbewerb zwischen den Anbietern. Ausgehend von einem vom Abnehmer vorgegebenen Zielpreis wird vielmehr in offener Zusammenarbeit mit dem Systemlieferanten zu ermitteln versucht, wie das Modul zu diesem Preis hergestellt werden kann. Dabei werden beide Partner einen wesentlichen Teil ihrer Kostenstruktur und Produktionsmethoden offen legen müssen.

Der Vorteil des Modular Sourcing für den Abnehmer besteht u.a. darin, dass er nur noch einen Ansprechpartner pro Modul hat, wenn es um Fragen der Entwicklung oder der Produktion, der Qualitätssicherung oder der Logistik geht. In einer derartigen Situation liegt es im wohlverstandenen beiderseitigen Interesse, wenn ein verständnisvolles partnerschaftliches Verhältnis zueinander aufgebaut wird, welches von gegenseitigem Vertrauen und Fairness gekennzeichnet sein sollte.

7.2.2 Der Standort des Lieferanten aus der Sicht des Abnehmers

7.2.2.1 Problemstellung und Begriffe

In der zur Zeit intensiv geführten Diskussion über den geographischen Standort des (der) Lieferanten stehen vor allem die folgenden vier Sourcing-Strategien im Vordergrund des Interesses: Local Sourcing, National Sourcing, International Sourcing und Global Sourcing. Die beiden letztgenannten Begriffe fallen unter den Oberbegriff der Internationalen Beschaffung.

Dabei bedeutet Local Sourcing den Einkauf bei Anbietern, welche sich in unmittelbarer Nähe zum Standort des Abnehmers befinden. In der Praxis bezeichnet man diese Vorgehensweise auch wohl als „Schornsteineinkauf" und bezieht diesen Begriff üblicherweise auf eine Stadt oder eine Region. Local Sourcing ist also offensichtlich nicht eindeutig zu definieren.

Von National Sourcing soll hier gesprochen werden, wenn der Standort der beziehenden Unternehmung und der des Zulieferers in dem gleichen Land liegen; es kommt also in diesem Fall nicht zu einem grenzüberschreitenden Warenverkehr.

Demgegenüber handelt es sich um International Sourcing, wenn ein Beschaffungsobjekt aus dem Ausland bezogen wird; d.h. Quelle und Senke des Warenflusses liegen in unterschiedlichen Ländern und das bezogene Produkt gelangt aufgrund eines grenzüberschreitenden Warenverkehrs zum Abnehmer. Dabei muss nicht unbedingt unterstellt werden, dass der Lieferant ein ausländisches Unternehmen ist. Es kann sich auch um einen einheimischen Zulieferer handeln, der im Ausland ein Werk besitzt.

Global Sourcing liegt vor, wenn ein Abnehmer den Beschaffungsmarkt weltweit bearbeitet. Nach allgemeiner Auffassung soll dieser Begriff andeuten, dass heute Globalisierung ein universales Grundphänomen in der gesamten Wirtschaft darstellt und deshalb selbstverständlich auch das Materialmanagement einer Unternehmung in seinen Zielen und Konzepten, in seinen Aktivitäten und seiner Organisation erfassen und verändern muss. Ferner will man mit dieser Versorgungsvariante darauf aufmerksam machen, dass der Beschaffungsmarkt einer Unternehmung sich auf die gesamte Welt (einschließlich Inland) erstreckt. Insofern vereinigt der Begriff Global Sourcing in geographischer Hinsicht sowohl das National als auch das International Sourcing in sich. Schließlich betonen die Verfechter des Global Sourcing insbesondere die strategische Dimension dieser Versorgungsalternativen und weisen darauf hin, dass die mit Global Sourcing angestrebte Erweiterung der Bedarfsdeckungsmöglichkeiten auf die gesamte Welt eine notwendige Vorgehensweise zur Erreichung und zur Sicherung von unternehmerischen Erfolgspotentialen darstellt und deshalb für die Unternehmung von existenzieller Bedeutung ist. Dabei ist allerdings zu bedenken, dass die Nutzung der weltweit vorhandenen Lieferquellen und Ressourcen im allgemeinen für einen großen multinationalen Konzern leichter zu realisieren ist als für kleinere und mittlere Unternehmen.

Da es ansonsten große Bereiche der Überlappung zwischen International Sourcing und Global Sourcing gibt, werden heute häufig in Literatur und Praxis diese beiden Ausdrücke als sinnverwandte Begriffe angesehen. Dieser Vorgehensweise wird hier in der Regel gefolgt.

7.2.2.2 Die wesentlichen Vorteile des Local Sourcing

Der Einkauf bei standortnahen Lieferanten ist für den Abnehmer hauptsächlich mit Vorteilen logistischer Art verbunden. Durch Local Sourcing lassen sich insbesondere lange Transportwege und die dadurch verursachten Fracht- und Versicherungskosten vermeiden. Außerdem ist bei der Inanspruchnahme lokaler Zulieferer das Risiko der Entstehung von Fehlmengenkosten in der Regel relativ gering. Denn die Gefahr, dass wegen möglicher Unfälle, wegen der Fehlleitung von Sendungen oder aufgrund höherer Gewalt (z.B. Nebel) Liefertermine nicht eingehalten werden, ist im allgemeinen um so kleiner, je kürzer der Weg ist, den eine Ware zurücklegen muss. Auch die Bestellabwicklungskosten lassen sich durch Local Sourcing positiv beeinflussen. Mit abnehmender Entfernung sinken z.B. Telefongebühren, Portokosten sowie die Kosten für Einkaufsreisen. Zudem ist bei dieser Vorgehensweise eine prompte Erledigung von Eilbestellungen eher gewährleistet.

Ein wesentlicher Vorteil von Local Sourcing liegt in der Möglichkeit, kleinere Mengen beim Lieferanten abzurufen, und häufig ist das Vorhandensein lokaler Lieferanten bzw. die Bereitschaft eines potentiellen Anbieters, in der Nähe des Abnehmers ein Werk zu errichten, eine Grundvoraussetzung für die Etablierung von Systemen einer Just-in-time-Belieferung.

Eine geringe Entfernung zwischen Lieferant und Abnehmer bietet ferner gute Bedingungen für eine intensive Kooperation auf den verschiedensten Gebieten. Große räumliche Distanzen zwischen den beiden Geschäftspartnern sind dann hinderlich, wenn regelmäßig Konferenzen oder Teams zwischen Lieferant und Abnehmer eingerichtet werden müssen, in denen man auf dem Gebiet der Innovation oder des Kaizen, der Wertanalyse oder des Simultaneous Engineering, des Target Costing oder der Qualitätssicherung eng zusammenarbeiten möchte. Auch eine kurzfristige Anberaumung von Meetings zur Besprechung von unerwartet aufgetretenen, aktuellen Problemen bereitet den beiden Marktpartnern im Fall des Local Sourcing gewöhnlich keine größeren Schwierigkeiten.

Insgesamt kann aus diesen Überlegungen abgeleitet werden, dass Local Sourcing in starkem Maße die Flexibilität in der Wertschöpfungskette Lieferant-Abnehmer unterstützt. Darüber hinaus ist die Bevorzugung ortsnaher Lieferanten für Abnehmer manchmal ein vorzügliches unternehmenspolitisches Instrument, sich ein positives Image in der Kommune oder in der Region zu schaffen. Mit dem Hinweis darauf, dass man durch Local Buying Arbeitsplätze in der näheren Umgebung schafft und erhält, kann ein Unternehmen bisweilen bestimmte Wünsche bzw. Forderungen gegenüber einer Kommune leichter durchsetzen.

Mit Blick auf das Beschaffungsprogramm einer Unternehmung fällt auf, dass sich insbesondere die folgenden Beschaffungsobjekte für Local Sourcing eignen:

1. großvolumige und/oder schwere Teile, deren Transport kostspielig bzw. schwierig durchzuführen ist.

2. variantenreiche Baugruppen, bei denen zahlreiche Abstimmungen zwischen Lieferant und Abnehmer erforderlich sind und vielfältige spezifische Informationen übermittelt werden müssen.

3. C-Teile: Aus ökonomischen Gründen setzt der Einkauf aus weitentfernten Regionen in der Regel große Bedarfs- bzw. Bestellmengen voraus.

4. Dienstleistungen, die (wie z.B. bestimmte Reparaturen) rasch zu erledigen sind.

Soweit in großen Konzernen stark zentralisierte Entscheidungs- und Führungssysteme einschließlich eines dominierenden Zentraleinkaufs vorhanden sind, besteht manchmal die Gefahr, dass die lokalen Marktchancen einzelner Werke nicht genügend berücksichtigt werden.

7.2.2.3   International Sourcing versus National Sourcing

Bereits seit Jahren lassen sich in vielen Unternehmen eine Abwendung von nationalen Versorgungsquellen und ein Trend zum International Sourcing bzw. zur Internationalen Beschaffung erkennen. Als wesentliche generelle Verursachungskomplexe und Treiber für diese Entwicklung sind zu nennen:

■ Der Abbau von internationalen Handelsbarrieren und die Liberalisierung von Märkten im Rahmen des GATT bzw. der Aktivitäten der WTO.

■ Die Erleichterung des Austausches von Waren und Dienstleistungen als Folge der Vollendung des Europäischen Binnenmarktes.

■ Die Entstehung von weiteren neuen Wirtschaftsräumen (wie z.B. NAFTA oder ASEAN) und die dadurch bedingte Stärkung der Wettbewerbskraft der betroffenen Nationalwirtschaften.

■ Die Öffnung weiterer osteuropäischer Beschaffungsmärkte.

■ Der verbesserte Informationsaustausch durch die Einführung neuer Kommunikationstechniken.

- Die Verbesserung von Transportmitteln sowie Innovationen in der internationalen Logistik, die zur Senkung der Transportkosten, zur Reduzierung der Transportzeiten und zu einem engeren Zusammenwachsen der Weltwirtschaft geführt haben.

- Die internationalen Bemühungen um die Harmonisierung bestehender technischer Normen und Standards.

- Die Internationalisierung kompletter Wertschöpfungsketten incl. der Fertigung in Niedriglohnländern.

Aus unternehmerischer Sicht unterscheidet sich International Sourcing z.T. beträchtlich von der Versorgung auf nationalen Märkten. Die Beschaffung im Ausland kann für den Abnehmer mit einer Reihe von Vorteilen verbunden sein. Aber der Einkäufer muss bei seinen Entscheidungen auch zahlreiche Risiken des Auslandseinkaufs berücksichtigen. Ferner können unterschiedlich ausgeprägte Formen der internationalen Beschaffung unterschieden werden. Diese Themenkreise werden en détail in Kapitel 14 abgehandelt.

7.2.3 Das Problem der Optimierung der Anzahl der Lieferanten

Auf die Entscheidung, ob der Betriebsbedarf für ein bestimmtes Material durch Single Sourcing, Dual Sourcing oder Multiple Sourcing gedeckt werden soll, wirkt eine Reihe von Bestimmungsfaktoren ein. Zu nennen sind insbesondere:

- Die Größe des Betriebsbedarfs und seine Schwankungen.

- Die Marktstruktur und die Anzahl der Lieferanten: Nicht immer hat die Beschaffungspolitik in der Frage der hier diskutierten Sourcing-Strategien eine völlig freie Wahl zwischen verschiedenen Alternativen. Kein Entscheidungsspielraum besteht etwa dort, wo als Anbieter ein Monopolist auftritt und folglich Sole Sourcing die einzige Beschaffungsmöglichkeit darstellt.

- Die Größe der Lieferanten: Dual oder Multiple Sourcing ist dann zwingend notwendig, wenn ein einzelner Lieferant nicht in der Lage ist, allein den gesamten Betriebsbedarf des Abnehmers zu decken.

- Die Zuverlässigkeit bzw. Unzuverlässigkeit der (des) Lieferanten sowie die Konjunkturlage in der Lieferbranche: In risikobeladenen Beschaffungssituationen wird der Abnehmer der Tendenz nach versuchen, seinen Betriebsbedarf auf mehrere Lieferanten aufzuteilen.

- Die technische Komplexität des Beschaffungsobjekts: In der Regel darf unterstellt werden, dass die Anzahl der Lieferanten mit zunehmender technischer Komplexität des eingekauften Produkts und mit der verstärkten Hinwendung zum Modular Sourcing abnimmt.

▦ Sonstige Einflussfaktoren: Der Zwang zu einer engeren Kooperation mit den Lieferanten auf dem Gebiete von Forschung und Entwicklung, der Trend zur Just-in-time-Belieferung sowie der von der Absatzseite ausgehende Kostendruck haben in den vergangenen Jahren bei vielen Abnehmern zu einer beträchtlichen Reduzierung der Anzahl der Lieferanten geführt.

Sofern Grenzen des Entscheidungsspielraums nicht gegeben sind, wird man in der Beschaffung das Für und Wider der Konzentration des Bedarfes auf einen Anbieter bzw. der Streuung der Aufträge auf eine größere Anzahl von Lieferanten abzuwägen haben. Für den Bezug eines bestimmten Materials bei nur einem oder nur sehr wenigen Lieferanten sprechen die folgenden Gesichtspunkte:

▦ Als Folge des Einkaufs größerer Mengen bei einem Lieferanten ergeben sich für den Abnehmer Preis- und Konditionsvorteile.

▦ Eine größere Gleichmäßigkeit der Qualität der bezogenen Produkte ist gewährleistet.

▦ Der einzelne Lieferant fühlt sich für das Endprodukt des Abnehmers in stärkerem Maße verantwortlich als bei Streuung der Aufträge auf mehrere Lieferanten.

▦ Die Auftragsabwicklung ist bei einem kleinen Lieferantenkreis einfacher.

▦ Wenn die Herstellung eines Materials mit großen Lerneffekten oder mit Aufwendungen für Werkzeuge oder für Forschung und Entwicklung verbunden ist, erscheint es zweckmäßig, die Anzahl der Lieferanten möglichst klein zu halten.

▦ Aus dem Angebotsvergleich ergibt sich in vielen Fällen, dass ein ganz bestimmter Anbieter als der günstigste anzusehen ist. Wenn auf einem Markte ein bestimmter Lieferant in seiner Leistungsfähigkeit die anderen Anbieter weit überragt, ist im allgemeinen die Konzentrierung des Betriebsbedarfs auf diesen einen Lieferanten mehr oder weniger vorgezeichnet.

▦ Nur noch ein Ansprechpartner ist für Fragen der Entwicklung, der Produktion, der Qualitätssicherung und der Logistik verantwortlich. Dies ermöglicht einen effizienteren Informationsaustausch zwischen Abnehmer und Lieferant.

Den genannten Vorteilen der Zusammenarbeit mit möglichst wenigen Lieferanten steht jedoch eine Reihe von Nachteilen gegenüber. Gegen die Wahl eines relativ kleinen Lieferantenkreises und damit für eine Streuung der Aufträge auf eine Vielzahl von Anbietern sprechen die folgenden Überlegungen:

▦ Wird der Betriebsbedarf ausschließlich bei einem Lieferanten gedeckt, so können Produktionsstörungen oder gar -unterbrechungen bei diesem Lieferanten sich negativ auch auf den kontinuierlichen Fertigungsablauf beim Abnehmer auswirken.

Aus Sicherheitsgründen ist deshalb in der Regel das Mehr-Lieferanten-System vorzuziehen.

▓ Ferner kann durch die Wahl eines größeren Lieferantenkreises leichter der Wettbewerb zwischen den Anbietern offengehalten und angeregt werden. Einige Abnehmer streuen ihre Aufträge gezielt auf mehrere Anbieter, um auf diese Weise zu verhindern, dass die Marktstruktur sich zuungunsten der abnehmenden Firmen verschlechtert oder dass die Marktübersicht verloren geht.

▓ Durch die Streuung des Bedarfs auf mehrere Lieferanten kann vermieden werden, dass ein Abnehmer in die Abhängigkeit eines Lieferanten gerät, aber auch dass ein Lieferant einen zu großen Teil seines Umsatzes mit lediglich einem Abnehmer tätigt.

▓ Das Mehr-Lieferanten-System ist für den Abnehmer mit einer größeren Beweglichkeit bei Bedarfsschwankungen verbunden.

Hat sich der Einkauf für die Vergabe von Aufträgen an mehrere Lieferanten entschieden, dann ist im Rahmen der Beschaffungspolitik noch die Frage zu klären, wie der gegebene Betriebsbedarf auf die einzelnen ausgewählten Lieferanten verteilt werden soll. Es dürfte in der Regel unklug sein, wenn man zwecks Vermeidung von Risiken der Materialbereitstellung eine völlig gleichmäßige Verteilung der Aufträge vornimmt. Bei einer derartigen Verhaltensweise besteht nämlich leicht die Gefahr, dass die ausgewählten Lieferanten mit der Zeit untereinander Absprachen zuungunsten des Abnehmers treffen. Man sollte vielmehr dem leistungsfähigsten Lieferanten auch den größten Anteil am Gesamtbedarf zukommen lassen und den weniger guten Anbietern entsprechend kleinere Anteile zuordnen. Ein derartiges Einkaufsgebaren erzeugt im allgemeinen einen starken Wettbewerb zwischen den Anbietern. Der Hauptlieferant muss darauf achten, dass er seinen Vorsprung gegenüber den anderen Konkurrenten behält, und die Anbieter mit den kleineren Anteilen am Betriebsbedarf können durch Steigerung ihrer Leistung erreichen, dass die Verteilung zu ihren Gunsten geändert wird.

7.2.4 Beschaffungsweg

Bei vielen fremdbezogenen Produkten muss sich der Einkauf mit der Frage befassen, ob man zweckmäßigerweise den Betriebsbedarf direkt beim Erzeuger decken oder ein Handelsunternehmen einschalten soll. Beim Bezug vom Hersteller des Produktes spricht man vom direkten Beschaffungsweg, bei der Zwischenschaltung eines Einzel- oder Großhändlers, eines inländischen Importeurs oder ausländischen Exporteurs vom indirekten Beschaffungsweg. Dabei sind die jeweils existierenden Beschaffungsketten von Produkt zu Produkt recht unterschiedlich strukturiert und gewähren somit der abnehmenden Unternehmung einen mehr oder weniger breiten Spielraum bei der Auswahl des Gliedes einer Beschaffungskette. Vor allen Dingen bei Erzeugnissen, die aus dem Ausland stammen, haben sich zum Teil stark durchgestufte Handelsorganisationen herausgebildet.

Soweit auf einem gegebenen Beschaffungsmarkt sowohl der direkte als auch der indirekte Beschaffungsweg gewählt werden kann, sind sorgfältige Untersuchungen über das Für und Wider einzelner Glieder der Beschaffungskette anzustellen. Dabei sind neben den unterschiedlichen Preisen die sonstigen Vor- und Nachteile möglicher Beschaffungswege, sowie die individuellen betrieblichen Gegebenheiten beim Abnehmer zu berücksichtigen. Auf diese Weise ist darüber zu entscheiden, bei welchem Glied der Beschaffungskette der Betriebsbedarf zweckmäßigerweise gedeckt werden soll.

Der direkte Beschaffungsweg ist dem indirekten vor allem in preislicher Hinsicht überlegen. Im allgemeinen sinkt mit der Verkürzung der Beschaffungskette der Einstandspreis. Der Händler wird nur in den Fällen seinem Abnehmer Materialien zu einem niedrigeren Preis, als ihn die herstellende Unternehmung bietet, verkaufen können, in denen er aufgrund seiner großen Abnahmemengen wesentlich günstiger einkaufen kann als der einzelne weiterverarbeitende Betrieb.

Insbesondere kleinere Mengen können vielfach beim Händler günstiger bezogen werden als beim Hersteller, der nicht selten Mindestabnahmemengen verlangt oder Mindermengenzuschläge berechnet. Bei größeren Mengen lohnt sich in der Regel die Beschaffung beim Hersteller.

Der Abnehmer wird auch dann den direkten Beschaffungsweg wählen, wenn er Einfluss auf die Produktgestaltung des Herstellers nehmen möchte. Sonderanfertigungen machen eine möglichst enge Zusammenarbeit zwischen Hersteller und Auftraggeber erforderlich. Schließlich spricht für den direkten Beschaffungsweg, dass er im allgemeinen eine gleichmäßigere Qualität verbürgt als der indirekte Beschaffungsweg.

Der Bezug von Materialien über Händler hat vor allem den Vorteil, dass der industriellen Beschaffung wichtige Funktionen und die damit verbundenen Risiken vom Händler abgenommen werden. Insbesondere übernimmt der Handel üblicherweise die Lagerfunktion und das -risiko sowie die Transportfunktion samt -risiko. Vielfach lassen sich durch die Wahl des indirekten Beschaffungsweges die Transportdauer und die Lieferfristen für den Abnehmer erheblich verkürzen und seine Lagerbestände reduzieren. Ein weiterer Vorteil des indirekten Beschaffungsweges besteht darin, dass der Händler in der Regel über ein breiteres Sortiment von Artikeln verfügt als der Hersteller. Der beschaffenden Unternehmung bietet sich auf diese Weise die Möglichkeit, in einem Bestellvorgang die unterschiedlichsten Materialien einzukaufen. Würde der gleiche Bedarf an Materialien auf dem direkten Beschaffungsweg gedeckt, so hätte das eine Erhöhung der Lieferantenzahl sowie des mit der Bestellabwicklung verbundenen Arbeitsaufwandes zur Folge.

Oft versucht der Handel, mit dem industriellen Abnehmer dadurch ins Geschäft zu kommen, dass er günstigere Zahlungsbedingungen bietet als die herstellenden Unternehmungen. Er spricht mit dieser Maßnahme vor allem finanzschwache Abnehmer an, die an der Einräumung längerer Zahlungsziele großes Interesse haben. Schließlich bevorzugen viele Abnehmer den indirekten Beschaffungsweg, weil sie der Händler aufgrund seines größeren Sortiments umfassender bei der Qualitätswahl beraten und genauer über die Brauchbarkeit verschiedener Fabrikate für einen bestimmten Verwendungszweck informieren kann. In der Regel verfügt der Händler über eine gute Marktübersicht. Von diesen Kenntnissen des Händlers und seinen Erfahrungen wird der industrielle Einkäufer insbesondere bei Materialien, die aus dem Ausland stammen, profitieren können.

Nicht immer wird man im Einkauf die Frage nach dem geeigneten Beschaffungsweg mit einem „entweder - oder" beantworten. Es ist durchaus denkbar, dass die Entscheidung in diesem Bereich zugunsten einer sinnvollen Kombination beider Beschaffungswege ausfällt.

7.2.5 Größe des Lieferanten

Innerhalb der Lieferantenpolitik wird man auch Überlegungen darüber anstellen müssen, ob man die benötigten Materialien von einem großen, wirtschaftlich starken Lieferanten oder von einem kleinen Anbieter beziehen soll. Während beim großen Lieferanten Preiszugeständnisse vielfach nur sehr schwer durchzusetzen sind, hat der Abnehmer beim kleineren Anbieter im allgemeinen einen gewissen Einfluss auf den Preis und kann wegen der relativ geringen Gemeinkosten der Kleinbetriebe häufig einen günstigeren Preis als bei Großunternehmen erzielen. Der kleine Anbieter ist in der Regel auch insofern dem Abnehmer gegenüber flexibler als der große, da er auf Sonderwünsche seiner Kunden eingehen kann. Außerdem entwickeln sich vielfach zwischen ihm und dem Einkäufer persönlichere Beziehungen, als das bei Großunternehmen möglich ist. Da Kleinbetriebe es sich oft nicht leisten können, durch Werbung und Akquisition sich ihren potentiellen Kunden bekanntzumachen, bedarf es allerdings im allgemeinen einer intensiven Beschaffungsmarktforschung, um leistungsfähige kleinere Lieferanten ausfindig zu machen.

Eine Großunternehmung hat als Lieferant den Vorteil, dass sie gewöhnlich über die finanziellen Mittel verfügt, um die Produktion den Kundenwünschen entsprechend auszuweiten. Sie ist also in der Regel gegenüber den Mengenanforderungen des Abnehmers elastischer als der Kleinbetrieb, verschwindet wegen ihrer wirtschaftlichen und finanziellen Stärke nicht so leicht vom Markt und bietet daher dem Abnehmer die Gewähr einer langfristigen Partnerschaft. Darüber hinaus verfügt die Großunternehmung im allgemeinen über gut ausgebildete Entwicklungsingenieure und z.T. über einen umfangreichen Forscherstab und ist deshalb eher als das kleine Unternehmen in der Lage, technologische Verbesserungen an ihren Produkten durchzuführen.

Allerdings bergen diese Leistungsfähigkeit auf dem Gebiete der Forschung und Entwicklung und die erwähnte finanzielle Stärke die Gefahr in sich, dass der große Lieferant sich eines Tages nicht mehr mit der Bereitstellung des Rohmaterials begnügt, sondern seine wirtschaftlichen Aktivitäten auch auf das Endprodukt des Abnehmers ausdehnt und damit zu einem direkten Konkurrenten seines Kunden wird.

7.2.6   Stammlieferanten

Sofern auf einem gegebenen Beschaffungsmarkt mehrere akzeptable Lieferanten vorhanden sind, ist im Einkauf die Frage zu klären, ob man den Betriebsbedarf ständig bei dem bzw. den gleichen Lieferanten deckt und auf diese Weise eine feste Bindung zu Stammlieferanten schafft oder ob man besser durch häufigen Lieferantenwechsel die bei der Auftragsvergabe bestehenden Wahlfreiheiten ausnutzt. Diese Frage lässt sich in einer Unternehmung wohl kaum generell für alle Einkaufsprodukte in gleicher Weise regeln; dafür sind die Marktsituationen und die betrieblichen Erfordernisse bei den einzelnen Materialien zu unterschiedlich. Um auf diesem Gebiet sachgerechte Entscheidungen fällen zu können, müssen die Vor- und Nachteile der gekennzeichneten alternativen Verhaltensweisen einander gegenübergestellt und bewertet werden.

Als ein wesentlicher Vorteil der Zusammenarbeit mit Stammlieferanten muss die relative Gleichmäßigkeit der Qualität der eingekauften Produkte im Laufe sich wiederholender Bestellungen genannt werden. Ein Lieferantenwechsel ist für den Abnehmer fast immer mit der Gefahr einer Veränderung in der Qualität verbunden. Aus diesem Grunde ist insbesondere bei denjenigen Unternehmen, die auf eine gleichbleibende hohe Qualität ihrer Endprodukte sehr viel Wert legen, eine gewisse Kontinuität in der Wahl der Lieferanten zu beobachten. Die Zusammenarbeit mit Stammlieferanten gewährt darüber hinaus den Vorteil, dass sich die Abwicklung der Bestellungen im allgemeinen reibungsloser vollzieht und vereinfacht, was der Tendenz nach Auswirkungen auch auf die Höhe der Sicherheitsbestände haben kann. Außerdem ist in der Praxis festzustellen, dass ein Lieferant seine Stammkunden in der Regel gegenüber anderen Abnehmern bevorzugt behandelt. Diese Bevorzugung kann sich auf die verlangten Preise oder auf die sonstigen Konditionen beziehen; sie wird sich für den Abnehmer jedoch vor allem in Zeiten der Materialverknappung bemerkbar machen.

Ferner muss als ein Vorteil der Kontinuität in der Wahl der Lieferanten die Tatsache angesehen werden, dass sich im allgemeinen der Stammlieferant für das Endprodukt und die wirtschaftliche und technische Leistungsfähigkeit des Abnehmers mehr interessiert und engagiert als ein Anbieter, der nur ab und zu als Lieferant eingeschaltet wird. Von einem Stammlieferanten kann erwartet werden, dass er auf wertanalytischem Gebiet und bei der Produktverbesserung dem Abnehmer behilflich ist und dass er sich in seinem Produktionsprogramm an den Wünschen und Erfordernissen seines Stammkunden ausrichtet.

Aus der regelmäßigen Bevorzugung bestimmter Lieferanten bei der Auftragsvergabe kann sich jedoch auch eine Reihe von Nachteilen für den Abnehmer ergeben. So wirkt sich das Prinzip der Stammlieferanten zunächst einmal negativ auf den Wettbewerb zwischen den potentiellen Anbietern aus. Sodann kann die enge Verbundenheit mit dem Stammlieferanten dazu führen, dass der Abnehmer den Kontakt zum übrigen Markt verliert und dadurch für ihn die Marktübersicht erschwert wird. Schließlich besteht die Gefahr, dass der Lieferant, dem eine bevorzugte Stellung eingeräumt worden ist, sich zu sehr auf die Abnahme seiner Produkte durch den Stammkunden verlässt und sich zu wenig in preislicher und qualitätsmäßiger Hinsicht anstrengt.

Diesen Nachteilen muss im Einkauf mittels einer intensiven Beschaffungsmarktforschung, einer permanenten Überprüfung und Erziehung der bevorzugten Lieferanten entgegengewirkt werden. Damit trotz der Zusammenarbeit mit Stammlieferanten die Marktübersicht in einer Unternehmung nicht verloren geht und der Wettbewerb zwischen den potentiellen Anbietern nicht völlig zum Erliegen kommt, sollte nach Möglichkeit ein Teil des Bedarfs für sogenannte „Kontaktaufträge" an Lieferanten reserviert bleiben, die nicht zu den Dauerlieferanten zählen oder mit denen bislang noch keine Geschäftsverbindungen bestanden haben.

Stammlieferantenpolitik bedeutet für die Beschaffung eine bewusste und gewollte Gestaltung der Lieferantenbeziehung, die darauf ausgerichtet ist, die Materialversorgung zu sichern und der Unternehmung einen festen, leistungsfähigen Stamm von Lieferanten zuzuführen. Es sollte im Einkauf möglichst verhindert werden, dass bestimmte Anbieter lediglich dadurch zu Dauerlieferanten werden,

- dass im Einkauf aus reiner Bequemlichkeit und Gewohnheit immer beim gleichen Lieferanten bestellt wird;

- dass stets oder über einen längeren Zeitraum bei den gleichen Anbietern angefragt wird;

- dass Entscheidungen über die Wahl des Lieferanten von anderen Unternehmensbereichen präjudiziert werden;

- dass beim Einkäufer sachlich nicht gerechtfertigte Präferenzen einem bestimmten Anbieter gegenüber bestehen.

7.2.7 Gegengeschäfte

7.2.7.1 Begriff und Arten

Bei Gegengeschäften treten im allgemeinen zwei Unternehmen in der doppelten Rolle als Lieferant und Abnehmer füreinander auf. Voraussetzung für das Zustandekommen derartiger Gegenseitigkeitsgeschäfte ist, dass das Beschaffungsprogramm der beiden Unternehmen Produkte enthält, die der jeweilige Geschäftspartner auf der Absatzseite anbietet. So muss z.B. ein Hersteller von Lastkraftwagen Stahlerzeugnisse einkaufen, und ein Stahlunternehmen benötigt Lastkraftwagen. Es kann also zwischen diesen beiden Unternehmen ein Gegengeschäft getätigt werden, das sich auf die beiden Produkte Lastkraftwagen und Stahlerzeugnisse erstreckt.

Ein wesentliches Kennzeichen derartiger Gegengeschäfte ist dabei, dass das Geschäft auf der einen Seite abhängig ist von dem Geschäft auf der anderen Seite und umgekehrt. Allein die Tatsache, dass zwei Unternehmen wechselseitig als Abnehmer und Lieferant im Geschäftsleben in Erscheinung treten, begründet also noch kein Gegengeschäft, es muss die gegenseitige Abhängigkeit der beiden Geschäfte hinzukommen, soll von einem Gegengeschäft die Rede sein. In der Praxis kommen gegengeschäftliche Beziehungen zustande, indem man in einer Unternehmung

- beim Einkauf die Kunden gegenüber anderen Anbietern als Lieferanten bevorzugt oder

- mit Hilfe der Einkaufsmacht Lieferanten dazu bringt, dem Absatz Aufträge zu erteilen oder

- mit einem potentiellen Kunden/Lieferanten eine gegengeschäftliche Transaktion vereinbart.

Neben den direkten Gegengeschäften, an denen zwei Unternehmen beteiligt sind, hat die Praxis Formen von Gegengeschäften mit drei, vier und mehr teilnehmenden Firmen entwickelt. Derartige multilaterale Vereinbarungen bezeichnet man auch als indirekte Gegengeschäfte. Man bedient sich ihrer vor allem dann, wenn zwischen einem Lieferanten (A) und seinem Abnehmer (B) ein direktes Gegengeschäft mit dem gegebenen Absatz- und Beschaffungsprogramm der beiden Unternehmen nicht durchführbar ist. In diesem Falle kann eine gegengeschäftliche Beziehung gleichwohl zustande kommen, wenn es gelingt, eine dritte Unternehmung (C) einzuschalten, die von ihrem Produktionsprogramm her als ein Kunde des Abnehmers (B) und gleichzeitig als Anbieter für den Lieferanten (A) in Frage kommt (vgl. Abbildung 7-2).

Bei diesem Gegengeschäft mit drei Partnern stehen also dem ursprünglich geplanten Geschäft zwischen Lieferant (A) und Abnehmer (B) zwei unterschiedliche Geschäfte (Einkaufs- und Verkaufsgeschäft) mit einem Dritten (C) gegenüber. In dieser Runde treten die drei beteiligten Unternehmen (A), (B) und (C) derart in der doppelten Rolle als Lieferant und Kunde füreinander auf, dass ein in sich geschlossener Kantenzug entsteht.

Abbildung 7-2:   *Indirektes Gegengeschäft (mit drei Parteien)*

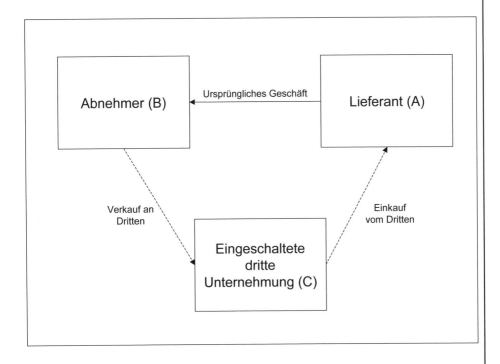

In der Praxis kann ein dreiseitiges Gegengeschäft dadurch zustande kommen, dass zum Beispiel ein Hersteller von Elektromotoren seinen Lieferanten dazu überredet, seinen Bedarf an Werkzeugmaschinen bei einer Maschinenfabrik zu decken, die gleichzeitig ein Kunde des Herstellers von Elektromotoren ist.

Im Geschäftsleben sind zwei- und dreiseitige Gegengeschäfte am häufigsten anzutreffen. Gegengeschäftliche Vereinbarungen zwischen mehr als drei Parteien sind relativ kompliziert in ihrer praktischen Durchführung.

Eine Sonderform der Gegengeschäfte sind die sogenannten Kompensationsgeschäfte, die insbesondere im Außenhandelsgeschäft mit devisenschwachen Ländern vorkommen. Sie unterscheiden sich von den zwischen Privatfirmen getätigten Gegengeschäften zum einen dadurch, dass der inländische Fabrikant vielfach im Austausch gegen seine Produkte Waren aufnehmen muss, die er in seiner eigenen Unternehmung nicht verwenden kann und um deren Weiterverkauf er sich also zu kümmern hat. Ein anderer Unterschied zu den Gegengeschäften zwischen privaten Unternehmen besteht

darin, dass im Rahmen von Kompensationsgeschäften in vielen Fällen das Exportge-
schäft die gleiche wertmäßige Höhe aufweisen muss wie das korrespondierende Im-
portgeschäft. Demgegenüber können bei gegengeschäftlichen Vereinbarungen
zwischen Privatunternehmen die einander gegenüberstehenden Geschäfte in ihrer
wertmäßigen Höhe sehr stark voneinander abweichen; denn hier geht man davon aus,
dass das Geldvolumen von Auftrag und Gegenauftrag in seiner jeweiligen Höhe u.a.
von den betrieblichen Verwendungsmöglichkeiten und den Verbrauchsmengen der im
Gegengeschäft angebotenen Produkte abhängig ist. Schließlich unterscheiden sich
Kompensationsgeschäft und im Inland getätigtes Gegengeschäft auch vielfach
dadurch, dass das Zustandekommen des letzteren in der Regel auf keiner vertraglichen Grundlage beruht.

7.2.7.2   Rahmenbedingungen für das Zustandekommen von Gegengeschäften

Gegengeschäfte sind nicht in allen Wirtschaftszweigen, Unternehmen und Märkten
von gleicher Bedeutung. Es gibt Bereiche des Wirtschaftslebens, die besonders stark zu
Gegengeschäften neigen; andere Bereiche wiederum werden mit dem Problem gegengeschäftlicher Vereinbarungen kaum konfrontiert. Zu den Faktoren, die das Entstehen
von Gegengeschäften entscheidend beeinflussen und damit verantwortlich sind für
die Häufigkeit des Auftretens von Gegengeschäften, gehören vor allem:

- *die konjunkturelle Lage einer Branche,*

- *die Unternehmensgröße,*

- *die Produktart und*

- *die Marktform.*

Die Art der Abhängigkeit der Gegengeschäfte von diesen Faktoren soll im folgenden
näher erläutert werden.

Eine sehr enge Beziehung besteht zunächst einmal zwischen der wirtschaftlichen Lage
einer Branche und der Intensität des Gegengeschäftsverkehrs. In Zeiten einer rückläufigen Konjunktur und eines Konjunkturtiefs lässt sich im allgemeinen eine Erhöhung
der Anzahl der Gegengeschäfte feststellen. Die Konjunkturempfindlichkeit der Gegengeschäfte hängt damit zusammen, dass in Zeiten rezessiver Geschäftsentwicklung
Unternehmen mit unausgelasteten Kapazitäten bestrebt sind, mit Hilfe von gegengeschäftlichen Vereinbarungen eine bessere Kapazitätsauslastung zu erreichen. Gegengeschäfte gehören vielfach mit zu denjenigen absatzpolitischen Instrumentarien, die
als erste in einer rezessiven Phase der Geschäftsentwicklung zum Einsatz kommen,
weil sich die Geschäftsleitung von ihnen bereits kurzfristig Erfolge verspricht. In diesem Zusammenhang wird auch verständlich, warum gerade Unternehmen, die sehr
kapitalintensiv arbeiten, mit hohen fixen Kosten belastet sind und eine geringe Anpas-

sungsfähigkeit an konjunkturelle Schwankungen besitzen, sich in besonders starkem Maße des Mittels der Gegengeschäfte bedienen; sie versuchen auf diese Weise, einen möglichst großen Teil ihrer im Konjunkturtief nicht abbaufähigen fixen Kosten zu decken und eine ausgeglichenere, stetigere Beschäftigung ihrer kapitalintensiven Anlagen zu erreichen.

In der Hochkonjunktur schwächt sich der Gegengeschäftsverkehr im allgemeinen ab, weil die Unternehmungen bei voll ausgelasteten Kapazitäten aus Gegengeschäften keine zusätzlichen Gewinne erwirtschaften können. Allerdings kann es auch in der Hochkonjunktur in bestimmten Sonderfällen zu einer Belebung des Gegengeschäftsverkehrs kommen. Diese Erscheinung ist vor allem dann zu beobachten, wenn eine Periode des Booms mit Materialverknappungen verbunden ist. Die Initiative zum Abschluss von Gegengeschäften geht in einer solchen Situation von der Beschaffung aus, die mit dem Mittel der Gegengeschäfte den Bezug schwer beschaffbarer Waren sichern möchte. So war z.B. die im Gefolge der Erdölkrise zu beobachtende Periode der Materialverknappung geradezu eine Blütezeit derartiger von der Beschaffung initiierter Gegengeschäfte.

Neben der Konjunktur hat auch die Unternehmensgröße einen bedeutenden Einfluss auf die Häufigkeit des Vorkommens von Gegengeschäften. Dieser Sachverhalt findet seine Erklärung zum einen darin, dass Großunternehmen in der Regel ein größeres Einkaufsvolumen als kleinere Unternehmen haben und dementsprechend auch über eine größere Marktmacht verfügen, um beim Lieferanten Gegengeschäfte durchzusetzen. Zum anderen kann wohl unterstellt werden, dass im allgemeinen Großunternehmen stärker diversifiziert sind als kleine Unternehmen. Diversifikation hat jedoch in einer Unternehmung zur Folge, dass sich die Möglichkeiten zum Abschluss von Gegengeschäften verbessern.

Ein interessanter Aspekt des gegengeschäftlichen Verkehrs ist, dass er sich fast ausschließlich auf Produktionsgütermärkten abspielt und im Bereich der Konsumgüterindustrie nur in einem sehr beschränkten Umfang vorkommt. Die unterschiedliche Bedeutung der Gegengeschäfte in diesen beiden Wirtschaftsbereichen ergibt sich einfach aus der Tatsache, dass nur sehr wenige Hersteller von Konsumgütern ihre Lieferanten auf Gegengeschäfte ansprechen können, da der Lieferant in der Regel keinen Bedarf an Konsumartikeln hat. Der Lieferant könnte allenfalls versuchen, die Mitarbeiter mit Konsumgütern zu versorgen. Doch auch dann halten sich infolge der individuellen Bedürfnisstruktur der Mitarbeiter die abzunehmenden Mengen und Werte in einem sehr begrenzten Rahmen, so dass sich eine gegengeschäftliche Vereinbarung in vielen Fällen nicht lohnt.

Aber auch innerhalb der Produktionsgüterindustrie gibt es wiederum einige Branchen, die besonders stark zu Gegengeschäften neigen, während bei anderen Branchen Gegengeschäfte kaum in Erscheinung treten. So hat man festgestellt, dass diejenigen Wirtschaftszweige, in denen die konkurrierenden Unternehmen ziemlich gleichartige Standarderzeugnisse in großen Mengen herstellen, viel anfälliger sind für Gegengeschäfte als diejenigen Branchen, die sich mit der Herstellung hochentwickelter spezialisierter Erzeugnisse befassen. Relativ viel Geschäftsverkehr auf Gegenseitigkeit gibt es deshalb z.B. in der Eisen- und Stahlindustrie, in der Chemie- und Papierindustrie, in der Mineralölindustrie und in der Zementindustrie.

Schließlich ist auch die Marktform ein Faktor, der die Häufigkeit des Auftretens von Gegengeschäften entscheidend beeinflusst. Eine Unternehmung mit Monopolstellung auf der Absatzseite, wird bei ihren Einkaufsentscheidungen auf Gegengeschäfte keine Rücksicht nehmen müssen, da sie in der Regel keine Vorteile aus gegengeschäftlichen Vereinbarungen ableiten kann. Aber auch auf einem Markt mit atomistischer Konkurrenz, auf dem vollständiger Wettbewerb zwischen vielen Anbietern zu einem bestimmten Marktpreis führt und der einzelne Anbieter keinen Einfluss auf den Preis hat, kann man sich Gegengeschäfte kaum vorstellen. Denn auf einem derartigen Markt kann der einzelne Anbieter zu dem gegebenen Marktpreis seine produzierten Mengen auch ohne Gegengeschäfte absetzen. Aus diesem Grunde sind auch bei vielen Produkten, die zu Börsenpreisen gehandelt werden, Gegengeschäfte nicht üblich.

Aber auch bei denjenigen Marktformen, die zwischen den beiden Extremfällen der atomistischen Konkurrenz und des Monopols liegen, ist die Marktmacht des Abnehmers gegenüber dem Lieferanten in vielen Fällen nicht ausreichend, um Gegengeschäfte durchsetzen zu können. Relativ häufig kommen Gegengeschäfte als wichtiges absatzpolitisches Instrument in oligopolistischen Märkten vor. Da auf einem Oligopolmarkt die Preissenkung eines Konkurrenten kompensierende Preisherabsetzungen bei den Rivalen nach sich zieht, verlegen Oligopolisten gern den Wettbewerb vom Preis weg auf Gegengeschäfte und andere Marketinginstrumente.

7.2.7.3 Beurteilung der Gegengeschäfte

Gegengeschäfte werfen betriebswirtschaftliche, volkswirtschaftliche und rechtliche Fragen auf. Hier sollen die Auswirkungen der Gegengeschäfte auf Beschaffung und Absatz genauer untersucht werden. Da Gegengeschäfte eine Reihe von negativen Auswirkungen auf die Beschaffung haben, wehren sich sehr viele Einkäufer gegen derartige Vereinbarungen. Im einzelnen können die Gegner der Gegengeschäfte auf folgende Nachteile und Gefahren für die Beschaffung hinweisen:

- Gegengeschäftspraktiken bergen die Gefahr in sich, dass nicht derjenige Anbieter, der vom Preis, von der Qualität und den sonstigen Faktoren eines Angebotsvergleiches her der geeignetste ist, als Lieferant ausgewählt wird. Zwar besteht in vielen Unternehmen der Grundsatz, dass nur dann mit einem (potentiellen) Kunden gegengeschäftliche Vereinbarungen getroffen werden, wenn er als Lieferant den Vergleich mit der Konkurrenz aushält. Aber auch in Unternehmen, die nach diesem Grundsatz handeln wollen, wird es zu Ausnahmen und Abweichungen davon kommen, wenn die Unternehmensspitze sehr zu Gegengeschäften neigt und gegengeschäftlichen Vereinbarungen eine große Bedeutung beimisst. So geben denn auch einige Firmen offen zu, dass es wegen eines möglichen Gegenauftrages dazu kommen kann, dass im Rahmen eines Angebotsvergleichs nicht der optimale Lieferant ausgewählt wird.

- In der Regel bleibt es kein Betriebsgeheimnis; wenn eine Unternehmung in starkem Maße Gegengeschäfte tätigt und Kundenberücksichtigung betreibt. Wenn die Anbieter nun erfahren, dass ein Abnehmer nicht denjenigen Lieferanten, der das günstigste Angebot unterbreitet, zum Zuge kommen lässt, sondern dass er denjenigen bevorzugt, der gleichzeitig sein Kunde ist, fehlt den Anbietern verständlicherweise der Anreiz, die Konkurrenz zu unterbieten. Das gilt zunächst einmal für diejenigen Anbieter, die Kunden des Abnehmers sind und es deshalb nicht nötig haben, durch ein konkurrenzfähiges Angebot aufzufallen. Das gilt vor allem aber auch für diejenigen potentiellen Lieferanten, mit denen gegengeschäftliche Vereinbarungen nicht abgeschlossen werden können und die wegen der Aussichtslosigkeit ihrer Bemühungen darauf verzichten, den anderen Wettbewerbern Konkurrenz zu machen. Die Folgen dieser Reduzierung und Entmutigung des Wettbewerbs machen sich für die abnehmende Firma in weniger Anbietern und geringerer Einkaufsmacht, in erhöhten Preisen und geringerer Absicherung des Bedarfs bemerkbar. Diese negativen Auswirkungen der Gegengeschäfte lassen sich auch nicht etwa dadurch vermeiden, dass die abnehmende Firma den Kunden in das günstigste Angebot einsteigen lässt.

- Wegen der durch Gegengeschäfte abgesicherten Aufträge kann es beim Lieferanten dazu kommen, dass er ein Gefühl der Sicherheit entwickelt, seine Anstrengungen auf dem Gebiete der Produktverbesserung und der Hervorbringung neuer Problemlösungen vernachlässigt oder die Belieferung des Abnehmers nicht mit der genügenden Sorgfalt durchführt.

- Es besteht die Gefahr, dass die Beschaffungsabteilung bewusst oder unbewusst bei Auftreten von qualitativen und sonstigen Mängeln in der Belieferung die Lieferanten, die gleichzeitig Kunden sind, großzügiger und nachsichtiger behandelt als sonstige Lieferanten. Diese Gefahr ist dann besonders groß, wenn es sich bei dem betreffenden Lieferanten um einen bedeutenden Kunden handelt.

- Es muss befürchtet werden, dass in einer Unternehmung, die in starkem Maße in gegengeschäftliche Beziehungen verwickelt ist, die Effizienz und Moral des Einkäufers sowie seine Aggressivität beim Bemühen um bessere Preise und günstigere sonstige Konditionen sich verschlechtert und dass die Suche nach besseren Einkaufsquellen nachlässt. Bei Gegengeschäften kann ja das Ziel eines optimalen Einkaufs dem Ziel der Hereinholung von Gegenaufträgen untergeordnet sein. Es besteht hier dann die große Gefahr, dass der Einkäufer in seinem Bestreben nach Senkung der Materialkosten entmutigt wird und dass man auch beim Einkauf von Produkten, die nicht gegengeschäftlichen Vereinbarungen unterliegen, von klaren Einkaufsprinzipien abrückt.

▪ Man muss sich klar machen, dass dort, wo bei Beschaffungsvorgängen Gegengeschäfte eine Rolle spielen, die Entscheidung über den auszuwählenden Lieferanten nicht mehr in die alleinige Zuständigkeit des Einkäufers fällt. Aus dieser Überlegung heraus muss befürchtet werden, dass in Unternehmen, in denen der Verkauf oder die Unternehmensleitung sehr viel Wert auf Gegengeschäfte legen, die Stellung der Beschaffungsabteilung innerhalb der Unternehmung geschwächt wird. Umgekehrt gilt selbstverständlich auch, dass eine schwache Einkaufsabteilung eher dem Drängen nach gegengeschäftlichen Vereinbarungen entspricht als eine ziemlich selbstbewusst agierende Einkaufsabteilung.

▪ Die Zielsetzung, mit einem gegebenen Einkaufsvolumen möglichst viele Gegenaufträge hereinzuholen, kann Auswirkungen auf die Anzahl der Lieferanten für ein Produkt haben. So kommt es einerseits vor, dass man aus Gründen der Kundenberücksichtigung den gegebenen Bedarf bei einem bestimmten Artikel auf mehr Lieferanten verteilt, als aus Kostenüberlegungen sinnvoll ist. Aber man kann sich andererseits auch vorstellen, dass man in einer Unternehmung, um einen Gegenauftrag zu erhalten, den betrieblichen Bedarf lediglich bei einem Lieferanten deckt, obwohl vielleicht Gründe der Absicherung der Beschaffung dagegen sprechen. Soweit eine Aufteilung des vorhandenen Bedarfs auf mehrere Lieferanten, die gleichzeitig Kunden sind, zu erfolgen hat, geschieht dies in der Praxis vielfach unter Berücksichtigung des relativen Gewichtes, mit dem die Lieferanten als Kunden auf der Absatzseite in Erscheinung treten.

▪ Der Drang zu Gegengeschäften kann auch die Entscheidung darüber, ob ein Artikel oder eine Baugruppe von auswärts bezogen oder eigengefertigt werden soll, beeinflussen. Dabei kann nicht unterstellt werden, dass lediglich bei Fremdbezug der Abschluss von Gegengeschäften möglich ist. Die bei Fremdbezug vorhandene Möglichkeit, zu gegengeschäftlichen Vereinbarungen zu kommen, muss also mit der bei Eigenfertigung gegebenen Möglichkeit verglichen werden.

Fast alle aufgeführten Auswirkungen der Gegengeschäfte können sich über kurz oder lang in Kostensteigerungen bemerkbar machen. Eine Beschaffungsabteilung, die sich auf einen optimalen Einkauf von Produkten konzentriert und nicht Rücksicht auf Kunden zu nehmen hat, findet durch Ausnutzung von Marktchancen in der Regel Möglichkeiten, wie sie der Unternehmung Kosten ersparen oder wie sie wenigstens Kostensteigerungen vermeiden kann. Sie kann vielleicht einen inländischen durch einen ausländischen Lieferanten ersetzen oder sogar einen völlig neuen Lieferanten entwickeln. Demgegenüber hat es eine Beschaffungsabteilung, deren Bewegungsspielraum und Wahlmöglichkeiten durch Gegengeschäfte eingeschränkt sind, die Rücksicht zu nehmen hat auf die Gefühle der Kunden oder sogar unter den Druck eines Gegengeschäftspartners geraten ist, viel schwerer, gebotene Marktchancen wahrzunehmen. Diese Schwierigkeiten sind umso größer, je stärker eine Unternehmung in Gegengeschäftspraktiken verwickelt ist und je wichtiger der jeweils tangierte Kunde für die Unternehmung ist.

Eindeutig positiv sind aus der Sicht der Beschaffung die Gegengeschäfte zu bewerten, wenn mit ihrer Hilfe in Zeiten der Materialknappheit der Bezug schwer beschaffbarer Waren gesichert werden kann. Zugunsten gegengeschäftlicher Vereinbarungen wird manchmal auch angeführt, dass eine Unternehmung mit ihrer Hilfe enge Beziehungen zu den Lieferanten herstellen könne. Auf dieses Argument ist zu antworten, dass es der Beschaffung nicht immer um eine enge Bindung an den Lieferanten geht und dass enge Beziehungen nicht unbedingt auch harmonisch sein müssen.

Bei der Beurteilung der Gegengeschäfte aus der Sicht der Beschaffung muss man schließlich auf den Einfluss hinweisen, den der Absatzbereich der eigenen Unternehmung auf den Gegengeschäftspartner ausüben kann. Hier besteht die Gefahr, dass ein nicht sehr leistungsfähiger Vertrieb in der eigenen Unternehmung sich ungünstig auf die Zuverlässigkeit und Leistungsfähigkeit des Lieferanten auswirkt; was wiederum negative Rückwirkungen auf den eigenen Beschaffungsbereich haben kann. Das gilt zunächst einmal für die Termintreue. Hält der eigene Absatz dem Gegengeschäftspartner gegenüber die vereinbarten Liefertermine nicht ein, kann die Beschaffung vom Lieferanten nicht erwarten, dass er immer pünktlich liefert. Diskutiert werden in diesem Zusammenhang auch die Probleme, die dann auftreten, wenn auf der Absatz- und Beschaffungsseite einer Unternehmung unterschiedliche Verkaufs- bzw. Einkaufsbedingungen und Zahlungsbedingungen bestehen. Ein Lieferant, der gleichzeitig Kunde ist, wird einen Versuch der Beschaffung, bessere Zahlungs- und Lieferbedingungen auszuhandeln, vielfach mit dem Hinweis auf die ungünstigen Zahlungs- und Lieferbedingungen, die er als Kunde hinzunehmen hat, abwehren können. In einer derartigen Verhandlungssituation kommt es häufig dazu, dass die Zahlungs- und Lieferbedingungen, die auf der Beschaffungsseite schließlich zum Zuge kommen, sich den entsprechenden Bedingungen auf der Absatzseite anpassen oder auch umgekehrt. Den Einfluss des Absatzbereiches der eigenen Unternehmung auf den Gegengeschäftspartner wird die Beschaffung schließlich auch in den Ausnahmefällen zu spüren bekommen, in denen schlechtes Ausgangsmaterial, das der Lieferant im Gegengeschäftsverkehr bezieht, in ein Produkt eingeht, das die Beschaffung vom Lieferanten erhält. Zusammenfassend lässt sich zu dem Einfluss des Absatzbereiches der eigenen Unternehmung auf den Gegengeschäftspartner und damit zu den Rückwirkungen auf die Beschaffung sagen, dass ein nicht leistungsfähiger Absatz die Stellung der Beschaffung dem Gegengeschäftspartner gegenüber schwächt und umgekehrt, dass ein leistungsstarker Vertriebs- und Produktionsbereich auch eine Stärkung der Position des Einkäufers gegenüber dem Lieferanten zur Folge hat.

Aus absatzwirtschaftlicher Sicht sind Gegengeschäfte ein absatzpolitisches Instrument, ein Marketinginstrument in der Hand der Beschaffung. Hier übernimmt der Einkauf also eine Aufgabe, die bei strengem Ressortdenken vom Absatz wahrzunehmen wäre und deren Erfüllung ja auch dem Absatz zugute kommt. Der Einsatz dieses Marketinginstruments hat zunächst einmal die Gewinnung neuer Kunden und eine Umsatzsteigerung zur Folge. Es wird ferner darauf hingewiesen, dass Gegengeschäfte zu einer Absatzsicherung beitragen können, weil infolge des Druckes, der von gegengeschäftlichen Vereinbarungen ausgehen kann, wenigstens für einen Teil des Umsatzes eine gewisse Garantie gegeben ist, dass der Kunde kurzfristig nicht abspringt.

Ist ein großer Teil des Umsatzes durch Gegengeschäfte abgedeckt, dann besteht langfristig die Gefahr, dass der Verkauf, der bemerkt, dass Umsatzsteigerungen nicht unbedingt von seinen Verkaufsbemühungen abhängig sind, ein Gefühl der Sicherheit entwickelt und seine Anstrengungen auf dem Gebiete der Absatzerweiterung vernachlässigt. Ein Unternehmen, das seine Verkaufserfolge in starkem Maße auf gegengeschäftliche Vereinbarungen gründet und sich auf diese Weise gegen den Konkurrenzdruck auf der Absatzseite abschirmt, fördert geradezu die Entstehung von Schwachstellen in einer Unternehmung.

Der Einsatz der Gegengeschäfte als ein absatzpolitisches Instrument bedeutet im Grunde genommen das Eingeständnis des Verkaufs, dass er nicht in der Lage ist, mit den sonst üblichen Mitteln des Wettbewerbs seine Produkte abzusetzen. Unternehmen, die sich aufgrund der Überlegenheit ihres Produktes und sonstiger Verdienste in einer starken Position gegenüber ihren Wettbewerbern befinden, haben es vielfach gar nicht nötig, den Weg der Gegengeschäfte einzuschlagen.

7.2.7.4   Gegengeschäfte als Problem der Abstimmung zwischen Absatz und Beschaffung

Ein Einkäufer beschafft seiner Unternehmung nicht nur bestimmte Produkte oder Dienstleistungen, sondern mit dem Einkauf verschafft er seiner Unternehmung auch die Möglichkeit, Gegenaufträge hereinzuholen. Diese Möglichkeit, Gegengeschäfte zu tätigen, ist teilweise von Faktoren abhängig, die dem Einfluss des Einkäufers entzogen sind, wie z.B. Einkaufsvolumen, Grad der Diversifikation usw. Aber die Beschaffung ist durchaus auch in der Lage, den möglichen Umfang der Gegengeschäfte dadurch positiv zu beeinflussen, dass sie eine entsprechende Auswahl von Lieferanten vornimmt, dass sie den Betriebsbedarf auf mehrere Lieferanten verteilt oder nach einem dritten Mann für ein indirektes Gegengeschäft sucht. Unterstellt man als Zielsetzung einer Unternehmung die Gewinnmaximierung, dann wird klar, dass man sich im Zusammenhang mit Gegengeschäften in der Beschaffung von engem Ressortdenken lösen muss, bei Aktionen auf dem Beschaffungsmarkt das Wohl der gesamten Unternehmung im Auge haben muss und nicht nur auf die Kosten, sondern auch auf den Ertrag zu achten hat. Denn beide zusammen machen den Gewinn aus.

Bei der Überlegung, ob ein bestimmtes Gegengeschäft gewinnbringend ist oder nicht, sind Vor- und Nachteile einer gegengeschäftlichen Vereinbarung miteinander zu vergleichen, und erst aufgrund dieses Vergleichs lässt sich eine Entscheidung darüber fällen, ob ein Gegengeschäft getätigt werden soll. Da nun die Vorteile fast ausschließlich der Verkaufsabteilung zugute kommen und die Nachteile fast völlig von der Beschaffung zu tragen sind, sollten Entscheidungen über Gegengeschäfte weder allein von der Verkaufsabteilung getroffen werden noch in die alleinige Zuständigkeit der

Beschaffung fallen, wie stark oder schwach im einzelnen die Stellung der einen oder der anderen Abteilung innerhalb der Unternehmung auch sein mag. Es muss also entweder zu einer Abstimmung zwischen diesen beiden Abteilungen kommen unter Berücksichtigung des zu erwartenden Nutzens für die gesamte Unternehmung, oder die Geschäftsleitung muss unter Berücksichtigung des Interessenkonfliktes zwischen den Abteilungen Beschaffung und Absatz auf diesem Sektor entscheiden. Erst recht ist es Aufgabe des Top Management, die Grundsatzentscheidung, ob ein Unternehmen überhaupt Gegengeschäfte tätigen soll oder nicht, zu fällen und eindeutige Richtlinien die Gegengeschäfte betreffend festzulegen.

Bei dem Versuch, den zusätzlichen Gewinn zu ermitteln, der durch Gegengeschäfte einer Unternehmung zufließt, wird man auf Schwierigkeiten stoßen. Zwar lässt sich der Vorteil, den eine Unternehmung aus Gegengeschäften erzielt, ziemlich genau ermitteln; er besteht in dem durch die Gegenaufträge erzielten Deckungsbeitrag. Doch lassen sich die durch gegengeschäftliche Vereinbarungen verursachten Kosten aus zwei Gründen schwer erfassen. Erstens handelt es sich bei den Nachteilen der Gegengeschäfte vielfach um nicht exakt quantifizierbare Faktoren, wie Verschlechterung des Image einer Unternehmung, Reduzierung des Wettbewerbs auf den Beschaffungsmärkten, großzügigere Behandlung des Gegengeschäftspartners durch den Einkauf oder Nachlassen der Verkaufsanstrengungen. Zweitens treten diese durch Gegengeschäfte in einer Unternehmung verursachten Kosten in vielen Fällen nicht von heute auf morgen, sondern erst im Laufe der Zeit nach und nach in Erscheinung. Sie sind im Augenblick der Entscheidung häufig nicht exakt zu ermitteln und bleiben deshalb in der Regel bei Überlegungen, ob sich ein Gegengeschäft lohnt oder nicht, unberücksichtigt. In der amerikanischen Literatur bezeichnet man diese langfristig sich allmählich entwickelnden und zu Unrecht vernachlässigten Kosten auch als „creep costs" oder „hidden costs". Es sind also Kosten, von denen man zunächst fälschlicherweise annimmt, dass sie von der Entscheidung nicht betroffen werden, obwohl sie sich schließlich als Folge der Entscheidung doch ändern werden, wenn auch mit einer zeitlichen Verzögerung.

Trotz der Schwierigkeiten, die Nachteile von Gegengeschäften genau zu beziffern, bleibt dem Einkäufer nichts anderes übrig, als möglichst umfassende Informationen über die Vor- und Nachteile eines zur Diskussion stehenden Gegengeschäftes zusammenzutragen und sein Verhalten gegenüber dem Verkauf oder der Geschäftsleitung aus den gesammelten Daten abzuleiten.

7.2.8 Konzerneinkauf

In vielen größeren Multiprodukt-Unternehmen muss man sich mit der Frage auseinandersetzen, ob und nach welchen Grundsätzen bei der Materialbeschaffung konzerninterne Anbieter den sonstigen potentiellen Lieferanten am Markt vorgezogen werden sollen. Bei diesem Problem kollidieren in vielen Fällen die Interessen der nachfragenden und der anbietenden Konzerngesellschaft, und es müssen deshalb zur Realisierung der Ziele der Konzernobergesellschaft die Interessenlagen der beiden beteiligten Partner aufeinander abgestimmt werden. Leitet sich aus dieser Abstimmung und aus den übergeordneten Belangen der gesamten Firmengruppe für den Konzernbezieher ein Zwang zum Konzerneinkauf ab, so kann sich aus dieser Abstimmung und aus den übergeordneten Belangen der gesamten Firmengruppe für ihn eine Reihe von Nachteilen ergeben. Diese Nachteile entsprechen fast genau den oben ausführlich behandelten negativen Auswirkungen, die Gegengeschäfte auf die Beschaffung haben können, und sollen deshalb hier nicht noch einmal aufgeführt werden.

Wenn in einem Firmenverbund für bestimmte Produkte - vorübergehend oder dauernd - ein Zwang zum Bezug aus dem Konzern besteht, dann ist es die Aufgabe der Beschaffung des Konzernbeziehers, darauf zu achten, dass die Materialien zwischen den beiden Beteiligten möglichst zu marktgerechten Bedingungen ausgetauscht werden. Denn in der Regel tragen in einem Konzern die einzelnen Sparten für ihr Ergebnis die Verantwortung, und die Konzernspitze braucht als Grundlage für ihre Entscheidungen Informationen darüber, welche realistischen, d.h. am Markt orientierten, Gewinne in den einzelnen Sparten zustande kommen. Ein weiterer Gesichtspunkt muss in diesem Zusammenhang beachtet werden. Es ist auch aus der Sicht des Gesamtunternehmens nicht einerlei, zu welchen Preisen und Konditionen bestimmte Materialien zwischen einzelnen Konzernunternehmen ausgetauscht werden; denn langfristig wird die produzierende Sparte umso effizienter arbeiten, je mehr Wettbewerbsdruck die Beschaffung des beziehenden Unternehmens auf den Hersteller im Konzern auszuüben vermag.

Aus beiden Gründen fällt also dem Einkauf im Rahmen des Konzerneinkaufs die wesentliche Aufgabe zu, darauf zu achten, dass Materialien auf Wettbewerbsbasis ausgetauscht werden. In der Praxis unterscheiden sich deshalb im allgemeinen die Vergabeverhandlungen zwischen zwei Unternehmen, die dem gleichen Konzern angehören, nicht von denen mit Fremdlieferanten.

Selbstverständlich wird in den Fällen, in denen ein bestimmtes Material dauernd und ausschließlich beim konzerninternen Hersteller bezogen wird und die produzierende Sparte nur auf den Eigenbedarf abgestellt ist und nicht auch den Markt beliefert, für den Einkauf die Feststellung nicht leicht sein, ob die geforderten Preise und die angebotenen Konditionen markt- und wettbewerbsgerecht sind. Denn wenn die Fremdlieferanten wissen, dass ein potentieller Bezieher aus einer Firmengruppe lediglich Anfragen tätigt, um andere Konzerngesellschaften kontrollieren zu können, fehlt ihnen verständlicherweise der Anreiz, marktgerechte Preise zu nennen, die Konkurrenz zu unterbieten oder überhaupt Angebote abzugeben. Aus diesem Grunde sollte die Beschaffung in derartigen Situationen darauf drängen, dass wenigstens ein Teil des Betriebsbedarfs auf Fremdlieferanten verlagert wird.

7.3 Beeinflussung der Lieferanten

Zu einer aktiven Lieferantenpolitik gehört neben der Lieferantenstrukturpolitik auch die Fragestellung nach den Möglichkeiten einer Einflussnahme auf den Lieferanten. Das wichtigste Instrument, mit dem die Beschaffung versucht, Einfluss auf den Lieferanten auszuüben, ist die Lieferantenpflege. Ihr obliegt die Aufgabe, für gute Beziehungen zu den Geschäftspartnern zu sorgen und auf diese Weise zur Erhaltung des Leistungsniveaus der Lieferanten beizutragen. Neben der Lieferantenpflege spielt in einigen Unternehmen die Lieferantenwerbung eine gewisse Rolle; mit ihr sollen potentielle Anbieter angesprochen und neue geeignete Lieferanten für das eigene Unternehmen gewonnen werden. Schließlich versucht die Beschaffung, mit Hilfe der Lieferantenerziehung auf ihre Geschäftspartner einzuwirken. Dieses Instrument wird bei aktuellen Lieferanten eingesetzt, mit deren Leistungsniveaus der Abnehmer nicht völlig einverstanden ist bzw. bei denen die Gefahr besteht, dass ihre Leistungen nicht zufriedenstellend sein werden. Alle drei genannten Instrumente sollen im folgenden genauer untersucht werden.

7.3.1 Lieferantenpflege

Mit Hilfe der Lieferantenpflege möchte die Beschaffung ein vertrauensvolles Verhältnis zwischen dem Abnehmer und dem Lieferanten herstellen. Gute Beziehungen zum Geschäftspartner können dazu beitragen, dass die Lieferwilligkeit des Anbieters - insbesondere in Zeiten der Materialverknappung - erhalten bleibt und dass bei bestimmten Schwierigkeiten, wie sie im täglichen Geschäftsverkehr mit einem Lieferanten nun einmal auftreten können, die Suche nach einer für beide Partner akzeptablen Lösung erleichtert wird. Die Beschaffung will mit dem Mittel der Lieferantenpflege dem Anbieter deutlich machen, dass die abnehmende Unternehmung ein fairer und korrekter Geschäftspartner ist, den der Anbieter entsprechend behandeln sollte.

Immer wieder hat sich in der Praxis bestätigt, dass dort, wo ein Lieferant dem Abnehmer gegenüber eine positive Einstellung hat, sich schwierige Beschaffungssituationen leichter meistern lassen und den Problemen der abnehmenden Unternehmung mehr Verständnis entgegengebracht wird.

Der Ruf, den eine Unternehmung bei ihren Lieferanten genießt, wird in starkem Maße von der Art und Weise, wie die Beschaffung ihre Geschäftspartner behandelt, geprägt. Zur Pflege der Lieferantenbeziehungen und zur Etablierung eines guten Abnehmer-Image können folgende Verhaltensweisen des Einkaufs gegenüber den Lieferanten beitragen:

- Sachlichkeit, Ehrlichkeit, Höflichkeit und seriöses Auftreten bei Besprechungen und Verhandlungen mit den Lieferanten.

▨ Diskrete Behandlung der von Lieferanten erhaltenen vertraulichen Informationen.

▨ Einhaltung der gegenüber dem Lieferanten eingegangenen Verpflichtungen.

▨ Möglichst frühzeitige Unterrichtung des Lieferanten über Änderungen im Produktionsplan bzw. -programm.

▨ Aufgeschlossenheit und Verständnis für die Probleme des Lieferanten und erforderlichenfalls Bereitschaft zur Lieferantenförderung.

▨ Großzügiges Verhalten beim Auftreten geringfügiger Materialfehler, welche die Produktion nicht beeinträchtigen.

▨ Vermeidung unangemessenen Preisdrucks in Käufermärkten.

▨ Vermeidung von Wartezeiten für den Lieferanten oder seinen Vertreter bei Besuchen in der eigenen Unternehmung.

▨ Unterrichtung derjenigen Anbieter, die Angebote eingereicht haben und aufgrund des Angebotsvergleichs bei Bestellungen nicht berücksichtigt werden, sowie Mitteilung der Gründe für die Nichtberücksichtigung.

7.3.2 Lieferantenwerbung

Die Lieferantenwerbung ist für den Abnehmer ein wichtiges Kommunikationsinstrument, mit dem potentielle Anbieter angesprochen werden sollen. Man will diese Anbieter mit Hilfe der Lieferantenwerbung über den Bedarf der beschaffenden Unternehmung informieren und darauf hinweisen, welche Vorteile aus Geschäftsverbindungen mit dem Abnehmer gezogen werden können. Auf diese Weise versucht der Einkauf, den Bekanntheitsgrad der eigenen Unternehmung als Nachfrager für bestimmte Materialien zu erhöhen und neue leistungsfähige Lieferanten zu finden und zu gewinnen. Der Einsatz dieses Instruments dürfte vor allem dann angebracht sein, wenn auf einem Beschaffungsmarkt Materialknappheit besteht und die Lieferindustrie sich aus vielen kleinen und mittelgroßen Herstellern zusammensetzt, über die die Beschaffung keinen genauen Marktüberblick hat. Insofern dient die Lieferantenwerbung auch dazu, den Beschaffungsmarkt transparenter zu machen.

Als Werbemittel kommen auf der Beschaffungsseite insbesondere Anzeigen in Tageszeitungen und Fachzeitschriften, die öffentliche Ausschreibung, die Ausstellung von fremdbezogenen und eigengefertigten Teilen im Empfangsraum der Einkaufsabteilung sowie der Werbebrief und das Werbegespräch infrage. Im Gegensatz zur Absatzwerbung hat die Lieferantenwerbung in erster Linie informierenden Charakter und ist mehr verstandes- und weniger gefühlsbetont.

Diese werblichen Bemühungen auf der Beschaffungsseite können durch Public Relations und Lieferantenpflege unterstützt werden. Denn diese beiden Maßnahmen wollen das Image einer Unternehmung fördern und können deshalb dazu beitragen, dass die Bekanntheit der eigenen Unternehmung als Abnehmer sich erhöht und dass bei den Lieferanten die Überzeugung entsteht, dass der werbende Betrieb eine bedeutende und angesehene Firma ist, mit der es sich lohnt, Geschäftsbeziehungen zu unterhalten.

7.3.3 Lieferantenerziehung

Nicht immer wird man in der Beschaffung einen Lieferanten, mit dessen Leistungen man aus bestimmten Gründen nicht einverstanden ist, sofort durch einen anderen ersetzen wollen oder können. Die Beschaffung wird in vielen Fällen zunächst versuchen, mit Hilfe der Lieferantenerziehung auf den Anbieter einzuwirken, dass dieser sich bemüht, Fehler und Mängel in der Leistungserstellung abzustellen bzw. seine Leistungen auf bestimmten Gebieten zu steigern oder zu verändern. Da eine Veränderung der Lieferantenleistung, die eine Verbesserung der eigenen Beschaffungssituation zur Folge hat, auf den verschiedensten Gebieten möglich ist, können auch die mit der Lieferantenerziehung zu verfolgenden Ziele recht unterschiedlicher Art sein. So kann man z.B. mit Hilfe der Lieferantenerziehung zu erreichen versuchen, dass der Anbieter gegebenenfalls

- sein Qualitätsniveau steigert, so dass die Produkte des Lieferanten den Anforderungen des Abnehmers entsprechen,

- das Qualitätsniveau seiner Produkte den geringeren Anforderungen des eigenen Unternehmens anpasst und auf diese Weise die Preise senkt,

- seine Termine einhält oder die Lieferzeiten verkürzt,

- Serviceleistungen rasch und zügig erbringt,

- sich bemüht, Kostensteigerungen durch Rationalisierung abzufangen,

- technische Rückfragen prompt beantwortet,

- günstigere Arten der Begleichung der Rechnungen (z.B. durch Sammelrechnungen am Monatsende) ermöglicht oder den Geschäftsverkehr vereinfachen hilft.

Zwecks Realisierung derartiger und ähnlicher Ziele steht der Beschaffung eine Reihe von Maßnahmen erzieherischer Art zur Verfügung. Als Erziehungsmittel kommen zunächst einmal Lob und Tadel für die durch den Lieferanten erbrachten Leistungen infrage. Einige Unternehmen sind z.B. dazu übergegangen, ihre Lieferanten über das Ergebnis von Angebotsanalysen und -vergleichen zu unterrichten und ihnen Aufschluss darüber zu geben, wie günstig oder ungünstig sie mit ihren Angeboten im Vergleich zur Konkurrenz liegen. Andere Abnehmer teilen ihren Lieferanten gezielt diejenigen Faktoren des Angebotsvergleichs mit, bei denen sie gegenüber den Wettbewerbern schlecht abschneiden. Als Tadel mit erzieherischen Zielen müssen auch

Reklamationen aufgefasst werden, die sich je nach vorliegendem Mangel auf den Termin, die Qualität, die Menge, den Preis oder die Rechnung etc. beziehen können. Diese Informationen mit tadelndem Charakter sollen für den Lieferanten Anregung und Denkanstoß sein, bestimmte Leistungen, mit denen der Abnehmer nicht zufrieden ist, zu verändern bzw. zu verbessern. Lob für hervorragende Leistungen des Lieferanten kann u.a. in Form von Anerkennungsschreiben, von Dankbriefen, durch die Weiterleitung von Anerkennungsschreiben der Kunden an den Lieferanten oder durch die Mitteilung positiver Ergebnisse bei der Qualitätskontrolle erfolgen. Einige amerikanische Firmen ermitteln in regelmäßigen zeitlichen Abständen diejenigen Lieferanten, die in der abgelaufenen Periode am meisten zur Verbesserung des Einkaufsergebnisses beigetragen haben und geben ihre Namen öffentlich bekannt.

Die Beschaffung verfügt allerdings über wirksamere Instrumente der Lieferantenerziehung, als sie Lob und Tadel für erbrachte Leistungen darstellen. Als effizienter gelten im allgemeinen diejenigen erzieherischen Maßnahmen, die mit materiellen Vor- bzw. Nachteilen für den Lieferanten verbunden sind bzw. sein können.

Zur Verdeutlichung dieses Problemkreises seien hier lediglich einige Maßnahmen mit erzieherischem Charakter aufgeführt:

- Der Abnehmer kann bei herausragenden Leistungen eines Lieferanten sich bemühen, diesen Anbieter bei zukünftigen Bestellungen stärker zu berücksichtigen. Diese Form der Anerkennung durch den Abnehmer muss als ein sehr wirkungsvolles Instrument der Lieferantenerziehung angesehen werden. Umgekehrt könnte der Abnehmer mit Lieferanten verfahren, mit denen er unzufrieden ist.

- Hat ein Lieferant schwerwiegende Fehler bei der Belieferung mit Materialien begangen oder Störungen in der Materialversorgung verursacht, kann der Abnehmer überlegen, ob er ihn für einen bestimmten - längeren - Zeitraum aus dem Lieferantenkreis ausschaltet. Vielfach übt schon die Androhung eines Lieferantenwechsels die erforderliche erzieherische Wirkung auf den Lieferanten aus und führt zu einer Verbesserung der Lieferantenleistung.

- Auch das Ausnutzen der dem Einkäufer aus dem Kaufvertrag zur Verfügung stehenden Möglichkeiten (wie Wandlung, Minderung, Schadensersatz) muss in diesem Zusammenhang als erzieherisches Mittel genannt werden. Dabei wird der Abnehmer allerdings vor allem bei langjährigen Geschäftspartnern die ihm gesetzlich gegebenen Möglichkeiten mit Umsicht anwenden.

- Bei kleineren Lieferanten können in bestimmten Fällen Prämien oder Geschenke als Anerkennung für besondere Leistungen eingesetzt werden und einen Anreiz auf weitere Verbesserungen der Materialbereitstellung bzw. auf die Beibehaltung guter Ergebnisse ausüben.

- Zur pünktlichen Lieferung kann der Lieferant durch die Vereinbarung einer Konventionalstrafe angehalten werden.

▓ Mit der Vereinbarung einer Prämie für vorzeitige Lieferung kann man auf den Lieferanten einwirken, dass er die bestellte Ware möglichst bald dem Abnehmer zur Verfügung stellt.

▓ Im Rahmen eines Lieferantenmanagements kann auf Basis einer Lieferantenbewertung der Status des „preferred suppliers" ausgesprochen werden. Als preferred supplier kann der Lieferant Vorteile bei der Auftragsausschreibung und - vergabe haben bzw. diesen Status als Referenz nutzen.

Schließlich gehört zur Lieferantenerziehung eine dritte Gruppe von Maßnahmen. Hierbei handelt es sich um bestimmte, an den Lieferanten gerichtete Mitteilungen oder Appelle, mit denen die Beschaffung ihrem Geschäftspartner mehr oder weniger deutlich zum Ausdruck bringen will, welche konkreten Ergebnisse sie von ihm erwartet und welche Leistungen er erbringen soll. In diese Kategorie von erzieherischen Mitteln fällt z.B. die Spezifikation. Inhaltlich hat sich eine derartige Spezifikation u.a. nach dem Ziel zu richten, das mit Hilfe der Lieferantenerziehung erreicht werden soll. Wenn etwa ein höheres Qualitätsniveau beim Lieferanten angestrebt wird, so könnte man versuchen, dies dadurch zu erreichen, dass die Bedingungen, unter denen produziert werden soll (z.B. Temperatur, Feuchtigkeit, Druck), spezifiziert werden. Oder man legt in der Spezifikation die Eigenschaften eines Produktes (Reinheitsgrad, Gewicht, Haltbarkeit, Toleranz) fest bzw. schreibt das Fertigungsverfahren vor. Auch die Mitteilung der eigenen Annahmekennlinie im Rahmen des AQL-Systems im Wareneingang an den Lieferanten dient dazu, dem Anbieter eine klare Vorstellung von der zu erbringenden Leistung zu geben und ihn so in die Lage zu versetzen, sich um die Erfüllung der verlangten Anforderungen zu bemühen. Ferner versuchen die Abnehmer durch Erinnerungsschreiben, Vorwarnungen und Mahnungen auf ihre Lieferanten erzieherisch einzuwirken. Als ein Erziehungsmittel mit Appellcharakter müssen auch die in der Einkaufskorrespondenz verwendeten Klebemarken angesehen werden. Sie können sich inhaltlich auf die unterschiedlichsten Aspekte der Lieferantenleistung beziehen. So kann der Text auf einer derartigen Klebemarke etwa lauten: „Lieferzeit überschreiten heißt Vertrauen verlieren" oder „Sie beobachten unsere Aufträge, wir beobachten die Qualität Ihrer Produkte".

Die Erziehung von Lieferanten ist in vielen Fällen ein langwieriger Prozess, in dem viel Geduld und Energie aufgewendet werden muss. Oft führt erst eine Kombination von verschiedenen erzieherischen Mitteln zu einem zufriedenstellenden Ergebnis.

7.4 Zusammenarbeit mit Lieferanten

7.4.1 Partnerschaft

7.4.1.1 Grundlegende Aspekte

Der Zusammenarbeit mit Lieferanten können die unterschiedlichsten Ziele und Philosophien zugrunde liegen. Sie reicht von der traditionellen, auf kurzfristigen Vorteil abgestellten, Geschäftsbeziehung über längerfristige Abkommen bis zu engen Partnerschaften auf vielen gemeinsam interessierenden Gebieten, wie Produktentwicklung, Qualitätssicherung und Logistik. Dieses auf Zusammenarbeit und gegenseitigem Vertrauen basierende Lieferanten-Abnehmer-Verhältnis ist in besonderem Maße geeignet - wie zahlreiche Beispiele aus der Praxis belegen -, die Versorgung des eigenen Unternehmens langfristig zu sichern und seine Wettbewerbsfähigkeit zu stärken. Das Neue an einer so verstandenen Partnerschaft im Sinne einer „strategischen Allianz" besteht im wesentlichen darin, dass Lieferant und Abnehmer Nutzen aus Synergie-Effekten ziehen können, vor allem auf Märkten mit hoher Variationstendenz. Auch die viel beklagte Variantenfülle, verkürzte Produktlebenszyklen, Preisverfall auf Teilmärkten und verschärfte, weltweite Konkurrenz lassen es ratsam erscheinen, auf Alleingänge zu verzichten und näher „zusammenzurücken". Das schließt natürlich nicht aus, dass die Geschäftspartner ihre Kernkompetenz behaupten und sich außerhalb der Kooperationsfelder harten Wettbewerb liefern. Chancen und Risiken bzw. Gewinne und Verluste aus der Zusammenarbeit sollten möglichst gerecht verteilt werden. Eine einseitige Abwälzung bestimmter Kosten, etwa der Lagerhaltungskosten, auf den Lieferanten, würde diesem Grundgedanken nicht nur widersprechen, sondern auch auf lange Sicht keinen Vorteil bringen. Der Abnehmer erwartet von seinem spezialisierten Lieferanten eine kompetentere Erledigung der gestellten Aufgabe als bei Eigenfertigung. Das schließt Rationalisierungsbemühungen und Kostensenkungsprogramme ebenso ein wie die Entwicklung neuer Technologien bei Produkten und Verfahren, wobei spezielle Projektteams zur Seite stehen können. Der Lieferant wiederum erwartet von seinem Abnehmer technologische und evtl. finanzielle Hilfestellung, Abnahmeverpflichtungen durch Langfristverträge und den Verzicht auf leichtfertigen Lieferantenwechsel bei günstigen Gelegenheiten. Weiterhin erfordert die enge Kooperation neben Vertrauen einen wechselseitigen Informationsaustausch und Koordinationsbedarf im Rahmen der Logistik zur Verbesserung der Transparenz auf beiden Seiten. Um dieses komplexe Zusammenspiel besser in den Griff zu bekommen, versucht man, den Kommunikations- und Logistikaufwand im Sinne „schlanker" Strukturen möglichst niedrig zu halten. Als Beispiel sei die Tendenz zur Verringerung der Anzahl der Zulieferer genannt. So werden viele Teile häufig nur noch von einem oder höchstens zwei Lieferanten bezogen und immer mehr Produkte werden als komplette

Baugruppen von Systemanbietern geliefert. Auch die Bevorzugung von Lieferanten, die auf qualitativem Gebiet herausragen und entsprechende Auszeichnungen vorweisen können, zielt in die gleiche Richtung.

7.4.1.2 Probleme

Wenn auch die langfristige und freundschaftliche Bindung gegenüber einer lockeren Geschäftsbeziehung viele Vorteile aufweist, so dürfen mögliche Nachteile nicht übersehen werden. Hier wäre zunächst die gegenseitige Abhängigkeit zu nennen, die gravierende Anpassungsmaßnahmen nach sich ziehen kann. Das ist vor allem dann der Fall, wenn der Lieferant überwiegend auf einen Kunden fixiert ist und als dessen „verlängerte Werkbank" fungiert. Weiterhin kann die Dauerhaftigkeit der Partnerschaft Probleme aufwerfen, wenn ein Partner eine dominierende Stellung hat, wobei die jeweiligen Machtpositionen unterschiedlich verteilt sein können.

Gelegentlich nehmen Zulieferer eine starke Marktstellung ein, wenn sie bedeutende Eigenentwicklungen betreiben, Patente besitzen oder ihre Erzeugnisse einen hohen Bekanntheitsgrad aufweisen. Manche Anbieter sind auch auf ihrem Spezialgebiet so innovativ, dass sie Forschungs- und Entwicklungsarbeit im Auftrag ihrer Kunden leisten. Die Position des Lieferanten wird auch gestärkt, wenn Teile seiner Angebotspalette knapp und damit Versorgungsengpässe beim Abnehmer zu befürchten sind, oder wenn kartellähnliche Absprachen den potentiellen Lieferumfang begrenzen.

In anderen Fällen dominieren die Abnehmer, was sich an verschiedenen Indikatoren beim Lieferanten in etwa ablesen lässt:

- Übernahme der Qualitätssicherung,
- Vorhaltung von Lagerbeständen,
- Erweiterung der Garantieleistungen,
- Anpassung der Kapazitäten,
- Offenlegung der Kalkulation,
- Eintritt in Datenverbund,
- Verknüpfung der Logistiksysteme.

Problematisch an manchen Erscheinungsformen der partnerschaftlichen Zusammenarbeit ist weiterhin deren rechtliche Beurteilung. Das liegt einmal an der Neuartigkeit dieser Beziehungen und zum anderen an der Tatsache, dass sie meistens durch individuelle Abmachungen (z.B. Qualitätssicherungs-Verträge) rechtlich abgesichert werden, so dass manche Vorschriften nicht oder nur ungenügend greifen. Als Beispiel sei auf die sofortige Untersuchungs- und Rügepflicht nach § 377 HGB und auf die Allgemeinen Geschäftsbedingungen verwiesen, die besonders im Rahmen von Just-in-time-

Konzepten bestimmte Vorstellungen eines Partners, meistens des Abnehmers, untermauern sollen. Selbst bei missbräuchlicher Gestaltung der Partnerschaft ist der Rechtsschutz auf der Basis des Gesetzes gegen Wettbewerbsbeschränkungen (GWB) aus verschiedenen Gründen unbefriedigend.

Ein weiteres Problem der „Zwangsehe" zwischen Lieferant und Abnehmer ist die Schwierigkeit des Lieferantenwechsels. Die notwendige Offenheit, die Harmonisierung der Materialflüsse und die Kompatibilität beim Datenaustausch machen einen erstrebten Wechsel zumindest kurzfristig sehr teuer oder gar unmöglich. Die Gewöhnung an einen langjährigen Lieferanten oder auch mangelnde Beschaffungsmarktforschung können sich auf die Dauer nachteilig für den Einkauf auswirken. Das ist auch dann der Fall, wenn die Schere zwischen den Anforderungen des Einkaufs auf der einen und den Marktgegebenheiten auf der anderen Seite zu weit auseinander klafft. Um solchen Gefahren entgegenzutreten, hat sich das Instrument des „Reverse Marketing" bewährt, bei dem die Initiative zur Gestaltung materialwirtschaftlicher Parameter vom Einkäufer statt vom Lieferanten ausgeht.

7.4.2   Kooperationsfelder

7.4.2.1   Technologie

Die enge Verzahnung des Lieferanten mit dem Hersteller wirkt sich besonders effektiv auf dem weiten Gebiet der Technologie aus. Der zum Teil rasante technologische Wandel auf den Absatz- und Beschaffungsmärkten eröffnet Chancen und birgt Risiken für Lieferant und Abnehmer. Aus der Absicht, neue Endprodukte zu entwickeln und anzubieten, um die Wettbewerbsposition zu verbessern oder ein Produkt am Ende seines Lebenszyklus zu ersetzen, folgt häufig eine intensive Beschaffungsmarktforschung, gepaart mit wert- und preisanalytischen Untersuchungen. Weil die Qualität der Endprodukte in immer stärkerem Maße von der Qualität der Zukaufteile abhängt, wirken umgekehrt auch die gegenwärtige Situation am Beschaffungsmarkt ebenso wie die Zukunftsperspektiven auf die eigene Produktentwicklung ein. Sowohl Lieferanten als auch Abnehmer werben gelegentlich mit den Produkten ihres jeweiligen Partners. Die schnelle Umsetzung neuer Technologien in neue Produkte fördert nicht nur das Unternehmenswachstum, sondern kann auch in extremen Fällen zu einer Existenzfrage werden. Der Einkäufer, der diese Aufgabe schneller als sein Konkurrent bewältigt, erlangt akquisitorisches Potential und trägt zum Unternehmenserfolg bei. Besonders augenfällig schlägt sich der technologische Wandel bei High-Tech-Produkten nieder. Aber auch sonst kann jede Veränderung des Unternehmensumfeldes auf politischem, sozialem oder wirtschaftlichem Gebiet Aktivitäten im Sinne des Reverse Marketing auslösen. Man denke nur an die zahlreichen neuen Beschaffungsquellen, die sich im Laufe der Zeit ergeben haben, als Ersatz für andere, aber auch völlig neue, bedingt durch den technischen Fortschritt, aber auch durch Gesetzesänderungen, Umweltauflagen, Sicherheitsvorschriften und den allgemeinen Wertewandel. Als Beispiele seien nur genannt phosphatfreie Waschmittel, FCKW-freie Kühlmittel, Kunststoffe statt Metall, synthetische Stoffe statt Naturprodukte, Flüssigkeiten statt Feststoffe.

Dynamische Unternehmer im Sinne Schumpeters treten mit innovativen Lösungen als neue Lieferanten auf den Plan und verdrängen möglicherweise alteingesessene Anbieter. So können Technologien verkrustete Marktstrukturen oder Zugangsbeschränkungen aufbrechen, damit den Wettbewerb beleben und letztlich den Handlungsspielraum des Einkaufs erweitern.

Ein Großteil des Forschungsaufwands entfällt auf die spezielle Produktentwicklung. Auf diesem Gebiet ist es zweckmäßig, von Anfang an den Einkauf einzuschalten, der als Drehscheibe zwischen Markt und Betrieb seiner Technik beratend zur Seite stehen kann. So trägt er dazu bei, einseitige technische Vorstellungen zu verhindern, die möglicherweise das unternehmerische Gesamtoptimum verfehlen. Zu diesem Zweck sollte der Einkauf darauf achten, dass die Hürden für die Freigabe neuer Teile um die einkäuferischen und logistischen Belange aufgestockt werden. Hier geht es zum Beispiel um Fragen der

- Sortimentsstraffung,

- Normung,

- Spezifikation,

- Qualitätsbeschreibung,

- Verpackung.

Häufig wird diese einkäuferische Mitwirkung durch die Teilnahme an speziellen Projekt- oder Wertanalyseteams institutionalisiert. Wenn es hierbei auch überwiegend um technische Problemlösungen geht, so führt doch die Berücksichtigung des Beschaffungsmarktes das technisch Vorstellbare auf das ökonomisch Gebotene zurück. Man sollte auch nicht vergessen, dass Value Analysis und Value Engineering ihren Ursprung im Einkauf und nicht in der Technik haben. Schließlich will ein Unternehmen in erster Linie ein Produkt einkaufen, das wichtige Funktionen optimal erfüllt und auf unnötige möglichst verzichtet.

Der Einkauf wiederum bezieht seine Kenntnisse und Beiträge z.B. in Brainstorming-Sitzungen vorwiegend aus der Analyse und Beobachtung des Beschaffungsmarktes. Es ist daher naheliegend, Lieferanten in Wertanalyse-Teams des Herstellers einzubinden. Auf diese Weise werden die Geschäftsbeziehungen durch Betonung der Partnerschaft gefestigt und gleichzeitig profitiert der Abnehmer vom Know-how des Lieferanten.

Noch stärker kommt die enge Zusammenarbeit mit den Lieferanten zum Ausdruck, wenn die Entwicklung von Produkten, Maschinen, Werkzeugen und Fertigungsverfahren gleichzeitig erfolgt. Dieses technologische Konzept, auch Simultaneous Engineering genannt, verkürzt die Durchlaufzeiten im Vorfeld der Produktion, weil die sequentielle Planung durch eine parallele ersetzt wird. Die kürzeren Entwicklungszeiten sorgen dafür, dass Produkte schneller auf den Markt kommen und Gewinne eher realisiert werden, sofern die „Stimmen der Kunden" richtig gehört wurden.

7.4.2.2 Logistik

Die enge Zusammenarbeit mit den Lieferanten ist auch auf dem Gebiet der Logistik vonnöten, wenn die Durchlaufzeiten insgesamt verkürzt werden sollen. Dieses Ziel ist aber für die meisten Unternehmen angesichts der Wettbewerbssituation sowie der Flüchtigkeit und Ausuferung der Kundenwünsche schon ein Muss geworden, weil nur auf diese Weise die notwendige Flexibilität gegenüber den Markterfordernissen erreicht werden kann. Wenn auch ein gewisses Umdenken hinsichtlich der Variantenexplosion zu verzeichnen ist, so bleibt doch der Kunde in den meisten Firmengrundsätzen König, so dass schnelles Reagieren gefragt bleibt.

Vor diesem Hintergrund sind Logistik-Konzepte zu sehen, die sowohl im eigenen Unternehmen als auch zusammen mit geeigneten Lieferanten unorthodoxe Wege beschreiten, um den neuen Herausforderungen zu begegnen. Hier wären zu nennen:

- Time Based Management,

- Lean Management,

- Just-in-time.

Wenn sich die genannten Systeme auch in manchen Details unterscheiden, so weisen sie andererseits viele Gemeinsamkeiten auf, so dass sich in der Sprache der Mengenlehre Schnittmengen ergeben.

Beim Time Based Management wird die Zeit für die Entwicklung, Erzeugung und Auslieferung von Produkten als Kosten- und Wettbewerbsfaktor besonders herausgehoben. Hier ergeben sich Überschneidungen mit dem Simultaneous Engineering (kurze Entwicklungszeiten) und dem allgemeinen Ziel der Logistik, die Durchlaufzeiten zu verkürzen. Aber auch die Studie des Massachusetts Institute of Technologie (MIT) zur Zukunft der Automobilindustrie zeigt, dass der Zeitfaktor (z.B. Fertigungszeit eines PKW) Produktivitätsunterschiede zwischen japanischen, amerikanischen und europäischen Montagewerken erklären kann.

Bezüglich der engeren Beschaffungslogistik verfolgen die drei genannten Systeme das gemeinsame Ziel, schnell und zum richtigen Zeitpunkt (Just-in-time) beliefert zu werden. Eine solche produktionssynchrone Beschaffung beschränkt sich auf die Anlieferung bedarfsgerechter Teilmengen (kleine Einkaufslose) an den Verarbeitungsort unter Verzicht auf Warenannahme und -prüfung. Dabei kommt idealtypisch eine Direktbelieferung zwischen Lieferant und Abnehmer in Betracht, was sich bei kurzen Distanzen anbietet. Bei großen Entfernungen kann der gebrochene Verkehr in Form eines Zwischenlagers zur Problemlösung beitragen. Dabei hat sich die Einschaltung von Spediteuren bewährt, die ihren Aufgabenbereich gerade im Hinblick auf die neuen Herausforderungen im Sinne einer umfassenden logistischen Dienstleistung erweitert haben. Um bei dieser Anlieferungsstrategie günstig auf die Transportkostenentwicklung einwirken zu können, empfiehlt sich eine Bündelung und Koordinierung der Verkehrsströme, z.B. durch Verwendung von Gebietsspediteuren.

Eine elementare Voraussetzung für das Gelingen einer Just-in-time-Anlieferung ist die absolute Zuverlässigkeit der Lieferanten, die damit eine Schlüsselposition erhalten. Entsprechend werden klassische Aufgabenbereiche des Einkaufs zugunsten eines „Relationship-Managements" verdrängt. Dabei ist davon auszugehen, dass für die Realisierung von Just-in-time sowohl Modular als auch Single Sourcing günstige Strategien darstellen. Die geringere Anzahl der Zulieferer für ein Montagewerk liegt ebenfalls im Sinne des Lean Managements und wird durch die vorgenannte MIT-Studie belegt. Die Tendenz zum schlanken Lieferanten-Abnehmer-Verhältnis ergibt sich auch aus der Notwendigkeit, dem Materialfluss einen Informationsfluss vorauseilen zu lassen. Für die kompatible datentechnische Einbindung von Lieferanten (und evtl. Spediteuren) in den Herstellerbetrieb sind umfangreiche Vorarbeiten notwendig, die zwangsläufig die Lieferantenzahl reduzieren.

Schließlich ist auch unter dem Aspekt der Spitzen-Qualität von Jit-fähigen Produkten, die keine Eingangskontrolle mehr durchlaufen, eine Verringerung der Lieferantenzahl zu erwarten, weil nicht alle Lieferanten die hohen Anforderungen erfüllen können. Eine der schwierigsten Aufgaben des Einkaufs in diesem Zusammenhang ist das Auffinden solcher erstklassiger Lieferanten. Im Einkauf alter Prägung herrschte die Meinung vor, dass gute Qualität teuer sei. Inzwischen hat sich die Erkenntnis durchgesetzt, dass schlechte Qualität noch teurer ist. Null-Fehler-Programme sollten nicht auf die Raumfahrt beschränkt bleiben, sondern als Endziel umfassender Total Quality Management-Konzepte von Lieferanten und Abnehmern gleichermaßen beherzigt werden.

7.4.2.3 Lieferantenförderung

Unter Lieferantenförderung soll hier die Beratung und aktive Unterstützung des Lieferanten durch den Abnehmer bei schwierigen betrieblichen Problemen, die der Lieferant mit eigenen Mitteln nicht bewältigen kann, verstanden werden. Die Lieferantenförderung verlangt zwar vom Abnehmer gewisse Vorleistungen an den zu fördernden Marktpartner; diese werden jedoch in der Erwartung gegeben, dass die eingesetzten Maßnahmen zu einer Verbesserung der Lieferantenleistungen führen werden. Voraussetzung für den Einsatz dieses beschaffungspolitischen Instruments ist eine genaue Kenntnis des Lieferanten, seiner Stärken und Schwächen in wirtschaftlicher und technischer Hinsicht. Vor allem mittlere und kleinere Zulieferer bieten erfahrungsgemäß manche Ansatzpunkte für die Lieferantenförderung und sind in der

Regel auch gern bereit, Verbesserungsvorschläge und Unterstützung durch den Abnehmer zum Vorteil beider Marktpartner zu akzeptieren.

Die konkreten Förderungsmaßnahmen können sich auf die unterschiedlichsten Gebiete erstrecken. Der Schwerpunkt der Lieferantenförderung wird in der Regel im Produktionsbereich liegen. Hier kann der Abnehmer den Lieferanten unterstützen, indem er technische Hilfe beim Herstellungsprozess gewährt, Rationalisierungsvorschläge macht, Information und Schulung auf dem Qualitätsgebiet vermittelt, über den zu beobachtenden technologischen Trend informiert oder bei der Auswahl von Investitionsgütern berät. Durch diese Hilfestellung kann der Abnehmer auch eine gewisse Ausrichtung der Lieferantenleistung auf die eigenen Belange erreichen.

Förderungsmaßnahmen sind ferner auf dem Gebiet der Beschaffung denkbar. Es kommt in der industriellen Praxis vor, dass die abnehmende Unternehmung den Anbieter auf günstigere Bezugsquellen für seine Vormaterialien hinweist oder ihn bei der Verhandlung mit seinen Lieferanten aktiv unterstützt. Eine besonders enge Kooperation auf dem Gebiete der Beschaffung liegt dann vor, wenn der Abnehmer das vom Lieferanten benötigte Material selbst beschafft und es ihm zur Verfügung stellt. Diese intensivere Form der Zusammenarbeit zwischen Abnehmer und Zulieferer erscheint in den Fällen angebracht, in denen die abnehmende Unternehmung die vom Anbieter benötigten Materialien günstiger beziehen kann als der Zulieferer.

Als weitere Ansatzpunkte für die Lieferantenförderung sind der Verwaltungs- und Personalbereich zu nennen. So ist es z.B. nicht ungewöhnlich für den großen Abnehmer, dass er den kleinen Anbieter etwa bei der Erarbeitung von Kostenrechnungsmethoden oder bei schwierigen Steuerfragen Hilfestellung leistet, dass er das Personal des Lieferanten auf bestimmten Gebieten schult oder auch für einen kürzeren oder längeren Zeitraum eigene geschulte Mitarbeiter dem Lieferanten zur Verfügung stellt. In Einzelfällen mögen sich Förderungsmaßnahmen auch auf den Finanzbereich erstrecken. Der Abnehmer kann einem Lieferanten, der in finanzielle Schwierigkeiten geraten ist, dadurch helfen, dass er Vorauszahlungen leistet, Rechnungen vorzeitig begleicht oder dem Lieferanten Werkzeuge, Anlagen oder Materialien beistellt.

Seltener kommt es in der industriellen Praxis vor, dass der Abnehmer dem Lieferanten liquide Mittel zwecks Überbrückung von finanziellen Schwierigkeiten leiht, weil bei einem derartigen Vorgehen das fördernde Unternehmen wenig Möglichkeiten hat, die Verwendung des geliehenen Kapitals in angemessener Weise zu beeinflussen. Zu den intensiveren Formen der finanziellen Unterstützung wird der Abnehmer in der Regel nur dann bereit sein, wenn eine begründete Aussicht auf eine finanzielle Gesundung des Lieferanten besteht und wenn die fördernde Unternehmung sehr viel Wert auf die Erhaltung des zu fördernden Anbieters legt.

In bestimmten Ausnahmefällen werden sich Förderungsmaßnahmen auch auf den Absatzbereich des Lieferanten beziehen können. So lässt sich hier und da beispielsweise beobachten, dass ein Abnehmer bei der Vermarktung von Lieferantenerzeugnissen dann Hilfestellung leistet, wenn der Anbieter Kuppelprodukte herstellt. Hier hat in bestimmten Fällen der Abnehmer ein Interesse daran, dass der Lieferant den Absatz seines Hauptproduktes ausweitet, damit das von der fördernden Unternehmung bezogene Nebenprodukt in ausreichendem Maße angeboten wird.

Aus dieser Zusammenstellung möglicher Förderungsmaßnahmen auf verschiedenen Gebieten geht hervor, dass einem Abnehmer in diesem Bereich eine Vielzahl unterschiedlicher Mittel zur Verfügung steht. Welches spezielle Mittel der Lieferantenförderung bzw. welche Kombination von Maßnahmen im konkreten Einzelfall zum Einsatz gelangen sollte, hat sich nach den angestrebten Zielen und den beim Lieferanten vorhandenen betrieblichen Schwachstellen zu richten. Aus der obigen Aufzählung lässt sich ferner entnehmen, dass sich die einzelnen Maßnahmen hinsichtlich der Intensität der Kooperation zwischen Lieferant und Abnehmer unterscheiden. In bestimmten Fällen mag es schon genügen, wenn der Abnehmer den Lieferanten auf einen geeigneten Berater hinweist, der dem Anbieter bei der Lösung betrieblicher Probleme behilflich ist. In anderen Fällen werden nur sehr intensive Formen der Lieferantenförderung zur Verbesserung der Lieferantenleistung führen.

Je intensiver der Abnehmer Lieferantenförderung betreibt, desto eher wird zwischen dem Anbieter und der fördernden Unternehmung ein Kooperationsverhältnis entstehen, das über die rein vertraglichen Beziehungen zwischen den beiden Marktpartnern hinausgeht. Lieferantenförderung kann insofern einen wesentlichen Beitrag zur Pflege guter Beziehungen zum Lieferanten leisten.

7.4.2.4 Lieferantenentwicklung

Unter Lieferantenentwicklung soll hier der Aufbau eines völlig neuen, bislang auf einem bestimmen Beschaffungsmarkt noch nicht vertretenen Anbieters seitens des Abnehmers verstanden werden. In der industriellen Einkaufspraxis entsteht die Notwendigkeit der Entwicklung eines neuen Lieferanten z.B. dann, wenn eine Unternehmung ein Produkt beziehen möchte, das auf dem Beschaffungsmarkt bislang noch nicht angeboten wird. Eine derartige Situation kann etwa dadurch zustande kommen, dass die bedarfsanfordernde Stelle eine ganz spezielle, sonst nicht übliche Konstruktion, Ausführung oder Formgebung für ein Einkaufsteil festgelegt hat oder die Verwendung eines im allgemeinen nicht gebräuchlichen Materials bei der Herstellung des zu beschaffenden Artikels verlangt.

Die Notwendigkeit zur Lieferantenentwicklung kann sich allerdings auch dann ergeben, wenn die am Markt vorhandenen Anbieter die nachfragende Unternehmung nicht beliefern wollen oder können.

Eine derartige Lieferunwilligkeit kann darin begründet sein, dass die vorhandenen Anbieter ihre Kapazitäten voll ausgelastet haben oder durch Exklusivverträge an andere Abnehmer gebunden sind. Auch kann es in der Praxis vorkommen, dass ein potentieller Lieferant zu einer Firmengruppe gehört, die als Konkurrenz auf dem

Absatzmarkt des Abnehmers auftritt und aus diesem Grunde die nachfragende Unternehmung nicht beliefern möchte.

Unabhängig von der aus bestimmten Marktsituationen resultierenden Notwendigkeit, neue Lieferquellen aufzubauen, ist die Lieferantenentwicklung generell gesehen ein wichtiges Mittel der aktiven Beeinflussung und Formung des Beschaffungsmarktes. Sie ist ein beschaffungspolitisches Instrument, durch dessen Einsatz sich die zukünftigen Beschaffungsmöglichkeiten zugunsten der eigenen Unternehmung wesentlich verbessern lassen. Je nach gegebener Marktsituation kann mit Hilfe der Lieferantenentwicklung beispielsweise erreicht werden:

■ dass die auf dem Markt angebotenen Mengen sich in Zukunft erhöhen und sich dem steigenden Bedarf anpassen;

■ dass der Wettbewerb auf dem Gebiet der Preise, der Qualität oder der Konditionen sich intensiviert;

■ dass sich die nachfragende Unternehmung aus der Abhängigkeit von einem oder einigen wenigen Lieferanten befreit;

■ dass Lieferbetriebe in der Nähe des Bedarfsortes entstehen;

■ dass den Konzentrationstendenzen auf der Angebotsseite entgegengewirkt wird.

Die der Lieferantenentwicklung zugrunde liegende Idee ist also, dass die Beschaffungsmärkte vom Einkauf nicht als gegeben angesehen werden sollten, sondern sich durch den Einsatz der Lieferantenentwicklung verändern lassen.

Der Prozess der Lieferantenentwicklung kann sehr langwierig sein; er umfasst eine sogenannte Planungs- und Kontaktphase sowie die eigentliche Entwicklungsphase, die dann in die Phase der geregelten Geschäftsbeziehungen mit dem aufgebauten Anbieter einmündet. Die im Rahmen der Lieferantenentwicklung erforderlichen Planungen beziehen sich auf die Festlegung des zu erreichenden beschaffungspolitischen Zieles, sie erstrecken sich auf die Suche nach zu entwickelnden Lieferanten und umfassen auch eine grobe Bestimmung möglicher Vor- und Nachteile der Lieferantenentwicklung für Abnehmer und Lieferant. Die Suche nach Unternehmen, die für eine Lieferantenentwicklung infrage kommen, ist vor allem dann besonders schwierig, wenn es sich um ein völlig neues Produkt handelt, für das ein Markt im üblichen Sinne überhaupt noch nicht existiert. Man wird sich in derartigen Fällen bei der Suche nach aufzubauenden Lieferanten schwerpunktmäßig auf bestimmte Unternehmensgruppen beschränken müssen und können. Diese Begrenzung bei der Suche nach einem geeigneten Hersteller kann erfolgen, indem man sich auf denjenigen Unternehmenskreis konzentriert,

■ der ähnliche Enderzeugnisse herstellt oder sich mit ähnlichen Produkten befasst;

■ der bereits über Produktionsanlagen verfügt, mit denen der neue Artikel hergestellt werden könnte;

- der gleiches oder ähnliches Material im Produktionsprozess verwendet und über Erfahrungen im Umgang mit dem einzusetzenden Material verfügt;

- der vom technischen Know-how her in der Lage ist, das betreffende Produkt herzustellen;

- der über erfahrene und qualifizierte Mitarbeiter verfügt, die für die Entwicklung und Produktion des betreffenden Artikels besonders geeignet erscheinen.

Die Suche nach einem aufzubauenden Lieferanten wird in der Regel um so schwieriger sein, je ausgefallener und neuartiger das zu beschaffende Produkt ist.

In der anschließenden Kontaktphase ist der ausgewählten Unternehmung das geplante Projekt im Detail vorzustellen und zu erläutern. Der in Aussicht genommene Anbieter muss in vielen Fällen erst davon überzeugt werden, dass es für ihn von Vorteil ist, bei dem Vorhaben mitzumachen. In diese Kontaktphase fallen auch die Verhandlungen mit dem zu entwickelnden Lieferanten über die Ausgestaltung des abzuschließenden Vertrags. Man wird vielfach nur dann einen Anbieter für das geplante Projekt gewinnen können, wenn man ihm als Anreiz einen ständigen Fluss von Bestellungen zu einem angemessenen Preis zusichern kann. Der Lieferant muss im Falle der Realisierung des Vorhabens damit rechnen können, dass die von ihm getätigten Investitionen samt Zinsen und Gewinn in Form von Aufträgen wieder zurückfließen.

Die eigentliche Entwicklungsphase, deren Dauer sich je nach Kompliziertheit und Neuartigkeit des Produktes auf Wochen, Monate oder Jahre erstrecken kann, ist in der Regel durch eine sehr enge Kooperation zwischen Abnehmer und Lieferant gekennzeichnet. Vor allem dann, wenn das geplante Vorhaben sowohl beim zukünftigen Lieferanten als auch beim Abnehmer mit dem Aufbau neuer Kapazitäten verbunden ist, besteht in besonderem Maße die Notwendigkeit einer guten Abstimmung und einer Synchronisierung der durchzuführenden Maßnahmen. Der Abnehmer wird bei kleineren Unternehmen in vielen Fällen die angestrebte Entwicklung mit Hilfe der Lieferantenförderung vorantreiben müssen. Das Ergebnis dieser gemeinsamen Bemühungen wird die Konstruktion eines ersten Modells und die Lieferung eines ersten Musters oder einer Probe sein.

Es ist in der Praxis vielfach nicht exakt auszumachen, wann diese eigentliche Entwicklungsphase endet und das Stadium der geregelten Geschäftsbeziehungen beginnt. Denn in den meisten Fällen lässt sich das einmal entwickelte Produkt noch weiter verbessern.

Der Aufbau eines neuen Lieferanten ist für den Abnehmer keine völlig problem- und risikolose Angelegenheit. Es kann in der Praxis vorkommen, dass der Abnehmer viel Zeit und Arbeit in ein Projekt investiert, das schließlich doch wegen Erfolglosigkeit abgebrochen werden muss. Bei erfolgreichem Abschluss der Entwicklungsarbeiten besteht die Gefahr, dass man einen Lieferanten aufgebaut hat, der nun auch unsere Wettbewerber am Absatzmarkt beliefert, so dass unsere Bemühungen auf diesem

Gebiet auch der Konkurrenz zugute kommen. Schwierigkeiten können sich aus einer Lieferantenentwicklung für den Abnehmer auch insofern ergeben, als er die bereits am Markt vorhandenen Anbieter mit einer derartigen Aktion verärgert. Nicht einfach zu lösen ist in vielen Fällen zudem die Frage, ob und für welchen Zeitraum man den von der eigenen Unternehmung entwickelten Lieferanten in Zukunft gegenüber anderen Anbietern bevorzugen sollte. Grenzen der Lieferantenentwicklung werden dort erkennbar, wo in starkem Maße die Gefahr besteht, dass der aufgebaute Lieferant nach einer gewissen Zeit dahin tendieren könnte, sein Produktionsprogramm auch auf das Endprodukt des Abnehmers auszuweiten. Schließlich wird man angesichts der bei jeder Lieferantenentwicklung erforderlichen engen Kooperation zwischen den beiden Geschäftspartnern darauf achten müssen, dass kein wertvolles Know-how des Abnehmers über die entwickelte Firma nach außen dringt.

Übungsfragen und -aufgaben

1. Erläutern Sie, welche Problemfelder und Wahlmöglichkeiten im Rahmen der Lieferantenstrukturpolitik unterschieden werden können.

2. Welche Auswirkungen hat Modular Sourcing auf den Abnehmer (Assembler)?

3. Beschreiben Sie die herausragende Stellung des Systemlieferanten beim Modular Sourcing.

4. Nennen Sie Gesichtspunkte, die für eine Streuung des Betriebsbedarfs (bei einem bestimmten Artikel) auf eine größere Anzahl von Lieferanten sprechen, und nennen Sie Vorteile des Single Sourcing.

5. Charakterisieren Sie die beiden grundverschiedenen Alternativen bei der Wahl des Beschaffungsweges.

6. Welche Vorteile und welche Nachteile weist die Zusammenarbeit mit Stammlieferanten auf?

7. Analysieren Sie die Auswirkungen der Gegengeschäfte auf Beschaffung und Absatz.

8. Was verstehen Sie unter Lieferantenpflege, welche konkreten Maßnahmen zählen Sie hierzu? Machen Sie die Beziehungen zwischen Lieferantenpflege und Unternehmenserfolg deutlich.

9. Welche Möglichkeiten sehen Sie für einen Abnehmer, Beschaffungswerbung zu betreiben?

10. Erläutern Sie, mit welchen motivierenden und erzieherischen Maßnahmen man auf Lieferanten einwirken kann, damit sie Mängel in der Leistungserstellung abstellen oder ihre Leistungen steigern.

11. Heute wird in Theorie und Praxis häufig davon gesprochen, dass zwischen Abnehmer und Lieferant ein auf Partnerschaft beruhendes Verhältnis bestehen sollte. Diskutieren Sie die Frage, worauf man bei der Gestaltung dieser Partnerschaft, aus der beide einen Nutzen ziehen sollen, achten muss.

12. Erläutern Sie die Zusammenarbeit zwischen Abnehmer und Lieferant auf dem Gebiet der Technologie.

13. Eine enge Kooperation mit den Lieferanten ist auch auf dem Gebiet der Logistik von Nöten. Beschreiben Sie dieses Kooperationsfeld.

14. Welche Maßnahmen bieten sich der beschaffenden Unternehmung im Rahmen der Lieferantenförderung an?

15. Erörtern Sie den zeitlichen Ablauf einer Lieferantenentwicklung.

16. Eine wichtige Aufgabe des Einkäufers besteht darin, die Wettbewerbsintensität auf den Beschaffungsmärkten zu beeinflussen:

    a) Nennen Sie Beispiele für Wettbewerbsverminderungen, die aus Verhaltensweisen der Einkaufsabteilung resultieren, und machen Sie Änderungsvorschläge.

    b) Nennen Sie Beispiele für Wettbewerbsbeschränkungen, die aus Maßnahmen anderer Unternehmensbereiche resultieren. Machen Sie Vorschläge, wie negative Auswirkungen solcher Maßnahmen auf den Einkaufserfolg von der Beschaffung verhindert werden können.

17. Sie bringen durch marktforscherische Recherchen in Erfahrung, dass die Lieferanten für einen bestimmten Artikel, den Sie regelmäßig beziehen, Preisabsprachen treffen. Entwickeln Sie eine Gegenstrategie.

8 Entscheidungen im Bereich Eigenfertigung/Fremdbezug

8.1 Die Spannweite unternehmerischer Make-or-buy-Entscheidungen

Der Problemkomplex „Eigenfertigung oder Fremdbezug" ist in den vergangenen Jahren zu einem wichtigen Thema geworden. Es hat sich in vielen Unternehmen als notwendig erwiesen, bestehende Make-or-buy-Strukturen in der Wertschöpfungskette zu analysieren und in Frage zu stellen sowie strukturelle Verkrustungen auf diesem Gebiet zu durchbrechen und ein Re-Design der zwischenbetrieblichen Wertkette durchzuführen. Dabei kann sich die Fragestellung „make or buy" auf eine Vielzahl unternehmerischer Aktivitäten und Wertschöpfungen erstrecken; im Vordergrund der Betrachtung stehen vor allem die folgenden sechs großen Kategorien betrieblicher Leistungserstellung:

▪ Vorwiegend denkt man bei der Frage „make or buy" an die unmittelbar in der Produktion benötigten *Materialien* (Rohstoffe, Teile, Baugruppen, Zwischenprodukte, Subsysteme etc.). Allerdings bezieht sich innerhalb dieser Kategorie die alternative Lösungsmöglichkeit des make or buy schwerpunktmäßig auf die Erzeugnishauptstoffe, während sowohl bei den Erzeugnishilfsstoffen als auch bei den Betriebsstoffen der Fremdbezug aus den verschiedensten Gründen (unbedeutende Menge, branchenferner Bedarf etc.) häufiger vorkommt.

▪ In manchen Unternehmen muss darüber entschieden werden, ob man bestimmte Arbeitsgänge oder Bearbeitungen von Materialien/Produkten, also *Produktionsprozesse*, in Eigenregie durchführt oder außer Haus erledigen lässt. Diese Verlagerung von Fertigungsvorgängen ist in einigen Branchen, wie z.B. der Lederwarenindustrie oder der Textilindustrie, weit verbreitet. Angesichts der mannigfaltigen Erscheinungsformen einer derartigen Verlagerung hat sich in der Praxis eine Reihe unterschiedlicher Bezeichnungen für diese Vorgehensweise herausgebildet. Man spricht von verlängerter Werkbank, von Lohnveredlung oder Lohnfertigung, von Heimarbeit, Materialbeistellung oder auch von Subcontracting. Auf eine inhaltliche Abgrenzung dieser verschiedenen Begriffe soll hier verzichtet werden.

▪ In den letzten Jahren werden zunehmend betriebliche *Dienstleistungen* an Fremd-unternehmen vergeben. Als einschlägige Beispiele hierfür gelten Verpflegungsleis-tungen (Catering) oder Reparatur- und Wartungsarbeiten, die Gebäudereinigung und -bewachung oder Buchhaltungsleistungen. In jüngster Zeit kommen Outsour-cing-Erwägungen bei der Datenverarbeitung, bei Druckereidiensten oder der Be-schaffung von C-Produkten hinzu. Diskussionen über „Facility Management" scheinen den Bestrebungen nach Outsourcing von Dienstleistungen neuen Auf-trieb zu geben.

▪ Vergleichsweise selten ergibt sich das hier diskutierte Problem bei *Anlagen*. Je komplizierter die benötigten Maschinen und Anlagen sind, desto eher wird man gezwungen sein, externe Spezialisten einzuschalten. Bei einfachen Aggregaten (Sondervorrichtungen, Schablonen oder Formen, die an die speziellen Bedürfnisse der Produktion angepasst werden müssen) sind vielleicht die eigene Werkstatt oder der eigene Werkzeugbau in der Lage, den benötigten Ausrüstungsgegenstand selbst herzustellen.

▪ Praktische Bedeutung kann die Wahl zwischen make or buy auch bei den *Fertiger-zeugnissen* (Endprodukten) eines Unternehmens erlangen. Im Fall des Fremdbe-zugs würde im Sortiment dieser Unternehmung ein eigengefertigtes Erzeugnis durch eine extern beschaffte Handelsware ersetzt; sie wird unverarbeitet oder leicht verändert weiterverkauft. Manchmal wählen Unternehmen diesen Bereitstel-lungsweg, um Bedarfsspitzen abzudecken oder weil die externe Bezugsquelle die kostengünstigere Alternative darstellt. In vielen Fällen haben jedoch Handelswa-ren sortimentserweiternden oder komplementären Charakter.

▪ Das unternehmerische Wahlproblem Eigen- oder Fremderstellung lässt sich heute vielfach nicht mehr isoliert für das einzelne Beschaffungsobjekt lösen. Vielmehr stehen immer öfter umfangreiche funktionsübergreifende *Bedarfsbündel* (Leis-tungspakete) bestehend aus einer Kombination von unterschiedlichen Gütern und Leistungen zur Disposition. So ist z.B. häufig mit der Beantwortung der Frage nach dem Bereitstellungsweg für eine spezielle Baugruppe auch die Entscheidung über Make-or-buy von Forschungs- und Entwicklungsleistungen oder von logistischen Leistungen verbunden.

Im Rahmen einer unternehmerischen Make-or-buy-Politik muss die Frage beantwortet werden, wie weit man mit der Fremdvergabe im einzelnen gehen sollte und wo die richtige Schnittstelle zwischen Unternehmung und Markt liegt.

8.2 Die Frage der Optimierung der Fertigungstiefe

8.2.1 Der Trend zur Reduzierung der Fertigungstiefe

Heute sind in vielen Bereichen der Wirtschaft eine Abkehr von der Eigenfertigung und eine Hinwendung zum Outsourcing zu beobachten. Dieses Phänomen lässt sich auf eine Reihe von Faktoren zurückführen. Zu nennen sind:

- das Vorhandensein von spezialisierten Lieferanten, die Zunahme von Know-how bei den Anbietern sowie der Zwang, durch eine Kooperation mit den Lieferanten die Entwicklungszeiten für neue Produkte zu reduzieren.

- Zunehmender Konkurrenz- und Kostendruck, welcher im Einkauf häufig die Suche nach günstigeren Bezugsquellen in Billiglohnländern auslöst.

- Verkürzte Produktlebenszyklen, schnellere Modellwechsel, verkürzte Marktzyklen und zunehmende Unsicherheiten in den Verkaufsprognosen.

- Die zunehmende Kapitalintensität der Produktion und das damit verbundene Risiko der Fixkostenbelastung bei Eigenfertigung.

- Immer speziellere Kundenwünsche, der Trend zu kleineren Stückzahlen und die Zunahme der Variantenvielfalt.

- Der Trend zu immer komplexeren Endprodukten, der zur Erscheinung des modular sourcing beigetragen hat.

Selbstverständlich sollte man in einer Unternehmung aus Gründen der Existenzsicherung und der Erhaltung der Arbeitsplätze nicht leichtfertig zum Fremdbezug übergehen. Man wird darauf zu achten haben, dass nicht durch unbedachtes oder übertriebenes Outsourcing das Unternehmen ausgehöhlt wird. „The fittest (not the leanest) will survive".

8.2.2 Die Frage der Kernkompetenzen und der peripheren Bereiche

Erfolgreiche Make-or-buy-Entscheidungen setzen voraus, dass man sich intensiv mit dem Problem befasst, welche Aktivitäten zu den Kernkompetenzen einer Unternehmung gehören und welche zu den Randbereichen zählen. Der Leitgedanke dieser Überlegungen ist, dass Kernkompetenzen durch Make-or-buy-Entscheidungen nach Möglichkeit nicht angetastet werden dürfen: Sie sollten langfristig in Eigenregie erstellt werden. Man wird sich in einer Unternehmung voll auf diese Geschäftsfelder/Aktivitäten konzentrieren müssen und alle Hebel in Bewegung setzen, dass in diesem Bereich die Wettbewerbsfähigkeit gestärkt wird und dass man hier eine führende Marktposition erlangt bzw. erhält.

Gleichzeitig sollte man sich um ein konsequentes Outsourcing von peripheren Wertschöpfungen bemühen. Sonst entsteht leicht die Gefahr, dass man sich zu sehr verzettelt und von der Kultivierung der eigentlich wichtigen Kernfähigkeiten abgelenkt wird. Die Wettbewerbskraft der gesamten Unternehmung könnte darunter leiden. Deshalb: „Do what you can do best, outsource the rest".

Will eine Unternehmung für den Einzelfall zu einer konkreten Entscheidung hinsichtlich Make-or-buy gelangen, so muss sie sich über die technische/technologische und kommerzielle/marktbedingte Ausgangssituation Klarheit verschaffen. Dabei sind die folgenden Aspekte von besonderer Bedeutung:

1. Ist das Subsystem/Beschaffungsobjekt strategisch wichtig für den Erhalt oder die Schaffung einer Marktposition?

2. Sind die notwendigen Ressourcen (Forschung und Entwicklung/technische Kapazitäten/Fachkräfte etc.) für die Eigenfertigung vorhanden?

3. Wie steht es mit unserer Leistungsfähigkeit verglichen mit der Leistung potentieller Lieferanten: Sind wir besser, gleich gut oder schlechter als sie?

4. Was würde es kosten, ggf. Lücken zu schließen? Haben wir genügend Mittel und Zeit dafür?

Mit Hilfe dieser vier zentralen Fragen lässt sich ein Entscheidungsbaum konstruieren, der helfen kann, für die einzelnen Aktivitäten/Wertschöpfungen einer Unternehmung strategisch durchdachte Grundeinstellungen und Vorgehensweisen hinsichtlich der Versorgung zu finden (siehe Abbildung 8-1).

Abbildung 8-1:   *Entscheidungsbaum zur Frage „make or buy"*

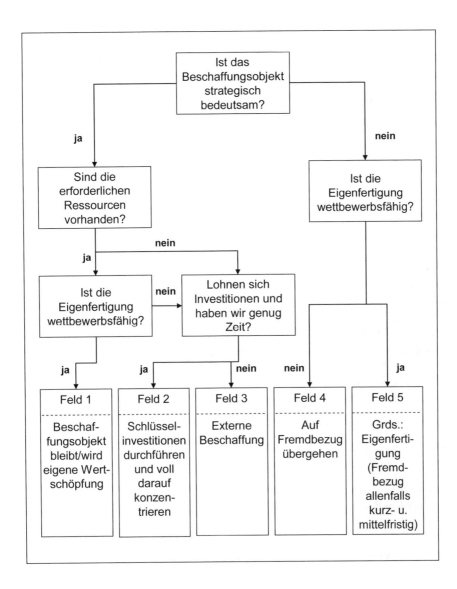

Feld 1 und Feld 2 dieses Entscheidungsbaumes enthalten diejenigen Wertschöpfungen einer Unternehmung, die als Kernkompetenzen angesehen werden können und deren

Optimierung konzentrierte Aufmerksamkeit erfordert. Für die Aktivitäten in Feld 3 und Feld 4 bietet sich eine externe Beschaffung an. Dabei wird allerdings der Fremdbezug in Feld 4 einen anderen Charakter aufweisen als die in Feld 3 vorgesehene Einschaltung von Lieferanten. Während es nämlich in Feld 4 hauptsächlich um eine effiziente Erledigung des Einkaufsprozesses geht, steht in Feld 3 eher die enge Kooperation mit einem Wertschöpfungs-/Innovationspartner im Vordergrund. Hier kann in der Regel langfristig nur Lieferant sein, wer über Technologiekompetenz und Innovationskraft, über flexible Kapazitäten und Ressourcen verfügt und wer finanzstark und in seiner Vertrags- und Preisgestaltung anpassungsfähig ist. Outsourcing in diesem Sektor führt nicht selten zu „strategischen Allianzen" zwischen den beiden Marktpartnern.

Eine gewisse Sonderstellung nimmt in Abbildung 8-1 das Feld 5 ein; es stellt den „Kannbereich" dar. Zwar kann grundsätzlich Eigenfertigung empfohlen werden; es bestehen jedoch keine Bedenken, wenn kurz- und mittelfristig auch Lieferanten eingeschaltet werden. Dabei sollte allerdings auf die Rückholbarkeit eines vergebenen Aufgabenpaketes besonders geachtet werden. Reversibles Outsourcing wird heute vielfach als ein Instrument der Steuerung der Kapazitätsauslastung angesehen und eingesetzt.

Abschließend und zusammenfassend lässt sich aus diesen Überlegungen ableiten: Je geringer die strategische Bedeutung eines Artikels und je höher das am Beschaffungsmarkt vorhandene Leistungsniveau ist, desto eher sollte auf Eigenfertigung verzichtet und auf Fremdbezug umgeschaltet werden. Das gilt in der Regel für massengutähnliche Komponenten oder standardisierte Produkte, für technisch ausgereifte Produkte oder low-tech-Artikel. Bei diesen Beschaffungsobjekten sind in der Regel die Barrieren für die Auslagerung (wie z.B. die Schutzbedürftigkeit des Know-hows, die Gefahr der Abhängigkeit von Lieferanten oder der Einarbeitungsaufwand des Anbieters bei Übernahme der Aktivität) relativ niedrig.

Vorsicht gegenüber Outsourcing ist geboten bei Komponenten/Wertschöpfungen,

▪ die für die Differenzierung des Endproduktes wichtig und deshalb als Wettbewerbsvorteil ausschlaggebend sind.

▪ bei denen die eigentlichen Qualitätsvorzüge des Endproduktes und die Präferenzen der Kunden im Vergleich zur Konkurrenz liegen.

▪ die als Kernstück (Herzstück) des Endproduktes angesehen werden müssen.

▪ deren Herstellung hochspezialisierte Fähigkeiten in Konstruktion und Fertigung erfordern.

▪ die das Image des Endproduktes und die Unverwechselbarkeit der Marke entscheidend prägen.

- die als zukunftsträchtig anzusehen sind und deren Herstellung auf einer jungen, entwicklungsfähigen Technologie beruht.

8.3 Wichtige Beeinflussungsfaktoren der Make-or-buy-Entscheidung

Neben den oben erwähnten Überlegungen gibt es eine Vielzahl von Faktoren, welche die Make-or-buy-Entscheidung und damit die Fertigungstiefe einer Unternehmung beeinflussen. Die einschlägige Literatur behandelt diese Frage in der Regel ziemlich ausführlich und bietet genügend Hinweise darauf (vgl. z.B. Männel, W., 1981, S. 41-47). Hier können lediglich aphoristisch einige bedenkenswerte Argumente, die für den einen oder den anderen Bereitstellungsweg sprechen, aufgeführt werden.

8.3.1 Argumente für Eigenfertigung/gegen Fremdbezug

Mögliche Kosteneinsparungen: Denn in die Preisforderungen fremder Unternehmen werden auch Vertriebs-, Verpackungs- und Frachtkosten sowie der Gewinnzuschlag des Zulieferbetriebes einkalkuliert.

Auslastung vorhandener Kapazitäten: Durch Eigenfertigung lässt sich in konjunkturschwachen Zeiten die Belegung freier Kapazitäten, die kurzfristig nicht abbaubar sind, erreichen.

Geheimhaltung von Know-how und Betriebsgeheimnissen: Bei Einschaltung von Lieferanten besteht die Gefahr, dass Know-how, Neuentwicklungen und andere Betriebsgeheimnisse nach außen dringen.

Größere Freiheitsgrade bei der Terminplanung: Der Zeitpunkt der Verfügbarkeit kann durch eigenes Prioritätensetzen besser mit den betrieblichen Erfordernissen in Einklang gebracht werden. Außerdem lässt sich die Termineinhaltung genauer kontrollieren, und es entfallen die Transportzeiten.

Vorteile im Qualitätswesen: Die Selbstherstellung bietet in der Regel günstigere Voraussetzungen für eine laufende und wirksame Überprüfung des Fertigungsprozesses und für eine permanente Kontrolle der Qualität.

Vermeidung der Abhängigkeit von Lieferanten: Durch Fremdvergabe kann man in eine Abhängigkeitssituation gegenüber Lieferanten geraten. Eigenfertigung hingegen stärkt die Unternehmensautarkie und macht den Abnehmer unabhängig von Preiserhöhungsforderungen und vom Preisdiktat marktmächtiger Lieferanten.

Schnellere Reaktionsmöglichkeit: Wegen der besseren Informationsdichte und der kürzeren Organisationswege sowie wegen der direkten Weisungsbefugnis kann es bei Eigenfertigung zu schnelleren Reaktionen auf Modelländerungen, Innovationen, Absatzschwankungen etc. kommen.

Verhinderung der Vorwärtsintegration: In bestimmten Fällen besteht bei der Einschaltung eines Lieferanten die Gefahr, dass dieser Marktpartner dahin tendiert, sein Produktionsprogramm auch auf das Endprodukt des Abnehmers auszudehnen. Durch Fremdbezug würde man sich dann die eigene Konkurrenz aufbauen.

Sicherung der Materialversorgung: Ohne Zweifel muss der Aufbau einer Eigenfertigung (z.B. durch Erschließung von Rohstoffvorkommen) als ein relativ starkes marktstrukturpolitisches Instrument zur Versorgungssicherung angesehen werden. Eine derartige Rückwärtsintegration wird in der Praxis verständlicher Weise vor allem dann in Erwägung gezogen, wenn es sich um Materialien handelt, bei denen eine chronische Verknappung zu befürchten ist.

Vermeidung von Transaktionskosten: Werden nicht unternehmensinterne Stellen, sondern wird der Beschaffungsmarkt zwecks Bedarfsbefriedigung in Anspruch genommen, dann können Transaktionskosten entstehen. Hierzu rechnet man im allgemeinen die folgenden Kostenarten:

- Kosten für die Beschaffung von Informationen über mögliche Marktpartner (also z.B. die Kosten für Beschaffungsmarktforschung, die Einholung von Offerten oder die Durchführung von Angebotsvergleichen)

- Kosten für das Aushandeln von Kontrakten

- Kosten für die Kontrolle der Einhaltung der Termine, der Qualitäten, der Preise oder der Prinzipien der Zusammenarbeit einschließlich der Kosten für Reklamationen

- Kosten für erforderliche Anpassungen (z.B. bei Produkt-, Termin-, Qualitäts-, Mengen- oder Preisänderungen während der Laufzeit der Verträge).

Die Eigenfertigung bietet manchmal bessere Ansatzpunkte für effiziente Verfahren der Abstimmung und des Informationsaustausches als der Fremdbezug.

Möglichkeit der Diversifikation: Nicht selten lässt sich beobachten, dass Unternehmen bestimmte Zwischenprodukte nicht nur zur Deckung des eigenen Bedarfs herstellen sondern auch an externe Kunden vertreiben.

Nutzungsmöglichkeit für überschüssige Finanzmittel: Manchmal stellt die Ausweitung der Fertigungstiefe eine sinnvolle und rentable Kapitalanlage dar, die in einigen Betrieben sogar mit Synergieeffekten verbunden sein kann.

8.3.2 Argumente für Fremdbezug/gegen Eigenfertigung

Verminderung des Fixkostenrisikos: Durch eine Intensivierung des Zukaufs von Materialien und Leistungen ist die Möglichkeit gegeben, einen Teil der ständig steigenden Fixkosten in variable Kosten zu verwandeln und damit das Konkursrisiko zu senken und die Gewinnschwelle in günstigere Bereiche zu rücken.

Preisgünstige Versorgung: Falls ein Lieferant auch andere Kunden mit seinem Produkt beliefert, dann kann der Abnehmer von den Economies of large Scale und von eventuellen Lernprozessen beim Lieferanten profitieren. Vor allem bei kleineren Bedarfsmengen sowie bei Standardleistungen ist der Fremdbezug in der Regel die preiswertere Alternative. Außerdem kann der Abnehmer dann versuchen, günstigere Marktsituationen auszunutzen oder bei Lieferanten mit vorteilhaften Kostenstrukturen (z.B. in Niedriglohnländern) einzukaufen.

Zugriff auf externes Spezialwissen: Durch Kooperation mit dem Lieferanten kann der Abnehmer das vorhandene technologische Wissen des Anbieters in die eigene Produktentwicklung einfließen lassen. Manchmal lassen sich auf diese Weise kostspielige eigene Neuentwicklungen vermeiden.

Vermeidung von Betriebsblindheit und Schlendrian: Bei Eigenfertigung entwickelt sich manchmal in den dafür zuständigen Abteilungen eines Unternehmens die Einstellung, dass man einen sicheren Abnehmer (im Hause) habe, den man eigentlich nicht verlieren kann und um dessen Aufträge man deshalb auch nicht mit marktadäquaten Bedingungen kämpfen muss. Eine derartige Einstellung kann rasch zu einem Erlahmen des Leistungswillens, zu Schlendrian und zu entsprechend hohen Kosten und niedriger Qualität führen. Im Falle des Fremdbezugs steht der ausgewählte Lieferant im Wettbewerb mit den anderen Anbietern, und er muss seine Leistungen ständig am Marktgeschehen ausrichten und optimieren. Dieser leistungssteigernde Konkurrenzdruck fehlt bei make.

Erhöhung der Kostentransparenz: Während die bei der Eigenfertigung anfallenden fixen Kosten wenig durchschaubar und begründbar „verrechnet" werden, ist beim externen Bezug der Preis (als variabler Kostenbestandteil) exakt bezifferbar.

Elastizitätsgesichtspunkte: Vor allem hinsichtlich der qualitativen Elastizität (= Fähigkeit zur Umstellung auf eine andersartige Leistung) ist der Fremdbezug häufig der Eigenfertigung überlegen. Denn bei Eigenfertigung ist man in der Regel für einen relativ langen Zeitraum an die qualitative Leistungsfähigkeit der errichteten Kapazität gebunden, während man bei Fremdbezug (unter Beachtung der Fristigkeit der abgeschlossenen Verträge) verhältnismäßig leicht einen Wechsel zu einem Lieferanten mit andersgearteten Leistungsprofilen oder Problemlösungen vornehmen kann. Nicht ganz so eindeutig ist das Urteil über die quantitative Elastizität (= Fähigkeit, die Mengen kurzfristig zu variieren). Denn auch bei Eigenfertigung gibt es verschiedene Möglichkeiten, sich unterschiedlichen Beschäftigungslagen in mengenmäßiger Hinsicht anzupassen.

Erhöhung des Qualitätsniveaus: Die Übertragung betrieblicher Teilaufgaben auf spezialisierte andere Unternehmen ist in vielen Fällen mit einer Steigerung der Qualität verbunden; denn derartige Betriebe verfügen meist über spezialisierte und moderne
Produktionsanlagen, besitzen in der Regel gut ausgebildete Fachkräfte und betreiben
häufig auch eine intensive Forschung und Entwicklung auf ihrem Spezialgebiet.

Vorteile im personalwirtschaftlichen Bereich: Bei Eigenfertigung ist man häufig durch
Tarifverträge und durch betriebsverfassungsrechtliche Bestimmungen in seinen Gestaltungsmöglichkeiten eingeschränkt und relativ unflexibel. Mögliche Schwierigkeiten in diesem Bereich versuchen einige Unternehmen dadurch zu vermeiden, dass sie
Fremdbezug praktizieren.

Vermeidung von Opportunitätskosten: Das Outsourcing von peripheren Bereichen ist
vielfach die Voraussetzung für die Spezialisierung des Unternehmens auf die Kernaktivitäten sowie für deren Optimierung und Kultivierung. Falls Unternehmen ihre
begrenzten personellen und finanziellen Kapazitäten in wenig attraktiven peripheren
Bereichen binden, anstatt sie in den Kernbereichen effizienter und produktiver einzusetzen, entgehen ihnen Vorteile bzw. Gewinne; es entstehen Opportunitätskosten. Im
Rahmen von betrieblichen Make-or-buy-Analysen werden allerdings diese Opportunitätskosten häufig außer acht gelassen, so dass die Vorteilhaftigkeit der make-
Alternative tendenziell überbewertet erscheint.

8.3.3   Sonstige Unterschiede zwischen Eigenfertigung und Fremdbezug

Neben den bisher aufgeführten Unterschieden spielen bei der Wahl zwischen make or
buy unter Umständen noch zusätzliche Aspekte eine Rolle. So muss manchmal berücksichtigt werden, dass sich die beiden Bereitstellungsalternativen hinsichtlich des
Kapitalbedarfs voneinander unterscheiden. Häufig zeichnet sich der Fremdbezug
gegenüber der Eigenfertigung dadurch aus, dass er - kurz- und mittelfristig - die Liquidität einer Unternehmung weniger belastet; denn bei Eigenfertigung besteht in der
Regel ein größerer Kapitalbedarf für das Anlagevermögen.

Ferner können Gegengeschäfte bzw. Kompensationsgeschäfte die Entscheidung darüber beeinflussen, ob ein Artikel oder eine Dienstleistung von auswärts bezogen oder
eigengefertigt werden soll. Dabei kann nicht unterstellt werden, dass lediglich bei
Fremdbezug der Abschluss von Gegen- bzw. Kompensationsgeschäften möglich ist.
Die bei Fremdbezug vorhandene Möglichkeit, zu gegengeschäftlichen Vereinbarungen
zu kommen, muss also mit der bei Eigenfertigung gegebenen Möglichkeit verglichen
werden.

Auswirkungen auf die Kundennachfrage und damit auf den Absatz einer Unternehmung sind auch dann bei Make-or-buy-Entscheidungen zu berücksichtigen, wenn

beispielsweise die von einem Lieferanten bezogene Komponente einen Werbewert für das Endprodukt des Abnehmers besitzt. Vielfach weisen Unternehmen, die mit solchen Werbewirkungen ihres Lieferanten rechnen, in ihren Werbeaktionen darauf hin, dass bei der Erstellung des Endproduktes das Einbauteil oder die Komponente dieser oder jener bekannten Firma verwendet worden ist. Andererseits lässt sich in der Praxis auch beobachten, dass mitunter von der Verwendung eigengefertigter Baugruppen eine verkaufsfördernde Wirkung ausgeht. Bei solchen Unternehmen könnte Outsourcing mit erheblichen Nachteilen auf der Absatzseite verbunden sein.

Schließlich können auf die Entscheidung zwischen make or buy auch außerökonomische Faktoren einwirken. Hinzuweisen ist in diesem Zusammenhang etwa auf soziale Aspekte, auf Prestige-Denken oder auf die Nicht-Akzeptanz des einen oder des anderen Bereitstellungsweges durch interne Bedarfsträger. In der Praxis kann der hier diskutierte Entscheidungsprozeß Emotionen und Manipulationsversuchen der von der Make-or-buy-Entscheidung Betroffenen ausgesetzt sein.

8.4 Die Wahl zwischen Eigenfertigung und Fremdbezug als Wirtschaftlichkeitsproblem

8.4.1 Einleitende Bemerkungen

Eine wichtige Einflussgröße bei Make-or-buy-Überlegungen sind selbstverständlich die Kosten, die im Fall der Eigenfertigung und im Fall des Fremdbezugs anfallen würden. Die internen make-Kosten sind also mit den am Beschaffungsmarkt realisierten Fremdbezugskosten (Einstandspreis) zu vergleichen. Bei dieser Gegenüberstellung ist darauf zu achten, dass bei der Ermittlung der Kosten der Eigenfertigung nur diejenigen Kosten in die Wirtschaftlichkeitsüberlegungen einfließen, die von der Wahl zwischen den beiden Bereitstellungswegen tatsächlich betroffen sind und beeinflusst werden; d.h. es sollten diejenigen Kosten berücksichtigt werden, die als Folge der Realisierung der betreffenden Alternative entstehen, andernfalls jedoch nicht in Erscheinung treten.

Welche Kostenarten im konkreten Einzelfall zu den entscheidungsrelevanten Kosten der Eigenfertigung zählen, hängt vorwiegend von der Fristigkeit der Wahlüberlegungen sowie von der Beschäftigungslage des Betriebes ab. Deshalb soll in den folgenden Ausführungen auch in erster Linie nach diesen beiden Gesichtspunkten differenziert werden.

8.4.2 Kurzfristige Entscheidungen zwischen make or buy bei Unterbeschäftigung

Bei kurzfristigen Wahlüberlegungen ist von gegebenen (vorhandenen, konstanten) Kapazitäten für die Eigenherstellung auszugehen.

Beispiel 1:

Eine Unternehmung fertigt auf einer vorhandenen Spezialmaschine u.a. das Einbauteil X, von dem durchschnittlich 600 Stück pro Monat für die Produktion der Enderzeugnisse benötigt werden. Die Kapazität dieser Spezialmaschine ist nicht ausgelastet. Das Rechnungswesen, welches in diesem Unternehmen mit Vollkosten rechnet, hat als (volle) Stückkosten (Herstellkosten pro Stück) für dieses Einbauteil X einen Betrag von 32,- €/Einheit ermittelt. (Die variablen Stückkosten k_v belaufen sich auf 20,- €).

Der zuständige Einkäufer hat nun im Ausland einen Lieferanten ausfindig gemacht, der das Bauteil X zu einem Preis von 25,- € frei Werk anbietet. Lohnt sich der (kurzfristige) Übergang zum Fremdbezug bei diesem Bauteil X?

Auf der Grundlage der oben durchgeführten Vollkostenrechnung würde die Entscheidung zugunsten des Fremdbezugs fallen. Das wäre jedoch eine Fehlentscheidung, weil in dem Vollkostensatz von 32,- €/Einheit auch fixe Kostenbestandteile enthalten sind, die von der Entscheidung über Make-or-buy überhaupt nicht betroffen sind und die auch dann in unveränderter Höhe anfallen, wenn man sich für Fremdbezug entscheidet. Der Fremdbezug hat lediglich eine Verminderung der variablen Kosten zur Folge.

Aus diesem Grunde sollten lediglich die (zusätzlichen) variablen Kosten (Grenzkosten) in die Kalkulation der Kosten der Eigenfertigung einbezogen werden, wenn Betriebsbereiche, in denen die Eigenfertigung erfolgen soll, nicht ausgelastet sind. In einer derartigen Situation werden also die variablen Stückkosten (k_v) der Eigenfertigung mit dem Fremdbezugspreis (P_L) verglichen und man bleibt bei der Selbstherstellung, solange

$$k_v < P_L$$

ist. Im Beispiel 1 stellt folglich die Eigenfertigung die kostengünstigere Alternative dar.

8.4.3 Kurzfristige Entscheidungen zwischen make or buy in Engpasssituationen

8.4.3.1 Opportunitätskosten als Kalkulationsbestandteile

Etwas kompliziertere kostenrechnerische Überlegungen sind anzustellen, wenn kurzfristig ein betrieblicher Engpass wirksam wird.

Beispiel 2:

Aus verschiedenen Gründen ist die aus Beispiel 1 bekannte Spezialmaschine zu einem Engpass geworden. Auf ihr kann neben dem Einbauteil X auch das Endprodukt A gefertigt werden. Erzeugnis A belastet diesen Engpass mit 10 Minuten pro Einheit. Es kann zu einem Preis von 36,- € pro Stück auf dem Markt abgesetzt werden und verursacht variable Stückkosten von 28,- €.

Das bereits beschriebene Einbauteil X beansprucht den Engpass mit 15 Minuten pro Stück. (P_L und k_v bleiben unverändert: P_L = 25,- €; k_v = 20,- €.)

Soll in dieser Engpasssituation das Unternehmen einen Auftrag über 300 Einheiten des Endproduktes A annehmen und dafür eine bestimmte Menge des Einbauteils X an den ausländischen Lieferanten vergeben? Und wie hoch sind in diesem Fallbeispiel die relevanten Kosten der Eigenfertigung?

Hier genügt es nicht, wenn man lediglich die variablen Herstellkosten mit dem Einstandspreis vergleicht. Vielmehr ist bei der Ermittlung der relevanten Kosten zusätzlich zu berücksichtigen, dass angesichts des vorliegenden Engpasses die Herstellung (und der Verkauf) des gewinnbringenden Endproduktes A nicht möglich ist, wenn man das Einbauteil X eigenfertigt. Die durch diese Selbstherstellung von X verursachten (relevanten) Kosten umfassen also in diesem Fall außer den variablen Herstellkosten auch den entgangenen Nutzen bei anderweitiger Verwendung der knappen Kapazität, die sogenannten Opportunitätskosten.

Für unser Beispiel 2 errechnen sich die Opportunitätskosten wie folgt: Der Deckungsbeitrag pro Einheit des Endprodukts A beläuft sich auf 8,- € (= 36,- € ./. 28,- €), und somit betrüge der entgangene Gewinn (Deckungsbeitrag) je Engpassminute 0,80 €/Min. (= 8,- €/10 Minuten).

Da das Bauteil X den Engpass mit 15 Minuten pro Stück belastet, verdrängt seine Herstellung folglich mögliche Deckungsbeiträge in Höhe von (15 · 0,8 € =) 12,- €.

Die relevanten Kosten der Eigenfertigung machen also in dieser Engpasssituation insgesamt 20,- € (k_v) + 12,- € (Opportunitätskosten = k_0) = 32,- € aus.

Somit liegen die relevanten Kosten des Fremdbezugs (P_L = 25,- €) niedriger als die relevanten Kosten der Eigenfertigung, und unter rein kostenwirtschaftlichen Aspekten ist in diesem Fall buy vorteilhafter als make.

Wenn also Produktionsalternativen bei voll ausgelasteter Kapazität zu entscheiden sind, gilt als Entscheidungsregel: Solange

$$(k_v + k_0) > P_L$$

ist, stellt der Fremdbezug die kostengünstigere Alternative dar.

Im Beispiel 2 wird unterstellt, dass der Auftrag für das Endprodukt A 300 Einheiten umfasst. Für deren Herstellung sind insgesamt (300 Stück · 10 Min./ST =) 3.000 Minuten auf der Spezialmaschine erforderlich.

Angesichts der gegebenen Engpasssituation lassen sich diese 300 Einheiten von A nur dann herstellen, wenn gleichzeitig 200 Einheiten von X (= 3.000 Min. : 15 Min./Stück) von auswärts bezogen werden.

8.4.3.2 „Engpassbezogene" Mehrkosten als Entscheidungskriterium

In Beispiel 2 konkurrieren ein Endprodukt und ein selbsthergestelltes Einsatzgut um die Kapazitäten des Engpasses. Ähnliche kostenrechnerische Überlegungen wie in diesem Fall sind anzustellen, wenn auf einer Anlage Einsatzgüter unterschiedlicher Art gefertigt werden, für deren Herstellung jedoch die vorhandene Kapazität nicht ausreicht.

In einer derartigen Situation ist darüber zu entscheiden, welche Einsatzgüter in welchen Mengen von auswärts zu beziehen sind und bei welchen Einsatzgütern es aus kostenrechnerischen Erwägungen bei der Eigenfertigung bleiben sollte.

Beispiel 3:

In Abänderung des Beispiels 2 sei eine Situation gegeben, in der auf der bereits bekannten Spezialmaschine die beiden Einbauteile X und Y gefertigt werden, die ohne Qualitätseinbuße auch fremdbezogen werden können. Die Spezialmaschine kann monatlich 170 Stunden in Anspruch genommen werden. Weitere Ausgangsdaten lauten:

Tabelle 8-1:   *Ausgangsdaten für eine Engpasssituation*

	Einbauteil	
	X	Y
1. Variable Kosten der Eigenfertigung (kv) - in €/Stk.	20,-	23,-
2. Fremdbezugspreis (PL) - in €/Stk.	25,-	27,-
3. Bedarf - Stk./Monat	600	450
4. Bearbeitungszeit (t) - Min./Stk.	15	8
5. Kapazitätsbedarf - Min./Monat	9.000	3.600
Gesamt-Kapazitätsbedarf	12.600 Min	
Verfügbare Gesamtkapazität	10.200 Min	
Engpass	2.400 Min	

Die verfügbare Gesamtkapazität reicht also für die Eigenfertigung der gesamten monatlichen Bedarfsmengen beider Einbauteile nicht aus, und es muss die Frage beantwortet werden, welches Einbauteil man in welchen Mengen von auswärts beziehen sollte. Dabei kann davon ausgegangen werden, dass auch ein Nebeneinander von make und buy bei einem Einbauteil möglich ist.

Wenn man ein bestimmtes Einsatzgut, welches bei ausreichenden Kapazitäten günstiger eigenzufertigen wäre, aus Engpassgründen auf einen Lieferanten verlagert, dann entstehen Kostennachteile in Höhe von (P_L - k_v) € pro Stück. Unter sonst gleichen Bedingungen würden sich für eine Verlagerung auf den Lieferanten vornehmlich solche Einsatzgüter eignen, bei denen diese verlagerungsbedingten Mehrkosten je Stück relativ gering sind.

Man muss allerdings neben den verlagerungsbedingten Mehrkosten auch die unterschiedlichen Effekte des Fremdbezugs bestimmter Teile auf die Kapazität beachten. Wenn man z.B. eine Einheit von X nach außen verlagert, wird der Engpass um 15 Minuten entlastet; bei Teil Y liegt dieser entsprechende Entlastungseffekt nur bei 8 Minuten. Die verlagerungsbedingten Mehrkosten (P_L - k_v) müssen also auf die jeweils freigesetzten Engpasseinheiten (t) bezogen werden. Man erhält auf diese Weise für die unterschiedlichen Teile die sogenannten „engpassbezogenen" Mehrkosten des Fremdbezugs:

$$\frac{P_L - k_v}{t}$$

Mit Hilfe dieses Kriteriums lässt sich herausfinden, welche Einsatzgüter angesichts des Engpasses zugekauft werden sollten, wenn man die verlagerungsbedingten Mehrkosten insgesamt minimieren will. Man wird immer zunächst jene Teile nach außen geben, bei denen die geringsten „engpassbezogenen" Mehrkosten des Fremdbezugs entstehen.

Tabelle 8-2: *Fazit für Fallbeispiel 3*

	Einbauteil	
	X	Y
Verlagerungsbedingte Mehrkosten pro Einheit (P_L - k_v) - in €/Stk.	5,-	4,-
Engpassbezogene Mehrkosten des Fremdbezugs - in €/Min.	0,33	0,50
Eigenfertigungsmengen - Stk./Monat	440	450
Fremdbezugsmenge - Stk./Monat	160	-

Da die „engpassbezogenen" Mehrkosten bei Einbauteil X 0,33 €/Min. (= 5,- € : 15 Min.) und bei Einbauteil Y 0,50 €/Min. (= 4,- € : 8 Min.) betragen, ist es am kostengünstigsten, Teil X auszulagern.

Insgesamt muss durch diese Änderung des Bereitstellungsweges die Kapazität der Spezialmaschine um 2.400 Minuten entlastet werden.

Folglich müssen insgesamt (2.400 : 15 =) 160 Einheiten von X fremdbezogen werden. Auf diese Weise würden verlagerungsbedingte Mehrkosten in Höhe von 800,- € (= 160 · 5 bzw. 2.400 · 0,33) entstehen.

Hätte man anstelle des Teils X das Teil Y zugekauft, dann würden sich verlagerungs-bedingte Mehrkosten in Höhe von 1.200 € (= 300 · 4 bzw. 2.400 · 0,5) errechnen.

8.4.3.3 Entscheidungen bei mehreren Engpässen

Die Entscheidungssituationen in Beispiel 2 und Beispiel 3 sind dadurch gekennzeich-net, dass lediglich ein einziger Engpass wirksam wird. Sobald man bei der Wahl zwi-schen make or buy unterschiedlicher Einsatzgüter mit mehreren betrieblichen Engpässen konfrontiert wird, sind die traditionellen Methoden der Wirtschaftlich-keitsrechnung nicht mehr anwendbar. In derartigen Fällen muss man zu bestimmten Verfahren des Operations Research (z.B. zur linearen Planungsrechnung/zum Simp-lex-Algorithmus) übergehen.

8.4.4 Langfristige Entscheidungen zwischen make or buy

Bezieht sich die Frage „make or buy?" auf längere Sicht, dann wird unterstellt, dass die Kapazitäten für Eigenfertigung keine gegebene (konstante) Größe darstellen, son-dern dass sie durch zusätzliche Investitionen (bzw. durch Desinvestitionen) erweitert (bzw. reduziert) werden können. Deshalb müssen im Rahmen langfristiger Kostenver-gleichsrechnungen neben den bereits erwähnten variablen Kosten auch diejenigen fixen Kosten (K_f) berücksichtigt werden, die durch den Aufbau neuer Kapazitäten zusätzlich entstehen bzw. mit dem Abbau der Betriebsbereitschaft entfallen. Man vergleicht also bei langfristigen Entscheidungen die Kosten für den Fremdbezug einerseits mit den variablen Kosten und den entscheidungsrelevanten fixen Kosten der Eigenfertigung andererseits. Eigenfertigung würde sich unter Bedingungen, die mit Kapazitätsveränderungen verbunden sind, nur dann lohnen, wenn

$$(k_v + k_f) < P_L$$

ist.

Da man bei der Bereitstellung von Potentialfaktoren für die Eigenfertigung stets bestimmte zeitliche Bindungen eingeht, ist eine genaue Abstimmung mit der Größe und der Dauer des Bedarfs an bereitzustellenden Einsatzgütern erforderlich. Je geringer das Bedarfsvolumen ist, desto eher wird sich der Fremdbezug als der kostengünstigere Bereitstellungsweg erweisen. Make ist erst dann angezeigt, wenn der Bedarf über eine bestimmte „kritische" Menge hinausgeht. Bei derartigen Problemstellungen hat sich in der Praxis nicht selten die break-even-Analyse als eine brauchbare Methode zur Vorbereitung einer fundierten Make-or-buy-Entscheidung erwiesen.

8.4.4.1 Die break-even-Analyse als Entscheidungshilfe

Beispiel 4:

In diesem Fallbeispiel wird unterstellt, dass die erwähnte Spezialmaschine eines Tages derart beschädigt wird, dass sie nicht mehr zu reparieren ist. Die Anschaffung einer neuen leistungsfähigeren Spezialmaschine würde Ausgaben in Höhe von 384000,- € verursachen. Man schätzt die Nutzungsdauer dieser neuen Anlage auf 5 Jahre; ein Resterlöswert (Liquidationserlös) ist danach nicht mehr zu erwarten.

Die neue Anlage soll linear abgeschrieben werden, und man rechnet in diesem Unternehmen mit einem kalkulatorischen Zinssatz von 10 % p.a. (Es sei unterstellt, dass sonst keine weiteren fixen Bereitschaftskosten mit dieser Investition verbunden sind.) Die entscheidungsrelevanten fixen Kosten pro Jahr (kalkulatorische Abschreibungen + kalkulatorische Zinsen) belaufen sich unter diesen Voraussetzungen auf 96.000,- € (= 384.000 : 5 + 384.000 · 0,5 · 0,1). Die fixen Kosten pro Monat betragen also 8.000 €.

Es ist geplant, in Zukunft ausschließlich das Einbauteil X auf der neuen Spezialmaschine zu fertigen; von ihm werden im Durchschnitt 640 Stück pro Monat benötigt. Im Fall des Fremdbezugs müssten für eine Mengeneinheit 25,- € (= P_L) aufgewandt werden. Im Vergleich hierzu entstünden im Falle der Eigenfertigung mit Hilfe der neuen leistungsfähigen Spezialmaschine nur variable Kosten pro Stück (k_v) in Höhe von 15,- €. Lohnt sich die Anschaffung der neuen Spezialmaschine zum Zwecke der Eigenfertigung?

Für die Unternehmung sind in diesem Zusammenhang zwei unterschiedliche Fragestellungen von Interesse:

a) Wo liegt die kritische Bedarfsmenge („break-even-point"), ab der die Selbstherstellung kostengünstiger ist als der Fremdbezug?

b) Wo liegt angesichts des prognostizierten Bedarfs von 640 Einheiten pro Monat die langfristige Preisobergrenze für den Fremdbezug?

ad a): In Abbildung 8-2 wird sowohl für die Eigenfertigung als auch für den Fremdbezug dargestellt, welche Gesamtkosten in Abhängigkeit von unterschiedlichen Bedarfsmengen anfallen. Dieser Abbildung ist zu entnehmen, dass der sog. break-even-point im Beispielfall bei 800 Einheiten/Monat liegt. Erst wenn der Bedarf diese Schwelle übersteigt, ist die Eigenfertigung wirtschaftlicher als der Fremdbezug. Diese kritische Bedarfsmenge lässt sich auch auf rechnerischem Wege leicht ermitteln, indem man die monatlichen fixen Kosten (K_f) durch die Differenz zwischen P_L und k_v dividiert:

$$\text{Kritische Menge} = \frac{K_f}{P_L - k_v} = \frac{8.000}{25 - 15} = 800 \text{ Einheiten/Monat}$$

Diese Berechnungen bedeuten im Ergebnis, dass die Realisierung der im Bedarfsfall gegebenen Investition aus wirtschaftlichen Gründen nicht sinnvoll ist.

ad b): Der maximal zulässige (kritische) Fremdbezugspreis entspricht den vollen Stückkosten bei Eigenfertigung (= $k_v + k_f$), wobei im vorliegenden „Einprodukt"-Fall k_f dadurch ermittelt wird, dass man die monatlich anfallenden fixen Kosten nach dem Durchschnittsprinzip auf den geschätzten Gesamtbedarf (640 Einheiten) verteilt: $k_f = 8.000 : 640 = 12,50 \text{ €}$.

Also belaufen sich die vollen Stückkosten (und somit auch der „kritische" Fremdbezugspreis) auf 27,50 € (= 15,- € + 12,50 €). Da der effektive Fremdbezugspreis (P_L = 25,- €) unter der langfristigen Preisobergrenze von 27,50 € liegt, ist es wirtschaftlicher, das Einbauteil X beim Lieferanten zu beziehen. Erst wenn P_L langfristig die „kritische" Marke von 27,50 € übersteigen sollte, würde sich die Eigenfertigung als wirtschaftliche Alternative erweisen und sich die ins Auge gefasste Investition lohnen.

In Beispiel 4 wurde mit den Annahmen gearbeitet, dass der erzielbare Preis beim Fremdbezug (P_L) von der jeweiligen Bedarfsmenge unabhängig ist und dass die Eigenerzeugung des Einbauteils X neben den zusätzlichen Bereitschaftskosten nur mengenproportionale Kosten verursacht. Beide Unterstellungen entsprechen häufig nicht der Realität. So besteht etwa beim Fremdbezug nicht selten die Möglichkeit, dass der Lieferant (in Abhängigkeit von der Bedarfsmenge) Mengenrabatte gewährt. Ihre Berücksichtigung kann unter sonst gleichen Umständen dazu führen, dass sich der Break-even-point in den Bereich größerer Bedarfsmengen verschiebt.

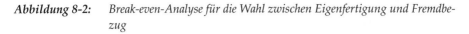

Abbildung 8-2:   *Break-even-Analyse für die Wahl zwischen Eigenfertigung und Fremdbezug*

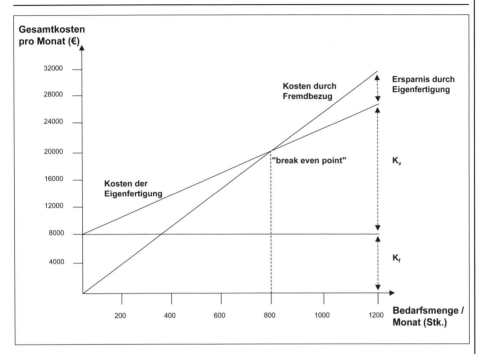

Bei Eigenfertigung treten manchmal in der Praxis neben den variablen Kosten und den fixen Bereitschaftskosten noch sog. sprungfixe Kosten in Erscheinung. Ihre Existenz kann der Anlass dafür sein, dass es in bestimmten betrieblichen Situationen zu einem Nebeneinander von make and buy kommt. Eine derartige Situation ist dann gegeben, wenn man zwar grundsätzlich Selbstherstellung betreibt, aber die Kapazitäten für Eigenfertigung angesichts der momentanen Größe des Bedarfs nicht ausreichend sind. Durch die Kombination von make and buy möchte man in diesen Fällen vermeiden, dass (unwirtschaftliche) sprungfixe Kosten entstehen.

8.4.4.2 Die Wahl zwischen Eigenfertigung und Fremdbezug als Investitionsproblem

Betrachtet man die in Beispiel 4 skizzierte Entscheidungssituation genauer, so geht es im Kern eigentlich um die Frage, ob es sich lohnt, eine bestimmte Investition durchzuführen. Probleme dieser Art lassen sich in vielen Fällen nicht mit Hilfe der Kostenrechnung lösen. Denn die vorwiegend kurzfristig orientierte Kostenrechnung berücksichtigt nicht genügend, dass die mit einer Investition verbundenen Ausgaben bzw. Einnahmen zu völlig unterschiedlichen Zeiten in unterschiedlicher Höhe anfallen. Um Fehlentscheidungen zu vermeiden, sollten deshalb langfristige Investitionsentscheidungen mit Hilfe von Investitionsrechnungen getroffen werden, die dem Zeitaspekt angemessene Beachtung schenken.

Beispiel 5:

In Anlehnung an Beispiel 4 soll von folgenden Daten ausgegangen werden:

1. Investitionssumme für die Spezialmaschine: 384.000 €
2. Kalkulationszinsfuß: 10 % p.a.
3. Nutzungsdauer der Anlage: 5 Jahre
4. Liquidationserlös der Anlage nach Ablauf der 5 Jahre 0 €
5. P_L für das Einbauteil X: 25 €
6. k_v für das Einbauteil X: 15 €
7. Jährlicher Bedarf an X:

1. Jahr: 10.000 Stück
2. Jahr: 13.000 Stück
3. Jahr: 15.400 Stück
4. Jahr: 12.000 Stück
5. Jahr: 8.000 Stück

Lohnt sich angesichts dieser Daten die Anschaffung der Spezialmaschine zum Zwecke der Eigenfertigung?

Diese Frage soll im folgenden mit Hilfe der sog. Kapitalwertmethode (Barwertmethode) beantwortet werden. Nach dieser Methode werden sämtliche mit einer Investition verbundenen Ausgaben und Einnahmen mit dem gegebenen Kalkulationszinsfuß auf einen Zeitpunkt (in der Regel auf den Zeitpunkt unmittelbar vor der Investition) abgezinst. Sodann wird von der Summe der diskontierten Einnahmen die Summe der diskontierten Ausgaben abgezogen, und man erhält auf diese Weise den Kapitalwert der Investition. Falls der so ermittelte Kapitalwert größer als Null ist, ist die analysierte Investition als vorteilhaft einzustufen.

In unserem Fallbeispiel müssen die einmalig anfallenden Investitionsausgaben in Höhe von 384.000,- € den in den nächsten 5 Jahren anfallenden diskontierten Ersparnissen gegenübergestellt werden, die dadurch entstehen, dass man statt des Fremdbezugs die Eigenfertigung wählt. Die notwendigen Berechnungen sind in Tabelle 8-3 zusammengefasst:

Tabelle 8-3:   *Ermittlung der Barwerte der Ersparnis bei make im Vergleich zu buy*

		Jahre (t)					
	Dimension	0	1	2	3	4	5
1. Investition	€	384.000					
2. Bedarf (m)	Stk./Jahr		10.000	13.000	15.400	12.000	8.000
3. laufende Ersparnis bei make ggü. buy							
a) pro Stk (P_L-k_v)	€/Stk.		10	10	10	10	10
b) im Jahr (P_L-k_v) · m	€/Jahr		100.000	130.000	154.000	120.000	80.000
4. Abzinsungsfaktor (bei 10%)			0,9091	0,8264	0,7513	0,6830	0,6209
5. Barwert der Ersparnis	€/Jahr		90.910	107.432	115.700	81.960	49.672
6. Kumulierte Barwerte der Ersparnis	€		90.910	198.342	314.042	396.002	445.674

       Summe Barwerte der Ersparnis: 445.674
-     Investitionssumme: 384.000
=   Kapitalwert: + 61.674

Das Investitionsvorhaben verspricht somit einen (auf den Zeitpunkt t₀ bezogenen) Gesamtüberschuss (der Einnahmen über die Ausgaben) in Höhe von 61.674 €. Wenn man in diesem Unternehmen aus finanziellen Gründen nicht Rücksicht nehmen muss auf konkurrierende (rentablere) Investitionsobjekte, wenn man also die hier untersuchte Investition isoliert betrachtet, so kommt man aufgrund der Ergebnisse der Kapitalwertmethode zu dem Schluss, dass die Eigenfertigung in diesem Fall wirtschaftlicher ist als der Fremdbezug und dass sich die Anschaffung der Spezialmaschine lohnt.

Ergänzend sei noch darauf hingewiesen, dass sich für das in Beispiel 5 skizzierte Investitionsvorhaben eine statische Amortisationsdauer (Pay-off-Periode) von 3 Jahren errechnet (384.000 = 100.000 + 130.000 + 154.000) und dass sich der interne Zinsfuß (Effektivverzinsung) auf 16,2 % p.a. beläuft.

8.4.4.3 Die Wahl zwischen Eigenfertigung und Fremdbezug als Desinvestitionsproblem

Heute werden angesichts günstiger Möglichkeiten zum Outsourcing viele Unternehmen mit der Frage konfrontiert, ob man auf längere Sicht von der Selbstherstellung auf den Fremdbezug übergehen und die vorhandenen, bisher für die Eigenfertigung genutzten Kapazitäten abbauen sollte. In einer solchen Situation müssen die Kosten des Fremdbezugs mit denjenigen Kosten verglichen werden, die dadurch entstehen bzw. wegfallen, dass die vorhandene Anlage in Zukunft weiterbenutzt bzw. abgebaut wird. Angesichts der gegebenen Problemstellung gehören im einzelnen die folgenden Kostenkategorien zu den entscheidungsrelevanten Kosten:

1. Die bereits oben erwähnten *laufenden Ersparnisse* bei make gegenüber buy:
    $(P_L - k_v)$

2. *Abbaufähige (fixe) Bereitschaftskosten*: Als abbaubar sollen hier jene festen Ausgaben verstanden werden, die infolge der Stillegung und des Abbaus einer Anlage in Zukunft tatsächlich wegfallen. Beispiele für solche abbaufähigen Bereitschaftskosten sind Raummieten, bestimmte Personalkosten oder Instandhaltungskosten.

3. Der *Liquidationswert* der Anlage: Also jener Geldbetrag, den man beim Verkauf der stillgelegten Anlage erzielen würde (Verkaufserlös minus evtl. anfallende Ausgaben für Abbruch und Verkauf). Dieser Liquidationswert repräsentiert den Kapitalbetrag, der im Falle der Fortführung der Eigenfertigung nicht freigesetzt wird, sondern investiert bleibt. Aus ihm lassen sich deshalb - wenn man mit Hilfe der Kostenrechnung an das vorliegende Entscheidungsproblem herangeht - die kalkulatorischen Zinsen sowie die Kosten für die Anlagenentwertung ableiten. Je höher also der Liquidationswert der Anlage ist, desto höher sind unter sonst gleichen Umständen die entscheidungsrelevanten Kosten der Eigenfertigung.

4. *Kosten, die aus Sozialplänen resultieren*: Wenn der Übergang zum Fremdbezug in einer Unternehmung dazu führt, dass Betriebsteile stillgelegt werden müssen und die Zahl der Mitarbeiter reduziert werden muss, dann sind in Deutschland unter bestimmten Bedingungen Sozialpläne zu vereinbaren. Die aus solchen Sozialplänen resultierenden Ausgaben sind als (entscheidungsrelevante) Kosten des Fremdbezugs anzusehen.

In der Praxis begeht man häufig den Fehler, dass man bei der Ermittlung von kalkulatorischen Abschreibungen und kalkulatorischen Zinsen für die Eigenfertigung vom Restbuchwert der betreffenden Anlage ausgeht. Dem Restbuchwert kommt in diesem Zusammenhang allenfalls aus steuerlichen Gesichtspunkten eine gewisse Bedeutung zu. Denn die Ausmusterung einer Anlage ist in der Regel mit Sonderabschreibungen verbunden, die unter bestimmten Voraussetzungen eine gewisse Vorverlegung von Steuerminderungen zur Folge haben.

8.5 Mischformen der Bedarfsdeckung

Die traditionelle Themenformulierung „make or buy" spiegelt nicht den Facettenreichtum der in der Praxis vorhandenen Formen der Bedarfsdeckung wider. Denn erstens ist diese bipolare Sichtweise deshalb etwas problemverengend, weil heute bestimmte Leistungen durch eine sehr intensive Kooperation zwischen Lieferant und Abnehmer erbracht werden. Und zweitens gibt es neben den beiden Möglichkeiten des vollständigen Fremdbezugs und der vollständigen Eigenfertigung ein simultanes Nebeneinander (Kombination) von make and buy.

Da an anderen Stellen dieses Buches die Kooperation mit Lieferanten behandelt wird und einzelne Kooperationsfelder erläutert werden, soll hier im Rahmen des vorwiegend produktionsorientierten Themas „make or/and buy" lediglich ergänzend auf die durch Lieferant und Abnehmer gemeinschaftlich betriebene Erstellung von Bedarfsgütern hingewiesen werden. Eine Möglichkeit der kooperativen Bedarfsdeckung ist z.B. durch die Gründung einer Gemeinschaftsunternehmung („Joint Venture") gegeben, an der beide Marktpartner beteiligt sind. Eine andere Möglichkeit, die z. Zt. in der Automobilindustrie praktiziert wird, besteht darin, dass Fertigungs- und/oder Montageumfänge der Lieferanten in die Produktionsstätten des Abnehmers verlagert werden. In diesen Fällen nehmen teilweise die Mitarbeiter des Lieferanten und die des Abnehmers gemeinsam die Montage und den Einbau der Module in das Endprodukt vor. Beide hier erwähnten Formen der kooperativen Bedarfsdeckung haben den Vorteil, dass der Abnehmer vorgelagerte Wertschöpfungen besser kontrollieren, steuern und den (wechselnden) Erfordernissen der eigenen Produktion anpassen kann.

Voraussetzung für ein Nebeneinander von Eigenfertigung und Fremdbezug ist, dass der Bedarf in quantitativer Hinsicht teilbar ist. So können z.B. bestimmte logistische Leistungen ohne weiteres teilweise vom eigenen Fuhrpark erledigt, teilweise aber auch unternehmensfremden Spediteuren übertragen werden. Die Gründe für ein solches Nebeneinander von Eigenfertigung und Fremdbezug können sehr vielfältig sein. Manchmal zwingt die Begrenztheit der ursprünglich herangezogenen Versorgungsquelle dazu, Eigenfertigung und Fremdbezug nebeneinander zu nutzen. So lässt sich z.B. in der Praxis beobachten, dass bestimmte Unternehmen eine Grundlast mit den eigenen Kapazitäten abdecken und für den Spitzenbedarf fremde Lieferbetriebe einsetzen. In anderen Fällen sind steigende Grenzkosten (Nachtschichten, Überstunden) oder sprungfixe Kosten der Anlass dafür, neben der Eigenfertigung auch teilweise Fremdbezug zu betreiben. Manchmal empfiehlt sich ein vorübergehendes Nebeneinander von make and buy aus beschäftigungspolitischen Erwägungen; so kann es beispielsweise in einer Phase der Unterbeschäftigung dazu kommen, dass Güter und Leistungen, die sonst ausschließlich von außen bezogen wurden, teilweise auch selbst hergestellt werden.

Manche Unternehmen, die einen bestimmten Artikel grundsätzlich eigenfertigen, reservieren einen Teil ihres Bedarfs (z.B. 20 %) für die Vergabe an externe Marktpartner, um die Wettbewerbsfähigkeit der betriebseigenen Fertigungsstätten zu kontrollieren. Vor allem in großen Konzernen, bei denen der interne Austausch von Lieferungen und Leistungen einen großen Teil des gesamten Beschaffungsvolumens ausmachen kann, dient die Einschaltung konzernfremder Anbieter dazu, zuverlässige Vergleichsdaten für die internen Austauschbeziehungen zu erhalten. Die beziehende Konzerntochter wird darauf zu achten haben, dass Lieferungen und Leistungen zwischen den beiden Beteiligten möglichst zu marktgerechten Bedingungen ausgetauscht werden.

Zu einer temporären Beibehaltung beider Versorgungsarten kann es in der Praxis auch dann kommen, wenn die Aufnahme der Eigenfertigung wegen Schwierigkeiten bei der Bereitstellung der erforderlichen Arbeitskräfte oder der notwendigen finanziellen Mittel nicht sofort in vollem Umfang sondern nur schrittweise erfolgen kann. Darüber hinaus ist daran zu denken, dass manchmal aus risikopolitischen Erwägungen („policy of multiple sources") ein Nebeneinander von Eigenfertigung und Fremdbezug sinnvoll sein kann. Schließlich wird in einigen Unternehmen diese Doppelstrategie praktiziert, um nicht ganz in die Abhängigkeit von Lieferanten zu geraten.

Zusammenfassend kann festgehalten werden, dass sich hinter der Frage „make or/and buy" durchaus ein großer Spielraum unterschiedlicher Möglichkeiten der Bedarfsdeckung verbirgt. Stellt man nun den verschiedenen Ausgangssituationen die möglichen neuen Formen der Bedarfsdeckung gegenüber, dann ergibt sich unter Berücksichtigung der erwähnten Mischformen das in Abbildung 8-3 skizzierte Bild vom Spektrum unternehmerischer make-or/and-buy-Entscheidungen.

Abbildung 8-3: Das Spektrum unternehmerischer Make-or/and-buy-Entscheidungen

	Neue Form der Bedarfsdeckung			
	Vollständiger Fremdbezug	Vollständige Eigen-fertigung	Neben-einander von Eigen-fertigung und Fremdbezug	Bedarfsde-ckung in Kooperation mit Lieferan-ten
Vollständiger Fremd-bezug	A	B	C	D
Vollständige Eigenfer-tigung	E	F	G	H
Nebeneinander von Eigenbezug und Fremdfertigung	I	J	K	L
Bedarfsdeckung in Kooperation mit Liefe-ranten	M	N	O	P
Neuartiges Beschaf-fungsobjekt	Q	R	S	T

(linke Randbeschriftung: **Ausgangssituation**)

Quelle: In Anlehnung an: Werner Lohrberg, Grundprobleme der Beschaffungsmarktforschung, Bochum 1978, S. 177

In Abbildung 8-3 charakterisieren die Felder A und F Make-or-buy-Überlegungen, die ein Festhalten an der bisherigen Situation beinhalten. In den Fällen B, C, D, E, G, H, I, J, L, M, N und O findet hingegen ein Wechsel im Bereitstellungsweg statt. Bei den Feldern K und P kann es durchaus zu einem unterschiedlichen Aufteilungsverhältnis bzw. zu einer unterschiedlichen Ausprägung der bisherigen Form der Bedarfsdeckung kommen. Die Felder Q, R, S und T schließlich beziehen sich auf make-or/and-buy-Entscheidungen bei Vorliegen eines neuen Bedarfs.

8.6 Die Rolle des Einkaufs auf dem Gebiet „Eigenfertigung/Fremdbezug"

Bei der Frage make or/and buy nimmt der Einkauf als Kontaktstelle der Unternehmung zum Beschaffungsmarkt grundsätzlich eine dominierende Stellung ein; sie eröffnet dem Einkauf ein interessantes Betätigungsfeld, auf dem er sich im Betrieb profilieren und Anerkennung verschaffen kann. Allerdings ist es notwendig, dass sich der einzelne Einkäufer dieser Aufgabe mit Engagement und Kreativität stellt. Denn „Purchasing can either be at the center of the outsource decision by the firm, or it can sit by and let it be handled by others" (Cavinato, J.L., S. 10).

Im einzelnen erwartet man in einer Unternehmung vom Einkauf, dass er auf diesem Gebiete die Initiative ergreift und als Impulsgeber tätig wird. Er muss Daten für eine optimale make-or/and-buy-Entscheidung sammeln und ist zu einem großen Teil mitverantwortlich für eine objektive Analyse und Bewertung von internen Wertschöpfungen und vergleichbaren Marktangeboten. Insbesondere fällt dem Einkauf im Rahmen dieser Problematik die Aufgabe zu, beschaffungsseitige Alternativen zur Eigenfertigung aufzuspüren und aufzuzeigen sowie die Effizienz interner Stellen zu überprüfen, indem er sie an der Leistungsfähigkeit potentieller externer Anbieter misst.

Will ein Einkäufer heute im Fragenkomplex „make-or/and-buy" entscheidend zur Existenzsicherung einer Unternehmung beitragen, so wird er sich in seiner Grundeinstellung zum „schlechten Gewissen der Eigenfertigung" (Kern, F., S. 189) entwickeln müssen. Das kann nicht bedeuten, dass er vorschnell zum Outsourcing tendieren sollte; vielmehr können aus dieser kritischen Grundposition und aus dem Engagement des Einkäufers auch Anregungen zur Verbesserung im Bereich der Eigenfertigung oder generell zur Optimierung der Bedarfsdeckung resultieren. So lassen sich etwa aus Benchmarking-Vergleichen mit potentiellen Anbietern Denkanstöße für die Steigerung der Wettbewerbsfähigkeit der Fertigungsstätten im eigenen Haus gewinnen.

Die Wahrnehmung der skizzierten Aufgaben verlangt selbstverständlich vom Einkäufer, dass er mit hervorragenden Marktkenntnissen ausgestattet ist. Gefragt sind in diesem Zusammenhang vor allem Informationen über

- Preise und Preistendenzen auf bestimmten Märkten,

- Produkte mit speziellen Eigenschaften,

- die Lieferantenszene und deren technische und wirtschaftliche Leistungsfähigkeit,

- neuartige Produktionsverfahren und Neuentwicklungen,

- das Kostenniveau in bestimmten Regionen und Branchen,

- die langfristigen Tendenzen auf bestimmten Beschaffungsmärkten.

Ein Einkäufer wird um so wirkungsvoller an unternehmerischen make-or/and-buy-Problemen mitarbeiten können, je besser es ihm gelingt, leistungsstarke Lieferanten an der Suche nach günstigen alternativen Lösungen für die Bedarfsdeckung zu beteiligen.

Da es sich bei der Wahl zwischen Selbstherstellung und Fremdbezug um ein komplexes Problem handelt, sollten wichtige Entscheidungen in diesem Bereich zweckmäßigerweise in ressortübergreifenden Ausschüssen getroffen werden. Bei seiner

Beteiligung an dieser Teamarbeit wird sich der Einkäufer mit den widersprüchlichen Prioritäten und den fixierten Denkweisen anderer Funktionsbereiche bezüglich des zu realisierenden Bereitstellungsweges auseinandersetzen müssen. So wird häufig der Fertigungsleiter die interne Versorgung mit dem Argument rechtfertigen wollen, dass sich durch die Belegung freier Maschinenkapazitäten in Zeiten schlechter Konjunkturlage Einsparungen erzielen lassen. Der Personalmanager wird aus Gründen des Erhalts von Arbeitsplätzen und um sein gutes Einvernehmen mit den Gewerkschaften nicht zu beeinträchtigen, eher gegen Outsourcing plädieren. Unterstützung für die günstigere externe Beschaffung wird dagegen der Einkäufer vielleicht bei seinen Kollegen aus dem Controllingbereich, aber auch hier und da bei Entwicklungsingenieuren erhalten, die häufig der Meinung sind, Lieferanten seien konstruktiven Veränderungen gegenüber aufgeschlossener als interne Stellen.

Nicht jedes Make-or-buy-Problem erreicht allerdings eine derartige Dimension, dass sich damit unbedingt eine ganze Projektgruppe befassen sollte. Das gilt insbesondere für viele kurzfristige Entscheidungen, welche festlegen, ob bestimmte Wertschöpfungen mit den eigenen gegebenen Kapazitäten erledigt oder nach außen vergeben werden sollen. Treten derartige Probleme beispielsweise im Produktionsbereich auf, so werden sie häufig kurzerhand durch entsprechende Absprachen zwischen Einkauf und Fertigungssteuerung (Arbeitsvorbereitung) gelöst. Je stärker jedoch eine geplante Veränderung des Bereitstellungsweges die personellen, finanziellen und sachlichen Kapazitäten eines Betriebes und seine Fertigungstiefe oder gar die gesamte Struktur einer Unternehmung beeinflusst, desto früher und intensiver müssen entsprechende Entscheidungen vorbereitet werden, desto eher wird man eine Projektgruppe einschalten und desto höher in der Hierarchie wird die Entscheidungsbefugnis angesiedelt sein. Sehr einschneidende strategische Entscheidungen liegen manchmal auch etwas außerhalb des Blickfeldes des Einkaufs.

Der industrielle Einkäufer wird vielfach durch bestimmte Veränderungen im wirtschaftlichen und technischen Umfeld dazu angeregt, sich mit der Fragestellung auseinanderzusetzen, ob man bei bestimmten Beschaffungsobjekten einen Wechsel im Bereitstellungsweg vornehmen sollte. Wichtige Anlässe für das Aufgreifen dieser Fragestellung können beispielsweise sein:

- Der Bedarf hat sich in quantitativer Hinsicht verändert und einen kritischen Punkt erreicht.

- Es haben sich in qualitativer, quantitativer oder terminlicher Hinsicht unüberbrückbare Schwierigkeiten mit Lieferanten ergeben.

- Der Zeitpunkt für den Ersatz der vorhandenen alten Eigenfertigungsanlage durch eine neue ist gekommen.

- Auf dem Beschaffungsmarkt sind neue leistungsfähige Lieferanten aufgetaucht.

- Bestimmte langfristige Lieferverträge laufen aus.

■ Bei einem bestimmten Zukaufteil sind in Zukunft starke und länger andauernde Preissteigerungen zu erwarten.

■ Infolge des technischen Fortschritts oder von Forschungsergebnissen drängen neue Technologien auf den Beschaffungsmarkt.

■ Aus den verschiedensten Gründen ändert sich das Beschaffungsprogramm.

Umstellungen in den Bereitstellungswegen verlangen vom Einkauf einer Unternehmung ein hohes Maß an qualitativer Flexibilität; denn der Übergang von einer Versorgungsart zu einer anderen bedeutet häufig, dass man sich in Zukunft mit völlig andersgearteten Märkten und Marktbedingungen, mit anderen Anbietern und Produkten auseinandersetzen muss. Manchmal ziehen derartige Richtungswechsel sogar bestimmte organisatorische Änderungen der Einkaufsabteilung nach sich; oder sie haben zur Folge, dass andere Einkaufsspezialisten mit entsprechenden Produkt- und Marktkenntnissen eingestellt werden müssen. Auch kommt es vor, dass Umstellungen in den Bereitstellungswegen Auswirkungen auf die quantitative Kapazität einer Einkaufsabteilung haben.

8.7   Schwachstellen und Probleme der Praxis

Eine durchdachte Make-or-buy-Politik kann für die Konkurrenzfähigkeit einer Unternehmung von entscheidender Bedeutung sein. Deshalb ist erstaunlich, dass das Management dazu neigt, der Make-or-buy-Problematik so wenig Beachtung zu schenken. Es müsste sich intensiv um die wichtigen Fragen einer zweckmäßigen Abgrenzung zwischen Kern- und Randbereichen kümmern, und es müsste die Verantwortlichkeiten auf dem Gebiete Eigenfertigung/Fremdbezug klären. Außerdem trägt selbstverständlich das Management die Verantwortung für die Formulierung und Verabschiedung einer generellen Unternehmenspolitik zu diesem Problembereich. Aber in vielen Unternehmen fehlen entsprechende politische Leitlinien für die Mitarbeiter.

Schwierigkeiten in der Handhabung und im Management dieses Sektors beruhen sicherlich auch darauf, dass in der Regel viele Abteilungen einer Unternehmung betroffen sind. Die Komplexität des Problems macht es ja erforderlich, dass die Erarbeitung von Entscheidungsvorlagen häufig durch ein interdisziplinäres Team erfolgt. Leider existieren derartige Make-or-buy-Teams nur in wenigen Unternehmen.

Ein weiteres Problem stellt die Frage des Kostenvergleichs zwischen Eigenfertigung und Fremdbezug dar. Einerseits sind Kosten naturgemäß eine wesentliche Komponente jeder sorgfältig durchgeführten Make-or-buy-Analyse. Andererseits werden in der Praxis - und erst recht in der Theorie - Kostenvergleichsrechnungen in diesem Bereich häufig überbewertet. Die Problematik liegt teilweise darin, dass sich bestimmte Kosten nicht exakt quantifizieren lassen. Verantwortlich für dieses Phänomen sind vorwiegend die fixen Kosten bei Eigenfertigung oder die erwähnten Transaktionskosten oder Opportunitätskosten. Teilweise ist zu bedenken, dass in bestimmten Entscheidungssituationen andere Aspekte die Kostenfrage überlagern und sie deshalb als sekundär zu bezeichnen ist.

Als Schwachstelle ist häufig die in der Praxis fehlende Planmäßigkeit und Systematik des Vorgehens anzusehen. Vielfach stößt man durch Zufall, bei unerwarteten Ereignissen oder bei Störungen in der Materialversorgung auf die Problematik „Make-or-buy". Daraus resultiert allerdings die Gefahr, dass man sich in seiner Entscheidung zu sehr von den gerade (kurzfristig) herrschenden Verhältnissen leiten lässt und zu wenig in strategischen Kategorien denkt.

Schließlich ist darauf aufmerksam zu machen, dass in vielen Unternehmen die Fertigungstiefe zu einem wesentlichen Teil von der Tradition und vom Beharrungsvermögen bestimmt ist. So wird in der Praxis häufig zu wenig berücksichtigt, dass im Zuge des Lebenszyklus eines Endproduktes die benötigten Vorprodukte, Komponenten, Baugruppen hinsichtlich der Problematik make or buy einen Wandlungsprozess durchmachen. Zu Beginn des Lebenszyklus weisen nämlich viele Vorprodukte noch eine hohe strategische Relevanz und ebenfalls relativ hohe Auslagerbarrieren auf, so dass die Eigenfertigung in dieser Phase zweckmäßigerweise dominiert. Im Laufe der Zeit allerdings wandelt sich ein großer Teil der vormals als eindeutig make-Objekte eingestuften Artikel zu buy-Gegenständen. Die erforderliche Umstellung auf die veränderte Situation und die wirtschaftlich sinnvolle Re-Strukturierung der Wertschöpfungsketten werden jedoch in vielen Unternehmen zu spät oder überhaupt nicht vollzogen. Auf diese Weise kann es zu gefährlichen Verkrustungen in der Wertkette und zu einer Ressourcenverschwendung bei der Verteidigung von Eigenfertigungs-Volumina kommen. Auch vor diesem Hintergrund wird deutlich, dass einmal getroffene Make-or-buy-Entscheidungen in bestimmten zeitlichen Abständen zu überprüfen und gegebenenfalls zu revidieren sind.

Übungsfragen und -aufgaben

1. Erläutern Sie die Frage, auf welche unterschiedlichen Kategorien betrieblicher Wertschöpfungen sich die Problemstellung „make or buy" vorwiegend bezieht.

2. In vielen Bereichen der Wirtschaft sind heute eine Abkehr von der Eigenfertigung und eine Hinwendung zum Outsourcing erkennbar. Erläutern Sie, welche Faktoren (Gründe) für dieses Phänomen verantwortlich sind.

3. Bei der Entscheidung über „make or buy" und bei der Optimierung der Fertigungstiefe spielt die grundsätzliche Frage, welche Aktivitäten zu den Kernkompetenzen einer Unternehmung zählen und in welchen Bereichen man an Outsourcing denken sollte, eine entscheidende Rolle:

   a) Konkretisieren Sie, bei welchen Beschaffungsobjekten eine Unternehmung eher auf Eigenfertigung verzichten und auf Fremdbezug umschalten sollte.

   b) Konkretisieren Sie, bei welchen Beschaffungsobjekten Vorsicht und Zurückhaltung gegenüber Outsourcing geboten erscheinen.

4. Es gibt eine Vielzahl von Faktoren, welche die Make-or-buy-Entscheidungen beeinflussen:

   a) Beantworten Sie die Frage, worin Sie die wesentlichen betriebswirtschaftlichen Vorteile der Eigenfertigung gegenüber dem Fremdbezug sehen.

   b) Beantworten Sie die Frage, worin Sie die wesentlichen betriebswirtschaftlichen Vorteile des Fremdbezugs gegenüber der Eigenfertigung sehen.

5. Stellen Sie im Detail dar, was man sich unter „Transaktionskosten" vorzustellen hat.

6. „Welche Kosten im praktischen Einzelfall zu den entscheidungsrelevanten Kosten der Eigenfertigung zählen, ist davon abhängig, ob es sich bei der Wahl zwischen „make or buy" um Überlegungen auf kurze oder auf lange Sicht handelt und ob eventuell vorhandene Kapazitäten für Eigenfertigung ausgelastet sind oder nicht."

   Verdeutlichen Sie diesen Satz, indem Sie konkrete Angaben zu den jeweils relevanten Kosten der Eigenfertigung in unterschiedlichen Entscheidungssituationen machen.

7. Eine Unternehmung arbeitet in einer bestimmten Fertigungsstelle an der Kapazitätsgrenze. Die Kapazität dieses betrieblichen Teilbereichs kann kurzfristig nicht erweitert werden. In dieser Fertigungsstelle werden sowohl ein bestimmtes Enderzeugnis E als auch ein Teil T gefertigt (welches zur Herstellung eines weiteren Endprodukts benötigt wird).

Endprodukt E belastet diesen Engpass mit 20 Min. pro Einheit. Die variablen Kosten liegen bei 50,- €/Stück; es kann zu einem Preis von 66,- €/Stück auf dem Markt abgesetzt werden.

Teil T beansprucht den Engpass mit 14 Min./Stück. Dieses Teil kann von einem Lieferanten zu einem Preis von 21,- € pro Stück bezogen werden; die variablen Kosten der Eigenfertigung liegen bei 9,- € pro Stück.

<u>Frage</u>: Soll in dieser Engpasssituation das Unternehmen einen zusätzlichen Auftrag über 22400 Einheiten des Endproduktes E annehmen und dafür eine bestimmte Menge des Teils T von auswärts beziehen? Wie würde sich der Gewinn dieser Unternehmung verändern, wenn der Auftrag angenommen und eine bestimmte Menge des Teils T fremdbezogen würde?

8. Ein Unternehmen benötigt für die Herstellung seiner Endprodukte u.a. die drei Zwischenprodukte a, b und c. Der Bedarf an diesen Zwischenprodukten ist fest vorgegeben; er kann sowohl durch Eigenfertigung als auch durch Fremdbezug befriedigt werden.

Die Produktion der Zwischenprodukte a, b und c erfolgt in einer speziellen Fertigungsstelle, deren Kapazität jedoch zu knapp bemessen ist. Eine kurzfristige Erweiterungsmöglichkeit besteht nicht. Deshalb muss überlegt werden, welche Mengen der Zwischenprodukte a, b oder c fremdbezogen und welche eigengefertigt werden sollen.

Für den zu planenden Monat ist von folgenden Daten auszugehen:

	Zwischenprodukt		
	a	b	c
1. Bedarf (Stk./Monat)	5.000	12.000	2.000
2. Kapazitätsbelastung (Min/Stk.)	2,5	2,0	0,5
3. Benötigte Kapazität (Min./Monat)	12.500	24.000	1.000
4. Variable Kosten der Eigenfertigung k_v (€/Stk.)	3	7	6
5. Fremdbezugspreis P_L (€/Stk.)	11	13	8
6. Benötigte Kapazität insgesamt (Min/Monat)	37.500		
7. Verfügbare Gesamtkapazität (Min./Monat)	27.000		

Ermitteln Sie, welches Zwischenprodukt (welche Zwischenprodukte) Sie in welchen Mengen von auswärts beziehen würden. Dabei kann davon ausgegangen werden, dass auch ein Nebeneinander von make and buy bei einer Zwischenproduktsorte möglich ist.

9. Ein Unternehmen sondiert, ob ein bisher von auswärts bezogenes Zwischenprodukt in Zukunft zweckmäßigerweise in Eigenregie hergestellt werden sollte:

■ Kosten des Fremdbezugs: Der Lieferant verlangt für dieses Zwischenprodukt 30,- € pro Einheit.

■ Kosten der Eigenfertigung:

   a) Bei Eigenfertigung fallen zunächst einmal (mengenproportionale) variable Kosten je Stück in Höhe von 10,- € an.

   b) Sodann entstehen bei Eigenfertigung fixe Bereitschaftskosten in Höhe von 3.000,- € pro Periode.

   c) Schließlich fallen (zusätzlich zu den unter b erwähnten Fixkosten) auch noch sogenannte sprungfixe Kosten für die Entlohnung von einzustellenden Facharbeitern an: Eine solche Arbeitskraft kann maximal 200 Einheiten des Zwischenproduktes pro Periode herstellen. An Löhnen müssen für sie (unabhängig von der effektiven Leistung) 2.000,- € pro Periode aufgewendet werden.

<u>Frage</u>: Bei welchen Bedarfsmengen sollte diese Unternehmung aus Kostengründen Eigenfertigung, Fremdbezug oder ein Nebeneinander von make and buy praktizieren? Beantworten Sie diese Frage in Analogie zur Break-even-Analyse auf graphischem Wege für die Bedarfsmengen von 0 bis 800 Einheiten.

10. Machen Sie verständlich, warum bestimmte Entscheidungen im Bereich „Eigenfertigung/Fremdbezug" sinnvoller Weise auf der Basis einer Investitionsrechnung und nicht aufgrund einer Kostenvergleichsrechnung getroffen werden sollten.

11. Obwohl sich aufgrund einer gründlichen Analyse der Kostenverhältnisse der Fremdbezug für ein bestimmtes Beschaffungsobjekt als der wirtschaftlichere Bereitstellungsweg erwiesen hat, entscheidet sich die Unternehmensleitung für die Eigenfertigung. Nennen Sie mögliche Beweggründe für diese Entscheidung.

12. In manchen Unternehmen wird das gleiche Beschaffungsobjekt sowohl in Eigenregie gefertigt als auch fremdbezogen. Nehmen Sie zur Frage des Nebeneinanders von „make and buy" Stellung.

13. Diskutieren Sie die Frage, welche Rolle die Materialwirtschaft auf dem Gebiete „Eigenfertigung/Fremdbezug" spielt.

14. Diskutieren Sie die Frage, welche Funktionsbereiche in einem Ausschuss vertreten sein sollten, welcher sich mit der Fragestellung „make or buy?" auseinanderzusetzen hat.

15. Verdeutlichen Sie den Zusammenhang zwischen dem Lebenszyklusmodell und der Fertigungstiefe.

9 Fragen der Beschaffungslogistik

9.1 Begriff und Bedeutung der Logistik

Die Logistik befasst sich im wesentlichen mit Informations- und Materialflüssen sowohl im eigenen Betrieb als auch unternehmensübergreifend, so dass gewissermaßen eine Kette entsteht. Mit dem Schlagwort Chain Management oder enger gefasst Supply Chain Management (SCM) kann diese integrative Funktion der Logistik anschaulich ausgedrückt werden. Durch die Einbeziehung aller Funktionsbereiche eines Betriebs soll vermieden werden, dass isolierte Teiloptima den Gesamterfolg eines Unternehmens verfehlen, weil gegenseitige Abhängigkeiten unbeachtet bleiben. Noch größer können Synergieeffekte ausfallen, wenn auch Organisationen außerhalb des Unternehmens, wie Lieferanten, Kunden, Händler und Dienstleister in die logistische Kette einbezogen werden. Rein physische Aufgaben, wie Transport, Umschlag und Lagerhaltung (TUL), hat es in den Betrieben von jeher gegeben. Aber erst die konsequente *Ganzheitsbetrachtung* und die Verknüpfung von Informations- mit Materialflüssen hat der Logistik zu dem hohen Stellenwert verholfen, den sie heute in den meisten Unternehmen einnimmt. Dazu haben auch die Globalisierungstendenzen beigetragen, die zwangsläufig zu verstärkten TUL-Prozessen führen. Weiterhin hat die zunehmende Komplexität vieler Produkte zur Folge, dass Wertschöpfungen ausgegliedert werden (Outsourcing), was wiederum Transportbedarf erzeugt. Auch gestiegene Kosten, knappere Zeitfenster und eine ausgeprägte Kundenorientierung sind ohne Logistik schwerer zu meistern. Es darf auch nicht übersehen werden, dass ein steigendes Güteraufkommen von intelligenten Logistiklösungen begleitet werden muss, wenn die vieldiskutierten Probleme der Umweltverschmutzung nicht überborden sollen.

Schließlich hat das *Just-in-time*-Management die Erfolgsgeschichte der Logistik maßgeblich mitgeschrieben. Hier erfolgt die Lieferung zu dem Zeitpunkt, in dem die Materialien und Teile in der Fertigung des Abnehmers benötigt werden, wobei verschiedene Grade der Anlieferungsgenauigkeit (Blocklieferung, Just-in-sequence) unterschieden werden können. Das Wareneingangslager beschränkt sich auf (äußerst) geringe Sicherheitsbestände. Dieses inzwischen nicht nur in der Autoindustrie praktizierte Logistiksystem funktioniert leichter, wenn die Distanzen zwischen Lieferer und Abnehmer kurz sind (wie z.B. in Japan), weil dann der Transport geringeren Risiken ausgesetzt ist. Deshalb siedeln sich manche Lieferanten, häufig unterstützt vom Kunden, in der Nähe des Montagewerkes an, entweder mit ihrer Produktion oder mit

Lagern. In einigen Fällen entstehen auf diese Weise regelrechte Industrieparks. Darüber hinaus kann es sogar sinnvoll sein, dass Arbeitskräfte des Lieferanten, insbesondere von Systemlieferanten, direkt im Werk des Abnehmers den Einbau von Modulen vornehmen.

9.2   Anlieferung

9.2.1   Verschiedene Verkehrsträger und Speditionen

Die Anlieferung der für die Produktion notwendigen Produkte kann prinzipiell mit allen Verkehrsträgern erfolgen, d.h. mit Rohrleitungen (Pipelines) und mit dem Land-, Wasser- und Luftverkehr. Dabei weist jede Verkehrsart ihre besonderen Chancen und Vorteile, aber auch Probleme und Nachteile auf. Diese sollen hier im einzelnen nicht erörtert werden, was einer speziellen Verkehrsbetriebswirtschaftslehre vorbehalten ist. Im konkreten Verladungsfall kann vielleicht nur eine logistische Anlieferungsform in Frage kommen, weil z.B. ein eiliger Bedarf vorliegt, Gefahrgut zu versenden ist oder ein Ganzzug mit einem homogenen Massengut zusammengestellt werden kann. In bestimmten Fällen kann außerdem der *Werkverkehr* dem gewerblichen Verkehr vorgezogen werden, selbst wenn er teurer sein sollte. Viele Unternehmen sind jedoch bestrebt, auf einen eigenen Fuhrpark zu verzichten und sich auf ihr Kerngeschäft zu konzentrieren.

Die einzelnen Verkehrsträger weisen jeweils eine eigene Historie, Gesetzgebung und spezielle Rahmenbedingungen auf. Ihre Bedeutung, z.B. ausgedrückt in der beförderten Gütermenge, hat sich im Laufe der Zeit teilweise beachtlich verändert. Mit weitem Abstand führt der Straßengüterverkehr, der tariflich nicht mehr in Nah- und Fernverkehr differenziert wird, bezüglich der jährlichen Tonnage die Rangliste an. Diese Entwicklung ist auf verschiedene Ursachen zurückzuführen, wovon der *Güterstruktureffekt* vielleicht die wichtigste ist. Hochwertige, eilbedürftige, kleine (Mikroprozessortechnik) und hochtechnisierte Stückgüter begünstigen den flexiblen Straßengüterverkehr und belasten zugleich den mehr auf Massengüter und Schüttgüter ausgerichteten Schienengüter- und Binnenschiffsverkehr. Ein großer Vorteil des Straßengüterverkehrs ist überdies die *Haus - Haus - Versorgung*, die zusätzlich durch ein äußerst dichtes Straßennetz unterstützt wird. Bei der Bahn ist dieser direkte Verkehr nur über Gleisanschlüsse möglich. Ansonsten handelt es sich wie bei den übrigen Verkehrsarten um gebrochene Verkehre, sofern nicht über Integratoren (z.B. in der Luftfahrt) oder speditionelle Vertragsunternehmen Ausweichlösungen gefunden werden. Gewisse Vorteile gegenüber dem Straßengüterverkehr genießen der Schienen- und Schiffsverkehr unter Umweltaspekten, die in der Öffentlichkeit und Politik eine immer größere Aufmerksamkeit erzielen. Auch der *kombinierte Verkehr* im engeren Sinne, d.h. die Verbindung von Straße und Schiene in Form des Container- und Huckepackverkehrs, stellt eine ökologisch sinnvolle Logistiklösung dar, die allerdings noch relativ wenig genutzt wird.

Die Art der Anlieferung von Materialien und Teilen wird nicht nur vom Produkt selbst (Stückgut, Massengut, Eilgut, Gefahrgut u.ä.) bestimmt, sondern auch von der Beschaffungspolitik und Bereitstellungsform. Als Beispiele seien nur erwähnt Global Sourcing und Just-in-time-Konzepte, die sehr hohe Anforderungen an die Transportwirtschaft stellen.

In diesem Zusammenhang treten *Speditionen* und andere logistische Dienstleister auf den Plan, die den Verladern neben dem eigentlichen Transport häufig komplexe Logistikpakete unterbreiten, die verschiedene Teilaufgaben umfassen können, wie:

- Be- und Entladen (incl. Ladepläne),

- Entsorgung,

- Kommissionierung,

- Buchhaltung und Fakturierung,

- Versicherung und Finanzierung,

- Beratung und Information,

- Montagearbeiten,

- Tracking and Tracing (Auftragsverfolgung),

- Cross Docking (v. Lieferanten vorkommissionierte Anlieferung)

- Lager- und Umschlagsleistungen,

- Verpackung,

- Tourenpläne.

Nach § 453 HGB wird der Spediteur durch einen Vertrag verpflichtet, die Versendung des Gutes zu besorgen. Dabei kann er auch selbst als Frachtführer agieren, eine Spedition zu festen Kosten oder eine Sammelladung durchführen. Starke Konkurrenz, hohe Kosten und die Deregulierung im Verkehrswesen zwingen Spediteure, über wettbewerbserhaltende und -verbessernde Maßnahmen nachzudenken. Dazu gehören die Ausnutzung von *Synergieeffekten*, wie gemeinsame TUL-Prozesse, und die Bildung strategischer Allianzen und Kooperationen (Meta-Logistik) und die Teilnahme an Güterverkehrszentren. Im Zusammenhang mit der Just-in-time- Anlieferung unterhalten Spediteure häufig werksnahe Läger, aus denen die bedarfsgerechte Kommissionierung vorgenommen wird. Darüber hinaus betätigen sie sich, vor allem in der

Autoindustrie, als *Gebietsspediteure.* In dieser Eigenschaft sammeln sie von den Lieferanten in einer Region die verschiedensten Teile z.B. für einen Autoproduzenten in einem anderen Gebiet.

9.2.2 Einkauf von Transportleistungen

Grundsätzlich trägt der Abnehmer die Frachtkosten, die Bestandteil des Einstandspreises sind. Bei der Preisstellung *Frei Haus* braucht sich der Einkauf um Fragen der Anlieferung nicht zu kümmern, weil der Lieferant das übernimmt. So gesehen ist diese Vereinbarung für den Einkauf zwar bequem, lässt aber womöglich Einsparungspotenziale ungenutzt. Deshalb ist es in vielen Fällen angebracht, wenn der Abnehmer selbst die Steuerung der Anlieferungsverhältnisse übernimmt, wenn er schon die Kosten trägt. Zu diesen Fällen zählen eine starke Marktmacht als Verlader oder spezielle Abmachungen mit einem Spediteur (z.B. Sammelfrachten) oder die Möglichkeit zur Bildung optimaler Transportketten. Außerdem kann diese Lösung dazu beitragen, dass Warenzugänge räumlich und zeitlich besser koordiniert und Mitarbeiter an Rampe und Eingangslager effizienter eingesetzt werden. Weiterhin lassen sich damit die Ziele eines Verpackungsmittel-Pools leichter realisieren. Schließlich können dem versierten Einkäufer spezialisierte Frachtberater zur Verfügung stehen, insbesondere bei Importen aus Drittländern. Es ist daher dem Einkäufer zu empfehlen, in Angeboten zwei Preise zu verlangen, nämlich den *Ab Werk* und den *Frei Haus.* So kann er objektiv entscheiden, wer die logistische Kontrollspanne beeinflussen soll.

Im internationalen Geschäft finden die Lieferklauseln in EXW (Ex Works) und DDP (Delivered Duty Paid) ihre Entsprechung. Sie sind Teil der *INCOTERMS* (InterNational COmmercial TERMS), die von der internationalen Handelskammer in Paris in Englisch, Französisch und Deutsch herausgegeben werden und nur bei ausdrücklicher Vereinbarung für die Geschäftspartner verbindlich sind. In Kapitel 14 werden die INCOTERMS noch genauer diskutiert.

Der Einkauf von Transportleistungen ist ein Dienstleistungseinkauf, der sich im Prinzip nicht allzu sehr vom Materialeinkauf unterscheidet. So spielen der Transportpreis und der Preis für Nebenleistungen ebenso eine Rolle wie diverse andere Faktoren, z.B. die Verkehrsträgerwahl bezüglich Eignung, Transportdauer, Zuverlässigkeit, Kosten und Umweltbelastung. Die Auswahl des Transportmittels hängt aber auch eng mit der Lieferrelation zwischen Quelle (Standort des Lieferanten) und Senke (Empfangsort) zusammen. Dabei können neben dem eigentlichen Hauptlauf auch Vor- und Nachläufe sowie Umladevorgänge die Transportplanung beeinflussen.

Beim Einkauf von Transportleistungen hat der Einkäufer gegenüber früheren Zeiten, wo feste Tarife für die verschiedensten Verkehre (z.B. Nah- und Fernverkehr beim LKW) galten, erheblich mehr Verhandlungsspielräume. Bei hohem Transportbedarf empfiehlt sich wie beim Einkauf von Materialien der Abschluss von vorteilhaften

Langfristverträgen mit den wichtigsten Logistikanbietern. Das gilt insbesondere für logistische Just-in-time-Partner, auf deren Flexibilität und Zuverlässigkeit bei Mengen, Qualitäten und Terminen sich der Einkäufer vor dem Hintergrund minimaler Bestandspuffer verlassen muss.

Wenn auch mehrere Aspekte beim Einkauf von Transportleistungen zu beachten sind, so darf doch der Preis nicht vernachlässigt werden, wenngleich die Transportkosten häufig der Entscheidung für eine entferntere Lieferquelle nicht im Wege stehen.

Die Transportpreise hängen einmal von den zu transportierenden Produkten selbst ab, z.B. von deren

- Dichte,

- Volumen,

- Gewicht oder

- Abmessungen.

Sie werden aber auch beeinflusst von deren

- Wert,

- Diebstahlgefährdung,

- Transportempfindlichkeit und

- Gefährlichkeit (z.B. bei Verkehrsunfällen).

Solche Eigenschaften bedingen adäquate Verpackungen, Transportversicherungen, Handlingmaßnahmen, spezielle Behandlung (z.B. Kühlung, Erwärmung, Korrosionsschutz) und koordinierende Verwaltungsabläufe.

Zum anderen haben das Transportvolumen und der Leerfahrtenanteil wegen der damit verbundenen Fahrzeugauslastung einen großen Einfluss auf den Transportpreis. Weiterhin spielt die Entfernung bei der Raumüberbrückung eine Rolle, besonders wenn die Verkehrsträger gewechselt werden (z.B. Sea-Air-Verkehre). Schließlich richtet sich der Preis auf dem Transportmarkt wie auf jedem anderen Markt nach Angebot und Nachfrage. Dahinter verbergen sich wiederum viele Faktoren wie Konjunktur, Saison (z.B. Ernteprodukte), Wettbewerbssituation, Treibstoffkosten, Kapazitäten und die zahlreichen, teilweise skurrilen, Besonderheiten auf bestimmten Teilmärkten des Transportgewerbes. Man denke z.B. an exotische Register und die Piraterie bei der Seeschifffahrt, an den Luftersatzverkehr (trucking) bei der Luftfracht oder an Trassenangebote für Dritte bei der Bahn.

Wenn der Einkäufer auch an niedrigen Transportkosten interessiert ist, so sollte er mögliche Folgen bei der Lagerhaltung nicht aus dem Auge verlieren. So führen kostengünstige Verkehrsmittel, etwa die Schifffahrt, über die großen Ladevolumina zu hohen Lagerkosten in einer Supply Chain.

Umgekehrt kann z.B. die Luftfracht bei einer Gesamtkostenbetrachtung günstig ab schneiden, weil ihr Einsparungen bei der Kapitalbindung (in transit inventory) und Lagerhaltung vor Ort inklusive Sicherheitsbestand gegenüberstehen können. Darüber hinaus sind die Transportkosten gegen die Notwendigkeit einer schnellen Belieferung, z.B. bei dringend benötigten Ersatzteilen, abzuwägen.

In manchen Fällen räumt der Einkauf kürzeren Lieferzeiten den Vorrang vor niedrigen Transportkosten ein. Zwischen beiden Zielen herrscht häufig ein Interessenkonflikt und damit ein Kosten-Trade-Off, weil die Anlieferung als Teil der gesamten Beschaffungszeit um so schneller erfolgt, je weniger Zeit für die Bündelung von Transportgütern durch den Lieferanten oder logistischen Dienstleister veranschlagt wird. Diese Situation findet sich z.B. bei Just in Time-Belieferung, aber auch bei Business to Customer (B2C-) Geschäften, bei denen kleine Mengen (Pakete) mit hoher Lieferfrequenz dominieren.

9.3   Warenannahme

9.3.1   Aufgaben und Abläufe

In der Warenannahme als Schnittstelle zwischen Lieferant und Abnehmer erfolgt eine Überprüfung der Zulieferung auf Lieferberechtigung, Transportverluste, Schäden bei Verpackung und Ladehilfsmitteln sowie Liefermenge und -termin.

Die Warenannahme gehört wie die Warenprüfung zum übergeordneten Bereich Wareneingang. Da die Warenprüfung im Kern eine *Qualitäts*kontrolle darstellt, werden die hiermit verbundenen Probleme im nächsten Kapitel behandelt. Für diese Vorgehensweise spricht auch der Umstand, dass Wareneingangsprüfungen an Bedeutung verloren haben und weitgehend durch andere Maßnahmen ersetzt werden.

Die Überprüfung der Lieferungen hat *unverzüglich*, d.h. ohne schuldhaftes Verzögern, zu erfolgen (§ 377 HGB). Bei Beanstandungen ist der Einkauf einzuschalten, der über das weitere Vorgehen entscheidet. So kann er in Zweifelsfällen eine Abstimmung mit der Produktion und dem Vertrieb herbeiführen, um z.B. Engpasssituationen zu entschärfen, oder die Reklamationsbearbeitung einleiten.

Bezüglich der Mengenabweichungen kann es sich um Über- oder Unterlieferungen handeln, wobei letztere vom Abruf einer Teilmenge zu unterscheiden sind. Ebenso können als Terminabweichungen zu frühe oder zu späte Lieferungen beanstandet werden. Dabei ist zu beachten, dass Vorauslieferungen nur in Ausnahmefällen erwünscht sind, da sie Lagerhaltungskosten verursachen. Deshalb wären dem Einkäufer in solchen Fällen Verhandlungen um Preisnachlässe zu empfehlen, wenn er die Sendung nicht zurückweist. Neben den Lieferungen, die aus Bestellungen resultieren, befasst sich die Warenannahme auch mit Materialbeistellungen und Warenrücksendungen von Kunden.

Sind die Lieferungen in Ordnung, so werden sie unter dem Vorbehalt einer evtl. späteren Qualitätsprüfung *vereinnahmt* und bereitgestellt. Bei Just-in-time-Verträgen gelangen die Zukaufteile direkt an die Verbrauchsstellen (ship to line) und Handelsware wird direkt dem Vertrieb zugeführt.

Die Transport- und Handlingzeiten im Wareneingang stellen Teilzeiten der gesamten Wiederbeschaffungszeit dar. Deshalb ist für eine gute Ablauforganisation zu sorgen, um unnötige Kosten und Reibungsverluste zu vermeiden. So ist darauf zu achten, dass die eingehenden Lieferfahrzeuge zügig entladen und die notwendigen Fördermittel (Stapler u.ä.) bereitgestellt werden. Auch eine materialschonende Transportausführung, die Beachtung von Sicherheitsauflagen und die pflegliche Behandlung von Förderhilfsmitteln (Paletten, Behälter u.ä.) tragen zur Kostenminimierung bei, zumal sie sich in Fremdeigentum befinden können (z.B. Leihverpackungen). Darüber hinaus sind auch treuhänderische Aspekte zu beachten, wenn bei Lieferantenkrediten Sicherungsübereignungen oder Eigentumsvorbehalte als Kreditsicherung dienen.

In den Aufgabenbereich der Warenannahme fällt in der Regel auch die *Leergutbehandlung*. Hier können vertraglich vereinbarte Rücksendungen an den Lieferanten (eventuell mit Gutschrifterteilung) ebenso in Frage kommen wie eine eigene oder betriebsfremde Verwendung des Leerguts bis hin zu seiner Entsorgung.

Besonders rationell gestaltet sich der Materialfluss in der Warenannahme, wenn gemeinsam mit Lieferanten und Logistikanbietern eine Abstimmung oder *Pooling* bezüglich der zu verwendenden logistischen Einheiten erfolgt. Diese Maßnahmen macht die Rückführung der leeren Einheiten überflüssig, vermeidet Umladeaktionen, begrenzt die Typenvielfalt und trägt dazu bei, dass die zuerst gebildete Ladeeinheit möglichst lang im Materialfluss verbleiben kann.

Der Materialfluss in der Warenannahme wird begleitet vom Informationsfluss, der vor allem dem Abrechnungsmanagement dient (vgl. hierzu Eichler 2003, S. 264 ff.). Durch den Lieferschein werden Art, Menge und Liefertermin der Materialien dokumentiert, was nach § 143 AO auch gegenüber dem Finanzamt zu geschehen hat. Weiterhin löst die Lieferung buchhalterische Vorgänge aus, nämlich Zugangsbuchungen beim Lagerbestand und Abgangsbuchungen beim Bestellbestand. Schließlich ist bei einwandfreien Lieferungen die Rechnungsprüfung zu informieren zwecks späterer Zahlungsfreigabe.

9.3.2 Transportschäden und -verluste

Während die allgemeine Reklamationsbearbeitung durch den Einkauf erst im nächsten Kapitel behandelt wird, soll hier noch kurz auf den besonderen Fall der Transportschäden und -verluste eingegangen werden, die in der Warenannahme festgestellt wurden. Die Bestimmungen im Handelsrecht, die im wesentlichen eine Obhuts- oder Gefährdungshaftung beinhalten, sind mit dem Transportrechts-Reform-Gesetz zwar auf eine breitere Grundlage gestellt worden, sind aber nicht in allen Einzelfällen ausreichend. Dann empfiehlt sich ein separater Abschluss einer Transportversicherung. So beschränkt sich die Haftung bei Güterschäden summenmäßig pro Kilogramm auf 8,33 Sonderziehungsrechte beim Weltwährungsfonds, die im Internet aktuell zu erfahren sind. Ergänzend zu den Vorschriften des HGB sind die Allgemeinen Deutschen Spediteurbedingungen (ADSp) heranzuziehen, sofern Spediteure selbst oder (andere) Frachtführer den Transport durchführen. Dabei kommt ein Haftungsausschluss nur bei einem Ereignis in Frage, das „durch die Sorgfalt eines ordentlichen Kaufmanns nicht abgewendet werden konnte" (§ 461 Abs. 2 HGB). Dazu zählen u.a. Be- und Entladefehler des Absenders oder Verpackungsmängel, die der Spediteur/Frachtführer nicht zu vertreten hat. Weiterhin ist eine Abbedingung der speditionellen Obhutshaftung, etwa durch Allgemeine Geschäftsbedingungen (AGB), nur durch Individualabreden in gewissen Grenzen möglich. Der Verlader hat bei äußerlich erkennbaren Schäden nach § 438 HGB spätestens bei Ablieferung zu rügen, ansonsten innerhalb von sieben Tagen.

9.4   Materiallager

9.4.1 Motive der Lagerhaltung

Ein Lager im logistischen Sinne kann anschaulich mit einem Flüssigkeitsbehälter verglichen werden, der einen Zufluss und einen Abfluss aufweist. Bei dem hier interessierenden Beschaffungs- oder Materiallager besteht der Zufluss im wesentlichen aus Materiallieferungen und der Abfluss aus Materialentnahmen für die Produktion. Da Zu- und Abflüsse in der Regel von unterschiedlicher Intensität sind, bildet das Lager einen Ausgleich oder *Puffer*. Nur wenn beim Materiallager die Lieferungen auf den Fertigungsrhythmus abgestimmt sind (Just-in-time), entfällt die Pufferfunktion des Lagers. Dem jeweiligen Materialfluss eilt ein entsprechender Informationsfluss voraus. Die Lieferungen basieren auf einer Bestellung bei Lieferanten, wenn man von sonstigen Zugängen absieht, und die Abgänge auf Materialanforderungen durch berechtigte Bedarfsträger. Somit stellt das Eingangslager eine Schnittstelle zwischen Beschaffungsmarkt und Betrieb dar.

Die *zuflussorientierten* Motive der Lagerhaltung bestehen z.B. in der Bedarfsbündelung zur Verringerung der Bestellkosten einer Periode oder in der Ausnutzung von Vorteilen des Beschaffungsmarktes (Rabatte, Sonderpreise, Spekulation). Andererseits verleiten auch Marktrisiken, wie Versorgungsengpässe, Falschlieferungen oder Lieferverzug, zu erhöhter Einlagerung. Als *abflussorientiertes* Motiv kommt vor allem das Bestreben in Betracht, ein Polster gegen ungeplante Entnahmen durch die Verbrauchsstellen zu bilden, bedingt etwa durch überhöhten Fertigungsausschuss oder unsachgemäße Materialverwendungen.

In manchen Fällen übernimmt das Lager auch Funktionen, die die Fertigung unterstützen. Als Beispiele seien genannt das Sägen oder Schneiden auf Maß, das Trocknen von Holz, das Gären bei Spirituosen oder das Mischen von Chemikalien oder bestimmten Rohstoffen unterschiedlicher Provenienz. Diese Funktion des Materiallagers wird als *Produktiv- oder Umkehrfunktion* bezeichnet. Schließlich sei auf die Entsorgungsfunktion hingewiesen, die z.B. das Sortieren und Sammeln von Abfallmaterial oder Überschussmaterial (Lagerhüter) umfasst. Daneben können bestimmte Tätigkeiten, wie Reinigung (z.B. Beseitigung von Ölresten), Abfallverdichtung (z.B. Papierpressen) und das sortenreine Zerlegen (Ausschlachten) von fehlerhaften Produkten zu notwendigen Lageraufgaben gezählt werden.

9.4.2 Lagerarten

Die beschriebenen Lagermotive und -funktionen können mit verschiedenen Lagerarten im organisatorischen oder technischen Sinn realisiert werden. So sind *organisatorisch* gesehen eigene und fremde Läger, z.B. Läger von Lieferanten oder Spediteuren zu unterscheiden. Eine Sonderstellung nimmt das *Konsignationslager* ein, das sich am Standort des Abnehmers befindet und vom Lieferanten bestückt wird. Es beruht im allgemeinen auf einem speziellen Vertrag, der die Rechte und Pflichten beider Partner für die Vertragsdauer regelt. Mit diesem Lagertyp sind Vor- und Nachteile für Lieferant und Abnehmer verbunden. Das eigene Unternehmen spart Lagerhaltungskosten, vermeidet Lagerhüter, kann jederzeit Entnahmen tätigen und zahlt nur für diese, häufig erst am Monatsende. Solche Vorzüge werden aber mit Abnahme des Wettbewerbs und evtl. Versorgungsabhängigkeit erkauft. Der Lieferant wiederum spart Raumkosten und Administrationskosten durch vereinfachte Lieferabrechnungen und hat ein gesichertes Absatzvolumen. Dafür trägt er die Kapitalbindungskosten und muss in bestimmten Abständen, meist gemeinsam mit dem Abnehmer, eine Inventur über den nicht abgerechneten Restbestand durchführen. Mit der Zunahme von Just-in-time-Anlieferungen und Zulieferparks ist auch die Bedeutung des Konsignationslagers gewachsen.

Die Frage, ob ein Materiallager nach den verschiedensten Materialgruppen differenziert werden sollte, hängt von mehreren Faktoren ab, nicht zuletzt von der *Technologie* des Lagergebäudes (Lagerhauses) und seiner Einrichtungen. Die technisch orientierte

Logistikliteratur offeriert ein großes Spektrum möglicher Lagerformen, das von der Haldenlagerung bis zur Regallagerung reicht, wobei noch feste (Durchlaufregale, Hochregale) und bewegliche (Verschiebe- und Umlaufregale) Regalsysteme unterschieden werden können. Sie alle weisen ihre besonderen Vor- und Nachteile auf, die vom Lagerplaner zu bewerten sind. Für spezifische Güter, z.B. staubförmige oder flüssige, existieren daneben noch spezielle Läger in Form von Silos oder Tanks. Die höchsten Anforderungen an die Lagertechnik stellen naturgemäß die äußerst heterogenen Stückgüter mit ihren diversen Abmessungen, physikalischen Eigenschaften, Gewichten, Volumina, Umschlagshäufigkeiten und Lagerfähigkeiten. So ist für Produkte mit geringer Lagerfähigkeit, wie Lebensmittel, abgesehen von speziellen Vorkehrungen (z.B. Klimatisierung) die Lagerstrategie des First in - First out (Fifo) von Bedeutung, die z.B. beim Durchlaufregal automatisch realisiert wird.

Die Vorteilhaftigkeit einer bestimmten technischen Lagervariante ist neben den Materialeigenschaften auch von Grundstückspreisen sowie von den räumlichen Gegebenheiten und Expansionsmöglichkeiten des betrieblichen Standortes abhängig. So nutzt das Hochregallager in auffälliger Weise die dritte Dimension und erreicht einen hohen Flächen- und Raumnutzungsgrad. Hand in Hand mit der Architektur des Lagerhauses muss die Planung der sonstigen *Lagereinrichtungen* erfolgen, die bestimmte Aufgaben zu erfüllen haben. Dazu gehören Fördermittel, Lagerhilfsmittel, Sicherheitsvorkehrungen, Waagen, Etikettier- und Palettierautomaten, Sorter usw..

Die Lagertechnik, insbesondere die hochautomatisierte, ist schließlich ohne entsprechende *Informations- und Kommunikationstechnologie* nicht denkbar. Sie *steuert* das Lagerhaus, seine Einrichtungen und die Lagergüter, so dass ein ungestörter Lagerbetrieb, schnelle Durchläufe, hohe Flexibilität und automatische Abläufe (z.B. im Hochregallager) entstehen. Sie *verwaltet* darüber hinaus die Datei der freien und belegten Lagerplätze, was als *Lagerspiegel* bezeichnet wird. Diese Verwaltungsfunktion ist unabdingbar, wenn den Materialien keine festen, sondern zufällig frei werdende Lagerplätze zugeordnet werden. Diese auch *chaotische Lagerung* genannte Steuerung zeichnet sich durch eine beträchtliche Platzersparnis und damit Kostensenkung aus, weil keine Kapazitäten für Nullbestände vorzuhalten sind.

9.4.3 Hol- und Bringprinzip

Die Materialien verbleiben so lange im Lager, bis der Bedarfsträger eine konkrete Anforderung stellt. Dabei lassen sich zwei organisatorische Prinzipien unterscheiden, nämlich das Hol- und Bringprinzip.

Beim *Holprinzip* organisiert die Verbrauchsstelle selbst den innerbetrieblichen Transport vom Materiallager zum Arbeitsplatz. Hier endet der Verantwortungsbereich der Materialwirtschaft mit der Bereitstellung der gewünschten Erzeugnisse im Bereich des Lagerausgangs. Eine Alternative ist in einem „offenen" Lager zu sehen, das quasi einem „Selbstbedienungslager" (Grochla, Schönbohm 1980, S. 139) gleicht. Eine Erweiterung des hier geschilderten Holprinzips auf den gesamten betrieblichen Materialfluss findet sich übrigens im japanischen *Kanban-System*, das vom Autoproduzenten Toyota entwickelt wurde. Es basiert auf einer denkbar einfachen Grundregel, die einer Beobachtung im Supermarkt entlehnt ist:

Wenn ein Verbrauch (Entnahme) stattfindet, entsteh eine Lücke im Regal, die wieder aufzufüllen ist. Das geschieht im industriellen Sektor mit Hilfe von standardisierten Behältern, die Karten (japanisch: Kanbans) aufweisen, die das System steuern. Zwischen einem innerbetrieblichen Produzenten (Quelle) und einem Verbraucher (Senke) läuft der Material- und Informationsfluss. Wird ein voller Behälter in einer Arbeitsstelle (z.B. Montage) benötigt, so gelangt der leere Behälter zur liefernden Stelle (z.B. Dreherei) zwecks Wiederauffüllung zurück. Quelle und Senke bilden einen Regelkreis. Da eine Quelle (hier Dreherei) zugleich als Senke auftritt, z.B. gegenüber der Abteilung Rohlinge, wird die Fabrik quasi mit einem Netz von Regelkreisen überzogen. („vermaschte Regelkreise"). Nur das Eingangslager und die Endmontage weisen jeweils nur eine Quelle bzw. Senke auf. Pro Regelkreis ist die notwendige Anzahl von Behältern /Karten zu berechnen (Kanban-Formel).

Das Kanban-System gehört zu den Pull-Prinzipien der Fertigungssteuerung. Es wird nichts produziert, bestellt, gelagert und transportiert, solange kein Auftrag dafür vorliegt. Ebenso wie im Just-in-Time-System hat auch hier die Senkung der Bestandskosten Priorität vor der Kapazitätsauslastung, die beim Push-Prinzip im Vordergrund steht. Bestände stellen nach japanischer Auffassung Verschwendung (muda) dar. Sie sind danach notwendig, um Störungen verschiedenster Art aufzufangen, wie:

- Unzuverlässige Lieferanten,

- Schlechte Prognosen,

- Qualitätsprobleme.

Beim *Bringsystem* übernimmt die Lagerwirtschaft den Transport der Einsatzgüter zur Verwendungsstelle. Bei dieser Organisationsform endet der Kompetenzbereich der Beschaffung erst mit der Übergabe der Lagergüter am Verarbeitungsort.

Die beiden Organisationsformen Hol- und Bringprinzip stehen in einem engen Zusammenhang mit den betrieblichen *Kommissioniersystemen*. Unter Kommissionierung versteht man generell die Zusammenstellung von Teilmengen aus einem größeren Sortiment (hier Materiallager) auf Grund von Bedarfsinformationen. Der Kommissionierungsvorgang ist damit ein Bindeglied zwischen Bevorratung und Verbrauch. Die mit diesem Vorgang verbundenen Probleme der Koordinierung und Steuerung sind äußerst komplex und sollen hier nicht vertieft werden (vgl. zu diesem Themenkreis etwa Schulte 2005, S. 246 - 261).

Übungsfragen und -aufgaben

1. Welche Charakteristiken weist der allgemeine Logistik-Begriff auf?

2. Nennen Sie je drei Vor- und Nachteile des Just-in-time-Konzepts.

3. Beschreiben Sie kurz das Leistungsprofil der verschiedenen Verkehrsträger.

4. Nennen Sie Gründe für den hohen modal split (= Marktanteil) des Straßengüterverkehrs.

5. Worauf hat der Einkäufer von Transportleistungen zu achten?

6. Welche Aufgaben hat die Warenannahme im Industriebetrieb?

7. Welche Besonderheiten sind bei der Reklamation von Transportschäden und -verlusten zu beachten?

8. Erläutern Sie die wichtigsten Lagermotive und -aufgaben.

9. Beschreiben Sie kurz die Lagerarten nach organisatorischen und technischen Gesichtspunkten.

10. Was verstehen Sie unter den Begriffen Lagerverwaltung und Lagersteuerung?

11. Welche Vorteile und Voraussetzungen hat die chaotische Lagerung?

12. Arbeiten Sie die Unterschiede zwischen dem Hol- und Bringprinzip heraus.

13. Im Kanban-System muss pro Regelkreis (=Verknüpfung eines innerbetrieblichen „Lieferanten" mit einem „Abnehmer") die Anzahl Karten/Behälter (=Kanbans) nach folgender Formel berechnet werden:

$$N = \frac{b \cdot L(1+z)}{V}$$

N = Anzahl Karten/Behälter

b = Durchschnittsbedarf einer Periode

L = Wiederbeschaffungszeit eines vollen Behälters

z = Sicherheitszuschlag in Prozent von $(b \cdot L)$

V = Volumen des verwendeten Behälters

a) Vergleichen Sie diese Formel mit der Definition für den Meldebestand.

b) Warum zählt das Kanban-Modell zu den Pull-Systemen der Fertigungssteuerung?

c) Gegeben sind für einen Regelkreis folgende Daten:

b = 9 Stk. pro Stunde

$L = 3$ Stunden

$Z = 10\ \%$

$V = 10$ Stk.

Zeigen Sie, dass für diesen Regelkreis 3 Kartensets nötig sind.

10 Qualitätsmanagement der Zulieferungen

10.1 Bedeutung der Qualität als Wettbewerbsfaktor

Mit der Verringerung der Fertigungstiefe, die in vielen Betrieben zu beobachten ist, wächst zwangsläufig der Anteil zugekaufter Produkte, denen eine Schlüsselrolle im Qualitätswettbewerb zufällt, weil das eigene Endprodukt nur so gut sein kann wie die Summe seiner Bestandteile. Daraus ergibt sich für den Einkauf die Notwendigkeit, im Rahmen der Lieferantenpolitik einen besonderen Schwerpunkt auf Qualitätsfragen zu legen, zumal Kunden für anspruchsvollere Qualität auch höhere Preise akzeptieren, wie spezielle Untersuchungen gezeigt haben.

Das Qualitätsmanagement der Zulieferungen ist dabei als Teil eines übergeordneten Qualitätsmanagements zu sehen, das sich auf das ganze Unternehmen und sein Umfeld bezieht. Diese Ganzheitsbetrachtung soll der Begriff *Total Quality Management*, abgekürzt TQM, zum Ausdruck bringen. Es kann als ein Führungsmodell interpretiert werden, das insbesondere auf drei Säulen beruht:

- Kundenorientierung,

- Prozessorientierung und

- Mitarbeiterorientierung.

Das Qualitätsmanagement weist darüber hinaus eine dynamische Komponente auf, mit der die ständige Weiterentwicklung von Konzepten und Abläufen betrieben werden soll, was als *kontinuierlicher Verbesserungsprozess* (KVP) bezeichnet wird. In diesem Sinne gibt es keinen Qualitätsstandard, der nicht noch verbessert werden könnte, um letztlich die Wettbewerbsposition zu stärken. Dabei zielen die kontinuierlichen Verbesserungs-Programme in Richtung des Null-Fehler-Gedankens, der aus der Raumfahrt hervorgegangen ist. Aber auch im industriellen Umfeld und im Dienstleistungssektor setzt sich diese Philosophie durch, zumal die höchsten Qualitätskosten als interne (Ausschuss, Nacharbeit) und externe (Haftung, Vertragsstrafen, Rückrufe) Fehlerkosten auftreten. So gesehen ist nicht die Fehlerfreiheit von Produkten und Dienstleistungen kostspielig, sondern im Gegenteil deren Fehlerhaftigkeit. Deshalb sprechen auch Qualitäts-Fachleute lieber von Fehlleistungsaufwand als von Qualitätskosten.

Ein weiteres Grundprinzip von TQM ist die Idee der *Vorbeugung*, die in dem Motto „Mache es von Anfang an richtig" ihre treffende Kennzeichnung erfährt. Zu den vorbeugenden Maßnahmen zählen u.a. eine sorgfältige Qualitätsplanung, Motivationsprogramme für die Mitarbeiter, Qualitätsausbildung und -schulung, Qualitätsvergleiche mit den Besten (Benchmarking) und vorbeugende Wartung. Der Einkauf trägt durch gezielte Lieferantenauswahl sowie durch Schulungs- und Förderprogramme für die Lieferanten ebenso zur vorbeugenden Qualitätssicherung bei.

In manchen Fällen ist es nur möglich, in kleinen Schritten auf dem Weg zur ständigen Verbesserung voranzukommen. Um aber die Wettbewerbsituation entscheidend zu beeinflussen, werden häufig größere „Quantensprünge" gefordert. Diese versuchen Betriebe vor allem durch ein umfassendes Konzept zu erreichen, das als *Sechs Sigma* bekannt geworden ist. Diese zunächst im US-Konzern Motorola angewandte Methode hat sich mittlerweile auch in anderen Unternehmen bewährt. Die Bezeichnung leitet sich aus altbekannten statistischen Erkenntnissen über die Normalverteilung ab, wobei besonders die Standardabweichung (Sigma) als Maß für Variation oder Streuung bei Prozessen der verschiedensten Art eine herausragende Rolle spielt. Dabei ist *Sechs* Sigma als *Höchstziel* anzusehen, bei dem statistisch nur 3,4 Fehler je einer Million Fehlermöglichkeiten (engl.: Defects per million opportunities, Dpmo) auftreten. Das entspricht einer Prozessausbeute (engl.: yield) von 99,99966 Prozent. Bei einem solchen Ergebnis liegt es auf der Hand, dass sich Qualitätskosten, sowohl Prüfkosten als auch Fehlerkosten, stark reduzieren lassen, nicht nur im eigenen Betrieb, sondern auch beim Zulieferer. Deshalb sind immer mehr Unternehmen der Produktions- und Dienstleistungsbranche bestrebt, ihre Lieferanten von den Vorteilen dieses datengestützten Systems zu überzeugen. So lassen sich Qualitätskontrollen im Wareneingang des Abnehmers ebenso reduzieren wie solche im Warenausgang des Lieferers. Die konsequente *Prozessorientierung* (engl.: Voice of Process) der Sechs Sigma-Philosophie ermöglicht darüber hinaus eine größere Transparenz der Abläufe und Leistungsdaten in den Betrieben beider Partner und fördert damit das partnership management. Schließlich trägt die ausgeprägte *Kundenorientierung* (engl.: Voice of Customer) dazu bei, dass der Lieferant der Kundenzufriedenheit höchste Priorität einräumt, wovon der Abnehmer unmittelbar profitiert.

Da die Sechs Sigma-Methode ein komplexes Qualitätsmanagement-Instrument zur Lösung von Problemen darstellt, kommen kleinere Firmen womöglich nicht ohne externe Hilfe damit zurecht. Neben speziellen Beratungsfirmen bieten sich aber auch geschulte Fachkräfte im eigenen Betrieb an, die je nach Ausbildungsstand als Green Belts oder Black Belts (wie bei asiatischen Kampfsportarten üblich) bezeichnet werden. Die *Black Belts* oder gar die Master Black Belts beherrschen den systematischen Methodenapparat, der aus den fünf Phasen Define-Measure-Analyze-Improve-Control besteht. Darüber hinaus sind sie mit den anspruchsvollen statistischen Werkzeugen vertraut und damit prädestiniert, Sechs Sigma-Projekte im eigenen Haus wie beim Lieferanten zu begleiten und zu beurteilen.

10.2 Die Rolle des Einkaufs im Qualitätsmanagement

10.2.1 Interne Aufgaben

Die besondere Stellung des Einkaufs im Unternehmen, d.h. seine Drehscheibenfunktion zwischen Beschaffungsmarkt und eigenem Betrieb, weist ihm zugleich seine Aufgaben im Qualitätsmanagement zu. So hat er einerseits eine Abstimmung mit der Technik im Hause über den *qualitativen Materialbedarf* und andererseits die Umsetzung der festgelegten Bedarfe in Bestellungen herbeizuführen. Er ist also hier - wie in anderen Zusammenhängen - sowohl intern als auch extern tätig, was seine hohe Verantwortung für den Unternehmenserfolg unterstreicht.

Aus *interner* Sicht verlangt diese Aufgabe ein gutes Verhandlungsgeschick gegenüber Konstrukteuren und Betriebsingenieuren sowie Grundkenntnisse in Materialkunde und Qualitätstechniken, um nicht vom Bedarfsträger dominiert zu werden. Erschwert wird diese Aufgabe häufig noch durch eine traditionell typische Denkweise bei Technikern und Kaufleuten, die zu Zielkonflikten führen kann. Als Beispiele seien erwähnt die Anforderung von Markenfabrikaten (etwa aus Bequemlichkeit), von zu engen Toleranzen (etwa im Hinblick auf den vorgesehenen Verwendungszweck), von vagen Spezifikationen oder von ungenormten Materialien. Hier muss der Einkäufer häufig viel Überzeugungskraft leisten, um seine marktorientierte Sicht zur Geltung zu bringen. So weisen genormte Produkte eindeutige technische und wirtschaftliche Vorteile auf und erweitern überdies die Beschaffungsmöglichkeiten durch einen größeren Lieferantenkreis. Außerdem tragen sie wegen ihrer Standardisierung zur Vereinfachung der Produkte bei, die wiederum deren Fehleranfälligkeit reduziert. Ähnliche Vorteile bringt eine Straffung der Material- und Teilepalette mit sich, die nicht unbedingt von Technikern genügend beachtet wird. Die Verringerung der Positionen verbessert aber die Beschaffungssituation und senkt das Bestandsrisiko. Im Zusammenhang mit der Freigabe neuer Teile hat es sich bewährt, die einkäuferischen Belange gleichberechtigt zu berücksichtigen. Diese können in logistischen Aspekten bestehen, wie Transport-, Lager-, Verpackungs-, Umschlags- und Entsorgungsfragen. Besonderes Gewicht kann weiterhin die Lieferantensituation erlangen. Wenn der technisch als vollkommen angesehene Lieferant z.B. eine Monopolstellung missbraucht, die gewünschte Menge nicht liefern kann oder sich finanziellen Engpässen gegenübersieht, dann sollte der Einkäufer nach einer Alternative suchen. Das ist auch in den

Fällen angebracht, wo sich die Preise bestimmter Materialien so stark verteuern, dass Substitute die günstigere Lösung darstellen. Bei manchen Produkten treten ihre qualitativen Eigenschaften hinter anderen Vorzügen zurück. Als Beispiele seien genannt eine bequeme Handhabung, leichte Installation, schnelle Reparatur oder einfache Entsorgung. Wieder andere Objekte, z.B. Anlagen, entfalten ihr volles Qualitätsimage erst in Verbindung mit dem Service, der verschiedene Funktionen umfassen kann, wie Beratung, Schulung, Installation, Instandhaltung, Kontrollen und Garantieleistungen. Zum Service kann auch die Bereitschaft des Lieferanten zählen, kurzfristige Änderungswünsche des Einkäufers abzuwickeln, mit kleinen Bestellmengen zufrieden zu sein oder sich an Problemlösungen seines Kunden aktiv zu beteiligen. Von bestimmten Produkten wird gewöhnlich eine lange Lebensdauer erwartet, bei anderen ist das eher eine sekundäre Kaufentscheidung. Dafür wird dann aber vielleicht gefordert, dass keine Ausfälle während der Betriebszeit auftreten, womit die Zuverlässigkeit angesprochen wird, die als Qualität auf Dauer unter vorgegebenen Bedingungen definiert werden kann. Schließlich sind noch die Spezifikationen zu erwähnen, bei deren Abfassung der Einkauf mitwirken sollte, damit nicht nur technische Vorstellungen zum Zuge kommen. Die angemessene Qualitätsbeschreibung mittels Spezifikationen ist keine leichte Aufgabe. Auf der einen Seite können übertriebene Forderungen Lieferanten von einem Angebot abschrecken und andererseits vage Fassungen Missverständnisse und teure Folgeschäden hervorrufen. Sehr enge Spezifikationen wirken sich nachteilig aus, wenn sie das Innovationspotenzial des Lieferanten unnötig einschränken. Weit gefasste erhöhen dagegen den Radius des Lieferantenkreises, begünstigen aber Fehlentwicklungen beim Lieferanten.

Die Spannweite zwischen oberer und untere Spezifikationsgrenze wird als Toleranz bezeichnet. Dabei werden nach traditioneller Auffassung Produkte als fehlerfrei eingestuft, deren Merkmalsausprägungen innerhalb des Toleranzfeldes liegen. Wenn auch theoretisch die Abgrenzung zwischen dem Prädikat noch gut und schon schlecht möglich ist, so sind die praktischen Ergebnisse eher unbefriedigend. Der Japaner Taguchi hat demgegenüber eine *Qualitätsverlustfunktion* in Form einer nach oben geöffneten Parabel mit dem Soll- oder Zielwert als Scheitel formuliert. Diese Kurve stellt die, auch und besonders die gesamtwirtschaftlichen, Verluste dar, die durch eine Abweichung des untersuchten Qualitätsmerkmals vom Zielwert entstehen. Dabei steigen die Verluste entsprechend dem charakteristischen Kurvenverlauf im Quadrat, was ihre folgenschweren Auswirkungen unterstreicht. Auf der Basis dieses Ergebnisses ist die alte Null-Fehler-Interpretation zu erneuern, weil nach dieser Philosophie nur noch eine Fertigung im Sollwert den strengen Anforderungen entspricht.

Für den Einkauf ergeben sich aus diesen Erkenntnissen externe Aufgaben, die im wesentlichen darin bestehen, geeignete Lieferanten für die Qualitätssicherung der Zulieferungen auszuwählen.

10.2.2 Externe Aufgaben

Zu den *externen* Aufgaben des Einkaufs im Rahmen des Qualitätsmanagements zählen der Lieferantenbesuch, die Selbstauskunft des Lieferanten, die Vereinbarung von Erst- oder Ausfallmusterprüfungen sowie die Auditierung und Zertifizierung von Lieferanten. Die mit einer eventuellen Eingangsprüfung verbundenen Fragen werden gesondert im nächsten Abschnitt behandelt.

Der *Lieferantenbesuch* ist ein Instrument der Lieferantenpolitik und braucht an dieser Stelle nicht wiederholt zu werden. Im Zusammenhang mit dem Qualitätsmanagement ist der Lieferantenbesuch besonders dann angezeigt, wenn der Einkauf das Qualitätsniveau eines neuen Lieferanten noch nicht kennt oder wenn bei eingeführten Lieferanten Qualitätsprobleme auftreten, z.B. wenn diese andere Produktionsverfahren, Werkzeuge und Werkstoffe verwenden.

Die *Selbstauskunft* des Lieferanten, etwa in Form eines Fragebogens, kann den Lieferantenbesuch sinnvoll ergänzen. Diese Informationen sind für Lieferant und Abnehmer gleichermaßen nützlich. Dem Einkäufer vermitteln sie Einblicke in das potenzielle Lieferwerk mit dem Schwerpunkt auf dessen qualitative Aktivitäten und Zuständigkeiten. Der Lieferant wiederum kann die Fragestellungen seines interessierten Kunden zum Anlass nehmen, eventuelle Schwachstellen in seinem Betrieb aufzudecken oder im Gegenteil sich den Erfolg seiner Qualitätsbemühungen indirekt bestätigen zu lassen.

In manchen Branchen ist es üblich, dass vom Lieferanten *Erstmuster* angefordert werden, die möglichst schon unter Serienbedingungen herzustellen sind. Die Ergebnisse aus dieser Prüfung stellen für den Einkauf eine zusätzliche Entscheidungshilfe bei der Lieferantenbewertung dar.

Auch mit der *Auditierung* von Lieferanten wird das Ziel verfolgt, die Auswahlentscheidung in qualitativer Hinsicht weiter abzusichern. Das Audit sollte nicht mit einer Kontrolle im herkömmlichen Sinne verwechselt werden. Vielmehr stellt es bei den Partnern objektive Daten über verschiedene Qualitätsmanagement-Aktivitäten und deren Wirksamkeit und Angemessenheit zur Verfügung. In diesem Sinne fördert die Auditierung das Qualitätsbewusstsein und das Streben nach ständiger Verbesserung bei den Mitarbeitern.

Man unterscheidet drei Arten von Audits, nämlich Produkt-, Verfahrens- und Systemaudits.

Das *Produktaudit* entspricht im Kern einer klassischen Qualitätskontrolle, die im nächsten Abschnitt erörtert wird. Das *Verfahrensaudit* bezieht sich auf die beim Lieferanten eingesetzten Produktionsprozesse und sonstigen Abläufe, die einen Einfluss auf die Qualität der Zukaufteile ausüben können. Auch hier kommt es in erster Linie darauf an, Verbesserungsmöglichkeiten aufzuspüren und umzusetzen, weil Fehlervermeidung stets Vorrang vor Fehleraufdeckung genießt. Das Verfahrensaudit steht in einem engen Zusammenhang mit der eingangs erwähnten Prozessorientierung des Total Quality Management.

Besondere Bedeutung hat das *Systemaudit* in Form der internationalen *Norm ISO 9000* erlangt, die in gewissen Abständen überarbeitet wird, um den eingetretenen Entwicklungen Rechnung zu tragen. Dieses Normenwerk bezieht sich auf die Art und Weise, wie der Lieferant sein Qualitätsmanagement organisiert. Allenfalls indirekt sind Rückschlüsse auf Produkte und Verfahren erlaubt. Dabei sind große Vorbehalte schon deshalb vonnöten, weil die *Zertifizierung* inzwischen zum Standard geworden ist, auch wenn sie von einer autorisierten Stelle vorgenommen wurde. Neben dieser Wertenorm sind auch Zertifizierungen nach anderen Normen, etwa Branchennormen, möglich. Wenn das Zertifikat auf der Basis der ISO-Norm auch nicht überbewertet werden darf, so erleichtert es besonders dem international tätigen Einkäufer doch die Lieferantenauswahl.

Die ISO-Norm steht bezüglich der qualitativen Anforderungen hinter den renommierten *Qualitätspreisen* zurück, die Unternehmen mit Spitzenleistungen im speziellen Wettbewerb erlangt haben. Stellvertretend für solche Preise sei hier nur die Zertifizierung nach dem *EFQM-Modell* erwähnt. Dabei steht EFQM für European Foundation for Quality Management, d.h. für eine europäische Institution, die das betreffende Modell entwickelt hat. Die Preisträger unter den Anbietern haben bei der Lieferantenauswahl gute Karten und sind sicher leichter als andere in der Lage, auch spezielle Anforderungen im Rahmen von abnehmerseitigen Audits zu erfüllen.

Abschließend seien noch gemeinsame Projekte mit Lieferanten erwähnt, die auch Qualitätsfragen berühren und zu den externen Aufgaben des Einkaufs gerechnet werden können. Als Beispiele seien unternehmensübergreifende Qualitätszirkel und Arbeitsgruppen (task forces) genannt, die zur Lösung von Qualitätsproblemen eingesetzt werden (vgl. Eichler 2003, S.177).

10.3 Wareneingangskontrolle

10.3.1 Grundlegende Betrachtungen

Nach erfolgreichem Abschluss der Vorserienphase geht es bei der Wareneingangskontrolle darum, die Serienlieferungen auf die Übereinstimmung mit allen geforderten Qualitätsmerkmalen zu überprüfen. Solche Qualitätsmerkmale leiten sich aus Spezifikationen, Normen, Sicherheitsvorschriften, Gesetzen, Verordnungen oder speziellen Vereinbarungen mit dem Lieferer ab. Liegen die Qualitätsmerkmale außerhalb des Toleranzfeldes, so werden die getesteten Produkte als defekt eingestuft. Dabei kommt es maßgeblich auf die Art und Schwere des Qualitätsmangels an, welche Entscheidungen aus diesem Prüfbefund zweckmäßigerweise zu treffen sind, wie Rücksendung der Partie an den Lieferanten, Nacharbeit im eigenen Hause, Ersatzlieferung (z.B. bei Gattungsware) oder Preisminderung. In jedem Fall ist darauf zu achten, dass die fehlerhaften Teile nicht an die Fertigung weitergeleitet, sondern gesperrt werden. Die Kosten für Aussortierung zwecks Lagerung oder Verschrottung trägt im allgemeinen der Lieferant.

Wenn eine Rücksendung, z.B. bei Anlagen, mit hohem logistischen Aufwand verbunden ist, empfiehlt sich eine Abnahmekontrolle beim Lieferanten, z.B. durch ein Qualitätsteam des Abnehmers. Hier wird gewissermaßen der Prüfungsort vom Wareneingang an den Warenausgang des Lieferanten verlegt.

Die Wareneingangskontrollen müssen auch nicht immer vom Abnehmer selbst, sondern können auch von Dritten (Materialprüfungsämter, Hochschulen, TÜV) durchgeführt werden, z.B. wenn sie ein besonderes Know-how und spezielle Prüfmittel erfordern oder nur sporadisch anfallen.

Eine Stück-für-Stück-Prüfung oder 100% - Kontrolle verbietet sich naturgemäß bei zerstörenden Prüfmethoden (Crash Tests, Brenndauerversuche u.ä.) und ist wegen der hohen Kosten auf Sonderfälle beschränkt, z.B. auf dokumentationspflichtige Sicherheitsaggregate und -teile. Das übliche Verfahren der Wareneingangskontrolle ist aus Zeit- und Kostengründen die statistische Qualitätskontrolle oder *Stichprobenkontrolle*. Sie kommt in verschiedenen Formen vor, die alle ihre Vor- und Nachteile aufweisen. Bei den Stichprobenverfahren im Wareneingang ist - oder besser gesagt war - die Attributsprüfung nach ISO 2859 vorherrschend, bei der die Produkte nur grob in die Kategorie gut oder schlecht eingeteilt werden (Gut-Schlecht-Prüfung). Einen Sonderfall der Stichprobenkontrolle stellt die *Skip-Lot-Prüfung* dar, bei der je nach vorgefundenem Qualitätsniveau des Lieferanten ein unterschiedlich hoher Anteil der zugelieferten Partien einer Prüfung unterzogen wird, z.B. jede zehnte Lieferung. Wenn auch der Lieferant in seinem Warenausgang Stichprobenkontrollen durchführt, lässt sich der Kontrollumfang im Wareneingang des Abnehmers reduzieren, besonders wenn Prüfatteste mitgeliefert werden.

Obwohl die Stichprobenkontrollen statistisch wohl begründet sind, werden sie heute nur noch selten praktiziert. So kann die Stichprobenprüfung einen gewissen Durchschlupf schlechter Teile in die Fertigung nicht ausschließen. Weiterhin ist es oft schwierig, gefundene Fehler zweifelsfrei zurückzuverfolgen, so dass Abstellungsmaßnahmen nicht unbedingt greifen. Außerdem darf nicht übersehen werden, dass selbst Stichprobenprüfungen noch einen erheblichen Aufwand verursachen. So sind Prüfpläne zu erstellen, Prüfverfahren festzulegen, Prüfmittel zu beschaffen und zu pflegen, Prüfpersonen zu schulen, zerstörte Produkte zu ersetzen und die notwendigen Informationen bereitzustellen.

Die Wareneingangskontrolle dient einmal, wie kurz umrissen, der Aufdeckung von Fehlern bei den zugekauften Partien. Zum anderen können aus der Dokumentation der Prüfergebnisse wertvolle Hinweise auf die qualitative Lieferantenbewertung gewonnen werden, besonders wenn im Laufe vieler Lieferungen eine Qualitätsgeschichte entsteht. Ein solches Bewertungssystem kann für beide Partner von Nutzen sein. Der Abnehmer erhält Informationen über den Qualitätsstandard des Serienlieferanten. Dem Lieferanten wiederum dienen die Kontrollbefunde zur gezielten Qualitätssteuerung, indem sie auf mögliche Schwachstellen hinweisen und Prioritäten bei den Maßnahmen zur Fehlerbeseitigung und Qualitätsverbesserung aufzeigen.

10.3.2 Prüfverzicht im Wareneingang

Die vorstehenden Ausführungen haben deutlich gemacht, dass die Kontrolle am fertigen Produkt nicht der Weisheit letzter Schluss sein kann. Die Prüfung als solche fügt dem Produkt keine qualitativen Eigenschaften zu. Außerdem ist eine zweifache Kontrolle (Endkontrolle beim Lieferanten und Eingangskontrolle beim Abnehmer) an *guten* Erzeugnissen auch eine doppelte Verschwendung. So ist es naheliegend, die Wareneingangskontrolle zu reduzieren oder bestenfalls aufzugeben und andere Maßnahmen an ihre Stelle zu setzen. Dabei rücken spezielle Verträge mit geeigneten Lieferanten ins Blickfeld, die eine prinzipielle Null-Fehler-Anlieferung zum Ziel haben. Die Produktkontrolle sollte also durch eine *Prozesskontrolle beim Lieferanten* ersetzt werden, wozu sich die zuvor geschilderten Sechs Sigma-Methoden gut eignen. Dabei liegt der Schwerpunkt der Analysen auf der konsequenten Prozessorientierung, die u.a. in Schlagworten wie SPC (Statistical Process Control) oder Prozessfähigkeits-Indices ihren Ausdruck findet. Für den Einkauf stellt dieses Ziel eine große Herausforderung dar, weil er Lieferanten aufspüren muss, die sich durch höchste Zuverlässigkeit auszeichnen.

Der Verzicht auf Wareneingangskontrollen kann wirtschaftlich vernünftig sein, muss andererseits aber unbedingt rechtlich abgesichert werden. Dabei geht es insbesondere um eine Abbedingung von § 377 HGB, die vor allem im Zusammenhang mit Just-in-time-Lieferkonzepten auf den Plan getreten ist. Nach herrschender Meinung ist ein *genereller* Ausschluss der Untersuchungspflicht, etwa in Form von Einkaufsbedingungen oder Allgemeinen Geschäftsbedingungen, nicht erlaubt, wohl aber durch *Individualverträge* mit den Lieferanten. Dabei ist darauf zu achten, dass für jeden einzelnen Lieferanten auch maßgeschneiderte Abschlüsse getätigt werden, um damit den möglichen Einwand einer Vorformulierung zu entkräften.

Abgesehen von den Möglichkeiten einer Abbedingung ist die Untersuchungs- und Rügepflicht beim beiderseitigen Handelsgeschäft gemäß § 377 HGB für den Abnehmer eine Obliegenheitspflicht, also gewissermaßen eine Verpflichtung gegen sich selbst. Ein Verstoß zieht den Verlust eigener Rechte nach sich, z.B. wenn die Zukaufteile nicht unverzüglich (ohne schuldhaftes Verzögern) nach Eingang auf Mängel untersucht und gefundene Fehler sofort dem Lieferanten angezeigt werden. Dabei hat die Untersuchung nur so zu erfolgen, wie „dies nach ordnungsmäßigem Geschäftsgange tunlich ist". Bei großen Partien wäre eine anerkannte Stichprobenprüfung durchaus legitim.

10.4 Reklamationsbearbeitung

Eine der komplexesten Aufgaben des Einkaufs stellt die Reklamation einer Lieferung dar, weil hier unter Umständen schwierige Rechtsfragen zu klären sind. Die Beanstandungen beziehen sich meistens auf bestimmte Aspekte der Lieferung, insbesondere auf die Qualität. Deshalb wird, wie schon eingangs erwähnt, die Reklamationsbearbeitung erst an dieser Stelle erörtert.

Die Grundlagen für die Reklamationen ergeben sich aus dem BGB, dem HGB, dem internationalen Recht (UN-Kaufrecht) oder sonstigen individuellen Vereinbarungen zwischen den Handelspartnern. Bei schwierigen Rechtsfällen wird auch der erfahrene Einkäufer die eigene Rechtsabteilung oder fremde Hilfe in Anspruch nehmen müssen.

Im Rahmen des BGB basiert die Reklamationsbearbeitung auf zwei Säulen, nämlich der vertraglichen und der gesetzlichen Haftung. Die vertragliche Haftung, auch *Gewährleistungshaftung* genannt, regelt insbesondere die Ansprüche des Abnehmers bei Sachmängeln (§ 434 BGB).

Dazu zählen:

- Das Fehlen der vereinbarten Beschaffenheit,

- Unsachgemäße Montage, soweit vereinbart,

- Mangelhafte Montageanleitung,

- Falschlieferung,

- Unterlieferung.

Die Rechte des Käufers bei Sachmängeln bestehen vorrangig in Nacherfüllung in Form von Nachbesserung oder Neulieferung. Wenn eine angemessene Frist zur Nacherfüllung abgelaufen ist (nach dem zweiten Versuch), dann kann der Einkauf Rücktritt vom Vertrag oder Minderung des Kaufpreises geltend machen. Sofern die Voraussetzungen vorliegen (Verschulden des Lieferanten), können darüber hinaus auch Schadensersatzforderungen greifen, die entstandene Mangelfolgeschäden einschließen, was im Einzelfall von erheblicher Bedeutung für den Einkauf sein kann.

Wenn der Lieferant eine Beschaffenheits-*Garantie* übernimmt, an die er gebunden ist, so verbleiben dem Einkäufer zugleich die genannten Gewährleistungsansprüche. Dabei trägt gemäß § 443 Abs. 2 BGB der Lieferant die Beweislast. Pauschale Produktbeschreibungen, wie Zeichnungen oder Normen, stellen allerdings noch keine gewollte Garantiehaftung des Lieferanten dar.

Die Verjährungsfrist im Kauf- und Werkvertragsrecht beträgt bei beweglichen Sachen in der Regel zwei Jahre. Macht der Einkäufer vom Rücktritts- oder Minderungsrecht Gebrauch, so verlängert sich diese Frist auf drei Jahre. Wählt er die Preisminderung, dann kann der Lieferant im dritten Jahr seinerseits vom Vertrag zurücktreten (vgl. Ullrich 2006, S.90).

Das UN-Kaufrecht ist in weiten Teilen mit den Regelungen im BGB vergleichbar. Mit Ausnahme von Verbraucher-Kaufverträgen, die hier keine Rolle spielen, ist es den Vertragspartnern freigestellt, von welchem Recht sie Gebrauch machen wollen.

Die *gesetzliche* Haftung, auch Produkthaftung genannt, besteht einmal aus der deliktischen Haftung und zum anderen aus dem Produkthaftungsgesetz.

Die *deliktische Haftung* (§§ 823 ff. BGB), d.h. die Haftung aus unerlaubter Handlung (Tat oder Unterlassung) setzt u.a. ein Verschulden voraus, das bei Vorsatz oder Fahrlässigkeit gegeben ist. Letztere wird durch die Außerachtlassung der im Geschäftsverkehr erforderlichen Sorgfalt hervorgerufen (§ 276 BGB). Diese Sorgfaltspflichten reichen von der Konstruktion über die Produktion bis zum Vertrieb eines Produkts und schließen Gebrauchsanleitungen mit ein.

Das *Produkthaftungsgesetz* basiert auf dem Grundsatz der Gefährdungshaftung und ist damit verschuldensunabhängig. Es kann als eine Art von Verbraucherschutzgesetz interpretiert werden und spielt überwiegend im Konsumgüterbereich eine Rolle, vor allem in den USA. Als „Hersteller" im Sinne dieses Gesetzes gehören neben dem echten Hersteller auch Händler und Importeure. Sie können ausschließlich Entwicklungsfehler als Entlastungsmöglichkeit geltend machen. Die Ansprüche aus diesem Gesetz erlöschen nach zehn Jahren.

Die Reklamationsbearbeitung gestaltet sich als besonders gravierend, wenn der Sachmangel später als im Wareneingang festgestellt wird, das heißt in der Fertigung oder sogar erst beim Gebrauch des fertigen Produkts durch den Kunden. In diesen Fällen entstehen neben hohen Kosten unter Umständen erhebliche Imageschäden, zum Beispiel durch Rückrufaktionen. Der Einkauf ist deshalb gut beraten, vor allem bei langjährigen Lieferbeziehungen, klare und umfassende Regelungen darüber zu treffen, was im Einzelnen in solchen Fällen zu geschehen hat. Dazu sollten auch Vereinbarungen gehören, die ein außergerichtliches Einigungsverfahren ermöglichen, das schneller und kostengünstiger eine einvernehmliche Lösung herbeiführen kann.

Der Kläger (Einkäufer) kann den Hersteller im Schadensfall in folgenden Ländern belangen:

- Wo das Produkt hergestellt wurde,

- Wo es vermarktet wurde,

▪ Wo der Schaden entstanden ist.

Der Einkäufer muss häufig abwägen, welchen Ansprüchen im Einzelnen er Priorität einräumen soll, um die Erfordernisse des eigenen Betriebs oder die angestrebte Lieferantenpolitik zu erfüllen. So kann eine Rückweisung der gesamten Lieferung (statt der defekten Teile) oder die zusätzliche Einforderung von Folgeschäden im Einzelfall nicht geboten sein. Auch die Dringlichkeit des Materialbedarfs oder verschiedene Verwendungsmöglichkeiten eines Materials können die Entscheidung des Einkäufers beeinflussen, z.B. Preisminderung statt Rücktritt vom Vertrag.

Weiterhin besteht im Allgemeinen ein Unterschied in der rechtlichen Vertragsgestaltung und den Modalitäten im Wareneingang bezüglich der eingekauften Güter und Leistungen. Zu denken wäre hier an Investitionsgüter, Dienstleistungen und Materialien mit ihren verschiedenen Komplexitätsgraden, Besonderheiten und Auswirkungen bei festgestellten Mängeln. Schließlich kann man auch nicht ganz ausschließen, dass die jeweilige Marktmacht von Lieferant und Abnehmer die Gepflogenheiten zur Qualitätssicherung der Zulieferungen mitbestimmt.

Die kurz skizzierten rechtlichen Aspekte im Rahmen des Wareneingangs machen schon die Notwendigkeit für den Einkauf deutlich, möglichst genaue und umfassende Vereinbarungen mit den Lieferanten zu treffen, wenn Qualitätskontrollen die Ausnahme sein sollen. Solche Verträge sollten eindeutig die finanziellen und sonstigen Konsequenzen fehlerhafter Lieferungen aufzeigen, die Rechte und Pflichten beider Partner darlegen, Bonus- und Malusvereinbarungen enthalten, Geheimhaltungsvorschriften beachten, Ausfallmusterprüfungen vorschreiben (soweit branchenüblich) und Regelungen zur technischen Dokumentation (Spezifikationen u.ä.) vorsehen. Die prozessorientierte Sicht bei dem Bestreben des Abnehmers, den Kontrollaufwand im eigenen Haus zu reduzieren, verlangt außerdem Hinweise auf Maßnahmen zur Qualitätslenkung und -verbesserung bei Lieferanten und Sublieferanten. Dazu zählen auch hohe Anforderungen an deren Qualitätsmanagement, z.B. dokumentiert durch die schon erwähnten Zertifikate und Qualitätspreise.

Beim Prüfverzicht im Wareneingang ist schließlich noch ein letzter Gesichtspunkt zu beachten. Während die Ergebnisse aus der Eingangskontrolle unmittelbar zur qualitativen Lieferantenbewertung herangezogen werden können (wenn auch wegen des Stichprobencharakters nur mit Vorbehalten), müssen jetzt die einkäuferischen Informationen aus der Reklamationsbearbeitung diese Aufgabe übernehmen. Dabei spielen Art, Dauer und Umfang der Beanstandungen ebenso eine Rolle wie die Reaktionen und geplanten Maßnahmen des Lieferanten.

Übungsfragen und -aufgaben

1. Warum ist Qualität ein bedeutender Wettbewerbsfaktor?

2. Erläutern Sie die Beziehungen zwischen der Qualität und dem Preis eines Produktes.

3. Wie kann man die Qualitätskosten einteilen?

4. Was soll mit dem Begriff TQM zum Ausdruck gebracht werden?

5. Welche Probleme tauchen bei der Festlegung des qualitativen Materialbedarfs auf? Begründen Sie außerdem die Notwendigkeit der einkäuferischen Mitwirkung bei dieser Aufgabe.

6. Machen Sie den Unterschied zwischen Qualität und Zuverlässigkeit deutlich.

7. Wann sind Lieferantenbesuche sinnvoll und wie können Sie unter qualitativen Gesichtspunkten organisiert werden?

8. Nennen Sie Arten und Ziele von Lieferantenaudits.

9. Welche Bedeutung hat die Zertifizierung nach ISO 9001 im Rahmen der Lieferantenauswahl?

10. Worin sehen Sie die Schwächen der Wareneingangskontrolle?

11. Beurteilen Sie den Prüfverzicht im Wareneingang unter besonderer Berücksichtigung rechtlicher Aspekte.

12. Welche grundsätzlichen Ansprüche hat der Einkäufer bei Reklamationen?

13. Welche Ziele werden mit der Sechs-Sigma-Philosophie verfolgt?

14. Produktkontrollen im Wareneingang oder Prozesskontrollen beim Lieferanten? Diskutieren Sie diese Frage.

15. Was verstehen Sie unter dem Schlagwort „Null Fehler"?

16. Im Rahmen von SPC wird häufig vom Prozessfähigkeitsindex cp (capability process) Gebrauch gemacht. Er ist für zentrierte Prozesse wie folgt definiert:

$$cp = \frac{Toleranz}{6\,Sigma} = \frac{Voice\ of\ Customer}{Voice\ of\ Process}$$

Begründen Sie, warum nur Werte größer Eins als zufriedenstellend anzusehen sind, d.h. die Kundenerwartungen erfüllen.

11 Betriebliche Abfallwirtschaft

11.1 Begriffe, Aufgaben und Bedeutung der betrieblichen Abfallwirtschaft

Bei der betrieblichen Leistungserstellung fallen in fast allen Industrieunternehmen aus den verschiedensten Gründen Produkte an, die weder in der eigenen Fertigung noch in anderen Betriebsbereichen verwendet werden können. Für diese „überflüssigen" Produkte haben sich in Theorie und Praxis unterschiedliche Ausdrücke eingebürgert, wie z.B. Abfallmaterial, Rückstände, Müll, Entfallstoffe, Reststoffe, Ausschuss, Nebenprodukt, Verschnitt, Überlauf, Leergut, Altmaterial, Überschussmaterial, Schrott etc. Diese Ausdrücke sind z.T. als Synonyme anzusehen, teilweise deuten sie auf spezielle Branchen (wie z.B. „Entfallstoffe" auf die Stahlindustrie) oder auf bestimmte Entstehungsursachen für das nicht mehr benötigte Produkt (wie z.B. Leergut) hin. Hier soll der Begriff Abfall als Sammelbegriff für alle Arten von Produkten dienen, welche für den eigentlichen Betriebszweck nicht mehr benötigt werden.

In Abhängigkeit von den wesentlichen Entstehungsgründen für betrieblich nicht benötigte Güter lassen sich verschiedene Kategorien von Abfall unterscheiden:

- Zunächst einmal fallen in der Fertigung Rückstände an Roh-, Hilfs- und Betriebsstoffen an, die für den ursprünglichen Verwendungszweck unbrauchbar geworden sind. Sie sollen hier als *Materialabfälle* bezeichnet werden. Derartige Materialabfälle entstehen bei fast jedem Fertigungsverfahren und auf fast allen Stufen der Produktion.

- Davon zu unterscheiden sind sodann die ungängigen und überzähligen Materialvorräte, für die der Begriff *Lagerhüter* verwendet werden soll. Es handelt sich hierbei um Materialbestände, bei denen in einem überdurchschnittlich langen Zeitraum keine Lagerbewegungen stattgefunden haben (verbrauchsorientierte Definition) und/oder für die voraussichtlich in absehbarer Zukunft kein Bedarf in der Unternehmung vorhanden sein wird (bedarfsorientierte Definition).

- Ferner rechnet zum betrieblichen Abfall der sogenannte *Fertigungsausschuss*. Darunter versteht man mit Fehlern der unterschiedlichsten Art und Schwere behaftete Zwischen- und Endprodukte, die aufgrund ihrer missratenen Herstellung für den ursprünglichen Verwendungszweck unbrauchbar geworden sind. Wann und ob ein Produkt zum Ausschuss zu zählen ist, darüber entscheidet in der Regel die Produktionsabteilung.

■ Auch die *nicht absetzbaren Endprodukte sowie die Zwischenprodukte mit fehlender Verwendungsmöglichkeit* müssen unter bestimmten Bedingungen zum betrieblichen Abfall gerechnet werden. Eine derartige Überschussproduktion ist in vielen Fällen das Ergebnis einer zu optimistischen Absatzprognose.

■ Eine Abfallkategorie besonderer Art bilden die nicht verwendbaren *Leergüter*. Verpackungsmaterialien wie z.B. Kartonagen, Holzkisten, Verschläge, Hobbocks oder Bandeisen sammeln sich in fast allen Industrieunternehmen an.

■ Des weiteren hat man sich in der betrieblichen Abfallwirtschaft mit den in einer Unternehmung *nicht mehr benötigten Ausrüstungen* (wie z.B. veralteten Investitionsgütern oder Büroeinrichtungen) und Reserveteilen zu befassen.

■ Schließlich stellen die vom Verbraucher zurückgegebenen *(ausgedienten) Endprodukte* (wie z.B. Batterien, Autos oder Elektronikschrott) eine noch relativ neue Kategorie von Abfällen für die Unternehmung dar.

Die betriebliche Abfallwirtschaft umfasst die beiden Aufgabenbereiche der Abfallvermeidung und der Abfallbehandlung, die in der Literatur häufig auch als Entsorgung bezeichnet wird (siehe Abbildung 11-1). Die Abfallvermeidung bemüht sich um die Analyse der Ursachen des Anfalls von Abfall und setzt sich mit dem Problem auseinander, mit welchen Maßnahmen das Entstehen von Abfall verhindert bzw. der Abfallanfall möglichst niedrig gehalten werden kann. Im Rahmen der Abfallbehandlung kümmert man sich um den entstandenen Abfall. Soweit es in einer Unternehmung gelingt, die Entstehung von Abfall zu verhindern, erübrigen sich Aktivitäten auf dem Gebiete der Abfallbehandlung. Insofern hängt der Umfang der Maßnahmen im Bereich der Abfallbehandlung von den Erfolgen auf dem Gebiete der Abfallvermeidung ab.

Abbildung 11-1: *Überblick über die Aufgaben der betrieblichen Abfallwirtschaft*

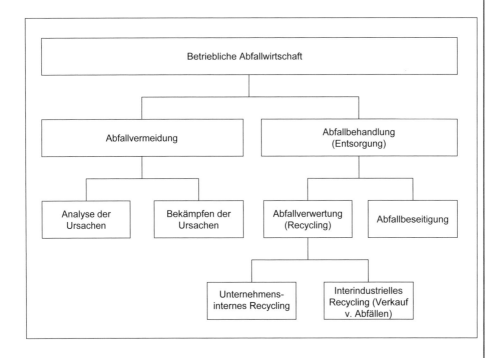

Die Abfallbehandlung kann im allgemeinen als der Kern der betrieblichen Abfallwirtschaft angesehen werden. Sie besteht entweder aus einer Abfallverwertung, die auch als Recycling bezeichnet wird, und aus einer Abfallbeseitigung. Unter Abfallverwertung versteht man dabei die Nutzbarmachung der Abfälle in der eigenen Unternehmung (unternehmensinternes Recycling) oder den Verkauf der Abfälle an andere Unternehmen (interindustrielles Recycling). Von Abfallbeseitigung spricht man, wenn die Abfälle an die Umwelt, wie Deponien, Gewässer, Luft etc., abgegeben werden; dabei haben heute die Unternehmen in zunehmendem Maße ökologische Aspekte zu berücksichtigen. Beiden Möglichkeiten der Abfallbehandlung sind in der Regel bestimmte vorbereitende Maßnahmen vorgeschaltet. Zu diesen vorbereitenden Aktivitäten der Abfallbehandlung können z.B. das Aufspüren, das Erfassen, das Sammeln und Transportieren oder das Lagern der Abfälle gerechnet werden. In bestimmten Fällen ist es ferner erforderlich, den Abfall wieder aufzubereiten, bevor er verwertet oder beseitigt werden kann.

Die Bedeutung der betrieblichen Abfallwirtschaft für das industrielle Unternehmen ergibt sich daraus, dass durch sie die Rentabilität einer Unternehmung in starkem Maße beeinflusst werden kann. Während sich durch eine sinnvolle Verwertung der Abfälle, die in vielen Betrieben beträchtliche Werte repräsentieren, vor allem die Erlöse verbessern lassen, können eine funktionierende und durchdachte Abfallvermeidung und -beseitigung positive Auswirkungen auf die Kostenseite einer Unternehmung haben. Deshalb kommt einer auf Wirtschaftlichkeitsüberlegungen basierenden Abfallwirtschaft, die jedoch gleichzeitig ökologische Aspekte nicht außer acht lassen darf, sowie einer betriebswirtschaftlich sinnvollen Einordnung dieser Aufgabe in die Organisationsstruktur einer Unternehmung große Bedeutung zu.

Dass man zukünftig in den Industrieunternehmen der betrieblichen Abfallwirtschaft eine noch stärkere Beachtung schenken wird und muss, dafür gibt es eine Reihe von Gründen. Zu diesen Gründen zählen u.a.:

- die zunehmende Verknappung natürlicher Ressourcen und die damit verbundenen Preissteigerungstendenzen bei Rohstoffen,

- die wachsende Belastung der Umwelt mit industriellen Schadstoffen,

- das erhöhte Umweltbewusstsein der Öffentlichkeit,

- die verschärfte Gesetzgebung auf dem Gebiete des Umweltschutzes und

- die durch den technischen Fortschritt erreichten, verbesserten und erweiterten Lösungsmöglichkeiten auf dem Gebiete des Recycling.

11.2 Abfallvermeidung

Der Anfall von Abfällen in Industrieunternehmen ist meistens eine unbeabsichtigte Folge der Herstellung bestimmter Erzeugnisse und wird im Interesse der Sach- und Formalziele eines Unternehmens in Kauf genommen; er ist nicht das eigentliche Ziel der Fabrikation. In bestimmten Fällen wird die Entstehung von Abfall aus technischen Gründen unvermeidbar sein und/oder aus wirtschaftlichen Erwägungen hingenommen. In anderen Fällen wird man in den Industrieunternehmen Überlegungen anzustellen haben, wie man unter Berücksichtigung ökonomischer Aspekte den Abfallanfall in Grenzen halten kann und - wenn möglich - reduzieren kann. Es wird zwar in der Regel nicht gelingen, den aus den vielfältigsten Gründen entstehenden Abfall völlig zu vermeiden. Aber man wird in einer Unternehmung den Abfall unter laufender Kontrolle halten müssen und genauer zu analysieren haben:

- Wie hoch ist der Abfallquotient (= Abfallmenge · 100 : eingesetzte Materialmenge), und/oder wie hoch ist die technische Ergiebigkeit bzw. Materialausbeute (= Ausbringungsmenge · 100 : eingesetzte Materialmenge)?

▣ Wie haben sich diese beiden Kennzahlen im Laufe der Zeit verändert, und wo liegen sie, gemessen an den Ergebnissen zwischenbetrieblicher Vergleiche?

▣ Welche konkreten Ursachen sind in einer Unternehmung für die Entstehung von Abfall verantwortlich, und mit welcher Häufigkeit treten diese Entstehungsursachen in Erscheinung?

▣ Welche wertmäßigen Auswirkungen auf den Unternehmenserfolg sind diesen Entstehungsursachen zuzuordnen?

Erst aus dieser Abfallüberwachung und Erforschung der Abfallursachen können sich in vielen Fällen Ansatzpunkte für die Einleitung konkreter Korrekturmaßnahmen ergeben, die dann häufig eine Reduzierung der Abfallmengen zur Folge haben und damit dazu beitragen, dass negative Auswirkungen des Abfalls auf das Unternehmensergebnis in Grenzen gehalten werden. Abfallbekämpfung bedeutet vor allem die Ausschaltung von Abfallursachen oder die Einschränkung ihrer negativen Auswirkungen. Bei diesen Überlegungen zur Abfallvermeidung wird man zweckmäßigerweise stärker nach einzelnen Abfallkategorien zu unterscheiden haben.

Als Hauptursache für die Entstehung von *Materialabfällen* müssen die Art des Fertigungsprozesses sowie Qualität und Eigenschaften der Einsatzstoffe angesehen werden. Arbeitsgänge wie Stanzen, Sägen, Fräsen oder Hobeln führen zwangsläufig zu bestimmten Reststoffen, wie z.B. Sägemehl, Metallspänen, Abfallholz oder -blech, Stanzabfall oder Stangenabfällen. Auch die in einer Gießerei anfallenden Trichter und Angüsse oder die Stoffreste in einem Konfektionsbetrieb sind Beispiele für derartige Abfälle. Dabei weisen derartige Reststoffe in ihrer Substanz keine wesentlichen Unterschiede zum Ausgangsstoff auf. In anderen Fertigungsprozessen fallen als Kuppelprodukte (Nebenprodukte) Rückstände, wie z.B. Schlacken, Aschen, Abgase, Teer, Ammoniak oder Salzsäure, an, deren Substanz sich erheblich vom eingesetzten Material unterscheidet. Das Verhältnis zwischen dem eingesetzten Material und dem anfallenden Nebenprodukt ist in derartigen Fertigungsprozessen relativ konstant und kann in der Regel kaum beeinflusst werden.

Will man die Entstehung von Materialabfällen verhindern bzw. die Abfallmengen reduzieren, wird man in einigen Fällen eine konsequente Änderung des Fertigungsprozesses vornehmen müssen. In anderen Fällen besteht die Möglichkeit, einen Teil des Abfalls durch eine andere Dimensionierung, durch eine bessere Ausnutzung der Fertigungsstoffe oder durch eine konstruktive Änderung der eingesetzten Werkstoffe und/oder des Fertigerzeugnisses zu verhindern. Manchmal kann in einer Unternehmung der Anfall von Materialabfall auch dadurch in Grenzen gehalten werden, dass ein anderer als der bisher übliche Werkstoff (z.B. Kunststoff statt Blech bei der Herstellung von Gehäusen) verwendet wird. Nicht völlig vermeiden lässt sich, dass aufgrund eines Irrtums der Material anfordernden oder ausgebenden Stelle oder wegen eines eiligen Kundenauftrages mehr Abfall entsteht, als unbedingt erforderlich ist. Auch bei der Herstellung einer kleinen Serie kann es vorkommen, dass der aus Abfallgesichtspunkten ungünstigere Fertigungsstoff eingesetzt wird, weil eine Umrüstung der Maschinen nicht lohnend erscheint.

Völlig andere Aspekte sind zu berücksichtigen, wenn man vermeiden möchte, dass ungängige und überzählige Materialien im Lager mitgeschleppt werden und kostspieligen Lagerplatz belegen. Die Ursachen, die zur Entstehung dieser *Lagerhüter* führen können, sind mannigfacher Art. Nur die wichtigsten Gründe sollen hier erwähnt werden:

- mangelhafte Planung und falsche Disposition in quantitativer und qualitativer Hinsicht,

- Änderungen des Produktionsprogramms,

- eine zu lange Lagerdauer, die z.B. Veralterung, Verderben, Verkrümeln oder Korrosion zur Folge hat,

- unsachgemäße Lagerung oder Beförderung, Bruch,

- Konstruktions- und Stücklistenänderungen, die z.B. durch den technischen Fortschritt bedingt oder aufgrund von Neuentwicklungen erforderlich sind,

- Stillegung von Anlagen, die dazu führt, dass in Zukunft bestimmte Reserveteile nicht mehr benötigt werden.

Überlegt man in einer Unternehmung, mit welchen Mitteln die Entstehung von kostenverursachenden Lagerhütern vermieden werden kann, so wird man u.a. auf die folgenden Möglichkeiten der Abfallreduzierung in diesem Bereich stoßen:

- Einsatz der programmgesteuerten Disposition,

- engere Zusammenarbeit zwischen Absatz, Produktion, Entwicklung und Einkauf,

- stärkere Verwendung von Normteilen,

- lagerlosen Einkauf,

- die Vornahme von Konstruktionsänderungen zu dem Zeitpunkt, an dem das bisher eingesetzte Material aufgebraucht ist,

- Verbesserung der Lagerungsmöglichkeiten und des Schutzes der Lagergüter.

Ursache für die Entstehung von *Fertigungsausschuss* ist häufig der Einsatz defekter, mangelhaft gepflegter oder veralteter Produktionsanlagen. Ferner können in der eigenen Fertigung missratene Halb- und Fertigerzeugnisse dann vorkommen, wenn ungeeignetes oder falsches Material im Produktionsprozess verwendet wird. Auch beim Einfahren oder nach Umstellung einer Fertigungseinrichtung kann Ausschuss entstehen. Vor allem bei der Herstellung komplizierter Halb- oder Fertigerzeugnisse muss damit gerechnet werden, dass beim Anlaufen der Serie die ersten Stücke mit Fehlern behaftet sind. Ebenso können die Unzulänglichkeit der eingesetzten menschlichen

Arbeitskraft in Fertigung und Konstruktion sowie die unsachgemäße Lagerung von Halb- und Fertigprodukten eine entscheidende Rolle bei der Entstehung von Fertigungsausschuss spielen.

In jedem Unternehmen wird man sich darum bemühen müssen, die Entstehung von Fertigungsausschuss auf das unvermeidbare Mindestmaß zu beschränken. Es ist von Fall zu Fall zu prüfen, ob etwa durch das Erweitern zu enger Toleranzen oder durch die Einführung von engeren Toleranzen die Entstehung von Ausschuss bekämpft werden kann, oder ob die Umgestaltung von Fertigprodukten bzw. das Abändern oder Ersetzen von Produktionsanlagen oder Materialien zur Reduzierung von Fertigungsausschuss beitragen können. In manchen Fällen stellen die Verbesserung der Qualitätsprüfung und -sicherung bei Zulieferungen oder die Schulung und Motivation der Mitarbeiter, die Einführung von Qualitätszirkeln oder von Abfallersparnis-Prämien wichtige Maßnahmen dar, um das Entstehen von Fertigungsausschuss zu verhindern. In anderen Fällen kann es sehr hilfreich sein, wenn die Mitarbeiter in der Produktion bereits vorbeugend auf ausschussanfällige Stellen in der Fertigung hingewiesen werden. In bestimmten Branchen dienen regelmäßig stattfindende Ausschussbesprechungen dem Ziel, die Ausschussquote zu senken bzw. niedrig zu halten.

Unerlässliche Voraussetzung für eine erfolgreiche Bekämpfung von Fertigungsausschuss sind der Einsatz geeigneter Mess- und Kontrolleinrichtungen während der Produktion und eine permanente und zeitnahe Überwachung der Entstehung von Fertigungsausschuss. Denn je weiter der Produktionsprozess beim Entdecken der (des) Fehler(s) bereits fortgeschritten ist, desto größer dürfte in der Regel die Vergeudung von Materialien, Arbeitskräften und Anlagennutzung sein, die mit der Entstehung von Fertigungsausschuss verbunden ist.

11.3 Abfallbehandlung

11.3.1 Vorbereitende Maßnahmen zur Abfallbehandlung

Soweit in einer Unternehmung Abfälle entstehen, ist darauf zu achten, dass sie vollständig erfasst und gesammelt werden. Es ist ferner zu klären, wo sie gelagert werden sollen und wie der innerbetriebliche Transport stattfinden soll. Außerdem ist in vielen Fällen eine gewisse Aufbereitung erforderlich, da die Abfälle selten in einem derartigen Zustand anfallen, dass sie unmittelbar verwertet oder beseitigt werden können.

Eine vollständige Abfallerfassung bzw. -sammlung lässt sich in einer Unternehmung durch den Einsatz sinnvoller technischer Einrichtungen und durch zweckentsprechende organisatorische Regelungen erreichen. Als Beispiel für derartige technische

Einrichtungen seien hier erwähnt: Sammelbehälter oder Transportwagen (z.B. für Materialabfälle), Absaugeinrichtungen für Rückstände mit kleiner Dimensionierung (beispielsweise für Papierschnitzel, Abgase, Staub, Sägespäne) oder der Abwurfschacht mit darunter liegendem Bunker (z.B. für Metallteile). Bei dieser Sammlung sollte man in einer Unternehmung durch zweckmäßige organisatorische Maßnahmen darauf hinwirken, dass die einzelnen Abfallarten möglichst getrennt und sortenrein bleiben und nicht mit anderen Rückständen vermischt werden. Denn je größer der Reinheitsgrad der Abfälle ist, desto günstiger wird im allgemeinen die spätere Verwertbarkeit sein. Damit beim Sammeln von Abfall Verwechslungen auf diesem Gebiet weitgehend vermieden werden, empfiehlt sich in vielen Fällen die farbliche oder numerische Kennzeichnung der bereitgestellten Behälter.

Zwecks Erfassung ungängiger und überzähliger Lagerbestände dürfte es sinnvoll sein, wenn das Unternehmen über ein maschinelles Kontrollinstrument verfügt, welches das Bestandsmanagement auf Lagerhüter hinweist. Diese Erfassung der Lagerhüter kann dadurch erfolgen, dass man den mengenmäßigen Bestand jeder einzelnen Lagerposition, der sich aus der Inventur ergibt, entweder dem Verbrauch in der Vergangenheit oder dem Bedarf in der Zukunft gegenübergestellt und aus diesem Vergleich ableitet, welche Artikel als Lagerhüter zu bezeichnen sind. Dabei wird es für die Definition der Bestände mit eingeschränkter oder fehlender Verwendungsmöglichkeit keine allgemeingültigen Festlegungen geben können. Insbesondere die Frage, ob man sich bei der Definition der Lagerhüter an der Vergangenheit oder der Zukunft orientiert und welcher Zeitraum als Maßstab für die Bestimmung der Lagerhüter dient, muss betriebsindividuell und manchmal sogar produktspezifisch beantwortet werden. Sofern mit Hilfe derartiger Regeln Lagerhüter in den Vorräten festgestellt werden, wird es erforderlich sein, das Lager gelegentlich von den überzähligen Beständen zu befreien.

Gewisse Schwierigkeiten bereitet in der Praxis vielfach auch die Erfassung derjenigen Gegenstände und Materialien, die nutzlos an bestimmten Stellen in der Produktion oder in anderen betrieblichen Bereichen lagern. Um sie zu erfassen, empfiehlt es sich, von Zeit zu Zeit sog. Säuberungs- oder Rückführungsaktionen durchzuführen; sie sollen bezwecken, dass diese Gegenstände oder Materialien dem Lager wieder zur Verfügung gestellt werden und dass geprüft werden kann, ob für sie in der Unternehmung ein Bedarf existiert.

Um eine möglichst gute Verwertbarkeit der Abfälle zu gewährleisten bzw. um die Abfallbeseitigung vornehmen zu können oder zu erleichtern, ist es manchmal erforderlich, dass Abfälle einer Aufbereitung unterzogen werden. Darunter kann verstanden werden:

■ Das Reinigen von verschmutzten Abfällen: Hier wäre etwa das Reinigen von gebrauchtem Maschinenöl zu nennen. Andere Rückstände werden durch Abbrennen, Abwaschen oder durch Klären gesäubert.

▨ Das Sortieren von gemischten Abfällen: Diese Maßnahme der Aufbereitung kann u.U. recht kostspielig sein.

▨ Das Umarbeiten von Abfall: Manchmal lassen sich nicht-genormte Artikel in marktgängige Normteile verwandeln.

▨ Die Abfallverdichtung: Lose und sperrige Abfallstoffe, wie z.B. Papier, Kartonagen oder Kunststoff-Folien, müssen verdichtet werden, damit sie rationeller transportiert werden können. Oft ist das Einpressen der Rückstände in eine Ballenform die Voraussetzung für eine wirtschaftliche Beseitigung bzw. Verwertung.

▨ Das Demontieren oder Ausschlachten von Produkten: Dies kann beispielsweise bei alten Ausrüstungen oder beim Fertigungsausschuss in Frage kommen.

▨ Das Zerstören oder Vernichten von Produkten: Manchmal müssen aus Image-Gründen nicht absetzbare Endprodukte oder der Fertigungsausschuss derart verändert werden, dass diese Artikel und ihre Herkunft nicht mehr erkennbar sind, wenn sie auf der Abfallhalde landen. Auch an die Aktenvernichtung sei in diesem Zusammenhang erinnert.

Wie die aufgeführten Beispiele für unterschiedliche Methoden der Vorbehandlung verdeutlichen, richtet sich die Art der Aufbereitung u.a. nach der Kategorie und dem Zustand des Abfalls sowie nach der geplanten weiteren Abfallbehandlung. Falls bestimmte Rückstände weder unternehmensintern noch durch Verkauf zu verwerten sind, gilt es zu überlegen, ob gegebenenfalls durch und nach Aufbereitung des Abfalls eine gewinnbringende Verwertung zu erreichen ist.

11.3.2 Abfallverwertung

11.3.2.1 Vorbemerkung

Die Verwertung der angefallenen Abfälle gehört mit zu den wichtigsten Teilaufgaben der betrieblichen Abfallwirtschaft. Es geht hier zunächst einmal um die Klärung der Frage, welche verschiedenen Verwertungsmöglichkeiten es überhaupt für einen bestimmten Abfall gibt. Vielfach müssen erst Ideen entwickelt und Kontakte geknüpft werden, um unterschiedliche Verwertungsmöglichkeiten zu finden. Sodann ist in jedem Fall vor der Entscheidung über die Abfallnutzung zu prüfen, welche der in Betracht kommenden Alternativen auf dem Gebiete der Verwertung dem Unternehmen den größten Nutzen bringt bzw. - falls eine aus ökonomischen Erwägungen wünschbare Abfallbeseitigung nicht möglich ist - den geringsten Schaden zufügt.

Ob und in welchem Ausmaß sich eine Verwertung von betrieblichen Abfällen als wirtschaftlich sinnvoll erweist, das hängt von einer Reihe von Faktoren ab. Die wichtigsten sind:

- Die Menge des Abfalls,

- die Preise der originären Rohstoffe,

- die Kosten des Recycling,

- die Erträge des Recycling,

- die Kosten der Abfallbeseitigung.

Vor allem in Unternehmen mit hoher Abfallquote wird man sich intensiv um das Auffinden neuer Verwendbarkeiten und um das Ermöglichen wirtschaftlicher Lösungen sowohl im innerbetrieblichen Recycling als auch beim Verkauf von Abfall bemühen müssen. Diese beiden grundsätzlich verschiedenen Verwertungsmöglichkeiten sollen im folgenden ausführlicher behandelt werden.

11.3.2.2 Unternehmensinternes Recycling

Üblicherweise werden heute drei Formen des Recycling unterschieden:

- Die Wiederverwendung,

- die Wiederverwertung,

- die Weiterverwertung oder -verwendung.

Von *Wiederverwendung* spricht man, wenn das eingesetzte Produkt für den gleichen oder einen ähnlichen Verwendungszweck wiederholt genutzt wird. Es kann sich hier beispielsweise um den mehrmaligen Einsatz von bestimmten Behältern (z.B. Flaschen, Fässern) oder um den Rücklauf von bestimmten Betriebsstoffen (z.B. Prozesswasser, gereinigtes Altöl) handeln.

Bei der *Wiederverwertung* wird der Abfall - in der Regel nach einer gewissen Vorbehandlung und Aufbereitung - als Erzeugnisstoff in den gleichen Fertigungsprozess, aus dem er stammt, wieder eingesetzt. Als Beispiele hierfür sind die Verwertung von Kunststoffabfällen in der Kunststoffverarbeitung, der Einsatz von Eigenschrott in der Stahlindustrie, das Einschmelzen von Metallabfällen in Gießereien, von Goldabfällen in der Schmuckindustrie oder von Wachsabfällen bei der Kerzenherstellung zu nennen.

Von der Wiederverwertung unterscheidet sich die *Weiterverwertung oder -verwendung* dadurch, dass bei dieser Form des Recycling die Abfälle in anderen Fertigungsprozessen und/oder für die Herstellung anderer Produkte im Gegensatz zu den ursprünglichen Prozessen bzw. Produkten eingesetzt werden. So können mit brennbaren Abfällen Öfen betrieben und aus Fischabfällen kann Fischmehl gewonnen werden.

Bei den Bemühungen um ein unternehmensinternes Recycling von Abfall wird man den Besonderheiten der verschiedenen Abfallkategorien Rechnung zu tragen haben.

Wie die aufgeführten Beispiele für unterschiedliche Formen des Recycling verdeutlichen, liegt der Schwerpunkt des unternehmensinternen Recycling bei den *Materialabfällen*. Dabei fällt in diesem Bereich zusätzlich auf, dass Wiederverwertung eigentlich nur bei denjenigen Reststoffen möglich ist, welche die gleiche Substanz wie das Ursprungsmaterial aufweisen (z.B. Wachsabfälle), während für Kuppelprodukte lediglich die Weiterverwertung in Frage kommt.

Letzteres gilt in der Regel auch für *Lagerhüter*, es sei denn, es handelt sich bei den Lagerhütern um beschädigte Teile oder Baugruppen, die nach Ausbesserung einer unternehmensinternen Wiederverwertung zugeführt werden können. Sonst wird man in Zusammenarbeit mit Entwicklung/Konstruktion zu klären haben, ob Lagerhüter - evtl. in weiterverarbeiteter oder veränderter Form - einem anderen betrieblichen Verwendungszweck zugeführt bzw. in einem anderen Produkt eingesetzt werden können. Sofern (unbeschädigte) Teile oder Baugruppen, die in der Vergangenheit zur Herstellung bestimmter technischer Aggregate (z.B. Maschinen) benötigt wurden, zu Lagerhütern geworden sind, besteht in bestimmten Fällen die Möglichkeit, diese überzähligen Fertigungsstoffe in Zukunft für den Ersatzteilbedarf der Kunden zu verwenden.

Auch beim *Fertigungsausschuss* kommen in der Praxis unterschiedliche Verfahren eines unternehmensinternen Recycling vor. Nach Möglichkeit wird man in einer Unternehmung den Fertigungsausschuss einer (zusätzlichen) Nachbearbeitung unterziehen und ihn dann als vollwertiges End- bzw. Zwischenprodukt herausbringen. Es ist u.a. von der Schwere und der Besonderheit des aufgetretenen Fehlers, vom Wert des fehlerhaften Produktes und von der Anzahl gleichartiger Ausschussstücke, von den Kosten der erforderlichen Nachbesserung sowie von den sonstigen Nutzungsmöglichkeiten abhängig, ob sich die Nachbearbeitung lohnt. Sofern diese oder andere Faktoren eine Nachbearbeitung ausschließen, wird man prüfen müssen, ob eine Weiterverwertung in Frage kommt. So wird man z.B. in bestimmten Fällen zu stark abgedrehte oder abgefräste Teile noch für die Herstellung anderer Produkte verwenden können, die derartige Maßabweichungen verkraften können. Handelt es sich beim Fertigungsausschuss um Enderzeugnisse, die mit kleineren Fehlern behaftet sind, so kann man versuchen, diese fehlerhaften Produkte als sog. II. Wahl zu einem ermäßigten Preis auf den Markt zu bringen. Dieses Verfahren ist z.B. bei Porzellan, Geweben oder Kleidungsstücken in der Praxis üblich. Wenn auch diese Möglichkeit nicht gegeben ist, wird man schließlich in bestimmten Fällen überlegen, ob es sich lohnt, dass man den Fertigungsausschuss in seine Bestandteile zerlegt, die dann einer früheren Produktionsstufe im Sinne einer Wiederverwertung zugeführt werden.

Ein unternehmensinternes Recycling bei *nicht mehr benötigten Ausrüstungen* kommt hauptsächlich in zwei Formen vor. Zunächst einmal kann man unter Maschinenrecycling verstehen, dass sich eine an der bisherigen Stelle nicht mehr verwendbare Maschine - in veränderter oder unveränderter Form - in einem anderen Teilbereich des Unternehmens einsetzen lässt. Um Möglichkeiten einer unternehmensinternen Wiederverwendung von Maschinen und Ausrüstungen, die am bisherigen Standort nicht mehr benötigt werden, zu erkunden, werden in Großunternehmen derartige „überflüssige" Ausrüstungen periodisch in Listen erfasst, welche dann den evtl. interessierten Unternehmensbereichen zur Information zugeleitet werden. Als ein völlig anderes Verfahren des unternehmensinternen Maschinenrecycling muss die Grunderneuerung von veralteten Maschinen und Anlagen angesehen werden. Sie ist vor allem bei teueren und komplizierten Großmaschinen und ganzen Fertigungsstraßen in vielen Fällen eine kostengünstige Alternative zur Neuinvestition. Durch An- und Einbau zusätzlicher Einrichtungen, wie z.B. Hydraulik, Pneumatik oder elektronischer Steuerung, oder durch den Umbau bestimmter Baugruppen kann heute zum Teil erreicht werden, dass ältere Anlagen dem neuesten Stand der Technik angepasst werden und auf diese Weise eine Leistung erbringen, die mit den neuen Modellen durchaus konkurrieren kann. Eine durchdachte Grunderneuerung gebrauchter Maschinen und Anlagen stellt deshalb für viele Unternehmen eine Möglichkeit dar, mit der gefährlichen Überalterung der Fertigungsanlagen fertig zu werden. Selbstverständlich sollte die Frage nach einer möglichen Grunderneuerung nicht erst bei der eingetretenen Veralterung bereits vorhandener Anlagen gestellt werden, sondern es ist sinnvoll, dass schon beim Neubau und beim Kauf von Anlagen darauf geachtet wird, dass Investitionsgüter recyclingorientiert gestaltet sind und eine spätere Grunderneuerung zulassen und erleichtern.

Ähnlich wie bei nicht mehr benötigten Anlagen sind in der Regel auch *bei nicht absetzbaren Endprodukten* sowie bei *Leergütern* die Möglichkeiten des betriebsinternen Recycling relativ begrenzt. Nur in Ausnahmefällen lassen sich in Abstimmung mit den Lieferanten die Verpackungsmaterialien, die bei der Anlieferung eingekaufter Produkte anfallen, so gestalten, dass sie auch für die Verpackung der eigenen Enderzeugnisse in Frage kommen. Diese Art der Wiederverwendung ist z.B. bei Paletten und bei bestimmten Kunststoff-Folien in der Praxis üblich. Soweit es sich bei Leergütern um brennbare Produkte handelt, können sie in denjenigen Unternehmen, die über Verbrennungsanlagen verfügen, in Energie verwandelt werden.

Die hier aufgezeigten Möglichkeiten der Verwertung von Abfall sind einerseits von bestimmten innerbetrieblichen Gegebenheiten (wie z.B. vorhandenen technischen Ausrüstungen) abhängig. Andererseits setzt unternehmensinternes Recycling voraus, dass beim Verkauf der Abfälle keine größeren Deckungsbeiträge für die Unternehmung erwirtschaftet werden können als beim unternehmensinternen Recycling. Ist diese Voraussetzung nicht gegeben, kommt in der Regel nur der Verkauf von Abfall in Frage.

11.3.2.3 Verkauf von Abfall

Der Verkauf von Abfall hat so zu erfolgen, dass dabei ein möglichst großer Erlös erzielt wird. Bei Unternehmen, in denen in erheblichem Umfang und laufend Abfälle anfallen und verkauft werden, können diese Erlöse einen wichtigen Posten in der

GuV-Rechnung darstellen. Damit ein optimales Ergebnis beim Verkauf von Abfall erzielt wird, sind in einer Unternehmung die Suche nach potentiellen Abnehmern und die Auswahl des günstigsten Abnehmers für einen bestimmten Abfallstoff mit großer Sorgfalt durchzuführen. Als mögliche Abnehmer von Abfall kommen hauptsächlich die Lieferanten, die Abfallhändler sowie die direkten industriellen Verwender von Abfallstoffen in Betracht.

Der Lieferant ist in der Regel dann als der günstigste Abnehmer anzusehen, wenn es sich beim Abfall um Lagerhüter handelt. Da der Lieferant in diesem Fall normalerweise die bei dem Kunden angefallenen überflüssigen Produkte wieder seinem eigenen Verkaufslager zuführen kann, ist er häufig bereit, 90-95 % des ursprünglich gezahlten Einkaufspreises dafür zu vergüten. Die Rückgabe von Lagerhütern an den Lieferanten beruht in der Praxis entweder auf dem Entgegenkommen und der Kulanz der Anbieter, oder sie ist dadurch abgesichert, dass bereits im ursprünglichen Kaufvertrag die Rückgabemöglichkeit mit dem Lieferanten vereinbart worden ist.

Auch für das Leergut ist manchmal der Lieferant der geeignete Abnehmer. Allerdings darf in diesem Zusammenhang der mit der Rücksendung des Leergutes verbundene Kommunikations-, Überwachungs- und Transportaufwand nicht übersehen werden. Beim Abnehmer müssen sich ja in der Regel verschiedene Abteilungen (Wareneingang, Einkauf, Rechnungsprüfung, Versandabteilung) mit der Abwicklung von Leergut-Rücksendungen befassen, und angesichts der durch die Rücksendung verursachten Kosten stellt sich in der Praxis ständig die Frage, ob sich eine Leergut-Rückgabe an den Lieferanten überhaupt lohnt. In die hier anzustellenden Wirtschaftlichkeitsüberlegungen sind neben diesen Abwicklungskosten (einschließlich Frachtkosten) selbstverständlich auch der von dem Lieferanten für die zurückgesendeten Emballagen zu vergütende Betrag sowie die sonstigen Verwendungsmöglichkeiten für Leergut einzubeziehen. Mehr und mehr neigt man heute in Industrie und Handel dazu, Leergut-Rückgabe nur noch dann vorzusehen, wenn der Wert des Leergutes relativ hoch und wenn die Rücklieferungskosten niedrig gehalten werden können. Das Letztere gelingt etwa dann, wenn sofort nach Anlieferung der Ware die Entleerung vorgenommen werden kann, so dass der Lieferer die Verpackung wieder aufladen kann oder wenn die Rücklieferung günstig durch eigene Fahrzeuge erfolgen kann, weil Fahrten in die Nähe des Lieferantenwerkes durchgeführt werden müssen.

Es wird sich ferner bei bestimmten Materialabfällen als sinnvoll erweisen, sie dem Lieferanten anzubieten und zu verkaufen. Das gilt insbesondere für diejenigen Reststoffe, welche in ihrer Substanz keine wesentlichen Unterschiede zum eingekauften Produkt aufweisen. Da in derartigen Fällen der Lieferant in der Regel die Möglichkeit der Wiederverwertung, der Umformung oder Regenerierung hat, kann man bei ihm häufig günstigere Preise für Materialabfälle erzielen als beim Aufkaufhandel für Abfall. Vor allem Abfälle aus wertvollen metallischen Rohstoffen, wie z.B. Silber, Kupfer oder dessen Legierungen, werden in der Praxis relativ oft an den Lieferanten zurückgegeben, so dass dieser den kostbaren Rohstoff wieder im Produktionsprozess einsetzen und seine ursprüngliche Form wiederherstellen kann. Sofern ein Abnehmer aufgrund einer derartigen Beistellung neue Produkte vom Lieferanten bezieht, erfolgen die erforderlichen Verrechnungen zwischen den beiden Geschäftspartnern im allgemeinen über eine Wiederaufbereitungsgebühr (z.B. für das Einschmelzen von Goldabfall), die der Abnehmer dem Lieferanten zu zahlen hat. Diese Form der Beistellung ist in Zeiten von Versorgungsengpässen und -störungen manchmal die einzige Möglichkeit für den Abnehmer, die Versorgung mit knappen Rohstoffen sicherzustellen und gleichzeitig relativ günstig einzukaufen.

Einen großen Teil ihrer Abfälle verkaufen die Industrieunternehmen an Altmaterialhändler. Das gilt für viele Materialabfälle, für Altpapier und auch für nicht mehr benötigte Ausrüstungen. Solche Verkäufe werden in der Regel durchgeführt, indem aus mehreren interessierten Händlern derjenige als Abnehmer ausgewählt wird, der den günstigsten Preis bietet. Da zwischen den Altmaterialhändlern gewöhnlich ein reger Wettbewerb herrscht, bewegen sich die angebotenen Preise im allgemeinen in engen Grenzen. Ortsansässige Händler haben vielfach gegenüber weiter entfernten Händlern einen Standortvorteil, der sich in niedrigeren Transportkosten, einer größeren Flexibilität in den Abnahmezeitpunkten sowie in der besseren Möglichkeit eines persönlichen Kontaktes ausdrückt.

Relativ hohe Preise lassen sich für Abfall dann erzielen, wenn es gelingt, Abnehmer ausfindig zu machen, welche den angefallenen Abfall in ihrem Produktionsprozess einsetzen können. Deshalb sollte man dieser Möglichkeit des Verkaufs von Abfall nachgehen, bevor man sich entschließt, Altmaterialhändler einzuschalten. Allerdings ist die Suche nach direkten industriellen Verwendern von Abfallstoffen und ihre Aufnahme in eine entsprechende Abnehmerliste im allgemeinen nur dann sinnvoll, wenn es sich bei dem betreffenden Abfall um größere Mengen handelt. Es ist deshalb nicht verwunderlich, dass insbesondere Großunternehmen (z.B. aus der Automobilbranche oder der Mineralölindustrie) große Teile ihres Abfalls unmittelbar an derartige direkte Verwender abgeben.

Eine gute Möglichkeit, geeignete Abnehmer von Abfallstoffen ausfindig zu machen und gleichzeitig die auf dem Abfallmarkt herrschenden Preise in Erfahrung zu bringen, bieten die sog. „Abfallbörsen". Sie sind im Gefolge der Erdölkrise 1974 von den westdeutschen Industrie- und Handelskammern eingerichtet worden und vermitteln kostenlos auf schriftlichem Wege Angebot und Nachfrage von verwertbaren Abfallstoffen. Der Besitzer von Abfall kann dieser Institution seine Rückstände melden und teilt ihr dazu die wichtigsten Daten mit (wie z.B. die Zusammensetzung und Verunreinigung des Abfalls, die anfallende Menge, die Art der Verpackung und den Ort, an dem die Rückstände anfallen). Die Abfallbörse veröffentlicht diese Angaben in speziellen Mitteilungsblättern und Nachrichtendiensten und leitet die eingehenden Zuschriften an die Anbieter weiter. In allen Fällen tritt die Abfallbörse nur als Vermittler auf; die Vereinbarung des Preises und der sonstigen Vertragsbestandteile bleibt den interessierten Parteien überlassen.

Es wird u.a. von der Art des Abfalls, von der Menge der anfallenden Rückstände sowie von der Situation auf dem Markt für Abfallstoffe abhängig sein, wie man sinnvoller Weise die Verträge mit den Abnehmern gestaltet. Bei regelmäßig anfallenden Abfällen haben viele Firmen mit ihren Abnehmern längerfristige Verträge abgeschlossen. Sofern darin feste Preise vereinbart werden, laufen derartige Verträge gewöhnlich über den Zeitraum eines Jahres. Bei Abfällen aus Börsenprodukten oder dann, wenn Marktpreise für bestimmte Abfallstoffe (z.B. Schrott) regelmäßig in bestimmten Fachzeitschriften veröffentlicht werden, wird man als Leitwert für die Preisfestsetzung die jeweiligen Tagesnotierungen zum Zeitpunkt der Abgabe des Abfalls dem Vertrag zugrunde legen.

In manchen Fällen ist der Verkäufer bestrebt, sich gegenüber dem Abnehmer vor einer Inanspruchnahme aufgrund der Sachmängelhaftung zu schützen. Er kann dies durch Verwendung bestimmter Klauseln erreichen, wie z.B. „tel quel", „Verkauf en bloc", „wie beschaffen", „wie besehen", „wie übernommen" oder „as is". In anderen Fällen wird er versuchen, die Konkretisierung der zu liefernden Abfallmenge im Vertrag zu vermeiden. Denn die anfallenden Rückstände sind teilweise erheblichen Mengenschwankungen unterworfen. Damit kurzfristig sich bietende günstigere Verkaufsgelegenheiten wahrgenommen werden können, sollten nach Möglichkeit langfristige Verträge auch nicht die Verpflichtung enthalten, dass alle anfallenden Mengen bei einem bestimmten Abfallstoff nur an den betreffenden Abnehmer abzugeben sind.

Eine wichtige Voraussetzung für das Erzielen möglichst hoher Erlöse bei der Veräußerung von Abfall ist die Wahl des richtigen Verkaufs- bzw. Abgabezeitpunktes. Das gilt insbesondere für diejenigen hochwertigen Abfallstoffe, deren Preise im Laufe der Zeit starke Schwankungen aufweisen. Es wird die Aufgabe der mit der Abfallverwertung betrauten Stelle sein, die Preisentwicklung für derartige Stoffe ständig zu verfolgen, so dass - unter Berücksichtigung der Lagerkosten und der vorhandenen Lagerkapazitäten - ein möglichst günstiger Verkaufs- bzw. Abgabezeitpunkt gewählt werden kann.

Eine Reihe von Besonderheiten tritt bei der Veräußerung von nicht mehr benötigten Sachanlagen auf. Im allgemeinen erfolgen Anfall und Verkauf derartiger Gegenstände diskontinuierlich, und sie beziehen sich häufig auf einzelne Stücke, die teilweise beträchtliche Werte verkörpern. In manchen Fällen lassen sich veraltete Ausrüstungen beim Kauf einer neuen Anlage in Zahlung geben. Zum Beispiel bieten bestimmte Lieferanten von Kraftfahrzeugen, Büromaschinen oder Motoren diese Möglichkeit an, soweit die angebotenen Gegenstände noch verwendungsfähig und instandsetzungsfähig sind. In anderen Fällen wird man nicht mehr benötigte Sachanlagen an den Gebrauchtmaschinen-Händler oder an den Schrotthandel verkaufen. Schwieriger und zeitraubender wird es in der Regel sein, einen anderen direkten Benutzer für eine derartige Ausrüstung zu finden und zu interessieren, da hier der Zeitpunkt der gewünschten Abgabe durch den Verkäufer und der Bedarfszeitpunkt beim direkten Verwender einigermaßen übereinstimmen müssen.

Bei dem Bemühen, Kaufinteresse für nicht mehr benötigte Anlagen zu wecken bzw. zu erkunden, Kaufgebote hereinzuholen und den Nachfragewettbewerb anzuregen, können Rundschreiben an potentielle Abnehmer oder in Fachzeitschriften aufgegebene Anzeigen wertvolle Hilfe leisten. Da ein Marktpreis für veraltete Anlagen meistens nicht existiert, ist es für den Verkäufer von großer Wichtigkeit, dass er sich durch Kontakte zu potentiellen Abnehmern eine ungefähre Vorstellung vom erzielbaren Preis der zu veräußernden Anlage verschafft, bevor er sie endgültig verkauft. Um Missverständnisse zu vermeiden und um marktgerechte und dem Zustand der Anlage angemessene Kaufgebote zu erhalten, wird es sich vielfach als zweckmäßig erweisen, den potentiellen Abnehmern die Möglichkeit zu geben, die angebotene Ausrüstung zu besichtigen. Das eigentliche Aushandeln des Preises zwischen dem Anbieter und dem Nachfrager von gebrauchten Anlagen erfordert wegen des Fehlens von Leitwerten für die Preisfindung vom Verkäufer viel Fingerspitzengefühl und Erfahrung und hat in der Praxis teilweise den Anstrich eines Pferdehandels. Wer dieses Aushandeln vermeiden möchte, kann durch die Veranstaltung einer Auktion versuchen, nicht mehr benötigte Anlagen abzustoßen. Allerdings ist diese Methode im allgemeinen nur dann als geeignet anzusehen, wenn es um den Verkauf größerer Bestände an überflüssigen Sachanlagen geht.

Die Art und Weise der Verwertung einer nicht mehr benötigten Ausrüstung richtet sich u.a. nach der Beschaffenheit der Anlage und den erzielbaren Preisen für unterschiedliche Verwendungsrichtungen. So muss z.B. überprüft werden, ob es günstiger ist, eine veraltete Maschine als ganze, in ausgeschlachteter Form oder als Schrott zu verkaufen. In bestimmten Fällen ist aus Geheimhaltungsgründen sicherzustellen, dass eine Maschine, die wichtiges technisches Know-how einer Unternehmung in sich birgt, zerstört wird, bevor man sie verkauft. Viele alte Anlagen enthalten Baugruppen (z.B. Motoren) oder Teile, die ausgebaut dem innerbetrieblichen Recycling zugeführt werden können, so dass lediglich der Rest zum Verkauf ansteht. Schließlich kommt auch das Verschenken als Verwendungsmöglichkeit für derartige Gegenstände in Betracht. Industriefirmen stellen teilweise nicht mehr benötigte Ausrüstungen bestimmten Bildungsstätten oder karitativen Einrichtungen zur Verfügung. Mit einer solchen Schenkung können die Schaffung von good will, aber unter Umständen auch gewisse Steuervorteile verbunden sein.

11.3.3 Abfallbeseitigung

Auch wenn man sich in einer Unternehmung sehr darum bemüht, den Abfall gewinnbringend zu verwerten, so bleiben doch Rückstände übrig, bei denen ein Recycling nicht möglich ist. Diese nicht-verwertbaren Abfälle müssen - zum Teil mit erheblichem Aufwand - beseitigt werden. Die meisten festen Industrieabfälle werden zusammen mit dem Hausmüll auf Deponien gelagert. Andere betriebliche Abfallstoffe können in Verbrennungsanlagen beseitigt werden. Heute werden noch viele flüssige Rückstände in Flüsse, Bäche und Seen geleitet; Abgase und Rauch werden an die Atmosphäre abgegeben. Sofern es sich bei den zu beseitigenden Abfällen um ökologisch schädliche Produkte handelt, ist häufig eine kostspielige Spezialbehandlung erforderlich.

Zweifellos ist in den vergangenen Jahrzehnten eine schadlose Beseitigung von betrieblichen Abfällen nicht immer erfolgt. Die Notwendigkeit, in stärkerem Maße als in der Vergangenheit auf die Umwelt Rücksicht zu nehmen, aber auch die steigenden Kosten sowohl beim Transport als auch bei der Ablagerung von Abfällen (Deponiegebühren) haben inzwischen dazu geführt, dass sich die Abfallbeseitigung in vielen Unternehmen zu einem schwierigen und problematischen Teilgebiet der betrieblichen Abfallwirtschaft entwickelt hat. Wer heute versucht, Abfälle möglichst kostengünstig zu beseitigen, wird schnell feststellen, dass die Verringerung der Anzahl der Deponien, Reaktionen der Öffentlichkeit, gesetzliche Bestimmungen sowie Verordnungen von Bund und Ländern seinem Handlungsspielraum enge Grenzen setzen.

Wer sich als Verantwortlicher für Entsorgungsfragen in einer Unternehmung einen Überblick über seinen Handlungsspielraum auf dem Gebiete der Abfallbeseitigung verschaffen möchte, tut gut daran, einen Blick in die Müllsatzung der zuständigen Kommune bzw. Gebietskörperschaft zu werfen. Auch ein Gespräch mit dem verantwortlichen Dezernenten bei der zuständigen Behörde kann Klarheit über die Möglichkeiten einer kostengünstigen Beseitigung von Abfällen schaffen. Auskunft darüber können vielfach ferner die Industrie- und Handelskammern erteilen.

11.4 Gesetzliche Grundlagen für die betriebliche Abfallwirtschaft

Wer sich heute in einer Unternehmung mit Problemen der Abfallwirtschaft befasst, wird sich mit einer Flut von Gesetzen und Verordnungen auseinandersetzen müssen. Sie können vom Bund und von den Ländern erlassen werden und dienen hauptsächlich dem Zweck, die Entstehung von Umweltbelastungen zu verhindern. Einen relativ guten Überblick über den aktuellen Stand dieser abfallrechtlichen Vorschriften bietet die jeweils neueste Auflage des Buches „Umweltrecht" (Beck-Texte im dtv).

Hier kann lediglich auf einige wichtige Gesetze und Verordnungen, die bei Entscheidungen im Bereich der betrieblichen Abfallwirtschaft zu berücksichtigen sind, aufmerksam gemacht werden.

11.4.1 Wichtige Gesetze für die betriebliche Abfallwirtschaft

Eine zentrale Rechtsnorm für die betriebliche Abfallwirtschaft stellt das *Gesetz zur Förderung der Kreislaufwirtschaft und Sicherung der umweltverträglichen Beseitigung von Abfällen* (KrW/AbfG) dar. In diesem Kreislaufwirtschafts- und Abfallgesetz, welches im Jahr 1996 in Kraft getreten ist, wird gefordert, dass die Vermeidung und Verwertung von Abfall Vorrang vor der Beseitigungsalternative haben. An die Entsorgung sowie Überwachung gefährlicher Abfälle sind nach Maßgabe dieses Gesetzes besondere Anforderungen zu stellen. Laut Kreislaufwirtschafts- und Abfallgesetz tragen der Hersteller oder Vertreiber einer Ware während der gesamten Lebensdauer eines Produktes die Verantwortung dafür, dass die Ziele der Kreislaufwirtschaft erreicht werden. Zwecks Erfüllung dieser Produktverantwortung sind Erzeugnisse möglichst so zu gestalten, dass bei deren Herstellung und Gebrauch das Entstehen von Abfällen vermindert wird und die umweltverträgliche Verwertung und Beseitigung der nach deren Gebrauch entstandenen Abfälle sichergestellt sind.

Neben diesem Gesetz sind in der betrieblichen Abfallwirtschaft des weiteren u. a. das Gefahrgutgesetz, das Bundesimmissionsschutzgesetz, das Chemikaliengesetz sowie das Elektro- und Elektronikgerätegesetz zu beachten:

Das *Gesetz über die Beförderung gefährlicher Güter* (Gefahrgutgesetz – GGG) regelt in der Bundesrepublik Deutschland die innerstaatliche Beförderung gefährlicher Güter. Dabei versteht das Gesetz unter „Beförderung" nicht nur den Vorgang des Transports, sondern auch die Übernahme und Ablieferung des Gefahrgutes sowie zeitliche Aufenthalte im Verlauf der Beförderung (Verpacken und Auspacken, Be- und Entladen), auch wenn diese Handlungen nicht vom Beförderer ausgeführt werden. Dementsprechend ist also eine Reihe von Personen mit der Beförderung befasst und nach dem Gesetz als verantwortlicher Personenkreis anzusehen.

Das *Bundesimmissionsschutzgesetz* (BImSchG) dient der umfassenden bundeseinheitlichen Regelung der Luftreinhaltung und der Lärmbekämpfung, um Menschen, Tiere und Pflanzen vor schädlichen Umwelteinwirkungen, die hauptsächlich durch die industrielle Produktion entstehen, zu schützen. Nach dem Vorsorgeprinzip sollen Umweltbelastungen durch vorbeugende Maßnahmen vermieden werden. Zugleich muss der Verursacher der Belastungen die Kosten für deren Beseitigung und Vermeidung tragen.

Das *Gesetz zum Schutz vor gefährlichen Stoffen* (Chemikaliengesetz – ChemG) will Menschen und Umwelt vor schädlichen Einwirkungen gefährlicher Stoffe bewahren. Entsprechend dieser umfassenden Zielsetzung enthält das Chemikaliengesetz Vorschriften des allgemeinen Gesundheits- und Verbraucherschutzes, des Arbeits- und Umweltschutzes.

Das *Elektro- und Elektronikgerätegesetz* von 2005 legt Anforderungen an die Produktverantwortung für Elektro- und Elektronikgeräte fest. Es bezweckt vorrangig die Vermeidung von Abfällen in diesem Bereich. Für die Hersteller dieser Geräte sind in diesem Gesetz Rücknahmepflichten formuliert.

11.4.2 Wichtige Verordnungen für die betriebliche Abfallwirtschaft

Zu den Verordnungen, welche die betriebliche Abfallwirtschaft betreffen, gehören u.a.:

Verordnung über die Vermeidung und Verwertung von Verpackungsabfällen (Verpackungsverordnung – VerpackV) von 1998: Diese Verordnung bezweckt, die Flut des Verpackungsmülls einzudämmen und die Auswirkungen von Abfällen aus Verpackungen auf die Umwelt zu vermeiden oder zu verringern. Hersteller und Vertreiber von Verpackungen sind verpflichtet, Verpackungen zurückzunehmen. Diese Rücknahmepflicht bezieht sich auf sämtliche Verpackungen (Transportverpackungen, Verkaufsverpackungen, Umverpackungen). Von der Rücknahmepflicht für Verkaufsverpackungen wurde der Handel entbunden, da ein flächendeckendes Sammelsystem eingerichtet wurde (Duales System Deutschland). Bei Transportverpackungen hat die Rücknahme am Ort der tatsächlichen Übergabe der Ware zu erfolgen. Für Getränkeverpackungen besteht eine Pfanderhebungspflicht.

Verordnung über Betriebsbeauftragte für Abfall von 1977: Darin wird geregelt, unter welchen Voraussetzungen eine Unternehmung einen oder mehrere Abfallbeauftragte benennen muss.

Altölverordnung (AltölV) von 2002: Diese Verordnung gilt für die stoffliche und energetische Verwertung sowie die Beseitigung von Altöl. Der Aufbereitung von Altöl wird Vorrang vor sonstigen Entsorgungsverfahren eingeräumt, sofern keine technischen, wirtschaftlichen oder organisatorischen Sachzwänge entgegenstehen. Nach dieser Verordnung müssen Unternehmen, die gewerbsmäßig Getriebe- oder Verbrennungsmotorenöle an private Endverbraucher abgeben, Altöle bis zur ursprünglich verkauften Menge zurücknehmen.

Verordnung über die Überlassung, Rücknahme und umweltverträgliche Entsorgung von Altfahrzeugen (Altfahrzeug-Verordnung) von 2002: In dieser Verordnung sind für die Hersteller von Fahrzeugen Rücknahmepflichten festgelegt. Zwecks Förderung der Abfallvermeidung ist die Verwendung gefährlicher Stoffe in Fahrzeugen zu begrenzen und muss bei der Konstruktion und Produktion von neuen Fahrzeugen dem Recycling größere Bedeutung geschenkt werden.

Verordnung über die Rücknahme und Entsorgung gebrauchter Batterien und Akkumulatoren (Batterieverordnung) von 2001: Mit dieser Verordnung will der Gesetzgeber erreichen, dass bestimmte schadstoffhaltige Batterien nicht mehr in Verkehr gebracht und gebrauchte Batterien zurückgenommen werden. Außerdem sollen Batterien so hergestellt werden, dass sie mehrfach verwendbar und technisch langlebig sind.

11.5 Aufgaben der Materialwirtschaft im Rahmen der betrieblichen Abfallwirtschaft

Es wird in einer Unternehmung stets ein schwieriges Unterfangen bleiben, die Zuständigkeiten auf dem Gebiete der betrieblichen Abfallwirtschaft sinnvoll zu regeln. Diese Schwierigkeiten einer zweckmäßigen aufbauorganisatorischen Regelung auf diesem Gebiet hängen u.a. damit zusammen, dass die betriebliche Abfallwirtschaft aus einer Vielzahl von heterogenen Teilaufgaben besteht. Außerdem tangiert sie verschiedene Grundfunktionen der Unternehmung (wie Fertigung, Absatz, Materialwirtschaft), während gleichzeitig ihre einzelnen Teilbereiche z.T. durch Wirtschaftlichkeitsüberlegungen eng miteinander verknüpft sind. Aus diesen Gründen sind auf dem Gebiete der betrieblichen Abfallwirtschaft ein reger Informationsaustausch und oft auch eine enge arbeitsmäßige Kooperation zwischen den betroffenen Unternehmensbereichen erforderlich.

Bei dem Bemühen um eine zweckmäßige organisatorische Regelung in diesem Bereich wird man stärker nach einzelnen Verrichtungen der betrieblichen Abfallwirtschaft sowie nach unterschiedlichen Abfallkategorien differenzieren müssen. Soweit die Materialwirtschaft als Träger bestimmter Teilaufgaben der betrieblichen Abfallwirtschaft zur Diskussion steht, liegen die Zuständigkeiten manchmal stärker beim Einkauf, in anderen Fällen mehr beim Lager und in einigen wenigen Fällen auch bei der Disposition.

Mit dem Problem der Abfallvermeidung werden sich schwerpunktmäßig diejenigen Stellen in einer Unternehmung auseinandersetzen müssen, bei denen der Abfall entsteht. So wird sich beispielsweise die Fertigung um die Reduzierung des Materialabfalls und des Fertigungsausschusses zu kümmern haben, während die Materialwirtschaft (Einkauf, Lager und Disposition) versuchen muss, das Entstehen von Lagerhütern zu vermeiden. Bei den vorbereitenden Maßnahmen zur Abfallbehandlung kommt in der Regel der Lagerverwaltung eine zentrale Bedeutung zu. Sie wird bestimmte Arbeitsvorgänge der Aufbereitung des Abfalls in arbeitsmäßiger Kooperation mit der Fertigung durchführen. Auf dem Gebiete des unternehmensinternen Recycling kann die Materialwirtschaft eine beratende und kontrollierende Rolle spielen. Der Einkauf wird aufgrund seiner Marktkenntnisse insbesondere bei der Lösung des Problems mitzuwirken haben, ob aus ökonomischen Erwägungen der Abfall innerbetrieblich verwertet oder verkauft werden sollte. Man kann sich vorstellen, dass bei sehr schwierigen Problemen des innerbetrieblichen Recycling oder der Abfallvermeidung Projektgruppen, die sich aus Vertretern der betroffenen Bereiche zusammensetzen, gebildet werden und Lösungsmöglichkeiten erarbeiten.

In der Regel wird sich eine Eingliederung des Verkaufs von Abfall in den Zuständigkeitsbereich des Einkaufs als eine zweckmäßige organisatorische Maßnahme erweisen. Zwar ist das „Verkaufen" grundsätzlich nicht Sache der Materialwirtschaft, sondern

Aufgabe des Absatzes. Aber für die Einordnung des Verkaufs von Abfall in den Einkaufsbereich sprechen die folgenden Gründe:

■ Die Beschaffungsobjekte sind vielfach mit dem Verkaufsobjekt „Abfall" technisch verwandt; die Mitarbeiter in der Einkaufsabteilung besitzen also die im Umgang mit Abfall erforderlichen technischen Kenntnisse.

■ Die Einkäufer verfügen in vielen Fällen aus ihrer eigentlichen Beschaffungstätigkeit über Kontakte zu potentiellen Abnehmern von Abfällen. Der Beschaffungsmarkt (die Lieferanten) eignet sich oft eher für den Verkauf und die Abnahme von Abfällen als der Absatzmarkt.

■ Die Beschaffung hat wegen ihrer ständigen Kontakte zum Markt gute Möglichkeiten, sich über Preistrends und Preiskonstellationen für Abfälle einen Überblick zu verschaffen.

Es hat sich vielfach als sinnvoll erwiesen, wenn die Aufgaben des Verkaufs von Abfall einem einzelnen Mitarbeiter bzw. einer besonderen Stelle übertragen werden. Diese organisatorische Regelung würde die auf diesem Sektor erforderliche innerbetriebliche Kooperation und den notwendigen Informationsaustausch erleichtern. In großen Unternehmen, in denen sehr viel Abfall zu vermarkten ist, mag es gerechtfertigt sein, wenn eine eigene Abteilung, die der Geschäftsleitung unterstellt sein kann, sich mit dem Verkauf von Abfall befasst.

Die Materialwirtschaft ist in zahlreichen Unternehmen ebenfalls für wesentliche Bereiche der Abfallbeseitigung verantwortlich. Sie hat in Zusammenarbeit mit anderen Stellen in der Unternehmung (wie z.B. mit dem Betriebsbeauftragten für Abfall) über die Art der Abfallbeseitigung zu entscheiden. Speziell der Einkaufsabteilung obliegen im Rahmen der Abfallbeseitigung die Auswahl der Entsorger und die Gestaltung der Verträge mit den Entsorgern.

Übungsfragen und -aufgaben

1. In Abhängigkeit von den Entstehungsgründen für betrieblich nicht benötigte Güter lassen sich verschiedene Kategorien von Abfall unterscheiden. Nennen Sie die wichtigsten Abfallkategorien.

2. Geben Sie einen systematischen Überblick über die Aufgaben der betrieblichen Abfallwirtschaft, und erläutern Sie, welche Beziehungen zwischen den unterschiedlichen Teilaufgaben der betrieblichen Abfallwirtschaft bestehen.

3. Warum glauben Sie, dass die Industrieunternehmen in Zukunft der betrieblichen Abfallwirtschaft stärkere Beachtung als in der Vergangenheit schenken müssen?

4. Erläutern Sie am Beispiel der Materialabfälle, der Lagerhüter oder des Fertigungsausschusses, was unter Abfallvermeidung zu verstehen ist.

5. Zu den vorbereitenden Maßnahmen der Abfallbehandlung zählt in bestimmten Fällen eine gewisse Aufbereitung der Abfälle. Was kann in diesem Zusammenhang unter Aufbereitung verstanden werden?

6. Wie lassen sich in der Praxis die Lagerbestände mit eingeschränkter oder fehlender Verwendungsmöglichkeit erfassen?

7. Es hängt von einer Reihe von Faktoren ab, ob und in welchem Ausmaß eine Verwertung von betrieblichen Abfällen rentabel ist. Nennen Sie die wichtigsten Einflussfaktoren auf die Rentabilität des Recycling.

8. Üblicherweise werden heute drei Formen des Recycling unterschieden, nämlich die Wiederverwendung, die Wiederverwertung sowie die Weiterverwertung oder -verwendung. Wie unterscheiden sich diese drei Formen des Recycling? Nennen Sie Beispiele für diese unterschiedlichen Recyclingformen.

9. Als Abnehmer für betriebliche Abfälle kommen hauptsächlich Lieferanten, Abfallhändler sowie direkte industrielle Verwender von Abfallstoffen in Betracht. Diskutieren Sie die Vor- und Nachteile dieser drei Gruppen als Abnehmer für Abfall.

10. Beschreiben Sie die Funktion einer „Abfallbörse".

11. Welche Besonderheiten können Verträge über die Abgabe von Abfall aufweisen?

12. Erläutern Sie die Besonderheiten, die bei der Veräußerung von nicht mehr benötigten Sachanlagen auftreten.

13. Beschreiben Sie den wesentlichen Inhalt des Kreislaufwirtschafts- und Abfallgesetzes, soweit es die Industrieunternehmen betrifft. Was sind die wesentlichen Inhalte des Gefahrgutgesetzes und des Bundesimmissionsschutzgesetzes?

12 Aufbau- und ablauforganisatorische Fragen

12.1 Grundlagen

Organisationen in Unternehmen legen die Strukturen und Abläufe betrieblichen Handelns fest und sind damit der Transmissionsriemen, damit Mitarbeiter als Aufgabenträger gemeinsam die unternehmerischen Ziele effizient erreichen können. Idealtypisch werden in Unternehmen zunächst Ziele und Strategien definiert und hieraus im Anschluss Strukturen abgeleitet. Chandler hat dieses Prinzip in seinem vielzitierten Leitsatz: „Structure follows strategy" auf den Punkt gebracht. Häufig ist jedoch in der betrieblichen Praxis das genau umgekehrte Muster identifizierbar: ausgehend von bereits bestehenden Strukturen, Organisationen und Abteilungen werden (neue) Ziele und Strategien entwickelt und umgesetzt. Dies impliziert, das Organisationen stets bestehende Strukturen und Machtverhältnisse zu tradieren geneigt sind und organisatorische Ansätze - mögen sie betriebswirtschaftlich hohes Potential besitzen - nicht immer 1:1 umsetz- und realisierbar sind.

Ausgangspunkt für die weiteren Überlegungen ist der Tatbestand, dass es identifizierbare Bereiche oder Abteilungen gibt, die sich mit den materialwirtschaftlichen bzw. beschaffungsrelevanten Aufgaben befassen und dabei einen zuvor definierten Beitrag zur unternehmerischen Zielerreichung zu leisten haben:

- Minimierung der Material- bzw. Beschaffungskosten (incl. Beständen)

unter den Nebenbedingungen:

- Termintreue der Lieferanten

- Qualität der Zulieferungen

- Optimaler Mitteleinsatz zur Erfüllung der Versorgungsfunktion (Durchlaufzeiten und Ressourceneinsatz).

Für die Erfüllung dieser Ziele sind neben der fachlichen Kompetenz und Motivation der Mitarbeiter adäquate aufbau- und ablauforganisatorische Strukturen erforderlich. Grundprinzipien bei der Strukturierung betrieblicher Aufgaben sind die *Spezialisierung* und damit verbundene Lernkurveneffekte sowie die *Arbeitsteilung* und *Koordination*. Die Koordination erfolgt in fachlicher Hinsicht (das wie?) über das Zuordnen von

Aufgaben zu Stellen und die Steuerung der Stellen über hierarchische Strukturen im Rahmen der *Aufbauorganisation* (Liniensystem). Die prozessuale Aspekte (wann? und wer?) der Leistungserstellung erfolgt durch die *Ablauforganisation*. Dies wird in Abbildung 12-1 deutlich:

Abbildung 12-1: *Aufbau- und Ablauforganisation*

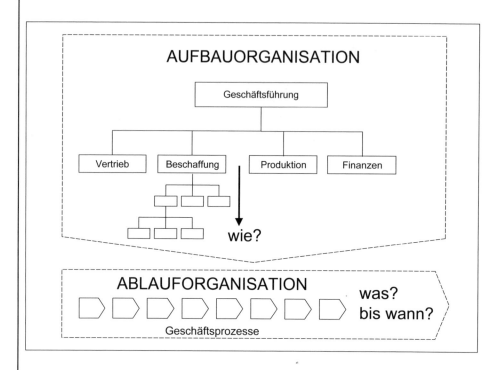

Die *Aufbauorganisation* beschäftigt sich mit der Zuordnung von Aufgaben zu Aufgabenträgern, mit der Stellenbildung und der Einordnung der Materialwirtschaft in die Unternehmenshierarchie. Es werden Kompetenzen und Kommunikationswege zwischen den Aufgabenträgern so geregelt, dass alle Mitarbeitern in geordneten Instanz- und Informationsbeziehungen stehen.

Die *Ablauforganisation* versucht, Reibungsverluste in der täglichen Arbeit zu vermeiden. Hierzu gehören die Festlegung der zeitlichen Reihenfolge bestimmter Beschaffungsaktivitäten in Form von Geschäftsprozessen, deren Einbindung in die unternehmensweite Projektarbeit, die räumliche Verknüpfung einzelner Arbeitsprozesse sowie deren prozessuale und informationsbasierte Abbildung über IuK-technische Systeme.

Aufbau- und Ablauforganisation hängen eng zusammen, da sie beide von der Gestaltung der Versorgungsfunktion ausgehen. Änderungen in der Aufbauorganisation werden stets solche der Ablauforganisation zur Folge haben und umgekehrt. Oft bringen gerade Optimierungen der Aufbauorganisation und die Erhöhung deren Schlagkraft drastische Brüche in prozessualen Abläufen mit sich.

12.2 Aufbauorganisation

Im materialwirtschaftlichen Bereich vollzogen sich in den letzten Jahren erhebliche Wandlungen in der Aufbauorganisation, weil dieser Bereich stets größer werdende Materialkostenblöcke verantwortete und damit die ihm übertragenen Aufgaben erweitert worden sind. Die Beratungstätigkeit gegenüber anderen Unternehmensbereichen wurde umfangreicher, und die Funktionspalette der Aufgabenträger erweiterte sich stark in Richtung entscheidungsorientierter Tätigkeiten mit für den Unternehmenserfolg gravierendem Einfluss.

12.2.1 Stellung von Materialwirtschaft und Beschaffung in der Unternehmenshierarchie

Aus diesen Gründen wird die Materialwirtschaft und die Beschaffung heute in der ersten oder mindestens zweiten Führungsebene eingeordnet. In einigen DAX-Unternehmen ist die Beschaffung ein Vorstandsressort. Hierin kommt deren große Bedeutung für das Betriebsergebnis und die Wettbewerbskraft der Unternehmung zum Ausdruck. Eine derartige Einordnung schafft durch die Gleichrangigkeit mit den übrigen Grundfunktionen die Voraussetzungen dafür, dass die strategischen Ansätze zur Verbesserung des materialwirtschaftlichen Optimums zur Anwendung kommen und die Beschaffung darüber hinaus Anknüpfungspunkte für eine materialkostenoptimale Gestaltung der unternehmerischen Produktsubstanz bekommt. Jede unternehmerische Grundfunktion leitet aus dem Unternehmensgesamtziel der Gewinnmaximierung und Renditeorientierung Teilziele für ihren Bereich ab. So wird beispielsweise der Vertrieb eine Erhöhung des Marktanteils, ein sehr breites Sortiment zur Befriedigung aller Kundenwünsche oder auch die Forcierung von Gegengeschäften anstreben. Die an niedrigen Stückkosten interessierte Fertigung wird ihr Hauptaugenmerk auf eine geringe Typenzahl der Fertigerzeugnisse, einen hohen Beschäftigungsgrad und einen hohen Lieferbereitschaftsgrad der Eingangslager richten. Die Entwicklungsabteilung wird auf eine unbedingt hohe Entwicklungskompetenz der Zulieferer drängen und die eigenen Spezifikationen sehr hoch ansetzen, um so eine optimale Funktionserfüllung sicherzustellen, koste es was es wolle.

Ist die Beschaffung diesen Unternehmensbereichen nicht gleichrangig zugeordnet, wird sie kaum die Kraft und das Ansehen haben, eigene beschaffungspolitische Ziele aufzustellen und durchzusetzen. Auch wird sie nicht ungünstige Auswirkungen von anderen Unternehmensbereichen auf das Einkaufsergebnis verhindern können. Sie wird in den obigen Beispielen kaum in der Lage sein, die negativen Auswirkungen von Gegengeschäften auf das materialwirtschaftliche Optimum dem Vertrieb gegenüber darzulegen oder dem Fertigungsbereich die hohen Lagerhaltungskosten zu verdeutlichen, die sein Streben nach unbedingter Lieferbereitschaft der Lager verursacht. Gleiches gilt gegenüber der Entwicklungsabteilung bei der konstruktiven Auslegung der Produkte. In der frühen Phase der Produktentstehung werden „am Reißbrett" Kostenstrukturen festgelegt, die nicht einmal mehr durch preisaggressive Lieferanten optimiert werden können, wenn die Anforderungen in der Ausschreibung erst einmal hinreichend anspruchsvoll definiert sind. Somit kommt es zu Kostenverlagerungen innerhalb des Unternehmens zu Lasten der Materialwirtschaft, was bei ihrer Bedeutung für das Gesamtunternehmensergebnis unbedingt verhindert werden muss.

Die Einordnung in die obersten Führungsebenen ist aber auch deshalb wichtig, um der Materialwirtschaft einen genügenden Einfluss auf die Beschaffungsprogrammpolitik bzw. auf die Bestimmung der qualitativen Komponenten des Betriebsbedarfes zu sichern. Wie viele wertanalytische Anregungen und innovative Prozesse im Rahmen des Beschaffungsmarketings könnten sonst durch Intervention anderer übergeordneter Instanzen zum Schaden der Wettbewerbskraft der Unternehmung nicht weiterverfolgt bzw. blockiert werden?

12.2.2 Zentrale oder dezentrale Ausrichtung der Beschaffungsfunktion

Diese Fragestellung ist eng mit den vorstehenden Ausführungen verknüpft. In eingliedrigen Unternehmen, d.h. Unternehmen mit nur einer Fertigungsstätte, wird die Versorgungsfunktion zur Untermauerung des Mitspracherechts gegenüber anderen Unernehmensbereichen fast nur noch zentral abgewickelt, während in mehrgliedrigen Unternehmen bzw. Konzernen auch eine gewisse Dezentralisierung anzutreffen ist.

Unter einer zentralen Beschaffung ist zu verstehen, dass nur ein Zentralbereich befugt ist, auf den Beschaffungsmärkten aktiv zu werden und Vergabeentscheidungen zu treffen. Diese Organisationsform hat mehrere Vorteile:

- Zunächst wird der gesamte gleichartige Betriebsbedarf zusammengefasst, was zu erheblichen Preiszugeständnissen der Lieferanten führen kann. In der Industrie gilt dabei die Daumenregel, dass eine Verdoppelung des Beschaffungsvolumens eine 10-prozentige Materialkostenreduzierung zur Folge haben kann. Darüber hinaus sind größere Abnahmemengen ein gutes Mittel, bessere Preisnebenbedingungen, verstärkten Service und gute logistische Zusammenarbeit durchzusetzen. Diese Vorteile können durch einen Zentraleinkauf auch bei ungleichartigen Materialien realisiert werden, wenn die unterschiedlichen Artikel alle bei einem Lieferanten bezogen werden. Durch eine derartige Zentralisation kann den Marktsegmentierungsbestrebungen der Lieferanten entgegengewirkt und verhindert werden, dass einzelne Betriebsabteilungen bei einem Lieferanten für den gleichen Artikel unterschiedliche Preise und Konditionen erhalten.

- Der zweite Vorteil eines Zentraleinkaufs liegt in der qualifizierten Erledigung der einzelnen Beschaffungstätigkeiten, da diese durch hochspezialisierte Fachleute erledigt werden können. Hierzu gehören besonders die Beschaffungsmarktforschung, Wertanalyse, Preisstrukturanalyse, Kostenanalyse und Verhandlungsführung. Der Einsatz von professionellen Einkäufern ermöglicht die Bearbeitung internationaler Beschaffungsmärkte, die Senkung von Sicherheitsbeständen sowie den systematischen Einsatz der IuK-Technik zur effizienten Bewirtschaftung von Informationen und zur Standardisierung und Optimierung von Abläufen. Auch können strategische und beschaffungspolitische Überlegungen zur Verbesserung des Einkaufsergebnisses nur in die Tat umgesetzt werden, wenn es eine eigenständige Abteilung Beschaffung gibt, die die volle Verantwortung für die kostengünstige Versorgung des Unternehmens trägt. Sie beziehen sich auch auf die Bedarfe an Investitionsgütern, technischem Werksbedarf, Dienstleistungen etc.

Ab einer bestimmten Unternehmensgröße, vor allem aber, wenn mehrere weit entfernte Betriebsstätten bestehen oder gänzlich unterschiedliche Fertigerzeugnisse hergestellt werden, bringt die Zentralisation auch Nachteile mit sich. Diese resultieren aus dem erschwerten Informationsaustausch zwischen der Zentrale und den Bedarfsträgern.

Die bedarfsauslösenden Stellen haben bei dieser Organisationsform keinen direkten Kontakt zu den Beschaffungsmärkten und müssen deshalb über alle Marktveränderungen unterrichtet werden. Auch in Zeiten des gezielten Einsatzes von IuK-Techniken führt dies nicht nur zu Zeitverlusten und Filtereffekten, sondern beeinträchtigt auch Kostenbewusstsein und Kostenverantwortung der Bedarfsträger. Andererseits leidet die Zentrale unter einer gewissen Betriebsferne und muss über alle Verbrauchsänderungen, technische Probleme und Anwendungsschwierigkeiten von den Betriebsabteilungen informiert werden.

Deshalb führt besonders in Konzernen eine strikte Zentralisierung der Materialwirtschaft und Beschaffung zu einer Verbürokratisierung, durch die die Abwicklungskosten nahezu aller Beschaffungsprozesse steigen, die notwendige Flexibilität verloren geht und plötzlich auftretende Versorgungsengpässe bzw. Eilbedarfe rasch zu Fehlmengenkosten führen. Um diese Nachteile auszuschalten, wurden zahlreiche Mischformen entwickelt, denen bei aller unternehmensspezifischer Ausgestaltung nachfolgend beschriebene Konzepte zugrunde liegen. Dank der enormen Fortschritte der betrieblichen Anwendungsformen der IuK-Technik stehen nunmehr sehr leistungsfähige Instrumente zur Verfügung, um Abläufe zu standardisieren und um die Beschaffungsvorgänge von den Bedarfsträgern zu entkoppeln.

In Konzernen mit mehreren Werken bzw. Tochtergesellschaften wird eine zentrale Materialwirtschaft oder Beschaffung auf Ebene der Konzernleitung eingerichtet, über die sämtliche Beschaffungsentscheidungen zusammenlaufen und getätigt werden. Die einzelnen Werke bzw. Tochtergesellschaften erhalten eine für den Teilbereich zuständige Einkaufsabteilung, die an die Leitung Konzerneinkauf berichten.

Abbildung 12-2: *Gemischt zentral-dezentrale Beschaffung in einem Konzern mit 3 Betriebsstätten*

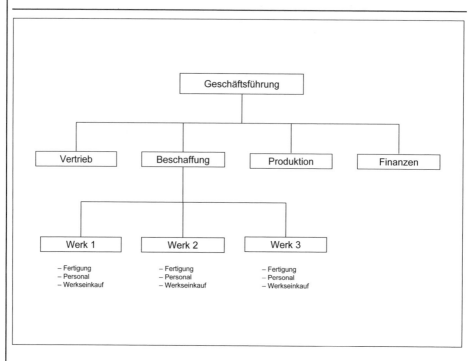

In Großunternehmen mit Spartenorganisation findet man häufig eine zentrale Beschaffungsabteilung mit Dienstleistungs- bzw. Querschnittfunktion für die Sparten. Jeder einzelnen Sparte ist zusätzlich ein eigener Sparteneinkauf zugeordnet.

Abbildung 12-3: *Gemischt zentral-dezentrale Beschaffung in einem Konzern mit Spartenorganisation*

Geschäftsführung			
Querschnittsfunktionen	**Sparten (Geschäftsbereiche)**		
Forschung	**Sparte A**	**Sparte B**	**Sparte C**
Personal	Entwicklung	Entwicklung	Entwicklung
Finanzen	Beschaffung	Beschaffung	Beschaffung
Beschaffung	Fertigung	Fertigung	Fertigung
	Vertrieb	Vertrieb	Vertrieb

In derartigen Mischformen ist die *Zentralabteilung* verantwortlich für:

◾ Vergabeumfänge mit einem hinreichend hohen Materialkostenvolumen (aufgrund zuvor festgelegter Wertgrenzen), das Treffen von Vergabeentscheidungen, die über regelmäßig tagende Gremien vorbereitet und durchgeführt werden,

◾ den Abschluss aller Kaufverträge (Rahmenverträge) von übergreifendem Bedarf, d.h. für Materialien die in allen oder mehreren Werken/Sparten benötigt werden,

◾ die Vertretung aller materialwirtschaftlichen Interessen gegenüber der Geschäftsführung und anderen Unternehmensbereichen,

- die Mitwirkung bei der integrierten Gesamtplanung von Vertriebs-, Produktions- und Beschaffungsprogrammen,

- die Aktualisierung und Überwachung von Bonus- und Rabattvereinbarungen mit wichtigen Lieferanten,

- die Abwicklung von Kompensations- und Gegengeschäften,

- die Unterstützung der Werks-/ und Sparteneinkaufsabteilungen beim Investitionsgütereinkauf, dem Einkauf von Dienstleistungen (bspw. Entwicklungsaufträge) und bei speziellen Fragen der Beschaffungsmarktforschung.

Dem Werks-/ Sparteneinkauf obliegen die folgenden Aufgaben:

- Einkauf aller Materialien, die terminkritisch sind oder nur in seinem Bereich benötigt werden und unterhalb bestimmter Wertgrenzen liegen (ansonsten würde die Vergabe durch die Zentralabteilung erfolgen),

- abwicklungstechnische Betreuung aller Abrufaufträge für den eigenen Bereich,

- Spezifikation der benötigten Investitionsgüter, Ersatzteile und Dienstleistungen für den eigenen Bereich, die durch den Zentraleinkauf beschafft werden,

- Beratung der Zentrale in Fragen der Lieferantenbewertung, Qualitätssicherung und Versorgungslogistik,

- Beschaffungsmarktforschung vor Ort und Kontaktpflege zu kleineren Lieferanten am Ort und deren Berücksichtigung bei der Auftragsvergabe.

Die Zusammenarbeit zwischen der Zentrale und den einzelnen Werks-/ Sparteineinkaufsabteilungen ist Belastungen ausgesetzt. Schwierigkeiten können sich daraus ergeben, dass der Werks-/ Sparteneinkauf fachlich dem Zentralbereich, disziplinarisch jedoch der Werks-/ Spartenleitung unterstellt ist. Auch besteht die Gefahr, dass die Werks-/ Sparteneinkäufer durch die Aktivitäten der Zentrale demotiviert werden. Wenn es ihnen beispielsweise möglich ist, bessere Konditionen zu erreichen als die Zentrale, können sie derartige Erfolge nicht realisieren, da ihnen die Abschlusskompetenz fehlt und sie an Rahmenabkommen gebunden sind. Im Bereich der Investitionsgüter- und Ersatzteilbeschaffung sind die Werkseinkäufer verstärkt dem Einfluss der anfordernden Stellen und der Werksleitung ausgesetzt, so dass sie sich häufig als „Besteller" fühlen.

Es bedarf daher großer Anstrengungen des Zentralbereiches Materialwirtschaft, die Leistungsfähigkeit der Werks-/Sparteneinkaufsabteilungen zu stärken bzw. zu erhalten. Nur durch sie sind die Effektivität, Schnelligkeit und Flexibilität des Gesamtsystems gewährleistet. Ein wichtiges Instrument bei diesen Bestrebungen kann das *Mandatssystem* (Lead Buyer Funktion) darstellen, bei dem die Abschlusskompetenz für Gemeinschaftsmaterial nicht bei der Zentrale liegt, sondern bei demjenigen Werks-/ Sparteneinkauf, der den größten Verbrauch bzw. die größte fachliche Kompetenz im

Umgang mit diesen Materialien und Bedarfsgütern aufweist. Dieser tritt als Repräsentant des Gesamtunternehmens nach außen in Erscheinung, während alle anderen Werks-/Sparteneinkäufer lediglich intern ihren Bedarf bei dem Mandatsträger abrufen. Grundlage für ein derartiges Mandatssystem ist die eindeutige Klassifizierung der Beschaffungsgüter und die daraus abgeleitete klare Verantwortlichkeit der jeweiligen Mandatsträger.

12.2.3 Innerer Aufbau der Abteilung Materialwirtschaft bzw. Beschaffung

Die Stellenbildung im materialwirtschaftlichen Bereich erfolgt nach dem Prinzip der *Zentralisation*, d.h. gleichartige Teilaufgaben werden in einer Stelle zusammengefasst, oder dem Prinzip der *Dezentralisation*, d.h. ungleichartige Teilaufgaben werden in einer Stelle vereinigt. Die Gleichartigkeit der Teilaufgaben kann sich beziehen auf zu bearbeitende Objekte, die Art der Tätigkeiten sowie auf die Merkmalsausbildung der Tätigkeiten in Bezug auf Entscheidungs-, Kontroll-, Planungs- oder Verwaltungscharakter. Objektzentralisation bedeutet demnach, dass alle Tätigkeiten an einem Objekt in einer Stelle zusammengefasst werden, während bei einer Verrichtungszentralisation alle gleichartigen Verrichtungen in einer Stelle vereinigt werden.

Objektorientierte Stellenbildung in der Materialwirtschaft besagt, dass der Mitarbeiter eine bestimmte Produktgruppe betreut und für diese alle Verrichtungen (Beschaffungsmarktforschung, Preisanalyse, Vergabeentscheidungen und Bestellabwicklung) durchführt. Die Festlegung der zu bearbeitenden Gruppen kann nach folgenden Gesichtspunkten erfolgen:

- Technisch verwandte Artikel (z.B. Stahl-, Elektro-, Holzerzeugnisse),

- Artikel für ein Endprodukt (z.B. Teil für das Endprodukt A),

- Artikel für eine Betriebsstätte (z.B. Gießereibedarf, Schreinereibedarf).

Diese Auswahlkriterien haben spezielle Vor- und Nachteile für die Aufgabenerfüllungen.

Eine objektorientierte Stellenbildung nach technischen verwandten Artikeln führt:

- zu hohem technischen Wissenstand, da sich der Stelleninhaber nur mit einer technisch eng umrissenen Materialgruppe beschäftigt,

- zu geringem Informationsaustausch, da er alle Verrichtungen für diese Materialgruppe selbst ausübt, deren Ergebnisse zwangsläufig kennt und verarbeitet,

- zu der Möglichkeit, dass der Mitarbeiter qualifizierte Entscheidungen selbst treffen und somit das Führungsprinzip der Delegation von Verantwortung Anwendung finden kann,

- zu einer Zusammenfassung des gesamten technischen gleichartigen Bedarfes in einer Stelle, was die Marktmacht stärkt,

- zu einer Ausschaltung mancher Nachteile der im vorigen Abschnitt dargestellten Zentralisation der Materialwirtschaft. So bleibt die technische Qualifikation der Einkäufer erhalten, der Informationsaustausch mit den Bedarfsträgern hält sich in Grenzen und auch Schnelligkeit und Flexibilität werden gewährleistet.

Jedoch hat die objektbezogene Stellenbildung folgende *Nachteile*:

- Es kommt zu Parallelarbeit innerhalb der Abteilung, da jeder Einkäufer Beschaffungsmarktforschung, Preisstrukturanalyse, Bestellvorbereitung, Terminkontrolle etc. betreibt. Dieser Einwand ist jedoch nur bedingt berechtigt, da wegen des unterschiedlichen Charakters der einzukaufenden Artikel kaum von echter Parallelarbeit gesprochen werden kann. Dennoch bieten ähnliche Abläufe produktgruppenübergreifende Rationalisierungspotentiale, indem man spezifische Aktivitäten einzelnen spezialisierten Stellen zuordnet.

- Da der Aufgabenträger eine Vielzahl von Verrichtungen im Bereich seiner Warengruppe ausführen muss, kann er nicht jede Tätigkeit mit besten Arbeitsergebnissen ausüben. Auch führt diese Verrichtungsvielfalt zu einer Überlastung. Dieser Nachteil ist gravierend, so dass in der Praxis viele Anstrengungen unternommen werden, hier Abhilfe zu schaffen. Es sei auf spezialisierte Unterstützungsfunktionen in der Beschaffung, die Kostenanalysen durchführen hingewiesen und auf ablauforganisatorische Hilfen durch Einsatz der IuK-Technik. Der objektorientierte Einkäufer kann aber auch zu seiner Entlastung alle Tätigkeiten, die keine technischen Kenntnisse erfordern und keine Entscheidungsrelevanz besitzen, auf andere Mitarbeiter in der Abteilung oder an spezielle hierfür eingerichtete Servicebereiche übertragen, falls solche vorhanden sind.

Eine objektorientierte Stellenbildung nach dem Gesichtspunkt „Fertigungsmaterial für ein Endprodukt bzw. für eine Betriebsstätte" ist in der Praxis selten anzutreffen. Sie ist eigentlich nur zu rechtfertigen, wenn der Einkäufer sehr genau über die speziellen Anwendungsprobleme der von ihm eingekauften Artikel beim Herstellungsprozess oder über die Marketingkonzeption der Fertigerzeugnisse Bescheid wissen muss. Durch eine derartige Stellenbildung wird es dem Einkäufer möglich, auf betriebliche Änderungen und Probleme äußerst rasch zu reagieren und im wertanalytischen Sinn beratend tätig zu werden. Diesen Vorteilen steht neben den bereits obengenannten Nachteilen die Auffächerung des Betriebsbedarfs entgegen.

Auch führt die enge Verzahnung von Einkaufsaspekten mit Produktions- oder Marketinginteressen zu einer Vernachlässigung einkäuferischer Zielvorstellungen gegenüber solchen der anderen Bereiche.

Unter *verrichtungsorientierter Stellenbildung* versteht man in Materialwirtschaft und Einkauf, dass bestimmte gleichartige Teilaufgaben von einem Aufgabenträger erledigt werden. Eine Stelle ist zuständig für Beschaffungsmarktforschung, eine für den entwicklungsbegleitenden ausschreibungsintensiven Einkauf, eine dritte für die Terminkontrolle etc. Dabei ergibt sich zwangsläufig, dass die gleichartigen Verrichtungen an vielen, häufig allen einzukaufenden Materialien vom jeweiligen Aufgabenträger zu erfüllen sind (Objektdezentralisierung). Durch die ständige Erledigung ein- und derselben Teilaufgabe steigt die Qualität der Verrichtung, die der Aufgabenträger aufgrund von Lernkurveneffekten schneller erledigen kann. Ferner ist es vom Kostengesichtspunkt her vertretbar, ihm geeignete systemtechnische Hilfsmittel zur Verfügung zu stellen, was diese Vorteile noch erhöht bzw. einzelne Prozessabschnitte automatisieren hilft. Auch wird durch die verrichtungsorientierte Stellenbildung in der Beschaffung die Parallelarbeit vermieden und eine eindeutige Verantwortlichkeit der Aufgabenerledigung erreicht. Letzteres ist besonders bei solchen Teilaktivitäten nützlich, deren Erfüllung nicht zwangsläufig mit der Realisierung des Beschaffungsvorganges i.e.S. sichergestellt ist oder die neu in die Beschaffungsabteilung eingeführt werden. Dies trifft heute für die Beschaffungsmarktforschung, Wert- und Preisstrukturanalyse, Terminplanung in Projekten und die Qualitätssicherung zu. Ihre Erfüllung wird dadurch besser gesichert sein, dass man sie einem verrichtungsorientierten Mitarbeiter als Hauptaufgabengebiet anvertraut als dass man sie einem objektorientierten Einkäufer als Teilaufgabe neben anderen zuordnet.

Da aber der Aufgabenträger alle ihm anvertrauten Verrichtungen an allen zu beschaffenden Artikeln auszuführen hat, dürfte es ihm unmöglich sein, fundierte technische Kenntnisse über das Einkaufssortiment zu besitzen.

Gerade das ist aber im Beschaffungsbereich notwendig, wenn es sich nicht um problemlose Waren handelt. Es ist für einen Beschaffungsmarktforscher nicht möglich, die Untersuchungsobjekte Qualität, Lieferant und Preis erfolgversprechend zu erforschen, wenn er keine technischen Kenntnisse über die Beschaffungsgüter hat. Diese kann er sich aber bei verrichtungsorientierter Stellenbildung nicht aneignen, wenn zu seinem Aufgabengebiet eine Vielzahl technisch heterogener Waren gehört. Auch wird durch eine verrichtungsorientierte Stellenbildung das Informationsvolumen zwischen den einzelnen Mitarbeitern in den Beschaffungsabteilungen wesentlich erhöht, da keiner ohne die Ergebnisse der Arbeit seiner Kollegen auskommt. Abschließend sei darauf hingewiesen, dass eine verrichtungsorientierte Stellenbildung im Einkauf die Schnelligkeit der Materialbereitstellung dadurch gefährdet, dass die Kaufentscheidung von einer übergeordneten Stelle getroffen werden muss, da keiner der Mitarbeiter aufgrund seines Informationsstandes dazu in der Lage ist.

Daraus folgt, dass der Umfang von Führungsstellen erheblich von der Anwendung der beiden vorstehend besprochenen Prinzipien abhängt. Führungsstellen entstehen durch die Zusammenfassung von Entscheidungsaufgaben (Rangzentralisation). Durch die Aussonderung von Entscheidungsaufgaben aus den Linienstellen und ihre Zusammenfassung in eigenen Stellen entsteht eine Unter- bzw. Überordnung, die zu einem bürokratischen Instanzenaufbau führt. Dies hat im materialwirtschaftlichen

Bereich eine unerwünschte Schwerfälligkeit und eine Verzögerung der Aufgabenerfüllung - insbesondere der Materialbereitstellung - zur Folge. Aber auch die neueren Erkenntnisse der Mitarbeiterführung lassen eine Verringerung rangorientierter Stellen wünschenswert erscheinen. Häufig werden Beschaffungsaufgaben auch in Projekten erledigt, bei der Linienstrukturen temporär verlassen werden. Deshalb kommt es verstärkt zu einer objektorientierten Stellenbildung in der Materialwirtschaft, da hierdurch der Stelleninhaber mit Entscheidungskompetenz ausgestattet werden kann. Darüber hinaus wird aufgrund der z.T. sehr großen zur Entscheidung stehenden Vergabevolumina diese stets nach einem Mehraugenprinzip über Entscheidungsgremien getroffen. Dabei wirken sowohl mehrere Führungskräfte der Beschaffung als auch Vertreter der tangierten Bereiche wie der Entwicklung, der Logistik und der Qualitätssicherung mit. Dieses Mehraugenprinzip sichert zum einen Entscheidungen in ihren technischen und produktionswirtschaftlichen Auswirkungen ab und hilft, doloses (d.h. gegen Vorschriften verstoßendes) Handeln der Mitarbeiter bei Vergabeentscheidungen zu unterbinden. Lediglich die anfallenden Planungs- und Bestellabwicklungsaufgaben werden verrichtungsorientierten Stellen zugeordnet, da bei ihrer Erledigung die Vorteile dieser Stellenbildung (Lernkurveneffekte, Spezialistenwissen, technische Hilfsmittel) voll zum Tragen kommen und die Nachteile nicht gravierend sind.

Somit kann sich folgende Aufbauorganisation des Geschäftsbereiches Beschaffung ergeben.

Abbildung 12-4: Organigramm eines Geschäftsbereiches Materialwirtschaft

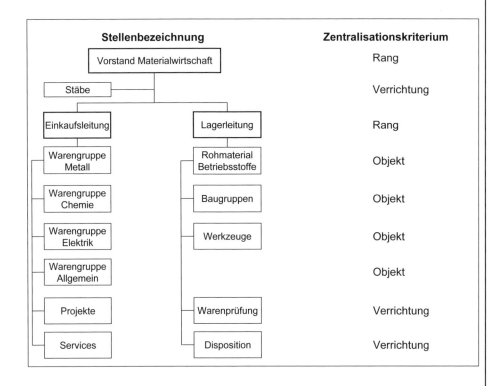

12.2.4 Stabs- und Linienstellen in der Materialwirtschaft und Beschaffung

Unter einer *Stabsstelle* versteht man eine Stelle, die keine Anweisungsbefugnis anderen Stellen gegenüber besitzt und diese durch Beratung, Informationssammlung etc. bei der Entscheidungstätigkeit unterstützt. *Linienstellen* hingegen sind solche Stellen, die in die Unternehmenshierarchie integriert sind, Weisungen von übergeordneten Stellen erhalten, gewisse Entscheidungen treffen (meist abhängig von Wertgrenzen) und Anordnungsbefugnisse gegenüber nachgeordneten Stellen haben.

In der Materialwirtschaft sind die Stellen des Leiters der Materialwirtschaft, der Gruppenleiter und Sachbearbeiter Linienstellen. Auch die mit rein exekutiven Aufgaben betrauten Stellen werden den Linienstellen als Hilfsstellen unterstellt und so in den Abteilungsaufbau eingegliedert.

Stabsstellen haben im Gegensatz zu diesen Hilfsstellen keine rein exekutiven Aufgabenbereiche, sondern spezialisierte Tätigkeitsfelder, die einen qualifizierten Aufgabenträger erfordern und immer in einem engen Zusammenhang mit der Entscheidungstätigkeit der zugeordneten Stelle stehen. So wird man beispielsweise eine Stelle, deren Aufgabengebiet Anfragen und Verhandlungsaktivitäten beinhaltet, stets als Linienstelle der Stelle zuordnen, die diese Arbeiten veranlasst, während man sich eine Stelle, die Preisstrukturanalysen durchführt, sehr gut als Stabstelle der Einkaufsleitung vorstellen kann. Dies umso mehr, wenn man bedenkt, dass sich neben der Einkaufsleitung auch die anderen Einkäufer der Abteilung beraten lassen können. Es würde hier zu weit führen, die ganze Problematik der Stabsarbeit zu besprechen. Tatsache ist jedoch, dass Stabstellen die Linienstellen entlasten und deren Entscheidungen positiv beeinflussen können. Beide Aspekte sind im materialwirtschaftlichen Bereich aktuell, so dass Stabstellen im Rahmen der Beschaffungsmarktforschung und Wertanalyse häufig anzutreffen sind.

Schwierigkeiten beim Einsatz von Stabstellen im Bereich der Beschaffungsmarktforschung ergeben sich aus den geringen technischen Kenntnissen des Stabsstelleninhabers. Es bietet sich daher an, die Stabsarbeit auf die Ausarbeitung von Branchenanalysen auszurichten, wobei eine kurze technische Vorbereitung des Stelleninhabers jeweils vorgeschaltet wird. Ebenso gangbar ist der Weg, durch die Stabstelle nur die Problemkreise untersuchen zu lassen, die geringe technische Detailkenntnisse erfordern, wie Konjunktur-, Marktstruktur- und internationale Beschaffungsmarktforschung. Lieferanten-, Produkt- und Preisbeobachtung verbleiben den technisch versierten Linienstellen.

Weiterhin muss beim Einsatz von Stabstellen im Sektor Beschaffungsmarktforschung an die Fülle der Informationen gedacht werden, die zwischen Stab und Linie ausgetauscht werden müssen, da viele Beschaffungsmärkte ständigen Veränderungen unterliegen. Hier können spezifisch gestaltbare Anwendungssysteme der IuK-Technik eingesetzt werden.

Auch eine gut abgestimmte Zusammenarbeit ist zwischen Stab und Linie nötig, weil beide letztlich die gleichen Informationsquellen benutzen. Hierzu bieten sich Datenbanksysteme an, über die mehrere Nutzer gleichzeitig Informationen lesen und einstellen können. Wenn diese Schwierigkeiten beachtet werden, kann der Einsatz von Stabstellen in der Beschaffungsmarktforschung und der Terminsteuerung gute Ergebnisse bringen, da der Stab erhebliche Vorteile in verrichtungsspezifischen Fragen aufweist und - ungestört von operativen Zwischenfällen - genügend Zeit für seine Arbeit besitzt.

Ein weiteres Betätigungsfeld für Stabsstellen liegt in der Projektkoordination in technisch ausgerichteten Unternehmen. Derartige Koordinatoren koppeln die in den Projektorganisationen ablaufenden inhaltlichen Projektarbeiten (was? und bis wann?) mit der beschaffungsspezifischen Umsetzung von Projektaufgaben (wie?). Diese „Verbindungsstäbe" berichten je nach unternehmerischer Ausprägung des Projektmanagement entweder an einen weisungsbefugten „Heavy-Project-Manager" oder an die Leitung Beschaffung und sind damit im Hinblick auf die Projektarbeit auf eine Rolle als Informationsübermittler reduziert, da schlussendlich deren disziplinarische Unterstellung sie als Beschaffungsmitarbeiter definiert. In ihrer Funktion planen und steuern sie Projekttermine im Hinblick auf beschaffungsrelevante Anforderungen, ohne selber den Linieneinkäufern gegenüber weisungsbefugt zu sein. Ihr Eskalationsweg läuft über die Leitung Beschaffung.

12.2.5 Aufbauorganisatorische Gestaltung der Zusammenarbeit mit anderen Unternehmensbereichen

Wie bereits oben erwähnt, ist die Beschaffung eine unternehmensweite Querschnittsfunktion, die alle Bedarfe des Unternehmens über Beschaffungsmärkte zu versorgen hat. Damit dies kostenoptimal geschehen kann, wirkt sie idealerweise auch beim Produktdesign mit und ist entwicklungsbegleitend in Simultaneous-engineering-Prozesse eingebunden. Aus diesen Punkten ergibt sich, dass die Beschaffung vielfältige Informationen für die Erfüllung von anderen Bereichen im Unternehmen benötigt aber auch viele Informationen, die für die anderen Bereiche von Relevanz sind, generiert und verteilen muss. Sofern es sich um Informationen handelt, die sich einer exakten, möglichst zahlenmäßigen Beschreibung entziehen oder deren Bedeutung erst durch interpretative Beratung sichtbar wird, greift die Praxis auf zeitlich begrenzte Zusammenkünfte zurück, die als Besprechung, Konferenz, Kommission, Gremien oder Teamsitzung bezeichnet werden. Hauptaufgaben dieser aufbauorganisatorischen Gebilde sind die gegenseitige Information und die Beratung schwieriger Probleme bis zur Entscheidungsreife. Häufig sind derartige Gremien nach Hierarchiestufen gestaffelt aufgebaut, d.h. zunächst tagt man auf „Arbeitsebene" und sukzessive finden Anschlusstermine statt, bei denen Vertreter der Geschäftsbereiche aus den höheren Hierarchieebenen zusammentreffen.

In der Gremienarbeit werden Mitteilungen der Gremienmitglieder gesprächsweise und in Abhängigkeit von einer Tagesordnung ausgetauscht. Man könnte dies auch auf schriftlichem Weg erreichen, der aber häufig zu langsam und bei Rückfragen zu schwerfällig ist.

Eine größere Relevanz spielen im Beschaffungsbereich Beratungsausschüsse, in denen vornehmlich Mitarbeiter der Bereiche Entwicklung, Produktion, Controlling und Beschaffung spezielle Sachverhalte erörtern, um anstehende Entscheidungen dadurch zu qualifizieren, dass diese unter verschiedenen Gesichtspunkten der Mitglieder betrachtet werden.

Ein weiteres Anwendungsgebiet finden derartige Ausschüsse im Bereich der Anlagenbeschaffung, hier oft Projektgruppe genannt. Bei der Beschaffung einer Werkzeugmaschine müssen beispielsweise vielfältige Probleme der Fertigung, der Ersatzteilbeschaffung, der Finanzierung, der Vertragsgestaltung, der Garantieregelung und der Abwicklung bedacht werden, um eine ausgewogene Entscheidung zu treffen.

Noch durchschlagender sind großvolumige Vergabeentscheidungen der produzierenden Industrie. Auch hier geht es darum, unter Beteiligung der wesentlichen in Produktentstehung und -herstellung involvierten Bereiche nach dem Primat der Materialkostenoptimierung abgestimmte Lieferantenentscheidungen zu treffen, die dennoch Logistik- und Qualitätsanforderungen erfüllen.

Auch im Bereich der Wertanalyse ist das Wertanalyseteam als Beratungsgremium nicht mehr wegzudenken, da oft erst durch Nutzung der Spezialkenntnisse und der unterschiedlichen Denkweise seiner Mitarbeiter Innovationsprozesse zu erwarten sind.

Gleiches gilt für Fragen der Eigenfertigung bzw. des Fremdbezuges, der Gegengeschäfte, der antizyklischen Lageraufstockung, der Normierung, Typisierung und der Preisstrukturanalyse.

Abschließend sei darauf hingewiesen, dass die Mitarbeit der Materialwirtschaft und Beschaffung in Beratungs-, Informations- und Entscheidungsgremien in dem Maße steigt, wie der fremdbeschaffte Materialkostenanteil in den hergestellten Produkten steigt und damit ihre Gleichrangigkeit und Entscheidungskompetenz zunimmt und ihr auch von den anderen Geschäftsbereichen zugestanden wird.

12.2.6 Besonderheiten der Aufbauorganisation bei Großunternehmen

12.2.6.1 Bedarfsgutorientiertes Vorgehen sowie beschaffungsnahe Dienstleistungen und Services

Bei der Betrachtung der Bedarfsgüter wird das Beschaffungssortiment genauer differenziert nach der grundsätzlichen Beschaffenheit und der Nutzungshäufigkeit der eingekauften *produktionsabhängigen* oder *produktionsunabhängigen* Bedarfe. Diese können jeweils noch weiter unterteilt werden. Dabei ergeben sich folgende Muster für den inneren Aufbau der Materialwirtschaft bzw. Beschaffung:

■ *Produktionsabhängige Bedarfe*: fremdbezogenes Fertigungsmaterial, das für (Gross)-Serienfertigungen in sehr großen Stückzahlen über längere Zeiträume und mit stetigem Verbrauch beschafft wird. Das Beschaffungsvolumen an Produktionsmaterial macht in Industrieunternehmen je nach Fertigungstiefe i.d.R. den Großteil des Einkaufsvolumens aus und ist mit entsprechend hohem Augenmerk zu behandeln. Zur Minimierung der Beschaffungskosten ist es zielführend, dass für die produktionsabhängigen Bedarfe Strukturen implementiert werden, mit denen sich die Beschaffung optimal gegenüber den Branchen- und Unternehmensstrukturen der Zulieferer aufstellt. Ziel sollte dabei sein, dass Abteilungen und Verantwortlichkeiten derart gebildet werden, dass den Vertriebsabteilungen der Zulieferer ein Maximum an Fachkenntnis und Verhandlungsmacht gegenübergestellt werden kann. Kriterien hierzu können Material- bzw. Werkstoffgruppen sein, die sich im Groben nach Metall, Chemie, Elektrik/Elektronik unterscheiden lassen und noch weiter untersegmentiert werden können. Ein derartiger Ansatz ermöglicht, dass alle ähnlichen Bedarfe bestimmter Materialgruppen über *eine* eindeutige Schnittstelle zum Markt ausgeschrieben, angefragt und verhandelt werden können. Der Effekt dieses Vorgehens ist eine Bündelung aller Bedarfe über eine Einkaufsinstanz mit daraus resultieren Potentialen zur Materialkostenoptimierung. Um derartige Strukturen implementieren zu können, ist eine genaue Analyse der jeweiligen Beschaffungsmärkte und der darin identifizierbaren Branchen und darin tätigen Lieferanten erforderlich. Häufig ist allerdings festzustellen, dass Lieferanten ihrerseits durch ihr diversifiziertes Produktportfolio mehrere durchaus divergierende Produktfelder bedienen. Dann macht es Sinn, den Key-Account-Managern der jeweiligen Vertriebsbereiche einzelner Lieferanten gewissermaßen Key-Account-Buyer gegenüberzustellen, die den gesamten Bedarf dieses Lieferanten betreuen. Dies stellt jedoch enorme fachliche Herausforderungen an den jeweiligen Einkäufer, der u.U. ein sehr breites Produktspektrum abzudecken hätte. Dieser Key-Accout-Buyer müsste sich - will er fachlich versiert auftreten - intensiv mit kompetenten Ansprechpartnern in den technischen Bereichen des eigenen Unternehmens abstimmen.

▪ *Produktions__un__abhängige Bedarfe*: Hierunter sind Güter, Dienstleistungen und Rechte zu verstehen, die nicht direkt in den industriellen Fertigungsprozess einfließen, also nicht Produktionsmaterial sind. Dies umfasst einen potentiell sehr breiten und variablen Kreis an Bedarfsgütern, der sich unterteilen lässt in Investitionsgüter (Gebäude, Fertigungsstrassen, Großanlagen, Maschinen, technischer Werksbedarf, Büromöbel) und Dienstleistungen (hochspezifische Entwicklungsleistungen, Beratungsdienstleistungen, outgesourcte administrative Aktivitäten, Leistungen im Bereich der IuK-Technik, Reinigungsdienstleistungen). Diese Bedarfe fallen i.d.R. sporadisch an. Die eigentlichen Bedarfsträger in den verschiedenen Unternehmensbereichen sind fachlich häufig nicht in der Lage, im gleichen Maße Vergabevolumina zu bündeln, zu verhandeln und versiert Rahmenverträge abzuschließen, da dies nicht zu ihren regelmäßigen Aufgaben gehört und sie hierzu auch nicht speziell ausgebildet sind. Ferner würde ein derartiges Vorgehen es erfordern, spezifische IuK-technische Anwendungssysteme in praktisch der gesamten Unternehmensorganisation auszurollen. Die zentralisierte Beschaffung allgemeiner Bedarfsgüter bedingt allerdings komplexe unternehmensinterne Abläufe in den Entscheidungs- und Genehmigungsprozessen. Dennoch ist dieses Vorgehen einer direkten dezentralen Beschaffung durch die jeweiligen Fachbereiche (sog. „Maverick-Buying") betriebswirtschaftlich überlegen.

Aus den angestellten Überlegungen könnte nunmehr gefolgert werden, Beschaffungsaktivitäten nach den genannten produktspezifischen Kriterien bestimmten Struktureinheiten zuzuordnen. Dies würde bedeuten, dass Einheiten der Beschaffung für konkrete Produkte, Waren und Dienstleistungen ganzheitlich verantwortlich wären, d.h. alle Abschnitte und Phasen der Beschaffungsprozesse im Entstehungs- und Lebenszyklus betreuen würden. Sind diese Beschaffungsprozesse relativ einfach (beispielsweise in Handelsunternehmen, in denen aufgrund vorgelagerter Sortimentsentscheidungen die Bedarfe voll spezifiziert sind) macht dies durchaus Sinn. Handelt es sich jedoch um komplexe Zusammenhänge und sollen Effizienzpotentiale aus Spezialisierung und Arbeitsteilung konsequent gehoben werden, ist es erforderlich, innerhalb der Beschaffungstätigkeitsfelder weiter zu differenzieren anhand prozessualer Kriterien. Spezialisierte Funktionen würden es ermöglichen, dass mehrere und z.T. konträre Ziele durch die Verteilung von Arbeitsinhalten an unterschiedliche Aufgabenträger dennoch realisiert werden können und in Summe ein besseres Gesamtergebnis generiert werden kann.

Ein weiterer Spezialisierungsaspekt liegt in dem Aufbau Beschaffungsgutunabhängiger Einkaufsserviceleistungen. Dabei handelt es sich um von der eigentlichen Beschaffung (Anfragen, Verhandeln, Bestellen) losgelöste, hochspezielle interne Dienstleistungen, die es erst ermöglichen, planmäßig und optimiert die oben genannten Bedarfsgüter zu beschaffen. Hierzu gehören fachlich äußerst versierte Aktivitäten beispielsweise im Bereich der Kostenanalyse, Wertanalyse, internationale Beschaffungsmarktforschung, Projektkoordination, sowie der Abstimmung mit anderen Geschäftsbereichen während der Produktentstehung, Vor- und Nachbereitung von Gremienarbeit, Vertragsmanagement, Strategiearbeit sowie alle Themen der Informationsbereitstellung und -bewirtschaftung. Dabei bietet es sich an, auch sehr operative Beschaffungsaktivitäten (z.B. Dateneingabe und –pflege in Einkaufssystemen) als separaten Servicebereich zu organisieren als „shared services". Dies kann zu Effizienzvorteilen durch Spezialisierung bzw. Massendatenverarbeitung bei gleichzeitiger operativer Entlastung des Linieneinkaufes führen. Dieser kann sich damit intensiver wertschöpfenden Tätigkeiten wie bspw. Markt- und Lieferantenanalysen oder Verhandlungen widmen. Wie derartig spezialisierte Einzelaktivitäten in die Beschaffung zielgerichtet eingebunden werden können, wird durch den Themenkomplex des prozessorientierten Vorgehens beleuchtet.

12.2.6.2 Prozessorientiertes Vorgehen

Viele Industrieunternehmen produzieren und vertreiben technisch komplexe Produkte und Anlagen. Deren Herstellung erfordert oft langwierige Entstehungs- und Entwicklungsprozesse, die u.a. über relativ große Projektorganisationen innerhalb bestehender Linienorganisationen abgewickelt werden. Auch die Beschaffung ist Teil dieses in unterschiedliche Phasen differenzierbaren Projektgeschäfts, das sehr unterschiedliche bzw. teilweise konträre Zielsetzungen und damit Anforderungen an die Beschaffung mit sich bringt. Diese machen eine hierauf abgestimmte organisatorische Differenzierung erforderlich, damit derartige Zielkonflikte nicht von einem einzelnen Aufgabenträger selbst ausgetragen werden müssen und ihn in eine im Hinblick auf seine Ziele unklare Aufgabensituation bringen würde. Dieses differenzierende Vorgehen bringt viele Schnittstellen und hohen Abstimmungsbedarf zwischen den in der Beschaffung tätigen Spezialisten mit sich. Folgende Phasen und Anforderungen an die Beschaffung sind aus prozessualer Sicht zu unterscheiden:

- Stehen in sehr frühen Projektphasen (Ideenphase) bzw. vor dem eigentlichen Projektstart (im Rahmen von Forschung) technische Konzepte erst vage fest, ist es teilweise erforderlich, über die Einbindung hochspezialisierter Lieferanten diesen „Findungsprozess" zu unterstützen. Der Beschaffung kommt dabei die Rolle zu, diese Lieferanten in Forschungs- und Vorentwicklungsprozesse ergebnisorientiert (möglichst viele neue Ideen) aber aufwandsminimal (wenig zu fakturierende Beratungs- und Entwicklungsleistung) einzubinden und dabei die technischen Bereiche beratend zu unterstützen. Damit diese beratende Funktion hinsichtlich neuartiger Techniken und Technologien seriös ausgeübt werden kann, ist es zweckmäßig, eine Scouting-Funktion für die Beschaffungsmärkte im Rahmen eines geschäftsbereichsübergreifenden Innovationsmanagements zu implementieren. Ein Lösungsansatz dazu ist die Schaffung eines *Innovationseinkaufes*, der im Rahmen von Scouting-Aktivitäten potentielle Ideengeber im Beschaffungsmarkt identifizieren hilft und in späteren Projektphasen bei deren Befähigung für die Abarbeitung etwaiger Grossserienaufträge dabei unterstützt, dass die oft sehr kleinen Lieferanten sich systematisch „industrialisieren" können und in die Lage versetzt werden, ihre Ideen in Großserien umzusetzen.

- Sind Innovationsthemen erkannt und findet die Vorentwicklung im engeren Sinne statt, werden über die gängigen Projektinstrumente *Design to* Cost-, *Wertanalysen* und *Target Costing Prozesse* Anregungen für Konzepte und Inhalte geschäftsbereichsübergreifend gesammelt, strukturiert und über Entscheidungsprozesse festgelegt. In diesen Prozessen sind alle Geschäftsbereiche eingebunden, maßgeblich jedoch die Entwicklungsabteilung. Um hier einen reinen Technik-Fokus zu vermeiden ist für die Beschaffung damit das Ziel verbunden, beratend im Rahmen des Target Costing Prozesses auf die materialkostenoptimale Definition von Konzepten einzuwirken und hierzu Lieferanten-Know-how in diesen Prozess über Konzeptwettbewerbe und/oder -ausschreibungen einzubringen. Dabei ist es angebracht, dass ausgesprochen technisch versierte Einkäufer in den hierzu gebildeten Projektteams präsent sind, die unterschiedliche Konzepte und Vorentwicklungsansätze materialkostentechnisch bewerten können. Für diese Mitarbeiter ist es wichtig, dass sie mit ihren technisch orientierten Kollegen in der Entwicklungsabteilung fachlich derart „auf Augenhöhe" sind, dass sie in ihrer Beratungs- und Entscheidungsfunktion im Interesse des Gesamtunternehmens wahrgenommen und akzeptiert werden können. Dabei ist es zweckmäßig, eine den *Entwicklungsprozess beglei-tenden Einkaufsbereich* zu schaffen.

▪ Sind Konzepte festgelegt, erfolgt im Rahmen der Produktentstehung die Serien-entwicklung, bei der die zuvor definierten Funktionsziele technisch im Rahmen der hierzu durch einen Target Costing Prozess festgelegten Kostenstrukturen um-zusetzen sind. Auch hier vertritt der entwicklungsbegleitende Einkauf Beschaf-fungsbelange in den unternehmensweit ablaufenden Simultaneous Engineering-und damit gekoppelten Entscheidungsprozessen. Seine Hauptaufgabe ist neben der fachlichen Abstimmung mit den technischen Bereichen die Ausschreibung und Vergabe von Entwicklungs- bzw. späteren Serienaufträgen. Dabei spezialisiert er sich auf die intensive Beschaffungsmarktforschung und nutzt das „Gedächtnis" der Einkaufsorganisation bei der Identifikation und Bewertung von anbietenden Lieferanten im Rahmen eines Lieferantenmanagements. Ferner konzentriert er sich auf die daten- bzw. informationsintensive Ausschreibung von Vergabeumfängen und wendet dabei das Instrumentarium des E-Procurement an. Kaufmännisch steht dabei die Fragestellung im Fokus, im Schulterschluss mit der Entwicklungs-abteilung Lieferanten zu identifizieren und eine Entwicklungsleistung aufwands-minimal durch Lieferanten erbringen zu lassen, im Anschluss die passendsten Konzepte auszuwählen und damit die besten Lieferanten durch Ausschreibung und Vergabeentscheidungen für künftige Serienaufträge vertraglich einzubinden. Hierzu führt die Beschaffung Preisanalysen durch, um die eingehenden Angebote bewerten zu können.

▪ Nach Vergabe der wesentlichen Umfänge stellt sich die Frage der Aufsetzung und Realisierung der eigenen industriellen Fertigung, für deren erfolgreiche Implemen-tierung zahlreiche Freigabe- und Vorserienprozesse ablaufen müssen. Hierzu sind aufwendige und unternehmensweit ablaufende *Planungs- und Terminverfolgungs-prozesse* im Rahmen von *Projektarbeit* zu bewerkstelligen. Dabei stehen aus Beschaf-fungssicht die transparente Planung und Verfolgung von *Vergabe-, Werkzeugerstell-, Bemusterungsterminen* etc. im Vordergrund sowie das Einbringen der einkaufsrele-vanten Zielgrößen (Umsetzbarkeit von Kostenzielen im Beschaffungsmarkt) in die Projektarbeit. Insbesondere ist eine sorgfältige Terminarbeit zwingend geboten, damit ein zuvor festgelegter Starttermin der industriellen Serienfertigung im Pro-duktlebenszyklus eingehalten werden kann. Dabei ist durch die Beschaffung si-cherzustellen, dass Lieferanten rechtzeitig identifiziert, angefragt, verhandelt und unter Vertrag genommen werden. Dabei ist genügend Zeit einzuplanen, damit Werkzeugerstellungs-, Erprobungs-, Freigabe- und Vorserienprozesse beim Liefe-ranten und im eigenen Haus zielsicher ablaufen können. Dem steht die Erfahrung gegenüber, dass bei möglichst breit angelegten Ausschreibungen und intensiven Verhandlungsprozessen eine hohe Aussicht auf günstige Abschlüsse besteht. Das alleinige Verfolgen von Materialkostenzielen ist im Hinblick auf die unternehme-risch ebenso wichtige Terminzielsetzung tunlichst zu vermeiden. Nach erfolgter Vergabeentscheidung kommt für die Beschaffung kosten-, aufwands- und administrativ belastend die optimale Bewältigung von technischen Änderungsbegehren hinzu, die zu Verwirbelungen in den Termin- aber auch Kostenplänen führen können. Die Abwicklung eines Änderungsmanagements durch separate Serviceeinheiten mag zunächst sinnvoll erscheinen, da hierdurch eine administrative Entlastung zu verbuchen wäre, allerdings würde diesen Serviceeinheiten (wie im übrigen den technischen Bereichen) die Verhandlungsmacht für die Optimierung von Änderungskosten und -aufwendungen fehlen, über die die Linieneinkäufer aufgrund der durch sie maßgeblich geprägten Vergabeentscheidungen für Grossaufträge verfügen. Die geschilderte Terminthematik erfordert mehrere Spezialfunktionen im Einkauf, die zum einen in Richtung unternehmensweiter Projektarbeit und Terminplanung gehen. Dabei sind Schnittstellenfunktionen für die Planung und Koordination der durch die einzelnen Geschäftsbereiche erbrachten Beiträge für das Projekt zu implementieren. Zum anderen sind für die Werkzeugerstellung und die Freigaben Funktionen in der Beschaffung abzubilden, die dem Lieferanten während des Werkzeugerstellprozesses helfen können, Werkzeuge termin- und funktionsgerecht zu erstellen („Eingreiftruppe"). Ferner ist eine Qualitätssicherungsfunktion zu implementieren, die sowohl die Lieferantenauswahl als auch die Mustererstellung des Lieferanten mitverantwortet und betreut. Die Ergebnisse dieser Abläufe können im Rahmen eines integrierenden Lieferantenmanagements erfasst, aufgezeigt und für das Treffen von Entscheidungen im Rahmen der Lieferantenpolitik herangezogen werden.

- Nach Start der Serienproduktion und mit Beginn des eigentlichen Lebenszyklus industrieller Güter ist durch die Beschaffung die kostenoptimale Gestaltung und Sicherung von Lieferbeziehungen mit flexibler Absicherung von Produktionskapazitäten beim Lieferanten sicherzustellen. Dabei leistet die Beschaffung ihre Kernaufgabe, nämlich Kostenreduzierungen in Form von Preisabbauraten auf die beschafften Güter zum eigenen Nutzen über Verhandlungen zu erreichen. Die dabei erzielten Materialkostenreduzierungen sind direkt GuV-wirksam und stellen betriebswirtschaftliche Kernargumente für Existenz und Eigenständigkeit eines Geschäftsbereiches Materialwirtschaft bzw. Beschaffung dar. Damit die Beschaffung dieser Aufgabenstellung bestmöglich nachkommen kann, sind wie oben bereits skizziert die Schnittstellen zum Beschaffungsmarkt bzw. zu den Lieferanten derart auszugestalten, dass eine möglichst starke Einkaufsmacht entsteht. Neben der Materialkostenoptimierung hat die Materialwirtschaft auch eine belastbare und qualitativ angemessene Belieferung der Fertigung mit Produktionsmaterial sicherzustellen. Diese materialwirtschaftliche Kernaufgabe kann von unterschiedlichen Aufgabenträgern bzw. Geschäftsbereichen umgesetzt werden. So ist denkbar, dass die vertraglichen Rahmenbedingungen durch die Beschaffung optimiert und fixiert werden, die dispositiven Fragestellungen der konkreten Materialversorgung durch die produktionsnahe Logistikabteilung bewerkstelligt wird. Dies hätte den Vorteil, dass bei Versorgungsengpässen die Beschaffung quasi als Eskalationsinstrument genutzt werden kann, falls die Logistikabteilung im dispositiven Austausch mit den Lieferanten zu keiner Lösung kommt. Gleichermaßen wird die Beschaffung vom hohen administrativen Aufwand entlastet, der mit der oft dynamisch ablaufenden Disposition von Einsatzfaktoren verbunden ist.

Die verschiedenen Phasen des Beschaffungsprozesses werden anhand der folgenden Abbildung 12-4 verdeutlicht. Der Projektinterne trade-off in der Entstehung von Großserien-Industrieprodukten zwischen Materialkosten, Funktionserfüllung/Qualität und Terminen muss damit auch von der Beschaffung bewältigt werden, und die möglichen Zielkonflikte werden durch die Verantwortung dieser Zielgrößen somit in den eigenen Bereich getragen und projekt- bzw. situationsspezifisch gelöst.

Abbildung 12-5: Phasen der Produktentstehung und daraus resultierende Beschaffungsprozesse

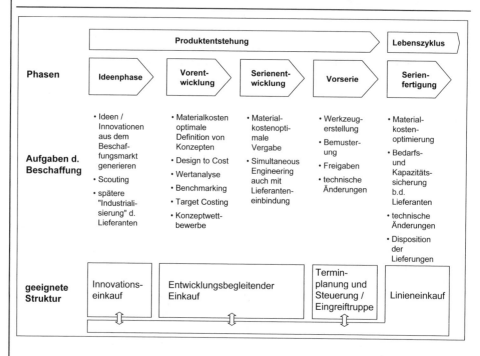

Idealerweise werden hierzu spezielle *Servicebereiche* als *Stäbe* geschaffen, damit der operative und primär materialkostenverantwortliche Einkauf von diesen zumeist administrativen Abläufen entlastet werden kann. Dabei stellt sich allerdings die Frage der Bewältigung der damit entstehenden Schnittstellen. So droht die Gefahr, dass über mehrere Zuständigkeiten für ein bestimmtes Bauteil - je nach Projektphase - unterschiedliche Beteiligte der eigenen Beschaffungsorganisation in Austausch mit anderen Geschäftsbereichen oder dem Lieferanten treten und die damit verbundenen Brüche im Informations- und Wissensfluss schlussendlich zu negativen betriebswirtschaftlichen Konsequenzen führen können. So kann in Summe festgehalten werden, dass unternehmensspezifisch und produktabhängig eine Wahl zwischen durchgängiger Verantwortung einzelner Aufgabenträger für ein Beschaffungsgut in allen Phasen oder eine arbeitsteilige Differenzierung mit hohem Abstimmbedarf aber großer Aussicht auf bessere Zielerreichungen insgesamt zu treffen ist. Der Trade-off zwischen der „Verzettelung" durch ausgesprochen spezialisierte Einkaufsfraktionen und dem damit verbundenen Verlust des Blickes für das Ganze und dessen strukturierte Umsetzung gegenüber dem Lieferanten kann nur durch eine koordinierte interne Arbeitsteilung bewerkstelligt werden. Ein wesentliches Unterstützungsinstrument dabei ist die IuK-Technik.

12.3 Ablauforganisation

Das Ergebnis der Aufbauorganisation ist ein Aufgabengefüge, in dessen strukturellem Rahmen die Mitarbeiter die ihnen übertragenen Teilaufgaben der Versorgungsfunktion erfüllen. Auf dieser Grundlage regelt die *Ablauforganisation* durch die Installation eines Kommunikationssystems den Austausch von Informationen zwischen den einzelnen Stellen innerhalb des Bereiches und mit den übrigen Unternehmensbereichen. Das Kommunikationssystem übernimmt damit auf technokratische Weise, d.h. personenunabhängig den Austausch von Informationen und leistet damit den wesentlichen koordinierenden Beitrag, damit in arbeitsteiligen Organisationen zielgerichtet gearbeitet werden kann. Hierdurch werden operative Beziehungszusammenhänge hergestellt und die verschiedenen Arbeitsprozesse miteinander verbunden. Dieses Ziel strebt die Ablauforganisation ferner durch die Errichtung eines Arbeitssystems an, das den Materialfluss zwischen verschiedenen Stellen als Verbindungselement benutzt.

Insofern ergänzt die Ablauforganisation die aufbauorganisatorischen Mittel der Stellenverbindung, deren Schwerpunkt in der Gremienbildung und der Errichtung von Leitungssystemen zu sehen ist. Das Schwergewicht ablauforientierter Regelungen liegt auf dem Austausch rechenhafter, nicht interpretationsbedürftiger, operativer Daten, während sich der Informationsaustausch in der Aufbauorganisation auf interpretationsbedürftige, selten exakt quantifizierbare, strategische Daten sowie Leitungsanweisungen bezieht.

Aufgrund exogenen Kostendrucks rückt die Thematik der Optimierung der ablauforganisatorischen Verhältnisse zunehmen in den Fokus von Rationalisierungsbestrebungen. Ziel dabei ist es, die Durchlaufzeiten von Arbeits- bzw. Leistungserstellprozessen zu verkürzen und damit die Kapitalbindung zu minimieren. Ein weiterer Schwerpunkt liegt in der Entlastung der Aufgabenträger von administrativem, nicht-wertschöpfendem Aufwand, der sich beispielsweise in mehrfachen Datenerfassungs-prozessen und aufwendigen Kommunikationsprozeduren manifestiert.

Innerhalb der Materialwirtschaft und Beschaffung, aber auch abteilungsübergreifend, müssen viele operative Informationen zusammengeführt werden, um den Versor-gungsprozess ablaufen zu lassen. Auch ist eine gute Ablauforganisation die Voraus-setzung für die sichere, schnelle und kostengünstige Erledigung der anfallenden Arbeiten sowie für eine nicht unerhebliche Entlastung der Einkäufer von Verwal-tungsaufgaben. Unter dem Oberbegriff „Shared Services" wird in diesem Kontext die arbeitsteilige und spezialisierte Zusammenlegung bestimmter, jeweils gleicher oder ähnlicher administrativer Aufgaben in organisatorisch vom Tagesgeschäft abgetrenn-ten Abteilungen verstanden. Die Abteilungen, die das Tagesgeschäft weiterhin abwi-ckeln teilen „sharen" die spezifischen Dienstleistungen „services" dieser spezialisierten Organisationseinheiten. „Shared Services" arbeiten mit ihren jeweils spezifischen Leistungen damit mehreren Abteilungen zu. Über IuK-Technik sind diese untereinander vernetzt, was einen hohen Standardisierungsgrad von Abläufen und Aufgaben erfordert. Diese „Shared Services" können auch an Niedriglohnstandorten aufgebaut werden, sodass neben den Effekten aus Spezialisierung und Arbeitsverdich-tung zusätzliche Lohnkostenvorteile realisiert werden können.

Übungsfragen und -aufgaben

1. Wozu dienen Organisationen?

2. Stellen Sie den Zusammenhang zwischen Spezialisierung, Arbeitsteilung und Koordination dar.

3. Welche Ziele verfolgt die Aufbauorganisation?

4. Weshalb sollte die Materialwirtschaft und Beschaffung gleichrangig mit den anderen Funktionsbereichen in der Unternehmenshierarchie eingestuft werden?

5. Welche Vorteile ergeben sich aus einer zentralen Erledigung der Versorgungsfunktion?

6. Welche Nachteile ergeben sich aus einer zentralen Erledigung der Versorgungsfunktion?

7. Welche Mischformen zentral-dezentraler Materialwirtschaft kennen Sie, und wie ist in ihnen die Aufgabenverteilung geregelt?

8. Welche beschaffungsrelevanten Sonderaufgaben lassen sich durch die unternehmensweite Projektarbeit insbesondere bei der Produktentstehung ableiten?

9. Warum sollte sich die Beschaffung mit technischen Fragestellungen eines Innovationsmanagements befassen?

10. Was verstehen Sie unter dem Mandatssystem?

11. Was verstehen Sie unter objektorientierter Stellenbildung, in welchen Bereichen wird sie angewandt, und wie beurteilen Sie diese Art der Stellenbildung?

12. Was verstehen Sie unter funktionsorientierter Stellenbildung, in welchen Bereichen wird sie angewendet, und wie beurteilen Sie diese Art der Stellenbildung?

13. Was verstehen Sie unter Stabsstellen, und wo bringt ihre Einrichtung in der Materialwirtschaft Vorteile?

14. Welche Aufgaben haben Teams in Materialwirtschaft und Beschaffung?

15. Welche Ziele verfolgt die Ablauforganisation in der Materialwirtschaft bezüglich des Austausches von Informationen?

16. Zeigen Sie die Beziehungen zwischen aufbau- und ablauforganisatorischen Regelungen in der Materialwirtschaft auf.

13 Controlling im Versorgungsbereich

13.1 Allgemeine Überlegungen

Funktionserweiterung und hierarchischer Aufstieg der Materialwirtschaft haben zu einem Umdenken bei der Erfolgsmessung für diesen Unternehmensbereich geführt. Das Vordringen entscheidungsvorbereitender und beratender Tätigkeiten sowie die Verlagerung von Entscheidungsprozessen in die Materialwirtschaft haben den Anteil der früher überwiegend rein exekutiven Tätigkeiten stark zurückgedrängt. Aber gerade auf letztere bezogen sich viele Kontrollmaßstäbe, die über die Messung der quantitativen Arbeitsergebnisse - wie bei exekutiven Arbeiten üblich - die Einkaufsleistung dokumentieren. Kennziffern wie

- Zahl der Bestellungen pro Einkäufer,

- Zahl der getätigten Anfragen pro Bestellung,

- Einkaufsvolumen pro Einkäufer,

- Bestellkosten pro Bestellung

haben ihre Bedeutung weitgehend verloren. Sie versagen bei der Beurteilung beratender, entscheidungsvorbereitender und entscheidender Tätigkeiten, geistiger Aktivitäten, die sich der Beurteilung durch Kennzahlen entziehen und sich letztlich nur am Ergebnis bzw. Erfolg würdigen lassen. Aber worin besteht der Einkaufserfolg, und wie ist er zahlenmäßig belegbar? Wie gewinnbringend und wettbewerbsstärkend werden die großen Ausgaben des materialwirtschaftlichen Bereichs eingesetzt? Hier versagen Kennzahlen, die auf rein quantitativer Basis aufgebaut sind. Es wurden in den letzten Jahren Beurteilungskriterien entwickelt, die eine Erfolgskontrolle indirekt über eine Kostenkontrolle oder direkt über eine Leistungskontrolle der Materialwirtschaft gewährleisten. Bevor im folgenden hierauf näher eingegangen werden soll, muss darauf hingewiesen werden, dass selbst bei befriedigender Lösung des sicheren Nachweises bestimmter Ergebnisse im materialwirtschaftlichen Bereich die Tatsache bestehen bleibt, dass diese Erfolge bzw. Misserfolge in ganz erheblichem Maß von abteilungsexternen Faktoren beeinflusst werden. Zu diesen externen Faktoren gehört der Beschaffungsmarkt, der durch Konjunktur- und Marktstrukturbewegungen, Aufkommen neuer Problemlösungen und außerökonomischer Engpass- bzw. Überschusssituationen die Ergebnisse materialwirtschaftlicher Tätigkeit herabmindern bzw. überhöhen kann. Die gleichen Wirkungen können ferner von anderen Bereichen des eigenen Unternehmens ausgehen, wobei beispielhaft auf Eilanforderungen durch den Fertigungsbereich und das Drängen auf Gegengeschäfte von Seiten des Absatzes hingewiesen sei. Endlich wird das materialwirtschaftliche Ergebnis ohne Zutun der dort Tätigen durch Maßnahmen der Beschaffungspolitik beeinflusst, etwa durch Festlegung bestimmter Vergleichsfaktoren und deren Gewichtung sowie eine bestimmte Markt- und Lieferantenpolitik. Diese abteilungsfremden Einflussgrößen müssen bei jeder Art der Kosten- und Leistungskontrolle berücksichtigt werden.

Da die Kontrolle der Leistung des materialwirtschaftlichen Bereichs allein über Kostenkontrollen nicht möglich ist, sondern eher Faktoren wie Qualität der eingekauften Erzeugnisse, sichere Materialversorgung usw. berücksichtigt werden müssen, und andererseits bei der Leistungskontrolle geistige und kreative Aktivitäten sich jeder quantitativen Erfassung entziehen, wird die Kontrolle der materialwirtschaftlichen Funktionserfüllung von einigen Seiten überhaupt abgelehnt. Als Begründung wird neben den bereits genannten Schwierigkeiten darauf hingewiesen, dass

■ schlechte Ergebnisse der materialwirtschaftlichen Funktionserfüllung in anderen Unternehmensbereichen (Fertigung, Rechnungsprüfung) erkannt werden;

■ sachverständige Prüfer für eine wirklich qualifizierte Kontrolle schwer zu finden sind, so dass die Kontrolltätigkeit der Einkaufsleitung erweitert werden müsste, was die subjektive Komponente des Prüfvorgangs erheblich ausdehnen würde;

■ die Kontrollkosten, gemessen am Erfolg, zu hoch sind, da der moderne Einkäufer ein außerordentliches Maß an Unempfindlichkeit und Unangreifbarkeit besitzt.

Diese resignative Grundhaltung wird zunehmend von Controllingaktivitäten abgelöst, die wie folgt beschrieben werden können:

■ zukunftsbezogene Denkweise,

■ Ausrichtung auf das Betriebsergebnis,

■ abteilungsübergreifende Betrachtungsweise,

■ gezielte Informationsversorgung aller Entscheidungsträger.

Hierbei wird auch die strategische Orientierung der Versorgungsfunktion berücksichtigt, da Beschaffungs- und Logistikstrategien erst mit einer gewissen Zeitverzögerung operative Einkaufserfolge ermöglichen.

Derartige Controllingkonzepte tragen dazu bei,

■ Schwachstellen im Versorgungsbereich frühzeitig zu erkennen und deren Beseitigung anzustreben,

■ Bereichsegoismen zu überwinden,

■ Schnittstellen durch Kooperationen zu überbrücken,

▨ eine Gesamtkostenbetrachtung gegenüber isolierten Teilkostenaspekten sicherzustellen.

Controlling unterstützt somit die innerbetriebliche Akzeptanz der Versorgungsfunktion und erhöht die Anziehungskraft dieses Unternehmensbereichs für den qualifizierten Nachwuchs.

13.2 Instrumente des Controlling

Controlling befasst sich zunächst mit der Entwicklung von Plangrößen in Form von

▨ Kennzahlen,

▨ Budgetierung,

▨ Zielvorgaben.

Diese Planzahlen können teilweise aus dem betrieblichen Rechnungswesen und der Gesamtplanung abgeleitet werden. Teilweise muss sich der Controller derartige Größen jedoch selbst erarbeiten, wobei er auf die Mitwirkung der materialwirtschaftlichen Aufgabenträger wegen ihrer technischen und marktseitigen Spezialkenntnisse angewiesen ist.

Die ständige Kontrolle dieser Plangrößen mittels

▨ Zeitvergleich,

▨ Betriebsvergleich,

▨ Soll-/Istvergleich

bildet einen zweiten Schwerpunkt des Controlling.

Der Zeitvergleich scheidet im materialwirtschaftlichen Bereich weitgehend aus, da sich die Beschaffungsmärkte im Zeitverlauf ständig verändern und auch der Betriebsbedarf in quantitativer und qualitativer Hinsicht schwankt. Auch der Betriebsvergleich kommt selten zur Anwendung, da die Rahmenbedingungen von Unternehmen zu Unternehmen stark variieren, so dass der Soll-/Istvergleich überwiegend Anwendung findet.

Die Abweichungsanalyse versucht abschließend, die Ursachen für festgestellte Abweichungen zwischen Plan- und Istgrößen herauszuarbeiten und sie den Entscheidungsträgern nahezubringen.

13.3 Sollgrößen des Materialwirtschaftscontrolling

Die in Zahlen gefassten Zielvorgaben für den operativen Bereich bzw. die in Aktions-programmen festgehaltenen strategischen Ansätze bilden die Basis aller Controlling-konzepte. Sie beziehen sich einmal auf die verschiedenen Kostenarten des materialwirtschaftlichen Optimums, zum anderen auf Faktoren, die Rückschlüsse auf die Leistungsfähigkeit der Funktionsträger ermöglichen.

13.3.1 Allgemeine Kennzahlen

Da die Versorgungsfunktion durch die abnehmende Fertigungstiefe das Betriebser-gebnis, die Liquidität und die Wettbewerbskraft beeinflusst, sollen allgemeine Kenn-zahlen ihre Bedeutung für das Gesamtunternehmen verdeutlichen. Hierzu dienen folgende Größen:

- %-Anteil der Materialkosten an den Gesamtkosten,

- %-Anteil der Vorräte an der Bilanzsumme,

- Zahl der eingekauften Artikel,

- Zahl der Lieferanten,

- Höhe der Materialgemeinkosten.

Hierdurch soll die Erkenntnis gefördert werden, dass die Versorgungsfunktion häufig den größten Kostenblock bzw. ein großes Erfolgspotential der Unternehmung dar-stellt. Dies fördert die Bereitschaft anderer Unternehmensbereiche, die für Einkaufser-folge unerlässliche Zusammenarbeit auf der Basis horizontaler Kooperation statt vertikaler Unterordnung zu praktizieren.

13.3.2 Kennzahlen zur Kostenkontrolle

Derartige Kennzahlen sind in vielfältiger Form in der betrieblichen Praxis anzutreffen, da sie relativ leicht aus dem Rechnungswesen abgeleitet und im operativen Bereich gut verwendet werden können.

13.3.2.1 Kontrolle der Anschaffungskosten

Die Anschaffungskosten als Produkt von Einkaufsmenge und Einstandspreis stellen den Hauptkostenblock innerhalb der Materialgesamtkosten dar. Aus der Überlegung, dass die Einkaufsmengen bei der Untersuchung der Lagerkosten berücksichtigt werden bzw. die Verantwortung für die Mengen anderen Unternehmensbereichen zuzuordnen ist, werden zur Kontrolle der Anschaffungskosten Beurteilungsmaßstäbe aufgebaut, die auf den erzielten Einstandspreisen beruhen. Derartige Beurteilungsmaßstäbe sind in der Praxis beliebt, da der Preis einer Ware ein leicht quantifizierbarer Maßstab ist, wobei folgende Preiskategorien besondere Bedeutung haben:

Preise vergangener Perioden

Jeder professionell geführte Einkauf verfügt über iuk-technisch hinterlegte Preisinformationen und -auswertungen, aus denen die Preisveränderungen der letzten Jahre ersichtlich sind. Diese Preise vergangener Perioden werden als Maßstab für die Preise der Gegenwart benutzt, wobei auf den Veränderungen die Beurteilung beruht. Damit wird aber auch die Unzulänglichkeit des reinen Zeitvergleichs sichtbar. Die vergangenen Einstandspreise den neuen Istpreisen gegenüberzustellen, bedeutet nichts anderes, als weder betriebsseitig analysierte noch um Mengen-, Konjunktur- sowie Saisonschwankungen bereinigte Preise zu benutzen. Außerdem birgt dieses Vorgehen - wie jeder Zeitvergleich - die Gefahr in sich, überhöhte Preise mit überhöhten Preisen zu vergleichen.

Trotz aller Mängel wird der Vergangenheitspreis dort unentbehrlich bleiben, wo es keinen anderen Maßstab gibt, wo man ihn als Grundlage für den Aufbau eines Soll-Istvergleichs mit Normal- oder Standardeinkaufspreisen benötigt und wo er dazu dient, Gewohnheitsrenten bei langjährigen Lieferanten aufzudecken.

Durchschnittsmarktpreise

Zumindest theoretisch kann dieses Verfahren dadurch verbessert werden, dass der erzielte Einstandspreis am gegenwärtigen Durchschnittsmarktpreis gemessen wird, da dann alle Einflüsse aus den Bewegungen des Beschaffungsmarktes eliminiert werden. Zwar würde die Beurteilung der Einkaufsleistung immer noch durch betriebliche Einflussfaktoren und Änderungen der Einkaufsmengen beeinträchtigt, jedoch lassen sich diese leichter in den Griff bekommen. Die große Schwierigkeit ist vielmehr die Ermittlung des Durchschnittsmarktpreises. Insbesondere bei zeichnungsgebundenen Teilen und nicht normierten Halbfabrikaten handelt es sich um Märkte mit äußerst geringer Markttransparenz, die einen schnell zugänglichen Durchschnittsmarktpreis illusorisch erscheinen lassen.

In diesen Fällen kann der Durchschnittsmarktpreis oft durch den mittleren Angebotspreis ersetzt werden. Dieser ergibt sich aus dem arithmetischen Mittel aller für ein zu beschaffendes Teil eingeholten Angebote:

$$\text{Einkaufsergebnis} = \text{mengenmäßiges Auftragsvolumen} \times \left(\frac{\text{Summe aller Angebotspreise}}{\text{Anzahl der Angebote}} - \text{effektiver Kaufpreis} \right)$$

Auszusetzen an diesem Verfahren ist, dass hierbei der Einkäufer vielleicht weniger auf eine Ergebnisüberprüfung achtet, als vielmehr auf eine möglichst positive Darstellung seines Einkaufsergebnisses. Das kann er sehr leicht dadurch erreichen, dass er bewusst eine Anzahl teurer Lieferanten anbieten lässt, die dann den mittleren Angebotspeis in die Höhe treiben und den Einkäufer mit seinem effektiven Kaufpreis in einem möglichst positiven Licht erscheinen lassen. Trotzdem kann man sagen, dass der mittlere Angebotspreis ein erster Ansatz für ein brauchbares Controlling ist.

Einkaufsstandardwerte

In den Abteilungen, in denen die mengenmäßige Leistung schwer messbar und die Irrationalität des Marktes vorherrschend ist, werden zur Ergebniskontrolle erwartete zukünftige Istkosten (Objectives, Budgetkosten) zu Beginn einer Periode prognostiziert, woran man am Ende der Periode die tatsächlich erzielten Ergebnisse messen kann.

Auch im materialwirtschaftlichen Bereich haben diese Überlegungen in Form von Einkaufsstandardwerten Eingang gefunden. Hierzu hat auch die Tatsache beigetragen, dass durch die Bewertung der durch Absatz- und Produktionsprogramm vorgegebenen Verbrauchsmengen mit den Einkaufsstandardwerten eine fundierte zukunftsorientierte Finanz- und Ertragsplanung erreicht wird. Die Problematik dieses Systems liegt in der Frage, wie diese Werte zustandekommen, die im zukünftigen Beschaffungszeitpunkt anfallen.

Sehr viel spricht für die Lösung, dass nur der Einkäufer selber die Einkaufsstandardwerte festlegen kann, da nur er aufgrund seiner speziellen Marktkenntnisse hierzu in der Lage ist. Um jedoch zu vermeiden, dass er durch möglichst hohen Ansatz der Einkaufsstandardwerte seine Leistung ungerechtfertigt erhöht, können folgende Vorkehrungen getroffen werden:

- Die Einkaufsstandardwerte werden in Zusammenarbeit Einkäufer - Einkaufsleiter bzw. Controller festgelegt.

- Als Beurteilungskriterium dient nicht die Differenz zwischen Einkaufsstandardwert und tatsächlich erzieltem Einstandspreis, sondern der Grad ihrer Übereinstimmung am Ende der Periode.

Einkaufszielpreise

Bei der Entwicklung von Einkaufszielpreisen wird versucht, längerfristige Konzepte zur Senkung der Anschaffungskosten in die Betrachtung einzubeziehen. Einkaufszielpreise ergeben sich aus einer Kombination vielfältiger Überlegungen, was beispielhaft folgende Vorgehensweise zeigt:

Pro Artikel wird dem Einkaufswert des Vorjahres, korrigiert um etwaige Mengenveränderungen zu Vorjahrespreisen, die sich aus den aktuellen Angeboten ergebende Bruttoverteuerung gegenübergestellt. Sodann wird geprüft, ob durch

- Wertanalyse (Substitution),

- Einkaufsaktivitäten (Lieferantenwechsel),

■ beschaffungspolitische Maßnahmen

eine Reduzierung der Bruttoverteuerung erreicht werden kann.

Die Entwicklung derartig aufgebauter Einkaufspreise sollte wegen des damit verbundenen Aufwands auf strategische und Hebelprodukte beschränkt werden, die sich aus Überlegungen der ABC-, XYZ- oder Portfolio-Analyse gewinnen lassen. Außerdem sollten derartige Soll-/Istvergleiche wegen der langfristigen Bemühungen von Prämissen- und Planfortschrittskontrollen begleitet werden.

13.3.2.2 Kontrolle der Bestellabwicklungskosten

Ein anderes Verfahren der Kostenkontrolle baut auf den Erkenntnissen der Kostenarten- und Kostenstellenrechnung auf und stellt einen anderen Kostenblock der gesamten Beschaffungskosten, die Bestellabwicklungskosten, in den Mittelpunkt seiner Überlegungen. Diese Kosten, die bei der Vorbereitung und Abwicklung einer Bestellung anfallen und Aufgaben wie Beschaffungsmarktforschung, Wertanalyse, Aufbau eines Beschaffungsplans, Einholen von Angeboten, Angebotsbearbeitung usw. einschließen, werden in jeder Kostenarten- und Kostenstellenrechnung erfasst. Sie stehen seit jeher im Blickpunkt des materialwirtschaftlichen Geschehens und werden zur Kontrolle des materialwirtschaftlichen Bereichs benutzt. Im Rahmen der Prozesskostenrechnung werden neuerdings aus diesen Untersuchungen weitreichende Konsequenzen für ihre Reduzierung gezogen.

Zunächst spielen die Kosten pro Bestellung eine große Rolle, die durch einfache Division ermittelt werden:

$$\frac{\text{monatliche Kosten der Beschaffungsabteilung}}{\text{monatliche Anzahl der Bestellungen}} = \text{Kosten der Bestellung}$$

Da diese Messzahl eine rein rechnerisch ermittelte Größe ist, die eine spezielle Wertung der Bestellvorgänge vermissen lässt, wird zusätzlich der durchschnittliche Wert einer Bestellung ermittelt:

$$\frac{\text{Gesamtbestellwert pro Monat}}{\text{monatliche Anzahl der Bestellungen}} = \text{durchschnittlicher Wert einer Bestellung}$$

Um Manipulationen dieser Kontrollgrößen durch die Zahl der Bestellungen, die ja in großem Umfang vom Einkauf gesteuert werden kann, zu vermeiden, wurde eine dritte Messzahl entwickelt:

$$\frac{\text{Gesamtbestellwert pro Monat}}{\text{Kosten der Beschaffungsabteilung pro Monat}} = \text{Bestellwert pro 1,- € Kosten}$$

Diese letzte Kennzahl ist zur Kontrolle der Bestellabwicklungskosten deshalb zu empfehlen, weil insbesondere die Kennzahl „Kosten einer Bestellung" die Einkäufer nicht mehr dazu anhalten würde, durch große Bestellmengen - gegebenenfalls in Form von Abrufaufträgen - die reinen Verwaltungskosten zu senken und außerdem günstige Rabattsätze und niedrige Frachtraten zu erzielen. Im Gegenteil würden sie fast dazu herausgefordert, möglichst viele Bestellungen zu veranlassen, was sicherlich zur Unwirtschaftlichkeit führt, die man doch gerade vermeiden will.

13.3.2.3 Kontrolle der Lagerhaltungs- und Logistikkosten

Einen weiteren wichtigen Kostenblock innerhalb der gesamten Beschaffungskosten stellen die Lagerhaltungs- und Logistikkosten dar. Für ihre Beurteilung bieten sich folgende Kennzahlen an:

$$\text{Lagerhaltungskostensatz} = \frac{\text{Lagerhaltungskosten}}{\varnothing \, \text{Lagerwert}} \cdot 100$$

$$\text{Lagerumschlagshäufigkeit} = \frac{\text{Materialverbrauch pro Periode}}{\varnothing \, \text{Lagerbestand}}$$

Diese Kennzahlen, die betriebsindividuell weiter verfeinert werden können, zeigen, wie wirkungsvoll das Kapital eingesetzt wird. Ein hoher Lagerumschlag lässt beispielsweise auf eine geringere Kapitalbindung schließen, reduziert aber auch andere Kostenarten des Lagerbereichs, wie Schwund und Überalterung. Auch von der richtigen Bemessung der Sicherheitsbestände und der Wahl geeigneter Anlieferungsverfahren hängt die Höhe des in Vorräten gebundenen Kapitals und der Logistikkosten ab.

13.3.3 Kennzahlen zur Leistungskontrolle

Die Auswirkungen entscheidungsrelevanter und kreativer Aktivitäten im Versorgungsbereich spiegeln sich nicht nur in kostenrelevanten Kennzahlen wider. Der Grad der Funktionserfüllung lässt sich vielmehr auch anhand folgender Kennzahlen beurteilen:

- $$\text{Beanstandungsquote} = \frac{\text{Zahl der Reklamationen}}{\text{Gesamtzahl der Lieferungen}}$$

- $$\text{Verzugsquote} = \frac{\text{Zahl der verspäteten Lieferungen}}{\text{Gesamtzahl der Lieferungen}}$$

- $$\text{Servicegrad} = \frac{\text{Zahl der befriedigten Bedarfsmeldungen}}{\text{Gesamtzahl der Bedarfsmeldungen}}$$

- Anzahl der Wertanalyseteams mit materialwirtschaftlicher Beteiligung

- Anzahl der Lieferanten, die einer kontinuierlichen Bewertung unterzogen werden

- Anzahl der Lieferanten, mit denen langfristige Partnerschaftsverträge abgeschlossen wurden

Das ausführliche Mitarbeitergespräch bietet eine weitere Hilfe der Leistungskontrolle im materialwirtschaftlichen Bereich. Daneben bieten solche persönlichen Kontakte die Möglichkeit, aufgedeckte Schwachstellen näher zu ergründen, d.h. auf externe, interne oder im Aufgabenträger liegende Ursachen zurückzuführen. Aus derartigen Erkenntnissen können dann in der Abweichungsanalyse geeignete Korrekturmaßnahmen erarbeitet werden. Auch ist das Vorhandensein einer dokumentierten Materialwirtschaftspolitik ein Indiz für eine leistungsfähige Materialwirtschaft.

13.4   Zusammenfassung

Controlling in der Materialwirtschaft kann einen wesentlichen Beitrag zur Verbesserung des Unternehmenserfolgs leisten. Durch die konsequente Steuerung der Materialgemeinkosten und der Lagerbestände können Kostensenkungen bewirkt und Kostenverlagerungen innerhalb des Unternehmens vermieden werden. Durch die verbesserte Kooperation zwischen bedarfsauslösenden Stellen und der Materialwirtschaft werden wertanalytische Bemühungen um die Senkung der Materialkosten ebenso begünstigt wie gezielte Verhaltensweisen auf einzelnen Beschaffungsmärkten. Ferner weist Controlling auf Lösungsansätze zur Kostensenkung hin, die in der Hektik des Tagesgeschäfts und durch abteilungsbezogene Denkweise übersehen oder nicht mit der genügenden Energie weiterverfolgt werden.

Durch die Vernetzung der einzelnen Kennzahlen zu Kennzahlensystemen werden die Wechselbeziehungen zwischen den verschiedenen Größen aufgezeigt. Hierbei bietet es sich an, Vergleichsmaßstäbe zu kombinieren, die kontroverse Kostenverläufe innerhalb der Materialgesamtkosten symbolisieren, etwa

- Umschlagshäufigkeit ⇔ Servicegrad (vgl. Abbildung 13-1)

- Preishöhe ⇔ Beanstandungsquote

- Bestellabwicklungskosten ⇔ Lieferantenbewertung

Hierdurch wird der Informationsgehalt einzelner Kennzahlen erhöht und voreiligen Schlussfolgerungen infolge isolierter Betrachtungsweise vorgebeugt.

Abbildung 13-1:   *Gesamtkosten als Funktion des Servicegrades*

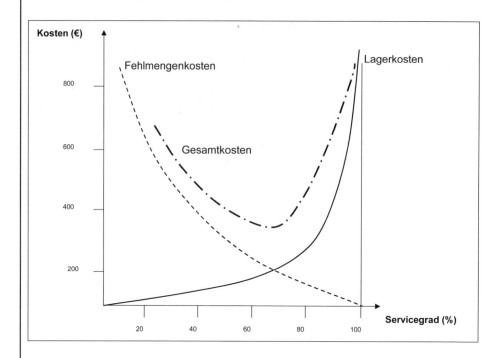

Übungsfragen und -aufgaben

1. Welche Ziele verfolgt das Materialwirtschaftscontrolling?

2. Warum schenkt das Controlling dem Versorgungsbereich große Beachtung?

3. Auf welche Objekte bezieht sich das Materialwirtschaftscontrolling?

4. Weshalb sind Untersuchungen über den Beitrag der Materialwirtschaft zum Unternehmensergebnis schwierig?

5. Nennen Sie einige Messgrößen, um die verschiedenen Kostenarten im materialwirtschaftlichen Bereich zu überprüfen.

6. Wie arbeitet der Soll-/Ist-Vergleich auf der Grundlage von Einkaufsstandardwerten, und wie beurteilen Sie dieses Verfahren?

7. Wie errechnen Sie die Lagerumschlagshäufigkeit, und was sagt Ihnen diese Kennzahl?

8. Warum gewinnt die Leistungskontrolle gegenüber der Kostenkontrolle eine größere Bedeutung?

9. Nennen Sie einige Kriterien zur Beurteilung der Leistungsfähigkeit der Versorgungsfunktion.

10. Warum ist die Vernetzung mehrerer Kennzahlen zu einem Kennzahlensystem erstrebenswert, und wie gehen Sie dabei vor?

14 Internationale Beschaffung

14.1 Ausgangssituation, Grundbegriffe und Handlungsrahmen

Internationale Märkte und Produktionsstätten bieten Unternehmen Erfolgs- und Potentialfelder, über die sie die Unternehmensziele wie Rendite, Gewinn und Wachstum erreichen und nachhaltige Wettbewerbsvorteile generieren können. Länderübergreifende unternehmerische Arrangements sind kein neues Phänomen, sondern seit jeher Gegenstand einer auf Expansion und Optimierung ausgerichteten Unternehmenspolitik. Auch die internationale Beschaffung (englisch: International Sourcing), also der Bezug von Waren, Gütern und Dienstleistungen aus ausländischen Märkten ist ebenfalls nichts fundamental Neues. Bereits im Mittelalter war der Bezug von Gewürzen aus dem Orient ein Mittel zum Abbau von Mangel und gleichermaßen auch Quelle von Reichtum und Wohlstand. Die Nutzung komparativer Kostenvorteile durch internationalen Handel ist seit Beginn des 19. Jahrhunderts in der damals noch jungen Nationalökonomie mit David Ricardo schon Gegenstand entsprechender Modelle. Aus betrieblicher Sicht erfolgt die Beschaffung aus dem Ausland - gegenüber der Beschaffung aus dem Inland - unter höheren Komplexitätsgraden und nicht immer barrierefrei. Aus räumlicher Distanz sowie aus klimatischer, kultureller, wirtschaftlicher, rechtlicher und politischer Vielfalt der jeweiligen Beschaffungsmärkte resultieren vielschichtigere Beschaffungsentscheidungsprozesse und eine kompliziertere Umsetzung. Sprachliche Unterschiede, Zölle, Wechselkursschwankungen und Risiken in der Logistik bestimmen die Rahmenbedingungen für die Umsetzung des internationalen Handels. Durch die Globalisierung der Wirtschaft und ordnungspolitische Maßnahmen in Richtung Freihandel steigt allerdings der Anreiz, internationale Beschaffungsaktivitäten auszuweiten. Zum Teil drastische Unterschiede in Lohn- und Fertigungskosten im In- und Ausland liefern die betriebswirtschaftlich nicht wegdiskutierbare Basis dafür, im Ausland zielgerichtet zu beschaffen und diese Aktivitäten sogar auszuweiten. Nicht zuletzt steigender Kostendruck auf der Absatzseite zwingt die Hersteller industrieller Erzeugnisse, ihre Vorprodukte aus kostengünstigen Märkten im Ausland zu beziehen, insbesondere wenn sie arbeits- und fertigungsintensiv sind.

Die *internationale Beschaffung* hat den länderübergreifenden Erwerb von Beschaffungsgütern zum Gegenstand. Die internationale Beschaffung ist unmittelbar gekoppelt mit dem Begriff des Imports, auf den im Kontext der internationalen Beschaffungsabwicklung weiter unten einzugehen ist. Wird nicht länderübergreifend sondern im Heimatmarkt beschafft, ist von *National Sourcing* die Rede. Ist der Aktionsradius der Beschaffung auf die unmittelbare Umgebung des eigenen Standortes eingeschränkt, spricht man von *Local Sourcing*.

Das *Global Sourcing* stellt eine besondere strategisch fundierte Form der internationalen Beschaffung dar, bei der internationale Beschaffungsaktivitäten gezielt und aus entsprechenden Zielen und Strategien abgeleitet worden sind. Dies beispielsweise im Rahmen einer internationalen Expansions-, Standort- und Absatzpolitik, einer weltweiten Optimierung von Währungspositionen oder der Realisierung von Materialkostenvorteilen im Ausland. Damit hat das Global Sourcing gegenüber der internationalen Beschaffung einen deutlich *strategischeren* Charakter. Die Beschaffungsfunktion erhält damit eine unternehmerisch-mitgestaltende Rolle, indem sie folgende Aktivitäten beeinflusst:

- materialgruppenabhängige Analyse und Identifikation gesamtunternehmerisch relevanter Beschaffungsmärkte

- Identifikation und Einbindung leistungsfähiger Lieferanten im Ausland durch Definition und Gestaltung von Zusammenarbeitsmodellen mit potentiellen Lieferanten beispielsweise in der Entwicklungsphase von Neuprodukten

- Identifikation und „Industrialisierung" von Lieferanteninnovationen aus den Beschaffungsmärkten heraus (technology sourcing)

- Realisierung von Wettbewerbsvorteilen durch konsequentes Lieferantenmanagement.

Bei der Sichtung der in den vergangenen Jahren erschienenen Literatur zum Thema fallen besonders die folgenden Konzepte als Sonderfälle des Global Sourcing auf:

- das „Low Cost Country-Sourcing"(Jahns, Chr. et.al. (Hrsg.): Global Spend Management Studie: „Europäische Strategien für Low Cost Country Sourcing", Wiesbaden 2005) Das Konzept des *Low Cost Country Sourcing* konzentriert sich auf den Aspekt, einen möglichst hohen Wertschöpfungsanteil an Lieferanten in Niedriglohnländern zu verlagern. In der Automobilbranche wird dieses Vorgehen mit dem Begriff der „Tiefenlokalisierung" (Winterkorn, 2008, S. 17) bzw. Region-for-Region Strategie (Nowak, 2012, S. 11) belegt.

- „Best Cost Country Sourcing" (Voigt/Römer: Best Cost Country Sourcing. In: Beschaffung Aktuell, 2010). Das *Best Cost Country Sourcing-Konzept* hingegen fordert eine Gesamtkostenbetrachtung im Rahmen des Global Sourcing. Hierzu wird eine integrative Berücksichtigung von Material- und Transportkosten, Qualitätsaspekten und Risiken empfohlen. Die Firma BrainNet sieht ihr Konzept als eine Weiterentwicklung des *Low Cost Country Sourcings*.

- „Best Value Country Sourcing" (Marlinghaus, S. (Hrsg.): Best Value Country Sourcing - A Paradigm Shift for Global Sourcing Approaches. St. Gallen, 2008). Durch eine empirische Befragung haben die Autoren herausgefunden, dass von den beschaffenden Unternehmen als Gründe und Motive für internationale Beschaffungsaktivitäten "best value"-Faktoren, wie Flexibilität der Lieferanten, deren Wahrung ethischer Grundsätze und Umweltstandards sowie die Verfügbarkeit qualifizierter Arbeitskräfte bei Lieferanten als sehr wichtig oder wichtig eingestuft worden sind. Dabei weisen die Autoren auf signifikante Unterschiede zwischen den befragten Branchen hin. Die Qualifikation der Arbeitskräfte spielt im Dienstleistungsbereich eine große Rolle. In der Industrie dominierten neben genannter „best value Faktoren" weiterhin günstige Materialkosten als wichtigster Beweggrund für internationale Beschaffungsaktivitäten.

- „Offshoring von Dienstleistungen". Beim „Offshoring" werden zumeist wissensintensive Dienstleistungen, aber auch Aufgaben der operativen Datenbe- und -verarbeitung ins Ausland (also gewissermaßen außerhalb der eigenen Hoheitsgewässer, d.h. offshore) verlagert.

Die Entstehung weiterer neuer Wortschöpfungen aber auch grundlegend neuer Konzepte ist zu vermuten. Ursächlich dafür ist die Diskussion um die Zukunft der Globalisierung sowie die sich verschärfende Problematik des Klimawandels aufgrund hoher CO_2 Emissionen, die u.a. durch hohes Transportaufkommen entstehen. Unabhängig von Spitzfindigkeiten in den Bezeichnungen internationaler Beschaffungskonzepte stellt sich nach der Definition von Beschaffungszielen und der Wahl einer strategischen Stoßrichtung für die Internationalisierung von Beschaffungsaktivitäten die Frage nach konkreten Umsetzungsansätzen und der geschickten Umgehung von damit verbundenen Risiken.

14.2 Operative und strategische internationale Beschaffung

Sollen internationale Beschaffungsmärkte identifiziert und erschlossen werden, bietet sich ein systematisch angelegtes Vorgehen an. Hierzu ist im unternehmerischen Kontext zu klären, welche Internationalisierungsaktivitäten bereits definiert sind. Hierauf basierend ist eine internationale Beschaffungsstrategie auszuarbeiten. Diese gibt den Weg für die Bearbeitung internationaler Beschaffungsmärkte vor. Grundlage hierzu sind klare und messbare Beschaffungsziele, die sich auch mit der Fragestellung der Identifikation und Einbindung internationaler Lieferanten befasst.

Die so erarbeiteten internationalen Beschaffungsziele sind mit den sonstigen bereits existenten Beschaffungszielen abzugleichen und - um eine Umsetzbarkeit gewährleisten zu können - gegebenenfalls in das „offizielle Einkaufszielsystem" zu integrieren. So wäre es beispielsweise kontraproduktiv, wenn die Beschaffung auf der einen Seite „strategisch" Ausschau hält nach zusätzlichen internationalen Lieferanten und gleichermaßen „operativ" das Ziel einer Reduzierung der Lieferantenzahl verfolgen würde. Im Extremfall kämen die mit hohem Aufwand identifizierten und mit Anfragen bzw. Ausschreibungen belegten neuen Lieferanten systematisch bei Vergabeentscheidungen nicht zum Zug.

14.2.1 Ziele der Internationalen Beschaffung

Grundsätzlich gelten für die Beschaffung im Ausland die gleichen Ziele wie für die nationale Beschaffung, nämlich zu geringen Gesamtkosten die Versorgungsfunktion für Bedarfsgüter zu erfüllen. Dies unter Berücksichtigung sämtlicher quantitativer, qualitativer und zeitlicher Nebenbedingungen, die von den tangierten Fachbereichen Qualitätssicherung, Logistik, Produktion und Entwicklung vorgegeben werden bzw. im Rahmen einer industriellen Produktion erforderlich sind.

Folgende Punkte fassen die Zielsetzung einer Internationalen Beschaffung zusammen, die über diejenigen einer rein national orientierten Beschaffungsfunktion hinausgehen. Sie sind regelmäßig gekoppelt mit den besonderen Potentialquellen, die eine Beschaffung im Ausland mit sich bringt (Kosten und Differenzierung):

▪ *Abschöpfen der Wettbewerbspotentiale aus globalen Beschaffungsmärkten*: Damit ist die Kostensenkung durch günstige Einstandspreise gemeint. Diese ergeben sich aufgrund unternehmerischer Rahmenbedingungen bzw. preislich besserer Faktorkostenbedingungen (Energie, Lohnstruktur/"Niedriglohnländer", Umweltschutzkosten) ausländischer Lieferanten. Vor allem wegen des starken Kostendrucks, den viele Unternehmen in Deutschland verspüren, sind Beschaffungsaktivitäten ins preisgünstigere Ausland verlagert worden. Dabei sind in der Vergangenheit zunächst die Niedriglohnländer Südostasiens und andere NIC (neuindustrialisierte Länder) in das Blickfeld der industriellen Beschaffung gerückt. In neuerer Zeit kommen die osteuropäischen Länder sowie z.T. afrikanische Länder als preiswerte Beschaffungsquellen hinzu. Das weltweite Einholen von Preisinformationen kann ferner zu Vergleichszwecken genutzt werden (einfaches Preis-Benchmarking). Das anfragende Unternehmen erhält zudem Kenntnisse über freie Kapazitäten am Markt. Aufgrund der potentiell breiteren Lieferantenbasis auf dem Weltmarkt schafft dieses international ausgerichtete Vorgehen eine höhere Transparenz als ein rein national orientierter Ansatz.

▪ Globale Bezugsquellen werden manchmal auch genutzt, um die Abhängigkeit von nationalen Lieferanten zu reduzieren und den Wettbewerb auf inländischen Oligopol- und Monopolmärkten anzuregen oder um Druck auf heimische Anbieter auszuüben und die Verhandlungsspielräume auf dem Binnenmarkt zu erweitern.

Kostenvorteile lassen sich beim International Sourcing gelegentlich auch dadurch erzielen, dass günstige Wechselkurskonstellationen ausgenutzt werden.

▪ *Verbesserte Materialqualität durch leistungsfähige(re) Lieferanten*: Die Analyse der ausländischen Märkte mag neue Anbieter hervorbringen, die - im Gegensatz zu bekannten Anbietern auf dem heimischen Markt - qualitativ höherwertige Produkte herstellen können.

▪ *Zugang zu innovativen Techniken und Technologien* im Funktionsbereich Entwicklung oder Fertigung auf dem Weltmarkt (= Technology-Sourcing): Neben einem Streben nach kostengünstigen Beschaffungsquellen spielen inzwischen bei der Ausrichtung des Beschaffungsmarketing auf Auslandsmärkte technologische Aspekte eine immer größere Rolle. Lieferanten im Ausland beherrschen in besonderem Maß und gegebenenfalls besser als heimische Unternehmen bestimmte, als innovativ betrachtete Techniken bzw. die Entwicklung dieser Techniken. Diese Potentiale sind von beschaffenden Unternehmen zu identifizieren und über die Gestaltung entsprechender Wertschöpfungspartnerschaften in eigene Wettbewerbsvorteile zu verwandeln. Mit Hilfe von Global Sourcing bleiben Unternehmen über technologische Trends in anderen Ländern im Bild, partizipieren am Innovationspotential und an den Know-how-Levels in anderen Regionen der Erde und können weltweit die modernste Technik einzukaufen. Darüber hinaus können der damit verbundene Know-how-Transfer und das auf diese Weise bewirkte „global learning" wertvolle Hinweise darauf geben, auf welche Schwerpunkte sich die eigene Technologieforschung ausrichten und konzentrieren sollte.

▪ Selbstverständlich werden globale Beschaffungsquellen auch dann in Anspruch genommen, wenn auf dem Inlandsmarkt bestimmte Produkte oder Dienstleistungen überhaupt nicht oder nur in unzureichenden Mengen angeboten werden. Bei vielen Rohstoffen ist bekanntlich die deutsche Industrie auf Importe angewiesen. Aber auch in den Zeiten, in denen sich auf inländischen Märkten *Verknappungen* bemerkbar machen, erfordert die Sicherung der Materialbereitstellung eine Einschaltung ausländischer Lieferquellen. Manchmal setzt ein Abnehmer bei bestimmten Beschaffungsobjekten neben inländischen Anbietern zusätzlich kontinuierlich Lieferanten im Ausland ein, um langfristig die Versorgung mit Materialien abzusichern.

▪ *Zugang zu bisher nicht erschlossenen Rohstoffmärkten*: Im Zuge der Verknappung von Rohstoffvorkommen bzw. der Volatilität von Rohstoffpreisen stellt sich die Frage, ob nicht für diese Materialien und Komponenten Bezugsquellen in bisher unbearbeiteten Ländermärkten identifiziert und durch die Beschaffung verfügbar gemacht werden können. Damit mag es wirtschaftlich darstellbar sein, rohstoffhaltige Materialien auch aus weiter entfernten Ländermärkten zu beziehen. Als Beispiel wäre hierfür Stahl aus China anzuführen. Rohöl - und damit der Hauptkostentreiber für Transporte - hat sich jedoch im 21. Jahrhundert auch überproportional verteuert, sodass das eben Gesagte zunehmend differenzierter zu betrachten ist. Ferner rückt im Rahmen der Klima-Debatte die CO_2-Bilanz von Fabriken und Lieferketten zunehmend in den Fokus. Industrieunternehmen werden absehbar belegen müssen, wie viel CO_2 sie bei ihrer Produktion und bei den vorgelagerten Wertschöpfungsstufen (inkl. Transport) erzeugen. Diese Emissionen werden voraussichtlich vom Gesetzgeber (und der öffentlichen Meinung) bewertet und besteuert. Damit wird aufgrund von CO_2-Fragen die Vorteilhaftigkeit der ausgedehnten Beschaffung von Rohstoffen im Ausland langfristig relativiert.

▪ *Erhöhte Flexibilität durch Ausweitung der Anbietergruppe um „atmende" Zulieferer*: Damit gemeint sind Lieferanten, die fertigungstechnisch und logistisch flexibler und leistungsfähiger sind, als der bisherige Lieferantenstamm. Dadurch besteht beim beschaffenden Unternehmen Aussicht darauf, situationsgerecht auf die Anforderungen der eigenen unternehmerischen Logistik und vorab definierter Fertigungsverfahren zu reagieren und damit schwankende Mengengerüste in Fertigungskapazitäten, Anlieferungskonzepten und -zeiten durch entsprechende Lieferanten dennoch engpassfrei und ausfallsicher beliefert zu bekommen. Dies ist wichtig bei kostensensiblen und gleichzeitig variantenreichen Produkten wie beispielsweise in der Automobilbranche. Relativierend ist hierbei anzumerken, dass ausgerechnet Lieferanten aus dem Ausland durch die Verlängerung der Transportwege nicht unbedingt prädestiniert sind, aufgrund ihrer geographischen Entfernung flexible Anlieferungskonzepte sicherzustellen. Es ist in diesem Fall vielmehr erforderlich, dass derartige Lieferanten zusätzlich in Kundennähe einen Standort eröffnen oder kundennahe Güterverkehrs- bzw. Logistikzentren nutzen, in denen beispielsweise Ware vorkommissioniert und anschließend in nahe gelegene Fertigungsstätten des beschaffenden Unternehmens verbracht werden können.

▪ *Schnellere Produkt-Entwicklungsabläufe durch Einbindung weltweit tätiger und daher leistungsorientiert arbeitender Lieferanten*: Über den oben genannten Punkt hinaus können Dienstleister für die Entwicklung von Komponenten oder Software in den unterschiedlichen Zeitzonen dergestalt eingebunden werden, dass die Zeitzonen durch entsprechende Entwicklungsteams sequentiell genutzt werden (sog. follow-the-sun-Prinzip). Entwicklungszeiträume können somit verkürzt werden. Der sogenannte „time-to-market" - also das Zeitfenster von Konzeption und Erstellung eines kundentauglichen und damit marktreifen Neuproduktes - wird verkürzt.

▪ *Lokalisieren von Beschaffungsumfängen* bzw. Aufbau einer lokalen Lieferantenbasis als Grundlage für eine spätere eigene Fertigung im Ausland: Wird im Rahmen einer internationalen Produktionsstrategie die Fertigung und der Vertrieb von Produkten in einem ausländischen Zielmarkt angestrebt, kann vorab die Identifikation und Einbindung von Lieferanten im Zielland förderlich sein. Diese Lieferanten können zunächst für eine Belieferung des Stammwerks identifiziert, unter Vertrag genommen und lieferfähig gemacht werden, um so zu einem späteren Zeitpunkt zügig eine Fabrik mit eigenem Lieferantenstamm im Ausland in Betrieb nehmen zu können.

■ *Vorbereitendes Absatzmarketing zum Kennenlernen des Landes, des Marktes (Wertvorstellungen, Strukturgegebenheiten) und der Lieferantenbasis:* Die Identifikation von Lieferanten in einem bestimmten ausländischen Markt erfordert im Rahmen der Beschaffungsmarktforschung ein ähnliches Vorgehen wie beim Vertrieb von Produkten in einem ausländischen Zielmarkt. Damit kann die beschaffungsseitige Auseinandersetzung mit bestimmten Ländermärkten Aufschluss über fundamentale Marktdaten geben und erste Abschätzungen ermöglichen, ob für die Produktvermarktung weitere Detailinformationen erarbeitet werden müssen oder ob etwa eine Betätigung im Markt Aussicht auf Erfolg hat. Damit kommt der Internationalen Beschaffung eine Erkundungs- und Scoutingfunktion für neue Absatzmärkte bzw. Produktionsstandorte zu. In manchen Fällen lassen sich durch Auslandsbezüge neue Absatzmärkte für eine Unternehmung erschließen. Die Beschaffung kann beispielsweise dann als „Türöffner" für ausländische Absatzmärkte fungieren, wenn auf der Grundlage der Erkenntnisse und Erfahrungen, die man beim International Sourcing sammelt, der spätere Eintritt in fremde Absatzmärkte erleichtert wird. Dies kann bei denjenigen Ländern von besonderem Interesse sein, welche wegen ihrer kulturellen, politischen, rechtlichen oder sonstigen Besonderheiten durch hohe Absatzrisiken gekennzeichnet sind.

■ Die internationale Beschaffung bietet nicht selten die Chance, mit dem ausländischen Marktpartner lukrative *Gegen- bzw. Kompensationsgeschäfte* abzuschließen. Die Vorteile derartiger Geschäfte sind vor allem dann evident, wenn durch diese Beschaffungsaktivitäten bisher verschlossene Absatzmärkte geöffnet und bestehende Währungsrisiken eingegrenzt werden können. Eine ähnliche Unterstützung des Absatzmarketing durch Global Sourcing findet auch dort statt, wo das Beschaffungsmanagement (z.B. im Großanlagenbau) auf Local-Content-Forderungen des ausländischen Staates eingeht und sie erfüllt. Im Rahmen einer an Erhöhung bzw. Sicherstellung von landesinterner Wertschöpfung orientierten Wirtschafts- und Finanzpolitik haben einzelne Länder nämlich Vorschriften zum Countertrade (Außenhandel über den direkten Tausch von Waren) bzw. Local Content (bestimmter Wertschöpfungsmindestanteil im eigenen Land) festgelegt, die ausländische Unternehmen dazu veranlassen sollen, gezielt mit lokalen Unternehmen beschaffungsseitig zusammenzuarbeiten bzw. den Wertschöpfungsanteil im jeweiligen Land zu erhöhen.

■ *Fakturierung der Beschaffungsgüter in Fremdwährung als Element eines „Natural Hedging":* Damit gemeint ist das „Durchreichen" offener Fremdwährungspositionen (z.B. in Dollar) aus Vertriebstätigkeit in bestimmten Märkten für Lieferungen von Lieferanten aus dem gleichen Währungsraum. Ziel der Internationalen Beschaffung ist damit die Identifikation und Einbindung von Lieferanten desjenigen Währungsraumes, in dem Absatzgüter fakturiert werden und dessen Wechselkursentwicklung ein Risiko für den Ertrag aus Vertriebsaktivitäten darstellt. Durch diese realwirtschaftliche Umgehung des Umtauschrisikos von Fremdwährungspositionen kann auf den Einsatz von aufwendigen Finanzinstrumenten zur Wechselkursabsicherung verzichtet werden.

- Schließlich kommt es vor, dass größere Unternehmen durch ein gezieltes International Sourcing zum Ausdruck bringen wollen, dass ihre *Unternehmensphilosophie* und -kultur von Weltoffenheit und Globalisierung der Unternehmenstätigkeit geprägt sind. Mittels Global Sourcing lassen sich das Image einer Unternehmung positiv beeinflussen und der Bekanntheitsgrad im Ausland steigern.

- *Weitere Ziele*, die allerdings nicht unbedingt mit der internationalen Ausrichtung der Beschaffungsaktivitäten in Zusammenhang stehen müssen, liegen im Aufbau eines weltweiten Lieferantenmanagements sowie in der Implementierung von damit gekoppelten Frühwarnsystemen für mögliche Versorgungsrisiken.

Es sollte anhand dieser Auflistung von Zielen deutlich geworden sein, dass mehrere Ziele ein internationales Engagement der Beschaffung bedingen. Idealerweise können auch mehrere Ziele bedient werden. Allerdings können diese z.T. auch über die Nutzung heimischer Beschaffungsmärkte erreicht werden. Damit diese Ziele umsetzbar werden, ist es erforderlich, messbare Kriterien und entsprechende Sollwerte zu entwickeln. Sie stellen die Basis dafür dar, dass in einem Umsetzungsprozess die Ziele überhaupt nachgehalten und stringent erreicht werden können.

14.2.2 Risiken internationaler Beschaffung

Internationale unternehmerische Aktivitäten sind durch Risiken geprägt. Aus Beschaffungssicht können diese grob unterteilt werden in zwei Gruppen: *Länderrisiken* und *lieferantenspezifische Risiken*. Beide Risikogruppen werden im weiteren noch genauer spezifiziert und es werden Ansätze vorgestellt, wie diese beherrscht und handhabbar gemacht werden können.

Tabelle 14-1 gibt einen Überblick über mögliche Risiken beim Auslandseinkauf. Diese Übersicht beschränkt sich auf die wesentlichen Schwierigkeiten, die mit der internationalen Beschaffung bzw. dem International Sourcing verbunden sind, eine erschöpfende Aufzählung und Beschreibung aller Risiken im Detail ist hier nicht möglich.

Tabelle 14-1:   *Risiken des International Sourcing*

Länderrisiken
1)   Politische Risiken
2)   Unterschiedliche Kulturen der Völker
3)   Währungsrisiko
4)   Rechtsunsicherheit
Lieferantenspezifische Risiken
5)   Logistische Risiken
6)   Qualitätsrisiken
7)   Erschwerter Informations- und Kommunikationsfluss
8)   Gefahr des Know-how-Abflusses

Länderrisiken

1) Den *politischen* Risiken werden diejenigen Aspekte zugerechnet, die unmittelbar vom Verhalten der Machthaber bzw. der Exekutive im jeweiligen Land abhängen. Hierzu zählen insbesondere weitgehend unvorhersehbare Ereignisse wie Putsche, politisch motivierte Ein- und Ausfuhrbeschränkungen, die den wirtschaftlichen Austausch zum Erliegen bringen können. Ein Element dabei sind tarifäre Handelshemmnisse wie Zölle, die u.U. die möglichen Profitmargen eines internationalen Geschäfts stark gefährden können. Zölle sind steuerähnliche Abgaben, die an den Grenzen von den Zollverwaltungen auf die Einfuhr und Durchfuhr, gelegentlich auch auf die Ausfuhr erhoben werden. Vereinzelt kann erschwerend hinzukommen, dass in einigen Ländern die Zollverwaltung bzw. der Gesetzgeber mit hoher Dynamik Regelungen modifiziert und schwer prognostizierbar arbeitet. Ein weiteres staatliches Mittel zur Steuerung bzw. Hemmung internationaler Handelsaktivitäten sind besondere Genehmigungs- und Verwaltungsvorschriften, komplizierte Sicherheits- und Umweltschutzvorschriften sowie schikanöse Zollabfertigungspraktiken. Diese werden gemeinhin auch von Staaten zu protektionistischen Zwecken eingesetzt. Politische Risiken sind insbesondere in solchen Ländern gegeben, die in militärische Auseinandersetzungen verwickelt sind, in politischen Spannungsgebieten liegen oder die durch soziale Konflikte, politische Instabilität oder Unruhen gekennzeichnet sind. Auch die drohende Beschlagnahmung der zu transferierenden Ware sowie jede Beschränkung des Außenhandels durch Regierungen fremder Länder können zu den politischen Risiken des International Sourcing gerechnet werden. Eine mögliche Folge derartiger politischer Gefahren ist häufig, dass das Beschaffungsobjekt nicht vertragsgemäß an den inländischen Abnehmer geliefert werden kann bzw. darf.

Um mit den genannten Risiken professionell umgehen zu können, ist die umfassende Information über Beschaffungsmarkt und Lieferanten die Basis für ein Beschaffungsengagement im Ausland. Hierzu haben professionelle Anbieter diverse Dienstleistungsprodukte entwickelt:

■ Länderrisikokonzepte der Rating-Agenturen (Standard & Poor's, Fitch und Moody's): Gegenstand sind Aussagen über die Attraktivität bestimmter Länder als Absatzmärkte bzw. für Direktinvestitionen und die Einbringbarkeit von Forderungen.

■ Länderrisikokonzepte zur Kreditwürdigkeit, sogenannte „Institutional Investor's Country Credit Ratings": Gegenstand dieser Konzepte sind Befragung internationaler Banken über die Unbedenklichkeit der Kreditvergabe bzw. Zahlungsfähigkeit eines Landes; Reihenfolge von Ländern; Zeitliche Entwicklung.

■ Länderberichte der Kreditinstitute

■ Länderklassifizierungen durch den Bund/Hermes: Hier werden 7 Länderrisikokokategorien abgebildet (die Definition der einzelnen Kategorien wird nicht mehr bekannt gegeben); generell gilt: Kat. 1: geringes Risiko; Kat. 7: hohes, nicht akzeptables Risiko

■ Bundesagentur für Außenwirtschaft (bfai): Sie gibt aktualisierte Länderanalysen heraus sowie Informationen über die aktuell gültigen Einfuhrbestimmungen

■ Kreditmanagement-Dienstleister wie die Coface: Sie gibt jährlich ein umfassendes Handbuch zu Länderrisiken heraus

Mit Hilfe dieser Informationen können die wesentlichen politischen Risikofelder einer internationalen Beschaffungstätigkeit identifiziert, bewertet und derart verdichtet werden, dass eine Entscheidung über ein Engagement selbst und dessen konkrete Ausprägung erfolgen kann. Rückt ein bestimmter Beschaffungsmarkt in den Fokus, sind für den konkreten Vergabefall weitere Informationen über potentielle Lieferanten einzuholen (Lieferantenselbstauskunft) bzw. durch Lieferantenbesuche und -audits entsprechende Bewertungen zu erstellen und in Vergabeentscheidungen einzubeziehen.

2) Unterschiedliche Kulturen der Völker kommen vorwiegend in der spezifischen Lebensart und in den Geschäftssitten, in der Mentalität und den religiösen Überzeugungen, in dem speziellen Wertesystem und in der Sprache zum Ausdruck. Diese Unterschiede können die Ursache von Missverständnissen beim Umgang mit Lieferanten, Transportunternehmen oder Behörden sein. Ein Einkäufer, der bei seinen Auslandsbezügen erfolgreich sein will, muss sich intensiv mit der Kultur seines Marktpartners vertraut machen und versuchen, ein Verständnis dafür zu entwickeln. Zusammen mit den Unterschieden, die sich aus den natürlichen Gegebenheiten im Ausland (Landschaftsform, Klima, etc.) ergeben, werden die kulturellen Unterschiede auch zu sogenannten „allgemeinen Risiken" gezählt.

3) Verträge mit Anbietern im Ausland kommen vielfach nur zustande, wenn der Abnehmer die nationale Währung des Zulieferers oder eine vereinbarte Drittwährung als Geschäftsgrundlage akzeptiert. In derartigen Fällen entsteht dem Abnehmer ein Währungsrisiko, das darauf beruht, dass zwischen Vertragsabschluß und Bezahlung im allgemeinen eine zeitliche Differenz besteht und dass sich die Austauschverhältnisse zwischen in- und ausländischer Währung im Zeitablauf ändern können. Letzteres bewirkt, dass Positionen in Fremdwährung (Vermögen, ausstehende Erlöse oder Forderungen) an Wert verlieren können und damit sich die Ertragslage des wirtschaftlichen Engagements im Ausland drastisch verschlechtert. Selbstverständlich können Wechselkursentwicklungen auch zu eigenen Gunsten ausfallen und „Windfall-Profits" auslösen. Wenn Lieferungen in Fremdwährung zu bezahlen sind und der Abnehmer Währungsrisiken bei Rechnungserledigung befürchtet, so besteht für ihn die Möglichkeit, derartige Risiken durch Devisentermingeschäfte oder durch Devisenoptionsgeschäfte zu vermeiden. Bei Devisentermingeschäften erwirbt der Abnehmer den für die Begleichung der Rechnung erforderlichen Devisenbetrag nicht erst kurz vor Fälligkeit der Zahlung, sondern er kauft ihn bereits bei Abschluss des Kaufvertrages am Devisenterminmarkt. Der Käufer einer Devisenterminoption (Kauf- oder Call-Option) erwirbt das Recht, einen bestimmten Fremdwährungsbetrag innerhalb eines bestimmten Zeitraumes zu einem vorher fixierten Basispreis zu kaufen. Der Unterschied zum Devisentermingeschäft besteht darin, dass man bei der Terminoption nicht verpflichtet ist zu kaufen, man muss also die Option nicht ausüben. Für das eingeräumte Recht ist eine Prämie an den Optionsverkäufer zu zahlen.

4) Aus rechtlicher Sicht ist es selbstverständlich einfacher, bei Unternehmen zu kaufen, die der gleichen (nationalen) Rechtsordnung unterliegen. International Sourcing ist wegen der Unterschiede in den nationalen Rechtssystemen und -auffassungen, aber auch wegen spezifischer ausländischer Usancen im Geschäftsverkehr in der Regel mit einer gewissen Rechtsunsicherheit verbunden. Vor allem die rechtlichen Zugriffsmöglichkeiten auf den Lieferanten im Falle einer Nichterfüllung bestimmter Vertragsbestandteile sind im Allgemeinen beim Einkauf im Inland günstiger als bei International Sourcing.

Um Risiken in diesem Bereich möglichst zu begrenzen, sollten in Vereinbarungen mit ausländischen Lieferanten Regelungen über das auf den Kaufvertrag anwendbare Recht sowie über das für eine Entscheidung zuständige (staatliche) Gericht bzw. Schiedsgericht nicht fehlen. Positiv auf die Rechtssicherheit kann sich auch die Anwendung der international akzeptierten INCOTERMS sowie des neuen UN-Kaufrechtsübereinkommens („Übereinkommen der Vereinten Nationen über Verträge über den internationalen Wareneinkauf") auswirken. Dieses Abkommen ist für die Bundesrepublik seit 1991 in Kraft. Es tritt an die Stelle der beiden Haager Kaufrechtsübereinkommen von 1964 und wurde inzwischen von einer Vielzahl von Ländern in innerstaatliches Recht umgewandelt.

Lieferantenspezifische Risiken

Lieferantenspezifische Beschaffungsrisiken können in Leistungs- und Verhaltensrisiken des Lieferanten unterteilt werten. Unter den *Leistungsrisiken* werden alle die Aspekte zusammengefasst, die aufgrund der Aktivität des Lieferanten zu unerwünschten und erfolgsmindernden Ergebnissen führen können. Hierzu gehört das Preisrisiko, dass zu einem späteren Liefertermin nicht der voraussichtliche Preis gefordert wird, sowie sämtliche Themen, die in der Logistik , Qualität, erschwertem Informationsfluss sowie möglichem Know-how-Abfluss liegen.

Verhaltensrisiken sind diejenigen Risken, die im Verhalten des Lieferanten liegen und im Kontext der Neuen Institutionenökonomie als Problemfelder der Entscheidungsfindung beschrieben werden wie bspw. vermeintlich falsch getroffene Lieferantenauswahlentscheidungen (adverse selection). Adverse selection bedeutet, dass aufgrund einer aus Beschaffungssicht plausiblen Faktenlage (z.B. geringer Angebotspreis) der vermeintlich günstigste Anbieter ausgewählt wird. Bei genauerer Analyse jedoch mag sich herausstellen, dass dieser günstigste Lieferant bewusst unter seinen Grenzkosten anbietet, da er nahe einer Insolvenz sein mag und deshalb einen Auftrag „um jeden Preis" bekommen möchte. Im internationalen Kontext erhöht sich die Gefahr einer adverse selection dahingehend, dass man in der Regel nicht über hinreichend belastbare und vollständige Informationen über potentielle Geschäftspartner im Ausland verfügt, um derartige Situationen richtig einschätzen zu können. Dies kann nur durch due-diligence-Prüfungen in der Anbahnung und ein umfassendes Risiko-Management eingegrenzt werden. Dienstleister wie Coface, Kreditreform, Dun and Breadstreet oder Hoppenstedt - um nur die größten zu nennen - bieten ebenfalls hier Auskünfte über Bonitäten und ggf. Auffälligkeiten ausländischer Lieferanten.

5) Ein zentrales Problemfeld des International Sourcing stellen die logistischen Risiken dar; sie wirken sich negativ auf die Versorgungssicherheit aus. Beim Auslandseinkauf nimmt in der Regel wegen der größeren räumlichen Entfernung zwischen den beiden Marktpartnern und wegen der längeren Transportzeiten die Anzahl der möglichen Störfaktoren, die eine termingerechte Belieferung gefährden, zu. Ferner muss die Verkehrsinfrastruktur in vielen Billiglohn- bzw. Entwicklungsländern als unzureichend angesehen werden. Schließlich kommt hinzu, dass beim Einkauf im Ausland Grenzformalitäten zu erledigen sind, welche mit erheblichen Wartezeiten und Lieferverzögerungen verbunden sein können. Vor allem dann, wenn große Distanzen zwischen dem liefernden und dem importierenden Land zu überbrücken sind, wenn mehrere Transitländer durchquert und mehrere Verkehrsträger in die Transportkette einbezogen werden müssen, können logistische Risiken - trotz der inzwischen erreichten Verbesserungen der internationalen Logistiksysteme - zu einem ernsten Hindernis für einen angestrebten Auslandseinkauf werden.

6) Auf einigen ausländischen Beschaffungsmärkten (wie z.B. in vielen osteuropäischen Ländern oder in bestimmten Entwicklungs- und Schwellenländern) muss der Abnehmer mit Qualitätsrisiken rechnen. Nicht selten können Lieferanten aus diesen Ländern den heimischen Qualitätsanforderungen noch nicht entsprechen, und relativ häufig kommt es zu nicht-akzeptablen Schwankungen im Qualitätsniveau. Derartige Qualitätsrisiken können u.a. auf unterschiedlichen Qualitätsstandards, auf einem wenig ausgeprägten Qualitätsbewusstsein oder auf einem niedrigen Stand des technischen Wissens beim ausländischen Anbieter beruhen. Manche Abnehmer versuchen in derartigen Fällen, den qualitativen „Hemmschuh" beim International Sourcing dadurch aus dem Weg zu räumen, dass sie den potentiellen Lieferanten auf dem Gebiet des Qualitätswesens schulen, ihm Know-how übertragen oder beim Aufbau von Qualitätssicherungssystemen behilflich sind.

7) Erfolgreiche Einkaufstätigkeit ist auf eine problemlose Beschaffung von Informationen über potentielle Beschaffungsmärkte und auf eine risikolose Kommunikation mit dem ausgewählten Lieferanten angewiesen. Im Vergleich zum National Sourcing ist jedoch die Beschaffung im Ausland häufig durch einen erschwerten Informations- und Kommunikationsfluss gekennzeichnet. Dieses Phänomen macht sich in den unterschiedlichsten Bereichen des Beschaffungsmarketing bemerkbar. Auf drei wichtige Aspekte dieser Problematik soll hier ausdrücklich hingewiesen werden: Erstens sind - trotz der Verwendung der weltweit üblichen Handelssprachen (wie Englisch, Französisch, Spanisch) - auch heute noch in vielen Unternehmen die Sprachbarrieren ein wichtiges Hemmnis für die Ausweitung der Beschaffungstätigkeit auf ausländische Märkte. In der Praxis versucht man, diese Barrieren immer mehr abzubauen bzw. niedrig zu halten, indem man z.B. die Einkäufer intensiv auf dem Gebiet der Fremdsprachen schult oder indem man Dienstleister (Dolmetscher, Übersetzungsbüros, Fremdsprachenkorrespondenten) engagiert. Zweitens sind in der Regel die ausländischen Märkte weniger transparent als die inländischen Märkte. Das bedeutet, dass International Sourcing mit einem größeren Risiko, Fehlentscheidungen zu treffen, verbunden ist. Schließlich hat die Frage, wie leistungsfähig das ausländische Kommunikationsnetz ist, Auswirkungen auf die Gestaltung der internationalen Beschaffungslogistik. So muss z.B. bei vielen Schwellen- und Entwicklungsländern, in denen die Kommunikationsinfrastruktur noch nicht modernen Maßstäben entspricht, die Logistik so organisiert werden, dass Güterflüsse auch bei geringem Informationsaustausch möglich sind.

8) Nicht völlig zu vernachlässigen ist bei International Sourcing schließlich die Gefahr des Know-how-Abflusses. Dieses Risiko dürfte vor allem bei technologieintensiven Erzeugnissen, bei denen der Abnehmer dem ausländischen Lieferanten technisches Wissen vermittelt, gegeben sein.

Wie aus dieser Übersicht hervorgeht, gibt es Risikofaktoren im International Sourcing (wie z.B. die politischen Risiken oder die unterschiedlichen Kulturen der Völker), welche der Abnehmer nicht durch bestimmte Maßnahmen aktiv beeinflussen kann; derartige Risiken müssen allerdings in ihrer Bedrohungsintensität durch Beschaffungsmarktforschung und Länderanalysen offengelegt und bei der Bewertung und Auswahl von ausländischen Lieferanten berücksichtigt werden. Andere Risikofaktoren (wie z.B. das Qualitäts- oder das Währungsrisiko) und das von ihnen ausgehende Gefahrenpotential lassen sich durch den Einsatz bestimmter Instrumente des Beschaffungsmarketing reduzieren, minimieren oder sogar beseitigen.

Selbstverständlich treten die aufgeführten Risiken des International Sourcing nicht in allen Ländern mit gleicher Intensität auf. So gibt es internationale Märkte, deren Gefahrenpotential kaum größer ist als die Beschaffungsrisiken beim National Sourcing. Aus der Sicht eines deutschen Einkäufers gehören zu den relativ risikoarmen Märkten z.B. Länder wie Österreich, die Schweiz, die Benelux-Staaten, Frankreich oder auch Nord-Italien. Natürlich wird ein Abnehmer versuchen, die mit International Sourcing verbundenen Risiken nach Möglichkeit zu begrenzen. Bei diesen Bemühungen geht er zuweilen so vor, dass er zwar den Beschaffungsmarkt weltweit unter Leistungsaspekten analysiert und beobachtet, sich jedoch bei der Wahl der konkreten Lieferländer auf einige wenige internationale Märkte konzentriert. Ferner wird er darauf achten, dass die Form der internationalen Beschaffung den Risiken des jeweiligen Marktes und seinen bisherigen Erfahrungen mit diesem Land angepasst ist.

Es gibt also eine Reihe von Beweggründen, im Ausland einzukaufen, allerdings sollten die Risiken des „going International" nicht übersehen werden. Eine wichtige Aufgabe des Materialmanagements besteht darin, die Chancen des International Sourcing zu nutzen und die damit verbundenen Risiken zu mindern.

14.3 Strategien und Umsetzung internationaler Beschaffungsaktivitäten

Mit der Beschaffungsstrategie sollen die Beschaffungsziele erreicht werden. Die Beschaffungsstrategie ist das langfristig erkennbare Muster, wie und auf welchem Weg im Kontext unternehmerischer Rahmenbedingungen insbesondere international beschafft werden soll. Dies manifestiert sich anhand bestimmter Ausprägungsformen (Prozessen, Verantwortlichkeiten, Instrumenten) der Internationalen Beschaffung.

Es wird angestrebt, die wesentlichen Prozessschritte des Tagesgeschäfts durch langfristige und gesamtunternehmerische Aspekte zu ergänzen. Bei einer stark aus dem Tagesgeschäft abgeleiteten Zielrichtung ist die Qualität der Beschaffungsentscheidungen *operativ* geprägt (= „traditionelle Beschaffung"). Die Beschaffung tritt dabei unternehmensintern als Dienstleister für die technischen Fachbereiche Produktion sowie Entwicklungsabteilung auf und hat dabei kaum Freiheitsgrade. In Abstimmung mit den Bedarfsträgern werden allenfalls Lieferanten aus dem naheliegenden Ausland angefragt und Aufträge an diese vergeben. Im Fall eines *strategischen* Entscheidungshorizonts sind die Prozessschritte der Beschaffung (Ausschreibung, Angebotsbewertung, Vergabeentscheidung etc.) in ein weitergreifendes und gesamtunternehmerisch verankertes Beschaffungskonzept eingebunden, anhand dessen die Ausrichtung und das Zusammenspiel der operativen Beschaffungstätigkeiten erfolgt. Dieses umfassendere Beschaffungskonzept ist derart in den gesamtunternehmerischen Kontext gestellt, dass die Beschaffung systematisch in die Erschließung von Erfolgspotentialen der Unternehmung im Sinne einer Strategie eingebunden ist und einen klaren Auftrag hat, Wettbewerbsvorteile anzustreben. Anders als bei der operativen bzw. „traditionellen Beschaffung" ist das Handeln der Beschaffung hier langfristig ausgelegt und orientiert sich strategisch an Erfolgspotentialen.

Die praktische Umsetzung von Beschaffungsstrategien erfordert ein methodisch angelegtes Vorgehen, das den Einsatz hierfür ausgerichteter Abläufe, Strukturen und konkreter Beschaffungsinstrumente sicherstellt. Grundsätzlich erfordern die Bearbeitung internationaler Beschaffungsmärkte und die Zusammenarbeit mit internationalen Lieferanten organisatorische Voraussetzungen sowie besondere Fähigkeiten und Kompetenzen der Mitarbeiter:

- Kenntnisse über die Wirtschaftsordnung, den Stand der Technologien, die Konkurrenzfähigkeit der Branchen, die Rechts- und Gesellschaftssysteme, die Normen, die Ethik und die Moralvorstellungen anderer Länder

- Erfahrung der Beschaffungsorganisation im internationalen Geschäft

- Möglichkeit zur Durchführung intensiver Beschaffungsmarktforschungen

- Auf- oder Ausbau der logistischen und datentechnischen Infrastruktur über die Ländergrenzen hinweg

- qualifizierte Mitarbeiter mit Fremdsprachenkenntnissen

- eine gewisse Mindestgröße des Unternehmens, um Marktforschungs- und Implementierungsaktivitäten für eine Zusammenarbeit mit Lieferanten überhaupt finanziell tragen zu können

Die weiteren Überlegungen zur Umsetzung internationaler Beschaffungsaktivitäten sollen eingebettet in ein *Rahmenmodell* vollzogen werden, anhand dessen ein vollständiger und systematischer Abriss der erforderlichen Aktivitäten erfolgen kann. Schwerpunkt der weiteren Überlegungen ist die industrielle Beschaffung von Produktionsmaterial.

14.3.1 Situationsanalyse und Beschaffungsstrategien

Eine Situationsanalyse ist - unabhängig von den hier betrachteten internationalen Beschaffungsaktivitäten - die Basis für jedwede langfristig ausgerichtete Unternehmensaktivität. Lehrbuchmäßig werden ausgehend von einer Analyse von Rahmenbedingungen und Marktpotentialen eigene Stärken und Schwächen identifiziert und hieraus Chancen und Risiken auf Märkten für eigene Produkte und Dienstleistungen bzw. für das Bestehen und die Entwicklung des Unternehmens abgeleitet.

Im nächsten Schritt ist zu klären, welche Zusammenhänge zwischen den gesamtunternehmerischen Zielen und den Beschaffungszielen und -strategien bestehen. Das bedeutet einen konkreten Abgleich der gesamtunternehmerisch fokussierten Punkte (Rendite, Wachstum, etc.) sowie der hierzu aufgesetzten Strategien (Maßnahmen der Produktpolitik, Kostensenkungsprogramme, etc.) mit den Beschaffungsthemen (Materialkostensenkung). Damit die beschaffungsstrategischen Überlegungen Aussicht auf Erfolg haben, sollten sie inhaltlich mit denen der Gesamtunternehmensstrategie kompatibel sein.

Aus der gesamtunternehmerischen Strategie sollten klare Rahmenbedingungen für zu treffende Richtungsentscheidungen im Hinblick auf die einzuschlagende Internationalisierungsstrategie der Beschaffung ableitbar sein. Zwei mögliche Pfade können dabei unterschieden werden:

1. *purchasing follows produc*tion, d.h. die Beschaffung orientiert sich international an den vorhandenen und bereits festgelegten lokalen Standorten und sorgt beispielsweise für eine Tiefenlokalisierung zu beschaffender Umfänge und

2. *purchasing enables production*, d.h. dass ausgehend von Beschaffungsaktivitäten und der damit verbundenen Einbindung primär internationaler Lieferanten aus bestimmten Märkten Potentiale dafür erwachsen, später Produktionsaktivitäten in diesen Märkten starten zu können. Hierzu erforderliche und entsprechend qualifizierte Lieferanten wären dann schon vor Ort. Damit wäre die Beschaffung im Ausland eine frühe Form einer unternehmerischen Internationalisierung.

Im Zuge dieser strategischen Abklärung ist u.a. auch festzulegen, welche Rolle die Beschaffung in der Gesamtausrichtung der Unternehmung - insbesondere der Internationalisierung - einnimmt, d.h. ob die Beschaffung i.S.v. „purchasing follows production" nachgelagert einbezogen wird oder ob Chancen aus Beschaffungsmärkten in der Form „purchasing enables production" genutzt werden.

Neben diesen grundsätzlichen Fragen der Präsenz in Märkten ist gesamtunternehmerisch zu klären, wie hoch die Wechselkurs-Exposure, also die Menge offener Währungspositionen aus Vertriebsaktivitäten im Ausland ist, die durch die Beschaffung in entsprechenden Währungsräumen über ein „natural hedging" abgedeckt werden können.

Ein weiterer gesamtunternehmerisch zu klärender Aspekt ist der des ganzheitlichen Umganges mit Rohstoffen. Aufgrund deren zunehmender Verknappung und Verteuerung sind ganzheitliche Lösungen im Hinblick auf Rohstoffeinsatzmengen, Rohstoffsubstitution und internationale Rohstoffbezugsquellen zu erarbeiten.

Ferner ist zu klären, welche weiteren unternehmensinternen Rahmenbedingungen und Vorgaben durch die Beschaffung zu erfüllen sind. Ausgehend von einem bestimmten geplanten Produktprogramm mag es im Interesse der Fachbereiche Produktion, Entwicklung oder Qualitätssicherung liegen, dass deren Anforderungen bei der Auswahl internationaler Lieferanten im besonderen Maß berücksichtigt werden.

Aus dem Abgleich der oben ausgeführten Aspekte werden für die Beschaffung von der Unternehmensleitung Ziele festgesetzt und ebenfalls Strategien definiert, über welche Handlungsfelder und Maßnahmen diese zu erreichen sind.

Damit in der unternehmerischen Praxis eine Fokussierung der Beschaffung auf internationale Bezugsquellen tatsächlich umgesetzt werden kann, sind die oben genannten Ziele genauer zu präzisieren. Es ist festzulegen, was konkret auf internationalen Beschaffungsmärkten erreicht werden soll (z.B. Lohnkostenanteil des Vergabevolumens in bestimmten (Niedriglohn-)Ländermärkten, bestimmte Materialgruppenanteile in bestimmten Märkten, Anteile bestimmter Währungen am Beschaffungsvolumen, etc.). Hieraus sind Kennzahlen abzuleiten, anhand derer das Erreichen dieser Ziele gemessen werden kann. Nach Abklärung der Ziele durch die Unternehmensleitung stellt sich zunächst die Frage der Identifikation der für eine internationale Beschaffung geeigneten Bedarfsgüter.

14.3.2 Bedarfsanalyse und Materialgruppenmanagement sowie Identifikation geeigneter Bedarfsgüter

Die Bedarfsanalyse und das Materialgruppenmanagement beinhalten Vorgehensweisen zur Strukturierung und Kategorisierung von Beschaffungsgütern, die in der Regel unmittelbar gekoppelt werden mit einer systematischen Ableitung von Vorgehensmodellen, wie mit diesen konkret umgegangen werden soll. Bei der Bedarfsanalyse werden zuvor klar definierte Systematiken angewendet, um Bedarfsgüter kategorisieren zu können. Dies hat den Vorteil, dass zum einen die Komplexität von Beschaffungsgütern überschaubar und vermeintlich handhabbar wird (indem man sie übergeordneten Kategorien zuordnet), dass ferner Beschaffungsgüter zur Nutzung von scale-Effekten gebündelt werden können in Anfrage- und Vergabeprozessen und dass über Verfahren wie ABC-Analysen bzw. Kundennutzen-Analysen ein Rahmen erarbeitet werden kann, anhand dessen zielgerichtete und effiziente Vorgehensweisen (Markt- und Lieferantenstrategien) abgeleitet werden können. Bei der Kategorisierung von Bedarfsgütern spielen Faktoren wie Spezifikationsgrad (komplexe zu entwickelnde Komponenten vs. Normteile), besondere logistische Anforderungen, Rohstoffgehalt und -substituierbarkeit, Verbaubarkeit und Verbauort im Endprodukt eine Rolle. Je nach Ausprägung dieser Faktoren sind besondere Vorgehensweisen im Beschaffungsprozess erforderlich. Der Vorteil eines auf diesen Analysen basierenden Materialgruppenmanagements liegt darin, dass für alle Bedarfsgüter unternehmensweit festgelegt werden kann, welche Materialgruppen aus welchen Ländermärkten rein aus der Logik des Bauteils heraus (noch nicht aus marktanalytischen Überlegungen) zu beschaffen sind. Damit ist eine erste Auswahl getroffen worden, welche Umfänge idealerweise aus dem Ausland bezogen werden sollten und welche nicht.

Kriterien, die aus Bauteilsicht für eine internationale Beschaffung sprechen, lassen sich unter den folgenden Aspekten zusammenfassen:

▪ *Logistische Aspekte*: Bestimmte Beschaffungsgüter erfordern aufgrund ihrer hohen Wertigkeit und vor allem hoher Varianz sowie wegen knapper Lagerkapazitäten besondere Anlieferungskonzepte. In der Automobilindustrie z.B. handelt es sich dabei um *Just-in-time-* (unmittelbar zum Verbauzeitpunkt) oder *Just-in-sequence-* (unmittelbar zum Verbauzeitpunkt und schon vorsortiert in der Verbaureihenfolge) Konzepte. Werden die kundendefinierten Verbaureihenfolgen über mehrere Planungssystematiken von Verarbeitungs- und Herstellstationen bis hin zur Endmontage durchgehalten, ist vom *Perlenketten-Konzept* die Rede. Es leuchtet ein, dass diese Ansätze sehr engmaschige Verknüpfungen zwischen Lieferant, Logistik-Betreiber und Abnehmer erfordern und dass räumliche Distanz mit den damit verbundenen Unwägbarkeiten bei Transport, Grenzübertritt etc. hier ein KO-Kriterium sein kann. Entscheidendes Merkmal bei der Bewertung und Entscheidungsrelevanz der Transport- und Logistikkosten ist deren relative Höhe. Das heißt, dass die Größe und das Volumen von Beschaffungsgütern im Verhältnis zu deren Wertigkeit zu betrachten ist. Für komplexe und variantenreiche Produkte sind regelmäßig verbauortnahe Logistikzentren oder Güterverkehrszentren mit Lieferantenansiedlung vorzuhalten, damit - sollte über eine große Distanz beschafft werden - die oben genannten Konzepte der produktionssynchronen Bereitstellung betrieben werden können. Dies wiederum erfordert hohen Koordinations- und Logistikaufwand. Daher empfiehlt es sich, noch nicht variierte Vorprodukte aus dem Ausland zu beziehen und kurz vor dem endgültigen Verbau im Zielwerk zu komplettieren, zu kommissionieren und ggf. zwischenzulagern, sofern dies technisch handhabbar ist und aus Kostensicht eine optimale Lösung darstellt. *Postponement-Konzepte* (späte Versionierung von Consumer-goods) weisen hier die Richtung. Auch die Änderungshäufigkeit bzw. der Technologiegrad von Vorprodukten ist aus Logistiksicht zu bewerten: Werden Zeichnungsstände von Vorprodukten häufig geändert, bedeutet dies bei internationalen Lieferketten, dass sich u.U. große Produktmengen mit altem Zeichnungsstand in der Lieferkette befinden. Dies verursacht zwangsweise Lieferengpässe und erfordert die Verschrottung ganzer Lose geänderter Produkte. Für änderungsintensive Beschaffungsgüter sind daher lange Logistikwege zu vermeiden. Ein wichtiger Aspekt im Kontext aufwendiger und über lange Distanzen laufender Anlieferungskonzepte ist der damit verbundene CO_2-Ausstoß. Dieser unterliegt zunehmend einer verstärkten Aufmerksamkeit der Endabnehmer und des Fiskus. Beides kann zu Kaufvermeidung sowie zur drastischen Verteuerung von Transporten über längere Distanzen führen, insbesondere wenn diese per Luftfracht geschehen.

- *Unterkomponenten von Modulen*: Häufig werden in Betrieben komplette Module fremdbezogen. Dabei handelt es sich um größere Bauteile, die einen bestimmten Funktionsumfang umfassen und die komplett mit Unterkomponenten an einzelne Lieferanten vergeben werden. Der Lieferant verantwortet damit eine größere Wertschöpfung und kann durch Skaleneffekte kostengünstige Herstellungsstrukturen ermöglichen. Ferner entlastet er den Endabnehmer von der Koordination der Logistik und Herstellprozesse der Unterkomponenten. Möglicherweise sind aber eben diese Unterkomponenten sehr arbeitsintensiv herzustellen, so dass sich eine Fertigung an einem Niedriglohnstandort im Ausland anbieten würde. Diese würde der Lieferant in Eigenregie organisieren. Fraglich ist, ob dies durch den einzelnen Lieferanten gewährleistet ist und ob die dadurch realisierten Einsparungen in dieser Form an den Endabnehmer weitergegeben werden.

- *Lohnkostenanteil an den Materialkosten*: Diese Kennzahl erlaubt Rückschlüsse auf einen zu optimierenden Automatisierungsgrad in der Herstellung. So ist es ohne weiteres denkbar, in einem Niedriglohnland einen gezielt niedrigen Automatisierungsgrad zu wählen, der mit relativ geringen Investitionen einherginge. Produkte mit grundsätzlich hohem Lohnkostenanteil (z.B. aufwendige Kabelstrangmontagen in der Automobilindustrie) sind prädestiniert für Niedriglohnländer.

- *Klimatische Aspekte*: Aufgrund ihrer Beschaffenheit sind manche Beschaffungsgüter übermäßig klima- und korrosionsanfällig. Da ein internationaler Bezug häufig mit Temperaturschwankungen oder Seetransport (wg. salzhaltiger u. korrodierender Seeluft) einhergeht, ist dies bei der Identifikation von Umfängen zu prüfen, die international beschafft werden sollen.

- *Rohstoffgehalt*: Durch die zunehmende Verknappung einzelner Rohstoffe und die damit verbundene Verteuerung rohstoffintensiver Beschaffungsgüter stellt sich zunehmend die Frage, ob Substitution durch andere, aber vergleichbare Materialien nicht eine Lösung für dieses Problem sein könnte. Als eine weitere strategische Stoßrichtung kann die Modifikation der technischen Auslegung in Betracht gezogen werden. Hierbei könnten internationale Zulieferer Impulse geben, da beispielsweise in anderen Ländern ohnehin andere Vorprodukte und Rohstoffe eingesetzt werden. Ferner ist bei der Internationalen Beschaffung zu prüfen, ob die vermeintlich im Inland knappen Rohstoffe tatsächlich in ausländischen Märkten bzw. auf dem Weltmarkt ähnlichen Knappheitsbedingungen unterliegen. Ein entsprechendes Materialgruppen-Management kann an der Stelle auch herangezogen werden, um den gesamten Bedarf zu bündeln oder um bei monopolistischen bzw. oligopolistischen Beschaffungsmarktstrukturen einen entsprechenden Hebel bei Verhandlungen zu erlangen.

■ *Zoll*: Trotz der zunehmenden Liberalisierung des Welthandels können Zölle empfindlichen Einfluss auf die Höhe der Kosten sowohl von Vorprodukten als auch von Endprodukten haben. So stehen Automobilhersteller vor der Fragestellung, beispielsweise in Europa hergestellte Fahrzeuge in asiatische Länder exportieren zu wollen und dabei sehr hohe Zölle in Kauf nehmen zu müssen. Zur Industrialisierung ihrer lokalen Märkte fordern die jeweiligen Gesetzgeber local content an Wertschöpfung durch die der prohibitiv hohe Zoll umgangen werden kann. Als Optionen zur Darstellung des local content werden die in Europa gefertigten Produkte wieder zerlegt und mit Wertschöpfung (in Form von Montage oder lokaler Teilebeschaffung) in den Zielmärkten komplettiert. Dabei unterscheidet man in Module zerlegte Endprodukte (SKD = semi knocked down) und stark zerlegte Endprodukte (CKD = completely knocked down). Beide Formen bedingen lokale Montageaktivitäten und ggf. lokale Beschaffung. Das Verbringen des Endproduktes in zerlegter Form bzw. als Module und Komponenten erfordert einen hohen logistischen und koordinativen Aufwand, der in Summe geringer ausfallen muss, als der ansonsten fällige Zoll. Einen weiteren Aspekt stellen Importvergünstigungen auf Endprodukte in bestimmten Ländern dar, sofern dort gefertigte Vorprodukte exportiert werden. Dies macht einen Bezug von Beschaffungsgütern aus diesen Märkten unter diesem Aspekt sinnvoll.

Im Ergebnis liegen nach der Analyse der oben genannten Punkte bereits mehrere materialbezogene und mit überwiegend den technischen Unternehmensbereichen abgestimmte Implikationen für eine internationale Beschaffung vor, ohne dass explizit Beschaffungsmärkte hierzu analysiert worden wären. Das damit verbundene weitere Vorgehen wird im folgenden Abschnitt erörtert.

14.3.3 Beschaffungsmarktanalyse und -auswahl

Die Klärung, welche Material- und Produktgruppen bzw. Beschaffungsgüter aus welchen internationalen Beschaffungsmärkten bezogen werden sollen, ist fundamental für das weitere Vorgehen. Entscheidungen hierüber können nur auf der Basis umfassender Marktanalysen erfolgen. Maßgeblich dabei ist die Beantwortung der Frage, welche Branchen in den jeweiligen Ländern vorhanden sind und welchen Reifegrad diese Industrien dort haben und vor allem, ob die Güter logistisch effizient an die Standorte des Abnehmers verbracht werden können. Auf dieser Basis sind im zweiten Schritt Mengengerüste abzuleiten. Orientierungspunkt hierfür mag die Versorgungsquote von Wettbewerbern sein bzw. Analogien zu den üblichen Branchenwerten. Ehrgeizige Quotenziele mögen sich als kontraproduktiv erweisen, falls sich diese absehbar als nicht realisierbar erweisen. Möglicherweise ergeben sich im Rahmen der Beschaffungsmarktforschung, Ausschreibung und Angebotsbewertung, dass identifizierte Lieferanten in einem sich entwickelnden Markt noch nicht reif sind, die eigene Industrie mit adäquaten Produkten zu beliefern, da sie geforderte Standards in der

Logistik, im Qualitätsmanagement oder in den technischen Bereichen nicht erfüllen. Häufig können diese Anforderungen jedoch in enger Zusammenarbeit zwischen potentiellem Lieferant, Beschaffung und den Fachabteilungen des beschaffenden Unternehmens erarbeitet werden. Der Beschaffung käme damit die koordinierende Rolle zu, die von ihr insbesondere aus Kostengründen empfohlenen Lieferanten lieferfähig zu machen und zu deren „Industrialisierung" maßgeblich beizutragen. Zielführend hierbei ist eine leistungsfähige Organisation vor Ort, in der auch die entsprechenden Fachabteilungen repräsentiert sind. Fraglich in diesem Kontext ist jedoch, ob die durch eine Belieferung aus dem ausländischen Markt realisierbaren Einsparpotentiale nicht überkompensiert werden durch hohe Aufwendungen für die damit verbundenen Logistikaktivitäten und besonderen Maßnahmen des Qualitätsmanagements.

Im Rahmen der Beschaffungsmarktforschung geht es bei der Identifikation internationaler Beschaffungsmärkte darum, geeignete Länder mit potentiellen Lieferanten zu finden. Hierzu dienen zunächst allgemeine volkswirtschaftliche Indikatoren, die Entwicklung der Fremdwährung (insbesondere deren Volatilität), Präferenz-Zollsätze bei der Einfuhr in die EU, Informationen über das Vorhandensein bestimmter Branchen und Qualifikationen, infrastrukturelle Gegebenheiten aber auch beispielsweise Arbeits- und Sozialstandards, die Indikatoren für die verfügbare Produktqualität und der ethischen Vertretbarkeit einer künftigen Zusammenarbeit sind. Letzterer Punkt wird in der Literatur unter dem Oberbegriff „Corporate Social Responsability" diskutiert. Damit sei explizit auf rufschädigende und gegebenenfalls Compliance-relevante Aspekte wie die Missachtung von Umwelt- und Sozialstandards verwiesen, die im Nachhinein ein dies auch unwissend betroffenes Unternehmen in der Öffentlichkeit unter Druck setzen kann. Ferner ist es wichtig zu eruieren, wie es um die Marktstrukturen in den einzelnen Branchen bestellt ist, ob sie also monopolistisch oder oligopolistisch sind und wie es um die Regulationsintensität der örtlichen öffentlichen Verwaltung bestellt ist, damit Wettbewerb überhaupt entstehen kann. Idealerweise werden die Erkenntnisse aus den materialgruppenspezifischen Analysen mit denen der Marktanalyse gekoppelt bzw. als Ausgangspunkt herangezogen. Auf diese Weise wird es dem Beschaffer möglich, Hinweise auf besonders innovative Zuliefererbranchen in einer bestimmten Materialgruppe zu identifizieren. Dies kann als relevante Eingangsgröße für das Produktdesign herangezogen werden, dass es nämlich aus dem Beschaffungsmarkt heraus bei Vorprodukten Substitutionspotentiale gibt und so Beschaffungskosten gesenkt und die Versorgungssicherheit erhöht werden kann.

Im Ergebnis sollte man nach Abschluss der Marktanalyse über Indikatoren verfügen, welche Märkte für bestimmte Komponenten und Materialgruppen in Frage kommen. Diese Vorarbeit ist wichtig, damit im nächsten Schritt zielgerichtet potentielle Lieferanten identifiziert und eingebunden werden können.

14.3.4 Kostenrestriktionen der Internationalen Beschaffung

Eingangs wurde die Unterscheidung getroffen zwischen operativ und strategisch orientierter internationaler Beschaffungstätigkeit. Hierzu ist festzuhalten, dass eine rein operativ und lediglich an niedrigen Einstandspreisen orientierte Beschaffungspolitik zu kurz greifen kann. Vielmehr sind in Zusammenhang mit einer Internationalen Beschaffung zusätzliche Aufwendungen zu berücksichtigen, die sich aus dem internationalen Kontext ergeben. Darüber hinaus rücken zunehmend Rückrufaktionen der Industrie in den Fokus, die in der mangelhaften Qualität einzelner (ggf. international beschaffter) Komponenten ihre Ursache haben. Damit stellt sich die Frage, ob neben dem Einstandspreis und den weiteren im Rahmen der Anfrage erhobenen Werten auch andere Kosten- und Aufwandskomponenten zu ermitteln sind und wie diese beispielsweise im Rahmen eines „total cost of ownership-Konzeptes" Berücksichtigung finden können und sollen.

Die alleinige Entscheidung auf Basis von Einstandspreisen greift aufgrund vielfältiger Risiken vermeintlich zu kurz. Daher wird die kaufmännische Beachtung weiterer Faktoren vorgeschlagen wie:

▨ (zusätzliche bzw. erhöhte) Logistikkosten für Spezialverpackung, Transport, Zwischenlagerung,

▨ Kosten für Dokumentation und Zollformalitäten,

▨ Verzollung und Einfuhrgebühren,

▨ zusätzliche Versicherungsprämien,

▨ Kosten für zusätzliche Qualitätsprüfungen und -freigaben,

▨ Kosten für Agenten/Dienstleister/Beauftragte vor Ort,

▨ Zusatzkosten für ggf. erhöhte Ausschuss- und Retourquote bzw. für Schadensfälle im Endprodukt und daraus abgeleitete Produkthaftung,

▨ Kosten für kulturelle Besonderheiten, insbes. Sprache, Kommunikation, „Geschenke".

Anders als bei Investitionsgütern können bei Produktionsmaterial nur sehr aufwendig und mit unscharfem Aussagegehalt total cost of ownership-Analysen durchgeführt werden. Sie scheitern an der schweren Bestimmbarkeit und Zurechenbarkeit von Kostenbestandteilen oder bringen einen hohen Aufwand mit sich. Daher wird empfohlen, auf der Basis klar bestimmbarer Kostenpositionen Vergabeentscheidungen herbeizuführen. In der Regel sind dies der Angebotspreis, die Logistik- und Entwicklungsaufwendungen, Investitionen für Werkzeuge und Prototypen sowie eindeutig spezifizierbare Qualitätskosten bzw. Kosten für die Aufqualifizierung und Auditierung bisher nicht involvierter Lieferanten. Die oben genannten Positionen sind in der

Regel bereits in die Preislegung des Lieferanten einbezogen und sollen hier zur Verdeutlichung explizit benannt werden.

14.3.5 Organisatorische Aspekte der Internationalen Beschaffung

Die strategische Beschaffung und damit verbundenen Aufgaben der Materialgruppenidentifikation im Ausland ist komplexer als der Umgang mit Bestandslieferanten im Heimatmarkt. Hat ein Unternehmen sich zum Ziel gesetzt, ein Global Sourcing zu implementieren, sind hierfür speziell ausgebildete Mitarbeiter (Fremdsprachenkenntnisse, kulturelle Nähe zu bestimmten Ländermärkten) und marktnahe Einkaufs-Strukturen („business is local") erforderlich. Je nach Intensität der lokalen Marktbearbeitung kommen hierzu unterschiedliche Formen von Arrangements in Frage, die von der Beauftragung externer Dienstleister bzw. Inanspruchnahme entsprechender Leistungen eines Verbandes (Handelskammer oder Branchenverbände bzw. Cluster) zur Erstellung von Marktanalysen bis hin zur Lokalisierung ganzer Beschaffungsabteilungen reichen, die dann ein vollständiges Lieferantenmanagement vor Ort verantworten. Die Intensität des Engagements ist abhängig von den verfolgten Beschaffungszielen im Ausland und dem hierzu erforderlichen Aufwand (Entsendung von Mitarbeitern aus dem Heimatland, Besuchsverkehr, etc.) in Relation zu erwarteten Kostenreduzierungen aus Senkung der Materialkosten, Realisierung von Local-Content-Vorschriften oder Absicherung offener Währungspositionen.

Global Sourcing verlangt langfristig Präsenz vor Ort. Nur so kann aktiv Beschaffungsmarketing betrieben und können Lieferanten zur Spitzenqualität entwickelt werden. Häufig verweigern Lieferanten sogar eine Geschäftsbeziehung, falls keine Vertretung im Beschaffungsland vorhanden ist. Die Abwicklung über Tochtergesellschaften scheitert häufig am mangelnden Interesse dieser Organisationen. Handelsfirmen kennen zwar den Markt sehr gut, haben aber kein Verständnis für unternehmensspezifische Probleme. Beschaffungsorganisationen anderer Unternehmen haben ebenso geringes Verständnis und bis die verschiedenen Abwicklungsprozesse aufeinander abgestimmt sind, vergeht viel Zeit. So haben sich bei Großunternehmen zunehmend internationale Einkaufsbüros durchgesetzt. Diese können Bestandteil von bereits im Ausland bestehenden Produktions- oder Vertriebsorganisationen sein und müssen damit nicht separat gegründet werden. Ferner können mehrere nicht unmittelbar konkurrierende Unternehmen gemeinsam eine derartige Struktur aufbauen bzw. nutzen. Dabei handelt es sich um eine spezielle Organisation ausgelagerter Beschaffungsaktivitäten. Die Aufgaben liegen in der lokalen Unterstützung der Beschaffungsorganisation bei folgenden Aktivitäten:

■ Definition von Zielen zur globalen Marktbearbeitung (Beschaffungsvolumen in Prozent nach Märkten, Kostenziele, Anzahl Bezugsquellen)

- Beschaffungsmarketing in Form von Marktanalysen und Lieferantensuche und -identifikation, Benchmarking

- Support bei der Erstellung von Lieferantenselbstauskünften und bei der Erarbeitung konkreter Kriterienkataloge

- Einbindung potentieller Lieferanten in den Anfragekreis sowie Unterstützung bei der Angebotserstellung bzw. als Ansprechpartner vor Ort insbesondere zur Einbindung dieser Lieferanten in E-Procurement Lösungen

- Auswahl und konkrete Anfrage bei den aussichtsreichsten Anfragekandidaten

- technischer Support vor Ort bei der Qualifizierung von Lieferanten sowie bei der Bemusterung, Vorserienproduktion im Hinblick auf Qualitätserreichung und -sicherung

- logistische Abwicklung (bei der Auswahl von Dienstleistern sowie der Abwicklung von Exporten)

- operative Bestellabwicklung vor Ort

- operative Abwicklung der Vertragsinhalte (Verfügbarmachen der Güter) sowie kommerzielle Unterstützung (Informationsfluss, Zahlungsabwicklung, Controlling, EDI)

- Änderungsmanagement, Vertragsanpassungen

- Vorbereitung und Durchführung von Firmenpräsentationen, Besprechungen und Lieferantenbesuchen

- Beziehungsmanagement zu den Lieferanten; laufende Lieferantenbewertung und -entwicklung

- Tracking und Controlling der Global Sourcing Aktivitäten

- Kontaktpflege zu Behörden und Verbänden vor Ort

Durch Verlagerung von Kompetenzen für diese Aufgabenstellungen können die zuvor diskutierten Aspekte der Umsetzung einer Internationalen Beschaffung umfassend durch lokale Einkaufsbüros sichergestellt und die zentralen Einkaufsabteilungen und tangierten Fachbereiche (insbesondere bei Auditierungsaufgaben) entlastet werden.

Sind diese Fragen und Vorarbeiten zur Internationalen Beschaffung geklärt und strukturiert, stellt sich die Frage nach operativer Umsetzung in Form von Importen.

14.4 Internationale Beschaffungsabwicklung

14.4.1 Formen der internationalen Beschaffung

Zentrale Bedeutung kommt beim International Sourcing der Frage zu, welche Form der Verlagerung der Beschaffung ins Ausland gewählt werden sollte. Hier sollen sieben unterschiedliche Formen des International Sourcing dargestellt werden. Jede dieser Varianten erfordert in der Regel ein entsprechendes System der Beschaffungslogistik, das die gewählte Form der internationalen Beschaffung auf der Ebene des Informations- und Warenflusses optimal umsetzt.

1) *Die quasi-nationale Beschaffung (Glocal Sourcing):*
   Diese Form der Beschaffung im Ausland ist dadurch gekennzeichnet, dass der Abnehmer versucht, Global Sourcing und Local Sourcing zu einem Glocal Sourcing zu kombinieren. Dies geschieht, indem der Abnehmer auf seine einheimischen Lieferanten informierend und beratend einwirkt, dass diese ihre Subkomponenten im Ausland einkaufen. Die internationalen Beschaffungsaktivitäten werden hier also weniger unmittelbar durch den Abnehmer, sondern eher durch den Lieferanten durchgeführt, und der Abnehmer beschafft sich auf dem heimischen Markt bestimmte Baugruppen, welche allerdings im Ausland hergestellte Subsysteme enthalten. Auf diese Weise lassen sich in der Wertschöpfungskette Lieferant-Abnehmer günstige internationale Kostenniveaus nutzen, und der Abnehmer braucht gleichwohl nicht auf die logistischen, kommunikativen und währungsmäßigen Vorteile einer nationalen bzw. lokalen Beschaffung zu verzichten. Der internationale Charakter dieser Versorgungsstrategie macht sich vor allem dann bemerkbar, wenn Probleme bei den ausländischen Subkomponenten auftreten oder wenn die Versorgung mit ausländischen Ersatzteilen abgesichert werden muss.

2) Import

   Unter dem Begriff Import wird im Sinne des Außenwirtschaftsgesetzes (AWG) das Verbringen von Sachen (und Elektrizität) aus fremden Wirtschaftsgebieten in das eigene verstanden. Einfuhr ist durch Gebietsansässige nach Maßgabe der Einfuhrliste grundsätzlich ohne Genehmigung zulässig. Für Waren, deren Einfuhr der Genehmigung bedarf, sind Einfuhrgenehmigungen zu erteilen, soweit dies unter Wahrung der im AWG genannten Belange zum Schutz der Wirtschaftszweige im eigenen Wirtschaftsgebiet möglich ist. Der Importbegriff wird weiter differenziert im Hinblick auf den Akteur der Importtätigkeit, der im Fall des *direkten Imports* der Kunde selbst ist oder wie beim *indirekten Import* dies durch einen spezialisierten Agenten durchgeführt wird.

2a) *Der indirekte Import:*

Davon spricht man, wenn der Abnehmer ausländische Erzeugnisse über spezielle, im Inland ansässige Beschaffungsmittler (Händler, Einkaufsagenten, Überseehäuser etc.) bezieht. Derartige Beschaffungsmittler verfügen i.d.R. über detaillierte Kenntnisse der internationalen Angebotsverhältnisse und über leistungsfähige Informationsnetze. Sie sind zuständig für die Abwicklung der internationalen Transaktion und übernehmen sämtliche Risiken des International Sourcing.

Für die beschaffende Unternehmung stellt sich der indirekte Import zwar als Inlandsgeschäft dar, er hat jedoch insgesamt eindeutig grenzüberschreitenden Charakter. Der wesentliche Vorteil der Einschaltung von Beschaffungsmittlern für den Abnehmer besteht darin, dass er weder Kenntnisse über den jeweiligen ausländischen Beschaffungsmarkt noch Erfahrungen im International Sourcing benötigt und dass die Einkaufsabteilung durch diese Form des Bezuges von Produkten aus dem Ausland nicht in ihrer Organisation beeinflusst wird. Als Nachteil des indirekten Imports muss jedoch angesehen werden, dass die Gefahr der Abhängigkeit von der Leistungsfähigkeit des Importeurs und das Risiko der Abschöpfung zu hoher Aufschläge (in Form von Handelsspannen, Kommissionsgebühren etc.) bestehen. Außerdem kommt kein direkter Kontakt zwischen dem inländischen Abnehmer und dem ausländischen Lieferanten zustande, und die Möglichkeit, auf die Leistungserstellung des ausländischen Produzenten Einfluss zu nehmen, bleibt i.d.R. eingeschränkt.

Insbesondere kleinere und mittlere Unternehmen bevorzugen diese Form des International Sourcing. Ferner ist der indirekte Import häufig dann der zweckmäßigere Beschaffungsweg, wenn in einer Unternehmung nur hin und wieder Einkäufe im Ausland zu tätigen sind.

2b) *Die direkte internationale Beschaffung (= direkter Import):*

Diese klassische Form des International Sourcing ist dadurch gekennzeichnet, dass die abnehmende Unternehmung direkte Kontakte und Geschäftsbeziehungen zu ausländischen Anbietern aufbaut. Voraussetzung für die Verwirklichung einer derartigen Sourcing-Strategie ist, dass der Einkäufer sich selbst um die Erforschung der internationalen Beschaffungsmärkte kümmert, potentielle ausländische Lieferanten analysiert, bewertet und auswählt und dass er sich mit den speziellen Risiken des Imports auseinandersetzt.

Im Vergleich zum indirekten Import besteht für den Abnehmer bei der direkten Beschaffung die Möglichkeit, die Beschaffungsbedingungen im Ausland durch aktive Marketingmaßnahmen zu beeinflussen, sich unmittelbar mit dem Anbieter abzustimmen oder Lieferantenentwicklungs- und Kooperationsstrategien durchzuführen. Außerdem kann der Abnehmer jetzt seinen Spielraum bei der Gestaltung der internationalen Beschaffungslogistik nutzen. So könnte er etwa bei schwierigen Rahmenbedingungen im Ausland die Erledigung bestimmter logistischer Prozesse einem erfahrenen Logistikdienstleister übertragen. In anderen Situationen wird der Abnehmer vielleicht durch die Anwendung von CIF-Klauseln (s.u. bei der Diskussion der INCOTERMS) die logistische Kontrollspanne des ausländischen Lieferanten erweitern. Oder falls die im Ausland vorhandenen Rahmenbedingungen den inländischen sehr ähnlich sind, mag es für das importierende Unternehmen von Vorteil sein, die erforderlichen logistischen Aktivitäten in Eigenregie durchzuführen. Bei der Suche nach der optimalen internationalen Beschaffungslogistik wird i.d.R. die Frage von Bedeutung sein, ob es sich bei der Beschaffung im Ausland um eine kurzfristige Geschäftsbeziehung handelt oder ob es dabei um eine langfristige Verbindung zu einem ausländischen Lieferanten geht.

Die folgende Tabelle fasst wesentliche Aspekte von direktem und indirektem Import zusammen:

Tabelle 14-2:   *Abgrenzung direkter - indirekter Import*

	direkter Import	**indirekter Import**
Voraussetzungen	Kenntnisse des Auslandsmarkts, Sprache, Kultur/Mentalität, Kaufkraft, Verkehr und Infrastruktur	ein Importhändler ist zwischengeschaltet
Güterkreis	sehr gute Verfügbarkeit (unbeschränkter Zugang zu Vormärkten) große Bedarfsmengen kontinuierliche Bedarfe	Produkte mit schwer zugänglichen Vormärkten geringe Bedarfsmengen sporadische Bedarfe
Vorteile	Ausschaltung des Zwischenhandels direkter Marktzugang unmittelbarer Lieferantenkontakt	keine Außenhandelsrisiken Ware kann beim Händler geprüft/gemustert werden keine Fachabteilung Import nötig keine Auslandsniederlassung bzw. Person vor Ort nötig (nicht immer von Vorteil!) Nutzung der Markterfahrung des Importhändlers reines Inlandsgeschäft keine Zollabwicklung nur Umsatzsteuer kurzfristige Disposition durch Nutzung des Importhändlerlagers Weitergabe von Mengenrabatten des Importhändlers
Nachteile	Zollabwicklung ist zu erledigen höherer Finanzbedarf ständige Marktbeobachtungen erforderlich langfristige Disposition nötig größere Bezugsrisiken	kein direkter Marktzugang nur auf die Angebote und Bezugsquellen des Importhändlers angewiesen

3) *Die passive Lohnveredlung:*

Die passive Lohnveredlung muss als ein Sonderfall der internationalen Beschaffung angesehen werden. Im Rahmen dieses Geschäftssystems werden dem ausländischen Lieferanten inländische Ausgangsmaterialien zur Verfügung gestellt, welche dieser entsprechend den speziellen Anforderungen des Auftraggebers be- und verarbeitet und sodann im allgemeinen vollständig zurückliefert. Die Weiterverarbeitung der Ausgangsmaterialien durch den ausländischen Lohnbetrieb erfolgt in vielen Fällen aufgrund von Skizzen, technischen Zeichnungen oder Spezifikationen, die der Auftraggeber vorgibt. Teilweise ist es erforderlich, dass dem Lohnveredelungsbetrieb im Ausland Know-how vermittelt wird oder sogar Investitionsgüter zur Verfügung gestellt werden.

Die passive Lohnveredelung bezieht sich im Normalfall auf Produkte, die dem low-tech-Bereich zuzuordnen sind. Besonders die deutsche Textil-, Lederwaren- und Elektroindustrie bedienen sich dieses Verfahrens des International Sourcing, um Lohnkostenvorteile im Ausland zu nutzen und um arbeitsintensive Fertigerzeugnisse preiswert im Inland anbieten zu können. Voraussetzung für die Anwendung dieses Verfahrens ist, dass der Fertigungsprozess standardisiert ist und in Teilschritte zerlegt werden kann. Ferner muss die Transportkostensituation akzeptabel sein; denn die passive Lohnveredlung macht - im Vergleich zur Eigenveredlung - einen zweifachen Transport notwendig: Hintransport des unveredelten Ausgangsmaterials und Rücktransport der weiterverarbeiteten Ware. Zollrechtlich unterliegt die passive Veredlung einer besonderen Behandlung, und zwar wird der Zoll nach der sog. Differenzmethode ermittelt, d.h., dass der volle Zoll auf die importierte (veredelte) Ware um den Betrag gekürzt wird, der bei einer - fiktiven - Einfuhr der unveredelten Ausgangsmaterialien zu erheben wäre.

4) *Die Beschaffung durch Einkaufsniederlassungen im Ausland:*

Eine gute Möglichkeit, auf den ausländischen Beschaffungsmärkten präsent zu sein und die Vorteile der internationalen Beschaffung zu nutzen, bietet die Einrichtung von unternehmenseigenen Einkaufsniederlassungen im Ausland. Vor allem dann, wenn der betreffende Auslandsmarkt hinsichtlich der Größe des Beschaffungsvolumens, der Verfügbarkeit wichtiger Rohstoffe oder hinsichtlich der erforderlichen Anpassungsflexibilität (z.B. bei Textilien) für das Gesamtunternehmen von strategischer Bedeutung ist und insofern also einen Schlüsselmarkt darstellt, kann eine solche institutionelle Lösung beim International Sourcing zweckmäßig sein. Sie wird nicht nur von großen Handelshäusern, sondern auch von der Industrie gewählt, um schnell und umfassend über Veränderungen auf bestimmten Weltmärkten informiert zu sein. So haben bspw. große Unternehmen der IT-Branche in wichtigen Beschaffungsmärkten wie Tokio, Silicon Valley oder Singapur derartige Beschaffungsinstitutionen eingerichtet. Sie dienen vielfach als „technologische Horchposten" und erleichtern teilweise erheblich die Anpassung des Beschaffungsmarketing an die speziellen Rahmenbedingungen und Verhältnisse des jeweiligen Auslandsmarktes.

Hinsichtlich der personellen Besetzung solcher Vertretungen hat der Abnehmer zu prüfen, ob die mit dem International Sourcing angestrebten Ziele sich eher durch den Einsatz von inländischen Mitarbeitern oder von Personal aus dem jeweiligen Ausland realisieren lassen. Nachteile und Schwierigkeiten, die bei beiden Vorgehensweisen auftreten können, lassen sich manchmal durch eine gemischte Besetzung des Einkaufsbüros vermeiden. Für kleine und mittlere Unternehmen, die sich aus Finanz- und Kostengründen eine eigene Einkaufsniederlassung im Ausland nicht leisten können, bietet sich in diesem Bereich eine Kooperation mit anderen Firmen an, die gleichgerichtete Interessen haben und eine ähnliche Bedarfsstruktur aufweisen.

5) *Einkauf durch Einschaltung ausländischer Konzerngesellschaften:*
Unternehmen, welche zu einem internationalen Konzern gehören, haben die Möglichkeit, zwecks International Sourcing die Einkaufsabteilungen von anderen konzerninternen Gesellschaften (Mutter-, Tochter- bzw. Schwestergesellschaften), die im Ausland ansässig sind, einzuschalten. Da in diesen Fällen auf bestehende betriebliche Strukturen für die Durchführung von Beschaffungsaktivitäten zurückgegriffen werden kann, ist diese Form des International Sourcing als recht kostengünstig anzusehen. Kommunikations-, Mentalitätsprobleme oder juristische Schwierigkeiten dürften bei einer derartigen Vorgehensweise kaum in Erscheinung treten. Außerdem besteht die Möglichkeit einer Bedarfsbündelung, wenn bei den involvierten Konzerngesellschaften ein gleichartiger Bedarf besteht.

Nachteilig könnte sich bei dieser Variante des International Sourcing auswirken, dass bei den Mitarbeiten der beauftragten Konzerngesellschaft die erforderliche Motivation fehlt, für ein anderes Konzernunternehmen einkäuferisch tätig zu werden. Ferner ist dann ein verstärkter Informationsaustausch zwischen den beiden Konzerngesellschaften notwendig, wenn das beauftragte Unternehmen Produkte beschaffen soll, bei denen es über keine Erfahrungen verfügt.

Große, weltweit operierende Unternehmen, die in vielen Ländern mit Produktionsstätten präsent sind, haben selbstverständlich in besonderem Maße die Chance, sich des hier angesprochenen Verfahrens zu bedienen und die globalen Beschaffungsmärkte in Anspruch zu nehmen. In derartigen Unternehmen muss allerdings die schwierige Kernfrage geklärt werden, wie weltweite Einkaufsaktivitäten auf die unterschiedlichen Konzerngesellschaften verteilt werden sollten und welches konkrete Unternehmen in diesem Firmenverbund für welche Beschaffungsobjekte zuständig sein sollte. Die Beantwortung dieser Frage macht eine intensive Koordination und Abstimmung zwischen den einzelnen Konzerngesellschaften erforderlich, deren Durchführung in einigen internationalen Konzernen einem „Global Sourcing Team" übertragen wird. Grundsätzlich sollten Beschaffungsaktivitäten derjenigen Konzerneinheit zugeordnet werden, welche für die Ausübung dieser Aufgabe besonders geeignet erscheint und die größten Erfolgspotentiale freisetzt. Sinnvollerweise wird man sich im Rahmen dieser weltweit koordinierten Beschaffung auch um eine konzerninterne Vereinheitlichung des Bedarfs sowie um eine Bedarfsbündelung kümmern müssen. Diese Bemühungen können allerdings durchaus mit dem Bestreben bestimmter Konzerngesellschaften nach möglichst weitgehender Autonomie in ihren Einkaufsentscheidungen kollidieren.

6) *Versorgung durch Eigenfertigung im Ausland:*
   Hier geht es also um die Verknüpfung von Global Manufacturing und Global Sourcing. Zentrale Bedeutung kommt dabei der Frage zu, welche Form für die Verlagerung der Eigenfertigung ins Ausland gewählt wird. Zu unterscheiden sind 5 Basisoptionen:

   - Die Beteiligung an einem existierenden ausländischen Lieferanten

   - Das Betreiben eines Joint Ventures zusammen mit einem ausländischen Unternehmen

   - Die vollständige (100 %ige) Akquisition eines ausländischen Zulieferers

   - Der Aufbau eines eigenen Lieferwerkes im Ausland

   - Die Nutzung von Produktionskapazitäten einer im Ausland vorhandenen Konzerngesellschaft.

Diese verschiedenen Erscheinungsformen der Verlagerung der Eigenfertigung ins Ausland unterscheiden sich hinsichtlich der Beteiligungsverhältnisse, der Art der eingebrachten Ressourcen und hinsichtlich des Grades der Kontrollmöglichkeit, die das beschaffende Unternehmen über die ausländische Bezugsquelle hat. Derartige Direktinvestitionen zur Erschließung ausländischer Beschaffungsmärkte sind insbesondere dann angebracht, wenn ohne eine direkte Kapital- und/oder Managementbeteiligung keine leistungsfähigen Zulieferer aufgebaut werden können, das entsprechende Land jedoch als Versorgungsquelle sehr vorteilhaft erscheint.

Man darf unterstellen, dass die Einstellung des Abnehmers zu Beschaffungsaktivitäten im Ausland im Zeitablauf bestimmten Veränderungen unterworfen ist. In dem Maße, in dem beispielsweise beim Abnehmer die Informationsbasis über Rahmenbedingungen des Einkaufs im Ausland zunimmt, kann es sich als günstiger erweisen, den ursprünglich eingeschlagenen Weg des International Sourcing zu verlassen und zu komplexeren Formen der Bearbeitung ausländischer Beschaffungsmärkte überzugehen. Je mehr Erfahrungen ein Abnehmer auf dem Gebiet des internationalen Beschaffungsmarketing sammeln kann, desto stärker kann er ferner den Radius für das International Sourcing erweitern und desto größere Anteile seines Beschaffungsvolumens wird er i.d.R. ins Ausland verlagern. Ebenso ist es möglich, i.S.d. Global Sourcing derartige Aktivitäten mit der Unternehmensstrategie zu verzahnen. Nicht übersehen werden darf dabei, dass durch International Sourcing Arbeitsplätze im Inland abgebaut werden können. Dies geschieht jedoch im Interesse der Aufrechterhaltung der Wettbewerbsfähigkeit der Gesamtunternehmung.

14.4.2 Rechtliche Rahmenbedingungen bei Importaktivitäten

Grundsätzlich werden beim Import Kaufverträge geschlossen. Damit steht außer Frage, dass im Rahmen eines Vertragsmanagements alle wesentlichen zu regelnden - und bereits geregelten - Dinge ganzheitlich und in ihren Zusammenhängen betrachtet werden. Insbesondere ist die Erreichung der eigenen unternehmerischen Ziele vertraglich abzusichern und anschließend auch umzusetzen.

Bis auf einzelne Punkte besteht zwischen den Inhalten nationaler und internationaler Kaufverträge weitgehend Übereinstimmung. Da bei Kaufverträgen die Vertragsparteien bestimmte Verpflichtungen eingehen, sollten die folgenden Punkte vertraglich fixiert sein:

▧ Vertragsart

▧ Vertragsgegenstand

▧ Lieferbedingungen

▧ Zahlungsbedingungen (dokumentierte und nicht dokumentierte Zahlungsbedingungen – bspw. Ausstellung von Proforma-Rechnungen - zur Absicherung von Liefer-Risiken)

▧ Gewährleistung/Haftung

▧ ggf. Verantwortlichkeiten für Konzeption und Entwicklung

▧ Eigentumsvorbehalte

▧ Gerichtsstand und Vertragssprache

▧ Vertragsdauer

▧ Liefertermine, insbesondere für Muster bei industrieller Serienproduktion

▧ Erfüllungsort und Gefahrenübergang

▧ Ergänzungen und Änderungen

▧ Kündigung und Rücktritt

▧ ggf. vertragsstrafliche Regelungen

Verträge werden in der Regel geschlossen, um für beide Seiten Planungssicherheit und Verbindlichkeit im Hinblick auf die Vertragsinhalte zu erreichen. Dies setzt voraus, dass das vertraglich Vereinbarte auch eingefordert werden kann - im Härtefall auch über Einschaltung der Gerichtsbarkeit. Grundlage dafür ist, dass das, was intendiert war, auch entsprechend und unmissverständlich fixiert wird. Hierzu ist es oftmals erforderlich, Vertragstexte zu übersetzen und von Fachanwälten prüfen zu lassen. Neben den sprachlichen Besonderheiten stellen international abweichende Handelsbräuche besondere Herausforderung für die Umsetzung dar. Ferner gilt anders als bei rein national abgeschlossenen Kaufverträgen jedoch für Importverträge nicht selbstverständlich das Recht des Verkäuferlandes. Damit kommt auf den Importeur besonderer rechtlicher Klärungsbedarf zu, wenn die Gegenseite nicht, verspätet oder mangelhaft leistet. Daher ist idealerweise vertraglich klar zu regeln, wie in welchem Fall zu verfahren ist. Offen dabei bleibt, inwieweit das vertraglich Festgehaltene tatsächlich auch gerichtlich (im Ausland) einklagbar ist, geschweige denn, wie hoch die erforderlichen Aufwendungen hierfür sein mögen. Bei aller Regelungsdisziplin ist weiterhin zu bedenken, dass bei einem vermeintlich allzu professionell und genau angesetzten Vorgehen hieraus schnell sehr umfassende Vertragswerke entstehen. Mitarbeiter mögen aufgrund des bei internationalen Geschäften auf sie zukommenden hohen Verwaltungsaufwandes diese gezielt nicht anstreben. Eine international ausgerichtete Beschaffungsstrategie würde hierdurch entsprechend konterkariert. Um Interpretationsmöglichkeiten zu beschränken, werden INCOTERMS (IterNational COmmercial TERMS) verwendet. Sie legen über die von der internationalen Handelskammer ICC vorgegebenen Formulierungen und Kürzel unmissverständlich fest, wie bestimmte Rechte und Pflichten von Verkäufern und Käufern bei internationalen Geschäften aussehen. Damit ist zumindest formal sichergestellt, dass das Vereinbarte und Intendierte vertraglich festgehalten ist. Ob es auch tatsächlich umgesetzt wird und wie man die andere Seite dazu verpflichten kann, ist ggf. Gegenstand gerichtlicher Auseinandersetzungen.

Bei Unklarheiten zwischen den beiden Parteien bei internationalen Rechtsgeschäften gilt, wenn nichts anderes vereinbart ist, das internationale Privatrecht (IPR). Darunter ist die Gesamtheit der staatlichen Rechtsnormen zu verstehen, die sich mit der Anwendung des eigenen Rechts im Ausland oder des fremden Rechts im Inland befassen. Es handelt sich dabei also nicht um ein gemeinschaftliches Recht der Staaten, sondern um national ratifizierte Regelungen, die die jeweilige Anwendung nationalen Rechts festlegen. Seit 2008 ist in der EG-Verordnung 593 Art 3 u. 4 geregelt, dass das Recht des Landes gilt, wo der Leistungs-Schwerpunkt des Geschäftes liegt (gewöhnlicher Aufenthaltsort des Leistenden), sofern die Parteien dies zuvor nicht vertraglich geregelt haben (freie Rechtswahl).

In einem internationalen Kaufvertrag sollte deshalb immer das Recht ausdrücklich und genau beschrieben und der Gerichtsstand festgelegt werden, der die Vollstreckbarkeit von Urteilen regelt. Das UN-Kaufrecht ist integraler Bestandteil des nationalen Zivilrechts der Unterzeichnerstaaten und gilt vorrangig gegenüber dem lokalen Kaufrecht (bspw. §§ 433ff. BGB).

Der Vollständigkeit halber sei auf die weiteren einschlägigen internationalen Vorschriften verwiesen:

▪ Einheitliches Gesetz über den Abschluss internationaler Kaufverträge über bewegliche Sachen / Wiener UNCITRAL-Übereinkommen / Übereinkommen der Vereinten Nationen über Verträge über den internationalen Warenverkauf vom 11.4.1980

- ECE-Lieferbedingungen von der Europäischen Wirtschaftskommission der Vereinten Nationen in Genf ausgearbeitete Allgemeine Internationale Lieferbedingungen (Anwendung b. Verkauf v. Maschinen u. Anlagen sowie langlebigen Gebrauchsgütern)

Wird in internationalen Kaufverträgen auf allgemeine Geschäftsbedingungen bzw. allgemeine Einkaufsbedingungen als Bestandteile oder Anlagen abgezielt, so muss auf sie ausdrücklich hingewiesen werden. Sie sind vom Vertragspartner zu unterschreiben. Allgemeine Einkaufsbedingungen sind daraufhin zu prüfen, ob sie mit dem Recht des Verkaufslandes konform sind.

Sind in einer Vereinbarung keine Hinweise auf das anzuwendende Recht oder eine der genannten Vorschriften enthalten, so gilt nach Internationalem Privatrecht das Recht des Landes, wo der Leistungsschwerpunkt liegt. Das heißt für Leistungsmängel des Recht des Exportlandes.

Kaufverträge können Schiedsklauseln enthalten. Hier wird zwischen den Parteien vereinbart, dass Streitigkeiten nicht vor einem ordentlichen Gericht, sondern vor einem genau beschriebenen Schiedsgericht behandelt werden. Hierfür sprechen der geringere zeitliche und sonstige Aufwand sowie der Tatbestand, dass von Branchen-Experten einvernehmliche Lösungen gefunden werden, die eine spätere weitere Zusammenarbeit der involvierten Parteien leichter macht, als ein abstraktes, die eine Seite möglicherweise übervorteilendes Gerichtsurteil. Gegen den Schiedsspruch des Schiedsgerichts besteht keine Möglichkeit des Einspruchs. Er ist von der verlierenden Partei zu erfüllen, sobald er zugestellt worden ist. Im Gegensatz zu Urteilen nationaler ordentlicher Gerichte sind Urteilstitel von Schiedsgerichten überall vollstreckbar.

14.4.3 INCOTERMS

INCOTERMS sind internationale Regeln zur einheitlichen Auslegung von Vertragsformeln in Außenhandelsverträgen. Sie sollen Missverständnisse vorbeugen, die aufgrund unterschiedlicher nationaler Handelsgewohnheiten im Rahmen von internationalen Handelsverträgen zu gerichtlichen Auseinandersetzungen führen können. Die internationale Handelskammer Paris publizierte erstmals 1936 Regeln zur Auslegung handelsüblicher Vertragsformeln. Diese wurden im Laufe der Jahre mit den Veränderungen im Transportwesen (z.B. Container und anderer multimodaler Transport) angepasst und erweitert, zuletzt im Jahr 2010. Sie lassen sich nach folgenden Grundkategorien differenzieren und werden hier beispielhaft zitiert:

- *Gruppe E* beinhaltet eine Klausel, nach der ein Verkäufer dem Käufer die Ware auf seinem eigenen Verkäufer-Gelände zur Verfügung stellt:

  - EXW (= ex works), ab Werk … benannter Ort - gilt für alle Transportarten

▨ *Gruppe F* beinhaltet Klauseln, nach denen ein Verkäufer verpflichtet ist, die Ware einem vom Käufer benannten Frachtführer zu übergeben, z.B.:

- FCA (= free carrier), frei Frachtführer ... benannter Ort - gilt für alle Transportarten,

- FAS (= free alongside ship), frei Längsseite Seeschiff ... benannter Verschiffungshafen - gilt nur für See- und Flußtransporte,

- FOB (= free on board), frei an Bord ... benannter Verschiffungshafen - gilt für See- und Flusstransporte

▨ *Gruppe C* enthält Klauseln, nach denen ein Verkäufer den Beförderungsvertrag abzuschließen hat, ohne selbst das Risiko des Verlusts, der Beschädigung der Ware oder zusätzliche Kosten, die auf Ereignisse nach dem Abtransport zurückzuführen sind, tragen zu müssen:

- CFR (= cost and freight), Kosten und Fracht ... benannter Bestimmungshafen - gilt für See- und Flusstransporte

- CIF (= cost, insurance and freight), Kosten, Versicherung Fracht ... benannter Bestimmungshafen - gilt für See- und Flusstransporte

- CPT (= carriage paid to) Frachtfrei ... benannter Bestimmungsort - gilt für alle Transportarten

- CIP (= carriage and insurance paid to), frachtfrei versichert ... benannter Bestimmungsort - gilt für alle Transportarten

▨ *Gruppe D* enthält Klauseln, nach denen der Verkäufer alle Exportkosten (nicht Importkosten) und Risiken übernimmt, bis die Ware im benannten Bestimmungsland eintrifft:

- DAP (= delivered at place), geliefert Bestimmungsort ... benannter Ort - gilt für alle Transportarten

- DAT (= delivered at Terminal), geliefert zum Terimal im Bestimmungshafen - gilt für See- und Flusstransporte

- DDP (= delivered duty paid), geliefert verzollt ... benannter Ort - gilt für alle Transportarten

Alle Lieferbedingungen verlangen einheitlich, dass

▨ der Exporteur:

- die Ware ordnungsgemäß am benannten Ort abliefert,

- die erforderlichen Dokumente beschafft,

- eine transportgerechte Verpackung verwendet und

▓ der Importeur:

- zur Warenprüfung vor Verladung bzw. Annahme auf eigene Kosten berechtigt ist (pre shipment inspection) und

- die Ware ordnungsgemäß und fristgerecht abnimmt.

Durch Anwendung der INCOTERMS haben Importeure und Exporteure zumindest auf vertraglicher Ebene sichergestellt, dass die hier fixierten Aspekte des Geschäftes unmissverständlich formuliert worden sind. Die Durchsetzung hieraus abgeleiteter Ansprüche bleibt - wie im vorigen Abschnitt dargestellt - davon unberührt.

14.4.4 Umsatzsteuer

Beim Import von Waren und Produkten sind besondere Regularien bezüglich der Umsatzsteuer zu berücksichtigen. Die Umsatzsteuer zählt zu den indirekten Steuern. In Deutschland gelten das Umsatzsteuergesetz und die Umsatzsteuerdurchführungsverordnung. Innerhalb und außerhalb der Europäischen Union berechnet der Lieferant keine Umsatzsteuer seines Landes. Voraussetzung hierfür ist, dass der Lieferant die Umsatzsteuer-Identifikationsnummer des Abnehmers in der Rechnung aufführt. Sie besteht aus drei Bestandteilen, der Landesidentifikation (z.B. DE), der Firmennummer (z.B. 12345678) und einer Prüfziffer (z.B. 3). Der Käufer hat nach dem Empfang der Ware die Steuer seines Landes zu entrichten. Weil der Käufer oder der Erwerber die Umsatzsteuer zu bezahlen hat, wird von Erwerbsteuer gesprochen. Früher wurde der Begriff Einfuhrumsatzsteuer verwendet. Das System der Umsatzsteuererhebung besteht aus drei Teilen:

▓ Einmal pro Jahr verlangt das Finanzamt eine Umsatzsteuererklärung. Das Unternehmen berechnet in dieser Steuererklärung die entstandene Jahressteuerschuld.

▓ Während des laufenden Jahres hat der Steuerpflichtige „Abschlagszahlungen" zu leisten. Dabei handelt es sich nicht um feste Beträge, sondern sie basieren auf den vom Unternehmer gemachten Umsatzsteuer-Voranmeldungen.

▓ Zusätzlich sind zu Kontrollzwecken monatlich „zusammenfassende Meldungen" der innergemeinschaftlichen Erwerbe bzw. Lieferungen an das Finanzamt zu geben.

Durch den Vorsteuer-Abzug wird die geschuldete Umsatzsteuer zu einem durchlaufenden Posten. Geschuldete Umsatzsteuer ist deshalb in keiner Einkaufs- oder Verkaufskalkulation zu berücksichtigen. Für die Umsatzsteuer-Berechnung ist der Zollwert maßgeblich. Importierende Unternehmen haben innerhalb bestimmter Wertgrenzen Meldungen zur Intrahandelsstatistik abzuliefern.

14.4.5 Zölle und Einfuhrabgaben (Import- und Zollabwicklung)

Neben den Vorschriften zur Umsatzsteuer unterliegt der Import von Waren weiteren gesetzlichen Regelungen, insbesondere einschlägigen Zollbestimmungen. Diese regeln, wie welche Waren unter welchen Prämissen und Bedingungen bzw. Kosten eingeführt werden können. Zölle sind Abgaben für Produkte und Waren, die beim physikalischen Überschreiten von Zollgrenzen erhoben werden.

Materiell ist in der Bundesrepublik Deutschland die gemeinschaftliche Handelspolitik der EU wirksam. Deutsche außenwirtschaftliche Vorschriften wiederholen z.T. (mit lediglich deklaratorischer Wirkung) unmittelbar geltende materielle Regelungen der gemeinschaftlichen Handelspolitik. Die nationalen Rechtsgrundlagen sind das Außenwirtschaftsgesetz und die Außenwirtschaftsverordnung. Für das außenwirtschaftliche Verfahren, also z.B. Behördenzuständigkeiten, Genehmigungsverfahren, Meldeverpflichtungen gilt überwiegend noch innerstaatliches Recht. Der Zoll ist eine Abgabe, die als Einfuhrzoll auf die Einfuhr von Waren in das Zollgebiet oder als Ausfuhrzoll auf die Ausfuhr von Waren aus dem Zollgebiet erhoben wird. Die geltenden Zolltarife der EU enthalten ausschließlich Einfuhrzölle. Diese können je nach Ursprungsland der Ware bzw. der Art der Ware stark schwanken und damit erheblichen Einfluss auf den endgültigen Wert der importierten Ware im Inland haben. Der Zolltarif der EU erfasst alle Waren nach Positionen, um den genauen Zolltarif zu bestimmen. Am bedeutendsten sind die Wertzollsätze, die die Zollbelastung in Prozent vom Warenwert ausdrücken (Wertzölle). Daneben gibt es spezifische Zollsätze, z.B. nach dem Zollgewicht der Ware (Gewichtszoll). Drittlandszollsätze gelten für alle Waren aus Nicht-EU-Staaten (Drittlandsgebiete). Die besonderen Zollsätze gewähren Zollbegünstigungen aufgrund von Assoziierungs-, Präferenz- oder Freihandelsabkommen.

Der Zollwert eingeführter Waren ist gemäß Zollkodex der sogenannte Transaktionswert, d.h. der für die Waren bei einem Verkauf zur Ausfuhr in das Zollgebiet der Gemeinschaft tatsächlich gezahlte oder zu zahlende Preis. Die Berechnung des Zollwertes erfolgt auf der Grundlage der die Ware begleitenden Rechnung. Abhängig von den vereinbarten Lieferbedingungen ist der Rechnungspreis zu erhöhen oder zu reduzieren. Im internationalen Handel sollten möglichst die bereits oben vorgestellten INCOTERMS verwendet werden. Der Rechnungswert kann von bestimmten, rechtlich geregelten Faktoren positiv oder negativ beeinflusst werden, wie z.B. Transportversicherungen, Lizenzgebühren oder beispielsweise Skonti, Rabatte.

Bei der Einfuhr von Waren in das Zollgebiet der EU unterliegen diese gemäß Zollkodex der zollamtlichen Überwachung. Eingeführte Waren müssen der Zollbehörde gestellt werden. Zur Gestellung ist verpflichtet, wer die Ware in das Zollgebiet verbringt, z.B. der LKW-Fahrer, der eine Zollanmeldung abgeben muß. Neben der schriftlichen Zollanmeldung gibt es vereinfachte, regelmäßige monatliche Sammelzollanmeldungen, die die Zollbehörde zulassen muss. Hierzu sind sogenannte Einheitspapiere zu verwenden. Durch die Zollanmeldung erklärt der importierende

Zollanmelder, eingeführte Waren in ein Zollverfahren zu überführen. Ein Importeur muss beim Zoll die Einfuhrabfertigung beantragen und hierfür bestimmte Unterlagen, ggf. eine Einfuhrkontrollmeldung oder eine Einfuhrlizenz vorlegen. Bei der Einfuhr von Waren, die in Spalte 5 der Einfuhrliste (nicht genehmigungspflichtige Waren) mit der Kennung „U" bzw. „UE" versehen ist, ist zusätzlich ein Ursprungszeugnis oder eine Ursprungserklärung vorzulegen. Bei einem Ursprungszeugnis handelt es sich um Warenbegleitpapiere, welche die Herkunft der Ware belegen. Bei genehmigungsbedürftigen Einfuhren ist darüber hinaus eine Einfuhrgenehmigung einzuholen. Die Außenwirtschaftsverordnung enthält einen umfangreichen Katalog von Warenpositionen bzw. Warengruppen, für die ein erleichtertes Einfuhrverfahren angewendet wird. Dabei sind Einfuhrgenehmigung, Einfuhrerklärung, Ursprungszeugnis, Einfuhrlizenz oder Einfuhrkontrollmeldung nicht erforderlich. Der Importeur muss allerdings auf Verlangen der Zollbehörde nachweisen, dass die Voraussetzungen für das erleichterte Verfahren gegeben sind. Die Zollstelle prüft die Zulässigkeit der Einfuhr und lehnt die Einfuhrabfertigung ab, wenn erforderliche Einfuhrgenehmigungen nicht vorliegen oder wenn die Waren nicht den Angaben in den vorgelegten Unterlagen entsprechen. Insbesondere prüft sie, ob die eingeführten Waren laut Einfuhrliste genehmigungsfrei oder -pflichtig sind. Hat sie den Antrag auf Einfuhrabfertigung positiv entschieden, so wird dies in den Zollpapieren bzw. dem Zollbefund eingetragen.

Bei den Zollverfahrensarten kann vereinfacht unterschieden werden zwischen:

- der Überführung in den *zollrechtlich freien Verkehr*: Dieses Verfahren ermöglicht die freie Verfügung über die eingeführten Waren. Dieses Verfahren verleiht einer Nichtgemeinschaftsware den zollrechtlichen Status einer Gemeinschaftsware, sobald die Waren von der Zollstelle überlassen worden sind.

- *Zoll-Lagerverfahren*: i.d.R. Nichtgemeinschaftswaren können im Zolllager bestimmten zulässigen Behandlungen unterzogen werden, die ihrer Erhaltung, Verbesserung oder Vorbereitung zum Vertrieb oder Weiterverkauf dienen.

- *passive Veredelung*: Veredelung der Ware durch vorübergehende Be- und Weiterverarbeitung durch einen Gebietsfremden in einem Drittland.

- *aktive Veredelung*: Veredelung der Ware eines Nicht-Gebietsansässigen durch Be- und Weiterverarbeitung durch Gebietsansässigen.

- *Umwandlungsverfahren* (Nichtgemeinschaftswaren können im Rahmen eines Umwandlungsverfahrens ohne Erhebung von Einfuhrabgaben unter zollamtlicher Überwachung zu Waren anderer Beschaffenheit be- oder verarbeitet werden (z.B. Umwandlung von Spinnstoffen zu Musterkollektionen). Der Vorteil dieses Verfahrens liegt darin, dass die umgewandelten Waren (Umwandlungserzeugnisse) bei der Überführung in den freien Verkehr den für sie geltenden Einfuhrabgaben und nicht den im Regelfall höheren Einfuhrabgaben für die eingeführten Nichtgemeinschaftswaren unterliegen.)

Im Rahmen der operativen Zollabwicklung in den Unternehmen sei auf die beiden folgenden Instrumente verwiesen:

- *ATLAS (automatisierter Tarif und lokales Zoll-Abwicklungs-System)*: IT-Tool der Zollverwaltung zur Anmeldungen zum Verbringen von Waren in die o.g. Verfahren und der anschließenden Überführung dieser in ein Zollverfahren. Verwaltungsakte (Bescheide über Einfuhrabgaben bzw. die Festsetzung/Anerkennung von Bemessungsgrundlagen) werden ebenfalls systemunterstützt. Auf die Vorlage von Unterlagen, wie Rechnungen oder Präferenznachweise kann dabei im Zeitpunkt der Abfertigung weitestgehend verzichtet werden.

- *AEO (authorized economic operator)*: Auf Antrag beim zuständigen Hauptzollamt können Unternehmen ab 2008 den Status als „zugelassener Wirtschaftsbeteiligter"beantragen und damit einen Sonderstatus bei sicherheitsrelevanten Zollkontrollen und in der Zollabwicklung eingeräumt bekommen.

Zölle können signifikante preissteigernde Wirkungen nach sich ziehen. Dies gilt für den Import von Komponenten für die industrielle Fertigung im Inland, wie auch für den Vertrieb fertiger Industrieprodukte in bestimmte Länder.

Übungsfragen und -aufgaben

1. Welche Risiken bringt die internationale Beschaffung mit sich? Welche Kategorien lassen sich hierzu bilden und erörtern Sie die Frage, wie man die Risiken reduzieren oder sogar beseitigen kann?

2. Nennen Sie Anbieter für Informationen und Services, um die Risiken internationaler Beschaffungsmärkte besser ergründen zu können?

3. Nennen Sie 5 Ziele der internationalen Beschaffung. Mit welchen anderen Unternehmenszielen ist eine internationale Beschaffung vereinbar?

4. Nennen Sie wesentliche internationale Beschaffungskonzepte. Anhand welcher Kriterien lassen sie sich unterscheiden?

5. Welche Vorteile für den Abnehmer bietet International Sourcing?

7. Erläutern Sie, welche verschiedenen Formen man beim International Sourcing unterscheiden kann.

8. Nennen Sie Aspekte, anhand derer man für eine internationale Beschaffung geeignete Materialien identifizieren kann?

9. Welche Kostenrestriktionen erschweren die internationale Beschaffung?

10. Warum machen rechtliche Rahmenbedingungen den Import so schwierig?

11. Wie lassen sich der direkte und der indirekte Import unterscheiden? Was sind die jeweiligen Vor- und Nachteile?

12. Was versteht man unter den INCOTERMS? Nennen Sie 3 Beispiele.

13. Was versteht man zollrechtlich unter „aktiver Veredelung"?

15 Einsatzgebiete der IuK-Technik (E-Procurement)

15.1 Grundlagen zur Informations- und Kommunikationstechnik

Bei allen wirtschaftlichen und unternehmerischen Aktivitäten kommen Informationen eine Schlüsselrolle zu. Informationen stellen ein Wissen dar, dem zum Zeitpunkt des Auftretens bzw. der Verwendung Bedeutung beigemessen wird. Betriebliche Informationen repräsentieren alle vergangenen, aktuellen und geplanten Geschäftsvorfälle und bilden damit sämtliche betrieblichen und zwischenbetrieblichen Leistungs- und Finanzflüsse ab. Sie sind damit z.B. die Grundlage für das betriebliche Rechnungswesen sowie die betriebliche Entscheidungsfindung und werden hierzu gezielt aufbereitet. Auch die betriebliche Planung und Steuerung sowie die langfristige Ausrichtung und die Anbahnung künftiger Geschäftsvorfälle basieren selbstverständlich auf Informationen. Der systematische und zielgerichtete betriebliche Umgang mit Informationen ist nichts fundamental Neues. Auch der hier im Fokus stehende Funktionsbereich der Materialwirtschaft und die Beschaffung fußen seit jeher auf Informationen, und ein erfolgreiches Handeln setzt eine zielgerichtete und effiziente Informationsbewirtschaftung voraus.

Seit mehreren Jahren findet die Informations- und Kommunikationstechnik zunehmend Einzug in Betriebe und hat hier maßgebliche Veränderungen verursacht oder ermöglicht. Dabei hat die Entwicklung ab etwa Mitte der 90er Jahre einen weiteren deutlichen Schub erhalten, basierend auf der Digitalisierung von Informationen und dem Fortschritt der Rechner- und Speicherentwicklung. Hinzu kommt die Koppelbarkeit bisher inhomogener Daten-Netzwerke. In der Programmierung bzw. Programmierbarkeit von Anwendungssystemen wurden ebenfalls drastische Fortschritte bezüglich der Leistung und der Einsetzbarkeit gemacht, z.B. in Form von serviceorientierten Softwarearchitekturen. Ein wesentliches Element wie auch Treiber der Entwicklung ist das *Internet*. Es steht nahezu weltweit, breitbandig und kostengünstig zur Verfügung. Wesentliche Informations- und Kommunikationsanforderungen der Materialwirtschaft und des Einkaufs können über das Internet und dessen Dienste wie bspw. WWW (Worldwide Web), E-Mail (Electronic Mail), Betrieb von Suchmaschinen und dem Datenaustauschdienst FTP (File Transfer Protocol) abgedeckt werden.

Grundlage und Ergebnis des Einsatzes der IuK-Technik im betrieblichen Umfeld ist die Standardisierung, also das Festlegen von Regeln und Merkmalen für allgemeine und wiederkehrende Tätigkeiten und deren Ergebnisse. Es werden technische Standards und Prozessstandards unterschieden. Im Kontext der IuK-Technik ermöglichen technische Standards die physikalische Koppelbarkeit von Systemen, während Prozessstandards auf semantischer Ebene den „inhaltlichen" Austausch der Computersprache ermöglichen sollen. Mittels semantischer Standardisierung können bisher heterogene Anwendungs- und Rechnerstrukturen integriert werden und deren Leistungsfähigkeit wachsen. Ein weiterer Bereich der technischen Entwicklung betrifft die Lese-Schnittstelle von IuK-technischen Systemen: hier werden unter dem Stichwort RFID (=Radio Frequency Identification) Instrumente diskutiert. RFID bedeutet, dass Systeme über Funkwellen Gegenstände selbst identifizieren können, sofern diese mit entsprechenden aktiven oder passiven Kleinstsendern (sog. „tags") ausgestattet sind. Dies impliziert völlig neuartige Möglichkeiten der automatisierten Steuerung von Logistikprozessen, da Systeme nunmehr „fühlen" können, was sich in ihrer Umgebung bewegt.

Aus dem Gesagten resultieren folgende drei *Potentialfelder*:

- Deutlich *größere Informationsmengen* können bearbeitet, übertragen und gespeichert werden (Kapazitäts- und Kostenwirkung).

- Bestehende *Abläufe* können deutlich *vereinfacht, beschleunigt, optimiert* und *automatisiert* werden (Effizienzwirkung).

- Auf Basis der IuK-Technik können *neue* (i.S.v. bisher technisch/wirtschaftlich nicht realisierbare bzw. rentable) *Formen von Abläufen*, Prozessen und *Geschäftsmodellen* - insbesondere betriebsübergreifende - entwickelt (Effektivitätswirkung) und damit eine höhere Produktkomplexität abgebildet werden (Produktivität- und Produktwirkung).

Alle drei Felder erzeugen deutlichen betriebswirtschaftlichen Nutzen: Dies in Form von geringeren Prozesskosten durch Automatisierung von Abläufen, geringeren Transaktionskosten für den papierlosen und medienbruchfreien Informationsaustausch (inner- und zwischenbetrieblich). Hinzu kommen hohe geographische Reichweiten beispielsweise bei der Lieferantenkommunikation. Dies bedeutet, dass die informationstechnische Einbindung geographisch weit entfernter Lieferanten nahezu kostenneutral erfolgen kann.

Wichtig dabei ist, dass diese Felder in der betrieblichen Praxis nicht separat auftreten bzw. isoliert umgesetzt und betrachtet werden können, sondern vielmehr miteinander verwoben sind und ineinanderwirken. Dadurch dass die IuK-Technik praktisch allen Marktteilnehmern zur Verfügung steht und auf breiter Fläche eingesetzt wird, stellt sie faktisch für Großunternehmen einen „Hygienefaktor" dar: Der Verzicht auf den Einsatz von IuK-Technik ist betriebswirtschaftlich von Nachteil, deren Einsatz - der aber gleichermaßen auch bei Wettbewerbern möglich ist - verbessert sie. Allerdings ist der bloße Einsatz der IuK-Technik für sich genommen nicht Quelle eines Wettbewerbsvorteils (vgl. Nicolas G. Carr: IT doesn't matter. In: HBR, Mai 2003).

15.2 IuK-Technik in Materialwirtschaft und Einkauf

Die Anwendung und Wirkung der IuK-Technik sind zunächst universell: in allen betrieblichen Prozessen und Abläufen kommen sie zum Tragen. Aus den oben genannten Potentialfeldern des Einsatzes der IuK-Technik lassen sich für die Materialwirtschaft und den Einkauf drei konkrete *Wirkungsfelder* ableiten:

▨ *Informationstechnische Unterstützung von Lieferbeziehungen* und damit die technische Basis, um ein großes Spektrum an Informationen mit Lieferanten schnell und rechnergestützt austauschen zu können (Transaktionsunterstützung). Damit ist eine wesentliche technische Voraussetzung gegeben, Lieferbeziehungen anzubahnen, zu implementieren und zu betreiben. Dies mag die Basis sein für Überlegungen, die eigene Fertigungstiefe zu reduzieren, um so im Sinne einer Fokussierung auf Kernkompetenzen verstärkt Produkte und Leistungen fremd zu beziehen. Die Lieferantenkommunikation und -koordination stellt kein aufwendiges Problem (mehr) dar, also kann tendenziell stärker outgesourct und die Fertigungstiefe reduziert werden.

▨ *Identifikation, Abbildung und Optimierung von unterstützenden (administrativen) Geschäftsprozessen.* Die elektronische Abbildung von Geschäftsprozessen stellt gemeinsam mit der Verfügbarkeit breitbandiger und wirtschaftlicher elektronischer Übertragungsmedien die Basis für betriebs- und unternehmensübergreifende Rationalisierungskonzepte dar. Informationsrelevante Arbeitstätigkeiten können quasi tayloristisch zerlegt, zusammengefasst und damit durch Rechnereinsatz „industrialisiert" werden. Dies bedeutet zum einen, dass bestehende Beschaffungsprozesse vereinfacht und zum anderen Tätigkeiten rechnergestützt automatisiert werden können. Aus der Standardisierung der wesentlichen Inhalte von Beschaffungsprozessen und deren nahezu kostenlosen Übertragbarkeit folgt, dass sie aus rein technischer Sicht nunmehr unabhängig von der eigenen Unternehmung abgewickelt werden können, d.h. man könnte operative Beschaffungsaktivitäten wie auch andere Geschäftsprozesse an hierzu spezialisierte Dienstleister outsourcen (Business Process Outsourcing). Betriebswirtschaftlich bedeutet dies eine Verlagerung von Fixkosten auf variable betriebliche Ausgaben. Wesentlicher Hebel dabei ist, dass das eigene Personal bspw. über die Bearbeitung strategischer Einkaufsaufgaben ihren Wirkungsgrad erhöht. Einem derartigen Vorgehen stehen jedoch strategische Fragestellungen gegenüber, inwieweit man in Kauf nehmen will, dass das eigene Beschaffungs-Know-how dadurch nicht dauerhaft geschwächt wird.

▣ Aus Sicht der entscheidungsorientierten Betriebswirtschaftslehre können *Management-Entscheidungen* (Abschlussunterstützung) fundierter unter Einbeziehung einer breiteren Basis an Informationen getroffen und sogar durch potente Szenariensimulation im Vorfeld abgesichert werden. Die IuK-Technik stellt dabei das unternehmerische Nervengerüst dar, das die wesentlichen Informationen aufnimmt, verdichtet und sensorisch messbar machen kann. Derart planbare und getroffene Entscheidungen sind potentiell von höherer Qualität. Unternehmerische Planungs- und Steuerungssysteme - insbesondere in der Materialwirtschaft - können verfeinert und verbessert werden.

Auf Basis dieser drei Wirkungsfelder können in der betrieblichen Praxis bestimmte Anwendungen der IuK-Technik identifiziert werden, die gemeinhin unter dem Oberbegriff „E-Procurement" firmieren. In den 1990er Jahren gab es im Kontext der New-Economy-Welle einen regelrechten Boom von E-Procurement-Lösungen, wobei sich nach dem Zusammenbruch der „Blase" auf dem Neuen Markt in der Praxis durchaus relevante Ansätze herauskristallisiert haben. Wettbewerbsvorteile sind dabei nicht aus der IuK-Technik selbst („IT doesn't matter"), sondern aus IT-gestützter (enabling) Prozessverbesserung generierbar. Dies jedoch geschieht nicht zum Nulltarif; vielmehr erfordert der Einsatz der IuK-Technik Investitionen und Aufwendungen für die Implementierung und den Betrieb entsprechender Instrumente und Infrastrukturen. Diese können z.T. stark variieren. In der betrieblichen Praxis zeichnet sich ab, dass gerade diejenigen Kosten, die nach erfolgreicher Umsetzung von IuK-Techniken in Unternehmen mit zunehmender Datenlast und durch hohe Anforderungen nach permanenter Verfügbarkeit und Zuverlässigkeit der Technik entstehen, drastisch steigen werden. Diese Anforderungen gehen einher mit einer hohen Abhängigkeit von einmal implementierten Lösungen, da sich im Nachhinein bestimmte Operationen nicht mehr „händisch" abwickeln lassen. Dies deshalb, weil die hierzu erforderlichen Kapazitäten abgebaut worden sind, die Abläufe zu kompliziert oder konkrete Schnittstellen weggefallen sind. Daher kann hier die grundsätzliche Empfehlung ausgesprochen werden, nur über fallspezifische Machbarkeits- und Kosten-/Nutzenanalysen Entscheidungen zu einem verstärktem IuK-Technik-Einsatz und den damit verbundenen Investitionen und Betriebskosten zu treffen.

Die konkreten Anwendungsfelder der IuK-Technik in Materialwirtschaft und Einkauf i.S.v. E-Procurement lassen sich in vom konkreten Beschaffungsprozess losgelöste und beschaffungsprozessbezogene Bereiche einteilen. Diese Gliederung gibt die Struktur der weiteren Überlegungen vor:

▣ Elektronische Klassifizierung von Bedarfsgütern,

▣ Internet-basierte Informationssuche (Beschaffungsmarktforschung),

▣ Elektronische Marktplätze, Plattformen und E-Collaboration,

▣ Elektronische Ausschreibungen, Anfragen und Angebotsbearbeitung,

- Online-Auktionen und –Verhandlungen,

- Elektronischer Katalogeinkauf (catalogue-buying) sowie Bestellwesen inkl. Abrechnungs- und Zahlungsprozessen,

- Business Intelligence-Anwendungen in Materialwirtschaft und Einkauf,

- Prozessoptimierung.

Diese Reihenfolge gibt in etwa auch die prozessuale Anordnung der einzelnen Beschaffungsaktivitäten wieder, wie sie in der Industrie zum Einsatz kommen. Die erst- und letztgenannten Aspekte sind von konkreten Beschaffungsprozessen unabhängig zu betrachten, während die mittleren Positionen direkt an den Kernelementen der operativen Beschaffung ansetzen. Dabei wird auf den ersten Blick deutlich, dass die IuK-Technik praktisch sämtliche Aspekte der Beschaffung durchdringt.

Aufgrund gesetzlicher Vorgaben und der hohen Sensibilität personen- und unternehmens- bzw. beschaffungsgut-spezifischer Daten und Informationen ist bei sämtlichen Anwendungsformen der IuK-Technik besonderes Augenmerk auf die Aspekte des *Datenschutzes* und der *Datensicherheit* zu legen.

15.2.1 Elektronische Klassifizierung von Bedarfsgütern

Die Qualität und der Neuigkeitsgrad einer Information kann erst bewertet werden, wenn man über die Information verfügt und nachdem man den Inhalt erfahren bzw. die Information gewissermaßen „konsumiert" hat. Daher ist es erforderlich, an die relevante Information zu gelangen oder sie an geeigneter Stelle (innerhalb oder außerhalb der Unternehmung) so zu verwahren, dass sie auch von anderen Beteiligten zielgerichtet gefunden und genutzt werden kann. Selbstverständlich gilt dieser Grundsatz auch für die Informationsbereiche der Materialwirtschaft - sowohl für das Stammdatenmanagement (Lieferanten- und Produktinformationen), als auch für Beschaffungsmärkte, Lieferantendaten, Produkt- und Preisinformationen. In allen Phasen von Beschaffungsprozessen sind zum richtigen Zeitpunkt die richtigen Informationen erforderlich. Durch die IuK-Technik können nunmehr Informationen in bisher nicht gekannter Menge und Trennschärfe gesucht, klassifiziert und strukturiert werden, um anschließend zielgerichtet ausgewertet und sortiert zu werden. Mit diesen Aktivitäten sind enorme Effizienzgewinne gegenüber den altbekannten „analogen" Arbeitstechniken beispielsweise mit Karteikarten, Papierablagen und -registraturen zu verzeichnen. Diesen Verbesserungen steht jedoch aufgrund der deutlich gestiegenen Informationsverfügbarkeit und stark gewachsenen Informationsmengen erhöhter Such- und Verarbeitungsaufwand entgegen, um diese regelrechte Informationsflut überhaupt handhaben zu können. Dieser Effekt kann die vermeintlichen Vorteile des IuK-Technik-Einsatzes unter Umständen nachteilig überkompensieren.

Damit die IuK-Technik in den betrieblichen Anwendungsfeldern der Materialwirtschaft und des Einkaufs ihre Potentiale entfalten kann, ist neben den rein technischen Fragestellungen der Standardisierung (in Form von Datenübertragungsprotokollen und einheitlichen Schnittstellen) das Augenmerk auf die Standardisierung der Beschreibung von Angeboten und Bedarfen zu lenken. Dieser Punkt ist Gegenstand der Klassifizierung. Ziel der Klassifizierung von Produkten (Produktbeschreibungen), Waren und Dienstleistungen ist die Schaffung eindeutiger Spezifizierungen und Gruppierungen der Bedarfsgüter. Die Klassifizierung von Produktdaten bedeutet die sachlogische Untergliederung der Bedarfe in Gruppen, Untergruppen und Einzelteile ähnlich einer Stückliste. Dabei werden allgemein gültige Kategorien von Bauteilen aber auch Dienstleistungen geschaffen, die es ermöglichen, die Bedarfe trennscharf zu sortieren und festzulegen. Bedarfsgüter werden in Kategorien eingeteilt ähnlich einer Sortierung von Karteikarten, jedoch ist es durch den Einsatz der IuK-Technik möglich, die so sortierten Bedarfsgüter mit Attributen zu belegen, die dann wiederum beliebig ausgewertet werden können. Dieses ermöglicht die strukturierte Erfassung aller Bedarfe und stellt in Anfrage-, Vergabe- und nachgelagerten Versorgungsprozessen die Grundlage dafür dar, in einen ebenso strukturierten elektronischen Informationsaustausch mit Lieferanten zu gehen. Für die Klassifizierung haben sich in der industriellen Praxis Quasi-Standards herausgebildet, die vor allem von den Organisationen Odette oder eCl@ss vorangetrieben werden. ECl@ss ist der branchenübergreifende Marktführer in Europa. Es handelt sich dabei um unternehmensübergreifend gegründete Strukturen, die das Ziel haben, Bedarfsgüter sachlogisch und eindeutig in hierarchisch geordnete Zusammenhänge in Abstimmung auf geltende Normen zu bringen. Stehen diese Ordnungen einmal fest, besteht die Möglichkeit, unternehmensinterne Informationen über Bedarfe trennscharf auszuwerten. Die eindeutige Spezifizierung und Klassifizierung von Beschaffungsgütern macht es möglich, analog zu ABC- bzw. XYZ-Analysen differenzierte Beschaffungs- und Bereitstellungsstrategien abzuleiten sowie Bestandsoptimierungen durchzuführen. So identifizierte Beschaffungsgüter können zur unternehmensinternen Gleichteilerkennung, für Preisanalysen (z.B. Preisregressionsanalysen) verwendet oder Benchmarkvergleichen unterzogen werden, sofern diese Daten systemtechnisch vorgehalten werden. In der Regel verfügen Unternehmen über vielfältige Informationen bezüglich ihrer Beschaffungsgüter, die allerdings aufgrund der in den Jahren evolutionär gewachsenen IuK-Technik- und Systemwelten nicht immer übergreifend betrachtet werden können. Die Beschaffungsgut-Klassifizierung stellt damit eine wesentliche Grundlage dafür dar, weitergehende IuK-Technik-Lösungsansätze nutzbringend anwenden zu können.

Aus strategischer Sicht schafft die Klassifizierung eine wesentliche Basis dafür, vergleichbare oder identische Angebote oder Bedarfe zu erkennen und zu bündeln. Für die Produktentwicklung (im eigenen Unternehmen und/oder beim Lieferanten) können Optimierungen durch Neuteilvermeidung realisiert werden, indem die Beschaffung Gleich- oder Vergleichteile identifiziert und benennt. Im Rahmen eines Komplexitäts- und Variantenmanagements ist es während der frühen Phase der Produktentwicklung möglich, Vergleichsteile zu identifizieren und redundante neue Bauteile und Komponenten gar nicht erst entwickeln zu müssen.

Aus datentechnischer Sicht stellt die Klassifizierung die Grundlage dafür dar, um IuK-Technik basierte Datenverarbeitungs-, Datenspeicher- und Datenaustauschprozesse aufsetzen zu können. Auf diese Weise ist es möglich, Auswertungen und (teil)automatische Datenabgleichroutinen rechnergestützt zu implementieren. So können in Ausschreibungs- und Anfrageprozessen potentielle Lieferanten mit ihren Materialgruppen teilautomatisiert über Suchroutinen am Markt passig identifiziert und in den Anfrage- und Angebotsprozess übernommen werden. Dies ist jedoch Gegenstand der Beschaffungsmarktforschung.

15.2.2 Internet-basierte Informationssuche (Beschaffungsmarktforschung)

In der Beschaffungsmarktforschung kann die IuK-Technik für Informationsgewinnung, -analyse und -bewirtschaftung von Markt- und Lieferantendaten eingesetzt werden. Dies sowohl in der Primärforschung als auch in der Sekundärforschung. Das Internet stellt dabei die Basis für die Verknüpfung von Anbieter- und Nachfragerinformationen dar.

Beschaffungsmarktforschung hat zum Ziel, Informationen über Marktgegebenheiten und -entwicklungen dem beschaffenden Unternehmen zur Verfügung zu stellen. Aus dem Wirtschaftlichkeitsprinzip ergibt sich dabei das Gebot der Effizienz. Diese Informationen sind effizient, d.h. mit ökonomisch vertretbarem Aufwand zu erarbeiten. Sie dienen zur Generierung von Wettbewerbsvorteilen, indem aus diesen Informationen beschaffungsmarkt- und versorgungsrelevante Entscheidungen optimal getroffen werden. Hierzu gehören insbesondere Informationen über (potentielle) Lieferanten und Bezugsquellen, die je nach zu treffender Entscheidung hinreichend detailliert sein sollten. Dazu werden systematisch relevante Daten und Informationen identifiziert, gesammelt und aufbereitet. Dies war traditionell eine Aufgabe, die speziellen Abteilungen übertragen war bzw. die von externen Fachleuten (bspw. Agenten) übernommen worden ist. Informationsquellen waren vielfach Branchenbücher oder besondere Publikationen wie z.B. „wer liefert was?". Die Informations- und Kommunikationstechnik ermöglicht es speziell durch das Internet und die darin verfügbaren Dienste wie WWW sowie Suchmaschinen weltweit, schnell und umfassend Informationen zu finden, über den Dienst E-Mail auszutauschen und für die eigenen Zielsetzung aufzubereiten. Die hierbei verwendeten Verfahren lassen sich einteilen in offene und geschlossene Verfahren. *Offene* Verfahren stehen für jedermann offen, während bei den *geschlossenen* Verfahren lediglich ein zuvor registrierter und autorisierter Benutzerkreis Zugang hat. Je nach Informationsrichtung werden ferner aktive und passive Verfahren unterschieden. Bei *aktiven* Verfahren sucht das beschaffende Unternehmen selbst nach

Informationen, bei *passiven* Verfahren ist das Ziel, die eigene Beschaffungsfunktion in das Radar von Vertriebsaktivitäten zu bringen.

Tabelle 15-1: Abgrenzung IuK-Technik-basierter Aktivitäten zur Beschaffungsmarktforschung

	offene Verfahren	**geschlossene Verfahren**
aktives Vorgehen (Beschaffung sucht Informationen und betreibt aktive Beschaffungsmarktforschung)	Suchmaschinen chaotische Internet-Recherche nach Schlagworten	Teilnahme an eingeschränkten Branchenbüchern (Mitgliedschaft erforderlich); Anbieter hat Informationen idealerweise vorstrukturiert Homepages von Verbänden: z.B.: www.vdma.de
passives Vorgehen (Beschaffung soll vom Vertrieb eines Lieferanten entdeckt werden)	Beschaffungshomepage mit offenem Benutzerkreis z.B.: http://purchasing.bosch.com Bedarfsinformationen, Lieferantenbewertung, gezielte Ausschreibung eines konkreten Bedarfs.	Beschaffungsportale z.B.: www.vwgroupsupply.com Beschaffungshomepage für geschlossenen Benutzerkreis
Lieferantenaktivitäten		Lieferantenportale: z.B.: www.click2procure.de
Informationsbroker (Dritte)	Lieferantendatenbanken: z.B.: www.europages.de, www.wlw.de, www.thomasglobal.com	

Auf den ersten Blick mag das mannigfaltige Angebot an Informationsquellen die Lösung einiger bisherigen Schwierigkeiten in der Suche und Auswertung von Marktinformationen bedeuten. Allerdings steht der Nutzer dieses Instrumentariums vor folgenden Problemstellungen:

- *Informationsidentifikation*: Im Internet sind die oben genannten Informationsquellen nicht systematisch abgelegt und damit nicht methodisch konsequent auffindbar. Dies hängt zusammen mit den „chaotischen" Konstruktionsprinzipien des Internets, die wiederum maßgeblich ursächlich dafür waren, dass es rasch eine hohe Verbreitung finden und sich als zentrales Medium hat durchsetzen können. Als Negativbeispiel kann hier das Scheitern des Post-Dienstes „Bildschirmtext" angeführt werden. BTX war zwar strukturiert aufgebaut, konnte jedoch den Nutzern wenig Flexibilität und praktisch keinen internationalen Austausch bieten. Es gibt im Internet keine systematischen Ordnungskriterien für die Ablage und das Finden von Inhalten. Suchmaschinen versuchen diese Schwierigkeit dahingehend zu überbrücken, dass nach bestimmten Algorithmen Daten in Zusammenhänge gebracht werden und indexiert über Datenbanken dann dem Suchenden sehr schnell gelistet werden können.

- *Informationsselektion*: Wegen der Fülle an verfügbaren Informationen stellt sich die Frage des zielgerichteten Trennens von bedeutenden von unbedeutenden Daten. Dies erfordert ein strukturiertes Vorwissen über die recherchierten Informationen sowie die Fähigkeit, fallweise Wichtiges von Unwichtigem zu unterscheiden. Der zielgerichtete Einsatz des Internets zur Beschaffungsmarktforschung steht und fällt daher mit der Medienkompetenz der damit betrauten Personen sowie deren fachlicher Expertise im Umgang mit branchen- und lieferantenspezifischen Informationen.

- *Informationsauswertung und -aufbereitung*: Sind Informationsquellen identifiziert und zielgerichtet selektiert, stellt sich weiterhin die Frage, wie diese Informationen den Anwendern im Funktionsbereich Materialwirtschaft und Einkauf effektiv zugänglich gemacht werden. Dies setzt eine anwenderorientierte Aufbereitung der verfügbaren Daten voraus. Verfügbare Informationen sollten prozessorientiert dem Mitarbeiter zu dem Zeitpunkt übermittelt werden, wenn er sie benötigt (beispielsweise beim Start einer Anfrage über ein rollenbasiertes Portal) bzw. so strukturiert abgelegt werden, dass sie bei Interesse nach intuitiv nachvollziehbaren Suchkriterien auffindbar und verwendbar sind (z.B. über ein unternehmensinternes Dokumenten- oder Wissensmanagementsystem).

Im Ergebnis bietet die IuK-Technik neue Dimensionen der Informationsrecherche über Beschaffungsmärkte und potentielle Lieferanten. Grundsätzlich besteht damit die Möglichkeit, über die Identifikation sehr leistungsfähiger Lieferanten Wettbewerbsvorteile zu generieren. Diese Möglichkeiten stehen jedoch allen Marktteilnehmern prinzipiell offen.

15.2.3 Elektronische Marktplätze, Plattformen und E-Collaboration

Gemeinhin geschieht der Austausch von Produkten, Waren und Dienstleistungen über Märkte. Märkte sind Veranstaltungen, bei denen Anbieter und Nachfrager zusammenkommen und Transaktionen abwickeln. Die Mengengerüste der Anbieter und

Nachfrager und vorhandene Knappheiten bestimmen den Preis. Bekanntermaßen sind Märkte physischer Natur, d.h. sie werden von dinglichen Akteuren besucht und es werden Güter oder Leistungen gehandelt.

Anhand ihrer Orientierung können *horizontale* und *vertikale* Martkplätze unterschieden werden:

- Horizontale Marktplätze bündeln breite Sortimente auf einer Stufe.

- Vertikale Marktplätze bilden branchenspezifische Lieferbeziehungen entlang der Supplychains ab.

Durch die IuK-Technik ist es möglich, derartige Marktveranstaltungen elektronisch nachzubilden, d.h. in Datennetzen oder über Datenbanken können die wesentlichen Aspekte von Märkten dargestellt werden, Marktteilnehmer agieren über elektronische Medien und führen rein informationsbasiert Geschäftstransaktionen aus. Dabei ist von *elektronischen Marktplätzen* dann die Rede, wenn sie nicht von einem beschaffenden bzw. verkaufenden Unternehmen betrieben werden, sondern von einem unabhängigen Dritten (z.B. Ariba). Ferner gibt es elektronische Marktplätze, die nicht unabhängig sind, sondern an denen ein oder mehrere Industrie- bzw. Handelsunternehmen beteiligt sind (z.B. SupplyOn für Komponenten und Vorprodukte in der Automobilindustrie). Wird die elektronische Marktveranstaltung von einem beschaffenden Unternehmen betrieben, spricht man von einer *Plattform* für den Informationsaustausch mit allen Lieferanten. Lieferantenplattformen ermöglichen den Zugang zu Lieferanten. Marktplätze und Plattformen stellen eine wesentliche Infrastruktur dar, um die einzelnen Informationsaustauschprozesse zwischen Lieferanten und Abnehmern elektronisch zu implementieren. Sie stellen den technischen Datenaustausch sicher, verfügen über ein zentrales User-Management, über das die Lese- und Schreibberechtigungen abgebildet werden und erlauben die zentralisierte Umsetzung von Maßnahmen für Datensicherheit und Datenschutz (aus juristischer Sicht) bzw. Informationsschutz (aus betrieblicher Sicht für sensible Entwicklungsdaten).

Neu und revolutionär anders ist dabei die hohe Reichweite derartiger Marktveranstaltungen, d.h. Akteure haben quasi weltweit zu niedrigen Transaktionskosten Marktzugang. Gekoppelt mit der allgemein höheren Informationsverfügbarkeit steigert dies theoretisch die Markteffizienz. Hiervon können sowohl Anbieter als auch Nachfrager profitieren, insbesondere wenn sie in der Lage sind, die Spielregeln der Teilnahme an den abgebildeten Marktveranstaltungen zu setzen.

Betreiber elektronischer Marktplätze ermöglichen das Zustandekommen von Transaktionen und partizipieren in der Regel durch Gebühren oder haben die Möglichkeit, aufgrund einer sehr hohen Marktplatznutzung diesen Informationsraum für kostenpflichtige Werbung zu vermarkten. Dem Marktplatzbetreiber kommt neben der technischen Bereitstellung/Betrieb der Infrastruktur die Rolle einer Übersichts- und Koordinationsfunktion zu. Damit schafft er den Marktzugang, koordiniert mögliche Verbundeffekte (Economies of scope) und führt Angebot und Nachfrage qualitativ und quantitativ zusammen. Elektronische Marktplätze eignen sich besonders für eindeutig beschreibbare und klassifizierbare Beschaffungsobjekte, sofern es hinreichend viele Anbieter bzw. Nachfrager gibt. Eine weitere Restriktion liegt in der dinglichen Abwicklung, die nicht unverhältnismäßig hohe Handlings- oder Transportkosten nach sich ziehen sollte. So sind Kleinmengenlieferungen oder der Handel mit geringwertigen Gütern, wie er beispielsweise im Einzelhandel, d.h. im Business to Customer Bereich (B2C) stattfindet, ohne weiteres IuK-technisch abbildbar, aber nicht wirtschaftlich darstellbar. Daher haben sich elektronische Marktplätze besonders im Business to Business (B2B) Geschäft verbreitet, d.h. bei Geschäftsprozessen zwischen Unternehmen mit entsprechend hohen Wert- und Mengengerüsten. Neben der Bedarfsdeckung können über elektronische Marktplätze bzw. Plattformen auch weitere Phasen der industriellen Produktentstehung sowie der Koordination von Zulieferern abgebildet werden, indem man sie als Informationsdrehscheibe zwischen beteiligten Akteuren verwendet, z.B. zur Einbindung von Entwicklungsdienstleistern oder Prototypenlieferanten. Dabei werden Funktionalitäten und Instrumente eingesetzt wie Suchfunktionen, Verschlüsselungen, Ausschreibungen, Auktionen sowie Instrumente zur Abbildung des technischen Änderungsmanagements sowie zur logistischen Abwicklung dinglicher Geschäfte und Logistikprozesse.

Im Gegensatz zu den Marktplätzen werden bei *elektronischen Plattformen* die oben genannten Funktionalitäten in Regie der beschaffenden Organisation als Lieferantenplattformen betrieben. Prämisse für ein derartiges Vorgehen ist eine hinreichend hohe Marktmacht der beschaffenden Organisation, um die damit verbundenen Instrumentarien überhaupt gegenüber allen Lieferanten durchsetzen zu können. Der betreibende Akteur gestaltet dabei die Spielregeln, reglementiert den Zugang und kontrolliert bzw. steuert sämtliche Informationen. Dies ermöglicht dem Betreiber eine Optimierung der Beschaffungsprozesskosten. Außerdem erhält er die Möglichkeit, wegen der hohen Reichweite des Netzes und der geringen Zugangsbarrieren in besonderem Maße Marktkräfte zu nutzen, d.h. bei Ausschreibungen einen möglichst großen Bieterkreis einzubinden, um in den Folgeprozessen entsprechend Wettbewerbskräfte für die Optimierung der Beschaffungs- bzw. Materialkosten zu nutzen. Dauerhafte und langfristige Einsparungen lassen sich nur dann realisieren, wenn es zu Prozesskosteneinsparnissen und substanziellen Produktkostenverbesserungen beim Lieferanten kommt, die an den Abnehmer weitergegeben werden können - und aus Sicht des Einkaufs weitergegeben werden sollten. Die elektronische Beschaffungsplattform stellt gewissermaßen die technische Infrastruktur dar, um Beschaffungsprozesse und den Informationsaustausch mit Lieferanten transaktionskostenoptimiert zu ermöglichen. Aus technischer Sicht kommen dabei in der Regel *Datenbanksysteme* zum Einsatz und der Austausch der Informationen erfolgt über web-Standards und -Technologien.

Werden ganze Projekte unternehmensübergreifend auf der Basis von IuK-Techniken (ggf. mittels Marktplätzen oder Plattformen) abgewickelt, spricht man von *E-Collaboration*. Der Unterschied zu traditionellen Formen der Zusammenarbeit besteht in der hohen informationsbasierten Vernetzung zwischen den beteiligten Unternehmen bzw. im eigentlichen Gegenstand der Zusammenarbeit. Dieser ist in der Regel eine informationsintensive Projektaufgabe, die aus Zeit- und Kostengründen nur verteilt über ausgesprochen spezialisierte Unternehmen erfüllt werden kann. Das Internet bietet dabei die Möglichkeit, geographisch weit entfernte Projektpartner zu identifizieren und einzubinden. Dadurch, dass viele der dabei ablaufenden Prozesse automatisierbar sind und es bei Einsatz standardisierter Übertragungsmethoden keine Schnittstellen gibt, können die Transaktionskosten für die Anbahnung und Koordination von unternehmensübergreifenden Projekten reduziert werden. Der Einsatz der IuK-Technik entbindet die beteiligten Unternehmen jedoch nicht von zu klärenden und zu definierenden Abmachungen über Geschäftszweck, Gewinn und Aufwandsverteilung sowie Haftungsfragen, die typischerweise vertraglich sorgfältig zu regeln sind. Die Diskussion neuartiger „Virtueller Organisationen", die in den ausgehenden 1990er Jahren propagiert worden sind, haben starke konzeptionelle Defizite bezüglich der Verteilung von Kosten, Aufwand und Verlusten sowie in der dafür notwendigen Informationstransparenz. Diese ist in Unternehmen nicht grundsätzlich erwünscht, da hohem Kostendruck mit Materialkostensenkungsaktivitäten begegnet wird. Dabei spielt taktisch häufig die tendenziell opportunistische Informationsnutzung eine gewichtige Rolle. Dies lässt collaborative Arrangements in der unternehmerischen Beschaffungspraxis eher ungeeignet erscheinen.

15.2.4 Elektronische Ausschreibungen, Anfragen und Angebotsbearbeitung

Die zentralen operativen Beschaffungsaktivitäten Ausschreibungen, Anfragen Angebotsbearbeitung und Bestellungen können dank IuK-Technik nunmehr auf elektronischem Wege zwischen Einkauf und Bieterkreis abgewickelt werden. Dabei werden die Spezifikationen auf elektronischem Wege den Lieferanten oder Bietern übermittelt. Dies kann sogar durch vorgelagerte technische Fachbereiche erfolgen, um vorab eine Feasibility zu prüfen. Hierzu ist es erforderlich, dass Lieferanten über eine Schnittstelle verfügen, die es ermöglicht, über das vom ausschreibenden Unternehmen definierte Protokoll (d.h. technische Festlegungen der Datenübertragung) und die hierzu festgelegte Datenstruktur (Daten über Preise, Logistikkonditionen etc.) Informationen zu empfangen und zurückzusenden. Dies kann idealerweise über eine Plattform erfolgen, die den gesicherten Datenaustausch ermöglicht und auch die entsprechenden Datenbank-Speicherkapazitäten vorhält, um beispielsweise auch versionierte Anfragedaten (während des Anfrageprozesses noch überarbeitete Spezifikationen bzw. Konstruktionsstände), aber auch die daraufhin vom Lieferanten abgegebenen Angebotsinformationen strukturiert und revisionssicher zu speichern und vorzuhalten.

Der standardisierte Datenaustausch muss nicht zwangsweise über Marktplätze bzw. Plattformen erfolgen. Er kann auch über eigenständige Systemlösungen individuell zwischen Lieferant und Beschaffung mittels entsprechender Medien implementiert werden.

Der Vorteil elektronischer Ausschreibungen ist es, Daten und Informationen aus den technischen Bereichen des beschaffenden Unternehmens medienbruchfrei an Lieferanten zu übermitteln, was im Vergleich zu den traditionellen Praktiken (plotten, verpacken, versenden, auspacken, ...) zu drastischen Einsparungen von Porto- Verpackungs- und Handlingskosten führt. Die Datenübertragung erfolgt sofort und es ist kostenneutral ein geographisch nahezu unendlich weit gefächerter Bieterkreis einbindbar. Der Bieterkreis seinerseits kann über vorgelagerte elektronische Marktforschungsinstrumente identifiziert und derart eingebunden werden, dass ohne weitere administrative Vorkehrungen Anfragen auf elektronischem Wege versendet und beantwortet werden können. Dies ist ein fundamentaler Aspekt eines durchgängigen Lieferantenmanagements. Die auf elektronischem Weg übermittelten Lieferanten-Angebote liegen strukturiert und ohne Medienbruch vor, d.h. die Lieferanten schreiben gewissermaßen die Daten für Datenbanken der beschaffenden Organisation. Beim Beschaffer entfällt damit administrativer Aufwand. Durch die elektronische Verfügbarkeit von Angebotsdaten können mehrere Beteiligte voneinander unabhängig und zeitgleich diese Informationen einsehen, auswerten und analog dem Simultaneous Engineering-Procedere damit in relativ kürzeren Zeitfenstern als bei einem seriellen Vorgehen Vergabeentscheidungen erarbeiten. Das Vorhandensein aller wesentlichen Informationen in einer Datenbank stellt die Basis dar für Aspekte der Business Intelligence-Anwendungen. In Summe führt die Nutzung elektronischer Ausschreibe-, Anfrage- und Angebotsbearbeitungstools zu niedrigeren Transaktionskosten, einer insbesondere international höheren Marktabdeckung, schnelleren Informationsübertragung und schnelleren Anfrageprozessen. Die Informationstransparenz und Revisionssicherheit wird auch erhöht. Allerdings erfordert die Nutzung elektronischer Anfragesysteme hohe Systemverfügbarkeit und Datenübertragungssicherheit. Dies sicherzustellen zieht hohe Betriebskosten nach sich. Ferner schränkt ein derartiges elektronisches System die Flexibilität für Anfragen dahingehend ein, dass bestimmte Arbeitsabläufe vom System vorgegeben werden und auch die anzufragenden bzw. anzubietenden Daten in sehr strukturierter Weise vorgegeben werden. Dies mag das Anfragen besonders komplexer Bauteile mit besonders differenziert zu betrachtenden Preiselementen erschweren, es sei denn, man hält systemseitig derartige Freiheitsgrade vor, die jedoch die Realisierungskosten eines solchen Anfragesystems drastisch erhöhen. Die branchenweite Einführung allgemein gültiger Klassifizierungssysteme könnte hier Abhilfe schaffen. Branchenweit ist festzuhalten, dass unterschiedliche Unternehmen z.T. eigene und damit spezifische Anfragesysteme anwenden und eigene Lieferantenplattformen betreiben. Dies führt vertriebsseitig bei den angefragten Lieferanten zu erhöhten Aufwendungen, müssen doch mehrere Systeme mit unterschiedlichen Daten bzw. Datenstrukturen und unterschiedlichen Benutzeroberflächen mit abweichenden Funktionalitäten bedient werden. Dadurch dass der Nutzen eines eigenen Systems für das beschaffende Unternehmen sehr hoch ist, konnten sich branchenweite Lösungen bisher nicht durchsetzen. Die damit verbundenen Schwierigkeiten können anhand des E-

Procurement-Großprojektes COVISINT verdeutlicht werden, die in den 1990er Jahren von namhaften Automobilherstellern ins Leben gerufen worden ist, mit dem Ziel, vierstellige US$-Beträge pro Fahrzeug an Transaktionskosten und durch Bauteil-Standardisierungspotentiale herstellerübergreifend einzusparen. Das System ist gescheitert an der Heterogenität der Datenstrukturen und technischen sowie betriebswirtschaftlichen Anforderungen der beteiligten Unternehmen.

15.2.5 Online-Auktionen und -Verhandlungen

Bevor Vergabeentscheidungen getroffen werden, ist es aus Beschaffungssicht opportun, die Angebote der Lieferanten zu verhandeln und die dahinterliegenden Zielvorstellungen der beiden Seiten zur Deckung zu bringen. Dies geschieht traditionell im Austausch über die Medien Telefon, Video-Konferenz oder persönliche Treffen und unter Anwendung vielfältiger taktischer und strategischer Maßnahmen. In der Regel verlaufen die Gespräche mit mehreren Lieferanten seriell, d.h. es wir mit einem Lieferanten nach dem anderen verhandelt.

Analog zu den elektronischen Anfragen und Ausschreibungen können Verhandlungen über entsprechende IuK-Techniken dergestalt nachgebildet werden, dass sie rein datenbasiert und zwischen mehreren Anbietern gleichzeitig ablaufen können. Initiator ist der Einkauf. Unterschieden werden Online-Verhandlungen und Online-Auktionen. Online-*Verhandlungen* beinhalten keine Vergabeentscheidung sondern liefern lediglich verhandelte Preisinformationen, während bei Online-*Auktionen* eine finale und systemtechnisch dokumentierte Vergabeentscheidung gefällt wird. Grundlage für den Einsatz dieser Tools ist ein hinreichend großer Anbieterkreis sowie eine hohe Nachfragemacht, um die konsequente Anwendung des Tools bei allen zur Vergabeentscheidung zu berücksichtigenden Lieferanten durchsetzen zu können. Kommen diese beiden Tools zum Einsatz, kann auf die o.g. Medien und persönliche Termine verzichtet werden. Das Verhandlungsgeschehen wird über entsprechend gestaltete Masken und zwischen den Beteiligten über vernetzte Rechnersysteme abgebildet. Hierzu wird vom Abnehmer ein Termin fixiert und zuvor sichergestellt, dass alle Bieter unter Anwendung aller relevanten Sicherheitsregeln eingebunden sind. Das Telefon kann im Verhandlungsgeschehen parallel für das Beantworten von Sachfragen und für taktische Signale eingesetzt werden. Der Kern der „Verhandlung" erfolgt vom Bildschirm aus, indem man Preisbestandteile über die Eingabe in entsprechende Masken in Echtzeit übermittelt. Dabei besteht die Möglichkeit, die Mechanismen von Auktionen (Gebote, zeitlicher Horizont, zugelassene Bieter) elektronisch nachzubilden, d.h. mehrere Anbieter bieten um den Zuschlag für einen Auftrag.

Bevor eine Online-Auktion bzw. -Verhandlung zum Einsatz kommen kann, sind hierzu die jeweiligen Systeme mit Daten zu befüllen (Verhandlungsgegenstand, Preisdetails etc.). Zur Vorbereitung von Verhandlungen oder Auktionen können bei entsprechender systemtechnischer Umsetzung die im Rahmen der Ausschreibung bereits übermittelten Daten direkt aus dem Anfragesystem genutzt und auch die Verhandlungsergebnisse direkt ins Anfragesystem zurückgeschrieben werden. Damit kann eine Online-Auktion oder -Verhandlung ohne großen administrativen Aufwand in bestehende Beschaffungsprozesse integriert werden.

Während der Verhandlung ist es bei entsprechender systemtechnischer Umsetzung für den Auktionator möglich, kalkulatorische Gesamtpreise bzw. einen zuvor definierten total cost of ownership in Echtzeit zu ermitteln. Ähnlich einer traditionellen Auktion kann zu einem zuvor festgesetzten Zeitpunkt der Austausch abgebrochen werden, und der niedrigstbietende Lieferant bekommt den Auftrag. Dabei können die Spielregeln vom Auktionator festgelegt werden. In Anlehnung an spieltheoretische Ansätze können auf diese Weise Verhandlungen und Auktionen für die eigene Zielsetzung optimiert werden. Damit kann er sich wesentliche Vorteile verschaffen:

Er generiert eine sehr *hohe Wettbewerbsintensität* (sofern es hinreichend viele Bieter gibt), indem er *parallel* Verhandlungen mit allen Anbietern führt und dabei den Informationsfluss an die Bietenden steuert und sie damit zu bestimmten Handlungsweisen zu seinem Vorteil veranlassen kann. Er kann z.B. die oben erwähnten total cost of ownership - Informationen nur für sich selbst nutzen (d.h. er hat auf seinem Bildschirm Markttransparenz) und die Detailinformationen über die einzelnen Anbieter nicht oder nur teilweise an seine Lieferanten weitergeben. Bei der teilweisen Weitergabe der Informationen an die Lieferanten besteht die Möglichkeit, diejenigen Preisbestandteile eines Wettbewerbers zu übermitteln, die absolut die günstigsten sind, obwohl die Gesamtpreise der Wettbewerber nicht die geringsten sind. Ohnehin schon in Summe günstigen Anbietern kann über selektive Informationsübermittlung suggeriert werden, dass sie einzelne Preisbestandteile weiter optimieren müssen, um den Auftrag zu bekommen. Hiervon profitiert der Abnehmer. Die Veranstalter von Online-Verhandlungen oder -Auktionen haben damit die Möglichkeit, ihr Instrumentarium nach ihren Erfordernissen und in der Regel zu ihrem Vorteil auszulegen und anzuwenden.

Nahezu alle real existierenden und theoretisch beschriebenen Auktionsformen (Vickrey Auktion, Holländische Auktion, etc.) können (auch als Mischtypen) nachgebildet werden. Neben den oben genannten Vorteilen für das beschaffende Unternehmen verkürzt sich für alle Teilnehmer die zeitliche Dauer der Verhandlung, weil Reisekosten und Reisezeit entfallen. Ergebnis des Einsatzes dieser Online-Instrumente sind niedrige Preisniveaus bei den zu verhandelnden Preisbestandteilen. Anbieter sind durch die hohe Transparenz gezwungen, nahe ihren Grenzkosten anzubieten. Online-Verhandlungen oder -Auktionen sind damit eines der wirksamsten Instrumente, Kostenreduzierungen durch Marktmacht und -transparenz herbeizuführen. Dabei ist jedoch peinlich darauf zu achten, dass trotz für die beschaffende Seite günstig ausgelegter Spielregeln diese absolut konsequent, d.h. nicht opportunistisch, anzuwenden sind, da sonst das Vertrauen der Marktteilnehmer in dieses Instrument verloren ginge und es nicht mehr zur Anwendung kommen könnte.

15.2.6 Elektronischer Katalogeinkauf (catalogue-buying)

Sind Beschaffungsgüter spezifiziert und über trennscharfe Produktgruppen i.S.d. Klassifizierung sortierbar, so können sie über elektronische Kataloge den Bedarfsträgern zur eigenhändigen Beschaffung angeboten werden. In der Regel handelt es sich dabei um allgemeine, d.h. Nicht-Fertigungsmaterial-Bedarfe. Normierte Materialien, besonders im Kontext der MRO-Güter (maintainance - repair - operations), können über den sogenannten OBI-Standard (open buying on the internet) einfach in elektronischen Katalogen abgelegt werden. Solche Kataloge sind elektronisch medialisierte Verzeichnisse von Beschaffungsgütern, deren Preise und Lieferkonditionen durch den Einkauf bereits verhandelt sind. Er ermöglicht es, dass auf der Basis der in den Katalogen erfassten Produkte und Güter - entsprechende Berechtigungen vorausgesetzt - Bedarfsträger eigenständig Bestellprozesse auslösen können. Dabei wählt der Bedarfsträger ein entsprechendes Produkt aus dem Katalog aus, kreiert einen elektronischen Warenkorb und über zuvor definierte Prozesse werden die Bedarfsdaten als Bestelldaten automatisch über fallweise definierbare Freigabe-Instanzen an den Lieferanten übermittelt. Dieser kann den Auftrag abarbeiten und die bestellte Ware versenden. Der Wareneingang wird beim belieferten Unternehmen entsprechend dem System signalisiert, so dass der Rechnungseingang gebucht und die Zahlung freigegeben und ausgelöst wird. Gängige Praxis ist es, nach bestätigtem Wareneingang die Zahlung im Rahmen eines Gutschriftverfahrens automatisch auszulösen. Damit kann für bestimmte Produkt- und Warengruppen der Beschaffungsprozess nach einmaliger systemtechnischer Abbildung teilautomatisiert abgewickelt werden. Bei der Definition der Kataloginhalte können die ausgewählten Angebote oder die gesamte Produktpalette entweder eines Anbieters (online catalogue) oder mehrerer Anbieter gekoppelt werden (multi supplier product catalogue). Ferner wird der komplette Datenpflegeaufwand in die Verantwortung der Lieferanten gelegt, wobei der Abnehmer über zu definierende Prozesse und Prüfroutinen sicherstellen sollte, dass beispielsweise verhandelte Preisreduzierungen auch zur Anwendung kommen. Ein Abnehmer sollte sich aus Revisionsgründen nicht vollständig von der Datenpflege der Lieferanten im Feld der Materialkosten abhängig machen.

Die beim Katalogeinkauf getroffenen Aussagen zum online-Abruf können auch auf die industriellen Bestellprozesse von Produktionsmaterial übertragen werden. Sofern Jahrespreise für Produktionsmaterial verhandelt worden sind, besteht die Möglichkeit, auf elektronischem Wege Bestellungen auszulösen, zu genehmigen und an die Lieferanten zu übermitteln. Dies hat den Vorteil geringer Transaktionskosten und vermiedener Fehlerpotentiale, sofern die einmalig richtig vorhandenen Daten nunmehr medienbruchfrei an den Lieferanten übermittelt werden und dieser die Order idealerweise direkt in seine Dispositions- und Produktionssysteme übernehmen kann. Damit besteht auch eine Grundlage dafür, dass beim Lieferanten ausgelöste Warenströme im Wareneingang des beschaffenden Unternehmens direkt gegengebucht werden. Parallel dazu kann der Prozess des Rechnungseingangs, der Rechnungsprüfung und der Zahlungsfreigabe (alternativ: Gutschriftverfahren), schnell und mit geringem administrativem Aufwand ablaufen. Die nicht wertschöpfende Bearbeitung von Massendaten kann auf diese Weise optimiert und damit die Grundlage geschaffen werden für eine Verschiebung der Aufgabeninhalte der Mitarbeiter in Materialwirtschaft und Einkauf. Diese können sich nun stärker strategischen Aufgaben widmen.

15.2.7 Business Intelligence-Anwendungen in Materialwirtschaft und Einkauf

Business Intelligence bedeutet die Auswertung vorhandener geschäftlicher Informationen durch den Einsatz von IuK-Technik, ähnlich einem Berichtswesen. Ziel ist es, aus vorhandenen aber schwer koppelbaren und weit im Unternehmen verteilten Informationen und über deren Verknüpfung und Analyse fundierte Entscheidungen vorzubereiten und deren Ergebnisse nach einer Umsetzung nachsteuern zu können. Hierzu sind in den vergangenen Jahren Instrumente entwickelt worden und in die Praxis eingezogen, die die Anwender in die Lage versetzen, Informationen aus unterschiedlichen Anwendungssystemen und z.T. unterschiedlichen Geschäftsbereichen und verschiedenen Datenbanksystemen anzuziehen und zu verdichten. Dabei kann ohne großen zusätzlichen Aufwand umfassende Transparenz über Tatbestände der Geschäftstätigkeit im Bereich von Materialwirtschaft und Einkauf geschaffen werden. Die Grenzen der so erzeugten „Transparenz" liegen in der Qualität und Vollständigkeit der verfügbaren Daten, die zumeist aus speziellen Systemen z.T. anderer Geschäftsbereiche wie beispielsweise Enterprise Resource Planning Systemen stammen oder aus Konstruktionsdaten-Systemen der Entwicklungsabteilung stammen.

Enterprise Resource Planning (ERP-) Systeme stellen die technische Speerspitze betriebswirtschaftlicher Informationssysteme dar. Prominenter Repräsentant von ERP-Systemen ist die Firma SAP mit ihren diesbezüglichen Produkten. Gegenstand dieser Systeme ist die integrative Abbildung von Informationen zu allen wesentlichen Ressourcen (Personal, Betriebsmittel, Kapital), um auf dieser Basis die wesentlichen Geschäftsprozesse planen und steuern zu können. Dank der Fortschritte in der Datenübertragung werden sie zunehmend unternehmensübergreifend unter standardisierten Schnittstellen zur Abbildung zwischenbetrieblicher Waren- und Dienstleistungsströme eingesetzt und bilden damit auch die Kerndaten für Materialwirtschaft und Einkauf ab. *Data Warehouses* sind Datenbanken, die sich aus Daten unterschiedlicher Quellen zusammensetzen und zu Auswertungszwecken zwischengespeichert werden.

Business Intelligence-Systeme setzen nun auf den Datengerüsten von ERP-Systemen und/oder Data Warehouses auf und ermöglichen es, über unscharfe Suchalgorithmen Informationen zu finden, zu sammeln und analog einem Berichtswesen aufzubereiten. Diese Informationen können zur Bedienung von konkreten Informationsbedürfnissen (wieviel Umsatz macht Lieferant X in Produktgruppe Y?) aber auch zur Vorbereitung von Entscheidungen herangezogen werden.

Soll langfristige Versorgungssicherheit zu geringen Kosten systematisch sichergestellt werden, ist es erforderlich, Instrumente eines Lieferantenmanagements einzusetzen. Lieferantenmanagement bedeutet das strategische und planmäßige Identifizieren, Einbinden, Aufbauen, Steuern und Klassifizieren von Lieferanten für bestimmte Beschaffungsgüter. Hierzu ist es erforderlich, unterschiedlichste Informationen über die Lieferanten, ihr Produktportfolio, Preise, Preisentwicklungen sowie ihre Lieferperformance heranzuziehen. Derartige Informationen liegen in Industrieunternehmen in der Regel vor, allerdings zumeist verstreut über diverse Geschäftsbereiche und in teilweise unterschiedlichen und nicht miteinander vernetzten Systemwelten. Eine zielgerichtete effiziente Nutzung dieser Informationen scheidet daher in der Regel aufgrund hohen administrativen Aufwands aus. In diesem Themenkreis liegen große Potentiale für Business Intelligence-Anwendungen. Diese können so programmiert und implementiert werden, dass die genannten Informationsbestandteile geschäftsbereichs- und systemübergreifend identifiziert, konsolidiert und für das Vorbereiten und Treffen von Entscheidungen nachgehalten werden können.

15.2.8 Prozessoptimierung

Ziel der Prozessoptimierung ist die Senkung der Beschaffungsprozesskosten, beispielsweise der *Bestellkosten*, sowie die Verkürzung der Beschaffungszeit. Weitere Ziele sind eine Erhöhung der Prozessqualität (Reproduzierbarkeit und Stabilität), eine bessere Informationsversorgung und damit bessere Entscheidungsgrundlagen als Basis für schließlich geringere Materialkosten.

Bei der IuK-Technik-orientierten Optimierung geht es um die „Elektrifizierung" der Informationsversorgung in Beschaffungsprozessen. Die Basis hierfür stellt die Identifikation von Beschaffungsprozessen dar, d.h. das Erkennen und Formulieren von bestimmten Abläufen, die zur Realisierung von Aufgaben und Zielen erforderlich sind. Sind diese Prozesse identifiziert, können sie als Ist-Prozesse modelliert werden, d.h. man bildet sie in einer analytischen Systematik ab und „kartiert" damit die aktuellen betrieblichen Abläufe. Relevante Instrumente hierbei sind Erfassungs- und Dokumentationstools wie ARIS von IDS Scheer sowie - etwas weniger mächtig - VISIO von Microsoft. Wichtig ist bei Prozesserfassungen festzuhalten, wer beteiligt ist, welche Informationen für wen verarbeitet werden, welche Aktivitäten mit den Informationen erledigt werden und über welche Systeme die Informationen bereitgestellt oder verarbeitet werden. Ausgehend von bestimmten Zielsetzungen zur Prozessvereinfachung und -beschleunigung können dann auf analytischem Weg Soll-Prozesse identifiziert und definiert/entwickelt werden, die den o.g. Zielen gerecht werden. Dabei werden Antworten auf die Fragestellungen gefunden, wie die oben genannten Aspekte der Modellierung idealtypisch aussehen können. Im Fokus stehen die Optimierung der Informationsflüsse durch systematische Nutzung der IT-Systeme, die diese Prozesse abbilden. Diese Systeme bestehen in der Regel aus Datenbanksystemen, die die für sämtliche Abläufe erforderlichen Informationen speichern und verwalten, aber auch aus Workflow-Systemen, die es ermöglichen, (teil-) automatisiert Daten und Informationen zwischen Akteuren entlang der Prozesskette zu leiten. Die Akteure werden über *Desktop-Purchasing-Systeme* (Beschaffungsinformationen integrierende Anwendungssysteme), *Catalogue-Buying-Systeme* oder idealerweise über Beschaffungsportale (rollenspezifische und serviceorientierte Anwendungssysteme) ereignisgestützt adressiert, d.h. immer dann, wenn Aufgaben für sie persönlich anfallen, nehmen sie diese über bestimmte Postkästen in IT-Systemen wahr. Die Informationen und Aufgaben gelangen auf diese Weise zu den Mitarbeitern und nicht anders herum. Diese Techniken der Prozessoptimierung über Portallösungen ermöglichen es, den administrativen Aufwand bei Beschaffungsprozessen zu reduzieren, Schnittstellen zwischen Akteuren effizient zu gestalten und damit auch bestimmte, besonders repetitive Aufgaben aus dem eigenen Betrieb auszulagern (Business Process Outsourcing). Ferner lassen sich mit diesen Instrumenten die Durchlaufzeiten verkürzen und der Faktoreinsatz in Produktions- aber auch in administrativen Prozessen minimieren.

In der betrieblichen Praxis ist der Prozess-Optimierungs-Ansatz häufig bereits gegenständlich durch die Nutzung von ERP-Systemen. Hierzu ist anzumerken, dass diese Software zunehmend die Belange der Materialwirtschaft gekoppelt mit denen der anderen Geschäftsbereiche systematisch integriert. Sie ermöglicht es, die Zulieferungen und die damit verbundenen Informationsflüsse konsequent zu erfassen, abzubilden und verfügbar zu machen. Dies führt zu einer starken Vereinfachung der Datenhandhabung in und zwischen Unternehmen und stellt die Basis dar für die industrielle Fertigung zunehmend komplexerer Produkte über zunehmend komplexer werdende Lieferketten. Damit werden die wesentlichen Hebel eines Supply Chain Managements erst ermöglicht. Mit anderen Worten:

die IuK-Technik stellt die technische Grundlage dar für die Abbildung und den Betrieb komplexer unternehmensübergreifender Wertschöpfungsketten. Ohne sie wäre die Übertragung und Bewirtschaftung von Daten und Informationen in den heute bekannten Dimensionen schlichtweg unmöglich bzw. höchst unwirtschaftlich. Damit wird abschließend auf die Dualität der Nutzung der IuK-Technik verwiesen:

- zum einen liefert sie die Instrumente, die ausgehend von einem bestimmten Geschäftszweck und bestimmten betrieblichen und beschaffungsrelevanten Abläufen die Quelle für Optimierungen (Rationalisierungen) sind,

- zum anderen induziert sie technik-getrieben die Umsetzbarkeit und Anwendung von unternehmensübergreifenden Abläufen. Ihr kommt damit eine Triebfeder-Funktion für neuartige Geschäftsmodelle und -praktiken in Materialwirtschaft und Einkauf zu.

Übungsfragen und -aufgaben

1. Was ist das Besondere am Medium Internet? Nennen Sie 3 Dienste des Internet.

2. Was versteht man unter RFID? Welche Konsequenzen bringt RFID mit sich für die Logistik?

3. Nennen Sie 3 Potentialfelder aus der Anwendung der IuK-Technik.

4. „IT doesn't matter!" Diskutieren Sie diese Aussage. Warum ist es trotzdem sinnvoll, sich mit der IuK-Technik in der Beschaffung zu befassen?

5. Skizzieren Sie die Entwicklung des Internets und die daraus zunächst abgeleiteten Dienste und Anwendungen in den 1990er Jahren.

6. Nennen Sie 3 Anwendungsfelder der IuK-Technik in der Beschaffung und arbeiten Sie heraus, was im Vergleich zu „früher" anders abläuft.

7. Was versteht man unter Klassifizierung? Welche Vorteile bringt sie für die Beschaffung, welche für gesamte Branchen?

8 Welche Vorteile bietet eine internet-basierte Beschaffungsmarktforschung gegenüber traditionellen Methoden?

9. Grenzen Sie die Begriffe elektronischer Marktplatz und E-Collaboration voneinander ab.

10. Was ist eine Online-Auktion? Was ist der Unterschied zu einer Online-Verhandlung?

11. Worin liegen die betriebswirtschaftlichen Potentiale von Business Intelligence Anwendungen?

12. Was versteht man unter Prozessoptimierung? Worin liegen dabei die Anknüpfungspunkte für die IuK-Technik?

16 Sonderprobleme der Beschaffung

16.1 Besonderheiten des Investitionsgütereinkaufs

Die Beschaffung von Investitionsgütern findet in vielen Unternehmen besondere Beachtung. Anlagenintensive Betriebe haben häufig spezielle Organisationseinheiten gebildet, die sich unter den Bezeichnungen „technischer Einkauf" oder „Anlagenbeschaffung" getrennt von der übrigen Materialwirtschaft diesem Spezialgebiet widmen.

Bei Investitionsvorhaben werden langfristige Weichenstellungen vorgenommen und große finanzielle Mittel gebunden. Deshalb ist das Interesse der Unternehmensleitungen sehr groß. Außerdem befassen sich die technischen Unternehmensbereiche intensiv mit der Anlagenbeschaffung, sei es, dass sie generelle Machbarkeitsanalysen vornehmen oder auf andere Weise den Rahmen künftiger Investitionsentscheidungen bereits im Vorfeld festlegen.

Ein wesentliches Merkmal des Investitionsgütereinkaufs ist somit die enge Verzahnung maßgeblicher Unternehmensbereiche mit allen Vor- und Nachteilen von Gremienarbeit. Einer ausgewogenen, von allen Beteiligten getragenen, Entscheidungsfindung stehen Zeitverluste und die menschliche Kontakte belastenden Interessen konflikte gegenüber, wie Abbildung 16-1 verdeutlicht.

Abbildung 16-1: Leitmotive und Konflikte bei Technik und Unternehmensleitung/Einkauf

Technik	Unternehmensleitung / Einkauf
1. Leitmotive	
- Funktionsdenken	- Versorgungsdenken
- Sicherheitsdenken	- Kosten-/Nutzendenken
2. Konfliktgründe	
- Interesse an modernster Technik im Interesse der Qualität der Enderzeugnisse	- Interesse an Marktforschung, intensivem Wettbewerb der Hersteller und Verfahrensalternativen
- Streben nach zügiger Abwicklung nach Abschluss der Vorplanungen	- Beachtung der Folgekosten, was zu Änderungen im technischen Konzept führen kann
- Furcht vor Einengung des eigenen Handlungsspielraumes durch Qualitäts- Abmessungs- und Toleranzvorschriften	- Vermeidung von Quasimonopolen der Hersteller durch Vorschriften über Bauart, Ersatzteilversorgung und spezielle Betriebsstoffe

Im Beschaffungsbereich hat sich eine Unterteilung der Investitionsgüter in

▦ Erstkauf,

▦ modifiziertem Wiederholungskauf,

▦ unmodifiziertem Wiederholungskauf

durchgesetzt, da hierdurch u.a. der sehr unterschiedliche Informationsbedarf der Entscheidungsträger berücksichtigt wird (vgl. Abbildung 16-2).

Abbildung 16-2: *Informationsbedarf bei unterschiedlichen Kaufklassen*

Typ	Dimension		
	Neuheit des Problems	Informationsbedarf	Beachtung von Alternativen
Erstkauf	hoch	groß	wichtig
modifizierter Wiederholungskauf	mittel	eingeschränkt	begrenzt
unmodifizierter Wiederholungskauf	gering	gering	klein

Bei modifizierten und besonders bei unmodifizierten Wiederholungskäufen verfügen alle Beteiligten bereits über vielfältige Informationen und Erfahrungen, so dass kein großer Unterschied zum Einkauf von laufendem Produktionsbedarf besteht. Beim Erstkauf von Einzelaggregaten und ganzen Fertigungsstraßen hingegen ist wegen der Einmaligkeit und der langfristigen Auswirkungen des Investitionsvorhabens eine andere Verfahrensweise üblich. Der Entscheidungsprozeß zerfällt in zwei Teilbereiche, und zwar in eine

▦ Grundsatzentscheidung, die mittels Absatzmarktforschung, Investitionsrechnungen und technischer Analysen die Frage klärt, ob investiert werden soll oder nicht,

und eine

▦ Kaufentscheidung, die nach positiver Klärung der ersten Frage festlegt, welches Aggregat bei welchem Lieferanten in Auftrag gegeben wird.

Die folgenden Ausführungen beschäftigen sich mit dem zweiten Fragenkomplex, obwohl auch bei den Grundsatzentscheidungen der Einkauf wertvolle Beiträge liefern kann.

16.1.1 Charakteristika von Investitionsgütermärkten

Investitionsgütermärkte weisen häufig eine oligopolistische oder monopolistische Marktstruktur auf. Ursache ist die Nischenpolitik vieler Hersteller. Auf ihrem Spezialgebiet verfügen sie über ein hervorragendes Know-how, Gebrauchsmuster- und Patentrechte sowie partnerschaftliche Beziehungen zu den technischen Abteilungen ihrer Kunden. Hieraus kann sich eine beträchtliche Reduzierung des Wettbewerbs ergeben mit negativen Folgen für das Preis-/Leistungsverhältnis.

Ein weiteres Merkmal der Investitionsgütermärkte ist ihre ausgeprägte Konjunkturempfindlichkeit. Die Anbieter verfügen über eine relativ starre Fertigungskapazität und einen festen Stamm von Fachkräften, so dass sie an einer gleichmäßigen Beschäftigung interessiert sind. Diese ist jedoch oftmals gefährdet, da die Abnehmer auf Grund spezieller Branchenkonjunkturen oder zeitlich befristeter steuerlicher Investitionsanreize ein stark schwankendes Nachfrageverhalten zeigen. Diese Diskrepanzen führen im Boom zu erheblichen Verlängerungen der Lieferzeit und Preisanhebungen, während im Konjunkturtief Preiszugeständnisse zu beobachten sind. Auch versuchen die Anbieter, über eine Pflege des Ersatzteilgeschäfts sowie durch ständige Entwicklung neuer Zusatzaggregate und Nachrüstungsangebote bestehender Anlagen eine Absicherung der Kapazitätsauslastung zu erreichen.

Die Angebotspreise entziehen sich im Investitionsgüterbereich häufig einer zufriedenstellenden Beurteilung. Dies ist einmal auf die technische Komplexität der Anlagen zurückzuführen, zum anderen auf die vielfältigen Serviceleistungen der Hersteller bei der Planung, Installation und Inbetriebnahme von Anlagen. Zusätzlich verfolgen viele Anbieter eine Preispolitik, die den Preis der Grundmaschine in einem günstigen Licht erscheinen lässt, während sie bei Ersatzteilen, Wartungsarbeiten sowie speziellen Betriebsstoffen eine Hochpreispolitik betreiben.

Um dennoch eine ausreichende Markttransparenz zu erreichen, bedarf es besonderer Anstrengungen. Diese reichen von der Einschaltung externer Berater bis zur intensiven Vorbereitung von Besuchen wichtiger Spezialmessen, die häufig jedoch nur in mehrjährigem Rhythmus veranstaltet werden. Sorgfältig ausgearbeitete Anfragen/Leistungsverzeichnisse können zu aufschlussreichen Informationen der Hersteller beitragen. Eine weitere beachtenswerte Informationsquelle stellen die Referenzlisten der Hersteller dar, jedoch nur dann, wenn die bisherigen Betreiber der Anlagen auch systematisch nach ihren Erfahrungen befragt werden. Erheblichen Zeitaufwand erfordert das Studium von Fachzeitschriften, deren hohes Niveau gute Ergebnisse verspricht.

16.1.2 Die Folgekostenproblematik

Im Gegensatz zu Erzeugnisstoffen, bei denen neben den Anschaffungskosten die Lager-, Bestellabwicklungs- und Fehlmengenkosten beachtet werden müssen, spielen bei der Anlagenbeschaffung neben den Anschaffungskosten die Folgekosten eine große Rolle. Sie resultieren aus der Tatsache, dass mit dem Kauf einer Anlage langfristige Konsequenzen bezüglich der Planungs-, Nutzungs- und Instandhaltungskosten verbunden sind. Diesen Gedanken verdeutlicht das Life Cycle Cost-Konzept, das die Gesamtkosten einer Anlage auf folgende Bestimmungsgründe zurückführt (vgl. Abbildung 16-3).

Abbildung 16-3: *Life Cycle Cost System*

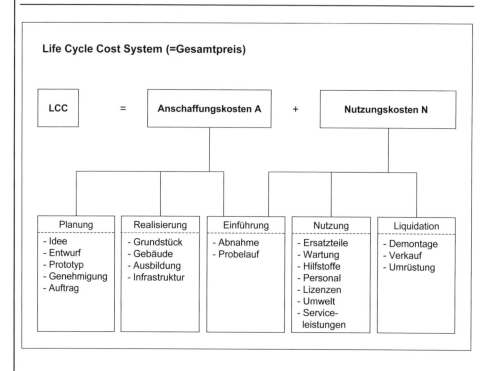

Es ist deshalb wichtig, bei der Entscheidungsfindung Faktoren zu berücksichtigen, die die Folgekosten beeinflussen. Hierzu zählen

■ Leistungs- und Verbrauchszahlen,

- technische Dokumentation, reparaturgerechte Konstruktion/Ausfallrisiko,

- Ersatzteilversorgung,

- Umbau- und Erweiterungsmöglichkeiten,

- Raumbedarf,

- Serviceleistungen des Lieferanten bei Installation, Probelauf und Wartung,

- Image des Lieferanten/Gebrauchtmaschinenmarkt für den jeweiligen Maschinentyp,

- Finanzierungshilfen des Lieferanten.

Aus diesen allgemeinen Überlegungen müssen speziell auf das einzelne Investitionsgut ausgerichtete Beurteilungskriterien abgeleitet werden, die neben dem Preis (Gleit- oder Festpreis) der Anlage zum Zweck der Gesamtkostenbetrachtung zu beachten sind.

16.1.3 Juristische Aspekte

Rechtliche Basis der Anlagenbeschaffung ist weitgehend das Werkvertragsrecht (§§ 631 ff. BGB), ergänzt durch Spezialverordnungen (z.B. VOB). Wesentliche Unterschiede zum Kaufvertragsrecht bestehen darin, dass

- die unverzügliche Prüfung und Mängelrüge durch die Abnahme ersetzt wird,

- zugesicherte Eigenschaften häufig anzutreffen sind,

- bei Fehlern und Fehlen einer zugesicherten Eigenschaft in erster Linie die Nachbesserung vorgesehen ist,

- längere Verjährungsfristen gelten.

Das gleiche trifft auch für die in der Industrie häufig anzutreffenden Werklieferungsverträge zu, bei denen im Unterschied zum Werkvertrag der Hersteller das Material beistellt und es sich um eine nicht vertretbare Sache handelt. Sind vertretbare Sachen Gegenstand eines Werklieferungsvertrages, gilt weitgehend Kaufvertragsrecht.

Die Individualität und Einmaligkeit des Investitionsgütereinkaufs verhindern die Anwendung der im Einkauf üblichen „Allgemeinen Einkaufsbedingungen". Vielmehr sollten alle Rechte und Pflichten der Vertragsparteien in Individualverträgen genauestens festgehalten werden, um Risikoverlagerungen und zu Mehrkosten führende Unklarheiten auszuschalten. Auch wird die Durchsetzung von Ansprüchen bei Leistungsstörungen erleichtert. In diesem Zusammenhang sei besonders auf Ansprüche aus Garantien/zugesicherten Eigenschaften, Termin/Fixgeschäft und Konventionalstrafen hingewiesen, über die eine umfangreiche Spezialliteratur Auskunft gibt.

In Randbereichen der Anlagenbeschaffung gilt bei beratenden Serviceleistungen von Lieferanten oder Dienstleistungen externer Berater Dienstvertragsrecht (§§ 611 ff. BGB). Die Abgrenzung beider Rechtsgrundlagen bereitet bezüglich der Wartungs-/Instandsetzungsverträge Schwierigkeiten. § 611 Abs. 2 BGB nennt als Vertragsgegenstand von Dienstverträgen „Dienste jeder Art", während § 631 BGB auf die Herstellung eines Werkes abstellt. Nach gängiger Rechtsprechung werden Wartungsverträge heute als Werkverträge angesehen, wenn nicht besondere Umstände des Einzelfalls dagegen sprechen.

Bei allen im Investitionsgüterbereich anfallenden Dienstverträgen ist auf eine exakte Beschreibung des zu erbringenden Dienstes und die Qualifikation des Dienstleistenden zu achten. Dieser muss zwar den vereinbarten Dienst leisten, schuldet aber nicht den vom Auftraggeber damit angestrebten Erfolg. In den Vorschriften des Dienstvertragsrechts fehlen jegliche Regelungen über Schlechterfüllung, so dass nur auf die Grundsätze über die Haftung für positive Vertragsverletzung (Verletzung von Sorgfaltspflichten) zurückgegriffen werden kann.

16.1.4 Finanzierungsfragen

Der oftmals beträchtliche Wert einiger Investitionsgüter hat erhebliche Auswirkungen auf den Finanzbereich der Unternehmen. In bestimmten Fällen, z. B. bei individuell erstellten Anlagen (Schiffbau, Großmaschinenbau u.ä.) mit hohem Kapitalbedarf , ist es üblich, dass vom Abnehmer *Anzahlungen* geleistet werden, bevor die Lieferung erfolgt, womit der Kunde zum Kreditgeber wird (Kundenkredit). Solche Zahlungen werden üblicherweise im Rahmen der Vertragsverhandlungen zwischen Lieferanten und Einkäufern vereinbart. Die spezielle Ausgestaltung der Konditionen hängt von der jeweiligen Branche und ihren Usancen, von der Länge des Produktionsprozesses, aber auch von der Markstellung der Partner ab. Der Einkäufer sollte darauf achten, dass die dem Lieferanten zur Verfügung gestellten liquiden Mittel von ihm abgesichert werden, etwa durch Bürgschaften oder Garantien, damit er sein Risiko verringert, z. B. im Insolvenzfall. Dem Lieferanten entstehen indirekt Kreditkosten in Form der Gebühren für die Bankgarantien sowie durch Abschläge vom normalen Rechnungspreis, was insbesondere bei schlechter Auftragslage und starker Konkurrenz zu erwarten ist.

Ein weiterer Finanzierungsaspekt, der gerade im Investitionsgütergeschäft eine Rolle spielt, nämlich Leasing, soll hier kurz angesprochen werden, und zwar nur das wichtigere und langfristigere *Financial Leasing*. Dieses kann gewissermaßen als Kauf auf Raten interpretiert werden.

Aus der Sicht des Lieferanten wird Leasing mehr als absatzpolitisches Instrument gesehen, mit dem neue Absatzwege und Kunden gewonnen werden können. Überdies lässt sich für ihn das Leasing von Investitionsgütern als Hebel für den Absatz von komplementären Verbrauchsgütern nutzen. Als Beispiele seien genannt Verpackungsmaterial für Verpackungsanlagen, Papier für Fotokopierer und Software für IuK-technische Anlagen.

Für den Einkäufer ist Leasing in erster Linie als alternatives Finanzierungsinstrument neben dem Kauf von Interesse. Zusätzlich spielt das Investitionsrisiko noch eine Rolle. Die Rückgabe des Objekts als eine mögliche Option nach Ablauf der Grundmietzeit ermöglicht besonders bei schnellem technologischen Wandel eine Verringerung seines Risikos. So können Anlagen oder Aggregate neu beschafft und unerwünschte Sonderabschreibungen oder Verschrottungsaktionen für Altanlagen vermieden werden.

Von besonderer Bedeutung für die Finanz- und Beschaffungsabteilung eines Unternehmens ist die Frage, ob (Kredit-)Kauf oder Leasing die vorteilhaftere Variante darstellt. Dieses Entscheidungsproblem ist von vielen Kriterien abhängig, die hier nicht umfassend erörtert werden sollen. Wenn auch die Leasing-Gesellschaften gern die kostenmäßige Vorteilhaftigkeit ihres Angebots herausstellen, so ist dennoch jeder Einzelfall einer genauen Wirtschaftlichkeitsrechnung zu unterziehen.

Ein Kriterium für Kauf oder Leasing ist die Auswirkung auf die *Ertragsteuern*, also auf Einkommen- bzw. Körperschaftsteuer sowie die Gewerbesteuer. Dabei wird in der Regel der Fall betrachtet, dass der Leasinggegenstand beim Leasing-Geber als Eigentümer bilanziert wird. Dann vermindern nämlich die Leasing-Raten als Betriebsausgaben beim Leasing-Nehmer die genannten Ertagsteuern. Beim Kreditkauf sind andererseits die Abschreibungen und die Fremdkapitalzinsen abzugsfähig. Ein weiteres Kriterium stellen die Kosten dar, die mit dem Entscheidungsproblem verbunden sind. Hier ist zu beachten, dass der Leasing-Geber seine Verwaltungs- und Risikokosten sowie einen Gewinnzuschlag kalkuliert, was unter Liquiditätsaspekten für den Kreditkauf spricht.

Ein drittes Kriterium wird von Leasing-Gesellschaften gern propagiert, nämlich die Schonung des Kreditspielraumes. Zwar wird in der Bilanz des Leasing-Nehmers keine Verbindlichkeit ausgewiesen wie beim Kreditkauf, was die Eigenkapitalquote entsprechend verringert, die für Kreditvergaben eine Rolle spielt. Andererseits kann man davon ausgehen, dass Banken sich in jedem Fall nach allen Schulden erkundigen. Da sie außerdem um die höheren ausgabewirksamen Kosten des Leasing gegenüber dem Kredit wissen, dürfte das Argument der Leasing-Gesellschaften kaum haltbar sein, auch wenn sie im Gegensatz zu den Kreditinstituten den Vermögensgegenstand höher besichern.

Die kurzen Ausführungen machen deutlich, dass zwischen der Finanz- und Beschaffungsabteilung eines Unternehmens enge wechselseitige Beziehungen bestehen. Über die Finanzpolitik können Restriktionen für den Einkauf bei Investitions- wie Verbrauchsgütern entstehen, die zu einer gezielten Auswahl beschaffungspolitischer Instrumente führen. Als Beispiele seien Lieferantenkredite auf der einen oder die Ausnutzung von Skonti und Rabatten auf der anderen Seite genannt. Der Einkauf beeinflusst umgekehrt mit der Entscheidung für Kauf oder Leasing oder für Anzahlungen über die Mitgestaltung der Ausgabenseite die Finanzplanung.

16.1.5 Strategien zur Aufrechterhaltung der Betriebsbereitschaft

Im Gegensatz zu Erzeugnisstoffen sind in die Bestellentscheidung bei Investitionsgütern unbedingt die Ergebnisse der Überlegungen zur Aufrechterhaltung der Betriebsbereitschaft einzubeziehen. In der Praxis werden folgende Instandhaltungsstrategien unterschieden:

1. Instandsetzung bei Funktionsuntüchtigkeit, auch Feuerwehrprinzip oder Breakdown-Strategie genannt.
   Hierbei verschiebt man Instandhaltungsmaßnahmen bis zum akuten Reparaturfall, wobei alle Aktivitäten auf eine möglichst rasche Wiederinbetriebnahme gerichtet sind.

2. Vorbeugende Instandhaltung, auch Schornsteinfegerprinzip oder Preventive-Maintenance-Strategie genannt.
   Nach langfristigen Instandhaltungsplänen werden bei dieser Strategie die einzelnen Anlagen überprüft bzw. bestimmte Teile ausgetauscht. Man wartet also nicht bis zum Ausfall der Anlage, sondern macht die Reparatur von einer bestimmten Betriebsstundenzahl abhängig. Fast alle gesetzlichen Wartungsauflagen bedienen sich dieses Prinzips.
   Um zu verhindern, dass bei derartigen Pauschalaktionen noch intakte Teile ausgetauscht bzw. unnötige Reparaturarbeiten durchgeführt werden, bedient man sich vielfältiger Fehleridentifikationsmethoden, um den tatsächlichen Zustand der einzelnen Komponenten einer Maschine beurteilen zu können.

3. Strategie der Doppelanordnung, auch Zwillingssystem genannt. Hat die Anlagenverfügbarkeit eine hohe Priorität bzw. sind die benötigten Maschinenkomponenten nicht zu teuer, findet diese Strategie Anwendung. Man hält komplette Baugruppen und Anlagen vor, um bei Ausfall durch einfaches Umschalten die Betriebsbereitschaft aufrecht zu erhalten.

Die Aufrechterhaltung einer ausreichenden Betriebsbereitschaft setzt eingehende Analysen und Planungen voraus, um ein Optimum zwischen den Kosten einer Betriebsunterbrechung und den Kosten für Lagerhaltung von Ersatzteilen und Durchführung von Reparatur- und Wartungsarbeiten zu finden.

Anhaltspunkte für die im Einzelfall beste Instandhaltungsstrategie sind für den technischen Bereich u.a.:

▪ Ausgereiftheit der Anlage,

- Einzelaggregat oder Teilkomponente einer Fertigungsstraße,

- Existenz einer unternehmenseigenen Instandhaltungsabteilung,

- Auswirkungen eines Anlageausfalls auf andere Unternehmensbereiche,

- Gute Zeichnungsunterlagen,

- Klarheit über den Verschleißcharakter der Ersatzteile (Verschleißteile oder Sicherheitsreserveteile),

- Umbau- und Erweiterungsmöglichkeiten.

Diese Überlegungen führen zu einer befriedigenden Beurteilung des Ausfallrisikos einer Anlage.

Der Einkauf sollte in der Lage sein, die Kostenwirkung der verschiedenen Strategien zu beurteilen, indem er sich u.a. um folgende Informationen bemüht:

- Standort und Serviceleistungen des Lieferanten,

- Zuverlässigkeit des Lieferanten,

- %-Anteil von DIN- bzw. zeichnungsgebundenen Teilen in der Anlage,

- zeitliche Dimension von Preis- und Nachlieferungsgarantien für Ersatzteile,

- mögliche Beschaffungsalternativen für die auf der Anlage produzierten Teile.

Die Fragen müssen unbedingt vor der endgültigen Bestellentscheidung geklärt werden. Sie haben einen erheblichen Einfluss auf die Wahl und Ausstattung des jeweiligen Investitionsgutes sowie auf den Vertragsinhalt der Bestellung. Eine nachträgliche Korrektur der einmal gewählten Strategie ist häufig nicht möglich oder sehr aufwendig, da nach Vertragabschluss eine enge Bindung an den Hersteller und an die gewählte Anlage besteht.

16.1.6 Der Beitrag des Einkaufs im Projektteam

Die bisherigen Ausführungen machen deutlich, dass nur in einem multipersonalen Entscheidungsprozeß die vielfältigen Aspekte des Investitionsgütereinkaufs zufriedenstellend berücksichtigt werden können. Eine Dominanz der technischen, aber auch der betriebswirtschaftlichen Unternehmensbereiche sollte vermieden werden. Deshalb haben sich in den letzten Jahren Team- und Projektarbeit im Rahmen des Buying-Center-Konzepts mehr und mehr durchgesetzt. Unter einem Buying-Center ist die gedankliche Zusammenfassung aller am Kaufprozess beteiligten Personen zu verstehen (siehe Abbildung 16-4).

Abbildung 16-4: *Beteiligte und Rollen bei der Kaufentscheidung*

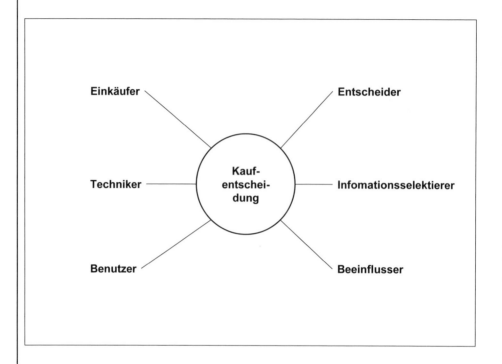

16.1.6.1 Vermeidung von Wettbewerbsbeschränkungen

Die Hersteller von Investitionsgütern versuchen, durch vielfältige Maßnahmen technische Bereiche und Unternehmensleitung zu beeinflussen (back-door-selling). Hierzu zählen Sympathiewerbung in Fachzeitschriften und Managermagazinen, technische Beratung und Projektvorführungen auf Messen sowie die Bereitschaft zu Versuchen bei speziellen Fertigungsproblemen oder örtlichen Besonderheiten. Hierdurch werden die Kontakte zwischen der Technik des eigenen Hauses und dem einzelnen Hersteller häufig dergestalt intensiviert, dass auf der Bedarfsmeldung nur noch eine ganz bestimmte Maschine, wenn nicht sogar der Lieferantenname erscheint. Durch intensive Beschaffungsmarktforschung sollte der Einkäufer verhindern, dass in einem zu frühen Stadium des Entscheidungsprozesses mögliche Alternativen ausgeschaltet bzw. gar nicht in Erwägung gezogen werden. Hierzu können die Einschaltung externer Berater und Anfragen bei möglichen Herstellern dienlich sein, die lediglich eine Funktionsbeschreibung der geplanten Anlage beinhalten. Erst im Verlauf der Beratungen wird es dann zu einer Konkretisierung kommen, an deren Ende die Erarbeitung einer detaillierten Anfrage/Leistungsbeschreibung steht, die aus Beschaffungssicht folgenden Zielen dient:

- Motivation möglicher Lieferanten zur Erarbeitung eines aussagefähigen Angebots, was oft erheblichen Zeitaufwand und Kosten herstellerseits erfordert,

- Möglichkeit, durch geschickte Aufgliederung der Gesamtanlage in Einzelkomponenten Einblick in die Kostenstruktur zu erhalten und mittels Preisstrukturanalyse zu einem Zielpreis oder zu einem Argumentationskatalog für mögliche Verhandlungen zu kommen,

- Erhalt vergleichbarer Angebote, um die Bewertungs- und Gewichtungsprobleme bei den Einzelangeboten zu lösen.

16.1.6.2 Durchführung eines qualifizierten Angebotsvergleichs und anschließende Vergabeverhandlungen

Inhalt, Vielfalt und Gegenläufigkeit der Beurteilungskriterien führen dazu, dass der reine Preisvergleich zugunsten von Mehrfaktorenvergleichen ausscheidet. Der Einkauf sollte hierbei auf die Wahl aussagefähiger Vergleichsfaktoren achten, die eine sichere Beurteilung der Anlage und deren Folgekosten unter Berücksichtigung der gewählten Instandhaltungsstrategie ermöglichen. Als Vorgehensweise sollte er Punktungsverfahren vorschlagen, wie er sie auch bei seiner sonstigen Tätigkeit ständig anwendet. Hierdurch werden Dokumentation und Nachvollzug sichergestellt und die Diskussion der Beteiligten in der Projektgruppe bei Meinungsverschiedenheiten erleichtert. Auch ist der Einkauf besonders befähigt, die Ergebnisse des Angebotsvergleichs in einem Strategiepapier zusammenzustellen, das die Verhandlungsziele und Argumente für die Abschlussverhandlung festhält. Diese Art der Vorgehensweise ist gleichzeitig eine erfolgversprechende Vorbereitung auf die Verhandlungsstrategie der Anbieter, die auch noch Nutzen daraus ziehen könnten, dass die Mitglieder des Buying-Center unterschiedliche Meinungen ihnen gegenüber vertreten.

Ein Sonderproblem bei der Angebotsbearbeitung stellt die Beurteilung von Leasingverträgen dar. Hierbei hat der Einkauf auf folgende Gesichtspunkte zu achten:

- Vergleichbarkeit der Leasingangebote bezüglich Grundmietzeit, Verlängerungsmodalitäten, Gebühren und Höhe der Leasingraten,

- Auswirkungen des Leasingvertrags auf Haftungsbeschränkungen, Instandhaltung, Wartung und Ersatzteile,

- Auswirkung des Leasingvertrags auf möglicherweise notwendig werdende Umrüstungen der Anlage im Zuge von Produktionsumstellungen,

- Kosten-/Nutzenanalyse zwischen den Alternativen Kauf auf Grundlage weitgehender Fremdfinanzierung oder Leasing.

16.1.6.3 Sicherung der Abwicklung von Investitionsvorhaben

Einen wesentlichen Beitrag zur reibungslosen Installierung eines Investitionsgutes stellt zunächst die Durchführung des Angebotsvergleichs dar, in dem alle Informationen zu einer Bestellentscheidung verdichtet wurden. Der Einkauf ist dafür verantwortlich, dass die erzielten Ergebnisse vollständig und eindeutig im Vertrag mit dem Hersteller enthalten sind. Hierbei ist besonders auf eine juristisch einwandfreie Vertragsgestaltung bezüglich

- zugesicherter Eigenschaften,

- Fixtermine,

- Abnahmemodalitäten,

- Gewährleistungsfristen,

- Konventionalstrafen,

- Zahlungs- und Lieferungsbedingungen

zu achten. Der Einkauf hat hierbei die aktuelle Rechtsprechung zu beachten und in Zweifelsfällen juristischen Rat in Anspruch zu nehmen. Auf der Basis derartiger Verträge ist eine Terminsicherung durch Netzplantechnik, Fortschrittskontrollen beim Hersteller und Überwachung der Vorarbeiten im eigenen Haus in Zusammenarbeit mit den Bedarfsträgern möglich.

Gleiches gilt für die Durchführung der Abnahme der gelieferten Anlage, indem der Einkauf durch entsprechende Aktivitäten und Organisationsmittel dafür sorgt, dass

- sachverständige Aufgabenträger die Abnahme vornehmen,

- vereinbarte bzw. vorgeschriebene (VOB) Abnahmefristen beachtet werden,

- mögliche Nachbesserungsarbeiten des Herstellers überwacht werden,

- vor Ende der Gewährleistungs- und Garantiefristen eine letztmalige Überprüfung der Anlage durchgeführt wird.

Zusammenfassend kann festgestellt werden, dass der Einkauf im Buying-Center wertvolle Beiträge im gesamten Entscheidungsprozeß leisten kann, die weit über die früher üblichen Abwicklungsaktivitäten hinausgehen. Diese Mitarbeit setzt jedoch voraus, dass

- er frühzeitig in den Planungs- und Entscheidungsprozeß eingeschaltet wird,

- seine Gleichrangigkeit gegenüber den anderen Teammitgliedern gewährleistet ist,

▓ er neben einer aktiven Grundeinstellung ein Mindestmaß an technischem Verständnis und ein Höchstmaß an Teamfähigkeit besitzt,

▓ ihm neben seinen sonstigen Aufgaben im operativen Bereich genügend Zeit für die Projektarbeit zur Verfügung steht.

16.2 Besonderheiten der Versorgungsfunktion in Handelsunternehmen

Im Gegensatz zu Industrieunternehmen entfällt im Handel der Funktionsbereich der Produktion. Vielmehr stehen verschiedenartige Dienstleistungen im Mittelpunkt von Handelsaktivitäten, die sich aus der Mittlerfunktion zwischen den produzierenden und abnehmenden bzw. weiterverarbeitenden Gliedern einer Volkswirtschaft ergeben. Durch die Überwindung zeitlicher, räumlicher, quantitativer und qualitativer Spannungen wird die Sacheignung von Wirtschaftsgütern zur Verwendungsreife geführt. Die wissenschaftliche Untersuchung dieser Zusammenhänge hat sich in einem System der Handelsfunktionen niedergeschlagen, die Handelsunternehmen erfüllen.

Nach Seyffert zählen hierzu:

▓ Überbrückungsfunktionen

- Raumüberbrückungsfunktion

- Lagerfunktion

- Vordispositionsfunktion

- Preisausgleichsfunktion

- Kreditfunktion

▓ Warenfunktionen

- Quantitätsfunktion

- Qualitätsfunktion

- Sortimentsfunktion

▓ Funktionen des Makleramtes

- Markterschließungsfunktion

- Interessenwahrungs- und Beratungsfunktion

16.2.1 Die Betriebsformen des Handels

Nach ihrem Erscheinungsbild gegenüber der Kundschaft können Handelsunternehmen beispielsweise wie folgt eingeteilt werden:

- Großhandelsbetriebe
  - Sortimentsgroßhandel
  - Spezialgroßhandel
- Einzelhandelsbetriebe
  - Fachgeschäft
  - Supermarkt
  - Warenhaus
  - SB-Warenhaus
  - Discounter
  - Outlet-Center

Die Marktanteile der verschiedenen Betriebsformen unterliegen erheblichen Schwankungen. Auch tauchen immer wieder neue Bezeichnungen auf.

In Ergänzung zu diesen einstufigen Handelsunternehmen haben sich mehrstufige Handelsbetriebe entwickelt. Sie verbinden großhändlerische Merkmale (Absatz an Wiederverkäufer und Weiterverarbeiter) mit solchen des Einzelhandels (Verkauf an jedermann).

Diese mehrstufigen Handelsbetriebe haben ihren Ursprung vielfach in einkäuferischen und logistischen Überlegungen. Als Kooperationsform von Einzelhändlern gleicher Branche haben sich zahlreiche Einkaufsgenossenschaften gebildet (EDEKA, REWE usw.). Ein Beispiel vertikaler Kooperation zwischen Groß- und Einzelhandel sind die freiwilligen Ketten. Aber auch durch Konzentrationsbewegungen, oft mittels Kapitalbeteiligung, sind derartige mehrstufige Betriebe entstanden (METRO). Hierzu zählen Filialunternehmen, Waren- und Versandhäuser. Ein hervorstechendes Merkmal aller mehrstufigen Handelsbetriebe ist eine Zentralisierung der Versorgungsfunktion zwecks Aufbau von Nachfragemacht und Entwicklung leistungsfähiger Warenwirtschaftssysteme, um hierdurch die eigene Wettbewerbsfähigkeit zu stärken.

16.2.2 Die Wettbewerbsinstrumente von Handelsunternehmen

Zwischen den einzelnen Betriebsformen herrscht ein starker Wettbewerb. Im Einzelhandel ist dies bedingt durch relativ niedrige Eintrittsbarrieren neuer Wettbewerber, im Großhandel durch die Vorwärtsintegration finanzstarker Industrieunternehmen. Im Gegensatz zu Industrieunternehmen ergibt sich das absatzpolitische Instrumentarium des einzelnen Handelsunternehmens aus den Faktoren

- Preis,
- Sortiment,
- Service,
- Standort.

Isoliert, häufiger jedoch in einem Mix, dienen sie der Profilierung des einzelnen Handelsunternehmens gegenüber seinen Mitbewerbern.

Auf die Ausgestaltung der Instrumente Standort und Service hat die Versorgungsfunktion geringen Einfluss. Bei der Realisierung niedriger Verkaufspreise und aktueller Sortimente kann sie jedoch wertvolle Beiträge leisten. Hierbei darf nicht übersehen werden, dass der Anteil der Warenkosten etwa 60-70 % der Gesamtkosten ausmacht und die Kosten der Warenbewirtschaftung eine wichtige Größe bei den Betriebs- und Handlingkosten darstellen.

16.2.3 Zentralisierungstendenzen der Versorgungsfunktion

Im gesamten Handelsbereich, speziell bei Handelsunternehmen, die ihre Preis- und Sortimentsgestaltung als kritische Erfolgsfaktoren betrachten, ist eine Tendenz zur Errichtung von Zentraleinheiten im Versorgungsbereich festzustellen. Hierdurch werden folgende Ziele angestrebt:

- Stärkung der Nachfragemacht gegenüber Lieferanten, insbesondere von Markenartikeln, durch Mengenbündelung,
- Ausschöpfung überregionaler Beschaffungsmärkte durch aktives Beschaffungsmanagement,
- Aufbau leistungsfähiger Warenwirtschaftssysteme durch die zentrale Implementierung entsprechender IuK-Technik-Systeme,
- Qualifizierte Mitwirkung der Versorgungsfunktion bei wichtigen unternehmenspolitischen Fragen, insbesondere der Preis- und Sortimentspolitik,
- Gestaltung und Durchsetzung beschaffungspolitischer Maßnahmen.

So einleuchtend diese Argumente sind, es gibt auch Schwierigkeiten, die gegen eine zu starke Zentralisierung sprechen:

▪ Unkenntnis der Zentraleinkäufer bezüglich der Kundenwünsche. Dies trifft besonders für Filialbetriebe mit einem regional weitgefächerten Niederlassungsnetz zu. In jedem Fall besteht die Gefahr, dass von der Kundschaft nicht gefragte Artikel beschafft werden.

▪ Die Reaktionszeiten auf die sich oft rasch ändernden Kundenwünsche sind zu lang.

▪ Die Kosten für die Überbrückung von Schnittstellen zwischen den Zentraleinheiten im Versorgungsbereich und den dezentralen Verkaufsstellen sind erheblich.

▪ Eine eindeutige Zuordnung von Kompetenzen und Verantwortlichkeiten ist kaum möglich.

Diese Schwierigkeiten sind nur durch eine enge Zusammenarbeit zwischen Einkauf und Verkauf zu überwinden. Aufbau- und ablauforganisatorische Maßnahmen zur Absicherung dieser Interaktionen werden bei der Darstellung wichtiger Beschaffungsaktivitäten kurz aufgezeigt.

16.2.4 Wichtige Aufgaben aktiver Handelseinkäufer

16.2.4.1 Beschaffungsmarktforschung

Wenn der aktive Handelseinkäufer nicht der Verkäufer seiner Lieferanten, sondern der Einkäufer seiner Kunden sein will, setzt dies eine genaue Kenntnis der Beschaffungsmärkte voraus. Wichtige Objekte der Beschaffungsmarktforschung sind hierbei:

▪ das Warenangebot
Hierbei interessieren Neuigkeiten, Substitutions- und Ergänzungsartikel, Veränderungen der Angebotsmengen und die Marktverfassung wichtiger Vormärkte. Aber auch über die Akzeptanz der eingekauften Artikel seitens der Kundschaft müssen Informationen gesammelt werden, um richtige Entscheidungen bezüglich des Beschaffungsprogramms zu treffen.

▪ der Lieferant
Das Verhältnis zu den Lieferanten ist häufig schwieriger als in der Industrie. Durch Sprungwerbung, Produktgestaltung, Logistikkonzepte u.a. versuchen insbesondere Markenartikelhersteller, ihr Marketingkonzept gegenüber dem Handel durchzusetzen. Auch erschweren Rabatt- und Bonusregelungen die Errechnung realistischer Einstandspreise. Außerdem ist es wichtig zu wissen, ob der Lieferant im

warenwirtschaftlichen Bereich integrationsfähig ist und eigene Verkaufsförderungsmaßnahmen aktiv zu unterstützen bereit ist.

- Beschaffungsverhalten der Mitbewerber
  Da im Handel eine Festlegung des qualitativen Betriebsbedarfs mittels Stücklistenverfahren nicht möglich ist, versuchen Handelseinkäufer, durch Beobachtung des Beschaffungsverhaltens der Mitbewerber Antwort auf folgende Fragen zu erhalten:

  - Welche Artikel werden im Sortiment geführt?

  - Gibt es Hinweise auf Sondervereinbarungen mit bestimmten Lieferanten (Exklusivverträge, Depot-Verträge usw.)?

  - Können über die Verkaufspreise der Mitbewerber Schlüsse auf die von ihnen gezahlten Einkaufspreise gezogen werden?

Die Informationsquellen der Beschaffungsmarktforschung im Handel unterscheiden sich kaum von denen der Industrie. Die Bedeutung der Messen ist allerdings im Handel höher, und bei den innerbetrieblichen Quellen sind die Kontakte zu Marketing- und Verkaufstellen des eigenen Hauses sehr wichtig.

16.2.4.2 Der Beitrag zur Sortimentserneuerung

Das Sortiment eines Handelsunternehmens umfasst alle angebotenen Artikel. Es kann untersucht werden unter Aspekten

- der Funktionserfüllung, die sich im Anteil des

  - Kernsortiments,

  - Zusatzsortiments,

  - Werbesortiments

  am Gesamtsortiment beurteilen lässt

- der Artikeldynamik, die sich im Anteil der

  - gängigen,

  - müden,

  - Experimentierartikel

  widerspiegelt

- des Sortimentsumfangs, bei dem man die Breite und Tiefe eines Sortiments beurteilt.

Die Sortimentspolitik wird wegen ihrer Bedeutung für das Gesamtunternehmen weitgehend von der Unternehmensleitung und von Marketingüberlegungen bestimmt.

Dennoch ist der Einfluss des Einkaufs nicht gering, da er durch ständigen Einbau neuer Artikel „müde" Artikel eliminiert. Auch kann er die Attraktivität des Werbesortiments durch geeignete Zukäufe wesentlich erhöhen. Eine dritte Aufgabe besteht darin, einer übermäßigen Sortimentsausdehnung entgegenzuwirken, da diese negative Auswirkungen auf Rabattvereinbarungen und Umschlagshäufigkeit hat.

In fast allen Handelsbetrieben mit einem Zentraleinkauf hat sich das Musterungsverfahren durchgesetzt, um Informationsdefizite zwischen der Einkaufs- und Absatzseite zu vermeiden. In diesen Gremien werden Entscheidungen über die künftige

- Markenplanung,

- Aktionsplanung,

- Preislagenplanung,

- Importplanung

in kollektiver Verantwortung gefällt. Auf der Basis der Ergebnisse intensiver Beschaffungsmarktforschung und Gängigkeitsanalysen wirkt der Einkauf an den Musterungsverfahren mit, indem er

- die notwendigen Muster und Konditionen neuer Artikel präsentiert,

- schlecht gehende Artikel zur Auslistung vorschlägt und einer Sortimentsausuferung entgegenwirkt,

- seine Beiträge zu Sonderaktionen und Importaktivitäten einbringt,

- die endgültige Sortimentsstruktur in Sortimentslisten festhält.

16.2.4.3 Der Beitrag zum Aufbau eines leistungsfähigen Warenwirtschaftssystems

Warenwirtschaftssysteme dienen dazu, die jederzeitige Verfügbarkeit der Artikel am point of sale ohne den Aufbau hoher Lagerbestände sicherzustellen. Außerdem sollen durch ablauforganisatorische Maßnahmen Bestellabwicklungskosten bei der Bestellung, im Wareneingang, bei Rechnungsprüfung und Regalpflege reduziert werden.

In den letzten Jahren wurden zwei wichtige Voraussetzungen geschaffen, derartige Warenwirtschaftssysteme zu verbessern:

Erstens die einheitliche Artikelnummerierung durch die Europäische Artikelnummerierung EAN. Hierbei handelt es sich mit Ausnahme von Kleingebinden um eine 13stellige Kennziffer, wobei

- die ersten beiden Stellen der Länderkennzeichnung,

- die nächsten fünf Stellen der Lieferantenkennzeichnung,

◾ die nächsten fünf Stellen der Artikelkennzeichnung,

◾ die letzte Stelle Prüfzwecken

dienen. Das EAN-System arbeitet als Strichcodierung. Dies ermöglicht zweitens den Einsatz elektronischer Scannerkassen und damit eine sofortige und sichere Verbuchung aller Warenein- und -ausgänge.

Hierdurch wird der Informationsaustausch zwischen Absatz-, Lager-, Finanz- und Einkaufsstellen sowie mit den Lieferanten wesentlich verbessert.

Der Einkauf kann diese Bemühungen durch den Abschluss systemadäquater Abrufverträge unterstützen. Auch sollte er sich bemühen, logistische Schnittstellen zwischen Lieferant und eigenem Haus besser zu überbrücken, beispielsweise durch den Übergang von Meldebestandsverfahren zu Bestellrhythmusverfahren, durch Streben nach sortenreiner Palettierung und Einsatz von Europool-Paletten u.a. Mit wichtigen Lieferanten ist ein Rechnerverbund anzustreben, um bei kurzfristig auftretenden Bedarfsschwankungen die Lieferbereitschaft auch ohne hohe Sicherheitsbestände zu gewährleisten bzw. bei Nachfragerückgang unverkäufliche Restbestände zu vermeiden. In Zukunft wird der Einkauf die Warenwirtschaftssysteme nutzen können, um die Mengenplanung zu verbessern. Zwar hat der Handel bereits früher durch die einschlägigen Prognoseverfahren versucht, Bedarfsprognosen zu qualifizieren. Die systembedingte Aktualisierung und Verbreiterung des Datenmaterials lässt jedoch auf bessere Ergebnisse hoffen.

16.2.4.4 Durchführung von Vergabeverhandlungen mit anschließender Bestellentscheidung

Vergabeverhandlungen mit Lieferanten werden im Handel durch erhebliche Zielkonflikte belastet. Diese gegensätzlichen Interessen beziehen sich u.a. auf

◾ die Produkt- bzw. Sortimentspolitik

Lieferant	*Handel*
Produktimage	Firmenimage
Markenimage	Verkaufsstellenimage
Distribution des gesamten Programms	Beschränkung auf gängige Artikel
Risikostreuung durch Diversifikation	Keine Sortimentserweiterung

▣ die Vertriebspolitik

Lieferant	*Handel*
Kontinuierlicher Absatz	Schnelle Belieferung je nach Abverkauf
große Bestellmengen	kleine Bestellmengen
Platzierung der eigenen Produkte am günstigsten Standort	Platzierungskonzept für das Gesamtsortiment

▣ Preispolitik

Lieferant	*Handel*
Preisfestlegung bezogen auf das eigene Herstellersortiment	Preispolitik bezogen auf das Gesamtsortiment, Kalkulatorischer Ausgleich
Eher hohe Einführungspreise zwecks Aufbau eines Produktimages	Eher niedrige Einführungspreise zwecks Spontankauf

Es trifft nicht zu, dass Vergabeverhandlungen und Jahresgespräche ausschließlich Angebotspreise und mögliche Rabatt- und Bonusfragen zum Gegenstand haben. Vielmehr müssen insbesondere bei langfristigen Lieferantenbeziehungen ständig Wege gesucht werden, um die skizzierten Interessengegensätze zu überwinden und eine auf gegenseitigen Nutzen ausgerichtete Kooperation zu schaffen. Derartige Vergabeverhandlungen müssen gut vorbereitet werden, da wichtige Bestimmungsgründe für ein gutes Preis-Leistungs-Verhältnis schwer quantifizierbar sind und sich deshalb einer exakten Zuordnung zum angestrebten Preis entziehen. Auch sollte bedacht werden, dass Lieferantenrepräsentanten verhandlungstechnisch bestens geschult und vom entsendeten Unternehmen in jeder Weise unterstützt werden. Sie besitzen - speziell bei Markenartikeln - eine starke Verhandlungsposition.

Ist die Bestellentscheidung gefallen, muss der Einkauf die getroffenen Vereinbarungen in klaren vertraglichen Abmachungen festhalten, wobei - je nach Artikelgruppe - neben Preisen und Konditionen folgende Punkte geregelt werden: Regalpflege, Regalmiete, Pflege und Behandlung von Verkaufshilfen/Kühltheken, Umtausch überlagerter Artikel (MVD), Serviceleistungen bei Kundenreklamationen, Fragen der Produkthaftung sowie Fragen der Kooperation im Logistik- und Distributionsbereich.

16.2.5 Der Einfluss von Markenartikeln auf die Einkaufsaktivitäten des Handels

Im Gegensatz zu Erzeugnisstoffen in der Industrie versuchen Anbieter von Konsumartikeln und standardisierten Gebrauchsgütern, Markenartikel zu schaffen. Wesentliche Merkmale derartiger Waren sind u.a.:

- Markenname,

- eigenständiges Design,

- gleichbleibende Qualität,

- Verbraucherwerbung,

- größeres Absatzgebiet.

Durch die Käufernachfrage schaffen sie einen Nachfragesog beim Handel, der die Stellung des Einkäufers schwächt und ihn je nach Marktanteil und Werbeetat des einzelnen Markenartikels zum reinen Besteller degradiert. Er sieht sich einem Quasi-Monopolisten gegenüber, der viele einkäuferische Aktivitäten an sich zieht (Bedarfsermittlung, Logistik) oder überflüssig macht (Beschaffungsmarktforschung, Qualitätskontrolle, Terminkontrolle). Erschwerend kommt hinzu, dass die eigene Absatzseite die Zusammenarbeit mit Herstellern attraktiver Markenartikel aus folgenden Gründen favorisiert:

- sicherer Abverkauf,

- spezielle Verkaufsförderung,

- erleichterte Warenwirtschaft.

Zwar gelingt es der Absatzseite nicht, sich durch die Aufnahme gängiger Markenartikel gegenüber Mitkonkurrenten zu profilieren. Auch ist mit relativ bescheidenen Handelsspannen zu kalkulieren. Insgesamt gesehen bleibt es jedoch bei der positiven Einstellung der Absatzverantwortlichen, was häufig zu Interessenskonflikten mit dem Einkauf führt.

In dieser schwierigen Lage wird versucht, in wichtigen Bereichen des Kernsortiments Nachfragemacht durch Mengenbündelung zu schaffen. Die zahlreichen Einkaufsgenossenschaften und sonstigen Konzentrationstendenzen haben hierin ihren Ursprung. Auch ist es möglich, durch gezielte Förderung kleinerer Konkurrenten die beherrschende Marktstellung großer Marken einzuschränken. In seltenen Fällen gelingt dies auch durch gezielte Einbindung ausländischer Anbieter.

In Zusammenarbeit mit der Absatzseite des eigenen Hauses können für kleine, aber umsatzstarke Sortimentsbereiche Hausmarken/Handelsmarken als Konkurrenz zu Markenartikeln geschaffen werden. Ein derartiger Schritt tangiert jedoch den Gesamtcharakter des Handelsunternehmens und muss deshalb sorgfältig geplant werden. Bei einer derartigen Vorgehensweise ändert sich das Aufgabenfeld des Handelseinkäufers, das sich dem eines Industrieeinkäufers nähert. Die Auswahl leistungsfähiger Lieferanten, Fragen der Qualitätssicherung, Termin-, Mengen- und Logistikprobleme stehen nunmehr im Mittelpunkt der einkäuferischen Aktivitäten.

Im Gegensatz zu dieser aggressiven Verhaltensweise kann in gewissen Fällen eine Kooperation mit starken Markenartikelherstellern angestrebt werden, indem durch den Abschluss von Exklusiv- und Depotverträgen, Gemeinschaftswerbung, gemeinsame Produktentwicklung u.a. die Wettbewerbsfähigkeit des eigenen Hauses gestärkt wird. Dies setzt jedoch voraus, dass das Handelsunternehmen durch vom Einkauf nicht realisierbare Faktoren im akquisitorischen Bereich (wie günstiger Standort, umfangreiche Service- bzw. Beratungsleistungen, Qualität der Geschäftsausstattung u.a.) für den Markenartikelhersteller einen interessanten Abnehmer darstellt.

16.2.6 Zusammenfassung

Die Versorgungsfunktion in Handelsunternehmen kann einen wichtigen Beitrag zum Betriebsergebnis im Handel leisten. Dazu ist der Übergang von einem bestellorientierten „passiven" zu einem marktorientierten „aktiven" Einkauf erforderlich. Hieraus erwachsen dem Handelseinkäufer folgende Hauptaufgaben:

- Beschaffungsmarktforschung zu betreiben,

- das Kern-, Werbe- und Zusatzsortiment bezüglich Sortimentsbreite und Sortimentstiefe zu beeinflussen,

- den Lebenszyklus der Artikel zu beobachten und zur Sortimentsaktualisierung beizutragen,

- saisonale Einflüsse bei der Sortimentsgestaltung zu berücksichtigen,

- bei der Sortimentsgestaltung den kalkulatorischen Ausgleich zu erzielen,

- Eigenmarken zu Konkurrenten von Markenartikeln zu machen,

- in Zusammenarbeit mit der Absatzseite eine ständige Sortimentsbeobachtung durchzuführen und das Verhalten der Kunden zu analysieren, um daraus gegebenenfalls umgehend entsprechende Schlussfolgerungen zu ziehen.

- durch günstige Einstandspreise und leistungsfähige Warenwirtschaftssysteme zum Markt- und Unternehmenserfolg beizutragen.

Übungsfragen und -aufgaben

1. Bei welchen Investitionsgütern ist der Informationsbedarf des Einkäufers besonders hoch, und welcher Informationsquellen sollte er sich vornehmlich bedienen?

2. Nennen Sie Ursachen, warum der Wettbewerb auf Investitionsgütermärkten häufig eingeschränkt ist.

3. Warum müssen Folgekosten bereits beim Angebotsvergleich berücksichtigt werden, und welche Vergleichsfaktoren eignen sich hierzu?

4. Diskutieren Sie die verschiedenen Strategien zur Aufrechterhaltung der Betriebsbereitschaft von Investitionsgütern.

5. Welche Anforderungen muss ein Anbieter von Investitionsgütern erfüllen, wenn der Abnehmer die Break-down-Strategie verfolgt?

6. Warum gewinnt bei der Beschaffung von Investitionsgütern der Team-Gedanke immer mehr an Bedeutung?

7. Machen Sie wichtige Beiträge des Einkaufs in einem Buying-center deutlich.

8. Auf welche Punkte sollte ein Einkäufer achten, wenn der Abschluss eines Leasingvertrags zur Finanzierung einer Investition erwogen wird?

9. Begründen Sie die große Bedeutung des Einkaufs für den Markt- und Unternehmenserfolg von Handelsbetrieben.

10. Wie beurteilen Sie die Zentralisierungsbestrebungen im Einkaufsbereich bei fast allen Betriebsformen des Einzelhandels?

11. Welche Beiträge zur Sortimentsbildung werden vom Einkauf im Rahmen von Musterungsverfahren erwartet?

12. Diskutieren Sie die Auswirkungen starker Markenartikel auf den Einkaufsbereich von Handelsunternehmen.

13. Welche Verhaltensweisen von Handelseinkäufern gegenüber Markenartikeln kennen Sie?

14. Diskutieren Sie die Bedeutung von Warenwirtschaftssystemen für den Einkauf im Handel.

15. Mit welchen Aktivitäten gelingt es dem Handelseinkäufer in erster Linie, den Einkaufserfolg sicherzustellen?

Literaturverzeichnis

ABELS, H.: Prozeßdenken versus Ressortdenken, in: Beschaffung aktuell, 1994, Heft 1, S. 20-23

AHLERT, D.; OLBRICH, R. (HRSG.): Integrierte Warenwirtschaftssysteme und Handelscontrolling, Stuttgart 1994

ALTMANN, J.: Abwicklung des Warenverkehrs (Import). In: Zentes, J.; Swoboda, B. (Hrsg.): Fallstudien zum internationalen Management, 2. Auflage, Wiesbaden 2004, S. 39-44

ARNOLD, U.: Beschaffungsmanagement, 2. Auflage, Stuttgart 1998

ARNOLD, U.: Global Sourcing. Strategiedimension und Strukturanalyse. In: Hahn, D.; Kaufmann, L. (Hrsg.): Handbuch industrielles Beschaffungsmanagement. Wiesbaden 1999, S. 211-221

ARNOLD, U.: Strategische Beschaffungspolitik, Frankfurt a.M., Bern 1982

ARNOLD, U.; KASULKE, G. (Hrsg.): Praxishandbuch Einkauf, Köln 2003

ARNOLDS, H.: Versorgungs- und Vorratswirtschaft. Logistische und dispositive Aspekte, Wiesbaden 1993

ARNOLDS, H.: Veränderte Aufgaben des Einkaufs im Rahmen von Just-in-Time-Konzepten, in: 35 Jahre Düsseldorfer Einkäufer-Club (Festschrift) 1993, S. 35-39

ARNOLDS, H.; HEEGE, F.; TUSSING, W.: Beschaffungsmarketing, in: Marketing (Loseblattsammlung, Hrsg.: L.G. Poth), Teil 8, Neuwied 1995.

ARNOLDS, H.; HEEGE, F.; TUSSING, W: Supply Management, in: Source (Magazine for Business Partners of Loders Croklaan), 1994, Nr. 15, S. 4-8

ARNOLDS, H.: Der Einfluß von Einkaufsentscheidungen auf die Finanzwirtschaft, in: Möchengladbacher Schriften zur wirtschaftswissenschaftlichen Praxis, Bd. 5, Aachen 2000, S. 11-39

ARNOLDS, H.: Optimale Bestellmengenrechnung ist kostenbewusste Versorgungssicherung, in: Maschinenmarkt, 83. Jg. (1977), Heft 16, S. 275-277

AUSSCHUSS WERTANALYSE (WA) IM DIN DEUTSCHES INSTITUT FÜR NORMUNG E.V.: Wertanalyse, Deutsche Norm, DIN 69910, August 1987

BACKHAUS, K.: Investitionsgüter-Marketing, 4. Auflage, München 1995

BAHLMANN, A.R.: Informationsbedarfsanalyse für das Beschaffungsmanagement, Gelsenkirchen 1982

BAIER, P.: Wertgestaltung - Ein Leitfaden zur organisierten Kostensenkung, München 1969

BARTH, K.: Betriebswirtschaftslehre des Handels, Wiesbaden 1988

BIERGANS, B.: Zur Entwicklung eines marketingadäquaten Ansatzes und Instrumentariums für die Beschaffung, 2. Aufl., Köln 1986

BLENKHORN, D.L.; LEENDERS, M.R.: Reverse Marketing. Wettbewerbsvorteile durch neue Strategien in der Beschaffung, Frankfurt, New York 1989

BLOECH, J.: Rottenbacher, S. (Hrsg.): Materialwirtschaft, Stuttgart 1986

BOGASCHEWSKY, R.: Beschaffung vor dem Hintergrund der Globalisierung. Frankfurt/Main 2007

BORNEMANN, H.: Controlling im Einkauf, Wiesbaden 1987

BRETZKE, W.-R.: Pro und contra Outsourcing von Logistikleistungen, in: Beschaffung aktuell, 1993, Heft 6, S. 37-39

CAVINATO, J.L.: Outsourcing - What's it all about? in: The Southern Purchasor, September-October 1990, S. 8-12

CARR, N.G.: IT doesn't matter. In: Harvard Business Review, 2003

CHRISTMANN, K.: Gewinnverbesserung durch Wertanalyse, Stuttgart 1973

CHRISTOPHER, M.: Logistics and Supply Chain Management, 3. Auflage, London 2005

COFACE (Hrsg.): Handbuch Länderrisiken 2007, Frankfurt/Main 2007

DEUTSCHE BANK (Hrsg.): Außenhandelsalphabet, 7. Auflage, Bern 1998

DOBLER, D.W.; BURT, D.N.: Purchasing and Supply Management-Text and Cases, 6. Auflage, New York u.a. 1996

DÖRSCH, W.: Kaufabwicklung und Altmaterialverwertung (Lehrwerk Industrielle Beschaffung, Bd. 3), Frankfurt a.M. 1971

EICHLER, B.: Beschaffungsmarketing und -logistik: Strategische Tendenzen der Beschaffung, Prozessphasen und Methoden, Organisation und Controlling. Herne/Berlin. 2003

ENGELHARDT, W.H.; GÜNTER, B.: Investitionsgütermarketing, Stuttgart 1981

ESCHENBACH, R.: Erfolgspotential Materialwirtschaft, Wien, München 1990

FALK, B.R.: Handelsbetriebslehre, 7. Auflage, Landsberg, Lech 1986

FIETEN, R.: Integrierte Materialwirtschaft, 3. Auflage, Frankfurt a.M. 1994

FOX, M.J.: Quality Assurance Management, London 1993

GLEIßNER, H.; FEMERLING, Ch.: Logistik. Grundlagen - Übungen - Fallbeispiele, Wiesbaden 2008.

GOLLE, H.: So optimieren Sie Ihre Materialwirtschaft. Leitfaden für Praktiker, Köln 1991

GROCHLA, E.: Grundlagen der Materialwirtschaft, 3. Auflage, Wiesbaden 1978

GROCHLA, E.; FIETEN, R.: Beschaffungspolitik, internationale, in: MACHARZINA, K.; WELGE, M.K. (Hrsg.): Handwörterbuch Export und internationale Unternehmung, Stuttgart 1989, Sp. 203-214

GROCHLA, E.; SCHÖNBOHM, P.: Beschaffung in der Unternehmung, Stuttgart 1980

GROSS, H.: Selbermachen oder kaufen, München 1969

GRUNWALD, H.: Vorteilhafte Verträge im Einkauf, Freiburg 1984

GRUSCHWITZ, A.: Global Sourcing - Konzeption einer internationalen Beschaffungsstrategie, Stuttgart 1993

HAIST, F.; FROMM, H.: Qualität im Unternehmen, Prinzipien-Methoden-Techniken, München, Wien 1992

HAMMANN, P.; LOHRBERG, W.: Beschaffungsmarketing, Stuttgart 1986

HANSEN, U.: Absatz- und Beschaffungsmarketing des Einzelhandels, 2. Auflage, Göttingen 1990

HARLANDER, N.; PLATZ, G.: Beschaffungsmarketing und Materialwirtschaft, 5. Auflage, Ehingen, Stuttgart 1991

HARTING, D.: Lieferanten-Wertanalyse, 2. Auflage, Stuttgart 1994

HARTMANN, H.: Materialwirtschaft, 6. Auflage, Gernsbach 1993

HEEGE, F.: Modular Sourcing. Auswirkungen auf Abnehmer und Lieferanten, in: 35 Jahre Düsseldorfer Einkäufer Club (Festschrift), S. 21-23

HEEGE, F.: Die Beeinflussung des Wettbewerbs auf den Beschaffungsmärkten durch den Abnehmer - Möglichkeiten und Grenzen, in: 20 Jahre Düsseldorfer Einkäufer-Club (Festschrift), 1978, S. 25-39

HEEGE, F.: Lieferantenportfolio, Nürnberg 1987

HEEGE, F.: Notwendigkeit und Chancen partnerschaftlicher Zusammenarbeit zwischen Lieferant und Einkauf, in: Beschaffung aktuell, Sonderausgabe „Der Beschaffungsmarkt 1987/88", S. 5-8

HEEGE, F.: Portfolio-Management in der Beschaffung, in: Der Betriebswirt, Jg. 22 (1981), Heft 1, S. 17-23

HEEGE, F.: Wertanalyse, 2. Auflage, Wiesbaden 1991

HEEGE, F.; TUSSING, W.: Beschaffungsmarktforschung als Grundlage strategischen Einkaufs, Beschaffung aktuell, Sonderausgabe „Der Beschaffungsmarkt 1983", S. 4 - 8

HERING, E. u.a. (Hrsg.): Qualitätssicherung für Ingenieure, Düsseldorf 1993

HOFMAIER, R.: Investitionsgüter- und High-Tech-Marketing, Landsberg, Lech 1992

IHDE, G.B.: Transport, Verkehr, Logistik. Gesamtwirtschaftliche Aspekte und einzelwirtschaftliche Handhabung, 2. Auflage, München 1991

ISERMANN, H. (HRSG.): Logistik, Beschaffung, Produktion, Distribution, Landsberg, Lech 1992

JAHNS, Chr. et.al. (Hrsg.): Global Spend Management Studie: „Europäische Strategien für Low Cost Country Sourcing", Wiesbaden 2005

JONSSON, P.: Logistics and Supply Chain Management, New York 2008

JÜNEMANN, R.: Materialfluß und Logistik, Berlin u.a. 1989

KASTREUZ, G.: Management von Qualität und Zuverlässigkeit im Einkauf, Braunschweig, Wiesbaden 1994

KATZMARZYK, J.: Einkaufs-Controlling in der Industrie, Frankfurt a.M. 1988

KAUFMANN, L.: Planung von Abnehmer-Zulieferer-Kooperationen, Gießen 1993

KERN, F.: Einkaufsmarketing, Freiburg im Breisgau 1991

KERKOFF, G.; MICHALAK, Chr.: Einkaufsorganisation, Düsseldorf 2007

KILGER, W.: Industriebetriebslehre, Bd. 1, Wiesbaden 1986

KINKEL, St.; MALOCA, S.: Produktionsverlagerung rückläufig. Fraunhofer Institut System- und Innovationsforschung, Nr. 45, Karlsruhe, 2008

KLAMROTH, S.; ZWILLING, C.: Recht im Einkauf, 3. Auflage, Band 1-3, Lage, Lippe 1992

KNÖRFEL, W.: Anwendung des partiellen Preisvergleichs im Einkauf eines Fertigungsunternehmens, RKW-Lehrmaterial aus der betrieblichen Praxis (Fallstudie, als Manuskript vervielfältigt), o.O., o.J.

KOPPELMANN, U.: Beschaffungsmarketing, 4. Auflage, Berlin u.a. 2004

KOPPELMANN, U.; LUMBE, H.-J.: Prozeßorientierte Beschaffung, Stuttgart 1993

KRALJIC, P.: Purchasing must become supply management, in: Harvard Business Review, September-October 1983, S. 109-117

KRALJIC, P.: Zukunftsorientierte Beschaffungs- und Versorgungsstrategie als Element der Unternehmensstrategie, in: HENZELER, H.A. (Hrsg.): Handbuch strategische Führung, Wiesbaden 1988

KRAMPF, W.E.: Importgeschäfte, in: SCHÖTZ, St. (Hrsg.): Einkauf: Methoden, Werkzeuge und Arbeitshilfen für den industriellen Einkauf, Augsburg, 1999 Abschnitt 9

KREHL, H.; WITTMANN, H.: Abnehmer und ihre Lieferanten kann Wertanalyse zu guten Partnern machen, in: Maschinenmarkt, Jg. 84 (1987), S. 2140-2141

KREHL & PARTNER (KARLSRUHE): Wertanalyse-Grundseminar, Karlsruhe, o.J.

KUNESCH, H.: Materialwirtschaftlicher Erfolgsnachweis. Ein Controllingkonzept, Wiesbaden 1993

KUTSCHKER, M.; KIRSCH, W.: Investitionsgütermarketing und Einkauf in Europa, München 1979

LARGE, R.: Strategisches Beschaffungsmanagement, 4. Auflage, Wiesbaden 2008

LEENDERS, M.R.: Improving Purchasing Effectiveness through Supplier Development, Boston 1965

LEENDERS, M.R. u.a.: Purchasing and Materials Management, 9. Auflage, Homewood, Boston 1989

LINDNER, TH.: Strategische Entscheidungen im Beschaffungsbereich, München 1983

LOHRBERG, W.: Grundprobleme der Beschaffungsmarktforschung, Bochum 1978

MAGNUSSON, K. u.a.: Six Sigma umsetzen. 2. Auflage, München, Wien 2004

MARLINGHAUS, S. (Hrsg.): Best Value Country Sourcing – A Paradigm Shift for Global Sourcing Approaches. St. Gallen, 2008

MEINS, J.: Die Vertragsverhandlung, 2. Auflage, Stuttgart 1993

MENZE, T.: Stategisches Internationales Bechaffungsmarketing, Stuttgart 1993

MONCZKA, R., TRENT, R.; HANDFIELD, R.: Purchasing and Supply Chain Management, 2nd ed. Mason, OH 2002

NOVAK, K.: Standardisiertes Krisenmanagement ist unsabdingbar. In: Crain (Hrsg.): Automobilwoche. Ausgabe 16, 23. Juni 2012, S. 11. Oberpfaffenhofen 2012

PFOHL, H.-C.: Logistiksysteme. Betriebswirtschaftliche Grundlagen, 4. Auflage, Berlin u.a. 1990

PFOHL, H.C.: Logistikmanagement, Berlin u.a. 1994

REDDEWIG, G.; DUBBERKE, H.-A.: Einkaufsorganisation und Einkaufsplanung, Wiesbaden 1959

RÖH, C.: IuK-Technik und internationale Unternehmensführung, Wiesbaden 2003

SANDIG, C.: Vom Markt des Betriebes zur Betriebspolitik, Stuttgart 1971

SCHÄFER, E.: Betriebswirtschaftliche Marktforschung, Essen 1955

SCHULTE, Ch.: Logistik. Wege zur Optimierung der Supply Chain, 4. Auflage, München 2005

SEEHOFER, J.: Perfekte Kaufverträge, München 1983

SEYFFERT, R.: Wirtschaftslehre des Handels, 5. Auflage, Opladen 1972

STEINBRÜCHEL, M.: Die Materialwirtschaft der Unternehmung, Bern, Stuttgart 1971

STEINMANN, CH.: Qualitätssicherungsvereinbarungen zwischen Endproduktherstellern und Zulieferern, Heidelberg 1993

STRACHE, H.: Preis Arbeit, Nürnberg 1981

STRACHE, H.: Preise senken - Gewinne einkaufen, 4. Auflage, Nürnberg 1978

STRACHE, H.: Technische Güter richtig einkaufen, Würzburg 1981

SUNDHOFF, E.: Grundlagen und Technik der Beschaffung von Roh-, Hilfs- und Betriebsstoffen, Essen 1958

THEUER, G. u.a. (HRSG.): Beschaffung - ein Schwerpunkt der Unternehmensführung, Landsberg, Lech 1986

THOMAS, A.B.: Stock Control in Manufacturing Industries, 2. Auflage, London 1980

TUSSING, W.: Die Mitwirkung der Materialwirtschaft bei der Beschaffung von Investitionsgütern und ihr Beitrag zur Anlagenverfügbarkeit, in: Der Betriebswirt, 25. Jg. (1985), Heft 3, S. 8-12

TUSSING, W.: Die Beschaffung als Bindeglied zwischen Markt und Technik, in: Beschaffung aktuell, Sonderausgabe 1984/85: „Der Beschaffungsmarkt", 1984, S. 6-7

TUSSING, W.: Der Einfluß von Logistikkonzepten auf die Versorgungsfunktion, in: „Die industrielle Beschaffung im Spiegel von Theorie und Praxis" (20 Jahre Ausbildung im Schwerpunktbereich Beschaffungswesen und Lagerwirtschaft), Hrsg.: Fachhochschule Niederrhein, Fachbereich Wirtschaft, Mönchengladbach 1988, S. 13-16

TUSSING, W.: Besonderheiten der Anlagenbeschaffung, in: Material-Management-Magazin, 3. Jg. (1989), Heft 2, S. 7-9

Ullrich, N.: Wirtschaftsrecht für Betriebswirte, 5. Auflage, Herne, Berlin 2006

Umweltrecht (Beck-Texte in dtv), 18. Auflage, München 2007

VAHRENKAMP, R.: Logistik. Management und Strategien, 6. Auflage, München 2007

VAN WEELE, A.J.: Purchasing and Supply Chain Management, 4. Auflage, London 2005

VEREIN DEUTSCHER MASCHINENBAU-ANSTALTEN (HRSG.): Wertanalyse im Maschinenbau, Grundlagen und praktische Beispiele, BwB 17, 2. Auflage, Frankfurt (Main) 1970

VOIGT, A.; RÖMER, M.: Best Cost Country Soucing – „Gesamtkostenoptimale" Region gesucht. In: Beschaffung Aktuell: http://www.beschaffung-aktuell.de/home/-/article/16537505/26172386/%E2%80%9EGesamtkostenoptimale%E2%80%9C-Region-gesucht/art_co_INSTANCE_0000/maximized/ (Aufrufdatum: 13.8.2012)

WANNENWETSCH, H.: Integrierte Materialwirtschaft und Logistik. Beschaffung, Logistik, Materialwirtschaft und Produktion, 2. Auflage, Berlin 2004

WEBER, J.: Praxis des Logistik-Controlling, Stuttgart 1993

WEBER, J.; KUMMER, S.: Logistikmanagement. Führungsaufgaben zur Umsetzung des Flußprinzips im Unternehmen, Stuttgart 1994

WILDEMANN, H.: Produktionssynchrone Beschaffung, München 1988

WINTERKORN, M.: Ich fühle mich nicht als ein Abteilungsleiter von Porsche. In: FAZ, Nr. 64 v. 15.3.2008, S. 17

WOMACK, J.P. u.a.: Die zweite Revolution in der Automobilindustrie. Konsequenzen aus der weltweiten Studie des Massachusetts Institute of Technology, 6. Auflage, Frankfurt, New York 1992

WORLD BANK: Globalisation, Growth and Poverty. Oxford Press 2002

Stichwortverzeichnis